班超

仗剑出塞
一统西域

（上）　　李成事◎著

U0654861

中国文联出版社
http://www.clapnet.cn

图书在版编目（CIP）数据

班超：仗剑出塞，一统西域：上下 ／ 李成事著． －－北京：
中国文联出版社，2023.8
ISBN 978－7－5190－5146－4

Ⅰ．①班… Ⅱ．①李… Ⅲ．①班超（32－102）－生平
事迹 Ⅳ．①K827＝342

中国国家版本馆 CIP 数据核字（2023）第 052804 号

著　　者　李成事
责任编辑　周小丽
责任校对　风　劲
装帧设计　张合涛

出版发行　中国文联出版社有限公司
社　　址　北京市朝阳区农展馆南里 10 号　　　邮编 100125
电　　话　010－85923025（发行部）　　　010－85923091（总编室）
经　　销　全国新华书店等
印　　刷　北京昌联印刷有限公司

开　　本　710 毫米 x 1000 毫米　1/16
印　　张　48.25
字　　数　834 千字
版　　次　2023 年 8 月第 1 版第 1 次印刷
定　　价　138.00 元（上下册）

自序

2011 年 9 月，我到内蒙古自治区鄂尔多斯市工作。"鄂尔多斯"源于蒙古语。它地域广袤，干旱少雨，南部与陕西神木县相接，北部与包头市达拉特旗相连，呈现着浓郁的草原风貌。在这片辽阔的土地上，曾经生活过匈奴、突厥、蒙古等多个民族。风云变幻，历史更替，如今的鄂尔多斯草原焕然一新，拔地而起的高楼和重工业给了这块土地别样的生机。在我于鄂尔多斯工作期间，浩瀚的蒙古草原、雄壮的黄河，还有清水河县宁静的河滩都给我留下了深刻的印象。我贪婪地欣赏北疆的风情，回味那过往的沧桑。回到南方工作以后，我不断回想那片辽阔的土地，伊金霍洛旗的成吉思汗王陵，陕北的黄土高坡，还有挺拔的吕梁山。

我是一个具有历史情怀的人，到了山西，我会去平遥古城，看看日升昌号老店，欣赏古城余晖；到了西安，我会去陕西博物馆，看一看珍藏的历史文物。我喜欢一个人行走在草原，粗大的颗粒和泛黄的枯草总让人想起历史的过往，单位前那条浅浅又宽阔的乌兰木伦河是我沉思的河床。如今的鄂尔多斯，植被好了，旖旎的草原风景引起了南方游客的关注，如果亲临鄂尔多斯，游客将能在凉爽的夏夜品尝到内蒙古风味的焖面和烩菜。

一次机缘，陈红晓先生跟我说起了出使西域的班超，引起了我极大的兴趣。我对东汉历史了解较多，班超是东汉时期的外交家，出身书香世家，最终投笔从戎。投笔从戎需要很大的勇气，即便是今天的我们，面对转行，也是一件辗转反侧、犹豫千百次的人生大事。

在陈红晓先生的鼓励下，我尝试着进行了创作，并翻阅大量史料，还原历史。

班超以假司马出使西域，随行只带了三十六人，以夷制夷，平定五十余国，再通西域，并封定远侯。班超的故事很少呈现在艺术作品中，一者西域诸国难以考证，二者西域地名、人名难记，为写作和阅读带来了很大的障碍。但是这确实是一段光辉的历史，它既是国家的发展史，也是民族的发展史，更是传奇人物的魅力传记。在《后汉书》中，班超拥有较大的篇幅，在同一年代中，班超的相关文字记载是明帝之外最多的，即便是汉代的名将窦固、耿秉也不过寥寥数百字。

真正的历史是无人知晓的，我们只能通过简略的资料窥测一二，我们的典籍与其说是历史，不如说是一部字典，它从来不是通顺的，需要我们大量阅读和反复考证，如此才能得到相对完整的历史。在这些若隐若现的框架中，作家出现了，匠心独运地为它添砖添瓦、驰骋想象，让它眉飞色舞。

在此，我要感谢陈红晓先生在本次图书出版方面做出的不懈努力，更希望这本书能给喜欢历史的朋友带来一场文字盛宴。

李成事

目 录

上 册

第一章

姑臧遇袭边塞起烽烟　制服薛五班超显身手

东汉永平七年夏的一天，天近黄昏，河西走廊红霞漫天。斜阳下，牧人赶着羊群，一行商队牵着骆驼，载满货物，沿着官道，由西向东缓缓走去。

牧人住在东来村，村子住着两百多户人家，世代以耕种和放牧为生。东来村傍依黄河，水草丰美，雨水充足，他们在此放牧耕种，已经生活一百余年。

晚霞渐渐坠落西山，不知不觉，天色暗了下来。牧人们陆续将羊群赶回羊圈，孩子们在房前追逐嬉戏，炊烟沿着烟囱缓缓抬升，形成一个个圆圈。

住在村子里的人点起了羊油灯，男人巡视羊圈，女人打扫床铺，呼唤孩子。孩子们刚刚吃过晚饭，似乎还没有倦意，但拗不过大人，还是回来了。

夜深了，灯熄了，村子陷入沉寂。

不知何时，村子里的狗忽地吠起来，男人们从睡梦中惊醒，他们披上衣裳，知道是山里的狼来了。哪知道男人们出了门，看到门外火光漫天，房顶的茅草不知何时烧了起来。他们正要进屋叫醒孩子，却听到群马嘶鸣，一众人马从村外冲进村来。

这些人手持火把，骑着战马，凶悍无比。手拿钢叉的男人知道这是异族人，他们将要反抗，却被迎面的箭羽射中，冲到近处及试图反抗的人被外来人手上的弯刀从高处劈下，中刀之人非死即伤。睡梦中的妇人和孩子听到砍杀声，从床上跳了下来。他们刚出房门，便被这些异族人揪到一处，那些还在睡梦中的妇人和孩子被人强行从床上拖拽出来。

村中的老者见过这些异族人，但见来袭之人手持弯刀，腰别长弓，背挎箭囊，知是塞外的匈奴人。东来村地势平坦，没有遮挡，这些人何以到此又何时到此，村民竟一无所知。

在村民眼里，匈奴人与响马无异，有时候比响马更要凶狠一些。响马进村时，只杀一两人，震慑村民，但匈奴人毫无忌讳，他们不但抢钱，还掠夺人口，充当他们的奴隶，村民稍有不从，便立即丧命。东来村村民自打从中原西迁至此，一直少有外族入侵，今日见了这般阵势，也难怪心怀恐惧，不敢反抗。

入侵的匈奴人甚为得意，他们大声叫喊，将村民栅栏内的羊群赶走，将没有来得及穿衣的妇人抢上马背，随即扬长而去。村民们无不咬牙切齿，却无可奈何，黑夜里，即使到了远处也依然能听到村民们痛苦的哀号。

东来村遇袭的消息次日传到了凉州姑臧城。姑臧是凉州的治所，镇守姑臧城的是一个叫姜平的人，听闻外族入侵，姜平不敢怠慢，连忙询问来敌装束、人数。下属报，来敌约两百，敌军身材高大，头戴圆帽，精于骑射。

姜平知来敌是匈奴骑兵，遂领精兵两千，出姑臧城。军队西行一百八十里，行至一山脚时，却见有数十名妇人被缚，全都趴在路边平地上！军士见此，勒住马缰，暂缓行进。

此地距东来村五里，姜平知被缚妇人是东来村被掳之人，命下属前去释放。被俘妇人惊魂之色犹在，见汉军来救，惊慌之色稍减，俱言被俘至此。姜平问匈奴兵何在，妇人答，来犯匈奴兵驱赶牛羊向西去了。

姜平命人将被俘妇人送回东来，自领追兵向西疾行。行约四十里，见黄河岸边有群牛正在吃草，那牛群吃得自在，周边却无人看管。姜平料想，这定是东来村被抢的牛群，匈奴兵虽将牛群赶走，但是牛群不听使唤，匈奴兵无计可施，只得赶了羊群，丢下牛群。想到此处，他命手下将牛群捉住，勒住牛绳，将其送还东来村。

追兵继续沿官道疾行，行约四十里，来到河西无名山下，忽见山下有散乱群羊约百只。姜平命部队暂停行进，见羊群附近既无牧民，也没有匈奴兵，心中不由得惊疑，料想定是匈奴的探马知晓了汉军动向，是以虽洗劫了村寨，终将截获的人畜放还。姜平暗道，匈奴人虽然经过百年休养，终是不敌当年，想到此处，他勒住缰绳，命军士下马，将群羊围定，以赶回东来村，送还村民。

无名山下的羊群走得极散，常要三五人才能将一只羊围住，众军士下马，纷纷奔走。军士们平日在校场练武，对赶羊没有经验，哪知追得越紧，羊群跑得越远。

正当此时，山下的汉军忽然听到山上传来一阵哄笑，不禁一惊，只见无名山上不知何时布满了匈奴骑兵，漫天遍野，一望无际。

汉军吃了一惊，丢了手中的羊，惊慌寻找各自的战马。匈奴大军趁汉军寻马之际，猛地冲将下来，喊杀声登时响彻山谷，汉军不及上马，多被冲下的大军砍死。姜平见来敌势大，败相已露，遂带领余众向东逃去。匈奴兵边追边杀，姜平所带两千汉军骑兵不多时便已所剩无几，可怜残兵仅余数十人。

姜平领残部向东仓皇疾行四十里，见官道一侧有汉军尸体百具，遂命人查看，下属还报：是派往东来村送还牛群的军士。姜平得知，懊恼不已，但他急欲回城，来不及掩埋汉军尸首。再行四十里，姜平又见官道上有死亡军士数十人，再命人查看，下属又还报：是派往东来护送被俘妇人的军士，妇人、汉军所骑战马俱不知去向。

姜平知是中计，悲愤交加，带领残部往姑臧疾驰，竟累死战马数匹。到了姑臧城，已然是第三日辰时，却见姑臧城门大开，城门下，尸横遍野，仓皇逃难者无数。

守城将士报与姜平：一支匈奴兵化装成商队混入姑臧城，杀死守城卫士，打开城门，埋伏在城外的匈奴兵趁机冲进城中，姑臧遂陷落，匈奴兵劫掠之后，已撤离姑臧。

姜平闻罢，顿时晕厥，从此姑臧城门紧闭。

盛夏的晚上，洛阳城某座官署灯火正明，一名书吏捧着竹简往后衙走去。晚风吹进厢房，烛火晃动，几名书吏顾不得满头大汗，连忙用袖子挡住风口，见风小了，这才继续誊写文书。

忽地一声响，一人拍案道："大丈夫无他志，犹当效傅介子、张骞立功异域，以取封侯，怎可一生埋没于笔案之间！"

室间书吏初是一惊，只道是书简倒塌，见是拍案声，随即大笑。一人提起袖口，擦去脸上汗水，笑道："你父兄皆为史官，你又在此间誊抄文书，如何得效疆场，为大汉建功？"

那人将笔掷于案几，笑道："小子安知壮士之志！"说罢，卷起桌上竹简，出门去了。众人吃惊之余，见那人拂袖离去，便继续低头伏案撰文。

拍案之人，名叫班超，三十二岁，陕西扶风郡平陵县人，东都洛阳衙署文吏。

班超早有从戎之心。这几日边关传来战事，他坐卧不安。他在思索：朝廷是否发兵，何时发兵，从何处发兵。

洛阳是东汉的京都，商业繁荣，行人如织。在洛阳东街有一处茶馆，名曰"风闻天下"。茶馆住有往来客商，常有各地客商在此易货，因此初时是商贸之地。后因客商往来南北，口中多奇闻轶事，洛阳城的人也常来此地听书说事，风闻天下遂又成了洛阳城评说世事的地方。

听书说事，听的是天下奇闻怪谈，说的是世间大事。东汉初年，政通人和，便是朝廷大政，也常评说于茶馆酒肆。风闻天下的老板名叫姚钱树，年约四十，他祖籍浙江余姚，自幼随父经商，颇为精明，见茶馆生意越来越好，便搭台设座，请来评书人说书说事，风闻天下因此名噪一时。

这日风闻天下评说的是匈奴人奇袭姑臧城，说书人是一个中年人，名叫二两半。二两半这日穿着一身半新的灰色长衫，右手握着一把折扇，头发油亮不齐，腰腹微微隆起，就这身装扮，说起来衣衫褴褛，却也是带着几分风雅。

二两半的讲台在风闻天下大堂的最左侧，在他跟前有一张案几，案几上放着一块醒木、一具水壶。大堂上摆着八张圆桌，往日这八张圆桌就无空桌，今日更是座无虚席，班超也坐在其中。

班超认得二两半，他经常来听他说书。二两半说的并非全是正史，但胸中也有些墨水，五湖的故事，四海的时文，他都能知晓一二，仿佛能预知一般。

却听二两半言道："小可二两半，今日说的是匈奴奇袭姑臧城。这姑臧城乃是凉州的治所，武帝时，便是河西的要塞，又怎会被匈奴人夺了去？原来那匈奴人劫掠村子是假，洗劫姑臧城才是真，可怜那郡守中了戎狄的调虎离山计，负荆于天牢，不知是死是活！"

座下一看官问道："我听说匈奴人夺了姑臧，又复离去，这是为何？"

二两半道："这位客官有所不知，匈奴乃游牧民族，不似中原人有固定居所，姑臧城虽好，匈奴人却住不得。再说我大汉兵强马壮，虽一时失利，但我国力未损，一旦附近兵马调往西凉，匈奴人怕还是要逃亡大漠。与其被围，不如早早撤离，免受大军围困之苦！"

座下看官听了，无不点头，又有一人问道："既是国有边患，朝廷为何不发兵？"

二两半道："此为国政，乃机密要事，我等均为平民百姓，不得妄议朝政。不过，只要不诽谤朝廷，当也无可厚非。今匈奴人一分为二，自呼韩邪单于，匈奴分为南匈奴和北匈奴，南匈奴对汉称臣，北匈奴则雄踞漠北。只怕朝廷尚未了解清楚，袭击姑臧的是南匈奴还是北匈奴？是以不知道如何出兵。"

那位看官道："是南匈奴如何，是北匈奴又如何？"

二两半道："若是南匈奴，当大军镇压，杀其首脑，好言抚慰其众。被俘者仰慕我大汉皇威，必当向东跪拜，不敢再犯。若是北匈奴，则当剿殄其族。"

那位看官道："先生说得是，只是壮士空怀报国志，若没有卫青、霍去病那般将才，恐也无济于事！"

二两半道："这位客官说得不差，昔日武帝虽威武，若没有卫青与霍去病那般将才，匈奴之患未必能解除。想那匈奴之患在战国之前便有，始皇帝穷尽国力建造长城，也未防住匈奴的铁骑。"众客官听了，无不点头称是。那说书的继续说道："当今国家升平，国力日渐强盛，外夷既有寇国之意，我汉朝必定现一员猛将，平定四海，再设都护，经营西域，重开丝绸之路！"

姑臧遇袭，河西又起战事，大汉臣民无不关心边塞，但凡有人评说塞外事，无不洗耳恭听，今日这说书人说中了国家事，说得大快人心，堂中客官无不鼓掌相应。

说话时，后院传来吵闹声，初时声音并不甚大，众人也没有在意，哪知道吵架声越来越大，竟夹杂有刀枪棍棒之声，客栈老板及大堂听书的客官听了，纷纷起身张望。

大堂听书之人，有的是往来南北易货的商人，有的是洛阳城百姓，少不得也有市井好事之人，听到后院动了刀枪棍棒，不免好奇，于是竞相往后院涌去。

再说后院中，打架之人总计有二三十之多，这些人穿着样式不一，似是来自南北各地的经商之人。他们混战在一起，相互围攻，不少人已经受伤。

姚钱树在洛阳商界颇有名望，通常洛阳城发生商贸纠纷和瓜葛，姚钱树只要说上几句话，商贾们就都会卖些面子给他，他见众人在后院打架，当即拱手说道："各位，能否暂且住手，听在下一言？"

自堂内涌来院中的人见姚钱树站出来，料想这些斗殴之人定会罢手，哪想到这些人并没有理会姚钱树。姚钱树见斗殴之人犹自打个不停，颇感尴尬。风闻天下的家丁见此，手持圆棍，守在客人前面，以防斗殴之人伤了喝茶的客官。但家丁人手太少，不敢上前。

打架的是跑腿的脚夫，坐镇指挥的是掌柜，但见他们双手叉腰，口中叫骂，像是有莫大仇恨。说话间，已经有几个脚夫中刀倒在了地上，眼看是站不起来了。站在院边和大堂内的看客惊得目瞪口呆，本是来看看热闹的，却不想竟要闹出人命了，不免唏嘘。

这时，众人已经打红了眼，一个穿紫色绸衣的人似力不从心，他的人已经陆续倒下，只剩下一个体格强壮的手下。这人身材高大，上身没穿衣服，露出一身横肉，几根稀疏的胡子显得特别坚硬。

紫色绸衣的人对那个脚夫喊道："薛五，你给我往死里打，打赢了，回去馒头管够，夫人跟前的翠凤也归你！"

薛五手上没有武器，用的是两条方形的短棍，看模样像是两条凳子腿，听到紫色绸衣人说话，就回头看了他一眼，用低沉而浑厚的声音说："老爷，你说话算数吗？"紫色绸衣人颇不耐烦，说："当然算数，快打！"薛五听他如此说，精神倍增，双手交错两条短棍，舞得密不透风。对方共有五人，从衣着装扮来看，尽为脚夫，薛五先是用双棍将两个小个子打倒，继而全力对付另外三人。倒下的两人一个被打中前胸，一个被打中后背，虽然性命无忧，但已站立不稳。

另外三人见他一人打倒两个，面露怯意，不敢上前。

穿紫色绸衣的人面露喜色，喊道："薛五，好好打这帮狗日的，爷回去赏你一百两银子！"

薛五回头瞥了一眼紫色绸衣的人，郑重说道："我只要翠凤！"

紫色绸衣的人一怔，说："好！好啊！先打！"

薛五听了紫色绸衣的人的话，似乎更来了精神，两条凳子腿打得虎虎生风，原本二尺长的凳子腿像是有扁担那么长。围着薛五的三人见此，顿时露了怯。薛五当先一棍打在一人的左臂。那凳子腿是槐木的，被打的人受了一棍，身子砰地一声飞出去，就再也起不来了。另外两人见状，更加害怕，提刀的手兀自发抖，薛五手中的双棍在怀中交叉，在胸口画了个十字，棍头从下往上快速打出，将二人手中的刀打落在地。

场内形势瞬息之间发生如此变化，其他打斗的人见了，就都罢了手，不再打下去，且看薛五如何动作。

剩下的两名脚夫知道自己并非敌手，见薛五凶狠，连忙跪在地上，祈求饶命。薛五回过头，看向紫色绸衣人，紫色绸衣人喊道："看我干什么，打死他们！"薛五点头，用低沉的声音说道："嗯，记得翠凤！"说罢，手中的木棍便要落下。

忽一人喊道："且慢！"

说话间，一人从人群中闪出，只见他左手挡住薛五下落的右手，用右手夺了薛五右手的棍子，薛五尚未回过神来，那人就用右手的棍子自下而上，打落了薛五左手握着的棍子。薛五大吃一惊，将要做出反应，那人又已经将薛五身前的两人拉到了身后。

这一变故猝不及防，众人谁也没有看清那人如何动作，待看得清楚了，众人才发现，救人的是一个彪形大汉，只听那人说道："这位壮士，在下班超，冒昧了。班超本无意插手，奈何事关人命，不得不出手，得罪之处，见谅！"

众人顿感稀奇，这人虽长得强壮，但在刚才听书时，见他分明是一个读书人，不想力气这般大，竟能夺掉薛五手上的木棍。

薛五怒极，掌柜已经将翠凤许给自己，只要杀掉这几人，便能如愿，不想被这多管闲事之人坏了事。他当即扑将上来，与班超打在了一处。

班超虽然得手，但也是乘人不备，现在和薛五正面交手，却占不得一点上风，好在两条槐木棍还在班超手中，薛五虽然凶悍，但也赢不得班超。如此打斗了一盏茶的工夫，双方已然浑身大汗。班超知今日若不赢了薛五，定会有人再受伤，是以又用了些力气，如此又打斗了一盏茶的工夫，薛五这才渐渐落了下风。他挨了班超几棍，仍不服输，好在班超技高一筹，双棍打在了薛五后背，薛五没有受住，趴在了地上，再要站起，已然被风闻天下的家丁一拥而上，按在了地上。

在场众人纷纷鼓掌叫好，姚钱树命家丁将薛五捆绑后，置于后院中央，又请来医馆大夫为众人包扎治伤。

第二章

事出有因赵向西被劫　洛水赏柳仲升暗属意

姚钱树将众人请至大堂，请班超入首席，班超再三推辞，方才落座。

大堂前排桌子坐的是参与斗殴的掌柜和二掌柜，左侧桌子坐的是洛阳本地的商户，右侧桌子坐的是住在风闻天下易货的商贾。

在这三张桌子之前，是一张圆桌，坐的是班超、姚钱树和洛阳名流商贾、南北易货的大商家。后面桌子坐的是适才打架斗殴的脚夫。被缚的薛五被抬放在左面桌子一侧的地上。大堂后侧，站满了刚才围观的客官及随掌柜经商的武师和脚夫。

姚钱树见众人落座，这才站了起来，说道："诸位，适才几位客官在后院舞枪弄棒，险些弄出人命，今日咱们在此理论。说到理论，非是滋事，而是化解矛盾。所谓君子动口不动手，经商之人讲的是和气生财，刚才这几位动了刀枪棍棒，致使几位小哥险些命丧洛阳，正是坏了经商人的大忌。若是真的出了人命，不知道谁家白发送黑发，可叫人伤心。所幸风闻天下没有做过坏事，有神灵护佑，今日有壮士出手，替我风闻天下挽回了颜面。"

班超站了起来，向众人作揖，言道："在下班超，冒昧！冒昧！"

姚钱树笑道："这位壮士扶危救困，不惧危难，从薛五手下救了几位小兄弟，可钦可佩，今日就与大家一起做个见证！"

班超谢过众人，随即坐下。

姚钱树道："须知大汉有律令，私斗者罚，适才若是官军来了，几位便出不得洛阳，但是风闻天下做的是客栈生意，最喜的是和气生财，是以在下想从中调解，若觉不公，诸位再报官，是非曲直，自有公断，几位以为可好？"斗殴之人听说姚钱树要报官，面面相觑，不由得全都站了起来，对姚钱树道："悉听姚公！"

姚钱树对紫色绸衣的人说道："梁货殖，你因何唆使手下，殴打他人？"众人见那穿紫色绸衣的人站起来，方知他原来名叫梁货殖，刚才数他叫得最凶，当是先问他。

梁货殖站了起来，面犹不满，说道："姚掌柜，若说我打人，那可是天大的冤枉，你只看到薛五打人，却没见他们打我。刚才他们一群人打我们，我挨了好几棍！"说罢，掀起衣衫，只见白嫩的胳膊上露出了几道红印。众人见他所言不虚，纷纷点头。

这时，一个穿着青色衣衫的人站了起来，说道："那是你该打，诸位，在下文刀刘，做的是羊皮生意。做生意讲究的是什么？讲究的是诚信！去年三月初三，我们将大笔的银子交付给梁货殖，约定于今年七月初三交付羊皮，不想他言而无信！"

梁货殖道："我如何不诚信了？咱们去年在风闻天下定的生意，今年还是风闻天下！"

文刀刘道："去年定的是七月初三到货，今天都七月十三了，我问你，货呢？"

梁货殖道："货在路上，耽搁几日，那也是正常的！"

文刀刘怒道："这厮还在狡辩！"说罢，文刀刘桌子旁站起好几人。文刀刘向众人拱手，说道："诸位，非是在下不通事理，多这几日，只是在座的几位也都将银子托付给了梁掌柜，要知道这银子也都是我们从下面商户那里借来的，约定今年交羊皮，耽搁了时日，我们无法与商户交代！"

姚钱树问梁货殖："梁掌柜，你是否收了文掌柜的货银？"

梁货殖点头，说道："收了！"

"收了多少？"

"收了文掌柜白银三千两，其他掌柜共白银八千两。"

姚钱树道："你既收了他人白银，为何不交货？"

梁货殖道："非是在下不交货，在下其实是将银子给了另外一位商户赵向西。诸位都知道，赵掌柜一直在做西域的生意，往返西域很多次，是一位很有信誉的大商贾。"梁货殖说罢，众人都是一阵唏嘘。赵向西是洛阳的大商家，做的是西域的买卖，生意很大，每次都要携带十万两的银子去往西域，所用的骆驼常要数百头。

"正是，我也将一万两纹银交给了赵向西！"说话的是后院中另一方斗殴的人，名叫钱文俊，"我去年将银子交给了赵掌柜，以往都是如期交货，不知道今年是为何？至今没有回信！"钱文俊的情况和梁货殖差不多，他将其他商贾的钱交给了赵向西，约定赵向西回来，将羊皮交给他们。因为羊皮没到，双方打了起来。

一人喊道："谁知道你们是不是将我们的银子给了赵向西？便是给了，我们也不知道他是不是用于贩卖羊皮，若他携裹钱财，逃往异国他乡，我等又去何处寻觅？"

梁货殖发出一声冷笑，道："赵向西住在洛阳城西，夫人与孩子俱在，单洛阳城商铺就三十二家，诸位何须担心，若是没有这些抵押，我敢用大家的钱做生意吗？"众人听梁货殖这般说，安静了下来。赵向西经营多年，确有多处商铺。一时间，场中静了下来，连见多识广的姚钱树都不知道该如何评判。

班超坐在大堂似听出了门道，他问梁货殖："梁掌柜，赵向西通常是何时去，何时回？"

梁货殖道："赵向西去年三月出发，须知凉州颇为苦寒，西域更是多风沙，若不在春季出发，秋日恐难以到达。到了西域，他将我大汉的丝绸、陶瓷用具卖给诸国，又将诸国的羊皮、珍奇带回洛阳，一来一往需一年多时光，到第二年开春，赵向西再返回中原，恰是六月底、七月初！"

这时，门外传来哄闹声，堂中的人往外看去，只见一人从马上掉了下来。众人不知发生了什么变故，只得将那人抬了进来，有洛阳人识得他，知道这人是赵向西的押货武师孔祥广。孔祥广面容憔悴，早已累得筋疲力尽，店小二为他倒了碗水，孔祥广缓了口气，方才说话："出祸事了！我们家掌柜五百头骆驼上的货全部被匈奴人抢了。"

梁货殖认得孔祥广，见孔祥广醒转，急忙问："那赵向西呢？"

孔祥广道："主人被匈奴人掠了去，生死不明，若不是在下自幼跟随师父学了些武艺，只怕也被匈奴人抓去喂狼了！"梁货殖抓住孔祥广的衣领，喊道："你给我说清楚！赵向西在哪儿被抓的？什么日子被抓的？"孔祥广勉力掰开梁货殖的手，有气无力地说："六月十五日，那日天晴日朗，我们赶着骆驼，从西域一路走到了张掖丹霞山坪峡谷，行至谷中，一支百余人的匈奴兵将我们围了起来，匈奴兵也不说话，上来就射死了我们的马夫，我和几个武师奋力抵挡，无奈寡不敌众，其他几个武师全部被杀死，只有我逃了出来。"

梁货殖怒道："废物，你怎么自己跑了出来？"

孔祥广面露愧色，文刀刘却说："说得轻巧，一百多匈奴人，这位兄弟孤立难支，能逃出来已是不易！偌大的姑臧城都丢了，何况是一队货物？"

众人听文刀刘如此说，纷纷点头。风闻天下好似一口煮沸的大锅，一直在与人吵闹的梁货殖一言不发，两腿一蹬晕了过去。众人见他倒了，都围了过来。

站在一旁的班超见围观的人越来越多，就对众人喊道："大家让一让，让梁货殖透透气！"众人听班超如此说，纷纷退了出来。班超掐住梁货殖的人中穴，过了半晌，梁货殖悠悠转醒，他看了看众人，忽地跳了起来，说道："咱们抄赵向西的铺子去！"文刀刘等人知道货物损失无法挽回，也都响应梁货殖，一群人出了风闻天下，径奔城西去了。

班超想不出什么妥当的办法，知道若是任凭梁货殖等人作为，只怕赵向西一家非要闹个倾家荡产。赵向西被抢，赵家已是如五雷轰顶，如今债主上门，少不得又要大打出手。

众人从风闻天下出来，班超仍在大堂中，这时，一人叫住了班超，班超回头，见这人家仆打扮，那人说道："我家大人刚刚见您身手不凡，约您到楼上一叙！"

"您家大人是？"

"您到了楼上就知道了。"

班超随那人上了楼，那人推开房门，引班超进了雅间。房中的人见班超进来，连忙起身，道："适才见班兄武艺了得，遂冒昧邀您上楼，实在打扰！"

班超见这人年约四十，衣冠楚楚，风度翩翩，似是名门之后。此人轻装简行，举止间透着王公之气，遂还礼："小可班超，拜谢大人！"

那人请班超落座，班超坐下后，身旁的仆人为班超斟了一碗茶，班超问："不知大人如何称呼？"

"我姓窦，单名一个固字！"

"莫非是窦融之侄，大汉的驸马窦大人？"

窦固微微一笑，道："正是！"

班超起身再拜，道："班某眼拙，没想到在茶馆相遇窦大人，实在有幸！"

窦固笑道："适才我见你与那汉子对敌时，甚为勇武，不知道班兄是哪里人？家住哪里？"

"在下扶风郡人，现住洛阳书巷！"

"真是巧了，我也是扶风郡人！"

"扶风郡才人辈出，似建威大将军耿弇也是扶风郡人！"

"正是，扶风出将军，刚才我见你勇武过人，还道是北军的将士！"

"在下出身书香，父兄皆为文豪，父亲有遗志，以文为生，世代不弃！"

"乃父莫不是班彪？"

"正是！"

两人在茶馆闲叙，说起扶风人情风貌，又道楼下斗殴之事，竟说了半晌。天将黄昏，因有人来寻窦固，这才散去。

班超下楼后，看到邻居黄询，知黄询找他，问："致知寻我何事？"

致知是黄询的字，黄询说："你母亲命我寻你，说有急事，你快随我回去！"

班超家住城南书巷，黄询拉着班超出了风闻天下，行至城南，却未回书巷，而是出了开阳门，来到了洛水边。

河堰栽有柳树，茂盛如织。洛水门口有一座石桥，黄询将班超引至石桥上，对班超说："仲升兄，你往那里看！"

班超顺着黄询所指，带眼看去，问："致知让我看什么？"

"你且看嘛！"

班超正眼看去，道："河堤、柳树、鸭子，无甚别致之处！"

"还有呢？"

"还有妇人盥洗衣物！"

"对，再仔细看，那卧柳之侧的洗衣女子是不是貌美如花？"

"是有女子在洗衣物，是否貌美如花我便不知了，此去卧柳约三十丈，你怎知那女子貌美？"

黄询哈哈一笑，说道："那是城东张记药铺掌柜的女儿如露，前几日伯母托城南贾三姑说媒，贾三姑准备将此女子说与你，伯母命我将你寻回，我想那张家姑娘每日此时在此洗衣服，正好带你一见！"

班超一怔，问道："当真？"

黄询道："自然当真！"

班超趴在石桥上，向卧柳处看了个仔细，那女子穿着一身水绿的衣衫，模样不失俊俏，倒真是一个不错的姑娘。

"怎么样？"

"看着不错。"

"看着不错就走吧，我还要向伯母复命！"

"急甚，我还没看够呢！"

"快走吧！"黄询说着，拉扯着班超衣袖，往书巷去了。

　　班超与其兄班固同住，班超兄嫂居东房，班超与母亲居西房，与母亲有一帘之隔。自班彪去世后，班家生活拮据，班固入京前，居于扶风，入京后，居于洛阳城南书巷。班固虽任职校书郎，然其俸禄低微，是以班家仍然生活清贫。

　　班超随黄询回到家中，见母亲与一妇人坐在院中榆树下，班超识得此妇，知道她是洛阳城南的媒婆贾氏，人称贾三姑。班母正与贾三姑聊得高兴，见班超回来，都看向了班超。贾三姑从石墩上站起，走到班超身前，围着班超转了一圈，口中啧啧称赞道："这就是你家仲升吧？真是好身体！不似个文状元，倒像是个征战沙场的武官！"

　　班母站起，对贾三姑说道："这便是班超，还请三姑多多操心！"

　　贾三姑笑道："哪里的话？你家大公子是服侍皇帝的大官，仲升又在官府任职，说不定哪天便定了秩级，那时前途无量，多少人高攀不上呢！"

　　班母微微一笑，说道："三姑言过了！"

　　"人我看过了，我走了。"说着，贾三姑一摇三摆地出了班母的大院，黄询也向班母"复命"，随即回了自家。

　　班母将班超唤至榆树下，命其坐下，停顿了一小会儿，这才说道："超儿，你年过而立，本早该成家，奈何家境不佳，拖延至今。自乃父仙去，班家居无定所，颠沛流离，今你兄长为你谋得一职，只盼你不要辜负兄长美意，好自珍惜。"

　　班超跪在班母跟前，额头贴在班母腿上，说："孩儿让母亲操心了！"

　　班母又言："前几日，我与你兄长商量，打算为你置娶一房妻室，听闻城南贾三姑知晓各家闺秀千金，遂托三姑为你寻觅。城南张记药铺女儿如霜言行得体，通达事理，勤俭持家，与你相投，三姑与我计议，不日按六礼前去纳彩。"

　　班超一惊，言道："怎如此快？"心中却是百般欢喜。

　　自班超得知贾三姑将如霜相给自己，每日下午便与黄询到城南石桥散步，美其名曰"赏柳"。

　　"致知，你说这张家姑娘为何每日下午来洗衣服，便是洗了，也晾不干啊！"

　　"你这就有所不知了，谁都知道上午洗衣服容易晾晒，是以都抢着上午洗，洛阳城南这么多人家，石台还不被挤破了。下午就不同了，你看，只有她一个人，无人与她争抢。"

　　班超点头，道："真是别有一番风景。"

　　班超但凡有空，便拉着黄询"赏柳"，有时见得到那姑娘，有时见不到。见得到时，班超心头欣喜，便想找个近处看看，与那女子说上两句话。见不到时，心中便有些失落，只盼着张家多些衣服洗。

过了半月，班超一连多日没有见到张家姑娘，颇为沮丧。黄询告诉班超，张家姑娘属意于他，只是班家迎亲前，需准备聘礼，购置一处独立宅院。班超感到惊奇——张家姑娘何时见到过自己吗？黄询道，张家姑娘先前从不洗衣服，只是为了见他才每日下午到河边。班超恍然大悟，适才还奇怪，张家姑娘住城东，何以水中皓月般穿戴到城南洗衣服，原来是有意而为之。

虽是知道了病因，却恨无良方，想自己在洛阳衙署行誊抄之事，每月所得收入低微，又何来钱财置办田宅？

想起母亲近日愁容满面，两鬓又增白发，班超忧从中来。

郁郁回到家中，班超见班固着官服躺在摇椅中闭目，神情洋洋。时班固在朝中任校书郎，编撰世祖本纪，文采受明帝所重。

班固听到脚步声，睁开了眼睛，笑道："仲升赏柳回来了！"班超不理班固，见石桌上有一杯茶，取来喝了。

班固站起身来，说道："仲升这是怎么了，何以气成这般？"

班超道："无碍，只是一时沉郁罢了！"

班固道："听母亲说，城南贾三姑为你寻了一门亲事，你每日去城南赏柳，可有所得？"

班超没好气道："致知说那张家要我在纳彩前置办一处宅院！"

班固笑道："我当是何事，莫要烦恼，我告诉你一件喜事！"

"有何喜事？"

"你先为我倒茶！"

班超闻言，为班固倒上一杯茶，双手敬送给班固。班固接过茶水，喝了一口，说道："前几日，皇上命我撰写几篇诏令，今日诏令撰写完毕，圣上甚是满意。看完诏令，皇上问你现在何处任职，为兄受宠若惊，据实回答，说你现在洛阳府衙誊抄文书，侍养家母。圣上想起昔日我下狱之时，你为我喊冤，知你有胆略、通笔墨，诏你到兰台任职，以承父业，圣旨不日下达！"

科举制度生自隋唐，两汉之时，庶民没有升迁之道。班彪去世后，班固居于扶风，精研典籍，点校父亲史料，不想竟为他人举报，被收在京兆狱。幸得班超诣阙上书，得明帝召见，还班固清白，得释狱中。明帝惊奇班固才华，诏其至校书部任职，想来明帝便是那时知晓班超的。

班超听闻固言，甚是激动，当下向未央宫方向伏地九叩拜，口中呼喊："天恩浩荡，吾皇万岁！"

班超将日前在风闻天下相遇窦固一事说与班固，道窦固形貌魁伟，姿态端庄，举止间有将帅之风。班固甚为好奇，让班超详细道来，班超都说与班固，班固叹气道："窦驸马才华横溢，品貌俱佳，只因是窦穆的堂弟，受到牵连，于永平二年被圈禁！"

班超大惊，问班固详细情由，班固据实说与班超。

原来，窦融年老返乡，其子窦穆横行乡里，不遵法度。有一次，窦穆看中了一名有夫之妇，这位女子的丈夫是六安侯刘盱，于是他假称阴太后的诏书，命刘盱休掉其妻子，并嫁给自己。刘盱妻子上书给皇帝，具言窦穆不法，明帝大怒，将其下狱，与其子窦宣死于狱中。窦固年少时，娶涅阳公主，为黄门侍郎，窦穆下狱后，窦固受到牵连，也被圈禁。

班超登时醒悟，无怪乎窦固行事如此隐晦，一直居于雅间，原来是偷偷出来的。班固叹道："矫诏乃是重罪，窦固受此牵连，只怕再难翻身，更何况他又是外戚！"班超不言。

俗话说，好事不出门，坏事传千里。偏偏好事有时也会传千里。班固的诏令尚未送至班家，却已传到了贾三姑耳中。这日一大早，贾三姑推开了班家的门，这时班母已经更衣起床，班超与班固尚在梦中。听闻院中有争吵，班超与班固穿上衣衫，从房中出来，却见班家院中坐满了人，贾三姑列坐其中。

贾三姑道："仲升的婚事是我先应下的，我已经许下了张记药铺的姑娘，你们谁也争不得。"一名体形微胖的妇人道："你许下有何用？未经六礼，概不作数。"

另一名妇人，唇下有一颗黑痣，识得她的人都叫她痣婆，痣婆道："就是，我听说那张家还要独立宅院，仲升孝顺母亲，侍候老夫人，忠孝两全，女方为何偏要一宅院，成仲升不孝之名！我给仲升，哟，口误，是班大人，我给班大人说的这家女子，家里做的是布匹生意，皇宫里的皇后、妃子与宫女穿的都是这家人送进去的，生意做得大着呢！女方说了，不要班大人买宅院，只要班大人高兴，愿意倒送一座！"

贾三姑道："你知仲升好，仲升升官之前，为何不来做媒，偏到人家升官了才来！"

痣婆道："我早间就想介绍了，这不是你来了吗，你来了没成，我便来了。班大人年过三十，早就该有家室了，是不是班大人？"痣婆看到班超出来，说话对着班超，唾沫喷到了班超脸上。班超尴尬一笑，不作回答。

第三章

身怀壮志孔祥广从军　兰台失火班超遭免职

诏书尚没有下达，清早造访的媒人争论了一番也没甚结果。班固入宫值守，班超去了衙署。

班超走到半路上，想到今日无事，便改了方向，去了风闻天下。姚钱树不在，店中的小二识得他，给他安排了上座，泡了一壶吴国春茶。

适逢上午，说书的二两半不在，喝茶的人不多。

班超问店小二：姚公何在？店小二说，掌柜有事出去了。班超又问：梁货殖等人何在？店小二道，梁货殖等人变卖了赵向西的铺子，取了银两，各还债务，回老家去了。

班超长叹一声，想着喝完碗中的茶再去府衙，却在这时，大堂进来一人，那人先是往店中看了看，继而走到了班超的桌前，他自取一碗，将班超的茶水倒入碗中，咕咚一口，喝了个干净，然后又倒一碗，这才坐下。

班超认识此人，此人是赵向西的武师孔祥广。

班超尚未说话，孔祥广先开了口："我认得你，那日我刚回洛阳，你便在风闻天下。"他喝了口茶，说："听说你把薛五制服了，看不出你书生打扮，功夫却了得！那薛五是何人，梁货殖第一打手，天生蛮力！"班超没有想好该说什么，拱了拱手，孔祥广又喝了一口茶："梁货殖等人抄了我们家主人的铺子，我没了去处。姚掌柜吩咐小二，以后只要班壮士到了风闻天下，茶水免费，知道你喝茶不花钱，我只有沾你的光了，哈哈！"

孔祥广说完，起身便要离去，班超拉住孔祥广的衣袖："壮士何去？"

孔祥广昂然道："在下投军去！"

班超好奇，道："何处投军？"

"北军越骑营！听说那里招募骑兵，在下准备奔赴疆场，为主人雪耻，为大汉扬威！"

"壮士好志向！"班超没有想到今日竟遇上英雄了，壮志涌了上来，对店小二喊道："小二，来一坛并州酒，我要与壮士痛饮三人碗！"

店小二将酒坛搬来，摆上酒碗，为班超倒满。班超举起酒碗，与孔祥广干了一碗。喝完后，觉不过瘾，将酒满上，与孔祥广又干了一碗。两碗酒下肚，班超道："壮士与我胸怀同志，超平生所恨，不能投效疆场，仿效卫、霍北击匈奴，又不能似张骞出使西域，开辟丝路，扬我国威！今日壮士投军，壮志可嘉，愿壮士建功立业，万里封侯！"说罢又干了一碗。

孔祥广本是想蹭碗茶水，见班超是性情中人，说道："兄台豪情万丈，小弟草莽出身，能有幸与兄台喝三碗酒，不虚今日来这风闻天下。"说罢一饮而尽。

投军前，孔祥广总觉得有个地方要去，思谋再三，想起了风闻天下。当初赵向西在风闻天下收留的他，去年三月，赵向西从风闻天下取了梁货殖等人的银两，向西域出发，这一去就是一年四个月。赵向西答应孔祥广，回来给孔祥广娶一房媳妇，如今也不能如愿了。

上午的风闻天下有些清静，他进了大堂，看到了班超，想起姚钱树对店小二说过的班超点的茶水不收钱，这才有了与班超饮酒的事。

孔祥广与班超喝完酒，便要辞别，临行前言道："兄台虽儒生打扮，却是将军性情，若有投军之志，不妨一起投军！"班超怅然，良久道："兹事体大，当是从长计议！"孔祥广与班超拱手道别，留下班超一人枯坐饮酒。

他饮了些酒，不免胸怀激荡。边关战事又起，正是大丈夫投效疆场、立功异域之时，今孔祥广辞别，又激起了他埋在心间的从军之志。念及从军，班超却又想起了如霈。他付了酒钱，不知不觉来到了洛水河畔。班超也不知自己何以走到此处，如霈很久没有到洛水了，便是往日，如霈也是下午才来，晌午时分是看不到如霈的。

班超走上石桥，往卧柳方向看去，见石阶上蹲坐着十多个妇人，她们手中拿着棒槌，嬉笑着盥洗衣物，水声传来，甚是热闹。班超仔细看盥洗的妇人们，当中确实没有如霈，心中不免感到有些失落。

他转过身，背靠石桥栏杆，却觉得有人在看他，便将头转了去，只见眼前有一姑娘，那姑娘穿着水绿衣衫，婀娜娉婷，惊望着他。班超恍似梦中，只觉这人近在眼前，又好似远在千里之外。

梦中人忽然站在桥头，班超却不知道该说什么好，毕竟他也是头一次这么近地看着她："如霜姑娘，你……你怎么在这？"

"我……我刚好路过！"如霜低着头，双颊绯红。

多日没有见到班超，如霜有些想念。她瞒着父亲，换了衣衫，来到从前洗衣的地方，见妇人较多，如霜没有下石阶。看到桥头来往的行人间没有班超的影子，她有些沮丧，心中只是埋怨父亲没有答应这桩婚事。站在卧柳岸上，她忽地生出一个想法，不知道班超平时站在桥上看自己，是怎样的情形，她当即决定走向石桥，想学着班超往下看卧柳。她沿着河堤走上桥头，却看见往日班超所站之处站着一个人——这人穿着长衫，一身儒生打扮，正是班超！本以为自己看错了，正巧那人转过头来，四目相接，如霜顿觉站立不稳，好似站在洛水中，随时要沉落下去。

"那个……我也碰巧路过！"班超道。突然看到如霜，他也很紧张："要不，去我家坐会儿？"班超说完，便觉失言了。

如霜恍然未觉，低头轻声道："不了，我回家了。"说罢，转身回城，走了几步，又忽地停住了，她回头对班超说："班郎，你早日托人来我家提亲！"说完，如霜就快步跑去了，只留下班超一个人站在桥头呆望。

朝廷的圣旨很快便送达至城南书巷，班家热闹非凡。风闻天下承包了班家的宴席，来贺的有校书部的官员和洛阳府衙的僚属，也有班彪从前的故旧。自班固入朝后，班家一直少有这样高兴的事。

兰台是汉代管理档案和书籍的场所，文官在兰台记录历史，点校书籍，一直备受重视。

班超入值兰台，所点校的是西域传。他每日四更起，二更回，日夜读史，笔耕不辍，不敢懈怠，生怕辜负圣恩厚望。其时西域有安息、大月氏、莎车等国，班超将各国山川地理、人文风貌、丁口牛羊详细列表，又将张骞两次出塞所走路线、所见人文一一记载，绘成地图，详加标注。

读得久了，写得多了，思绪被拉到了万里之外。汉武帝年间，河西之地被匈奴占据，匈奴政权窥伺中原，中西阻塞，遂有卫青北击匈奴。张骞两次出使西域，沟通东西，设置都护府，统管西域，使得大汉王朝卫戍西方，四方戎狄尽知有汉，万里来朝，可谓千秋之功，当世之人，概莫能比。

今西南诸夷咸服大汉，东北乌桓、鲜卑服从中央，唯有西域尚未派侍子。侍子，即人质。西汉末年天下大乱，匈奴趁机控制了西域，后来东汉建立，西域诸国纷纷欲派侍子寻求保护，光武帝念及国力凋敝，无力外顾，拒绝了西域诸国，诸国无奈，归附了匈奴。

其时匈奴有二，分南北匈奴，南匈奴投向东汉，安置于河西地，北匈奴居于长城以北，窥伺中原。受制于南匈奴与大汉联军，北匈奴有所收敛，然而近年因漠北大旱，北匈奴又有寇边之意，常携裹西域诸国，骚扰城池，劫掠城镇、村落，边患日甚。

自入兰台，班超每日伏案工作不倦，未曾懈怠。这日晚上，班超点校完西域传，向值夜的刘庆告辞，准备次日呈皇上御览。他甚是勤恳，几乎将自己与如露的婚事忘了，直至次日清晨，母亲告诉他，贾三姑已经将聘礼送至张记药铺，他才想起此事。班母说，只要取了女方八字，定了吉日，便可成婚。班超听罢，喜不自胜。

初秋的洛阳依然很热，但是清晨的太阳已经不似伏天那般炙烤。班超进了宫城，见大家以异样眼光看他，他心中忐忑，一种不祥的预感涌上心头，可也想不到会有什么样的事情发生，他只是加速向兰台走去。

果然，兰台有异样，廷尉带着羽林军包围了兰台，几名兰台官员被挡在了台阶之外。

"发生了什么事？"班超问道。

"班超，你来得正好，昨夜谁在值守？"侍御史姜年问道。

"昨夜刘庆值守。"班超答。

说话间，廷尉董萱从兰台出来，问台下众人："昨夜何人值守？"

班超答："回董大人，是刘庆！"

董萱肃然道："刘庆何在？"

一人从兰台台阶下的拐角站起，其人蓬头垢面，身上衣服多处被烧，班超识得此人正是刘庆。刘庆低着头，两腿发抖，用沙哑的声音回道："卑职刘庆！"

"昨夜可是你值守？"

"正是卑职！"

"兰台大火因何而起？"

"卑职不知，卑职夜里如厕回来，看见桌案起火，便呼喊救火，不想火势太大，还是烧了些许竹简。"

董萱大怒，说："竹简，尔等目中只有竹简吗？那是我大汉机密档案。我看到被烧书简上浸了很多灯油，定是你值夜时，擅离职守，致使夜风吹倒了油灯，点着了书简。尔等身受圣上重托，却玩忽职守，非但没有妥善保管书简，反而引来大火，致史料被烧，你该当何罪？"

刘庆吓得跪在地上，说道："卑职罪该万死！"

"来啊，将刘庆收押！"

董萱说罢，两名羽林军将刘庆带了下去，余下众人见了，更是惶恐无比。董萱看了众人一眼，说道："尔等虽非主犯，但连坐之罪难逃，诸位大人静待圣上发落吧！"

班超回到家中，心情依旧十分焦虑，昨夜本是他值守，只是因为刘庆有事，提前同他换了班。班超按时出勤，不想刘庆在如厕期间，大风吹倒了几案上的油灯，致使兰台书简被烧。

按说书简被烧，只须再行写过便是，但明帝不似光武，政令通行甚为严明，可谓有功必赏，有过必罚。兰台虽非军政要害部门，但是所藏书籍多为机密要事，一旦损坏，概难复原。

是夜，班固回到家中，他让班超放心，明帝只追究守夜人的责任，余众概不过问。班超稍稍放心，哪知第二日早晨，班超接到诏令，免除刘庆兰台令史之职，班超私自调班，罪责连坐，免除兰台令史。

班超接到圣旨，像是失了重心，只片刻，又哈哈大笑，向圣旨伏地跪拜，高呼："谢主隆恩！"那念圣旨的太监见了，吓了一跳，将圣旨交到一旁的班固手里，说道："班大人，仲升疯了，我走了！"说罢，就出了班家小院，往未央宫方向去了。

班固看了一遍圣旨，见班超犹自手舞足蹈，禁不住暗暗叹了口气，心道："仲升只怕是真疯了。"

班超被免职兰台的消息不胫而走，邻居多来询问，班超无奈，只得到风闻天下喝几杯茶水，直至正午方才回家。午饭刚过，班超听到有人敲门，便去开门，哪知打开院门，却见院外无人，只有几担东西摆在地上，那几担东西班超认得，正是几日前送到张记药铺的彩礼。

班超知道，张记药铺是因为自己到皇宫任职，才将女儿嫁给自己的，自己被免职，彩礼自然被退了回来。想到此，他痛不欲生，见左右近邻询问，索性将自己关在家中，闭门不出。

这一日，班超尚在梦中，忽然被子被人掀开，班超猛地惊醒，看到黄询满面怒容。

班超倍感惊讶，道："致知寻我何事？"

黄询没有好气，指着班超，道："你问我何事，如霈今日出嫁了，你竟然还犹在梦周公！"

班超从床上跳下来，惊道："当真？"

黄询道："我骗你作甚！"说着，便拉班超出了门。

两人一路跑到城东，却见张记药铺门口热闹非凡，唢呐手在前，鼓手在后，迎亲的队伍竟有百丈长。黄询也被眼前的阵势惊到了："妈呀，这嫁的是哪家王侯？竟这般阔气！仲升你看，光撒花的丫头和散糖的仆役就二十多人。"

班超呆望着花轿，只遗憾坐在迎亲马上的新郎官不是自己。正愣神间，马背上的新郎官却跳下来，径直走到了班超跟前。

"仲升兄别来无恙啊！"

班超听到这人和他说话，才注意眼前这人，只见他身穿大红衣服，头戴喜帽，胸前挂着一簇大红花，赫然是刘庆。

"原来是刘大人！"

"仲升，你怎么在这？"

"我……我住在附近！"

"那可巧了。兰台失火的事，我对不住你，害得你连坐免职。"

"事出意外，你也是无心之过！"

"正是，皇上本要重责于我，念及皇亲一脉，又有姑母、叔父求情，才没给免职。父亲说我近来时运不佳，便请高人替我算上一卦，卦中说我命里缺土，需娶一五行多土的娘子。我说我已经娶了妻，那道士说纳妾也可以。父亲就连夜托人打听，不想真的寻到一个姑娘，正是命里多土，父亲连夜给我置办了这门亲事，谓之冲喜！"

班超闭口不言，已然无话可说。

班超踱步回家，刘庆不知班超之苦，犹自喊他到府中喝酒，直到班超走得远了，方才作罢。

班超与黄询出了城东，往城南书巷去，走到书巷路，两人又拐道往城南去了。

第四章

茅屋相面先生道天机　投军越骑校场再比武

　　洛水风景秀丽，美不胜收，但班超无心赏景。

　　班超站在石桥桥头，望着远处的卧柳，久久没有说话。黄询担心班超，问道："仲升兄，你没事吧？"

　　班超道："似我辈中人，任职兰台，便似高恩厚禄，民间女子争相嫁与，及闻被免，彩礼半日便即送还，以此悔婚，此谓人生。还有一种人，官职被免，其父为之纳妾，为之冲喜，此也谓人生。人生之道，殊异也。"

　　"不知道仲升有何打算？"

　　"我打算从军！"

　　黄询大吃一惊，道："汝父乃汉朝名儒，汝兄班固亦在朝中为官，书香世家，两代文豪，你怎可弃笔墨而使长枪？本末倒置！再说圣上虽将你革职，你兄长尚在，圣上喜爱诗赋，他日你定可复职。"

　　"致知此言差矣，君不见东方朔乎？文笔上佳何用？见识广博何用？伴武帝数十载，未曾封公侯。今匈奴犯边，正是有志之士用武之时，我当投军，以效朝廷！"

　　黄询不言，良久，忽道："城西有一相面者，生有一双神眼，可知过去，能断未来，仲升可愿与我同去？"

　　班超笑道："占卜之术，多似谶书，概不能信！"

　　黄询道："此人名叫混元子，自号茅屋先生，茅屋先生曾替多位王公算命，无一不准，常有携千金从千里之外求卦者。"

班超奇道："那茅屋先生这般厉害，岂不是早就位列王公了？何须再与他人算命，泄露天机？"

黄询笑道："人各自有命，更始年间，有一算命先生名叫王郎，自称刘子舆，假借成帝之后，建都邯郸称帝，仅半年时光，便被先帝平定，岂不哀哉！"

班超道："既是造访，是否需准备些许礼品？"

黄询道："茅屋先生每日仅卦一人，求卦者充满街巷，我们便是准备礼物，人家也未必肯收！"

班超道："也罢，不妨走上一遭！"

混元子所住院子位于城西一条巷子里，那巷子狭窄，没有名字，后因求卦者甚多，挤满了巷子，城西百姓遂称之为"拥堵巷"。

班、黄二人到了拥堵巷，巷中站满了求卦之人，求卦者多备有礼品，礼品小的，抱在怀中，生怕破坏；礼品大的，置于巷道中，堵塞去路。巷中人神色焦急，有的双手合十，对天祈祷；有的跪在地上，只盼茅屋先生眷顾，能为自己占卜。

见求卦的人甚多，班超便要离去，忽一书童站在巷中喊道："我家先生有言，今日有贵客，不接卦，诸位请回吧！"巷中等候之人闻言，纷纷站起，叫喊着要见茅屋先生，一时间，喧沸无比。

忽一人高声道："在下洛阳丞梁书，求见茅屋先生！"众人听他自报名号，都向他看去，那人年约四十，体态雍容，衣着华贵，身后两名仆役，各自担着两个盒子，形状颇为贵重。班超听他说话，便转身看去，果然是梁书。梁书文雅有礼，不想今日竟也来求卦，可见算卦之人必有要术。

巷中人见到洛阳丞，都伏地叩拜，梁书忙命大家起身。众人想，洛阳丞自报名号，茅屋先生必会见他，哪知道过不多时，又一名书童跑了出来。那书童先是对梁书深深一揖，继而说道："梁大人诸事繁忙，劳大人亲临，家主深感不安。家主曾有誓言，每日占卜，只一卦，今日有贵客造访，不能接卦，烦请大人回府，我家主人明日定亲自到府中谢罪！"

梁书听了，面带愠色，但稍瞬即逝，对书童道："既是如此，打扰了。"说罢，便带着仆役转身离去。巷中人见梁书都走了，就也各自收拾东西，纷纷散去。巷中之人潮水般涌出，班超、黄询二人正要离去，却被人轻声叫住了。班超回头，却见是刚才与梁书对话的那名书童。

书童道："两位请随我到院中一叙，家主已恭候多时了。"

班超奇道："你家主人认得我？"

"不认得！"

"那可奇了，刚才你说家中有贵客到访，莫不是说我吗？"班超说罢，与黄询一起笑了。

书童道："十多日前，家主曾对小人说，今日有贵客造访。适才我侍奉主人，主人说贵客到了，我便出来了，还请两位移步到寒舍。"

班超与黄询甚是高兴，便随书童进了小院。

茅屋先生住在巷子的深处，进了巷子，可看到一个大门，上面用篆书写着"茅屋小院"四个字。茅屋先生的院子不大，正堂是三间草房，两侧是厢房，院子里摆放着几座奇石和花木。

书童将班超二人引进正堂，侍奉茶水。片刻后，一老者进屋，其人鹤发童颜、仙风道骨，班超和黄询连忙起身，齐声道："见过茅屋先生！"

老者闻言一惊，继而摆手道："我非茅屋先生！"

班超道："茅屋先生何在？"

老者道："咦，刚才你们不是见过了吗？"

班超奇道："我们只看到了书童，没有看到……明白了，刚才那个书童就是茅屋先生，想不到这般年轻！"

说话间，一人从门外进来，这人身穿青色衣袍，衣袍上绘有飞鹤，正是刚才那书童，只是他换了衣衫，便好似换了一个人。

"怠慢贵客，恕罪，恕罪！"混元子进了房中，对班超拱手道。

"岂敢，实在是受宠若惊！"班超道。

"知君要来，是以今日推掉了所有卦辞，两位请用茶！"

班超奇道："先生何以知道在下今日造访？"

混元子神秘一笑，道："天机不可泄露！"

班超道："先生既知我来，可知我欲求何事？"

混元子道："为解一惑！"

班超道："先生真是神人！在下父兄皆为文官，出身书香世家，而今免职兰台，是问今后有何去处？"

混元子看着黄询，黄询自觉失礼，退出门外。混元子继而道："在下虽以占卜问卦闻名，但卦者乃出天意，或非人之所愿，是以独究于相面！"

"以先生看，仲升当为何面相？"

混元子附耳语之，言："君生万里封侯之相！"

班超奇道："如何看出在下有封侯之相？"

混元子道："君额头如燕，脖颈如虎，燕者，飞禽，可翔于天；虎者，猛禽，百兽之王，正是万里封侯之相。"

班超十分高兴，问混元子："何时可得封侯？"混元子说了四个字："大器晚成！"班超还想再问些问题，混元子却起身离去。班超出了门，见混元子不在院中，便问黄询，黄询说混元子进了另一间房。

守候在门外的老者对班超道："贵客，解卦已毕，请慢走！"

班超和黄询见主人确有送客之意，便出了小院。黄询问班超，混元子如何解答。班超避而不答，只是说混元子秉性怪异，做事不同寻常。黄询还待追问，一名书童叫住了两人。那书童将一片竹简交至班超手中，便即离去。班超查看书简，见书简笔墨未干，上面写着：妻二人，一在北，一在西。

黄询见了书简，笑道："我还道仲升孤老终生，不想姻缘未尽，竟妻二人！"

班超长叹："世事当真无常，想三日前，家母还在张罗我婚事，不想今日，新娘已是他人妇，连最后一面都没见到！"黄询亦感叹！

次日下午，班超带着包裹，一人来到洛阳城北的越骑营。

西汉时，北军共有八校，东汉裁减三校，只剩五校。越骑营是北军五校其中一营，另外四营分别是屯骑营、步兵营、长水营、射声营。

班超走到营门口，值守的士兵拦住了他。

"站住，何人？"值守士兵大声道。

"在下班超，前来投军，烦请报知一声！"班超拱手道。

"募兵已经结束了，暂不募新兵！"值守的士兵答道。

班超听了，甚是着急，正苦思良计间，看到了正在巡逻的孔祥广，遂大声喊道："孔兄，孔兄！"巡逻的孔祥广听到有人喊他，回头看去，看到班超背着包裹站在辕门外，便跑到辕门，问道："仲升兄怎么来了，莫不是要和我一起投军？"

班超道："正是要来投军！"

孔祥广喜道："看来是仲升想通了。"

班超道："值守的人说募兵结束，不再招募新兵，你可有良策？"

孔祥广道："军中司马认得我，我去问问。"孔祥广转身进了营帐，过不多时，一名中年人从营帐中走了出来，那人穿着便衣，颇有几分儒雅。

孔祥广对班超道："仲升兄，这位便是越骑营司马陶嗔！"

陶嗔走到班超面前，打量着班超，说道："你便是班超？"

"正是！"

陶嗔道："素闻班家诗赋一绝，流行天下，班固更是当朝的大文豪，你为何却要从军？"

班超道："班超志在疆场，不在文案！"

陶嗔道："你乃文吏，军中枯燥孤苦，你忍受得了？"

班超道："超立志尝遍人间苦，不怕苦中苦！"

陶嗔道："但我军兵员已满，你是否到别的营试试？"

班超道："越骑营精于马术，征战戎狄，再合适不过，在下只愿投越骑营。"

陶嗔道："现在征兵已过，你报名从军，须勇武过人，我方能将你纳入军册。"

班超道："请大人出题！"

陶嗔道："好！你且在校场与越骑营士兵比武，若是胜得一二，便可留下！"

班超喜形于色，道："多谢陶大人！"

班超被孔祥广带到了校场，此时校场正在整顿新军。负责操练的是一名军侯，见军营司马到了，即向陶嗔施礼。

陶嗔道："贾武，这人到越骑营投军，你找个人和他比试一下，记住，一定要用新兵，莫让这位兄弟吃了亏！"

贾武看了一眼班超，见他体格精健，心中暗道，看来此人力气颇大，不可用瘦弱之人与之对敌，失了越骑营的脸面。他环顾四周，忽见一人身材与班超相等，正怒视班超，随即喊道："薛五，你出来与这人比试一下！"

班超听这名字十分耳熟，再见这人身穿戎装，怒目视己，才知道这人是在风闻天下被自己所擒的薛五。班超暗道不好，此人不知因何到了军营，看其眼神，大有报仇之意。

陶嗔审视薛五，神色中显示对贾武挑选之人甚为满意，他对班超说："怎么样，有把握吗？不要勉力而为！"

班超对陶嗔拱手道："愿意一试！"

陶嗔倒也欣赏班超的勇气，他对贾武道："腾出场地，班仲升要与我军将士比武！"贾武转身，手举番旗，各列军士一见旗语，迅速集合成八列。贾武挥动番旗，军士逐列放置兵器，贾武又挥动番旗，军士离开兵器场，合并双排，将校场围定，露出一块空地。

班超放下包袱，走到了校场中央，薛五也走到校场中央与班超相向而立。

班超拱手道："薛兄，多日不见，还请手下留情！"

薛五不言，只是猛地向班超扑去，其势凶悍，好似猛虎。班超见薛五来势汹汹，不敢正面相接，他后退两步，侧身避过这一扑。薛五一扑未中，又转身扑来，班超这次见避无可避，只得与之缠斗。

风闻天下一战，班超因夺了薛五双棍，占了优势，是以将薛五制服，今两人皆徒手对敌，胜败实难预料。薛五高大强壮，与班超身材相当，他自幼做的是体力活，又有人传授拳脚功夫，是以不能小觑。班超虽未拜师习武，然而力大如牛，对武术又有喜好，堪堪与薛五打成平手。

双方打斗了一盏茶工夫，场中新军莫不喝彩，就连陶嗥也暗暗称奇，想班超出身书香门第，竟然功夫了得！而与之比武那人，功夫不在班超之下，今后做个先锋，倒是合适人选。看了片刻，陶嗥便想让二人罢手。但他见薛五面带怒容，又想知二人高下，便未阻止。

薛五自上次在风闻天下输给了班超，梁货殖大为懊恼，不仅未将翠凤许给薛五，还自纳其为小妾，将薛五赶出了家门。薛五没去路，在大街上饿了三天，直到遇上北军募兵，这才有了饭吃。薛五怨恨班超，是以对其大打出手，用尽全力与之周旋。

班超与薛五越斗越久，初时尚用些拳法路子，只是游斗久了，两人不免俱露出疲态，比武于是成了摔跤战。班超心道，薛五虽然勇武，但缺乏机变，我须和他斗智方可取胜。

薛五力气大，可身形欠灵活，所以当薛五再次扑来时，班超只一招潜龙入海，即钻入到薛五裆下。薛五尚未回过神，班超趁势翻转过身，双手抓住他的后背，猛地向后抛去。薛五被班超骤然抓住，失了重心，身子便随班超双臂腾空而起，重重摔在了地上。班超鲤鱼打挺站起来，再要扑上去，却被陶嗥叫住了。

"罢手！"被摔在地上的薛五皮糙肉厚，这一摔虽重，但也没有伤筋动骨，本能地便跳了起来，他还要再战，却被贾武喝止了，贾武怒道："你没听见司马让你们住手吗？"

陶嗥道："仲升，你力气很大，也有些基础，只是招式差了些。"说完，他转头看向薛五，问道："你叫什么名字？"

"我叫薛五！"

"你和班超有仇吗？"

薛五斜眼看着班超，眼神似乎仍带有恨意，说道："他是坏人！"

陶嗔哈哈大笑，说道："你既说他是坏人，他坏在何处？"

薛五虽怨恨班超，但是让他原原本本地说出事情原委，却是很困难，他支支吾吾半天，仍未说清，陶嗔竖起耳朵，也没有听清薛五究竟说了些什么，还以为是方言的缘故。

于是陶嗔挥了挥衣袖，说道："好了，你们私人的事，我不再管，记住，私斗者，除军籍。"然后转身对贾武说："军侯，你带班超去营房，稍后到主簿那里登记。"

"是！"陶嗔说罢，转身走了。孔祥广拉着班超的手，说："恭喜啊，日后咱们就在一个营了，只可惜风闻天下的茶喝不了了！"

班超也是高兴："多谢孔兄帮忙，有惊无险！"

孔祥广回头看薛五，见他仍怒目而视，道："我也没有想到和你比试的是薛五，这人练过功夫，很能打，难得的是他挨了打，不觉得疼！"

贾武送走陶嗔，返回了校场，对班超道："身手不错。饶锦文，带班超回营房！"

一名军士从人群中站出，那人走到班超跟前，对班超说："请随我来！"班超作别贾武、孔祥广，便随饶锦文去了，他临行时，不忘看一眼薛五，见薛五还在看他，心中苦恼，不知作何应对。

越骑营营房有百间，其中四十余间用于休息。各房间按照天干地支进行编号，班超所住的营房是庚寅房，房内是一个大通铺，每张席子一个铺位。班超粗略看了一下，估计营房住着二十多人。

"带被子了吗？"

班超一惊："被子还需自带吗？"

饶锦文哈哈一笑，说："和你开玩笑的，看你吃惊那样子。"饶锦文将班超领到营房西墙处，指着偌大一块空铺，说："这便是你的床铺了。"

班超见那铺位足够睡两个人，心中高兴，想到自己身体宽大，还怕营房狭小，铺位不足躺卧，不想竟如此宽敞。

第五章

夜辨辅星越骑考目力　耿秉训话骑兵喜军营

班超将行李放下，饶锦文与班超又闲聊了片刻，校场操练的新军方才回营。

营房中，爱说话的都来和班超打招呼，不爱说话的则躺在铺位上，闭目养神。班超初到，众人其实也就比他早到几天，营中新军名为招募，实则为征召，见班超主动从军，甚为好奇。

有人道："你年过三十，既非征召，何苦来军营受罪！"

有人道："你兄长在朝中，为何不求个差事？"

班超见众人七嘴八舌，也不知道该回谁，直到众人问完，才道："从军是我多年心愿，我年少时便想从军。奈何父兄出身书香，父亲一直希望我兄妹三人能继承他的衣钵，但我一直不喜文案。我已年过而立，将是不惑，若然错过，只怕终身遗憾，老死迟暮。今从军入营，当快慰平生，报效朝廷。"

众人恍然，一人道："原来从军这般好，我本不想从军，听你这般说，从军倒像是好事！"

另一人道："正是，这几日可抓挠我的心了，我那媳妇春草刚过门，还没有看够。"

这时，一人发出咳嗽声，众人向他看去，奇道："沈祥，你咳嗽什么？"

沈祥乃是一名伍长，从军两年有余，他道："我已经数月没有见过女人了，这位兄台新婚宴尔，正好讲一讲你们洞房之事，让我等想象一番！"众人哈哈大笑，那位刚结婚的人也不在意，一起大笑。

这时，门外响了三声锣，房中之人闻罢，倾巢而出，较之操练，身法更为迅捷。

班超尚未回过神来，沈祥于是拍着他肩膀，说道："吃饭了，你还在等什么呢？"

班超知营房人多，军士食量大，稍慢一点，便没了饭菜。果然，到了饭堂，班超看到了排队的军士，远远望去，竟有十丈之远。

班超排了半个时辰的队，终于打到了饭，寻思这般排队，也太慢。众人打了饭后，有回营吃的，也有在营房外吃的。班超端着碗，看到了蹲在营房外吃饭的孔祥广，便走了过去。

"孔兄是哪里人氏？"

"是仲升兄啊，我乃鲁国人，孔子第十五代世孙。"

"呀，大贤之后，失敬失敬！咦，孔兄既是圣人之后，何以好武？"

"是啊，我这个大贤的后人也来从军了，你这个小贤之后，又还有何顾忌？"

班超大笑，指着碗里的肉片，道："营中饭菜不错。"

"那是，这是拱卫京师的军营，饭菜自然过得去。我也才来几天，这几天啊，每天吃的都不一样，不过你也别高兴，虽然每天不一样，但是每隔五天一样。比如说今天是炖萝卜，第六天还是炖萝卜！"

班超对饭菜倒是不太在意，问孔祥广："你们鲁国人都是蹲着吃饭啊？"

孔祥广嘴里塞满了馒头，听班超问他，呛了一下，过了许久才道："这不是鲁国人的习惯，这是我跟随赵向西在塞外的时候养成的习惯！"

班超恍然，见一些士兵从饭堂走出，竟也蹲在了饭堂左右，孔祥广道："这些人可不是在塞外学的，他们只是跟我学的！"

是夜，星光满天，众军士吃了晚饭，回到营房，刚刚躺下，却听到三声锣响。众人整理装束，赶紧出了营房，贾武昂然站在门外，大声道："校场集合！"

各营房军士按照高低站成四列，跑步到了校场。

陶嗔问贾武："是否到齐？"

贾武道："报告司马，刚清点人数，已经到齐。"

陶嗔点头，说道："诸位军士，今夜召集大家到校场，并没有掌灯点火，为的是检验大家的目力。如何检查，便是要大家看天上的星星，大家据实回答，回答结果不作考量，为的是以后长官了解你的目力，贾武，开始吧！"

贾武命军士呈八列站立，每列间隔三丈，在各列前五丈处设有一处几案，案子上置有一盏油灯、一具笔墨、一本花名册。案前坐着一名军中伍长，负责记录，左侧是另一伍长，负责督查考核。

营中新军从未听说此项考核，大感新奇。排队之处与考核处相去甚远，考核之人说话声音又小，众人只知道是辨认天上的星星，但具体是哪一颗，便不得而知。

被考核之人居于校场左侧，考核结束的人居于校场右侧。临到班超，班超走到几案前。考核的伍长指着天上的北斗星，问道："看到天上的北斗星了吗？"

班超看北方的天空上，星光闪烁，七颗亮星悬挂天空，道："看到了！"

"你且看勺子柄倒数第二颗星，有何异常？"

班超知道那倒数第二颗名叫开阳，他涉猎群书，知道开阳星旁边有颗辅星，便道："开阳星附近有颗暗星！"

"暗星在开阳何方位？"

班超抬头观星，道："暗星在开阳左侧偏上的位置。"

"好，过去吧！"

班超离场，往校场右侧走去。

到了场中，众军士相互验证，方知所考的具为开阳辅星。军中之人从军之前，多在家务农，少读书，少有目力缺陷者，所以营中考试，多数人都能通过，但也有天生缺陷之人，目力匮乏，虽穷尽所目，终不得视，是以众人阔笑议论，亦有低头不语者。

夜色渐深，营中灯火点燃，众军士分八列站定。

陶嗔站在阵前，说道："军士们，刚刚诸位伍长对你们的目力作了考核，我看了一下考核结果，甚是满意，军中大部分人都达到了标准。诸位知道，我越骑营和长水营具为骑兵营，骑兵既要懂马术，又要懂骑射，既是骑射，必要目力极佳。但我检视名册时，仍有三五人未达要求，未达要求者，明日移送步兵营。"

营中新兵一惊，议论道，原来这越骑营要求这般严格，怪不得日间班超拼死也要与薛五一搏，原来越骑营真是好去处。

考核结束，各方阵被带回。

饶锦文为班超领了被褥，为班超铺好。班超甚是感激。饶锦文道："仲升莫要谢我，你好生休息！"

众人见班超铺好铺盖，皆笑而不言，独睡右侧床铺之人向其挥手。班超不明其意，还道是众人与他玩笑，直等到了深夜，班超忽闻耳畔有炸雷之声，猛然坐起，听到邻铺鼾声大作，方知睡前众人因何发笑。

班超试着躺下，只觉打鼾之人鼾声如雷，难以入睡。班超轻轻推了一下那人，那人鼾声稍减，班超将要入睡，又闻雷声大作。他只得起身，所幸床铺左侧还有一处空地，他便将铺盖向左移了一铺。班超盖好被子，心道：怪不得此处空两个床铺，原来是右铺鼾声甚大之故。他将要入睡，忽闻一股臭味，他坐直身体，去找臭味源头，鼻子靠近左铺那人屁股，听到左铺梦中放了一个屁，声虽不大，却甚清晰。班超心中释然，无怪乎营房狭窄，独此处却还空出了二铺。他扯出左铺的被子，折叠三层，捂住那人屁股，这才稍稍透气。

如此折腾一番，班超再难入睡，他想起了家中的母亲。临行前，他已将心中所愿告知了母亲，母亲虽有迟疑，但还是同意了。在这世间，再也没有人比母亲更懂自己。

反对最多的是班固，班固视文如命，自比司马迁，他为人孤傲，自信胜司马迁一筹，时常言司马迁所著《史记》去繁就简，过于简要。对于班超从军一事，班固并不赞同，班家书香世家，从军之险，或未可知，若仲升战死沙场，自己何以向九泉下的父亲交代？

班超虽未征得班固同意，但还是离开了家门。黄询将其一路送出北门，临行前，班超劝黄询与之同往，被黄询所拒，黄询道："混元子之言真假未辨，弃笔从戎，前途未卜，莫如在家等待察举征召。"班超答："从军不因占卜，只为志向尔！"黄询执班超之手，道："仲升胸有壮志，我自知也，君常言，人生渺渺如浮光掠影，与其为他人撰书，不如他人撰书著我。"班超嗟叹！

天将要亮，班超方才睡去，但起床的锣声已经传到各个营房。

早饭刚过，越骑营在校场点兵，往日训话的是贾武，但今日训话的却是司马陶嗔。可陶嗔在台上话不过三句，便退后了。接着，一位身形宏伟、全身披挂的人走到军士之前，这人体魄魁梧，腰围甚大，台下军士见了，心生敬畏，本是嘈杂的方阵，一瞬间静如山林。

这人和颜悦色道："刚才校场喧嚣得像个菜市，怎片刻间，诸军士便似个新媳妇？"台下军士听了，原本紧张的神经，便有了些放松，甚至都笑了起来。可这人忽又高声道："但尔等确是新媳妇！"此人声音陡然增强，整个校场为之一震，众军士刹那间便又收敛笑容，不敢再言笑。

"新媳妇该如何？便是要守妇道！孝公婆！"那人见众军士不说话，这才继续说话："这便对了，从军便要有从军的样子。方阵行伍之中，禁止嬉戏打闹、交头接耳，倘若没有军纪，岂不是一盘散沙！散沙是什么？散沙是随时可以被风吹走的沙子，纵然比泥土硬，它烧不成砖，砌不了墙。"

"在下耿秉，越骑营校尉。我不在营中之日，都是陶司马打点军务，听闻新征召的军士身体不错，我很欣慰。但我今日到了营中才发现军纪涣散，校场点兵，陶司马在台上，营中兵士交头接耳，这配做我越骑营的士兵吗？"

众军士听他介绍自己是越骑校尉耿秉，不禁一惊。京外征召来的士兵不知，但洛阳城征召的士兵都知道他的名字，便是少数不闻政事的人不知道耿秉，也听说过他的叔父耿弇的名号。耿弇是光武帝时所封的建威大将军，曾助光武帝平定河北、隗嚣，功勋卓著。

耿秉对身后陶嗔道："陶司马，宣读昨晚目力考核不合格名册，即日送往步兵营。"

"是！"陶嗔从身后士兵的托盘中取出盛放的两片竹简，开始念昨夜考核没有通过的人的名字："朱庸、万善、郗凉……"念罢，自行退回原地。

耿秉道："皇上体恤民情，知民之多艰，此次北军五校只征召了两千军士，各营四百。今外有四夷，内有忧患，北军如何在逆境中取胜？靠的便是战斗力。似尔等这般，如何征战？"耿秉指着校场左侧的一列军士，说："这些军士是我从各营挑来的，你们自己说一说，你们是从哪个营过来的？"

那列士兵自报出身。

"我是射声营的！"

"我是长水营的！"

众士兵自前往后，逐一报告，营中军士无不惊奇。

耿秉道："好奇吧，这些人怎么到了越骑营？本校尉给你们解释一下，我们越骑营养了很多的战马。我专门向圣上讨了一块地，做养马场，又讨要了马料，但养马需三年，训练更需时日。一匹马要比一个士兵宝贵，我越骑营养了三千匹马，我们不缺马，我们缺骑兵，缺上等的骑兵。怎么办？我就和各营换，用一匹马换一个能征善战的骑兵，一匹不行就两匹，两匹不行就四匹，那列军士就是我用五百匹战马从各营换回来的。"

众士兵忍不住向左看去，见左侧那列士兵不过二十来人，心中暗道："原来一名越骑营的士兵抵得上二十匹战马。"

耿秉继续道："从现在起，越骑营将开始骑术、徒步、射箭、剑术、矛戈诸功课的训练，考核标准会在训练时告知。一个月后，我将亲自主持考核，不合格者，将退至其他各营，你们是否明白？"

"明白！"众军士齐声喊道，因受鼓舞，军士喊声震动。

"好，从今天开始，新军进入北郊练马场。"

耿秉的训话结束，除目力不合格者留下，各方阵新军全部被带至北郊练马场。

新军一路无人说话，直至到了午饭时间，众人才你一言我一语，有的说耿校尉威武雄壮、气势夺人；有的说自己占了大便宜，不想这越骑营这般难进；还有的说，要用心训练，莫被赶出越骑营。特别是那些体弱身瘦之人，更是上了心。

这是班超第一次见到耿秉。他知道耿秉乃是将门之后，虽未对外领军，但对兵法颇有造诣，善于排兵，深受皇帝欣赏，在当朝将领中，是不可多得的将才。

新军由各自的伍长带领训练。庚寅营房里的饶锦文和沈祥俱为伍长，两人在越骑营从军已两年之久。班超的伍长是沈祥，沈祥看到班超，忍不住捧腹，笑道："仲升精神不是很好，昨夜是否听到异常响动？"

班超道："何止异常！实在是腹背受敌、两面夹击。"众人大笑。

沈祥指着睡在班超右铺那人说："此人名叫宋海，绰号惊雷，高九尺，腰如磨盘，食量惊人。宋海说，他从军前，从没有吃饱过饭，到了营中，勉强可吃七成饱。"宋海看着班超，嘿嘿一笑。沈祥说："饶锦文在军营两年多，从来不去抢饭，自宋海来了，每天锣不响，他就守在灶房门口了。睡在你左铺的人名叫祁闻，平时爱捉弄人，说些笑话，因他总爱梦中放屁，所以绰号午夜叉，与宋海并称雷公电母。"祁闻望天不语，众人忽闻一阵恶臭。

班超与宋海、祁闻编在同一伍，伍长是沈祥。同伍的还有孙复，一个河北的新兵。沈祥领来战马，让班超等人逐一试骑。孙复没有骑过马，多次从马背上摔下来，宋海太沉，每次爬上马背，那马跑不了几步，便跑不动了。

班超刚上马，忽一人疾驰而过，班超试着跑了几步，却见刚才骑马那人又回来了。班超看到是孔祥广，说道："孔兄好骑术啊！"

孔祥广笑道："这里的战马很不错，仲升兄好好练！"说罢，便疾驰而去。

第六章
意外得师班超拜马叟　林中遇险刘鲂暗结交

自到了练马场，越骑营士兵日夜苦练，不觉疲倦，肥胖者日渐消瘦，瘦弱者日渐壮实，而身材矮小者训练尤为刻苦，生怕考核不过，被调出越骑营。

练马场有一老者，年逾七十，每日斩草喂马，在营中颇不起眼，营中将士唤之马叟。马叟住在练马场营房后院，忽一日，练马场后院热闹起来，有人传言，营中来了一位貌美的姑娘，正住在后院。众军士听说此消息，躁动不安，每日寻借口到后院探查，可惜见者寥寥。

终于有一日，马叟在练马场喂马，众人看到了那位姑娘。她身穿黄色绮衣，腰束紫色丝带，身形款款，甚为俏丽，营中军士张目望去，皆勒马停训。

那姑娘与马叟说了几句话，转身回院，众军士目送甚远，及马叟咳嗽数声，众人方才继续练马。稍时，营中有军士悄悄走到马叟跟前，询问女子何人，马叟不言，抱马料回院。

天将黄昏，众军士用过晚饭，在各自帐内休息，独班超在帐外练剑。约莫一盏茶的工夫，班超见各军帐陆续有人走出，皆向马场后院。班超停止练剑，却见各帐将士好似后山玩猴，有的趴在门缝，有的攀至墙上，有的匍匐屋顶。

沈祥从营帐中走出，见班超持剑站在帐外，说道："仲升又在练剑？"

班超道："夜间无事，练练剑法，伍长何事啊？"

沈祥道："莫叫我伍长，我比你还小十多岁，在下名沈祥，字志福，你可叫我志福。"

班超道："如此岂不无礼！"

沈祥道："屁大的官，你不用当真！"

班超道："适才我见各帐中都有军士潜入马场后院，只怕是为了偷窥马叟之女，伍长是否报知司马？"

沈祥大惊。沈祥出帐本意便是想到后院偷窥，不想竟被他人抢了先，当下大怒，说道："这等龌龊事，何须报知司马，你且随我来！"

说罢，沈祥大步前行，班超紧随其后。

两人很快便到了后院大门，见院墙上下站满了人，沈祥喊道："墙上何人，还不下来，尔等意欲何为？"喊声震天。

墙上的人听了，猛地一惊，便有数人掉落，未爬上墙的，连忙弯腰低头逃了去。沈祥得意扬扬，不想有三五人竟走到沈祥面前，其中一人道："你叫什么名字？"沈祥道："甲字屯沈祥！"那人道："你这人多管闲事！"说罢，便将沈祥围了起来，班超拔剑上前，剑光闪烁。那些人不敢多言，后退三步，往营帐撤去。

沈祥长出一口气，却也是吓出了一身汗，心说幸好班超在此。正当此时，院中出来两人，走到门口，先后摔了一个踉跄，班超定神看去，竟好似孔祥广和饶锦文。那两人抬起头，看到班超，说道："仲升兄，有人来了，你还不快跑！"说罢，便往林中军帐跑去。

沈祥和班超站定，将要转身，只见一人出现在门口，却是马叟。马叟看了沈祥和班超二人一眼，关上院门。沈祥觉得好没趣味，回了营帐。班超则在帐前继续练剑。

天至二更三刻，班超将要睡觉，忽见一骑从马场后院破门而出，当时月光正亮，班超看得分明，除了一人骑马，马背上尚有一女子。班超惊呼，坏了，只怕是歹人走险，掳了马叟之女。时军帐无马，班超寻马不及，只得徒步追赶，狂奔三五里后，与那人相距愈来愈远。正无可奈何时，身后响起了马蹄声，只见一人腰背弯弓，手不持缰，驾马而来。那人身形神勇，所骑战马更是矫健，奔至班超身前，忽地平地跃起，从班超头顶跨过。

班超惊魂未定，又见那人左手握弓，右手搭箭，嗖的一声射去，正中前人后脑，那人应声跌落在地。

班超惊叹，真乃神箭手。

那人快马向前，将前马上的女人抱到自己的马背上，这才慢了下来。

班超瞠目结舌，那马踱步而行，及走到近处，班超才认出，后面追上来的人竟然是马叟！

马叟看了一眼班超，打马回院。班超走到中箭之人身前，见是营中士兵，将其放在马背，牵着马缰，回到了营帐。

他想将此事报知沈祥，但知道沈祥话甚多，若沈祥知道了此事，不免口耳相传，影响军心。他思考再三，决定报知司马。他将马牵至司马帐前，时陶嗔司马已经就寝，值守的士兵知道此事重大，叫醒了陶嗔。陶嗔听闻此事，掌灯探视，见中箭之人果然是营中士兵，不免一惊，再看中箭部位，又是一惊。陶嗔命班超即刻回帐休息，不要将此事告知他人，班超听命告退。

第二日，司马陶嗔在营中宣布，一名军卒母亲病重，百善孝为先，已经准其回家探视。因军中常有请假之人，军营将士并未在意。训练时，众军士看到马叟将女儿送离了练马场，心中好生失落。

马叟头日去，次日回，回来的那日下午，陶嗔在练马场训话，他说："越骑营是皇家卫队，是洛阳的保护神，先辈英才辈出，自光武帝始，无数豪杰雄踞其中，不乏武术高人。"说到这里，陶嗔看向班超，继续说道："铁打的营盘，流水的兵，所谓的高手都是一时的，但是在我们越骑营却一直流传'越骑三老'的传说。越骑三老，即马围、姜壬、熊来。姜壬、熊来二老早已解甲归田，还归乡里，唯有马围仍侍军中。因马围年事已高，校尉不忍其操劳，命其闲住营中，老壮士虽入暮年，但心系军营，不愿闲居营中，特向校尉讨来养马一职，表以衷心。"

营中将士听陶嗔所言，还以为他似往日那般官话，不想话中竟含深意，那马叟竟然是传闻中的越骑三老中的马围，不免唏嘘。众人还道他是喂马的老叟，原来是高人，莫说新兵不知，便是营中的老兵也未有人听说。

陶嗔说的话，营中人虽有不信，但却解了班超的疑惑。昨夜马叟快马射杀前人，箭法之准，前所未见，正疑惑是何人如此箭术，原来马叟是越骑三老之马围。

陶嗔道："越骑三老箭无虚发，在我身后三百步，设了一处靶位，请马老为我们演示。"两名士兵将靶位放置三百步外。因靶位甚远，诸军士只能看到一个白点，靶中圆圈已然目力不及。

陶嗔站定一侧，马叟走到箭靶前方，拉弓搭箭，众人见他射箭动作好似天神，为之一震，心道，我也拉弓，怎没他这动作？似他这般，定然是百发百中。果然，箭离弓弦，马叟的箭应弦射出，士兵将靶位移回，见所射之箭命中靶心。众军士见了，大声喝彩，心中俱想，还好那日晚上自己没有越轨举动，不然非死不可。

陶嗔继续说："越骑三老早年操练军士，练就越骑营诸多勇士，如今岁月蹉跎，三老只剩一老，不能再操练新军。但马老心有余热，想收一弟子，纳为徒弟。"

陶嗔话未说完，营中军士早已欢呼雀跃，要来报名，但陶嗔说："马老心中已有人选。"众军士皆不说话，静待陶嗔宣布。陶嗔见台下一片寂静，说道："还是请马老自己说！"

马叟走到军前，指着班超，说道："我选的徒弟是班超！"

营中军士有的叹气，有的欢呼。叹气的是选的不是自己，欢呼的则是班超所在营房认为班超为大家争了脸面。

沈祥气道："昨夜是我惊吓走了偷窥之人，为何马老选仲升为徒弟？"

祁闻道："伍长术业有成，仲升乃新进，实在不能相比！"

沈祥脸上由阴转晴，笑道："此言不假！"

宋海低声道："祁闻不仅会放屁，拍马屁也是一绝！"

再说班超初闻马叟选了自己，也是一惊，见营中震动，心中高兴，不想竟是馅饼砸到了自己头上。

班超自拜师马叟，在营中名气大增，军中将士皆知其为马老弟子，班超十分用心，不敢怠慢，是以训练勤苦，未曾懈怠。

转眼入了冬，班超到军营将近半年，营中所有科目都已经完成既定训练计划。

耿秉将各营房编为一屯，设屯长一人，屯内设前伍、后伍、左伍、右伍、中伍，各伍设伍长一人。屯长上设军侯，军侯统管左右屯。越骑营共有军侯十八人，每人指挥五十人。

营中士兵训练刻苦，时日久了，士兵各不服气，特别是考校过后，常伴有打架斗殴，营中虽多次颁布禁令，却屡禁不止。

这一日，众军士在练马场训练马背用枪，这一科已经练了有些时日，各自颇为熟练。正逢午间休息，班超和孔祥广在树下聊天。

孔祥广道："仲升兄，你这骑术日渐精进，营中士兵听说后，都想与你比试！"

班超拜师马老一事，事出意外，马老为人少言，班超也不询问，想来与那夜自己徒步追赶歹人有关。自班超拜师，马老那斩草喂马的活便被班超包下，马老每日闲坐，乐得清闲。班超道："营中高手甚多，又有前辈，怎会寻我比试！"

孔祥广道："营中新兵多是阡陌征召，虽是苦练，仍不足道，但也有些许新兵来自官宦，其父兄非公即侯，这些人在年少时便有高人指点，从军后，更是武艺精进，少有人能与之比肩。近日马老亲自对你授业，故营中官兵都想与你一较高下。"

二人说话间，一名士兵打马过来，问二人道："谁是班超？"

班超从地上站起，说道："我是！"

那人也不下马，用鞭子指着班超说："司马在后山等你，命你过去，你带上武器，随我来。"

班超不知真假，只得从院中牵马而出，随那士兵去了。

班超与那士兵走出三五里，进入邙山林中，班超见林中无人，问那士兵："司马何在？"那士兵不语，忽地拍马疾走，班超见了，暗道不好，正观察四周，一人持枪纵马飞来，枪头直指班超眉心。班超坐骑乍见变故，受了惊吓，翻倒在地，班超顺势举枪，挡住来势，来敌腾空跳过，班超下马，站在地上，持枪而立。

那人一击不中，掉转马头，又再袭来，其势凶猛，班超不敢正面对敌。他侧身避过，转身投掷长枪，因班超膂力甚强，长枪没入马屁股半截。那人坐骑受伤，一声嘶鸣，前蹄抬起，班超快步上前，拔出长枪，马屁股鲜血溅出，马当即也卧倒在地，马上之人顺势跌落。

班超持枪正要将那人擒住，却见又有一人从林中跳出。这人用的是戟，班超与之斗了数回合，发现此人武艺高强。是时林中又有数人徒步而出，所穿皆越骑营军服，其中两人将落马之人救出，又有数人持枪将班超围定。

班超挥动长枪，与众人战了起来，纵然敌众我寡，班超丝毫不落下风。敌方身穿越骑营军服，班超未敢用全力，他逐一挑落对方手中长枪，又将众军士拍倒，这才站定。

班超道："既是越骑营军士，何以出手如此凶狠？"

马上持戟之人吼道："大胆班超，你可知你所伤何人？"

班超道："不知是哪家鹰犬，快报上名来！"

持戟之人怒道："勿出狂言，此淮阳王刘延的长子刘鲂是也。"

班超听他如此说，大吃一惊，再看被自己所伤之人，两侧侍立军士，气势非凡，虽年方十八，穿寻常骑兵军服，但佩剑剑柄缠有金丝，剑鞘雕有镂空豹纹。班超见此，急忙伏跪在地，说道："不知道是殿下驾到，恕罪！"

那人从众人中走出，行到班超面前，说道："都说你拜了马叟为师，功夫了得，今日一见，果然不凡。但你也不用骄傲，须知人外有人、天外有天，本殿功夫虽不如你，但我手下有三掌将军，你必不是对手。"

班超从未听说"三掌将军"，但此人既是淮阳王之子，手下有些许高手，也不稀奇，当下不言。

刘舫继续说道："公孙将军，请你露一手。"

方才持戟之人向刘舫作了揖，随后将戟插到地上，戟的一端乃是生铁，坚硬无比，被他插入土中，直没了半截。那人跳下马来，走到一处大树下，那是一株二十年的老槐树，足有一抱粗。但见那人卷起右手衣袖，露出胳膊，用右掌先是砍了老槐树左侧，又砍了老槐树右侧，随后击在槐树中央，但闻一声咔嚓，老槐树拦腰折断，倒在了另一侧。

班超大吃一惊，往日只道马老神射，今日见了这公孙将军，才知有大力士也。

班超拱手道："小人有眼不识泰山，不知将军有此神力，失敬！"

那公孙将军名叫公孙通，自小生有神力，武艺高超。他演示毕，也不理会班超，拔起长戟，自行跳到马上，退到刘舫身后。

刘舫道："今日只是个误会，本殿在越骑营学艺，只想和仲升交个朋友，你看怎么样？"

班超道："多谢殿下抬爱！"

刘舫道："今后你有事，可找公孙通！"说罢，带人离去了。

班超不知刘舫何意，刘舫之父刘延乃是光武帝与郭皇后之子，在诸王中排行第四。刘延性格暴躁，骄奢淫逸，至于为何将其子放在越骑营，班超甚为不解。想那刘延性格怪异，班超虽不能与之为敌，亦不敢与之亲近。

淮阳王之子在营中从军的消息不胫而走，营中的军侯、屯长多收到礼品，诸如丝帛、五铢钱等，连薛五也收到了一锭银子，越骑营一时间言必谈淮阳王。

冬日的下午，孔祥广和班超蹲在伙房后院吃饭。

"仲升兄，我的本事你是知道的，虽有万夫不当之勇，但没有显山露水的机会，这淮阳王的儿子是如何知道我的？便是知道了原也不打紧，偏为何送来两匹布？莫非他不知我每日身披战甲，无暇穿便衣？送也罢了，送甚花布，我老孔既无妻室，又无亲友，要花布何用！"

"既收之，则安之，孔兄的花布若穿不得，改日带到集市，换成五铢钱，买些许酒肉，岂不妙哉？"

"甚妙甚妙！只是先祖有言，无功不受禄，既是大肆送礼，必有求于他人。听说淮阳王暴虐，用法苛刻，何以今日如此慷慨？"

"孔兄见地颇深，近闻太原郡一带匪寇猖獗，我已向屯长建言，请命剿匪。"

"你屯长是何人？"

"屯长乃沈祥，刚被提拔！他已向司马请命，司马说要请示耿秉校尉，若是校尉同意，我便可暂离营中！"

"如此妙计，你怎不告知我？"

"现已告知，陶司马既认识你，你可去请命。"

"甚好！"

说罢，两人洗了碗，回了营帐。

第七章

荒山借宿老叟暗下毒　射杀莫良激怒芦芽山

　　永平八年，明帝有心效仿前汉武帝北击匈奴，命越骑校尉耿秉出任雁门太守，勘察地形，熟悉地理风情。

　　就任前，耿秉在朝中得闻奏报，雁门以南的吕梁山匪患严峻，遂取地图，日夜研究之。太原太守乃耿秉父亲故旧文宣，文宣知耿秉到雁门就任，夹道相迎，将耿秉迎进城中。耿秉以晚辈见礼，文宣大悦，宴席中，论起吕梁山匪，文宣苦恼不堪。原来，文宣亦为武将出身，奈何吕梁山高山险峻，易守难攻，匪寇难除。

　　耿秉道，陛下调拨越骑营三百精兵甲士协助雁门将士剿匪。文宣听罢，摇头摆手，说吕梁山匪有万人之众，皇城禁军多练兵，少实战，区区三百甲士恐难以剿灭。耿秉亦知兵力相差甚远，文宣道："不如本太守向陛下请旨，增派太原将士一千人，交付你指挥，如此多些把握！"耿秉起身拜谢文宣。

　　文宣当即撰写奏折，并加盖太守印信，交府中卫士送往洛阳。

　　原来吕梁山在太原以北，太原不少豪门大户时常受到骚扰，太原郡出兵多次，经岁无功，文宣甚恼之。此次耿秉就任雁门太守，有意围剿吕梁山匪，文宣不用倾全城之兵，便能围剿吕梁山，正是一举两得。

　　宴席上，文宣委任太原都尉郭圣为太原军统领，由耿秉指挥，一旦圣旨到了，便交付耿秉。耿秉与郭圣都谢过文宣。

　　耿秉出征前，明帝命耿秉带越骑营将士三百出雁门。越骑营乃皇帝的禁卫军，没有皇帝的手谕，任何人不得调动，只因北军平日少与敌人作战，明帝恐军心涣散，故而命其随耿秉到阵前一试。

文宣的奏折离开太原，耿秉随即也上了一道奏折，内容大同小异。因道路漫长，奏折上奏与批复往返需一个月，耿秉招来郭圣与部将贾武一道商议平定吕梁山之事。

耿秉道："耿某原是越骑校尉，不想圣上诏令耿某镇守雁门。雁门乃边关重镇、中原门户，前汉武帝时修建关口，关险山高，故而责任重大。然耿某尚未到雁门，却闻关内匪患频发，不能治。于是耿某暗自属意，先行荡平匪寇，再安定北疆。眼下圣旨未到，太原军的将士能否将吕梁山之情况详说一二？"

郭圣从席中站起，走到桌前，向耿秉施礼，说道："在下郭圣，太原都尉，在任三年，时常与吕梁山交兵，对吕梁山匪有所了解！自前汉衰微，并州盗匪横行，历经王莽篡汉、更始之乱，吕梁山盗匪猖獗，建武之后，前太原郡守厉兵秣马，多次围剿，因吕梁山山势险峻，汉军入山后，匪寇作鸟兽散，是以经岁无功。吕梁山绵延八百里，有大小匪巢百座，尤以芦芽山的匪众最为凶悍。吕梁山的匪众多是山下的农夫，他们不袭村庄，喜太原附近的大户豪院。对于进山的生人，村民亦冷眼而视，故而进山时，不宜成群结队，可化装为附近山民。"

耿秉道："郭都尉是本地军官，熟悉地形，既能道明山匪现状，又提出剿匪策略，甚为难得。我意，任命郭圣为剿匪副指挥。"

圣旨尚未下达，耿秉不可在太原逗留，须带领越骑营先行前往雁门就任。临行前，他命令贾武安排些许耳目，化装成山民。沈祥向贾武请命，贾武正发愁，于是欣然同意，沈祥遂与班超、孔祥广、饶锦文三人化装成百姓，到芦芽山查看地形。

四人穿着半旧的衣衫，骑着马一路向北，进了吕梁山麓。

这一日，四人来到了一处山脚，前后没有村庄镇店，眼见天要黑了，四人饥渴难耐，忽见山上有一处房子，炊烟袅袅，像是有人正在生火，四人甚是高兴。

四人循着山路，快马上山，到了山上，却见房门紧闭。众人见灶台的火还没有熄灭，知道人进了房内，便拍打门板。那门板挂在门上，摇摇欲坠，被孔祥广的大手拍到，飘荡得如同秋千。

"开门，我们是过路的，讨碗水喝！"孔祥广喊道。房门内无人答应。

"快开门，再不开门，我便砸门了！"孔祥广道。

"别砸！别砸！"

房内传出了苍老的声音。

门闩拨动，摇晃的房门随即被打开，众人看到开门的是一个老人，这老人身形憔悴，面带恐惧，像是遇见了歹人。老人身后站着一年老的妇人，这妇人头发花白，想来是老头的老伴。

"不知道几位壮士有何贵干？"老头问道。

"天黑路过，讨碗水喝！"孔祥广大声道。

老头道："你们不是黄龙岭的？"

孔祥广不耐烦，说："什么黄龙岭，你们这还有吃的没，给我们做点吃的！"说罢，从怀中掏出些许五铢钱交给老头，老头接过钱，眉头舒展，说有吃的。

四人被迎进了屋子，屋子由石头砌成，除了少数器物为木质，其余家具，如桌、凳等物皆为山石打磨。

众人坐下，两位老人出了房门。四人听到羊叫，起身见老头正在宰羊，孔祥广笑道："不想山内民风淳朴，竟好客如斯！"

暮色渐深，炖好的羊肉被端上了桌，四人早已饿了，顾不得礼让，撕下羊肉，便大口咀嚼起来，那味道中正，四人吃得赞不绝口。吃到中途，老头提了一壶酒，说是刚从山下买来的，众人没有多想，便将那酒分了。

吃到深夜，众人渐感困倦，不多时便趴在桌上昏昏睡去了。

这一觉直睡到天亮。醒来时，已不知是何时分，再要起身，忽觉身上酸麻，已然动弹不得，四人趴在床上，手被绑在后背，脚上也缠满了绳子。

"喂，老头，你这是何意啊？"孔祥广叫道。

门外没有应答。

孔祥广又大叫："老头，你们为何绑我？我与你无冤无仇！"

沈祥道："你别叫了，累不累？快想办法弄断绳子！"

孔祥广试着挣脱，发现动弹不得，道："这绳子结实无比，你倒是弄断看看！"

"嘘，有马蹄声！"饶锦文道。

众人安静下来，果然听到山下有马蹄声，那声音由远及近，到了山上。

孔祥广喜道："定是救咱们的人来了！"

孔祥广话未说完，房门被推开，老头慌张地走了进来，他手里拿着破布，将众人的嘴逐一堵上，孔祥广刚要骂人，便觉口中充满了咸鱼味！

老头忙完了手中的活，出了房门，众人趴在床上，听到门外有说话声。

只听一个姑娘说道："山人张，你儿子可曾回来？"那声音清脆，颇有震慑力。

"回几位姑奶奶，我儿子已经回来了。"老头说道。

"人在何处？"

"就在房内的床上，因犬子顽皮，不肯上山，老朽已经将其手脚绑住，几位姑奶奶可将其带到黄龙岭。犬子向来不听话，几位姑奶奶可严加调教，莫要姑息！"老头道。

"你所做甚是，黄龙岭若是都如你这般通情达理，芦芽山不足惧了！"那姑娘说，"流丹，你将山人张的儿子带出来。"

那叫流丹的姑娘应声说是。

班超四人见几人进了房门，这几人均是年约二十的姑娘，她们身穿黑色束装，手法甚是干练。

流丹见床上躺着四个人，问老头："哪个是你儿子！"

老头指着孔祥广，说道："这人便是！"

孔祥广睁大了眼睛，口中呜呜，显是极为愤怒。两名女子将孔祥广抬起，随流丹出了房门。流丹道："三姑，房中还有三人！"

原先说话的女子道："一并带走！"

流丹道："是！"

那姑娘问老头："门前的四匹马是何人所骑？"

老头答："是我儿朋友的！"

那姑娘扔下一锭银子给老头，说道："一并带走！"

流丹等人进了房门，将班超等人逐一抬出，放在马背上。四人被抬出，知道自己被老头坑害，暴怒不已，待见了门外马上坐着的是五位漂亮的姑娘，怒气顿时消减，唯破布还塞在口中，说不得话。

四人被放在了马背上，那几个姑娘一边骑着马，一边牵着马缰，沿着山道，狂奔离去。

四人吃了那老头做的饭，喝了老头买的酒，腹胀不止，受了颠簸，更觉肠胃翻江倒海，竟呕吐起来，直将昨晚吃的酒肉吐得干干净净。

一行人下了山，走了二十里山路，拐进一处深山，这山路狭窄，寻常之人路过难以发现，山路走了三里，众人进了山谷，越走越开阔。又走了三五里，众人来到一处山洞，那山洞十分宽敞，不知道是天然形成，还是人工开凿。穿过山洞是一片开阔的平地，在平地的对面有一座铁链连接的吊桥，吊桥长二十余丈，站在吊桥一侧可以看到桥下云雾缭绕，也不知道其深究竟几何。

几个姑娘将四人带到开阔平地，将其交给一男子，道："带这四人到北山，去修工事！"那人应了，将马牵到平地的马棚，又有几人将班超四人带到了后山。

几个姑娘下了马，往吊桥方向去了。

班超等人知道这是一处匪巢，心中暗自庆幸。正是踏破铁鞋无觅处，得来全不费工夫。

四五个喽啰沿着一侧山路将四人带到北山，北山是一处"会当凌绝顶"的陡崖，崖壁光秃如镜，稍不小心，便会跌落崖下。站在北山，可以看到开阔的山谷，山谷以北是低矮的山丘，在山丘之间，隐约可见交错的小路。

几名喽啰将班超等人口中的破布摘了，又将其绳子解了，孔祥广得以解脱，突然发难，将几名喽啰打倒，周边的喽啰见了，迅速围了上来，四人捡起身边木棍柴棒，与之周旋。

忽然一人喊道："住手！"

众人回头望去，却是那个叫流丹的姑娘。

流丹道："三姑救了你们，你们却在这里大打出手！"

孔祥广道："明明是你们劫掠民夫，怎是救了我们？"

流丹道："我们劫掠民夫不假，但也救了你们，若不是我们，你们便要命丧荒村野岭。"

四人仔细一想，也是这般道理。

流丹对一名头目道："给他们些吃的，吃完好好干活！"

那名头目应了声"是"，随即命人提着吃的，送到了班超四人面前。

四人经过颠簸，肚子早就空了，口中吃着大饼，竟也出奇地香。

北山是峭壁，但山崖间有一处缺口，这处缺口连接黄龙岭与山北的平地，成了一处门户，黄龙岭据险而守，征发附近百姓在此修了一处关隘，雄奇无比。

班超等人边吃边嘀咕。

沈祥道："出太原郡前，郭圣只说过芦芽山，却未曾提过黄龙岭，单是黄龙岭已然雄壮如斯，芦芽山岂非更难平定？难怪前任太守在任十余年，未见功业！"

饶锦文道："不知道屯长有何高见？"

沈祥道："此地乃黄龙岭，莫叫我屯长。"

饶锦文笑道："是！"

沈祥道："我等不如佯装顺从，趁机勘察地形，届时大军攻到，我等作为内应，定能建功！"

饶锦文一拍大腿，道："妙计，屯长真是英明！"沈祥得意扬扬。

四人虽口中说顺从，但吃完大饼，都躺在山腰，跷着二郎腿，毫无劳役之意。一旁的喽啰见了，上前训斥，四人毫不理睬，一名头目试图鞭抽四人，但被羞辱而回。

被羞辱的头目去不多时，几名白衣女子快步上来，班超等人见了，均暗自纳闷，这几人分明就是山下劫掠自己的女子，却不知何时，换上了白色衣衫。

一名女子上前，说道："你们上了山，为何不干活？"听声音，竟然是门外与老头说话的女子。

孔祥广笑道："又不是我们自己上山的。"

一名女子上前一步，说道："我们三姑可是付了钱的！"

四人哈哈大笑，饶锦文道："我们又不是那老不死的儿子，他凭什么买卖我们？"

那女子道："三姑说你们是，你们就是！"

沈祥怒道："好生野蛮，看我不教训你！"说罢，一个箭步，掐住了那女子的脖子，那几个女子见了，拔起手中的长剑，对准了沈祥，沈祥哈哈一笑，说道："还想耍横吗？"

那个叫三姑的女子说道："你是何人？报上名来！"

沈祥道："大爷无名无姓，你叫大爷就好！"说罢，将那女子用力掷到三姑的怀里。

那几名女子还要发难，忽有一名喽啰报告，山下出现大队人马。

众人往山下看去，果见一队人马快步而来，只见旌旗闪动，尘烟泛起，竟有数百之众。

流丹说道："三姑，是芦芽山的人！"

三姑点头，见班超三人仍躺在石头上，有恃无恐，她狠狠地看了沈祥，道："稍后再来收拾你们！"

听到芦芽山的名号，班超四人连忙站了起来，他们趴在工事内，静观山下情况。

山下的人马到了关口，勒马报山。稍后就见山门大开，一队人马从山内迎了出去。两队人马在关口对话，说了一盏茶工夫，也不知道说了些什么，就见双方剑拔弩张，对阵起来。三姑最先动手，她手中的鞭子抽向了说话的男子，却被对方身边的人用刀挡住了，那几名女子见了，拔起长剑，加入了战圈，对方还手，双方发生混战。

班超等人在山上看了奇怪，双方都是土匪，何以一言不合打了起来。他看到那个叫三姑的姑娘冲入阵中，手中挥动着鞭子，当真厉害得很。而对方说话的男子此刻坐在马上，气定神闲，似是稳操胜券。

芦芽山的人马很多，不乏能征善战者，打斗片刻，黄龙岭渐落下风。

班超等人走到关隘的山门上，询问一名喽啰："山门下白马上坐着的是何人？"

那名喽啰道："这人是芦芽山的大当家火雷豹的二儿子莫良，莫良平时喜好劫掠妇人，去年来黄龙岭提亲，被三姑拒绝了，不想今日又来，惹怒了三姑！"

沈祥道："三姑又是何人？"

那名喽啰道："三姑你都不知道？三姑是我们大当家鹇鸪山的三女儿，闺名望秋。"

班超看到三姑体力渐感不支，黄龙岭虽然也有几员勇猛之士，奈何与三姑相距甚远，相救不得。班超见此，心生一计，说道："这莫良看着好不讨厌，取弓箭来，我要为三姑出气！"

那喽啰道："此处距三姑两百步，你如何能为三姑出气，只怕箭到了，也没力！"

班超道："你只管取箭！"

那喽啰将身上弓箭交给班超，班超拉了一下弓弦，说道："弓力不错！"他挑出一支箭杆笔直的长箭，掂量了一下箭杆的重量，跳上山门围栏，但听嗖的一声，箭羽离弦射出，城下莫良当即从马背上摔落下来。

那喽啰高兴得跳了起来，说道："射中了，射中了！"

班超从山门围栏跳下，莫良死了，山下乱成了一团，原本攻伐有序的芦芽山匪四散而逃，几十人围在莫良身边，将其扶上马背，向北离去。

山门上的喽啰欢呼鼓舞，高喊胜利，城下的人撤入城内。

班超对沈祥等人悄悄说道："我刚杀了芦芽山大当家的儿子，芦芽山必大举复仇，黄龙岭陷入危机，我等快躲起来！"

沈祥道："还躲个屁，谁不知道是你杀的！"

班超道："我也是急躁了些，只道是杀了莫良，芦芽山与黄龙岭必有大战，没有想到我等退路。"

四人正商议如何离开黄龙岭，却见走来一队人，走在前面的是一个中年大汉，那人满脸络腮胡，身上穿着带血的铠甲，手中拿着一把一丈长的大刀，说道："刚才是谁放的箭？”

一名喽啰指着班超，说道：“是那个黑衣大汉！”

那中年大汉，满面怒容，快步上前，揪住班超的衣领，说道：“你是何人？为何将黄龙岭置于死地？”那人说话时，已有十多人手持长枪，将沈祥三人围住。

班超道：“我等是被三姑劫掠上山修筑工事的，因见贵山被攻，这才出手相助！”

那人道：“你为黄龙岭结下血海深仇，何来相助？来人，将这人头砍了，送到芦芽山去！”

沈祥三人大惊，正手足无措时，班超哈哈大笑，说道：“以我的头向芦芽山示弱，甚妙！那火雷豹见到了我的头，当大笑三声，原来黄龙岭这般怕我，我正好趁势攻下黄龙岭！”

那人不语，将班超衣领放下，这时，三姑走上山门，喊道：“爹爹，切莫杀了这人，女儿不想嫁莫良，他也算有恩于我！”

原来与班超说话这人便是黄龙岭的大当家鹧鸪山，他见杀班超不得，便命人将班超四人关在了山寨柴房。

第八章

叩关复仇引来火雷豹　救鹧鸪山三姑生爱意

天渐渐黑了下来，班超等人被关在柴房中。

"三姑！"

"打开房门！"

"是！"

班超躺在柴房，早已经睡着，听到是望秋的声音，便醒了过来。

负责看守的喽啰举着火把，走在前面，望秋走在后面，班超看到，只有她一个人。

望秋看着柴房里的众人，指着班超，说道："你起来！"班超看了她一眼，原本睁的眼又闭上了，望秋大怒，提起手中的鞭子便要抽班超，班超听见鞭子声，一把抓住鞭尾，用力一扯，望秋站立不稳，一个踉跄，跌倒在班超身上。

沈祥等人吃了一惊，全部坐了起来。班超也是一愣，他万没有想到望秋会跌倒，遂将望秋推开。

望秋更是大怒，她用力地抽了班超一个耳光，说道："你这个坏人，本来是想给你换个房间的，你就继续睡柴房吧！"说罢，转身走了。

举火的喽啰关上了房门，房内爆发出了哄笑。

四人本是又困又累，待望秋离去后，竟又睡着了。

不知道是何时，门外突然灯火大亮，到处是杂乱的脚步声，一名喽啰打开了柴房的房门，说道："不好了，芦芽山的人来了，你们快去看看吧！"这喽啰正是中午借弓箭给班超的那人。

孔祥广打着哈欠，说道："这般待客，还指望我们去帮忙吗？"

那名喽啰道："几位爷功夫这般了得，若是不去大显一番身手，不免枉费了这通天的本事。适才见那位爷一箭射死莫良，心中好生敬仰，只道是天神下凡。如今芦芽山来犯，几位爷若杀死几个头目，擒得火雷豹，将来前途定然不可限量，大当家一高兴，说不定几位便能升为我黄龙岭的三当家、四当家，到时候风光无限，小的也好鞍前马后，孝敬几位！"

沈祥等人万没有想到，此人竟然希望自己成为黄龙岭的匪首，沈祥拍着那喽啰的肩膀，道："真是好口才，做个喽啰倒是屈才了，你叫什么名字？"

那名喽啰道："小的陆三，我从先生那里捡来一本书，识得一个聪字，便给自己起名叫作晓聪！"

沈祥道："我问你，那三姑是何人？身边的女子又是何人？"

那喽啰道："三姑本名叫望秋，是大当家鹧鸪山的女儿，另外几名女子分别是流丹、蓝云、青竹、水仙，这四名女子尽为三姑侍女，与三姑亲如姐妹！"

饶锦文点头："那个流丹挺惹眼！"

沈祥不屑一顾，道："不过是山匪女子，晓聪，你且带路吧！"

陆晓聪将班超四人领出柴房，沿着一条狭窄的山路，往北山走去。路上，班超看到匪众正在搬运弓箭，想来是黄龙岭到了重要关头。

班超等人到了后山，见山门上站满了人，有的在投掷石块，有的在射火箭，好似在打一场防御战。

沈祥道："咱们快去帮忙，打退了芦芽山，也是大功一件。"

班超道："且慢，这个时候上去，只怕是胜了还要关进柴房，我等且稍坐一会儿。"

孔祥广笑道："仲升兄言之有理。"

言罢，四人又坐了下来。

陆晓聪见四人又坐了下来，急道："几位爷怎么又坐下来了，快去帮忙啊！"

孔祥广道："兄弟，你别着急，你先去山门帮我们打探一下，什么时候需要我们动手了，我们再去！"

陆晓聪一拍脑袋，说道："懂了，几位爷稍候，我这就去打探！"

班超四人坐在山门后的山石上，如白日那般躺卧，好不自在。

沈祥道："仲升这招见血，只是射杀了一个匪首的儿子，便引来双方大战，当真妙哉！"

饶锦文道："仲升是读书人，少不了读些兵书，行军打仗当比我们懂得多！"

班超笑道："切莫夸我，能出得了这黄龙岭才算本事！"

四人在巨石上小声嘀咕，因天色无光，无人在意他们。

忽地山门上欢呼跳跃，众人高喊胜利了。

班超等人遥望山门，黄龙岭据险而守，果然难攻。

鹧鸪山在山门喊话："兄弟们，芦芽山仗着人多，屡屡欺压我们，妄图抢夺望秋，占我黄龙岭。现在芦芽山受挫，到了我们黄龙岭反击的时候了，拿上你们的家伙，随我出山，生擒火雷豹。"

山门上和北山的石头上站满了持刀拿枪的匪众，众人听了鹧鸪山的话，斗志昂扬，纷纷呐喊："生擒火雷豹！"鹧鸪山率先下山门，随后众匪也出山门，一时间，山门上人去山空，只剩下一个击鼓的喽啰。

班超四人见人都走了，自己上了山门。山门的大门大开，鹧鸪山一马当先，冲在了最前面，在鹧鸪山身后，是黄龙岭的头目们，他们身上穿着铠甲，头上戴着头盔，紧紧跟着鹧鸪山。在众头目后面是喽啰，喽啰们口中呼啸，手中拿着长矛，颇有气势。

鹧鸪山战马跑得甚快，不多时便追上了芦芽山掉队的匪众。鹧鸪山无心理会虾兵蟹将，坐下的战骑横冲直撞，跑得飞快，眼见就要追上前面的大队人马，左右两侧的草丛中忽地举起了火把，无数的箭羽向鹧鸪山射来。鹧鸪山反应很快，手中的大刀左右拨挡，但大腿和肩膀仍是中了箭。

原来火雷豹无意攻城，他知黄龙岭易守难攻，只是诱敌出城。

鹧鸪山自知中了埋伏，便打马回山，行不数步，见去路站满了芦芽山的匪众，竟是四面皆敌。他左右突围，只因两侧被山丘所夹，突围无果。黄龙岭的二当家大黄牛拼死护住鹧鸪山，无奈寡不敌众，黄龙岭山门近在咫尺，却似远在千里。

火雷豹打马从人群中走出，说道："鹧鸪山，你杀我爱子，今日你交出凶手，让出黄龙岭，我饶你不死！"

鹧鸪山性情刚烈，虽死不受辱，说道："杀我易，得黄龙岭难！"说罢，向火雷豹冲去。

站在山门上的班超见鹧鸪山仗义，不禁动容。他对沈祥三人道："虽是两山交战，但若芦芽山胜了，占了黄龙岭，日后只怕更难围剿！"

沈祥道："那我等又当如何？"

班超道："将山上的喽啰全部赶到城下，为我等助战！"

沈祥道："正合我意！"

四人下了山门，却见山门下站满了人，领头的是三姑和她的几个侍女，后面站着的，是黄龙岭留守的喽啰，约百人。

望秋见班超四人下来，牵来四匹马，说道："打退芦芽山，放你们走！"说罢，分给每人一柄长枪。

孔祥广笑道："不打退芦芽山，我们也走得！"

望秋不语，良久，道："打退芦芽山，我身边的侍女就是你们的！"

孔祥广不语，沈祥却怒道："谁稀罕！"他不喜山匪，尤不喜女匪，本想再痛斥三姑，但担心暴露身份，上马出了城，孔祥广、饶锦文紧随其后。

班超对三姑说道："高声呐喊，多举火把！"

三姑道："我记住了！"班超上马，将要离去，三姑喊了声"喂"！班超勒马，望秋大声道："我叫望秋，若你救出我父亲，我便嫁你！"班超不语，打马出城。

山外早已战成一团，黄龙岭士气受挫，半数受伤，班超四人冲进阵中，左右突击，将芦芽山匪众冲得七零八落。望秋身后的匪众见班超四人如此英勇，士气陡然提高，一并冲了出来。黄龙岭土匪将要绝望之际，忽见救兵到来，又打起了精神。

芦芽山的匪众见山门内涌出许多人，火把密集，山前大亮，不知救兵究竟几何，少顷被夹攻，更加胆怯，遂不顾打斗，向北逃去。

黄龙岭救兵打退了伏击的芦芽山匪众，士气大振，举着火把，向北出击。

当时鹧鸪山已经被芦芽山众匪包围，二当家大黄牛身受重伤，若不是身后撑着一根断枪，早已经倒地。

班超冲进战圈，他来势凶猛，力大无穷，所经之处，人仰马翻，匪众无人敢挡。鹧鸪山看到班超，大感惊奇："此人不是被关进柴房了吗，何以至此？坏了，莫不是要取我性命吧，我命休也！"

鹧鸪山绝望时，班超冲到鹧鸪山前，打退了周边的几个喽啰，其他喽啰还要再攻，被班超的长枪力贯胸背，左右见此，不敢靠近。

火雷豹看到班超，暴喝一声："来者何人？"

班超吼道："你爷爷是也！"

班超有心借黄龙岭剿灭火雷豹，急于刺死此人，他打马上前，长枪直指火雷豹咽喉。火雷豹大惊，用刀格挡，不想班超力气甚大，火雷豹支撑不住，摔落马去。班超正要刺出，忽一人持刀截住了班超长枪。班超知有人救火雷豹，便收回长枪，回枪战那截枪之人。

此人乃火雷豹的大儿子公虎，公虎与其弟相貌不同，他身材高大，善使大刀，勇武好战。公虎守在火雷豹身后，见班超将火雷豹砍落马下，连忙营救。但见长刀砍出，连出多个杀招，与班超斗得难分难解。

自火雷豹被班超刺落马下，芦芽山士气大为受挫，众人逐渐退后，及公虎与班超战二十回合后，芦芽山已无人迎敌，皆退至公虎身后。

沈祥知班超不肯放走火雷豹，高喊："莫放走了火雷豹！"

黄龙岭击退了芦芽山，士气高涨，众人欲一雪前耻，纷纷高喊："莫放走了火雷豹！"

芦芽山匪众多是农民，喜随大势，见芦芽山败落，唯恐命丧黄龙岭，纷纷逃去，独公虎尚与班超缠斗。公虎个性偏执，爱争斗，敌人愈勇，公虎越喜，他与班超打斗五十回合，仍不分胜负。

站在一旁的孔祥广见公虎久战不下，上前夹攻。孔祥广早年拜师学武，本事高强，营中谁也不知其真实功夫。只是几个回合，公虎便落下风。

班超道："你还要争个长短吗？"

公虎挡住孔祥广一枪，说道："小爷不和你争，我要去了！"

孔祥广吼道："哪里走！"说罢，长枪刺向公虎小腹，公虎挡开，班超长枪又从后背刺来，公虎贴在马背，试图躲过，孔祥广掉转枪头，刺向马头，公虎坐骑受惊，将公虎掀翻在地，公虎落到地上，被班超长枪抵住喉咙，众人一拥而上，将其缚住。

时芦芽山人马已经逃散，鹧鸪山命各头目带领人马追杀。

班超与沈祥等人欲借此机会，离开黄龙岭，他们将要走，却被鹧鸪山喊住了。

"几位壮士且慢！"

班超四人勒住马缰，沈祥问："何事？"

"请问几位高姓大名？"

"名字就不必报了吧，我等还要追火雷豹，待追上火雷豹，擒回他的头，再回来报知姓名！"

"壮士大恩大德，在下感激不尽，阁下既已救黄龙岭，还请上山喝杯酒，让老朽尽些地主之谊！"

"大当家的地主之谊，在下已经领教！"沈祥说罢，打马向北而去，班超三人紧随其后。

鹧鸪山面上一红，他不知沈祥四人何以坚持追杀，倒像比自己还痛恨芦芽山一般。这时望秋走了过来，她对鹧鸪山附耳道："女儿已经答应黑衣汉，言他若是救出父亲，愿以身相许！"鹧鸪山恍然大悟，自言自语道："怪不得这般英勇，原来是要娶我女儿，是也！是也！"

鹧鸪山随即命一队人马追了上去，望秋关心班超安危，带着侍女一并追了上去。

班超四人出发前，黄龙岭已有大股人马追杀芦芽山匪。

饶锦文道："天色黑暗，左右皆是土匪，是否将黄龙岭的人一并杀了！"

沈祥道："反正都是土匪，杀之亦无不妥！"

班超道："不可，我们只有四人，不可四面树敌，万一被发现身份，则死无葬身之地。"

沈祥道："该当如何？"

这时，前面亮出几支火把，原来黄龙岭的人听到身后有马蹄声，全部停了下来。这队人看到班超，高兴地喊道："原来是大英雄来了，你们追来，我们就放心了！"

又有人问道："几位壮士要去哪里，我们跟着你们！"

班超道："我们在追杀火雷豹！"

"太好了，我们也在追他！"这人对前方喊道，"大英雄来了，你们快来，大英雄带我们打火雷豹！"

这人话音未落，前方众人应道："我们也追随大英雄！"

一时间，班超周边竟聚了百人。

众人举着火把，声音嘈杂，像是来到集市。

忽然，有人喊道："有敌人！"

众人安静下来，果然见到左侧黑影攒动。原来芦芽山的人逃窜不及，眼见被黄龙岭追上，四散躲在了山石枯草后，待黄龙岭的人聚集，灯火大亮，芦芽山的人见躲藏不住，于是纷纷趁夜色逃跑，一时匪众左右蜂拥，唯恐逃之不及。

众人见两侧藏有芦芽山匪众，持刀举叉往草丛中去，未有畏惧者。班超四人勒马，僵在当场，不知是走是停。正在这时，却见一队人马追了上来，竟是望秋。

望秋看着班超四人，说道："你们何以跑得这般快？"

孔祥广笑道："怎么，三姑还想请我们为黄龙岭修山吗？"

望秋说道："白日我待客不周，请你们不要生气。"

沈祥道："道歉就不必了，只盼你信守诺言，不要再留我们！"

望秋惊奇地问道："你们是要走吗？"

沈祥道："正是！"

望秋道："走也可以，但他必须留下！"望秋指着班超。

班超面露吃惊之色。沈祥笑道："你这女子，我这兄台年过三十，你不知他是否婚配，便要嫁他，不怕吃闭门羹吗？"

望秋道："他杀了莫良，又救了我爹，我说嫁给他，便要嫁他，不管他是否婚配！"

沈祥看向班超，问道："仲升兄何意？"班超显是十分踌躇，望秋要留他，显然是要嫁给他，他从未拒绝过一个女孩子，当初如霭若是似望秋这般，今日也不会单身至此。想到望秋是土匪的女儿，言行又不似闺秀，班超决意拒绝。

正在这时，一名喽啰慌忙报知望秋："三……姑，不好了，芦芽山的人又杀回来了！"

望秋大吃一惊，她向北望去，果见北侧的山道上萤火闪动，正南向而来，望秋大喊："迎敌！"

反扑的芦芽山匪众很多，从火把上看，密密麻麻，难以数计。班超奇怪，这些人阵形散乱，不像反扑，倒像是逃命。

过不多时，芦芽山匪徒靠近了黄龙岭，惊慌叫喊："快跑啊，匈奴人来了！匈奴人来了！"

班超一惊，看到远处火把明亮，好似一条条火线，从北向南而来，暗道不好，果然是匈奴骑兵！他高喊："快回黄龙岭！"黄龙岭匪众听说匈奴兵来，转身狂奔，这些人在山中待惯了，在平地跑起来，那是个个都健步如飞。

饶锦文笑道："仲升兄，你威望越来越高了，只说一句快回黄龙岭，众人便跑了个无影无踪！"

班超无言，望秋趁机道："快随我回山吧，匈奴兵退后，尔等来去自由！"班超四人不得已随望秋再回黄龙岭。

黄龙岭城门紧闭。发现有一些芦芽山的人混进了黄龙岭，大黄牛便将芦芽山众捉住，关进地牢。没有闯进山门的人被关在了山下，拍打着城门。

不多时，匈奴骑兵兵临城下，远远望去，一望无际，竟有数千人之多。

山门上的众人看着山下的匈奴兵，惊惶无措，他们虽然身经百战，但是这么多的匈奴兵，还是头一次见。匈奴人用蹩脚的汉语喊道："山门上的人听着，我们是匈奴国的勇士，现在路过贵山，命令你们即刻打开山门！大匈奴是天上的太阳，大单于是草原上的国王，我以大单于的名誉向你们保证，开城后不杀一人！"

山下那人反复说了几遍，山门上人声躁动，一名喽啰向鹧鸪山说道："大当家的，匈奴人说不杀咱们，咱们就打开山门吧！"

鹧鸪山大怒，他拔出佩刀，斩落那人头颅，说道："再言开门者，有如此人！"众人惊惶，不敢多言！

望秋问班超："你可有良策？"

班超道："黄龙岭山高地险，匈奴兵虽然人多，但是都是骑兵，奈何不得我们！此时天无月光，我们不如熄掉火把，对方看不到我们，也就探不到虚实！"

班超说话时，鹧鸪山已经听到，他大喊："所有人熄掉火把！"山上众人听了，熄灭火把，黄龙岭一片黑暗。

班超道："现在命弓箭手往山下射箭！"鹧鸪山命山门与北山工事里的弓箭手射箭，箭羽齐飞，落入匈奴兵马蹄前，却并未射中匈奴兵。原来匈奴兵精通骑射，知晓弓箭距离，站在了箭程之外。

班超跳到山门围栏上，取来弓箭，凡班超射出，必不走空。匈奴兵大惊，后撤百步而不敢进。山门上的人见了，纷纷叫好。

匈奴兵虽然后撤，但是并未退军，反而在北山的空地上搭起了营帐，似有久驻之意。

第九章

被困山上苦思脱身计　姻缘难避成亲聚义堂

　　黄龙岭值夜的人被分成了两批，班超四人被安排住进了黄龙岭的上等客房。

　　次日大早，值夜的哨兵报知，匈奴兵已经生火造饭。

　　班超四人吃过早饭，见门外站有哨兵，心中甚是恼怒，沈祥道："我们救了他们，他们竟然命人看守我们！"

　　饶锦文道："只怕不是看守我们，而是看守仲升！"

　　孔祥广大笑，道："正是，那鹧鸪山的女儿三姑看上了仲升！"

　　班超嗔道："孔兄莫要笑我，若不是我昨晚坚持只要两个房间，你们床上可能早就各躺下一个侍女了！"

　　孔祥广惊奇地问道："这是何意？"

　　班超淡然道："你忘了，咱们出山前，望秋曾经许诺将侍女送给我们。昨夜听闻我们要住一起，你没见那些侍女脸上是如何吃惊？"

　　孔祥广一拍大腿，说道："可惜了，当时我未明其意，惜哉！"

　　沈祥不屑，道："山匪女子有何好？"

　　孔祥广道："你莫瞧不上这女匪，比起寻常姑娘，别有情趣！"

　　这时，门外响起了脚步声，众人回望，见是望秋。她端着一个托盘，盘中放着一套衣服。望秋将托盘放在桌上，对班超道："你的衣服已经脏了，这是我昨夜命人比照你的身材做的衣服，快换上吧！"

　　班超不语，孔祥广却笑道："三姑，你只给仲升做，我们的衣服也脏了！"

望秋笑道："都有，马上就送来！"她见班超低头喝茶，道："还不知道你叫什么，能问你的名字吗？"

班超不语，孔祥广道："我叫老孔，你叫我老孔好了。"他指着沈祥和饶锦文，说道："这两人，一个叫志福，一个叫老饶！"

望秋指着班超，说道："他呢？"

孔祥广嘿嘿一笑，说道："你猜！"

望秋笑道："他是一块烂木头，我不问他，我问你，他叫什么？"

孔祥广道："我们都叫他相公！"

望秋颇感惊奇，问道："相公？还有这样的名字？"说完，随即脸上一红，出了门去。班超用筷子敲打孔祥广："让你拿我开心！"

夜里，鹧鸪山邀请四人赴宴，班超以匈奴兵未退为由，拒绝了。

鹧鸪山多次命人来班超房中调查底细，四人众口一词，言四人是师兄弟，乃学成下山被抓至此。

鹧鸪山暗笑，既是被抓，自是尚未学成，怕是偷偷下山。虽不觉班超四人有敌意，但他仍派人看守，望秋每日探望，班超等人苦于没有脱身之机。

这一日，对峙已久的匈奴军终于西撤，黄龙岭于是得以松懈下来。

班超四人苦思脱逃办法，恨无良策。望秋告诉四人，鹧鸪山已经安排妥了酒宴，请四人前去赴宴。望秋走后，二当家大黄牛又来邀请，四人谢了大黄牛，商量对策。

班超道："眼下芦芽山实力大减，黄龙岭不再需要我们，若是咱们暴露身份，或是与大当家起了冲突，只怕难以脱身！"

孔祥广道："要想安心地吃下那顿饭，为今之计，只有让鹧鸪山相信咱们不是朝廷的奸细，故而我等要坚持是泰山学艺归来，路过黄龙岭。但是光吃得下饭还不够，要想离开，还需黄龙岭的人信任，大胆放行。如何信任？便是要让鹧鸪山以为我等有安营扎寨，在此安身立命之意，让鹧鸪山以为，我等不走了，我们爱上了黄龙岭！"

沈祥道："废话，咱们这个样子，怎么会爱上黄龙岭？"

孔祥广道："爱上黄龙岭不一定是爱上黄龙岭的花花草草，望秋不是说要嫁给仲升兄吗？有了这个理由，咱们就有理由留在这里，黄龙岭的人也就不怀疑了。过了三五日，仲升兄只需告之鹧鸪山，言婚姻大事，父母之命，媒妁之言，需回家禀告母亲，咱们借此机会，就可离开黄龙岭。"

沈祥道："妙计！终究是孔圣人的后人，见地不凡！"

班超皱眉道："为何偏偏我来做这坏人？"

望秋嫁给班超的消息不胫而走，整个黄龙岭，上至大当家，下至被劫掠的民夫，均知望秋看上了班超。山上欢声笑语，众匪见到班超，都向其恭贺，道望秋是个好姑娘，从小舞枪弄棒，爱和男孩子玩耍。

班超四人被请上了聚义堂。聚义堂是黄龙岭聚会商议之所，遇到重要日子，黄龙岭便在聚义堂摆宴庆祝。这一日，班超四人应邀参加了聚义堂的宴席，席中鹧鸪山向班超四人介绍了出席宴席的人，四人方知黄龙岭内头目众多，分工明细，不光有大当家和二当家，还有马号、水箱、传线、挂号，一时难以记清。

班超最担心的便是鹧鸪山提起他和望秋的事，不想酒至中途，鹧鸪山还是说了起来："仲升老弟，听闻你尚未婚配，可有此事？"

众人听鹧鸪山问起，都静了下来，原本举起的酒杯停在了半空。

班超回道："确有此事！"

鹧鸪山轻拍了桌子，说道："好啊，男儿志在四方，早婚晚婚都无甚打紧。听闻小女望秋与你有约，言你救出老夫，她便相许给你，可有此事？"

众人原本将要喝下杯中的酒，听闻鹧鸪山问及班超与望秋的约定，干脆将杯子放了下来，静待班超回答。

班超道："三姑救父心切，所言的约定只是情急之言，作不得数。在下见大当家身陷重围，自当披坚执锐，并无他意！区区之身，不敢玷污了三姑名节！"

是时，望秋坐在班超一侧，听到父亲问及此事，也甚为关心，待听班超说话，言下之意好似自己多情一般，甚为恼怒，当下拍着桌子，说道："班仲升，你不想娶我便罢了，何苦绕这么大的圈子，想娶我的人能排满吕梁山，你不愿意就去吧！"说罢，起身走了。

鹧鸪山笑道："小女顽劣，被我宠坏了，你莫介意！"

班超道："三姑真性情！"

鹧鸪山道："且不问当日之约定，单以今日而言，仲升与黄龙岭缘分颇深，男儿未婚，小女未嫁，言婚事也无不可！"

班超不言，沈祥哈哈一笑，说道："大当家说得情真意切，倒是好事一桩，如今黄龙岭上上下下，谁人不知道三姑对仲升有意，只是婚姻大事，父母之命，仲升母亲远在洛阳，还需禀告班母大人！"

鹧鸪山道："班超有孝，甚好，婚姻大事，自当禀明！"

沈祥等人听鹧鸪山如此说，自鸣得意，心道，这老家伙还是上了当，却不想一人说道："仲升母亲远在洛阳，我们不妨派人将她老人家接来，黄龙岭风景俊秀，老人家一定会爱上三姑娘和这山山水水，到时候，我们在黄龙岭大摆筵席，正是喜事一桩！"班超等人抬眼望去，见说话之人坐在大黄牛右侧，知道这人乃是黄龙岭的一个头目，名叫秃鹰。

秃鹰年过四十，性格直爽，难免心直口快。

众人听了秃鹰的话，纷纷点头，鹧鸪山更是连拍几案，说："真是个好法子！不知道仲升以为如何？"

沈祥等人暗想，班超母亲若知黄龙岭乃匪巢，只怕当场便要气死。

班超道："家母年事已高，走不得这山路！"

鹧鸪山道："既然年事已高，我看这样吧，你与小女先在黄龙岭成婚，待你们完婚，再回洛阳省亲，见过亲家母！"

班超双眉紧皱，道："如此一来，便是生米煮成了熟饭，班超一生以孝为先，未请示家母，绝不敢擅作主张！"

秃鹰拍起桌子，大声道："我大当家如此礼遇于你，你三番五次推诿，分明是瞧不起我黄龙岭，来来来，我与你大战三百回合！"

班超看了一眼秃鹰，回头向鹧鸪山拱手，说道："大当家，我等四人感谢大当家厚待，只是婚姻大事，非同儿戏！"

鹧鸪山示意秃鹰退下，大黄牛也将秃鹰拉回了席位，鹧鸪山道："婚姻大事，可从长计议，只是不知道你对小女意下如何？"

班超知道鹧鸪山早晚会有此一问，但问及此事，班超也是百般踌躇，难以回答。望秋虽长在山中，但长得俊俏，较之洛阳城的如霜，多了些飒爽，她双眸有神，恨时圆，爱时怜，比宫中佳丽，亦胜之三分，望秋对其有意，班超心如明镜，奈何其出身匪巢，父亲又是黄龙岭匪首，故此难以决断。

这时，班超看见聚义堂屏风后躲着一人，凝神看去，竟是望秋。原来望秋虽然离席，但是并未远去，班超心头一热，想起了如霜。那如霜本已收下彩礼，不想自己坐失兰台，张家便退回了彩礼，如此薄情，当真天差地别。

想到此处，班超对着鹧鸪山道："望秋长得俊俏，又有情义，仲升甚是爱慕！"

班超话音未落，堂中一片笑声，大黄牛抚掌道："仲升真豪杰！仲升若是娶了望秋，今后便是黄龙岭的快婿，日后辅佐大当家，定然前途无量啊！"

沈祥举杯，对鹧鸪山道："大当家，既然仲升兄已表明对三姑的爱慕之意，诸位暂且也不必为难于他，我看此事可改日再议！"

鹧鸪山哈哈大笑，道："那就改日再议！"

酒宴完毕，班超等人回到房间，沈祥怒斥班超："今日席上，你何以自认喜欢望秋，你不知那女子是匪首之女吗？尔忘了越骑营，忘了朝廷对我等的栽培之恩？若是你娶了望秋，今后有何颜面再回越骑营？"

班超无言。孔祥广道："志福兄，仲升兄也是无奈啊，今日若不答应，只怕我等要命丧聚义堂！"

沈祥道："大丈夫死又何惧？区区黄龙岭，岂能困得住我等？"

孔祥广冷笑道："双拳难敌四手，区区四人，没有兵器，也没有战马，若是动起手来，旦夕间便要魂归九泉，你道鹧鸪山、大黄牛都是寻常之辈，若是没有以一敌百的本事，何以占山为王？"

沈祥怒道："丧命又如何，那也不能辱了节！"

班超不想吵闹，他叹了一口气，走出门去，找了一处僻静之处，坐了下来。

班超愁绪万千，他既喜欢望秋，又不能言表。四人本是奉命探山，不想被困在此处，如今山未探明，又见匈奴骑兵在此游弋，胸中沉郁。

夜渐深，月光浅浅，沈祥和孔祥广的吵闹声小了，班超准备回房睡觉，忽见一人走向他的房间，仔细看去，竟是望秋。但见她身形款款，待走到班超的房门处，方才停下。她举手敲门，犹豫不决，玉手放下，又举起，如此反复多次，最终离去。

班超心想，望秋对自己倒是真心实意，没有半点假。

望秋走后，班超正要起身，见一人从房内出来，却是饶锦文。饶锦文左右观察，举止颇为隐晦，班超心下狐疑。但见饶锦文走到一处假山，学着雉鸡咕咕叫了两声，就见一名女子走了出来，那女子是谁，长甚模样，班超看不清楚，只隐隐听到两人对话。

饶锦文小声道："你到此多久了？"

那女子道："有些时候了，刚才没有喝醉吧！"

饶锦文道："没有。"

那女子道："刚才我见到三姑走到了你们房间门口，逗留了片刻，又去了。"

饶锦文道："还有这事，我等皆不知道，仲升兄适才出去还没有回来，没有和三姑在一起吗？"

那女子道："我怎知晓，我一直在等你！"

班超听到此处，恍然一惊，这女子声音颇像流丹，想不到饶锦文私下竟和流丹暗生情愫，若不是此刻偶然间发现，只怕还不知晓。若这般下去，只怕四人以后都要沦为山匪女婿。

当下班超起身，大步走回房间，见沈祥和孔祥广两人对坐无语，说道："我意已决，明日离开黄龙岭！"

沈祥二人面露喜色，齐声道："当真？"

班超点头，郑重道："当真！"

孔祥广道："既是如此，明日且拼上一拼，谅此乌合之众也不敢拦我！"

这时，饶锦文推门进来，说道："明日何时动身，走南门还是走北门？"

班超冷冷道："你是想告密吗？"说罢，回了自己的房间，留下房内三人惊愕。

次日，天刚刚亮，班超四人早早起床，商议如何离开黄龙岭。

商议的地点在沈祥与饶锦文的房间，班超和孔祥广起床之时，见山寨一片忙碌，也未在意，便进了沈祥二人房间。四人在房内争论了许久，孔祥广与饶锦文认为应从南门吊桥处出山，那里是来时的路径，守卫薄弱，容易出山。沈祥与班超认为应从北山城门出山，毕竟此去南门太远，容易引起黄龙岭诸人的警惕。

四人争执不下，忽闻门外奏起了唢呐。

四人并未听说黄龙岭有何喜事，何以今日如此热闹。班超打开门，见山上众人抱着红布，提着灯笼，四处张灯结彩，恰逢陆晓聪路过，班超将其叫了过来，问道："晓聪，今日山上鼓乐齐鸣，有何喜事？"

陆晓聪拱手笑道："恭喜班爷，贺喜班爷，班爷难道不知，今日是你大喜的日子？"

班超奇道："何喜之有？"

陆晓聪道："自然是与三姑成亲之喜，小的早就说过，班爷以后前途无量，还请班爷日后多多提携！"陆晓聪说罢，便去了。

孔祥广叹道："朝廷若是像黄龙岭这般做事，只怕匈奴早就灭了！"

班超道："不好，这是逼婚，我等还需杀将出去！"

沈祥道："只怕为时已晚。"

说话间，望秋带着众侍女走了过来，望秋穿着大红的新装，面上涂着胭脂，惊艳四座，班超四人皆是一惊。

望秋从流丹手中取过红花，为班超戴上，又将一套新郎红装交到班超手中，双目含情，温言道："今日我们便成婚了，你把这新衣换上，稍后便有人来接你！只过了今日，天涯海角我都随你去，你爱在黄龙岭，我便陪你在黄龙岭，你若回洛阳，我便随你去洛阳！"

班超怔在当场，他接过新衣，半天说不出话，望秋握住他的手，看着班超的眼睛，良久道："拜堂前，新人不能见面，我先回房了。"

班超望着望秋远去，本是坚决的心又变得踌躇下来，沈祥三人见此，不敢多言。

捧着新衣，班超回到了房间，他坐在桌前，双目发呆，不时地喝下一口白水，却不知该当如何。

沈祥与孔祥广急得转起了圈，眼见到了拜堂时刻，两人却无可奈何。他们只见过新婚大喜的新郎，从没见过愁容满面的新郎。

天近中午，大黄牛领着秃鹰等一干人来到了客房，沈祥、孔祥广、饶锦文正在房外。沈祥拦住了众人，言班超正在更衣。大黄牛笑着要去帮忙，沈祥却怎么也不肯。双方争执不下，孔祥广推门进了房间，他猛拍桌子，说道："这婚结了，反正死不了人！"

话音刚落，大黄牛等人便闯了进来，大黄牛道："仲升为何还不更衣？"说罢，便有两人将班超拉了起来，为班超换上了新衣，班超无可奈何间被推出了房门，来到了聚义堂。

聚义堂被装扮一新，到处张灯结彩，除却放哨巡山之人，黄龙岭的人都到了。

在众人簇拥下，班超被推到了聚义堂前，堂前响起了鼓乐唢呐，吹吹打打，好不热闹。班超站定后，流丹、蓝云等人将望秋搀扶过来。望秋穿着红色新衣，头上戴着红盖头，徐徐走来，待走到聚义堂，一个妇人将系有大红花的红布交至二人手中，二人这才进了聚义堂。

鹧鸪山坐在高堂位，班超与望秋牵着红花，开始行叩拜之礼。

忽地，门外有人喊道："不好啦，不好啦，匈奴兵攻上来了！"

那人喊罢，鼓乐骤停，堂下顿生骚乱，已有胆小之人跑出大堂。

鹧鸪山猛拍一下桌子，吼道："何人造谣生事？"

堂下众人指着一人，齐声道："是他。"诸人回头，却是沈祥。

鹧鸪山怒道："沈祥，你竟敢造谣？"沈祥本意是扰乱拜堂，却不想被众人指了出来，一时哑口无言，鹧鸪山怒道："来人，将沈祥绑了！"

秃鹰拿着绳子正要上前，忽然北山响起了鼓声，鼓声短促又急，众人闻之惊愕，少顷，一名喽啰跑进大堂来禀告："启禀大当家，山下出现大股匈奴骑兵！"

鹧鸪山面色骤变，他起身道："先拜完堂！"

班超想要辩驳，却见大黄牛跳进场中，一脚踢在班超小腿上，班超猝不及防，顿时跪倒在地。大黄牛按住班超的脖子，对着鹧鸪山急按三下，随即跳开，拍手说："哈哈，礼成！"

班超站起，指着大黄牛，半晌无言。

鹧鸪山道："诸位随我迎敌，酒宴稍后！"

鹧鸪山提着他的大刀，出了聚义堂，堂下众人也都去库房取了兵器，呼啸而出。

班超救下沈祥，道："你怎知匈奴兵来了？"

沈祥道："匈奴人知道你成婚，给你贺喜来了！"

班超笑道："此是出城良机，切莫坐失！"

第十章

冲出山外望秋别仲升　两军对峙援兵围伏兵

　　班超与沈祥三人到了北门，却见望秋早已取下盖头，站上了山门。山下骑兵密布，战阵整齐，身着异服，确系匈奴兵！与之前不同的是，这次匈奴兵虽不如前些时日来的多，但带了盾牌，匈奴兵阵前摆着一辆双轮车，车上绑着战鼓一样粗的树干，显是有备而来。

　　班超道："不好，匈奴兵要强攻山门！"

　　望秋道："这可如何是好？黄龙岭的山门比不得太原的城关，经不起久撞！"

　　孔祥广道："说来也奇怪，吕梁山这般多山寨，匈奴兵偏相中了黄龙岭，莫不是因为风水好！"

　　"这你就有所不知了。近年漠北大旱，羊群无草可食，饿死了许多。"说话的是秃鹰，他道，"我黄龙岭四周皆山，但山腹是平地，可耕种屯粮，匈奴兵定是动了山中粮草的主意。"众人点头，原来如此。

　　说话间，就见匈奴兵变了阵，前头的匈奴兵下了马，扛着盾牌，推着战车，往山门走去。匈奴兵忌惮山门上的箭阵，是以对阵时，大部离城甚远，及开始攻城，先头部队竖起盾牌，向前推进。那持盾之人显然是经过训练，盾牌间衔接严丝合缝，将山下匈奴兵保护得密不透风。

　　山门上的人暗道不好，见盾牌近了，开始放箭，奈何盾牌严密，城下竟无人受伤。撞门的战车越来越近，鹧鸪山命人准备巨石，他话刚说完，山下盾牌忽然闪出一道道缝，无数箭羽射出，那箭上绑着火油，射在山门上的柱子和屋檐上，霎时便将山门点燃了！

山门上的人将要救火，山门下匈奴人第二波箭羽又到，待匈奴人停止射箭，山门上已然燃起大火，廊下已经站不得人。

众人于是撤离山门，退到了山上的工事内。匈奴兵到了山门口，他们一面竖盾牌，一面撞门，山门松动间，黄龙岭岌岌可危。眼见山门要倒，班超与孔祥广拔起山门上的柱子，顶着房梁，猛地往门下掀去，山门上的房梁瓦片倾泻而下，砸落在匈奴人的盾牌上。匈奴兵受了一击，不少人倒地，班超抱起几块巨石往城下砸去，不少匈奴人受了伤。

北城门眼见不保，鹧鸪山道："敌众我寡，城门一旦破了，大家性命堪忧，撤吧！"

大黄牛道："人在山在，人亡山亡！我这就下去和这些匈奴人拼了！"

鹧鸪山拉住大黄牛，道："二弟，莫做傻事，留得青山在，不怕没柴烧！"

大黄牛十分伤心，道："我舍不得黄龙岭！"说罢，众人相继垂泪。

鹧鸪山道："诸位，黄龙岭危在旦夕，如今山门将破，匈奴人就要进来，各位乡亲回家去吧！"

众人哭道："没有了黄龙岭，哪里还有家？"

突然，陆晓聪仓皇来报："不好了，大当家！"

鹧鸪山道："我知道不好了！"

陆晓聪道："火雷豹从吊桥处攻来了！"

大黄牛绝望道："还真是不好了！"

鹧鸪山怒道："火雷豹勾结匈奴人，卖国之贼也，兄弟们，随我杀死火雷豹！"

众人高呼："杀死火雷豹！"

这时，忽见山北出现了大股骑兵，与匈奴兵交战起来，众人看着好奇，黄龙岭没有援军，不知道这是哪个山头的。

"是朝廷的骑兵！"陆晓聪大喊道。

鹧鸪山道："既是朝廷军到了，尔等随我出城杀敌！"

秃鹰道："大当家，你忘了，我们也曾与朝廷打过。"

鹧鸪山道："便是打过，我们也是汉人。朝廷破了黄龙岭，我只要说诸位是我强迫上山，朝廷至多杀我一人。匈奴兵若是破了黄龙岭，只怕男人要被杀了，女人要被掠去做了奴隶！"众人点头，俱言是。

言罢，山上诸人从山门楼梯下了山，到了山门下。

班超四人走得稍慢，四人暗自商议，此次只管冲出阵地，和汉军合兵一处，待离开黄龙岭，再作计议。说罢，四人下了山，到了山门下。

是时山门被匈奴兵撞开，山下已经开始厮杀，战成一片。

四人各自找了一匹战马，又从地上寻了些趁手的武器。孔祥广率先杀出，自从西域归来，孔祥广尤恨匈奴人，是以冲在最前，沈祥和饶锦文紧随其后。

是时望秋和一个匈奴将领斗在一处，望秋虽是勇敢，终是女性，斗起狠来，不免落了下风，班超乃冲上前，一枪贯穿那将领的胸背，又刺死了周边几个匈奴兵。望秋看着班超，心头一阵甜蜜，暗想班超终究是在意自己的。

班超往山外打马而去，望秋扬鞭追出。

山外乱成一片，列阵有序的匈奴兵受到外围汉军的围攻，阵形散乱。班超左右突击，甚是勇猛，破门的匈奴兵没有战马，早已逃去，新围上来的匈奴兵被孔祥广三人一阵冲击，势头也弱了下来。

黄龙岭众人见班超出城门，就也追了出来，并纷纷大喊："跟着姑爷！"众人见班超勇敢，无不冲锋向前，鹧鸪山、大黄牛、秃鹰也追了上来。

班超暗自忖度，黄龙岭众人如此追来，只怕难以摆脱，他索性冲进匈奴战阵，让匈奴兵挡住众人。想到此处，他策马加鞭，进了匈奴军阵。望秋见班超冲了军阵，也追了上来，黄龙岭众人见班超疾走，不知是为摆脱自己，只道班超英勇，纷纷追来。

匈奴兵见山上众人如潮水涌来，皆惶恐，厮杀片刻，匈奴兵士气渐见低落，多有落马而被踩踏者。

约莫过了半个时辰，匈奴兵渐渐向北撤离，班超见望秋周边没有匈奴兵，乃打马与孔祥广三人会合，恰逢汉军南向而来，班超见到了贾武。

贾武指挥越骑营与匈奴兵酣战，待匈奴兵败退，越骑营就来到了黄龙岭山下。

贾武见到班超四人亦甚是高兴，道："终于找到你们了！"班超四人亦甚是高兴，沈祥说道："唯恐辜负大人厚托，险些命丧匪穴！"

贾武哈哈大笑，说道："看到你们平安无恙，我也就放心了。"

沈祥问道："大人怎会到此？"

贾武道："说来话长，此地不是说话之地，过后再叙。现在匈奴兵北向逃窜，郭圣已带兵追杀。咦，班超身后是何人？"

沈祥转过身，看到望秋及鹧鸪山等人追来，对贾武低声道："此黄龙岭山匪！"

贾武奇道："从未听闻此山！"

沈祥道："因仲升射死芦芽山火雷豹之子莫良，两山水火不容。"

贾武笑道："仲升真是好智谋，回营我要为你请功！"

班超听闻此言，尴尬一笑，再看见黄龙岭众人都在远远惊奇而望，顿觉难以自容。

贾武道："既然到了这里，我等不如就地剿灭黄龙岭，也好为耿太守在雁门支撑场面！"

沈祥道："芦芽山勾连匈奴兵夹击黄龙岭，两山交战，我等正好可以坐收渔利！"

贾武惊道："果真如此？"沈祥点头。贾武乃继续道："既然山匪有隙，便由他去，且让他们厮杀，追匈奴兵要紧。"说罢，贾武便带着越骑营的人往北去了。

沈祥回头看了一眼黄龙岭众人，追着贾武去了，孔祥广拍了拍班超的肩膀，也走了，只有班超和饶锦文停在了原地。

黄龙岭众人本有话要问班超，忽山上有人大喊："火雷豹攻过来了！"鹧鸪山与大黄牛闻言大惊，带着众人往山上迎敌去了，只有望秋和流丹留了下来。

望秋看着班超，良久，这才对班超道："怪不得你一直对我冷漠，原来你是朝廷的人。"

班超道："正是！"

望秋道："你走吧！"

班超长出一口气，道："你保重！"班超将要走，忽闻身后叮的一声，腰上的短剑被拔出，班超回头，见望秋正要将短剑往脖颈划去，连忙大喊："不要！"望秋短剑放在脖颈，泪水夺眶而出，言道："你我今日成婚，不想刚拜完天地，便要阴阳两隔，实在是造化弄人！"

班超见望秋悲愤，安慰道："我并非不愿娶你，实在是匈奴犯境，职责所系耳！"

望秋面露喜色，道："你当真愿意娶我？"

班超点头，安慰道："当真，你我已经拜堂，你便是我妻！此次北去，当宿雁门郡营，待我北击匈奴后，便来寻你！"

望秋放下短剑，道："不碍，你不来找我，我便去找你！"

班超心绪复杂，他打马北去，不敢回头，生怕望秋再次追来。一旁的饶锦文未敢与流丹言语，他站在班超一侧，目光盯着流丹，但流丹眼睛却看着望秋。待班超远去，饶锦文这才追了上去。

此次北匈奴犯境，其军避开南匈奴，绕过雁门关口，径入长城以南，令汉廷震惊。明帝命越骑营、长水营北上，同意太原征调一千兵马，又调代郡兵马一千，交由耿秉一体节制。

雁门有骑兵两千，步兵一千，代郡、太原、北军骑兵一千，耿秉统辖兵马六千。耿秉得报，匈奴兵绕过雁门关，从旧长城缺口处混入汉境，在吕梁山一带纵兵劫掠，遂命一部在关口外埋伏，自领大军佯动，准备将其赶至雁门北伏兵处。

北匈奴军首领乃皋林犊王，其人刚勇善战，此次入境之道便是他所选定。皋林以为路径选的生僻，汉廷不知，及见汉军至，方知行踪已暴露。他带军三千，自知孤军深入乃兵家大忌，是以将兵一分为二。皋林领两千骑兵屯雁门北，命一队人马破黄龙岭，取其钱粮，未料竟遭汉军与黄龙岭山匪两面夹击。

围攻黄龙岭的北匈奴一路北去，越骑营、长水营及三郡骑兵北向追杀，我众敌寡，又在汉境，是以汉军追得勇，匈奴人跑得急。

王莽篡汉之后，长城多处坍塌毁坏，汉廷无力修复。匈奴人绕过雁门关，冲破长城城墙残破处，来到雁门关北，眼见将到汉军伏兵处，匈奴兵停了下来。领军的耿秉等人见了，十分奇怪，心道莫不是伏兵被发现了，便也命大军停了下来。

匈奴兵整顿队形，不多时，便列成一队数十丈的骑兵，匈奴骑兵不多，但是如此列阵，阵容便显强大。

耿秉见此，命汉军一字排开，与匈奴对峙。

匈奴一将，单骑向前，用汉话问："来将何人？"

郭圣也单骑向前，问："你又是何人？"

那匈奴将军答道："我乃大匈奴皋林犊王先锋将军哈子摩，坐镇指挥的正是我匈奴大单于的左膀右臂皋林犊王。"

郭圣道："我乃汉将郭圣，我军坐镇的乃是雁门太守耿秉！"

那哈子摩哈哈一笑，道："从未听闻过你们的菜饼将军，我只知大将军耿弇，可惜大将军死得早了些！"

郭圣道："戎狄之兵，也知我大将军的威名！你可知耿太守是何人？"

哈子摩一笑，问道："莫不是耿弇的儿子吧？"

郭圣道："此乃大将军亲侄！"

哈子摩笑道："莫说耿弇亲侄，便是大将军复生，以你汉军区区数千人，能奈我何？我看你们还是下马受降，我保你不失封侯之位！"

郭圣也哈哈一笑，道："以你先锋将军，口气未免太大，别忘了，你也只有区区数千人！"

两军阵前说话，站在远处的士兵听不清他们在说什么，不免嘀咕。

列阵在远处的孔祥广听得有些不耐烦，对班超说道："仲升兄，他们这般寒暄，好像只是吼一吼，并没有打起来的意思。"

班超道："战端轻易不开，两方都没有充足的准备！"

孔祥广道："那可就坏了，我还想多打几仗，沙场建功呢！似这般下去，我等何时有出头之日！"

沈祥道："这般言语以后休要再说，战与不战，岂是我等所能左右！"

班超道："孔兄的话也没有错，男儿自当有鸿鹄之志。"

孔祥广笑道："我就爱和仲升说话，咱们当兵干吗来了，不就是为了建功吗？等会儿只要发布进攻命令，我一定冲到最前面，砍掉那个哈子摩。"

几人正嘀咕，忽见匈奴骑兵后卷起大股狼烟，旌旗遍布，有数千之众。初时，众人以为是匈奴的援兵，后来众人才发现，乃是埋伏的汉军。

原来，埋伏的汉军约定黄昏时分匈奴兵不至，便撤军回营。带领伏兵的将领是雁门都尉来俊，哨兵报知来俊，匈奴军行至距离伏击地三里处停了下来，与汉军对峙。来俊心中大喜，他想，若是此时带兵围住北匈奴，与骑兵南北夹击，定然让匈奴兵胆寒。

匈奴兵见北地有兵马过来，心中一喜，待军马近了，才看清来的竟是汉军！匈奴兵马蹄嘶鸣，顿时乱了阵脚，而汉军则不免暗喜，称赞将军运筹帷幄，领兵有道。

这时，匈奴军中一人，单骑出阵，向前五步，用汉话说："想不到汉人如此狡猾，竟然早早埋伏在这里了。"

耿秉单骑向前，走到郭圣马前，说："兵不厌诈，你匈奴兵深入汉境三百里，何尝就安分守己了？若不是你们一再扰我边境，我又何须与你们对阵雁门？"

皋林道："到底是耿弇的侄子，说话就是不一样。太守大人，不知你身后之人现居何职？"

耿秉回头看，见郑众在自己身后，说道："此越骑校尉！"

皋林面色一动，说道："此非常人！"

耿秉道："犊王何意？"

皋林道："将军有所不知，郑公北使我匈奴，左贤王命其跪拜大单于，郑公不肯，大单于大怒，将其软禁，郑公拔剑立誓，若是单于再苦苦相逼，郑公自戕于此。

我等皆在场，钦佩郑公铮铮铁骨，大草原的子民敬仰英雄，大单于爱惜英雄，可惜郑公不愿为我大单于效劳！"

耿秉听罢一惊，初闻郑众接任越骑校尉，尚好奇此人有何能耐，今日听匈奴人如此说，心中暗生敬意。耿秉佯作知情，哈哈大笑："我大汉朝乃教化之邦，郑公又是当世才子，郑公之傲骨，铮铮如泰山，高耸如雄鹰，岂是你等戎狄可比？"

皋林道："大匈奴敬仰大汉繁华，欲修好两国，去年我大匈奴曾派使臣入洛阳求亲，未想大汉皇帝不许。今匈奴大单于派我再修两国之好，烦请代我转达大单于好意！"

耿秉道："你既求和亲，又何以带兵潜入雁门？"

皋林道："将军责问得对，我们也是遇上了大雾，陷入迷途！"

耿秉怒斥："一派胡言，尔等屡屡背约，犯我汉境，分明是要掠夺城池，夺我百姓！"

皋林道："以将军意，今日该如何收场？"

耿秉道："你入我汉境，还是要随我到洛阳，由我大汉皇帝处置！"

皋林哈哈大笑："将军自信可以将我带走吗？"说罢，他对着身后挥手，就见一排号手举起了号角。号角呜呜呜响，就见北边卷起漫天狼烟，殷红的斜阳照在匈奴人身上，跟着便听到大地震动，无数的骑兵往南边赶来。

汉军见了，为之一惊，这是匈奴人的骑兵！不是汉军的援军！

第十一章
绝处逢生须卜驰援来　两军交战皋林败兵去

来俊叫苦不迭，他本以为提前跳出伏击圈，可以与耿秉夹击匈奴，谁承想匈奴兵还有援军，现在大军压境，自己眼见就要被包围。来俊带领的士兵大半都是步兵，相较骑兵，敌高我矮，就像是割麦子。如果皋林部后撤，自己必将腹背受敌，届时两军交战，所部难有幸免。

耿秉暗自皱眉，皋林却哈哈一笑，说道："又有万骑误入迷途，想是大单于知我远去，特来寻我！"

耿秉身后的汉军见此，不免躁动，陶嗔上前，道："太守大人，敌军势大，军心浮动！"耿秉点头，他打马上前一步，说道："皋林，贵军倾巢出动，意欲何为？"

皋林道："区区万余骑兵，将军为何说是倾国之兵？"说话时，匈奴军至，来俊军不敢动。北来的骑兵将来俊所部包围。此时，皋林言辞傲慢，道："大单于敬仰耿将军威名，想请耿将军到匈奴一叙，不知道耿将军意下如何？"

耿秉道："区区一介武夫，耿秉不敢迢迢万里，惊扰单于！"

皋林道："你不愿意去，我只能把你抓去啦，我们匈奴人热情好客，相信大单于一定会好好招待你！"

耿秉正苦思脱身之计，忽身后传来马蹄声，隆隆不绝于耳，耿秉皱眉，暗想诸郡可用骑兵皆调此处，不知此路骑兵是何人，莫不是北匈奴明里与我周旋，暗地里抄了我的后路，若是这般，耿秉此命休矣！

突来的马蹄声惊动了汉军，汉军后部闻之，掉转枪头。那骑兵行至近处，诸军看到来人身披兽皮，戴皮帽，竟也是匈奴兵，大为震撼。

孔祥广见被包围，高声喊道："兄弟们，建功立业的时候到了，随我杀出去！"

郑众扬手，大声道："且慢！此南匈奴，非北匈奴军！"

来人正是南匈奴军，南匈奴军旌旗遍野，一望无际，有五千余众。南匈奴兵行至距汉军五十步即停住了。一名南匈奴兵挥动旗帜，用汉语高喊："我们是匈奴大单于的天兵，是随将军共击北虏的！"

众人听了，长出一口气，手中的枪、戈也放松下来。

汉军的传令兵打马至南匈奴兵前，对南匈奴兵说："雁门太守耿大人请匈奴将军上前说话！"

在南匈奴骑兵之前，有一穿着绸衣的中年人，身边的南匈奴兵为其翻译之后，那人打马到两阵之前。

看到耿秉，那中年人右手护胸，对耿秉鞠躬，说："须卜见过太守！"

耿秉知道须卜是南匈奴外姓中的大姓，是主管断狱的骨都侯。他当即右手护胸，向须卜一样回礼，道："耿秉见过骨都侯！"

须卜用半熟的汉语道："听闻北虏寇边，大汉皇帝派耿太守守关，大单于特命须卜前来支应，太守有何差遣，须卜无有不从！"

耿秉哈哈一笑："让大单于费心了！"耿秉听马蹄阵阵，知道来人众多，便大声问道："不知道骨都侯带了多少人马？"

须卜领会耿秉的意思，故意夸大人数，道："须卜带精骑一万！"

耿秉又是哈哈一笑，说道："骨都侯少安，贵军远道而来，请稍作休整。我军列阵已久，将士们早已按捺不住，若有战事，我军为先锋，若汉军不敌，骨都侯再施援手！"

须卜右手护胸，道："耿太守英勇，须卜钦佩！"

见南匈奴军到，北匈奴军坐立难安，皋林已经感到身后马蹄的躁动。而被围的来俊，心情由阴转晴，只片刻之间，汉军又燃起了希望。

皋林身经百战，见汉军来了援军，知实力悬殊，但仍面色不改，他大声道："原来是兄弟到了，皋林向单于长问安。"说罢，右手护胸，弯腰向须卜施礼，须卜勉强还了礼。

皋林道："南北匈奴本是一家，两家单于都姓虚连题，今南匈奴有汉廷都护，风雨无忧，而我北匈奴连年大旱，牛羊无草可食，匈奴人岌岌可危。我优留大单于不喜战事，欲效仿先祖呼韩邪单于，联姻汉室，互通有无，一则延续匈奴，二则可以南北统一，三则减少战事，开万世之太平！"

耿秉没有想到皋林竟如此说，他明知匈奴人狡诈，但此时，汉军准备不足，难以取胜，若须卜帮助汉军，还自罢了，若是冷眼旁观，或者倒戈相向，难免全军覆没，莫说雁门失守，只怕长城以北再无汉地。

耿秉暗自忖度如何收场，他见须卜怒目圆睁，手按长刀，心道，此人果然仇视北匈奴。他正想寻出一个办法，激怒须卜，让他出兵。不想一旁的须卜大声呵斥皋林："北地胡虏，尔已陷入重围，还不束手就擒！"须卜中气充足，说这段汉话，竟没有磕绊。

众人没想到须卜言辞激烈如此，就连耿秉也颇为意外。

皋林哈哈大笑，说道："南地的兄弟莫要生气，如今北地又复强盛，龙城胜兵十万，非是杀了我，我大匈奴便亡族灭种了。大匈奴自冒顿单于始，至今已历两百余年，既有两百余年，便还有两百年，好似大汉王朝一般，前汉亡了还有后汉。我匈奴南北单于都姓虚连题，北地与南地本是一家，又何必妄动兵戈？"

须卜道："昔日单于杀死知牙师，可知南北一家乎？"

皋林不语，良久道："此已多年往事，骨都侯又何必执念？"

须卜道："切肤之痛，实在难忘！"

说罢，两人用匈奴语吵了起来。你一言，我一语。这时，陶嗔匆忙报知耿秉，道："将军，我军哨兵观察到匈奴军已经悄悄北撤！"耿秉大惊，没有想到皋林明里与我论道，暗地已经撤军。

陶嗔的话被须卜听到，众人也没有听清楚须卜说什么，只见他拔出佩刀，大吼一声，就见汉军身后的南匈奴军一哄而起，直扑向北匈奴。

耿秉见此，知道这是出兵的良机，喊道："北匈奴正在逃亡，将士们，听我命令，全军出击，活捉皋林！"

皋林见须卜和耿秉突然下令出击，乃勒马掉头往北撤回。北匈奴兵列成战阵，往汉军射箭，汉军不能进。北匈奴箭羽齐射，南匈奴攻势稍减。须卜命南匈奴骑兵张弓控弦，回击北匈奴，北匈奴用盾牌遮挡，南匈奴趁势掩杀，铁蹄漫漫，北匈奴向北撤退。一时间，旌旗浩荡，战马嘶鸣，杀声一片。

再说班超等人站在军尾，见到北匈奴军后部有异动，甚是着急，再听到耿秉出战的命令，便如脱缰的野马，只听孔祥广大喊："太守命令出击啦，命令出击啦！"

他狂抽马背，坐下的战骑发出一声嘶鸣，奋蹄而起，冲向北匈奴军。班超、饶锦文、沈祥听到军令，马鞭飞扬，口中高喊"杀啊"，直冲敌军。班超周边的越骑营士兵见了，亦打马而出，一时间，士气高涨。

班超、孔祥广等四人率先与北匈奴战到一处，其部英勇，北匈奴兵抵挡不住，顿时溃散。孔祥广单枪匹马，一人战四人，枪进枪出，不多时，便将四名匈奴兵格杀殆尽。

"孔兄英勇！"班超喊道。

孔祥广回头笑道："仲升兄，过奖了，我这是为老主人报仇！"

几人正说着话，却见一部骑兵从战场上败退下来。

沈祥问："你们怎么退回来了？"

一名骑兵狼狈回答："刚才说话那什么摩的，甚是厉害，抵挡不住！"

沈祥对孔祥广笑道："孔兄，你一展身手的好时候来了！"

孔祥广提枪上马，冲入军中，只见军中哈子摩与贾武正斗在一处，贾武与他在马上缠斗了几回合，已然是体力不支，落了下风。

孔祥广远远喊道："军侯让开，区区哈子摩，不用军侯出手，让我来！"

贾武见孔祥广提枪过来，避开哈子摩，闪到一旁。孔祥广手中长枪，乃是纯铁打制，重一百零八斤，没有铁甲护身，打在身上便要丧命。而哈子摩使的是两把匈奴刀，刀似月牙，乃精钢所铸，哈子摩身体强壮，腰如磨盘，两把匈奴刀使得好似菜刀，打得密不透风。那哈子摩也知遇到了对手，战了十回合不能胜，便收起了双刀，属下的匈奴人给他送来了两柄铁锤，双方又缠斗在一处。哈子摩挥动双锤夹住了孔祥广的枪，孔祥广奋力拔枪不出，腿下夹马，马疾走，这样才拖枪而出。他勒住马缰，从马背跳起，用铁枪压住哈子摩的双锤。哈子摩双锤被压，抬不起来。

"军中与哈子摩缠斗的是何人？"耿秉问陶嗔。

"那是越骑营孔祥广！"陶嗔答。

"好身手！"耿秉赞道。

孔祥广与哈子摩打斗之时，班超等人劫杀哈子摩附近的北匈奴兵，北匈奴兵不敌班超之勇，多有落马者。哈子摩见自己势单力薄，抽得空隙，向北逃去。

南匈奴兵与汉军一路追杀，北匈奴兵败退。是时天色已晚，南匈奴兵与汉军追入北匈奴地，中了北匈奴伏兵，好在伏兵不多，追兵伤亡不大，这才鸣金收兵。

这一战，双方互有伤亡，北匈奴军退三百里，汉军不知其所踪，亦不敢孤军深入。

南匈奴军会战毕，须卜骨都侯准备带兵返回西河美稷。

西河美稷，位于今内蒙古自治区准格尔旗，乃东汉皇帝安置南匈奴之地，南匈奴治所，南匈奴单于王庭之所在，所辖区域约为今内蒙古自治区鄂尔多斯市一带。

须卜辞行前，向耿秉进言，道："匈奴大单于是大汉皇帝的仆臣，与北虏是世代仇家。北虏单于虎狼之心，日夜惦念大汉朝的粮食与美女，匈奴愿追随大汉皇帝，驱除北虏，还北境太平！"

耿秉执须卜之手，言道："大汉皇帝让我代他向匈奴大单于问好，陛下相信匈奴大单于的忠心和你们对维护边境和平的强烈意愿，北方边境之患由来已久，我大汉皇帝乃当世英主，早有效仿武帝之宏愿，相信北伐之日不远，届时还盼大单于出兵相助！"

须卜道："一定，一定！人言将军雄伟，今日得见将军风采，快慰平生！"

耿秉笑道："骨都侯也颇有汉人风采，当日见骨都侯时，骨都侯汉话尚有些不熟练，今日已能侃侃而谈，可谓才俊。再说这打仗，骨都侯指挥起大军来，神情自若，决胜千里，甚有大将之风！"

两人谈了一些军政，聊了些风土，不免相互吹捧一番，一时间竟颇为投机。耿秉将须卜送到黄河边，两人不舍分开，结成了兄弟。

雁门郡治所为阴馆县，耿秉回到阴馆，重新整治军务，召开将军会议。

是时，越骑营司马陶嗔任长水校尉，原长水校尉郑众任越骑校尉。到会的除陶嗔、郑众，还有雁门都尉来俊、太原都尉郭圣及代郡都尉黄庭。

耿秉道："此次战役是我任雁门太守后第一仗，杀敌一千三，北匈奴败逃，我已向圣上呈报大捷。但这不能算大获全胜，因为我军的伤亡要更大，据战后的统计，我军死伤两千，南匈奴死伤五百。谁能说说这是为什么？"

郑众道："此中要害，非三两句能言明。此次两军数量大体相等，但是我军伤亡较大，我认为有以下几点原因：一是边境的军士善于守城，野战经验虽有，但比不上匈奴；二是我军的新兵第一次上战场，部分新兵怯战；三是南匈奴与我军配合不够协调；四是我军内部有人不服军令！这是我的看法，不过也有不解的，那就是北匈奴战斗力如此强悍，为何还要先撤军，做出害怕的样子？"

耿秉道："郑众总结得精妙，问得也好。边境的将士要经常骑马出来跑跑，不要总是蹲守在城上。南匈奴没听我的号令，自己就上去了，事先没有打招呼，确实很突然。还有就是你来俊，没到黄昏，擅自将伏兵撤出，该当何罪？"

来俊吓得连忙起身，跪在地上："属下知罪，属下不知后面有援军，以为将军要与匈奴一战，属下想……"

耿秉怒道："你想与我南北夹击！"

来俊吓得连忙磕头："正是……"

耿秉怒道："亏你还在雁门做了十年都尉，连军令都不知。那匈奴兵被我打退，必逃至你处，是时你居高临下，定能给他致命一击！若我不敌，你再救不迟。可你过早地暴露自己，引来匈奴援兵，如果须卜的军队没到，你部就会腹背受敌，有全军覆没之险！"

来俊吓得不敢起来，直说："属下知罪！"

耿秉语气改为平缓，道："你且起来，此事我已奏报陛下，等陛下决断吧！"来俊谢过耿秉，坐下！耿秉道："虽然有些许新兵怯战，但我也看到有一些新兵十分英勇，比如那日与哈子摩打斗的孔祥广，还有他身边的几个人，身手都不错，作战很勇敢，这些人要褒奖。"众人点头说是。

耿秉道："至于匈奴人为何悄悄撤出，目前尚无定论，我猜想，大概是因为北匈奴不想落下挑衅的名声，故意撤军，引诱南匈奴攻他，然后杀回马枪。"众人恍然大悟，觉得皋林果然奸猾。

耿秉继续道："北匈奴兵虽不知去向，但料想不会远遁。北匈奴人时常骚扰边境，虎视太原等重镇，我军驻扎雁门，虽有数千之众，但久疏战阵，对阵起来，难有胜算。两军相持，以气为先，军士自知敌众我寡，难免有畏战怯敌之心，如何迎敌，还请诸位发表高见！"

越骑校尉郑众道："北匈奴统领北地，西控西域诸国，威慑汉地，北匈奴物产匮乏，又逢连年大旱，势必滋扰边境。如今大汉朝国力日渐鼎盛，周边诸国都无强大军力威胁我国，即便是匈奴，分裂之后，国力也大为衰减。但是匈奴乃游牧民族，粮食匮乏，不产布匹，对我大汉朝十分地依赖，其民族好勇，精于骑射，视自己为狼，视汉朝子民为羊，是以扰边不能绝。但凡用武，勇气为先，有胆气才有斗志，有斗志方能以一当百。我大汉子民人丁众多，不需以一当百，只需以一敌一，便胜匈奴十倍、百倍。自光武帝平定蜀地，裁减军队，诸营官兵少者数百，多者数千，除边境外，诸郡不设兵营，遇到战事，才紧急召集，招募军士。新招募的军士，缺乏肩甲、矛戈，缺少训练，自是难以抵御匈奴。试想一个农民，昨日还扛着锄头在田间锄地，今日便扛着大旗，到北地与每日在战马上生活的匈奴人对战，他如何不恐惧，如何有勇气？我皇体会天意，与民休息，减少军役，但朝廷也少了一支像卫青、霍去病那样的常胜劲旅！"

耿秉道："兵役制度乃是先帝所创，先帝体会民间疾苦，减轻兵役，实在是仁德之举。郑众所言亦有道理，既然朝廷遇到边患时，可以征召兵勇，我将向圣上呈递奏折，招募军士。"

太原都尉郭圣道："匈奴之患，非一人之患，乃大汉举国之患，剿灭匈奴，非一朝之功，乃经年累月之功。建武九年，大司马吴汉北击匈奴，经岁无功，可见匈奴之患难除。我就任太原都尉之初，就曾进言，建议朝廷，招募地方诸郡兵勇十万人，征集良马三万匹以资军用。如此奏折，在下每年呈递一次，但是每次都泥牛入海。"

郑众道："即便是征召兵勇，也需练兵一年，方能见成效！"

耿秉笑道："一年？你若征召兵勇一年，朝中的丞相和治粟内史该问了，你把人都叫去打仗了，田里的庄稼怎么办？"众人哈哈大笑。

驻守雁门十余年的来俊说道："自前汉武帝一朝，卫青北击匈奴，匈奴之盛已大不如前，如今匈奴一分为二，北匈奴更是兵锋受挫，虽有寇边之意，但也仅是骚扰边境，未敢攻城略地，划地称雄。在下镇守雁门十余年，时常受匈奴骚扰，深知匈奴擅长马战，不擅步战和攻城，我军只要坚守城池，闭门不出，匈奴在城下摇旗呐喊累了，自己觉得无趣，也就去了！"

耿秉道："你来俊不要自己坐在城上，看不到城下的百姓。雁门关不是只有一个阴馆县，还有很多的百姓在耕种、放牧！"

来俊拱手，道："属下失言。"

耿秉道："我猜想皋林不会就此罢休，此次越骑营、长水营来到雁门，便是要增加实战经验，诸位要加紧训练，任何边关事务都要奏报给皇上。"

第十二章

相思难解望秋寻仲升　招安匪众耿秉出新策

退去的皋林，心怀不甘，他知雁门乃是汉朝的重要关口，也是北方的重镇。如今匈奴物资匮乏，缺衣少粮，雁门关内养兵马数千，必囤积有粮草，若能攻破雁门，势必可解匈奴燃眉之急。

这日，优留单于卫兵来到皋林军驻地，交给皋林羊皮书一封，命皋林到雁门，将羊皮书交给守城的将军，以转达大汉皇帝。皋林打开羊皮书，见上面用汉文写着，匈奴与大汉是南北一家，匈奴单于效仿呼韩邪单于，请求大汉皇帝赐予一位公主，纳为阏氏，再结盟好。

皋林接过羊皮书，告诉卫兵，明日便将羊皮书交付给雁门的守将。卫兵走后，皋林气得摔了酒杯。

次日，耿秉得报，北匈奴特使皋林犊王在雁门城外求见。

耿秉在衙门坐堂，问来报的城门卫兵："皋林带多少兵马，意欲何为？"

来报的士兵报告耿秉，答皋林携带兵马不多，只三五骑，声言要见太守，转达北匈奴单于联姻之意。

耿秉问诸将："皋林请求和亲，是否有真意？"诸将不言。耿秉笑道："诸位不说也罢，咱们去看看虚实。传我军令，命城防加强警戒，越骑营、长水营立即到北门卫戍，所有人等在岗在位，命郭圣督军侧门。"

耿秉安排好仪仗，率领诸将出城门迎接。耿秉看到，城外果然只有三五骑，远处再无一人。耿秉将皋林请至衙署，皋林禀明来意，并奉上羊皮书，耿秉接过羊皮书，言明将立即送达京都。

这个时候，众人都有些不自在，前几日还拼得你死我活，今日便坐在一起吃饭喝酒，大家都觉得场面有些尴尬。好在参加宴席的人与皋林没有私仇，个个把盏起来，没有不欢。

午宴时，郭圣入衙署，对耿秉附耳，言侧门出现大股匈奴骑兵，东西纵横，有数千之众。耿秉点头，示意已明了。

郭圣退下，耿秉举杯，道："犊王既然驾临雁门，又何以举兵叩关，虎视雁门？匈奴骑兵难道不知他们的犊王在雁门城中吃酒吗？"

皋林一惊，他原本想耿秉不敢开城门。如果他不开门，必将重兵集结在北门，此时他举重兵攻克侧门，可顺势破城。以自己为饵，皋林暗自敬佩自己的胆识和智慧，不想耿秉打开了城门，将自己迎进城内。

他见耿秉整军威严，顿时心生恐惧，随他进城的只有三五骑，若耿秉将其扣下，只怕自己有性命之忧。皋林尴尬一笑，道："几日前，我匈奴骑兵与汉朝军队有误会，今日奉我大单于之命拜见将军，转达信函，城外的骑兵不过是担心我的安危，才违背军令，来到城外的。我相信以将军的威名，不会斩杀来使！"

耿秉也不点破，笑道："原来如此，我还以为这是匈奴骑兵声东击西之计！"

皋林连忙摆手，道："哪有此事？误会！误会！"

午宴毕，皋林告退，耿秉再三挽留，皋林不肯。

皋林出了雁门，绝尘而去，耿秉与诸将哈哈大笑，稍后，侧门的匈奴兵退去。

城门上，耿秉问诸将："诸位现在能否猜出皋林的来意？"

陶嗔道："从羊皮书来看，北匈奴求亲不假。这皋林出使，只带三五骑，像是演戏，只怕其中有诈！"

郑众道："侧门的骑兵看上去是保卫皋林的，但是我认为以皋林的个性，应是两层深意。一是假如我军不迎皋林进门，他必将重兵集结北门，如此侧门空虚，北虏骑兵顺势攻城；二是若是我军将皋林迎进城中，皋林必身陷汉营，为防我军加害皋林，骑兵在城外游弋，让我军有所顾虑。"

耿秉叹道："毕竟是身家性命，这皋林也算是有勇有谋了！"

陶嗔问道："那这羊皮书？"

耿秉道："立即差人送往洛阳！"

经雁门北一战，越骑营原庚寅房的士兵声名大噪。班超、沈祥、饶锦文及宋海、祁闻、孙复被记功一次，每人赏白银一百两。班超被提拔为伍长，调入丁字营癸巳房；饶锦文被提拔为什长；沈祥从丁字屯调入甲字屯，任屯长；与哈子摩大战的孔祥广，一马当先，作战勇敢，被耿秉奖励黄金五十两，提拔为什长。

孔祥广经此一战，名气到了班超之上，其好战的个性也感染到了全军，许多人都来试试他的铁枪，连耿秉都称赞他的枪好。耿秉命孔祥广、班超、沈祥、饶锦文四人协助贾武练兵。孔祥广觉得，这么多年，终于做了一件了不起的事，走起路来，也轻飘飘的。

这日中午，孔祥广让一个新兵给他洗衣服，新兵不肯，他想了一个办法。他让新兵跟他一起蹲马步，孔祥广自小练武，蹲两三个时辰不在话下，但是那个新兵一炷香不到，便站不稳了。新兵满头大汗，连声求饶："孔什长，我真的不行了，我站不稳了，腿麻！"

孔祥广神色淡然："咱们当兵的，最基础的是腿功，腿功不好，上不能骑马，下不能跑步，别说追敌人了，逃跑都会落在后头。你看过草原上的狼群围猎没有，总是跑得慢的羊被吃掉，你年纪轻轻的，就受不了苦，以后怎么打仗？"

新兵苦脸说："我是不是应该练跑步？"

孔祥广点头："可以跑，但是不能说是我让你跑的，五十圈！"

新兵突然站起来，说："孔什长，我想起我还有一些衣服要洗！"

孔祥广点头："洗衣服也是能锻炼军事素养的！"那个新兵马上站直了，飞快地跑进营房，将孔祥广的衣服取了出来。

孔祥广在军营中晃悠，这时，他听到营房门口有女人说话。自从进了军营，孔祥广就很少见到女人，是以对女人的声音非常敏感。他后退几步，听到大营门口的声音有些耳熟。

"这里是不是越骑营？班超是不是在这里？我是班超的娘子！"

"娘子？莫不是黄龙岭的望秋找来了？"他躲在树后，悄悄往门口看去，看到果然是望秋领着黄龙岭"四花"站在营门外。

孔祥广暗喜："这回好玩了，人家找上门了！"他连忙跑去癸巳房，路过甲字营的时候，看到沈祥和饶锦文在，就把望秋找来的消息告诉了他们，饶锦文大惊，连忙跑到了营门口，沈祥和孔祥广则欢天喜地地找到了班超。

孔祥广将营门口的事情告诉班超，班超大吃一惊。如果朝廷知道自己和土匪的女儿结婚，势必要开除军籍，甚至性命不保。

沈祥问班超准备怎么办，班超说，黄龙岭没有做过什么坏事，望秋对自己一往情深，自己不能不见。沈祥说，可以见，但是不能告诉别人望秋是黄龙岭的。班超点头。

班超出了营房，与孔祥广、沈祥一起来到营门口，是时，营门口已经围满了人。营房中的士兵平时见不到女人，见到女人十分好奇。平日里，个个十分粗暴，见到营门口的女子貌美，说话都柔声了许多。

班超听到望秋的咯咯笑声，心像要跳出来一样。望秋远远瞄见班超，踮起脚去看班超。班超走到望秋身边，问："你怎么来了？"

望秋道："就知道你会这么问，你忘了，你说会来看我，我等了好几天不见你来，我就来找你了。"

班超道："那你晚上回去吗？"

望秋脸上一红，众女子"咯咯"地笑出了声，流丹笑道："班大哥，你是想和三姑在军营里洞房啊，这可热闹得很！"

班超顿时局促，结巴道："我是问你们住在哪里。"

望秋拍打流丹的手臂，红着脸道："我们住在城中的客栈！"

班超长出一口气，营中不便留女眷，他正发愁。

这时，贾武从众人中走出，他一眼就认出了望秋。

贾武道："仲升，别在这里杵着了，这样会扰乱军心，你们到营外走走，天黑前回来就行。"班超谢过贾武，与望秋牵着马，往集市去了。

孔祥广道："军侯，我们几个能不能陪着仲升！"

贾武笑道："人家有说有笑的，还需要你陪？"

孔祥广道："仲升只能和一个人说话，你看那旁边还有几个呢？"

贾武笑道："好吧，你们去吧，务必瓦解她们。"

孔祥广听了贾武的话，就飞快地跑到了水仙和青竹的身旁，孔祥广将要走，沈祥就走近了拉住他的手，说："我就不去了，你们去逛吧！"孔祥广回道："也是，你一身浩然正气，怎么会对男女之事感兴趣！"

这时，稍远一点的蓝云却对着沈祥喊道："沈大哥，一起出来走走啊！"

沈祥眉飞色舞："哎！好嘞，我去换件衣服，马上到！"

站在一边的薛五，见此情景，十分眼热，问道："沈什长，我能和你们一起吗？"

沈祥颇不耐烦，道："去去去，一边去，有你什么事！"说罢，他回房换了一件新军装。一旁的薛五，委屈得都快掉眼泪了。

几人出了军营，往集市上走了一圈。往日望秋等人住在黄龙岭，很少出山，今日到了集市，只觉得好热闹。班超等人也许久没有见到商贩，出来透口气，整个人都觉得心情好了许多，就连往日不爱和望秋等人说话的沈祥，也是眉开眼笑。

雁门的集市不是很大，几人在集市走了几圈，商贩们都记住了他们，开始还叫唤几声，后来就也不问了。

"卖灯的，刚才我们路过一次，你就问一次，这次怎么不问了？"

"你们来来回回地走了七八趟，也不买东西，把我眼睛都晃花了，你们要是继续逛下去，我就收摊咯！"

众人觉得无趣，便牵着马，往城外走了。望秋说，她知道一个去处，景致甚好！班超等人说去看看。望秋便打马疾行。班超在后面追了上去："别跑这么快，小心摔着！"望秋回头看了班超一眼，见班超追来，跑得更快了。

饶锦文喊道："你们别跑这么快啊，我们都跟不上了！"

流丹按住饶锦文的肩头，说道："人家那是有悄悄话要说，你凑什么热闹！"

众人恍然，不由得放慢了脚步。

望秋一路疾驰，班超只得快追，望秋见撇开众人一里多路，这才慢了下来。她顺势拐进一处林子，来到河边，勒住缰绳，从马上跳了下来。

班超跟着望秋，一路也不说话，见望秋将马拴在树上，自己将马也拴了。望秋走到河边，捡起河边的石子，扔进水里，水面泛起巨大浪花；她又捡起一个，似不服气的样子，扔进水中，水面仍是一个浪花。班超捡起一个薄薄的石片，扔进水里，石片在水面溅起连串的浪花，竟有十多个。

望秋不说话，班超从地上捡起五六个石片，同时扔进水面，水面泛起五六道连串的浪花。望秋有些不高兴，她从河边搬起一块巨石，扔进水里，水面溅起一丈高的巨浪，水花溅到了班超的脸上。

望秋哈哈大笑，说："谁让你逞能来着？"班超擦着脸上的水，也不生气。

望秋见班超不生气，感觉非常无趣，说："我爹和二叔他们都知道你是朝廷的人了，让我别再和你来往了。"班超吃了一惊，问："为什么？"望秋说："因为你欺骗了我们，欺骗了黄龙岭这么多赤诚待你的心，因为我们是黄龙岭，你们是朝廷。"

班超笑着说："可我是被你们掠上山的，怎么能说我们骗了你？"

"你们不是说你们在什么山拜师学艺，学成下山吗？明明是来剿匪的！"

班超哈哈大笑："那你怎么还出来找我？"

望秋不语，脸上露出绯红，半晌才低声道："我是偷偷跑出来的，如果再回去，恐怕就会被我爹打断腿！"

班超不语，他想安慰一下她，又找不到合适的话，于是避开话题，说道："最近芦芽山的人有没有再来寻麻烦？"

望秋道："那倒没有，不过听说火雷豹战败以后，正在招兵买马，联络其他山寨，想再来讨伐我们。"

班超道："若是如此，只怕也是一件棘手之事。黄龙岭山高地险，重修北门或可顶住攻势。"

望秋道："父亲正在抓紧修门，他说那日幸好有汉军帮忙，否则黄龙岭不保！"

班超道："你有何打算？"

望秋道："当然是你在哪里，我在哪里！"

班超道："我日夜在军营，怎会在一起？"

望秋道："你住在军营，我就每日来军营看你。"见班超不说话，望秋有些生气："你是不是嫌弃我的出身，不肯与我来往，倘若如此，我们就不再相见了。"说罢便要走。

班超连忙拉住望秋的手，道："我怎会嫌弃你，只是营中都是男子，营中士兵难以约束，实在不是女人的去处。"

望秋道："你说的我也懂。"

两人说话时，听见林中有打斗声，班超就和望秋走进林中，却看见薛五在和饶锦文打斗。

"别打了，快停下来。"班超喊道。

饶锦文与薛五分开，班超问："薛五，你怎么来了？"

饶锦文道："这人就是奸细，他一直悄悄跟着我们！"

薛五道："我就是想讨个娘子，这里有娘子，我就跟来了！"

薛五说罢，众人哈哈大笑，几位女子更是笑得乐不可支。

青竹道："这位军爷真是有趣，天下女子多不胜数，何以就跟着我们？"

薛五道："几位姑娘，长得漂亮，俊！"望秋等人笑得更开心了。

这一日，众人玩到天色将晚，班超等人才快马回营，好在军营就在城中，望秋等人住得也不甚远。

众人刚回到营地，营房的士兵便七嘴八舌地问了起来。有士兵问班超：白日寻你的女子是何人？班超只道是朋友，士兵们不相信：那般漂亮，又怎会是朋友？班超笑而不语！众士兵又问：今日去了何处？班超说去了集市。有人问：集市是哪般模样？班超反问：集市是什么模样，你还不知道？众人大笑。众人又问了几个问题，班超没有据实回答，众人觉得无趣，听到孔祥广营房甚是热闹，便都出去了。

孔祥广的房中挤满了人，去得晚的，只能站在窗外了，但见孔祥广在床上放了一个板凳，他坐在板凳上，只为房中的人都能看到他。他跷着二郎腿，口中唾沫飞溅。

孔祥广道："班超与那白衣姑娘走得快，两个人转眼进了小树林，我们好一通找，等我们找到他们两个的时候，他们已经牵上手了！"

众人唏嘘。有人问："两个人抱上没，有没有亲嘴？"

"你们想问的和我想知道的一样，我们几个人就躲在小树林，想看看他们俩究竟有没有亲嘴，谁知道这个时候，薛五那小子来了，饶锦文正想借着机会学习，看到薛五搅局，很扫兴，和薛五打了起来，这一打不要紧，惊扰了班超。"

众人一拍大腿，说可惜了，后面肯定啥事也没有了。

孔祥广喝了一口茶，说："可不是吗，故事到了一半，到这里就算是打住了。"

众人气得直骂薛五，恨不得要揍他。

忽然有人问："那么漂亮的姑娘，家是哪里的？如何认识的？"

孔祥广晃了晃腿，说这个可是大故事，比今天的故事有意思。

几个士兵就爬上了床，给他揉肩、敲腿，孔祥广没受酷刑，也没受贿赂，就爽爽快快地把几个人如何上山、如何御敌、如何脱身的情形说了，一直聊到吹熄灯号。孔祥广意犹未尽，犹自品评其中缘由利害，众人听得神往，竟觉得十分有趣。

癸巳营房的人都去听孔祥广说故事，房中只剩了班超一人。班超在房中发呆，他没有想到望秋会来找他，更没有想到营中的士兵都这样羡慕他，想到这里，嘴上嘿嘿一笑。

"仲升啊，回来怎么也不说一声！"贾武从营房外走了进来。

"是军侯啊！"班超从床上站了起来。

"今天玩得尽兴吗？"

"多谢军侯通融，今天很开心！"

"这就好，将军和校尉在中军帐中等你，你随我来吧！"

班超明白是耿秉和陶嗼有话问自己，便起身随贾武去了。

到了耿秉军帐，班超见陶嗼、郭圣、郑众三人在，向诸人一一见了军礼。

耿秉打量了班超，道："早就听说仲升有大志，今日一见，果然仪表不凡。"

班超道："多谢将军抬爱！"

耿秉道："日前我派出几路人马到吕梁山，如今都已归营，但是毫无斩获，听说那吕梁山的女匪今日来到了军营，惊动了我汉军将士。"

班超跪在地上，道："属下也没有想到那些女子会寻来，还请将军治罪！"

耿秉抬手，示意班超起来，道："你们以身犯险，深入虎穴，能平安脱身，已是难得，若是能以教化昭示，更是上策。听贾武说，你在黄龙岭射中火雷豹的儿子，鹧鸪山的女儿倾心于你，是否属实？"

班超道："属实！"

耿秉道："那你是否喜欢鹧鸪山的女儿？"

班超无法回答，只得结结巴巴。

耿秉笑道："你莫为难，若是便是，若不是便不是。"

班超满头大汗，知道说错话，便要人头落地，但他是性格直爽之人，想到望秋甘冒杀头之险来到军营，心中不忍再说假话，便道："如此，属下便直言了，在下当日射杀莫良，并无心与望秋结好，后知望秋倾心于属下，属下也动了心。"

耿秉与营中诸将均大笑，郑众道："仲升，你莫紧张，我们并不怪你结交山匪。我们知山匪信任你，希望你能招安黄龙岭，如此，既不劳民伤财，又不用刀兵相见，此教化之举。"

班超知此事甚是为难，但他知世间之事皆人为之事，若事事都如劈柴喂马这般简单，便没有丰功伟业了，当下答道："班超赴汤蹈火，也定当完成太守大人的嘱托！"

耿秉笑道："听闻你也是扶风郡人，与本太守可是同乡啊！"

班超拱手道："属下不敢高攀！"

郑众道："你若招安了黄龙岭，便是平定吕梁山山匪第一功！"班超谢过耿秉与郑众，从中军帐中离开。

是时，贾武正在帐外，见班超出来，便问班超："情形如何？是否被责骂？"班超佯作伤痛状："将军命我引路，由你攻克黄龙岭，否则便要杀我头！"贾武大惊，道："我进去之前，将军不是这么说的啊！"贾武见班超嘴角露出坏笑，踢了班超屁股一脚，骂道："好你个仲升，敢骗我！"

第十三章

求亲不成匈奴求互市　埋伏草原柳树下救人

北匈奴请求和亲的圣旨批复终于下来了，如众人想的一样，朝廷拒绝了北匈奴的和亲。

消息传到了军营，军营中的士兵一片欢腾。

这日，营中得到军令，立即到北门警戒。营中士兵猜测，定是北匈奴求亲不成，举兵来雁门报复。诸营的士兵到了城门，果见城门外布满了军阵，尽是骑马的匈奴人。

城上的郑众问："楼下来者何人？"

城下中军一人上前，道："这位是大匈奴帐下最爱的将军，皋林犊王，我乃皋林犊王的先锋，哈子摩！"

郑众哈哈大笑："不知道来者所为何事？"

哈子摩在城下喊道："一个月前，大单于托皋林犊王给大汉皇帝送来一封羊皮书，祈求大汉皇帝将公主赐予我大单于，不知道大汉皇帝圣旨是否到达，大单于何时迎娶，又由哪位将军护送公主？"

郑众喊道："圣旨已经下达，只是我汉军不知你匈奴的营帐在何处，不能送达，我现在便将圣旨给你。"说罢，命人打开了城门，将圣旨送了出去。

士兵回城，郑众命人立即关闭城门，随后道："我大汉皇帝适逢盛年，先帝公主皆已出嫁，少公主年幼，不足大婚之年，是以不能与单于联姻。"

城下的皋林虽通汉话，但不懂汉字，见城门开了又闭，知必无好结果，再听到郑众所说的话，方知大汉皇帝拒绝了和亲。皋林甚为恼怒，他明知汉廷会拒绝和亲，但是当圣旨降临，他还是觉得耻辱。眼下汉廷不把匈奴放在眼里，他暗自感叹："若是当初不分裂，又何至于此！"皋林打马向前几步，大声喊道："郑众，我乃匈奴皋林，大汉皇帝圣旨的意思我已知晓，但我匈奴大单于还有一个请求，他请求大汉朝开放边塞，允许匈奴人进入北方的镇子购买南方的米面、丝绸、陶器。"

城上的耿秉、郑众等人均是一惊，他们没有想到一向以掠夺著称的北匈奴也会提出互市的想法，若是北匈奴能够与大汉边境互市，非但边境能够减少骚扰，汉朝也能够从北匈奴引进良马，置换北方的牛羊，如此倒确是两全其美。

耿秉喊道："还请犊王递上文书，本太守也好代为呈递。"

皋林将羊皮书交与哈子摩，哈子摩单骑上前，至城门前。

耿秉命弓箭手弓箭上弦，又命埋伏在城上的人准备好石块，这才命人打开城门。城门打开，孔祥广单骑出城。他曾经与哈子摩有过一次大战，只有他才敢与哈子摩单骑相会。孔祥广走至城下，见两军都在注视自己，心中顿感光芒四射，哈子摩将羊皮书交到孔祥广手中，哈子摩右手放在胸口，说："孔将军。"孔祥广顿感受用，他说："哈将军一身胆气，你单骑送书，不怕城上突施暗箭，将你射成刺猬吗？"

哈子摩道："汉朝的将军是懂规矩的将军。五百年前，汉朝就有'两军交战，不斩来使'的说法，我哈子摩信奉汉军的规矩。"说罢，掉头回到了阵前。

孔祥广回到城中，下马将羊皮书交至耿秉手中。耿秉将羊皮书所写文书读了一遍，当时就回复皋林，道："单于诚意，天地可鉴，本太守一定将羊皮书送至洛阳，交陛下审阅。"

皋林右手置于胸口，道："有劳将军。"说罢，皋林带兵往北撤去了。

耿秉等人见匈奴兵远去，这才下山门，回衙署。他一面命来俊安排快马，将文书送往朝廷，一面召开会议，讨论匈奴动向。

诸将以为，匈奴人自知求亲的文书必被拒绝，是以求亲文书未到，便准备好了请求互市的文书。匈奴人既求互市，则无心扰边，掠夺之事便会减少，此安邦定国长远之计。

羊皮书入洛阳，明帝组织众臣廷议，朝中武将多不同意互市，认为匈奴人无信，一旦开放边关，则匈奴人可名正言顺深入汉境，而边境汉军少，且多为步兵，一旦交战，难以取胜。朝中的文臣多主张同意开放边境，一者有前例，呼韩邪单于曾来汉求和亲，求互市；二者互市有利于互通有无；三者互市期间，汉匈一直和平往来，少有冲突。明帝认为，求和亲和互市都是臣服和示弱的表现，大汉朝越发强盛，应当有大国的态度，教化四方，德服诸夷，是以同意了互市。

一个月后，朝廷的圣旨抵达了雁门。然而耿秉没有等来皋林，却等来了气冲冲的须卜。

南匈奴单于听说汉廷拒绝了北匈奴的和亲，十分高兴，认为汉廷倾向南匈奴，但是当南匈奴单于长听说汉廷同意与北匈奴互市的消息时，十分震怒，命须卜骨都侯前往雁门，责问耿秉。

须卜带着六千骑兵，浩荡闯入雁门，雁门城小，南匈奴骑兵站满了街道。

须卜问道："将军，你怎可与虎狼为友，你难道不知北虏的凶残吗？"

耿秉被问得哑口无言，只得道："兄长切莫动怒，圣上有大局的考虑，开放边境，未尝不是好事！"

须卜猛拍桌子："开始我听说此事，还以为消息不实，如今看来千真万确，汉朝一脚踩两只船，将军好自珍重。"说罢，须卜上马离去，耿秉还要说什么，却找不到要说的话。

郑众道："此人负气而去，只怕南匈奴会有骚乱。"

耿秉问："依你之见，该当如何！"

郑众道："我认为，首先应在南匈奴边境增加屯兵，二是在南北匈奴中间设路卡，增派巡逻卫士，拦截南北信使，防止南部串通北部。"

耿秉道："屯兵之事，我马上上奏陛下，至于巡逻的事，就由你来安排。"

郑众问："皇上同意互市的圣旨呢？"

耿秉道："暂不下发，待上奏后，由皇上决断！"

自耿秉给班超下了招安黄龙岭的任务，班超日夜难安，思索招安之计，但是他想了一月有余，也没有想到办法。

望秋每隔几日都会来营中探望班超，不过班超没有再请假，而是在营外和望秋说几句话。望秋来的次数多了，便和营中的将士熟悉了，她经常给士兵带些吃的，营中的将士称呼她为班嫂。

班嫂几日不见班超，便有些想念，这日她与流丹等人到达军营，得知班超出去了，不禁有些失落。当她再问去何处时，营门口的士兵便不再回答。望秋给那人塞了一块银锭，士兵连忙推了回去，说他不是金钱可以买通的。望秋将银子塞到士兵的手里，将要走，那个士兵悄悄告诉望秋，说班超出去巡逻了。

与班超一同被派出去的还有很多人，他们守在南北匈奴交界的草原，被分派在不同路段，扮成牧羊的农户，注意往来的匈奴人。

班超盘着腿，坐在一棵大柳树下，看着远处，不时用手折柳树枝剔牙。

"仲升兄，咱们这样要等到什么时候？"

"咋了？急了？"

"不是，没有姑娘来啊！"

"你以为这里是洛阳城，哪里会有姑娘？你坐下歇会儿，别被匈奴人发现了，等会儿快天黑的时候，你去打只鹿，咱们晚上吃鹿肉。"

和班超一起值守的是薛五。

营中谁也没有想到，薛五会主动要求和班超一起值守。往日薛五对班超总是怀着一双仇视的眼神，不知道从何时起，这仇恨的眼神莫名地消失了，反而不时地到班超的营房走动。薛五不仅对班超礼敬有加，对营房其他战士也颇为客气。

薛五坚持要和班超一起值守的要求引起了贾武的不解，但饶锦文一眼就看穿了薛五，他说薛五在守株待兔。望秋手下有四个姑娘，除了流丹心属饶锦文，另外三个姑娘还没有意向。其实在薛五心里，他早就相中了一个，那就是穿着蓝色衣装的蓝云。蓝云是四个女子中身材偏胖的一个，她脸圆圆的，站在四人之中多少有些扎眼。薛五喜欢蓝云，他觉得蓝云的眼睛特别像被梁货殖抢去的翠凤，蓝云双手叉腰的姿势令薛五入迷。薛五忘记了翠凤，陷入对蓝云的爱河难以自拔。

班超早就看透了薛五的心思，使唤起来，也就理所当然，虽然他认为这样很不好，但他还是忍不住过上了大户老爷一样的生活。

"仲升兄，班嫂身边的蓝云，她有没有嫁人？有没有相好的？"

"唔，应该没有，唔，确实没有！"

"你觉得蓝云漂亮不？"

"漂亮，五个人中，蓝云最漂亮，尤其那双眼睛，亮晶晶的，像天上的星星，还有她圆圆的腰，那是她们谁也比不了的。"

"嘿嘿！嘿嘿！仲升真是好眼力，我看着蓝云也漂亮。那你觉得蓝云喜欢我吗？"

"我不知道，不过我听说她喜欢吃鹿肉，就看你能不能抓到鹿？"

"我能啊，我太能了，我一根箭射出去，就有鹿肉了。"

"我不信，能有这么准？"班超带着质疑的语气问。

"你不信啊，我这就出去射去！"薛五拿着箭，骑着马，往草原深处去了。班超躺在草地上，枕着双手，享受黄昏的美景。

草原狩猎，并非一件易事，有时纵马驰骋一个时辰，也未必能见到野味。薛五去了半个时辰没回，班超担心薛五迷路，想去寻他。

天将要黑，忽然远处传来一阵马蹄声和呜呜驱赶声，班超赶紧坐直身体，只见北方有几个黑影向自已奔来，他爬到树上，见远处是几个匈奴骑兵在追赶着一个人。那人来到大柳树下，勒住马缰，拔出佩刀，追杀来的匈奴兵将其团团围住。

匈奴兵绕着那人转圈，那人也不害怕，双目只是冷视几个匈奴兵。

待绕了几圈后，几个匈奴兵缩小了包围圈，渐渐向那人靠拢，那人口中发出一阵呐喊，与包围的匈奴兵斗到了一处。那人身体不佳，斗了片刻，便露出败象，只见他左一刀，右一刀，手上全然无力。

班超暗自奇怪，树下与匈奴兵缠斗的是何人？分明已经是没了力气，却还要殊死搏斗。他正准备施以援手，忽然远处驰来一匹骏马，只听那人高喊："仲升兄，我来啦！"原来是薛五打猎回来。

薛五以为与匈奴兵缠斗的是班超，故而提枪上马，穿梭敌阵。薛五刚猛，力气过人，但匈奴兵人数众多，与匈奴兵交手，勉强战成平手。薛五斗了两个回合，见被围攻的不是班超，口中骂道："班超，你还不现身！"

班超哈哈大笑，说："身手这么好，还以为你一个人就能摆平！"说罢，他吹了一声口哨，远处的坐骑从沟里跃了上来，班超取下长枪，从树上跳下，身体正好落在马背上。

班超与薛五勇武过人，形势陡然逆转。班超长枪挥动，打落了一名匈奴兵手中的佩刀，另一名匈奴兵袭来，班超长枪贯入那人胸背，那人从马上摔落，口中吐有鲜血，没多会儿工夫，就咽气了。几个回合后，薛五斩杀匈奴两人，剩下的匈奴兵见了，自知不敌，掉头逃回草原去了。

薛五指着被追杀的人问班超："那人是谁？"

班超摇头，道："我不知道，那几个匈奴人追着他，正巧到了这里。"

薛五大声问那人："喂！你是谁呀？匈奴人为什么追杀你？"

那人也不理会薛五，牵着马，往西边去了。

薛五很生气，说："那人真坏，咱们救了他，他都不谢谢咱们！"

班超道："你没见他那身衣服吗？像西域人，他就是对你说了谢谢，你也听不懂！"

薛五道："那算了，咱们烤鹿肉吃！"

班超尚未说话，就见那人摇摇晃晃，从马背上掉下来，摔在了地上。

"快给他喝鹿血！"

薛五将抓来的鹿抱到那人身边，然后将刀插进鹿的脖子，鲜血从鹿的脖子流了出来，淌进了那人的嘴里，想是那人饿了许久，咕咚喝了几大口。

过了半晌，那人悠悠醒转，看着班超和薛五，用汉话说道："多亏这头鹿救了我！"那人力气不足，说话时，已经是气若游丝。

薛五大怒，道："什么是鹿救了你，是我们救了你！"

班超道："匈奴兵等会儿还会过来，咱们快把他带回营地。"

薛五很不高兴，说："蓝云喜欢吃鹿肉，我把鹿也带上。"

班超有点不耐烦，道："现在蓝云不爱吃鹿肉了。"

薛五不解，为何蓝云以前爱吃鹿肉，现在又不爱吃了，但是看到班超生气的样子，他又不得不从命，算了，以后再给蓝云烤鹿肉。

班超将那人放在他的马背，然后骑着自己的战马，牵着那人的缰绳，往营地方向去了，薛五则牵上三匹匈奴人的战马跟在后面。

巡逻的营地不在雁门，而是雁门北二百里外的同莱山，那里地形隐蔽，又有水源，适合宿营。

班超与薛五将那西域人抬进营房，放在了床上。班超给他找了些吃的，薛五给他找来了大夫。大夫给他诊脉，见他性命无碍，便给他开了一些调养和包扎的药。那人服完药后睡了，班超与薛五在后厨吃了东西后也相继睡去。天亮以后，两人发现，昨夜所救的西域人已经离开，还在薛五的床头留下了一片金叶子。

班超早已经料到这人会离开，也就没把这件事放在心上。他和薛五吃了早饭，带上一包盐，继续到大柳树下蹲守。

班超和薛五所倚靠的大柳树足有两人环抱那么粗，枝干上既有新芽，也有枯木。北方雨水少，气温低，很难有参天的树木，也不知这棵大柳树长了有多少年。

大柳树下的匈奴尸体已经不见了，想是昨夜匈奴人回来，将尸体收了去。

班超想，此地匈奴人既然已经来过，便不能再守，否则南匈奴的信使没有等到，北匈奴的大队铁骑可能就来了。他和薛五将马牵到更远处，干脆蹲守在一处深沟里。那处深沟既能隐蔽自己，也能够观察到南向的骑兵。

几乎是刚到巡逻地，薛五就想到了鹿肉，他不断在班超耳畔重复鹿肉的事："仲升，你在这里看着，我去看看还有没有梅花鹿，抓来给蓝云做烤肉。你不要乱走，脱岗是要重罚的！"

"你现在不是脱岗吗？"班超后悔自己编了蓝云爱吃鹿肉的故事。

薛五嘿嘿一笑："你在，我就不算脱岗。"说完，他提着弓箭准备牵马。薛五刚出土沟，就见西南有一匹快马疾驰而来，薛五连忙跳回沟里，示意班超。班超已经看到那匹快马，他准备好弓箭，潜伏在沟里。

来人速度很快，从装束和方向判断，其人是南匈奴兵无疑。

匈奴兵近了，班超搭弓射箭，射中了那匈奴信使座下战马的眼睛。战马一声嘶鸣，从前往后仰坐在地，匈奴兵跌落下来。班超和薛五连忙上前制服了匈奴兵，并从匈奴兵的怀里搜到了一封羊皮书信。

薛五问那匈奴兵是做什么的，匈奴兵摇头，薛五又问信中写的什么，那个匈奴兵也摇头，过了半晌，匈奴兵这才憋出一句话："我不会……说……汉话！"

薛五猛地拍了拍匈奴兵的头："还说不会说汉话！这……这不是说得挺清楚的吗？"

那匈奴兵被打疼了，却还是继续重复那句话："我不会说汉话！"

薛五踢了匈奴兵一脚："还骗我！"

班超打开羊皮书，见上面用汉语写着南匈奴某部约降北匈奴之类的话，知道此信重要，便将信件收起，和薛五将匈奴兵带回了营地。

第十四章

望秋设计班超落圈套　快马追击刀下再救人

班超将事情经过告诉贾武，贾武命班超持羊皮书火速赶往雁门，将信件交给郑众。班超不敢怠慢，带着羊皮书便去了雁门。从巡逻营地到雁门，约两百里，中午出发，天黑可到。哪知道，行至盘鹰山却被七八人截下了，班超仔细一看，截他的人是黄龙岭的大黄牛。

大黄牛一声叱喝："班超，可让我寻到你了，望秋在哪里？"

班超勒住缰绳，道："原来是二当家，望秋现在雁门城中，你们到城中悦升客栈天字一号房，便能寻到她。"

大黄牛道："你休要骗我，我适才去了，客栈的老板说她已经于三日前退房！"

班超道："那可奇怪了！我离开雁门时，她正住在悦升客栈。"

大黄牛问："你何日离营？"

班超道："五日之前！"

大黄牛怒道："原来你五日之前便已离营，可怜她对你一往情深，你却这般待她！你随我回黄龙岭，交大当家处置！"

班超道："恕我有公务在身，不能随你到黄龙岭，待我办完差事，自当回黄龙岭，向大当家请罪！"

大黄牛呵斥："班超，你休要骗我，你以为我不知你是朝廷的官兵，可把我们骗得好苦，若非我们亲眼见到汉军，只怕还不知被你如何下毒手！"

班超道："当日的情形也是情非得已，非是有意要欺骗！既然话已经说开，有件事还请二当家斟酌，落山为寇实非长久之计，大汉朝如今盛世太平，请大当家、二当家考虑朝廷招安之事！"

大黄牛尚未开口，一旁的秃鹰就怒了，道："我秃鹰与朝廷势不两立，夺我黄龙岭易，让我黄龙岭投降难！"

班超道："招安的事，日后再议，今日请二当家放我过去，我有要事要办！"

大黄牛不肯放班超，道："天大的事也不行，还是请你到我山寨见见你老丈人，他生气得很。"

班超苦笑，道："二当家不肯，我只能硬闯了！"班超说罢，打马冲了过去。黄龙岭一行七八人中，大黄牛的功夫最好，其次是秃鹰，班超知道，凭自己一个人，难以取胜，是以只求脱身。

在黄龙岭时，众人亲眼见到他如何与火雷豹的大儿子公虎对战，众人都喜欢站在班超身后，如今真的与班超打斗了，众人既畏惧又不忍。班超也没有打算与众人缠斗，他挡住大黄牛长刀，拨开秃鹰的大刀，从人群中冲了出去，大黄牛带着众人追了一阵，见难以追上，就不再苦追。

为防大黄牛等人追来，班超快马加鞭，到达雁门时，天将黄昏。

班超将羊皮书交到郑众手中，郑众看了羊皮书，发现果然是南匈奴写给北匈奴的信。这封信是须卜骨都侯写给北匈奴单于的信，信中表达了对优留单于的问候。郑众将信交给耿秉，耿秉大怒，言须卜无信，数月前，还一副有你无我的样子，原来都是装腔作势。

耿秉道："日前你的猜测已经证实，请郑公立刻上奏陛下，对南匈奴周边增兵！"

郑众的折子早就拟好了，如今只差一个日期。商议完毕，他即刻回营，将羊皮书与奏折一并交到了驿卒手里。驿卒不敢懈怠，当即带着文书赶往京城。

班超送完信，想到大黄牛说望秋已经离开了客栈，心中疑惑。为求真伪，他去了一趟客栈。那客栈小二识得班超，见班超下马，连忙牵马。班超问望秋可在客栈，小二道，昨日已有一拨人来过，询问望秋下落，只是她三日前便已结清房费，离开了。

得知望秋离开，班超隐隐不安，连忙回营。到了营门口，值守的士兵告诉班超，望秋曾经来过，班超问那值守的人，可曾告诉她自己的去处，那人道，望秋已经知晓。

班超想，莫不是望秋等人离开客栈，到草原寻他了吧。那里人迹罕至，容易迷路，又有匈奴兵时常出没，无怪乎大黄牛如此着急。正犹豫时，忽一人在远处大喊："班超，三姑有难，你速救援！"

班超听见有人叫他，循声远望，看到是蓝云，但见她一身血迹，像是受了重伤。

他跑到蓝云身边，问："蓝云，你怎么了？"

"三姑有难，她被匈奴人抓去了！"

"何时发生的事？"

"两个时辰之前，在同莱山北二十里处，我们几个人去寻你，不想遇上了一伙匈奴兵，敌众我寡，流丹身负重伤，我侥幸逃脱，还盼你将三姑救出！"

"速引我去！"

班超上马，值守士兵喊道："仲升何去？"

班超大喊："匈奴犯境，我去救人！"

值守的士兵喊道："没有军令，不可擅自离营，违者以逃兵论处！"

班超喊道："我还没有归营，算不得离营！"说罢，打马而去。

是夜无月光，两人趁夜一路北进，好在路面平坦，也无行人赶路，约三更时分，两人到了同莱山营地。

班超道："北边有警，我去通知营地兄弟！"

蓝云道："情况万急，快随我去吧，晚了，就见不到望秋了！"

班超心急如焚，亦挂念望秋安危，遂往营地北去了。

行约十里，遇到一名巡逻的汉军，班超见来人是孔祥广，便将实情说了，孔祥广奇道："我今日一直在此巡逻，未见有匈奴兵！"

蓝云道："想你孔什长睡着了，没有见到我们！"

孔祥广确实睡着了，他面色尴尬，道："边境线漫长，见不到也是情理之中，请蓝云姑娘赶去同莱山营地，将军情告知饶锦文，请他将军情告之贾武，让军侯调兵救援！"

蓝云道："我若走了，你们又去何处寻三姑？"

孔祥广道："只怕现在过去，已经晚了！望秋遇到匈奴兵已经是四个时辰前的事了，若是不敌，早就被抓了去！"

蓝云怒道："乌鸦嘴！"

班超道："救人要紧，还请孔兄将手中的火把借我，你去搬救兵！"

孔祥广将火把递给班超，道："好吧，就让我做一回信使！"

班超接过火把，与蓝云往北追去。追了三里路，有一个岔路，蓝云带着班超向西疾驰，来到一片林地。班超看到林地前有一堆篝火，便与蓝云往那篝火处去，到了篝火前，看到望秋和流丹等人背靠在一棵老槐树下，被捆了起来，心中甚为着急。

望秋看到班超来了，大喊："仲升，不要过来！"

班超看到望秋身后有两个匈奴兵打扮的人，便向那两人冲了过去，那两个匈奴兵不敌班超，向西逃了。

班超从马上跳了下来，准备去割断望秋身上的绳子，不想走到望秋身前三尺处，班超脚下踏空，整个人失去重心，好似坠入了山谷一般！待回过神，发现自己已然坠入大坑之中。

"哈哈，哈哈！"

班超听到上方传来一阵男女笑声，跟着坑顶火光大亮，就见望秋和几个匈奴兵出现在了头顶。

"望秋，你怎么和匈奴人在一起？"

一个匈奴兵扒去帽子，说道："仲升，你且看谁是匈奴人！"

班超仔细一看，原来那人不是匈奴兵，而是大黄牛！

大黄牛道："我们请你不得，今日便要把你绑回去，我们大当家想你，希望你和望秋继续完婚，大当家的说了，你和望秋光拜堂可不行，要洞房花烛！"大黄牛说完，众人哈哈大笑。

班超没有想到大黄牛和鹧鸪山等人如此行事，不过他料定大黄牛没有敌意，便笑道："多谢大当家的美意，班超时刻盼望着能与望秋洞房花烛。前汉骠骑将军霍去病有言，胡虏未破，何以为家？大丈夫志在四方，请二当家回大当家，就说仲升破了北虏，就来迎娶望秋！"

"呸！"大黄牛吐了一口痰，道，"破了北虏？匈奴人猖獗了几百年，哪是说破就破的？"

正所谓关心则乱，刚刚遇到孔祥广时，孔祥广说他没有看到匈奴兵，自己还不信。待坠入坑中，方知自己上当。可怜望秋对自己大喊不要过来，他还以为是关心自己，原来是引诱自己上当。

黄龙岭是不能再去了，但他知道，如果不听从大黄牛的话，自己在坑中不知道要待多久，当即说道："二当家一片诚意，若不上山，只怕辜负了大当家和二当家的一片苦心和美意！"

大黄牛喜道："仲升答应了！"

班超道："答应了！"

大黄牛道："好，不过你力气太大，若是放你上来，只怕我们谁也留不住你，我这里有一根绳子，你先把兵器扔上来，再把自己捆住，我们随后将你拉上来！"

班超无奈，将兵器扔了上去，然后接过大黄牛扔的绳子，将两条腿捆住，自己绕着绳子缠了一圈，又将双手捆住。大黄牛见班超绑得结实了，才将班超从坑底拉了上来。

望秋站在一旁，"咯咯"地笑，大黄牛见绳子还剩下一截，又在班超的手脚上多缠了几道："仲升，你可真沉啊！"

班超道："若不是穿着铠甲，只怕早就被秃噜掉几层皮了！"这时，班超才发现，地面上站了十几个人，除了望秋等几名女子，还有白日见到的那几名黄龙岭的汉子。

蓝云道："班大哥，为了将你请回黄龙岭，我们真是煞费苦心！"

班超无奈，道："亏得我对你这么好，在薛五面前百般夸你，原来你这么多心机，我竟没看出来！"

蓝云道："我可不喜欢那个笨笨的薛五，傻里傻气的，我喜欢沈祥，他总是装着一副正人君子的样子，可爱极了！"

班超想到孔祥广已经去搬救兵，过不多久，就应该赶到，所以他说话十分大声："哎，有没有酒肉，为了望秋，我可累了一天了！"

大黄牛笑道："酒肉自然是有，晓聪，给你班大哥把那只兔子烤了！"

班超笑道："我最爱吃兔子了！"

蓝云道："不可，孔祥广去搬救兵了，估计用不了多久就到！"

班超道："这里根本就不在巡逻线上，他找不到这里！"

大黄牛道："无碍，人在咱们手里，他们能怎样？烤，别饿着咱黄龙岭的驸马爷！"

班超倚靠在大槐树下，正是刚才望秋倚靠的位置，望秋问班超："你真的愿意回黄龙岭？"

班超大声道："愿意，为什么不愿意？占山为王，有吃有喝，还能替天行道，为何不愿意？"

望秋嘿嘿一笑，她走到火堆前，接过陆晓聪手里的兔子，亲自为班超烤了起来。

班超大喊："嗯，好香！"

尽管班超一再大声说话，但是始终没有等到孔祥广带来的救兵，他有些失望。

望秋撕扯着兔子肉喂给班超吃，班超嚼着有些发焦的兔子，只觉得索然无味。

"望秋，你能不能给我撒点盐？这肉太淡了！"

"我没有带盐！"

"我带了，就在腰带上！"

望秋伸手去取盐，忽听到远处有隆隆的马蹄声，奔腾不绝，正往西边而来。

"坏了，孔祥广带兵过来了！"蓝云道。

"快把火灭了！"大黄牛喊道。

几个人将火把扔进坑里，火堆里燃烧的木柴也给丢进了陷阱坑内，但是木柴仍没有熄灭，班超喊道："快把木棍丢进去，把火砸灭！"众人着急，将拾好的木棍枯柴丢进了陷阱坑，果然火光被压了下去。

众人刚要夸赞班超聪明，陷阱坑内竟又明亮了，原本压下去的火光慢慢燃烧起来。众人暗道，完了，功亏一篑了。

班超心头暗喜，他随口一说，没有想到众人病急乱投医，真的将枯柴扔进了坑底。大黄牛让众人赶快隐蔽，可是人藏得了，马却藏不了，心中只暗自着急。

过不多时，马蹄声就近了，一队人马渐渐出现在众人视野当中，只见火把点点，竟有两三百之多。班超暗笑，这正是贾武麾下的人数。

再近一些的时候，众人发现有异常。一匹单骑跑在前面，马背上坐着一男一女，身后追赶的不是汉军，而是匈奴军。这些匈奴兵在远处就应该看到了篝火，但是并没有停留，而是追了出去。

班超看那被追的男子颇似昨日相救的西域男子，他不知道这位男子因何被追杀，看情形和马背上的女子有关。那队人马刚刚过去，就见大黄牛站了出来，道："望秋，你和众姐妹留下来照看仲升，我们去救人！"

班超大吃一惊，道："那男子与你们素不相识，为何相救？"

大黄牛道："我们黄龙岭替天行道，干的是行侠仗义的买卖，历来是谁强就打谁，谁弱咱就帮谁一把！"

班超道："这么几个人，怎么能救下人来？"

大黄牛道："人不在少，而在于精，我黄龙岭个个都是壮士，再说了，我们是救人，不是决一死战，救到人就跑！"

大黄牛和班超说话时，又有一队人马从东向西而来，众人以为是第二拨追兵，待到近处，众人才发现是汉军，领头的正是贾武和孔祥广等人。

原来贾武等人听说有匈奴兵出没，连忙集合队伍，来到了北境沿线。听到哨兵报告，有一队人马两百多人正往西去，此去往西五百里正是南匈奴王庭，若是任由其作为，怕南北二虏交通，便命士兵连忙追去。

汉军追至小树林，见有篝火，便命士兵上前打探，打探的士兵看到了班超的战马，连忙退了出来，将实情报告给了贾武。贾武带着众人将大黄牛和望秋等人围了起来。

贾武看到班超被捆，惊讶地问道："仲升，你不是黄龙岭的姑爷吗，怎被黄龙岭的人绑了？"

班超道："让军侯见笑了，二当家想请我回山，故而设计将我绑了！"

贾武哈哈大笑："黄龙岭请人的方式真是特别！"

大黄牛道："这是我们黄龙岭的事，与你们汉军无关，还希望这位将军不要插手！"

贾武笑道："班超嘛，你们想带走就带走，我不会插手的，反正班超是你们的女婿，杀了班超，你们的望秋就会守寡，哈哈！"贾武说罢，汉军士兵哈哈大笑。

大黄牛和望秋等人万没有想到贾武这么说，实在意外。大黄牛哈哈大笑："了不起，汉军胸襟开阔，适才班超也说愿意回黄龙岭，我还不信，看来是我小气了。秃鹰，给班超松绑！"

秃鹰不愿给班超松绑，但看大黄牛态度坚决，还是将班超的绳子解开了。

班超道："刚才匈奴人往西去了，追的是一男一女，男的是我昨日救下的那名西域男子，女子我没有见过，想来是那男子的相好！"

贾武道："匈奴人的朋友就是我们的敌人，匈奴人的敌人就是我们的朋友。救下那名男子！"

贾武说罢，众人即上马一并追了出去。

众人追了一个时辰，来到了一条大河前，河宽十丈，水流湍急，匈奴兵已将那对男女团团围住。

那对男女从马上下来，女人倚靠在男人的怀里，男人问："怕吗？"女人摇头，男人在女人的额头亲了一下，说："我美丽的公主，没能将你带回我的王国，我十分愧疚，今日你我就要死在这里，草原上的月亮和眼前的大河会见证我们至死不渝的爱情。"

男子说完，抱着女人往河里走。

眼见这一对男女要殉情，岸边的汉匈两军大吃一惊。

为首的匈奴兵叽里咕噜地说了几句，就见几名匈奴兵从马上跳下，将已经下水的男女抓了上来。士兵将女子从男子手中夺出，女子大声哭喊，男子奋力争夺，无奈寡不敌众，被匈奴兵制服。

一直冷眼旁观的贾武大声喊道："你们是哪路人马？"

匈奴队伍中领头的一人走出，用汉话说："我乃优留大单于帐下的卫队长车利，奉大单于命令，带大阏氏回王庭。"

贾武惊讶道："这位女子是单于阏氏？"

车利道："正是，那名男子欲与我阏氏私奔，单于命我将二人擒回！"

贾武犯难，他本想将被追杀的二人带回，现如今男子拐带北单于的阏氏，确实找不到理由要人。班超看出了贾武的心思，低声道："军侯，那名男子既然能和阏氏相好，定然是西域某国王侯子孙，我等将其救下，日后北伐之时，可少一个敌人，多一个朋友！"

贾武低声问："当以何理由要人？"

班超上前一步，对车利说道："车利将军，这名男子乃是羌人，曾带兵冲入武威，杀死武威都尉，朝廷虽然剿灭了这个部族，但是一直缉拿不到匪首，所以想请将军把他交给我们，交由圣上发落！"

车利犯难，道："这是单于的要犯，我怎可给你？"

班超道："将军，这人也是我们的要犯。我们各自出兵缉拿，无非要给上边一个交代，你带走阏氏，我带走羌人，公平公正。你军深入我汉境，已经是越界，现我军知你等入境不是为扰边，不予追究，否则令箭齐发，周边汉军一到，你们将陷入死地！"

车利叹气，道："好吧，既然是汉朝钦犯，就交给你们，反正都是死，死在哪里都一样！"

两名汉军将男子接了过来。

车利的匈奴兵则带着阏氏往东去了。

贾武这时才向班超竖了大拇指，道："怪不得黄龙岭的人都盼着你回去，原来这般聪慧！"班超哈哈大笑。

被班超救下的男子跪在地上，声嘶力竭地呼唤："龙曼！龙曼！"

贾武命人将男子扶上马背，带回同莱山营地。

第十五章

推翻饭车小计退大军　重回山上夫妻再圆房

回到同莱山军营，天将大亮，因薛五救过该男子，贾武命薛五对其悉心照料。

望秋从未见过西域人，对西域人甚为好奇，多次拉着班超去看望那男子。薛五手脚粗大，照顾起人来，非但没有减轻那男子的痛苦，反倒加剧了男子的伤情。每每听到男子的哀号，望秋都会将薛五换下，男子对望秋感激之至。

"你是班超的夫人吗？"

望秋初时一愣，心想这高鼻梁的西域人还会说汉话，片刻眉开眼笑，道："我是班超的夫人，班超是我的夫君！"

那男子露出羡慕的神情，道："神仙眷侣！神仙眷侣！"男子心生感激，讲述了自己的来历。

原来被救的男子名叫沙岸，是车师国的王子，王子长得俊美，早在十年前，便和鄯善国公主龙曼定下了婚约。龙曼倾国倾城，名满西域诸国，对沙岸也是十分倾心。

按照婚约，两人本应该在两年前大婚，但是北匈奴优留单于带着五万大军，屯兵鄯善国，鄯善国国王广心生恐惧，将龙曼拱手交出，优留单于方才带兵离去。

优留单于离开三日之后，沙岸方才知道龙曼被劫掠的消息。车师国兵不过两万，不敌匈奴，沙岸带着数百人的卫队追至黄河北岸，被匈奴兵发现，其部尽数被歼，他换上卫士的衣服，侥幸得脱。

为了将龙曼从单于王庭救出，他潜伏在草原两年，一度将自己扮成了匈奴兵，可惜最终还是被人识破，险些命丧虎口。

说罢，他长叹一声。

众人听了他的故事，无不为其哀叹。

众人又问他有何打算，沙岸道："回到车师国，联合其他诸国，讨伐匈奴！"众人皆拊掌说好。

沙岸在同莱山休养，贾武将营救沙岸的消息报知郑众，郑众命人将沙岸接到了雁门。

沙岸离开同莱山后，望秋找到班超说："咱们何日回黄龙岭？"

班超一惊，问："为何要回黄龙岭？"

望秋道："不是你说要同我回黄龙岭的吗？"

班超一拍脑门，道："我是说过，不过此事须请示校尉，如今校尉在雁门，须回雁门后，再作打算！"

望秋十分生气，说："分明是你不愿意回黄龙岭！"说罢，转身离去。

班超甚是作难，如今南北匈奴通信，汉匈之战一触即发，自己怎可离开？

这日中午，薛五突然找到班超，说望秋和黄龙岭其他人等离开了同莱山，往南去了。班超大吃一惊，问薛五："望秋何时走的？"薛五答："刚走没有多久。"班超又问："你可知望秋因何离开？"薛五答："听说芦芽山的火雷豹带着其他山头儿的土匪围攻黄龙岭，望秋和大黄牛带人回去救援。"

班超将事情报告给贾武，贾武听说此事后，问班超："该当如何？"

班超道："若是黄龙岭被拿下，则吕梁山势必以芦芽山一家为大，剿灭起来，更加困难，应当予以救援！"

贾武道："只是此事须请示校尉郑众，方能决断！"

班超道："只怕为时已晚，不如我带上几人，先探察情形，再报知与你，若所言为虚，我等即刻回营，若所言为真，则顺势剿匪！"

薛五道："军侯，我愿同仲升一同前往，剿灭芦芽山匪！"

贾武道："好吧，既然你等有心，就先行前往，探察情形！"于是命班超、薛五到黄龙岭救援，沈祥、饶锦文、孔祥广听了，表示愿意一同前往。

五人带上兵器，骑上战马，往黄龙岭方向去了。

路上，沈祥说："薛五，你到黄龙岭，是否另有所图？"

薛五哈哈大笑，说："沈兄总爱说实话！"

班超等人一路向南，黄昏时分，抵达黄龙岭山下。是时山下围满了人，从旗帜上看，是芦芽山的匪众。

班超等人进不得山，只得各寻草木巨石隐蔽起来。

沈祥道："黄龙岭虽然被围，但是没有战斗，一时并无危险！"

孔祥广道："如此围困，破门是早晚的事！"

薛五道："奇怪，怎么不见蓝云？"

薛五说完，大家才发现山下聚满了土匪，望秋和大黄牛等人不可能进入黄龙岭内。正暗自纳闷，一行人推着载有巨木的双轮车，往黄龙岭北门推去。

沈祥喊道："快看，要破门了！"

北门下负责指挥的是芦芽山大当家火雷豹，为报杀子之仇，他再次裹挟众人来到黄龙岭。南门的吊桥已经被砍断，北门成了唯一入口，黄龙岭有两道天堑，易守难攻，他多次诱敌不成，只好强攻。

黄龙岭的北门修葺一新，鹧鸪山站在山门上，指挥若定。因火雷豹没有盾牌，所率领的匪众缺少训练，巨木刚到山门下，城门上便有乱箭射来，射死了不少攻城的人。

火雷豹大怒，命人再上，但递补的人还没有靠近攻城车，就被乱箭射伤，众人不敢再进。火雷豹破口大骂："鹧鸪山，你杀了我二儿子，抓了我大儿子，阴险歹毒，不得好死，老子就在城外，困死你！"

沈祥笑道："这鹧鸪山倒是个好脾气，眼见火雷豹如此羞辱，也不动怒！"

班超道："鹧鸪山据险而守，没有什么好担心的！"

薛五道："咱们为何不杀上去，剿了这帮土匪？"

班超摇头："寡不敌众，贸然上去，只会以卵击石！"

几人小声讨论，这时黄龙岭的城门上有人不知抛下了一些什么东西，因距离远，看不清楚是何物，待看到山下众人捂鼻躲避，方知投的是大粪！

山下顿时人声鼎沸，哭爹骂娘，众山匪退到了三十丈外。

沈祥哈哈大笑，道："如此好主意，只有孔兄想得出，可惜孔兄不在山上，要不然这功一定要记在你名下，这就叫黄龙岭泼粪，退敌三十丈！"

孔祥广不太高兴，道："沈兄如此小瞧我，我岂能出如此烂招！"

班超问道："不知道孔兄有何妙计？"

孔祥广道："我还真有一个妙计！"众人忙问何计，孔祥广道："现在两军相持，一时难以破城，既然咱们奉命剿匪，也不必爱匪如子。我有这样一个想法，你们看，黄龙岭山下聚着数千人之众，这数千人既不搭灶，也不生火，吃什么，想来是有人送来。咱们只要半道截住送饭之人，换上他们的衣服，然后在饭里加一些蒙汗药，如此则大计可成！"

沈祥拍手，道："孔兄妙计啊！"

饶锦文道："只是咱们没有蒙汗药，这可怎么办？"

"我有啊！"

众人听到身后一名女子的声音，非常奇怪，转头一看，竟然是望秋。

班超惊奇地问道："你不是早就走了吗，怎么现在才到？"

望秋面露愧色，道："十分抱歉，我本不知道黄龙岭被围，只是想突然离营，让你追来，不承想，黄龙岭真的被围了！谢谢你们这般为黄龙岭考虑，此番解围，我一定劝说父亲投降！"

身后的大黄牛也十分惭愧，道："你们行事仗义，我们不如你们！"

班超等人听了望秋解释，吃了一惊，原来望秋等人又将自己诓了一次。他本还奇怪，这黄龙岭被围得水泄不通，有谁能从黄龙岭出来通风报信？

班超心中虽怒，但是脸上却没有表现出来，只是问："你说你有什么？"

望秋道："我说我有泻药！行走江湖，需带些药品防身！"

班超暗想，这类蒙汗药只能害人，如何防身？他道："刚才孔兄说的是玩笑话，作不得数，你莫要当真！"

望秋看出班超不高兴，也不多言，遥望着远处。

片刻后，果然有几辆推车从西往东而来，大黄牛道："既然仲升不同意下药，我等便去将饭倒了，这些人饿一顿也不碍事。"大黄牛对班超心生愧意，听到班超不同意下药，也不反对。

班超也没有想到大黄牛如此泰然，他没有表态。身后黄龙岭的人抄了一条小道，往饭车方向去了。

大黄牛杀了送饭的人，倒掉了饭车里的饭，热饭混着泥土散发出了特别的清香。远在山下的人闻到饭味却迟迟不见饭到，及见饭车倒在路边，方知人已经被杀，顿时怒火中烧。火雷豹问："这是谁干的？"山下众人不语，一人道："定然是黄龙岭的人做的！"

火雷豹道："黄龙岭被我们围得水泄不通，怎么会有人偷袭我后方？传令，让后厨再造饭！"

手下的人道："若是做好了饭，再被倒了怎么办？只怕咱们饭锅已经被砸了！"

火雷豹道："那咱们就回芦芽山吃饭，明日再来！"

火雷豹一声令下，数千匪众离开了黄龙岭。

见火雷豹带领众山匪退兵，大黄牛与望秋带着众人来到了北门山门下。是时天已黄昏，山上看不清山门下何人，只听鹧鸪山喊道，"山下何人？"

"爹爹，是我，望秋！"

"是女儿回来了！"鹧鸪山惊喜地喊道，"速开城门！"

顿时，山门大开，两队人从山中出来，随后站立在山门左右。鹧鸪山快步出山，又见到大黄牛、班超等人。

鹧鸪山看到班超，从身后拔出大刀，吼道："班超，你等汉军冒充山民，潜入黄龙岭，诓我女儿，其罪当死，来人哪，速与我拿下！"

山门下的两队人将班超等人围定。

望秋挡在班超身前，大声喊道："谁也不许动！"众人不敢上前，望秋对鹧鸪山道："仲升是我请来帮助黄龙岭御敌的！"

大黄牛也劝道："是啊，大当家，班超是我和望秋请来的！刚才退去火雷豹，就是班超想的主意。"

鹧鸪山怒气稍减，问望秋："二当家所说可是真的？"

望秋连忙道："千真万确！"

孔祥广连忙道："不对啊二当家，刚刚那主意明明是我出的，你改的，与班超何干？"

鹧鸪山却不理会孔祥广，他对望秋道："黄龙岭与汉军不两立，你让班超走吧！"

班超道："大当家，火雷豹适才在山下说，明日还会再来，在下与诸位兄弟，听说黄龙岭被围，十分挂念，想助黄龙岭一臂之力，还请大当家的成全！"

鹧鸪山道："这么说，是你求我要留下来的？"

班超道："是！"

鹧鸪山道："好吧，既然是你求我的，我就准了，随我进山吧！"

班超等人随鹧鸪山进了北门，来到了聚义堂。聚义堂里除了班超等人，还有黄龙岭的头目。

鹧鸪山道："今日火雷豹围攻黄龙岭，正到了紧要关头，二当家想出一条妙计，倒掉了火雷豹的饭车，火雷豹害怕饭锅被砸，跑了！"众人哈哈大笑。鹧鸪山继续说道："二当家不光勇武，而且计谋百出。只是火雷豹言称明日还会再来，大家还需想个计策！"听说火雷豹明日复返，众人十分担忧，如此天天围困，何日是个头？

秃鹰道："与其天天被围，还不如干脆拼个你死我活！"

又有人道："既然能倒掉饭车，何不在锅里下毒，把他们一锅端了？"

堂下一片喧哗，各有主意，却都是宣泄的俏皮话，没有一个正经的办法。

鹧鸪山问道："班超，我看到进山前，你和孔祥广窃窃私语，说完之后，孔祥广就走了，你是不是有什么办法？"

秃鹰急道："什么？孔祥广走了，我怎么没有看到？他会不会去给汉军通风报信了？"

饶锦文气道："胡说八道，我们既然来助阵，又怎么会通风报信？"

班超道："孔兄确是通风报信！"

聚义堂中众人大惊，顿时慌乱。

班超哈哈大笑，道："若不通风报信，何来救兵？"

鹧鸪山问："你说清楚，什么救兵？"

班超道："自然是汉军的救兵。"

鹧鸪山奇道："汉军怎会救我黄龙岭？"

秃鹰道："大当家，这不是秃子头上的虱子，明摆着吗，班超是咱们黄龙岭的女婿，救黄龙岭就等于救望秋！"众人哈哈大笑。

班超道："大当家若是不信，可紧闭城门，别放芦芽山的人进来。明日汉军自会替你荡平芦芽山！"

鹧鸪山一拍座椅，说："好！"随即道："班超啊，你和小女已经拜堂，以后还是叫我岳丈吧！"

众人连忙起身，拜向班超，道："恭喜班大哥！"

班超连忙拱手，他虽不情愿，却要回礼。望秋见了，脸上一阵红。

会议毕，管事给班超四人安排了两间客房，这两间客房还是班超上次住的那两间。班超与薛五住一房，饶锦文和沈祥住一房。班超将要休息，有人敲了房门。

薛五去开门。

敲门的是蓝云，薛五甚为激动，他有些结巴："是蓝云……姑娘，请……"

蓝云有些不耐烦："你是请我进啊，还是请我不进！"

薛五更加着急了，道："进，进！"

蓝云进了屋子，问："那个沈志福在不在？"

薛五道："我们这里没有沈志福？"

班超道："她问的是沈祥。"

薛五道："他在隔壁房间，你找他做什么？对了，这是我打的鹿肉，我一直给你带着呢！"薛五说完，从怀中掏出一块用树叶包裹的肉！

蓝云大吃一惊，道："谁说我喜欢吃鹿肉了？"

薛五想了半天，终于想到是谁告诉他的，于是指着班超，道："是仲升告诉我的！"

蓝云走到班超面前，道："班大哥，望秋让你过去！"

班超问："何事？"

蓝云道："我不知道，想来应该是好事吧！"

班超想，望秋可能是有些话要与自己说，便去了。

望秋的闺房距离班超的客房并不甚远，他绕过石洞，顺着台阶走五十步，便到了望秋的房间。班超看到流丹和另外一个姐妹正守在门口，便想回去，却被流丹看到了。

"班大哥，三姑在里面等你呢！"

班超止步，看到流丹捂嘴偷笑。

班超有些尴尬，道："不知道三姑找我何事？"

流丹笑道："我不知道，反正是好事，你进去就知道了。"

流丹打开房门，班超见房内烛火通明，却不见望秋踪影，心中好奇。他进入房内，后脚刚迈进门槛，忽听背后一声响，房门被外面的人关住了。班超用力开门，却打不开。

"流丹，流丹，你把门打开！"班超喊道。

"你就这么不喜欢和我在一起吗？"班超听到屋里有人说话。

"是望秋？"

班超转过身，往房内看去，只见房内的墙壁上挂满了刀剑、长鞭。

这时，里间走出一人，只见她身披红装，朱唇丹红，好似出嫁新娘，班超怔怔发愣，方明白蓝云与流丹因何发笑。

"班大哥请坐！"

班超在圆桌处坐下，望秋走到班超身边，为班超斟了一碗酒。

"望秋，你这是？"

"班大哥，你我只有夫妻之名，没有夫妻之实，今晚我们便要洞房，以行夫妻之实。"

"这……这怎么可以？"

"怎么不可以，你杀了莫良，又与我拜了天地，就是夫妻，今生今世，还有来生来世，我都要与你在一起！"

"不可以，沈祥、饶锦文他们见我夜不归宿，会起疑心的！"

"什么疑心，难道他们不知你我是夫妻？我明白了，我是土匪，你我结合，汉军会把你除籍，那更好，归了我黄龙岭，更逍遥！"

班超有些恼怒，心想：你原来盼着我被汉军除名！

望秋见班超面露愠色，将酒递给了班超，道："我知你有远志，不会拖累你，我会说服我父亲，投降汉廷！"

班超十分惊喜，抱住望秋的腰："真的？"

"一说招降，看把你高兴的！不过我有个要求。"

班超喜道："什么要求，我全答应你！"

望秋道："以后不许对我忽冷忽热！"

班超在望秋的脸上亲了一口，道："我保证再也不会了！"

望秋紧紧抱住班超，道："那你今晚还走吗？"

班超道："不走了！"

两人四目相接，不禁生情，只觉得天地间，再也没有比这更好了。

忽然，敲门声响起。

"班大哥，不好了，薛五和沈祥打起来了！"

班超和望秋都吃了一惊，连忙起身，往客房方向去了。

班超和望秋到了客房，看到薛五和沈祥你掐我摔，在地上滚在了一处，打得不成章法。班超问饶锦文怎么回事，饶锦文说，他也不知道，薛五突然冲进房来，辱骂沈祥，沈祥不堪受辱，和他撕扯到了一处。

第十六章
薛五依计智斩火雷豹　流丹恸哭锦文射秃鹰

　　班超上前拉架，被沈祥推开，班超去拉薛五，被薛五踢了一脚。

　　班超见蓝云在一旁嬉笑，想起他离开时，房内只有她和薛五，便问蓝云："你可知薛五因何与沈祥缠斗啊？"

　　蓝云道："薛五说他喜欢我，我说我喜欢沈祥，你要是能打得过沈祥，我就答应和他好，薛五就和沈祥打了起来。"

　　班超哈哈大笑，道："蓝云，你真是能胡闹，还是快让他们停下来吧，伤了和气就不好了。"蓝云眼睛一翻，道："才不，他们又不听我的！"

　　望秋面露愠色，道："蓝云，休得胡闹，快让薛五停下来！"

　　蓝云有些不高兴，她哼了一声，走到薛五面前，道："大木头，你起来吧！"

　　薛五瞥了蓝云一眼，道："我不起，我还没赢他！"

　　蓝云道："你不起来，我就走了！"

　　薛五道："你走吧，我一定得赢他！"

　　沈祥也不服输，道："傻小子，看我把你掐成牛肉丸子！"

　　蓝云见两人都不停手，倒是真的生气了，蓝云一直以为薛五是因为自己才和沈祥打架的，现在自己让他罢手，他还不肯罢手，证明自己想错了。蓝云气道："你们爱打就打吧！"说罢，转身走了。

　　眼看着蓝云走了，薛五和沈祥仍不停手，两人你掐我的脖子，我别着你的腿，斗得更起劲了。班超摇了摇头，对望秋道："望秋，眼下战事焦灼，我们暂不同房，待事情平息，我再风风光光娶你！"

望秋点头，道："我知道，你怕别人说你上山是为了儿女私情！"

班超抓住望秋的手，道："望秋懂我！"

望秋叹了一口气，道："好好照顾自己，晚上凉，盖好被子。"

班超回到房间，打来洗脚水，围观的人都走了，薛五和沈祥仍躺在地上，互不相让，班超洗完脚，看两人还不松手，就暗自叹了一口气，将洗脚水泼到了远处。看得出来，薛五喜欢蓝云，此次上山就是为了见她。但是蓝云不太喜欢薛五，而是喜欢一本正经的沈祥，至于沈祥是否喜欢那个胖胖的蓝云那就不知道了。

黄昏时，班超让孔祥广连夜返回雁门，将黄龙岭的情形禀告郑众。班超猜想，郑众是通情理之人，若他知晓匪情，必将情况报给耿秉，耿秉就任雁门太守，一为了解匈奴，二为荡平山匪。吕梁山脉山岭众多，山高谷深，非山民难以进出，山匪流窜于山林，官兵车马难以使用，是以不易剿平。此次芦芽山裹挟诸山山匪，出动匪众数千，若是聚而剿之，则可谓毕其功于一役。

班超躺在床上，反复推演事情的发展，深夜方睡。

次日，班超醒来，见薛五躺在床上呼呼大睡，就没有惊动他。班超预计日上三竿，芦芽山的匪众就会到山前叫阵。

果不其然，班超刚刚洗漱完毕，陆晓聪就来报知班超，火雷豹的人到了。

班超叫醒薛五等人，带着兵器，便去了。

是时山下人马众多，比昨日更甚，大黄牛笑道："火雷豹带着这么多人，只怕要多推几车饭了！"鹧鸪山与班超等人听了，皆大笑。

这时，山门下的火雷豹开始叫阵："山上的听着，我乃芦芽山大当家火雷豹，命你将我儿子公虎放出来，我可饶你们不死，否则破门之日，我定将黄龙岭屠杀殆尽！"

班超问道："大当家，这火雷豹的大儿子还在你手上吗？"

鹧鸪山道："正是，火雷豹正是以这个理由，屡次攻我黄龙岭！"

班超问："为何不将公虎放还给他？"

大黄牛道："仲升，你道那火雷豹真的只为了儿子，他还想夺了我们黄龙岭，作为他的立身之地。若是将公虎放了，只怕火雷豹更加肆无忌惮，他会打着为莫良复仇的旗号，卷土重来。"

班超道："黄龙岭是天险，确实是好地方啊！"

鹧鸪山道："且由着他叫唤，累了就会歇了！"

山下的火雷豹叫嚷了一阵，见山上无人应他，放了两句狠话，就退了下去。

山上的人看到山下的人拉来了许多大锅，在离北门两百米处，芦芽山的人搭起了灶台，看其架势，是要在山下长住了。大黄牛想起昨日掀翻饭车的事，对鹧鸪山建议，派一支奇兵，出山砸灶。鹧鸪山对大黄牛说，入山只有北门一条道，没有奇兵。

山下的灶早早就搭好了，炊烟袅袅，天未到正午，芦芽山及其他山匪便吃上了午饭。黄龙岭众人起床迎敌，并未吃早饭，见此都饿了，纷纷询问何时开午饭，但是厨子回话，未到午时，饭没做好，众人只得作罢。

山下吃完了饭，就听火雷豹在山下喊道："兄弟们，咱们刚刚吃饱了饭，可是山上的人还没有吃，为什么？那是做给我们吃的，拿下黄龙岭，我在黄龙岭聚义堂给大家庆功！"山下一片欢呼，只见众人砸了锅，摔了饭，往黄龙岭围了过来。

黄龙岭的人见此，心中颇感不安，一方面自己没有吃饭，人家吃了饭；另一方面芦芽山破釜沉舟，气势昂扬。

一辆载着巨木的车从远处被推了上来，这根巨木还是昨天那根，只是车的前方被包裹了铁皮，左右有盾牌护卫，阵容强大。

黄龙岭的人见此，不免吃惊。鹧鸪山连忙命人往撞门的巨木车投掷火油，但铁皮不燃，些许小火挡不住攻城的人。

就在撞门车往山上运动时，又有几架云梯被抬了过来，那云梯与山等高，云梯架在山上，山上的人推不倒。黄龙岭诸人往山下投掷石块，芦芽山的人受伤无数，但是攻山的人前仆后继，十分英勇，就连班超都感到十分震惊。

撞门的车运动到了山下城门处，巨木在众人的合力之下，撞击着大门，隆隆作响，不绝于耳。

鹧鸪山命大黄牛带着众人守在山下，自己则在山上坐镇指挥。

突然，黄龙岭身后出现了喊杀声。

鹧鸪山大吃一惊，大声问："哪里来的喊杀声？"

一人回道："不好了，大当家，西面的山岭有人攀岩上来了，乌压压一片，像是芦芽山的人！"

鹧鸪山顿时站立不稳，他问班超："仲升，你不是说孔祥广去搬救兵了吗，究竟有没有救兵？"

班超有些慌神，道："应该快到了吧！"

鹧鸪山道："我带人去西山岩壁迎敌，劳你在此指挥，若汉军到了，你也好接应！"班超应了，鹧鸪山自领一部人马去了西山岩壁。

班超没有想到芦芽山匪徒的攻势如此凶猛，若不是他当初一箭射死莫良，也不会引来火雷豹的报复，如今黄龙岭的人非但没有怪罪于他，反而将女儿诚心诚意嫁给自己，想到这里，他羞愧万分。他拱手对沈祥、饶锦文、薛五道："诸位，黄龙岭危在旦夕，还请大家同舟共济。"

沈祥道："仲升，你我都是兄弟，你就吩咐吧！"

饶锦文道："正是，不分彼此！"

薛五道："嘿嘿，我喜欢蓝云！"

班超道："多谢诸位兄弟，如今敌人佯攻北门，主力却是西山岩壁，实在大出意料！既然是佯攻，芦芽山的人便没有准备夺下北门，只是为了拖延时间，消耗兵力。我们四人，饶锦文在西山岭，沈祥在东山岭，我和薛五在城门上，我们几人都是神箭手，大军站在各自的位置，以箭雨延迟敌人的锋芒，待敌人疲敝，我们再予以反击！"

三人听了班超的安排，拿了弓箭，各自去了。班超站在城门上，一弓三矢，只要山门下攻城的盾牌闪出缝隙，便即射去。攻山的是匪，守山的也是匪，两股山匪胶着酣战，势均力敌。山上的班超等人箭术神通，不少攻城的人中箭倒地。

山匪的战斗意志较弱，稍有阻力，便退却下去。火雷豹见许多人退下阵来，拔刀斩了那个退在最前面的人，退下阵的人只得硬着头皮又冲了上去。受伤的人知山上人的箭法高明，不敢再攀云梯，而是躲进了盾牌后，如此一来，山门下便聚满了人。

嘿哟！嘿哟！

撞门声接连不断，刚修整好的大门被撞得摇摇欲坠，门上的铆钉相继脱落，如此下去，山门将就此被撞破！

就在此时，黄龙岭北的远处出现了大股骑兵，班超识得，这是越骑营的骑兵。

众骑兵奔腾而来，班超站在山上的城门上，哈哈大笑，沈祥和饶锦文眺望远处，挥袖擦汗。

山下的土匪听到了奔腾声，回头看到大队骑兵。

"是汉军！"有人喊道。

山下顿时慌乱，攻城的匪众见身后异常，乃纷纷撤了下来，就连火雷豹也顾不得督战，骂道："鹧鸪山，你勾结朝廷，不得好死！"

班超喊道："火雷豹，你的末日到了，还不束手就擒！"

火雷豹认得班超，道："班超，我认得你，你杀了我儿子，可敢下来与我一战！"

班超道："手下败将，若非公虎救你，只怕你早就死在我的枪下！"

"上次是我疏忽大意，这次你定不会再有好运！"

"可惜援兵到了！"

说话的工夫，汉军就到了。领兵的是郭圣，按照耿秉的命令，汉军包围了黄龙岭。

郭圣剿匪已久，只因寻不到匪巢，经年无果。今日他终于寻到了土匪，心中甚是畅快，他一面包围黄龙岭，一面命步兵堵住两侧的山林，以防土匪撤向深山。

芦芽山及其他山头的土匪见汉军来了，不战即溃，迅速往山林中冲去。好在郭圣早有布置，山匪看到官兵，便弃刀投降了。

汉军缩小了包围圈，攻山的土匪早已经聚在了一处，班超请大黄牛打开山门，与汉军合兵一处。大黄牛不肯，道："山门开不得，如若汉军进来，该当如何？"

班超笑道："若无汉军，只怕你这山门早就破了！"

大黄牛想班超说的没错，便打开了城门。班超四人出了山门，与郭圣等人聚在了一处，大黄牛带着人手，援助鹧鸪山去了。

薛五道："郭大人，数月前，孔祥广与哈子摩一战成名，今日小人也想斩匪立功！"

郭圣哈哈大笑，道："有胆识，你叫什么名字？"

"在下薛五！"

"你可知那火雷豹是何人，那可是力拔千钧，名震吕梁山的好汉，武功卓绝！"

"薛五不怕，请大人给小人一个机会！"

"好，准你出战！"

是时，众山匪已经站在了远处，谁也不敢站在火雷豹身边。那火雷豹确如郭圣所言，武功卓绝，不过说他是好汉，就有些言不由衷了。

火雷豹统率芦芽山多年，自有一番头领气概，虽陷入困境，却是临危不惧。班超走到薛五跟前，问："薛兄，你请战火雷豹，准备如何应敌？"

薛五道："都尉看重我，给我出战的机会，我当竭心尽力，拼死一战，誓死与那贼人周旋！"

班超道："那可不行，山匪众多，你须一招制敌！"

薛五惊道："火雷豹英勇了得，我如何能一招制敌！"

班超在薛五耳畔密语，薛五一一记下。

火雷豹见班超对薛五私语，不知二人有何密谋，大声道："班超，你杀我爱子，还不来受死！"

薛五道："休得狂言，俺薛五在此！"薛五报完名号，拍马上前。火雷豹见薛五穿士兵铠甲，并未将其放在眼里，他长刀立在身前，有意展示手段。

薛五快马行至火雷豹身前，火雷豹举刀相迎，两刀相交，溅出大片火花，火雷豹大吃一惊，暗道此人好大的力气。一回合后，薛五来到了火雷豹身后，火雷豹尚未转身，薛五右手抓住火雷豹的坐骑马尾，猛地向上一拉，火雷豹人仰马翻，薛五上前一步，将火雷豹人头砍落。

在场之人瞠目，芦芽山匪更是惶恐，平日里威武雄壮的大当家，只和汉军的一个走卒过了不到两个回合，便被斩落马下，汉军何其英勇。

郭圣大声喊道："各山匪众，命你们放下武器，违者，杀无赦！"

火雷豹死后，芦芽山及其他各山土匪群龙无首，听到郭圣的话，纷纷将兵器置于地上，伏地跪倒，不敢抬头。

郭圣命人将山匪的兵器收了，将人押解回雁门，听候耿秉发落。

郭圣将班超叫至身边，问："仲升啊，将军曾有言，命你招抚黄龙岭，可有进展？"

班超道："属下等人近日一直在思拒敌之策，以属下观察，黄龙岭上下对朝廷并无抵触。"

郭圣冷笑，道："是吗？那为何汉军来了，黄龙岭把门关得死死的！"

班超回头往山上看去，只见山门紧闭，鹧鸪山、大黄牛等人在山门顶冷眼眺望，连撞门的巨木车也不知何时被拉进了山内。

班超喊道："大当家，汉军驰援黄龙岭，你因何将山门紧闭啊？"

鹧鸪山道："汉军是为荡平吕梁山而来，黄龙岭与朝廷有仇，为黄龙岭计，不敢开门，也不能开门，请贤婿回营吧！"

这时，沈祥大骂道："鹧鸪山，你忘恩负义，我等解你重围，你翻脸不认人，真乃匪寇！"

大黄牛道："沈祥，你我立场不同，开门之事，恕难从命！"

饶锦文痛骂道："欺人太甚，待我拔了你的山门！"

山上的秃鹰道："黄口小儿，若是识相，就速速离去，免得自找没趣！"

饶锦文大骂道："秃头老儿，快下来，与你饶爷一战！"

秃鹰道："你一走卒，也配与我动手！"说罢，张弓搭箭射向饶锦文，因弓力不足，秃鹰射出的箭镞落在了饶锦文面前。饶锦文冷笑一声，道："破弓烂箭，毫无张力，看你饶爷的！"说罢，也取出一支箭，此箭乃汉军所制，比黄龙岭所用精良，但见他一箭射出，宛若流星，箭镞直指秃鹰眉心，秃鹰中箭后倒地，鹧鸪山等人查看，只见秃鹰双目圆睁，眉心插着一支箭羽，力透额头，中箭处有鲜血流出，已然殒命。

沈祥赞了一声好箭法。

饶锦文收弓，正是少年英姿生豪气，弹指一箭射秃鹰。

黄龙岭的山上却是别样状况，鹧鸪山、大黄牛等人紧围着秃鹰，呼唤秃鹰的名字，显是一片骚乱。

忽一人从远处跑来，口中喊道："爹爹，爹爹，你怎么了？是谁伤了你？"

山下班超、饶锦文等人见了，不免一惊，那来人竟然是流丹。

流丹泪如雨下，她见箭镞已经贯穿了秃鹰的脑门，顿时就有些站立不稳，她对山下大喊："饶锦文，可是你杀了我爹爹？"

饶锦文惊惶，他与流丹早已私订终身，只等班超和望秋被汉军认可，便迎娶流丹。他从未听流丹提起过父亲，当下答道："我不知道秃鹰是你父亲！"

流丹哭道："你走吧，我再也不想见到你了！"

郭圣走到饶锦文跟前，低声道："你怎可如此草率？"说完，他大声对汉军说道："饶锦文英勇！"众汉军备受鼓舞，欢呼"英勇"！

饶锦文神情暗淡，如丧考妣。班超上前安慰，道："秃鹰命该如此，流丹会理解你的！"

饶锦文抓住班超的手，道："仲升，流丹会原谅我吗？"

班超长叹一声，道："应该会吧！"这时，孔祥广、沈祥也都明白了情由，上前安慰，饶锦文沉默无声，情绪低落。

汉军带着火雷豹的人头，押解着数百名俘虏，往雁门去了。

吕梁山大捷的消息很快传到了雁门，镇守在雁门的耿秉听闻消息，甚是振奋，命令来俊马上差人安排仪仗，迎接郭圣。

这是耿秉出任雁门太守以来获得的最大胜利，他马上将吕梁山大捷的消息报给了朝廷。

庆功宴上，耿秉提拔班超、饶锦文、孔祥广为屯长，薛五为什长，为奖励班超五人智勇双全，屡立战功，各赏白银五百两。

酒过三巡，班超向耿秉敬酒，道："此次平定吕梁山，全赖将军运筹帷幄，指挥有方，我汉军才能从容布置，一举击溃吕梁山诸匪。但此战也有遗憾，黄龙岭山匪趁我军平定芦芽山诸匪时，收拢兵力，关闭山门，居高临下与我军对峙，而我军皆为战骑，攻城没有优势，是以未能平定黄龙岭。"

耿秉道："此事我已经知晓，你不用自责，此战能以最小的损失剿灭山匪，你的功劳最大。你那包围黄龙岭的计策和薛五一招制服火雷豹的战法十分精彩。依我看，仲升既通史，又通兵，将来前途不可限量。"

班超道："多谢将军抬爱！"

耿秉道："黄龙岭的事日后再说，我且问你，郭圣带回数百俘虏，你可有安置之策？"

班超道："安置俘虏是太守和朝廷安国大计，属下无权发言。不过太守既然问起，属下就冒昧了。吕梁山诸匪，原为附近耕种狩猎的山民，只因王莽乱政，才躲进山中。如今朝廷正本清源，开万世太平，附近的山民自当回归本业。但若就如此放归，则好比放虎归山，这些人势必再虎啸山林，聚众为匪。太守可请示朝廷，迁吕梁山匪至南方长江沿线开垦荒地，种植米粟，如此，这些俘虏有了土地和本业，自当感谢朝廷恩德，拜谢太守厚恩！"

耿秉点头，道："了不起啊，仲升目光长远。不过吕梁山匪数万之众，我们只擒回数百人。山匪以山为家，父母妻女皆在山上，若是将俘虏征发至长江，山上的孤寡何人奉养？未投降的山匪是否会心怀忧惧，宁死不降？"

众人听了班超的话，都道班超想得长远，待听了耿秉的话，才觉将军所言极是，郭圣道："将军思虑长远，我等甚为敬佩！"

耿秉端起酒，道："我意，继续对黄龙岭招抚，优待俘虏，对愿意加入雁门郡的，分散编入各营，对愿意南迁耕种的，允许其召回父母妻女，本将将请示皇上，赐予迁徙者良田耕牛。"

郑众道："耿太守如此优待俘虏，真是仁德，如此放归，只怕那些山匪有去无回啊！"

耿秉道："人心思安，先让他们在汉军军营住上一段时日！"

郑众道："明白了，耿兄是想以军营的真实风气感化他们！"

耿秉道："不错，仲升，你和吕梁山匪最为熟络，我看安抚的事，就交与你吧！"

班超道："是！"

第十七章

河边烤鱼醉酒引大火　匈奴出使雁门藏凶险

擒回的匪众有五百余人，多为芦芽山土匪，也有其他各山的。郭圣将其安置在城内越骑营的俘虏营内。越骑营从未有过如此多的俘虏，一时间，竟无法安置。

见班超回营，贾武迎道："仲升你可回来了，郑大人呢？"

班超道："郑公没有回营，想是将军有话要和郑公单叙，我等先回营了。"

贾武道："仲升啊，你立了功，不过也带回来一个大麻烦，俘虏这么多，都快赶上越骑营了，可如何安置？"

班超道："耿大人已命属下安抚俘虏。"

贾武道："哎呀，这是太守抬爱你，不过这事不好办。哥哥这边有什么能做的，你尽管说！"

班超拱手道："多谢军侯！"

贾武拍着班超肩膀，道："都是兄弟，别说见外的话，我听说算命的说你以后能封侯，等你升官了，想着老哥哥就是！"班超和贾武都大笑。

班超与薛五、孔祥广等人巡视俘虏营，营中的俘虏已经被松绑；见班超等人到了，对班超又是痛恨，又是畏惧。班超知道，这些人之所以安分守己，是因为手上的兵器被夺了，若是有了武器，随时会冲破军营，夺了战马。

孔祥广吼道："全部站起来！"吕梁山匪不知道孔祥广的厉害，慢慢腾腾地起身。薛五一声吼："都快点！"匪众亲眼见到薛五斩落火雷豹，对薛五极为敬畏，连忙起身，排成了四排。

班超见众人站定，道："诸位，你们都是吕梁山的好汉，也是大汉朝的子民，从前你们和地方官府有何恩怨，从现在开始，都不追究了，希望你们也不要记恨朝廷。"

一名俘虏问道："真的吗？我以前杀了一个官兵，也不追究了？"

班超问："你杀了何官兵？"

那俘虏道："我杀了剿匪的官兵！"

班超道："太守大人说了，诸位进山为匪，乃是不得已，有自己的苦衷。现在天下思安，皇上励精图治，唯北境匈奴为患甚重，以前的过错就不追究了，希望你们也能洗心革面！"

一名俘虏道："父辈进山是因为早年王莽乱政，民不聊生，近年却是因为北边匈奴猖獗，时常扰边，我等没有了生路，才躲进山里。"

又有一俘虏道："朝廷若是肯荡平匈奴，我愿从军为士卒！"

班超道："都是壮志好男儿，班超向诸位保证，今后越骑营的士兵，绝不欺负你们，你们也将来去自由！"

一名俘虏喊道："还是汉军好，以后我们再也不用躲躲藏藏，受大当家的欺负了！"

班超让伙房送来了吃食和棉被，俘虏营也就安定了下来。

就在剿匪这几日，朝廷对郑众关于加强南北匈奴管理的奏折得到了批复。朝廷设立度辽将军，由中郎将吴棠行度辽将军事，调骑都尉秦彭带兵五千，屯西河美稷，又调遣黎阳虎牙营屯五原（今内蒙古自治区巴彦淖尔市五原县，位于黄河几字弯北部）。

朝廷对南北匈奴的管制，仅耿秉等少数将领知晓，而朝廷所立汉匈互市一策，也迫于形势而搁浅。

再说饶锦文自杀了秃鹰，日夜不安。那日秃鹰羞辱汉军，饶锦文出于气愤，一箭射杀了他。他本是行事谨慎之人，见孔祥广、薛五、班超皆立功，也想在众军士面前一展技艺，却不想射杀的是流丹的父亲。

自他在黄龙岭第一次见到流丹，便对她动了情，流丹有着明媚的眼睛和甜甜的酒窝，她的一举一动、一颦一笑都被他看在眼里，有的时候，他看向别处，眼睛却在看着流丹。尽管他深爱着她，但是他和流丹的感情不像班超和望秋那般众人皆知。流丹性格内敛，她和望秋形同姐妹，饶锦文想，只要望秋和班超结婚，自己和流丹的事也就水到渠成了。

入夜，饶锦文来到河边。

这几日夜深人静的时候，饶锦文都会到城外的河边，一个人喝酒。饶锦文不知道这条河的名字，但是在望秋来寻班超的时候，他经常偷偷和流丹在河边散步，想起从前的晚上，何其美好！饶锦文悔得肝肠寸断，谁会和杀父仇人结婚呢？如果当初问一句，你的父亲是谁，也就不会如此了。

班超和沈祥害怕饶锦文出事，悄悄跟了上来，见到饶锦文这几日憔悴模样，心中亦难过。

"你们怎么来了？"饶锦文听到了脚步声，知道是班超来了。

"我们陪你喝酒来了！"班超道。

沈祥从怀里掏出碗，道："对，我们哥俩陪你喝酒来了！"

"不用陪，仲升有望秋，志福有蓝云，你们体会不到我心中的苦闷，都回吧！"饶锦文说罢，抱着酒坛子，又喝了一口。

班超也抱起一个酒坛子，道："我陪你！"说罢，喝了一大口。

沈祥同样也抱起酒坛子，喝了一大口。

饶锦文看两个人只喝了一口，道："喝得不够，得喝两大口！"班超和沈祥索性痛饮了半坛，饶锦文禁不住痛哭流涕，道："仲升、志福，你们真是我的好兄弟！实不相瞒，失去了流丹，我心痛啊！"班超道："我明白，论起坎坷，我班超可得头名。我年少丧父，自幼随兄长在老家读书，那时家中贫寒。后随兄长进京，兄长为校书郎，我为誊抄书吏，收入微薄，勉强糊口。到三十岁都还没有娶妻，去年，我到兰台任职，母亲托人为我寻得一女，准备娶为妻，不想受到连坐，从兰台除名，那家女子当日就退回了聘礼。从军前，那名女子嫁了出去，所嫁之人，竟然是我的同案。前几日，望秋答应过，会劝说鹧鸪山接受招抚，却不想，鹧鸪山拒绝接受招抚，现在也不知道望秋怎么样了。"

饶锦文气道："怎么样？这还不是明摆着，砸锅了，呜呜！"班超想到此，与饶锦文抱在一处，也哭成了泪人，沈祥受两人感染，竟也抱着二人，哭了。

正当三人哭作一团，班超忽道："这么哭，不是大丈夫所为！应当喝酒，还要吃肉。"

沈祥道："哪有肉？"

班超道："没有肉，可以有鱼，我去河里摸鱼！"

饶锦文脱去衣服，道："论摸鱼，谁都没有我在行。"说罢，跳进水里。班超和沈祥也都脱去了衣服，在河里摸起鱼来。

北方的河水浅，三人赤脚在河中，摸到了几尾巴掌大的鲫鱼，嘴巴顿时就乐开了花。三人分了工，你拾柴，我杀鱼，不多时，便在河边吃上了烤鱼。三人只觉得肉吃了，酒喝了，心暖了，再也没有比这更痛快的了。

饶锦文酒意微醺，问班超："怎么老孔和薛五没来，只你们俩来了？"

班超道："他们两人值守，没叫！"

饶锦文将烤好的鱼装进怀里，道："这么好吃的鱼，咱们不能独吞，给他们留着些！"

沈祥竖起拇指，道："仗义！要我说，没有什么结是解不开的。锦文并不知道秃鹰是流丹的父亲，不光锦文不知道，我们大家都不知道。"班超点头，沈祥继续道："只要感情真，误会总会消除，日子久了，这件事就淡忘了，再说仲升和望秋感情真挚，黄龙岭早晚也会招抚，流丹终究会到你身边！"

饶锦文听沈祥分析得头头是道，情绪就有些激动，道："奶奶的，老子啥也不怕，咱们现在就去黄龙岭，只要流丹原谅我，是杀是剐，我都认了。"

班超和沈祥也都激动起来，道："锦文说去，咱就去。"

几人穿上衣服，上了马，往黄龙岭去了。三人一路边喝酒，边说饶锦文和流丹之事。班超说，早在饶锦文和流丹刚好的时候，自己就发现了，他本想责骂饶锦文，却不想自己也掉进了爱河。三人哈哈大笑。

五更时分，三人来到了黄龙岭北门山下，三人对着北门一阵大喊。

"哎，山上的，叫流丹出来，就说饶锦文来了！"

"哎，告诉你们三姑，班超也来了！"

"还有沈祥！"

山上守夜的人早已经睡着了，听到山下有人叫唤，以为是有人闯山，急忙敲锣，锣声紧密，惊醒了山里的人。很快，山上的火把就点了起来，点点火光照亮了黄龙岭，紧接着是人声和犬吠声，北面山门上站满了人。

山下的三人对自己的"杰作"感到自得，相视嘿嘿一笑。

鹧鸪山、大黄牛相继来到山门，因班超等人不持火把，山上的人看不清山下情形，他们就对着山下喊道："山门下来者何人？"

沈祥答："山门下来者沈祥、班超、饶锦文是也！"

鹧鸪山怒道："你们还来做什么？是要夜攻黄龙岭吗？"

沈祥道："非也，我等来黄龙岭，是为见流丹是也！"

鹧鸪山道："满口胡言，饶锦文一箭射杀流丹父亲，还有何面目见流丹！"

沈祥道："当日事发仓促，谁也没有想到会是那般结局，个中情由，还请大当家海涵！饶锦文对流丹情深义重，对大当家也是十分敬重，今日我三人来此，一是想向流丹和黄龙岭诸位道歉，二是想求得流丹原谅。"

鹧鸪山道："你们的心意，鹧鸪山心领了，但是山门不能进！"

沈祥道："纵然我和饶锦文进不得，班超总能进得吧，他多次解黄龙岭之围，大当家看在眼里，大当家当众许诺将千金望秋许给班超，如此深情，苍天可鉴！"

鹧鸪山冷冷道："如果不是看在往日的交情，今日已不是这样对话了，班超杀了莫良，引来芦芽山复仇，将黄龙岭两次陷入险境。我劝你们还是走吧，以后也不要再来了。"

"志福，我们回去吧！"班超道。

班超和饶锦文一直没有说话，到黄龙岭山门的时候，他们酒已经醒了一半，被鹧鸪山骂了一阵，又醒了一半。沈祥仍不甘心，班超和饶锦文拉住他的衣袖，灰溜溜地走了。

三人乘兴而来，败兴而归，一路上，一声不吭，好似霜打的茄子。

日上三竿，三人方回到雁门，到了营门口，营房只见值守，不见训练，甚是奇怪，就连俘虏营也在睡觉。

三人进了营房，见贾武和郑众坐在帐内，郑众面带愠色，道："你们三个昨夜去了哪里？"

三人不敢说话，低头看贾武，贾武在郑众身后，悄悄向三人挥手。

沈祥道："校尉，属下三人昨夜夜探黄龙岭，天亮方归！"

郑众道："奉谁的命令、何人的手谕？"

沈祥哑口无言。郑众一拍桌子，骂道："夜不归宿，无法无天，不要以为打胜一点小仗就可以自满，听说你们昨夜还去买酒了！"

班超三人单膝跪在地上，道："我等三人目无军纪，任凭校尉责罚！"

郑众语气稍稍缓和，道："既然认错，就要认罚，降你们三人为士卒，领军杖二十，贾武监罚！"

三人拜谢。郑众离帐。

见郑众离开，贾武道："这回算你们赶上了，平日离营也没事，昨夜城外发生大火，我营奉命出城救火，清点人数的时候，你们不在。"

班超惊讶地问道："大火，哪里来的大火？"

贾武道："别提了，昨夜刚刚躺下，城门的值守说，城南三里外的河边树林失火，太守命军营士兵出城救火。我们到了城外一看，大火漫天，就算是把全城的锅碗瓢盆都带上，把河水舀干了，也灭不了大火。"

班超三人大吃一惊，问："那怎么办？"

贾武道："还是郑公想了一个办法，北方的树矮，他让我们将周边的林子砍了，大火烧到空地，也就熄了。"

三人长出一口气。

贾武带他们出去领罚，沈祥道："军侯，我等受过，有一事相求！"

贾武道："何事？"

班超道："我们挨了板子后，求军侯将我们安排在一个房间。"

贾武点头，道："共患难，好！"

午时，病房传来哀号，孔祥广和薛五为班超三人上药。

孔祥广一边擦药，一边埋怨三人："你说你们，跑出去喝酒，也不叫我！"

薛五也是埋怨："都不叫我！"

孔祥广道："算命的不是说你能封侯吗？我以前挺信的，现在好了，刚提拔屯长就被降成士卒了。"

饶锦文从怀里掏出树叶包裹的烤鱼，递给孔祥广："这是给你们的！"

"这是什么？"孔祥广打开树叶，"怎么会是烤鱼？"

薛五伸头去看树叶，嘴一撇，道："都成了渣了！"

孔祥广突然醒悟："昨夜河边的火是你们放的！"

饶锦文连忙捂住孔祥广的嘴："你小声点！"

天气入了凉秋，北方已带有寒意，吕梁山树叶掉落，由绿变红，由红变黑，雁门以北，枯草遍地，山河寂静。

平定了芦芽山匪众，耿秉心情出奇地好。近日无战事，他和郑众已经向皇帝请旨，准备南归，现在只等朝廷的批复。

这日天气正好，带着凉意的阳光逐渐回暖，耿秉本想带领诸将出塞狩猎，却听守城将士来报，北匈奴使节抵雁门，耿秉问来使何意，守城将士答，匈奴单于欲向大汉皇帝进贡牛马，从雁门关借道，入洛阳。耿秉整理装束，对众人道："匈奴人生性贪婪，好劫掠，平日最喜欢向朝廷索要，今日怎转了性，改朝贡了？"

郭圣道："定是我军平定芦芽山和度辽将军到任的消息传到了匈奴，匈奴害怕我军北伐，主动示弱，以求交好！"

耿秉甚是高兴，道："匈奴人发展了数百年，经前汉武帝一朝，被卫青、霍去病打得七零八落，再不养精蓄锐，种族只怕都会被灭了！"郭圣、郑众、陶喷、来俊等人皆大笑。耿秉问守门将士："护送贡物的有多少人？"

守门将士答："回将军，护送贡物的有百人。"

耿秉点头，道："来的人不少，有没有带兵器？"

守城将士答："除少数护卫人员带了兵器，大部分人只带来了鞭子，做驱赶牛羊之用！"

耿秉道："看来是真心朝贡，让他们入关进城吧，好生安置！"守城将士应了声"是"，便下去了。

出使洛阳的是一个匈奴胖子，脸圆圆的，因名字太长，将领们一时间也记不住。雁门郡参事将匈奴使者领进雁门衙署，匈奴使者向耿秉禀明来意，道："匈奴大单于使者朝拜大汉皇帝，今年匈奴草原雨水充足，牛马较往年繁盛，特向大汉皇帝敬献白羊一千只，黄牛一百头，请大汉皇帝笑纳。"

耿秉点头，道："匈奴单于对圣上的心意，我已明了，所贡牛羊将如数送往朝廷，匈奴使者将由汉军护送至洛阳，朝见天子。"匈奴使者谢过耿秉，稍后耿秉命人将匈奴使者引了出去。

匈奴使者走后，耿秉大笑，道："匈奴人若是一直乖如牛羊，我等便无建功之日！往后的日子，恐怕大家只能天天打猎了！" 诸将哈哈大笑。

耿秉带着诸将到城外打猎，巳时三刻出发，酉时初刻回，城中一切正常。

来俊请示："太守大人，匈奴使者朝拜天子，我们是否设宴？"

耿秉道："设宴，只要这些匈奴人安分守己，本太守愿意醉死这帮大漠土匪。"

宴会酉时三刻开始，地点设在雁门衙署大院。耿秉坐主位，左侧一排分别是郑众、陶喷、来俊、郭圣，右侧是匈奴使者一行。

耿秉叫来侍者，小声吩咐："给匈奴人换烈酒！"侍者听令，下去布置。

酒宴开始，耿秉致祝词，匈奴人拜谢。

耿秉端起酒杯，却见匈奴人从怀中掏出了一个酒囊，耿秉问使者："何以自带酒水？"使者答："匈奴人喝不惯中原的烈酒，喜欢草原的马奶酒。"

郑众道："如此说便不对了，自汉高祖始，大汉连年往匈奴送酒，匈奴人对中原美酒欢喜得很啊！"

匈奴使者纠正道："本使口误，其实是本使不习惯中原的酒，中原的酒太浓烈，不如匈奴酒甘醇，喝中原的酒，就像是在吃花椒！"在场众人听了，不禁大笑。

耿秉笑道："既然如此，尊使随意，喜马奶酒的，喝马奶酒，喜中原酒的，就饮我们汉人的酒。"匈奴使者拜谢。

酒宴举行到将近子时，匈奴使者嘴巴似打了结，已经说话不清，起身如厕，步履蹒跚，有一人竟然摔倒了。耿秉命士兵扶匈奴使者回营，郭圣笑道："匈奴胖子酒量比传言差得远了！"

耿秉道："匈奴胖子喝倒了，咱们才能放心睡觉，要不还得多派些人手看着他们！"

众人都笑着说是。耿秉送别众人，自己端来一盆冷水，洗了脸，顿时酒意去了大半。他出了衙署，骑着马到城门视察。

第十八章

城门失守雁门城被破　山匪归降汉军弃城走

子时初刻，城内的住户多已入睡，耿秉骑着快马，不多时，便到了城门。

城门的士卒见有人到来，大喊了一声谁，耿秉自报姓名，士卒方知是太守大人。耿秉道："我只是来视察城防，不用大惊小怪！"那士兵说了声"是"，便退到了值守的岗位。

耿秉上了城门，见城楼的值守双目炯然，甚为满意。他沿着城楼继续巡视，脚下踢到一硬物，口中自言自语，道："这是什么？"他低头捡起，见是一个酒坛子，大为震怒，他从城楼取来火把，看到地上有鸡鸭等熟食，怒道："这是谁干的？"

两个头目模样的人连忙跪在了地上，道："太守大人息怒，属下一时糊涂！"

"你们难道不知道军中不能饮酒吗？来人啊！"

城门两名值守的士兵连忙站了出来，跪在地上的城门守将双腿已经发抖。

耿秉深吸了一口气，缓缓道："今日匈奴使者来汉，将军们都在作陪，你们以为我们是为了吃吃喝喝，自己便跟着效仿，上行下效。但是你们别忘了，你们肩负着雁门的安危，肩负着大汉的安危，若是城上都烂醉如泥，雁门离失守就不远了！"

跪地的将士道："将军责骂得是，我等二人值守期间醉酒，愿受惩罚！"

耿秉挥手道："拉下去，打二十军棍！"两名值守的士兵将跪地的头目拉了出去，将要下城楼，耿秉道："就在城楼上打吧，让大家都看看，以儆效尤！"两名士兵答说"是"。

耿秉继续巡视城墙，忽听城外远处有沉闷马蹄声，他以为是自己醉酒，听错了，便在城门眺望，只见朦胧的月光下，远处的地面出现了一排黑影，就像是平地刮起的一阵泥沙。

"是匈奴兵！"守城的将士喊道。

耿秉暗自纳闷：匈奴兵这个时候来雁门做什么？莫不是又送些牛羊贡品？他不敢松懈，命令守城士兵："吹号，示警，传令各营到城门迎敌！"匈奴兵转眼间来到了城下，但耿秉酒意未退，脑袋如吊着一块石头，暗自悔恨自己饮酒过多。

耿秉喊道："城下来者何人？"

城下一人回道："将军好大的忘性，我乃匈奴大单于帐下的皋林啊！"

耿秉道："深更半夜，你到雁门做什么？"

皋林道："实不相瞒，单于大阏氏昨夜突然失踪，本王的将士看到，大阏氏逃进了雁门关，皋林奉大单于之命，到雁门郡讨要大阏氏！"

耿秉冷笑："你匈奴大阏氏怎会跑到雁门？简直一派胡言！"

皋林道："太守大人是不是不信？其实我也不信，但是大单于相信，所以大单于让本王带一万铁骑到雁门城中搜一下，还请将军打开城门，放匈奴勇士进去！"

耿秉哈哈大笑，道："皋林，你这是做梦吗？若是做梦，就请你梦醒了再来！"

皋林也哈哈大笑，道："将军没有气量啊，区区一万铁骑，就把将军吓成这样，比不得我匈奴大单于，我匈奴大单于向大汉皇帝敬献了一千只肥羊、一百头牛！"

耿秉回想起匈奴使者喝的是自带的马奶酒，至于那马奶酒究竟是奶还是酒，那就只有那个胖子使者知道了。

忽然，城内响起了"噔噔"的马蹄声，初时耿秉以为是驰援的越骑营，稍后便觉情形不对，这啼声沉闷，脚步杂乱，又夹杂碰撞声，不似骑兵的声音。

耿秉问："城内发生了什么事？"

守城的士兵回报："报告将军，城下出现了大批牛羊！"

"哪来的牛羊？"

"像是匈奴人供奉的牛羊！"

耿秉预感情形不妙，命守城士兵再鸣号，再示警！他快步跑到城门后，只见城门内牛羊四散，堵满了城门和街道，几名城门守卫试图驱赶，却被牛角顶飞数丈远，待落在地上又被牛羊所践踏。

耿秉命士兵退开，退守到城门两侧的楼梯上。城下的士兵，靠近楼梯的，退到了楼梯上，站得远的则退不到楼梯便被践踏。被践踏者，哀号连连，血肉模糊，惨不忍睹。

知道中了计，耿秉暗骂匈奴人奸猾！他命守城士兵点烽火，再吹号。刚被打了二十军棍的守城将士，顾不得疼痛，一瘸一拐地去点烽火。

牛羊冲击完城门，堵在了城下，稍时便有一群人从雁门的街道间冲出来，向城门杀来。

"援军来了，援军来了！"一名士兵喊道。

耿秉怒道："那是匈奴人，驱赶牛羊，自称匈奴使节的大漠土匪！"

匈奴人冲进大门口，如入无人之境。耿秉命将士放箭，因城下漆黑，并未射中几人。

城上的将士听到城门被打开的声音，这声音平日里听来没有什么，此刻听来，却如地狱传来的呼唤。

"太守大人，城门被匈奴人从内打开了，敌众我寡，快从城门上撤离吧！"

耿秉知北门即将失守，城门值守只有数十人，执意坚守，只会断送性命。但耿秉是刚烈之人，宁可送命，也不肯撤退。

守城的将士道："将军，我军将士大部都在城内，失了北门，并未损兵折将，匈奴兵进城后，遇到民房，骑兵无法施展，而我军有大量步卒，正可与之决战！"耿秉此时酒醒了大半，听这位将士所说，顿觉金石之言，命令士兵沿着城墙往南门且战且退。

耿秉大声道："将城楼上兵械库里所有的箭支取来！"

守城的士兵打开城楼兵械库，库内弓箭刀枪一应俱全，各士兵背足了弓箭，往城下射箭。匈奴兵行进到城下，几名士兵中箭摔落，但大军已经进城，耿秉张弓射箭，箭无虚发。

皋林带兵冲进城中，大喊："活捉耿秉！"

一群匈奴兵从马背跳下，冲上城楼，守城的将士或被杀死，或被射死，只剩下几名士兵守护在耿秉周围。耿秉身材高大，勇气冠绝，靠近的匈奴兵皆被其斩杀。

再说城中的守军多已入睡，听到城门传来的号警，甚为惊奇，以为是吹错了。倒是营中的老兵反应迅速，听到号警，立即从床上跳起，披上铠甲。老兵出了军帐，营中的新兵才听到了警戒的号令，大家才穿上衣服，到帐外集合。出了军帐，众人见城门方向火光冲天，不时传来厮杀声，方知出事了。

越骑营离城门较近，班超和孔祥广等人已经入睡。号警响后，班超等人陆续从军帐出来，孔祥广问班超："仲升兄，这是怎么回事？"

"还能是怎么回事，打仗了呗！"

孔祥广喜道："太好了，又能立军功了！"

班超道："看这架势，城门已经破了，你老孔有本事，正好施展！"

这时，贾武走到众人前面，他衣衫不整，正在扣扣子，像是刚睡醒，贾武道："正门方向像是出了事，等会校尉来了，听校尉吩咐！"

贾武刚说完，就见郑众走了过来。

郑众宴会时喝了酒。酒水，是酒也是水。郑众酒量不佳，又不喜醉酒，眼见耿秉一盏接着一盏举杯，郑众渐感难支。他趁着如厕，命士兵将酒换成了水。好不容易熬过了宴会，准备入睡，听到了城门传来的号警。士兵告诉他，城门遇袭，送贡品的匈奴人驱赶牛羊，打开了城门，将匈奴兵引进了城中，太守大人被困在城门。

郑众即刻穿衣，命令越骑营集合，待他到达营门口的时候，各帐士兵已经集合完毕。郑众命令越骑营士兵全部出战，全力击退来犯匪寇。

说完命令，越骑营便似撒出的黄豆，飞了出去。初时，各军侯还带着本部兵马，待与匈奴兵战到了一处，士兵们便各自为战。街头巷尾，空间狭小，矛戈等长杆兵器难以发挥，倒是大刀较易施展。

因应战仓促，越骑营并不似往日那般英勇，许多士兵只防守，不进攻，只有孔祥广、饶锦文等人杀得激烈。前些时日，饶锦文、沈祥、班超被降为士卒，三人视为耻辱，一直在等雪耻的机会。如今战事突发，沈祥等人将其视为天降的机会，是以战斗英勇。

战事一开始，薛五便和班超聚在了一处，这五人箭法精准，刀法卓绝，无不是以一当百，薛五力气大，班超箭法高超，孔祥广精通武术，五人冲锋陷阵，躲过刀枪箭雨，杀伤无数，眼见到了城门口，不想被匈奴兵包围起来。原来，五人太过勇猛，身后的汉军追赶不及，被匈奴兵斩断。

片刻后，堆尸如山。

班超见到城上有人打斗，喊道："城上可是太守大人？"

"来将何人？"

"小人乃戴罪班超是也！"

"阁下英勇，何罪之有？"

班超立时醒悟，耿秉不知自己被降为士卒。

他高喊道："属下来晚了！"

耿秉边打斗，边大笑："不晚，今日杀得痛快，待战事结束，我请你喝酒！"

班超见城楼楼梯站满了匈奴兵，大声喊道："待死之人，退开！"但见他长枪挥舞，杀退周边二人，然后打马前冲，班超的坐骑踩着匈奴兵，冲上城楼，孔祥广见了，赞叹好功夫，也踩着匈奴兵，上了城楼。饶锦文、沈祥、薛五都上了城楼。

班超杀退围攻耿秉的匈奴兵，跳下马，将马送给耿秉，道："将军请上马！"

耿秉道："大丈夫，死则死了，何惧之有？"

班超道："雁门可以没有班超，但不能没有太守！"

耿秉见城中燃起了大火，抬眼望去，只见尸首遍地，顿觉落魄与罪孽深重，对班超道："今日我上了匈奴的当，来日无颜见陛下，只能以死谢罪！"说罢，便拔剑欲自刎。

班超拦住耿秉，道："太守大人不可，太守乃是国柱，不可不爱惜自己。"听了班超的话，耿秉放下剑，班超继续道："匈奴攻城，只求财帛，眼下战事焦灼，言败尚早。"

耿秉叹道："若我军将士都如你等英勇，我何愁却敌？"

班超道："我军多在衙署一带，请将军速下城，与主力相会，主持全局。"

耿秉见城门失守，已然是一败涂地，若就此赴义，只怕身败名裂，不如战至最后一刻。他上了班超的马，忽想到一事，道："仲升，我有一事相托！"

班超道："将军请讲！"

耿秉道："数月前，我曾将芦芽山的数百俘虏交与你，眼下前途未卜，你到俘虏营询问大家有无愿意从军者，愿意从军者，到越骑营兵器库领取兵器，听你调遣，战事结束后，重赏。"班超从未想到此法，但他认为可行，便应了。

耿秉沿着城墙，打马往南门去了。班超与孔祥广四人以尸为垒，坚守城门，楼梯下的士兵被堵在楼梯口，进不得一步。

尽管雁门的守军不断往城门赶来，与匈奴兵会战，但匈奴兵锋强劲，一者匈奴兵人数多，又多为骑兵，战斗力强；二者匈奴有备在先，而汉军仓皇应战，准备不足，加之将领指挥不力，是以节节败退。

皋林见耿秉败走，一时追不上，就命士兵将雁门郡的城门卸了。匈奴兵跳下马背，嘿吼嘿吼，不多时，将城门卸了下来，皋林命人浇上火油，把城门烧了，班超等人在城上见了，不免咬牙切齿，城下的匈奴兵哈哈大笑。

班超等人眼见北门救援无望，准备往南门去。

"别走啊，正是建功之机！"孔祥广喊道。

沈祥道："那你一人留下，我们不与你抢功！"

薛五道："胳膊拧不过大腿，咱们人太少了！"

沈祥对孔祥广道："你看，连薛五都知道小蛇不能吞大象！"

班超与薛五同坐一匹马，往南门撤去，薛五见城下火光冲天，不免感叹，道："仲升，雁门郡北不是有雁门关吗？那里有汉武帝时修的长城，匈奴人何以说进就进了呢？"

班超道："长城年久失修，出现了缺口，匈奴人就是从缺口进入关内的！"

薛五道："长城破了，再修不就好了？"

班超叹道："当今圣上爱惜民力，不肯征发徭役。须知秦朝就是倒在了无尽的徭役上，万里长城万世空，长城下的枯骨又有谁能数得清？"

孔祥广道："徭役是没有了，但边境的人照样要死在长城脚下。"

雁门郡治所为阴馆县，阴馆县城小，五人沿着城墙很快就到了南门，南门的守将知北门失守，在南门的城门上构筑了三道障碍。守城的士兵，见有快马到，询问来人，班超报上姓名，守城士兵旋即放行。

五人下了城墙，立即赶往俘虏营。

是时，城下一片大乱，匈奴兵已经杀到雁门郡衙署，地上躺满了汉军士兵的尸体，遍地是血。匈奴兵三五人一伙，见人就杀，班超五人从城上下来，已经见不到抵抗的汉军。

从大路走已经行不通，五人转入民巷，行至途中，见两匹匈奴马立在一户民宅门口，便探头往巷中看去，只见院中满是鲜血，地上躺着两人，房中传来一女子的哀号。班超从马背上跳下来，对众人道："你们先去营房，我稍后赶到！"他冲进房中，见两名匈奴兵正在对一妇人行凶，忙挥刀砍死其中一人，又从妇人身上扯下另一人，用双拳拍碎了他的脑袋。

床上的妇人惊惶，大叫。

杀了两名匈奴兵，班超捡起他们的佩刀，出了门，骑上匈奴马，追薛五他们去了。

班超到营门口的时候，薛五四人与匈奴兵刚好迎头撞见。

薛五道："仲升，军侯死了！"

班超大吃一惊，问："谁死了？"

沈祥道："贾武死了！"

班超沉默不语。

俘虏营的俘虏站在营门的栅栏处，他们紧握着栅栏，大喊："汉军威武！"

班超一马当先，气贯长虹，杀入敌阵，孔祥广等人扑上，匈奴兵多有战死者。因被班超等人气势所震慑，匈奴兵节节败退，渐渐退回到城中大道。

班超回到俘虏营门口，众俘虏亲眼见到班超等人以少胜多，备受鼓舞，纷纷大喊："汉军威武。"

班超道："今日边境遭难，百姓受到涂炭，尔等身为华夏子孙，是否愿意随我一起征战？"

营中俘虏高喊："愿意追随大英雄！"

孔祥广道："兄弟们，匈奴人进了阴馆县城，他们见人就杀，见女人就抢，不会问谁是芦芽山的，谁是黄龙岭的。"

一名俘虏道："我们是吕梁山的汉子，也是大汉朝的子民，火雷豹虽然勾结了匈奴人，但我们不是火雷豹。我们感激班超善待恩德，愿随班超，击退匈奴人。请发我们兵器！"众人纷纷附和，道："请发我们兵器！"

班超说了一声好，问刚才说话之人："你叫什么名字？"

那人道："我叫赵森，排行老三，大家都叫我赵老三。"

班超将在巷中牵来的战马和捡来的刀送给赵森，道："老三，这匹战马和匈奴刀是我刚刚从匈奴人那里缴获的，送给你了！"赵森接过战马和匈奴刀，郑重地说："谢谢！"

班超道："大家随我到兵器库，领兵器！"说罢，他砍断俘虏营的栅栏，众人一拥而出，饶锦文引着众人，去领取兵器。

兵器分发完毕，班超就领着众人往衙署方向去了。

匈奴兵攻破了衙署，衙署附近已无汉军，众人看到匈奴兵正在往外运送金银与粮食。

班超带领众人冲杀运送金银粮食的匈奴兵，众匈奴兵猝不及防，不少人被杀。班超刚刚夺回金银粮食，就见有大队的匈奴兵往衙署门口赶来，一眼望去，看不到尽头，像是从城门方向赶来。

班超尚未说话，就见赵森仰着脖子，喊道："乡亲们，班大人给了我们救国的机会，我们以后就是朝廷的人了，杀呀！"众人举着刀，往匈奴骑兵冲去。不多时，众俘虏便倒了大半。

沈祥见形势不好，道："仲升，这些人和骑兵实力相差太大了，快命令撤出来！"

饶锦文道："整个城中似乎只有我们一伙人了，大家死的死，逃的逃！"

班超喊道："将军与校尉呢？"

饶锦文喊道："只怕已经从南门撤了！"

衙署内不时有匈奴兵窜出，班超知道城池已经沦陷，自己无力回天，便喊道："兄弟们，往南门撤！"听到撤军，正在战斗的众俘虏停止了打斗，纷纷往南门方向去了，一些躺在地上，浑身是血迹，看上去已经毙命的人，也一瘸一拐地站了起来。

众人且战且退，天将亮时，方才从城内撤出，好在匈奴兵并未追杀，众人才得以喘一口气。班超等人人困马乏，不想路上遇到一队人马，一名士兵对其喊话："站住，来者何人？"

孔祥广不耐烦道："来者你孔爷！我说你们这些人，打仗不行，逃得倒挺快！"

沈祥也道："就是，刚逃出来，开始装大爷了。"士兵被孔祥广二人说得哑口无言。

"是谁这么造次啊？"

孔祥广见说话的是一名士卒装扮的人，道："是你孔爷！"

"好大的口气，跟我也称爷！"

班超见说话这人声音耳熟，仔细辨认，方才认出这人竟是来俊。孔祥广也认出了乔装打扮的来俊，冷笑道："哟，这不是都尉大人吗？怎这般打扮，莫不是太守降了你的职？"

来俊被气得浑身发抖，一旁的士兵拔出刀来，道："你敢辱我家大人，我让你好看！"那名士兵刀刚拔出，便被孔祥广的长枪砍为两截，护身长刀只剩八寸长。

孔祥广笑道："你们雁门的刀竟如此短！"

这时，郑众从一侧走了出来，他看到孔祥广，道："祥广休得无礼！来都尉临危机敏，将汉军从城中带出，为雁门保留了火种，以备将来反攻，正是功德一件！"

郑众为来俊寻了台阶，来俊谢过郑众，拂袖去了。孔祥广向郑众认错，郑众摆手示意，道："不必了。"他询问城中详情，孔祥广一一表述。郑众见身后的俘虏皆持有兵器，心中堪忧，他不言语，向耿秉走去。

原来，耿秉等人见大势已去，不敢逗留，就从城内往南撤了出来。见匈奴兵没有追赶，耿秉命令大军在路边歇脚，收集散兵，重整队伍。

第十九章
返回城内郑众守灵棚　众口难调耿秉裁新安

班超命所属的人马在城南河边安歇。

赵森走到班超面前，道："班大人！"

班超道："别叫我大人，我和你一样，都是士卒！"

赵森道："如何一样？军中谁不知道您的威名？"

班超拍着赵森肩膀，笑道："赵森，你这马屁拍得真让人高兴，说吧，何事？"

赵森捂着肚子道："我是问咱们从城里出来了，早晨吃什么？"班超尚未回答，赵森又继续道："我们山里人常不吃早饭，午饭早点吃就行。只是我们从前是俘虏，现在归了汉军，伙食总要改善点吧！"

班超道："你们的伙食和越骑营是同等规格，只是今天吃什么，我还不清楚！"他见雁门士卒溃逃，粮食被匈奴人运走，知道汉军极有可能没有将军粮带出，便道："赵森，河中有鱼，大家且到河中摸些鱼，中午烤来吃！"

军中无粮，势必生变。班超向郑众询问可有粮草应急，郑众摇头，道："情势突变，众人狼狈，无人携带军粮！"班超又问："是否向附近的郡县求援？"郑众答："信使已经去了，还没有回来。"

班超问："此地与上党颇近，与其待援，何不一鼓作气，到上党扎营！"

郑众道："此事还在商议，等消息吧！"军情乃是机密，此时此刻，很小的一个消息，也能让整队人马陷入绝境。

班超回到驻地，孔祥广问："情形如何？"

班超脱下鞋袜，道："以郑公的性格，无事要说成好事，坏事要说成无事，这样才能稳定军心。刚刚郑公言语暧昧，我估计情形不佳！"

孔祥广双目圆睁，道："还没拉开架势，就算完啦？"

班超捂住孔祥广的嘴："小点声！"

孔祥广被班超抠脚的手熏得呛了，道："你脱鞋干吗？"

班超道："准备摸鱼！"

"为什么要摸鱼？"

班超小声道："没粮啦，一时半会儿弄不到吃的！"

孔祥广连忙脱掉鞋袜，道："奶奶的，你不早说！"

班超与孔祥广蹚进了河里，一直在犹豫是否下水的芦芽山众见了，也脱下鞋袜，到河里摸鱼。

河沿上的其他营士兵见了，嗤之以鼻，指着河中的人，道："这么冷的天下水摸鱼，真是疯了。"另一人也道："是啊，上党的军粮马上就到！"

孔祥广双手在河中摸索，他道："仲升兄，这次你收编了芦芽山匪众，人数接近越骑营，太守大人会不会给你一个校尉做？"

班超道："这么多人，数你会做梦。那校尉是何等职务？两千石官职，满朝上下，除了皇帝心腹，没人做得！"

孔祥广道："又不是让你做越骑营校尉，你说贾武死了，谁有可能继任军侯一职？"

班超道："反正不是你，也不是我。"

孔祥广好奇道："为何不是你，也不是我？"

班超道："动荡年月，谁有本事谁做官；和平年月，谁是宗亲贵胄谁做官。"

孔祥广生气道："那不是一辈子没有出头之日了？"

班超道："沙场建功是我等心愿，但富贵不富贵，也莫强求。"

孔祥广叹道："你仲升淡泊名利，可你从军干吗？"

班超没有理会孔祥广，手中突然抓到一油滑之物，他用力掐住，口中哈哈大笑，道："抓到了，抓到了！是一条大鲤鱼！"孔祥广撇嘴，道："真让你捡到金元宝了！"

噔噔！噔噔！

岸上传来一阵马蹄声！

众人皆伸头望去，知道这是派往上党的联络兵，不知道此人带回来的会是什么消息。

"报告大人！"

那联络兵汇报时，各营士兵都在倾听，就连河里摸鱼的班超也听得十分清楚。

"将军，小人已抵达上党郡。但是到达上党城下的时候，小人遇到了上党派出的联络兵，上党的联络兵说，上党也遭受了匈奴袭扰，上党城内粮草能被拉走的，全被拉走了，不能拉走的，被匈奴人就地焚烧了。"

营中的士兵听罢，皆震惊。

耿秉甚是落魄，他已经想到，雁门遇袭，其他城池恐怕难以幸免，他派兵求援，只因为心存一丝侥幸，不想这一丝侥幸也不存在了。

就在这时，又一名快马回报，道："将军，刚在城中探得，匈奴兵洗劫了雁门，已经全部离去。"

郭圣颇感奇怪，道："雁门是一座坚城，匈奴人何以弃之不用？"

郑众答："原因很多，但也简单。一是匈奴人没有在城中居住的习惯；二是匈奴人焚烧了北门，雁门短期内已经没有了防御能力；三是匈奴人劫掠了金银粮草辎重，掳走了妇女儿童，焚烧了房子，阴馆县城已经没有了价值。匈奴人可能也没有想到会夺下城池，所以能抢多少就抢多少！等抢完了，这个城也不能住了，留下来自然也就没有了意义，还不如推来推去的帐篷好！"

来俊冷笑道："郑公真是善于总结，败到这个程度，总结得却是头头是道！"

郑众道："来都尉不必挖苦，如今我等都是戴罪之臣，今日我便要上书陈述已过，向皇上请罪！"

耿秉道："我与校尉一同执笔。"

耿秉命所有汉军重返阴馆县城。

此时，城中一片狼藉，汉军从南门进，北门出，果然不见匈奴人踪影。

耿秉命令各营协助来俊，清理城池，加强巡防。

班超看到满地的尸首，不免感叹。阴馆县城内到处是血，许多民房已经化成了灰烬。城中弥漫着焦煳味与腥臭味，令人不免作呕，即便是饱经沙场的老兵也不愿多看一眼。

"咱们去找找军侯的尸体吧！"班超说。

贾武是一个铁汉，对待军士，如手足兄弟。提起寻尸，沈祥、饶锦文等都表示一起去。几人从营门出发，沿着昨夜走过的路，众人又走了一趟，越往前走，只见地上的尸首越来越多。几人从马背上跳下，一具具尸体地翻动，但都没有找到。快到城门口的时候，饶锦文的一声大叫，唤来了众人，众人见贾武的前胸扎满了密如蜂巢的箭支，后背的鲜血已经将人和地面死死地粘在了一起。

"军侯！军侯！"

任由几人如何呐喊，贾武都没有再睁开眼。

班超发现，贾武战死的位置，正是在北门城下，想是他奋力进攻，欲救自己才被乱箭射杀。班超等将贾武的尸首抬上架子，准备抬走，赵森带着吕梁山众人过来援手，班超道："去帮太守大人吧，军侯大人，我们抬！"

班超等将贾武的尸首抬回了越骑营。

营中大院内摆放着两百多具尸首，每具尸首上都盖着一张床单，郑众看到这么多的尸首，痛心疾首，不免落泪。

"搭灵棚，我要为牺牲的将士守孝七日！"

"大人，不可，北方阴寒，如此漫漫长夜，伤身啊！"随从侍卫劝道。

郑众道："将士命都没了，我区区之身，守孝又算什么？"

众人见郑众执着，便搭起了灵棚。郑众趁将士搭灵棚期间，写了奏折，随后差侍卫送往洛阳。灵棚搭好，郑众即披上麻衣，进灵棚守起孝来。越骑营的将士见了，不免被郑众感动。

郑众进了灵棚，越骑营的一应政务，也随之进了灵棚。将士询问："营中没有屯粮，晚饭如何应对？"郑众道："营中没有粮草，将城中死马剥了，吃马肉。"

班超询问："匈奴袭击雁门，吕梁山俘虏接受招抚，抵抗匈奴兵，问是否继续住俘虏营？"郑众回："继续住俘虏营，除去俘虏营周边障碍物，竖汉军旗帜，番号新安营，品级为部曲，命班超为军侯，掌管新安营。"班超谢过郑众。

班超离开灵棚，孔祥广询问情况，班超据实陈述，孔祥广和薛五大为高兴，孔祥广道："仲升立这么大的功，是该做军侯，不过应该做越骑营的军侯！"

班超道："贾武是为救咱们死的，咱们不能接他的位子！"

沈祥却有点酸酸的，道："仲升后进的越骑营，如今做上军侯了，我不升反降！"

孔祥广道："你可以到仲升军营做个司马嘛！"

沈祥道："别，他这个军侯能做几天还不一定呢！"

晚上，凉风吹进城中，满城都是尸体的味道。

耿秉传令，明日即安葬城中的尸首。

班超任命赵森为什长，带领众人拔去营门障碍。吕梁山人听说自己被划进新建的新安营，甚是鼓舞。

"昨日我等还是汉军俘虏的吕梁山土匪，今日成了汉军主力了。"大家高兴地欢呼。

众人脱下外衣，全都上阵干活，营门口不需要这么多人，有的人就到其他营帮工。

"你们这里还需要干些什么，我们来搭把手！"

"哎，你们不是从吕梁山带回来的俘虏吗？"

"将军有令，有志从军者，接受招安，我们吕梁山的全部随了班大人！"

"哪个班大人？"

"自然是班超，班大人啦！"

"班超也算大人？"

"这你就不知道了，班超现在是越骑校尉郑众亲自任命的军侯，统管我们新安营！"

一时间，雁门的军营传遍了增设新安营的消息，班超也成了雁门郡营上下口中谈论的人物。

黄昏，晚饭时分，班超与沈祥在军帐中商议如何整训新安营。

沈祥道："营中人马从前多为悍匪，若不调教，只怕早晚会生出祸端。"孔祥广也认为当前最紧要的事情是先整肃军纪。

几人正说着话，赵森带着几个人进了班超帐中。

"班大人！"

"你急冲冲地进来，有何事？"

"大人，越骑营的人欺负咱们，说好了宰马肉，却给咱们吃粟米粥。我向他们讨要军粮，他们说，你们吕梁山的土匪不是在河里摸了鱼吗？自己可以做烤鱼！你说他们说的是人话吗？"

班超闻之，甚为震怒，道："随我来！"沈祥、薛五、孔祥广等随之出了门。

班超带着众人到了后厨，见众士兵在分发马肉，问火头："为何不给新安营的士兵分发马肉？"

那火头见班超来问，自知理亏，支支吾吾地说："没人告诉我要给他们肉吃！"

赵森请来了帮手，嗓门大了许多："没人告诉你逃跑，我看你跑得比谁都快。"

那火头确实是最先撤退的，被赵森说中了，哑口无言。

班超道："现在我告诉你，分给他们肉！"

这时，一人走了出来，道："你是谁呀，凭什么你说分就分？"

班超看这人，不认识，问："不知道阁下是？"

又有一人站出来，道："这是新来的军侯宋任，接替贾武的！"

孔祥广道："哪里来的军侯？从未听说过。"

那个军侯拔出刀："现在就让你见识见识！"

孔祥广也拔出刀，道："见识就见识！"

班超连忙制止住了孔祥广，对宋任说道："故人还没有下葬，怎好自相残杀？"孔祥广收起刀，宋任也将刀收起。

班超道："新安营是太守授意，校尉大人建立的，大家既然都是汉军，就应该不分彼此。"

宋任道："吕梁山这些人干活也算勤快，就扛些马肉过去，自己炖了吧！"班超示意，赵森招呼人手，扛了些马肉回去。

离开伙房，赵森对班超道："还是大人有面子，这些人也真是，净给些下水和排骨！"

班超道："新安营没有灶台，回去将马肉烤了，我向校尉请示，如何解决粮草问题。"

夜幕已经降临，灵棚里烛火闪烁。班超来到灵棚，见灵棚外站着几个护卫，护卫拦住了班超，问有何事，班超说明情由，护卫说太守在灵棚内，让他稍等。

那灵棚不大，棚外的话语声传到了棚内。"是仲升吗？你进来吧！"郑众道。班超听命，进了灵棚，见耿秉、来俊、郭圣、陶嗔皆在场。班超向众人一一见礼。

郑众道："仲升，你是为新安营而来。我等正在商议，你且坐下，听候结论。"班超闻命，在角落坐下。

来俊道："吕梁山匪难以教化，昨夜太守临机招安，但其众狡猾难训，临战时，畏敌装死。而今城中粮草不足，难以支应，我意，解散新安营，放回吕梁山。"

郭圣道："昨夜敌人势大，莫说五百吕梁山匪，便是数千汉军，不也是撤离城外了。再说粮草不足，不能怪多了三五百人，这是因为彻底没了粮草。如果非要粮草充足，解散了汉军，留你来俊一人守城，这粮草倒是够用三五年！"

来俊胡子都被气歪了，众人却被郭圣的话逗笑了。

耿秉问班超："仲升，那日我在危急关头授予你任务，而你不辱使命，不知道你有何看法？"

班超道："将军，非友即敌，若不能作为自己人，必将沦为敌人。再说自古只有造反的民，没有造反的兵，多些兵，总比放虎归山要好！"耿秉、郑众等人点头。

来俊道："可是我刚刚听说，越骑营和新安营因为伙食的事差点打起来，新安营军纪涣散，留下来早晚是祸害。"

郑众道："这不能怪新安营，新安营刚成立，大家对新安营有看法，摩擦是难免的！"

来俊道："昨夜汉军死伤不少，雁门也正是用人之际，我看不如这样，撤销新安营，将吕梁山人分散开来，编入各营，这样既防止暴乱，又能补充各营兵员！"

郭圣道："来都尉果然有见识！"

耿秉也甚是担心吕梁山匪难以降伏，将他们分散开，自然是好计策，当下说道："既然两位大人这么说，那么希望各位今后能够一视同仁地对待自吕梁山招安来的人。"

郭圣、来俊纷纷站起，表示遵从将令。

班超坐在末座，却十分吃惊，新安营成立不足一日，便被撤销，实在罕见，军令竟如儿戏。但他不敢违抗，坐在下首，一声不言。

耿秉想是看出了班超的心思，道："仲升，你别多心，听说郑公已任命你为军侯。以你的本事，做个军侯绰绰有余，只是吕梁山匪治理太难，现在又逢两军交战，将吕梁山匪分开安置，实在是不得已。"

班超连忙站起，道："属下并无想法！"

耿秉哈哈一笑，道："人家都说班超有气量，果不其然。拿掉你的军侯，早晚还会还你。此外，本将军有件事要拜托你！"

班超道："将军请吩咐！"

耿秉道："自平定火雷豹后，黄龙岭越发坐大，但念及鹁鸪山没有做伤天害理之事，是以并未平定。眼下军中无粮，雁门郡危机四伏，只有黄龙岭有粮草储备。你与鹁鸪山的女儿情深义厚，劳你到黄龙岭跑一趟，借些粮食。"

班超道："自平定芦芽山，属下偷偷去过黄龙岭，为此郑公还打了小人二十军棍，自那次之后，小人再也没有去过黄龙岭。那时绿柳成荫，而今数月已过，吕梁山树木凋零，山野苍凉，只怕去也无用！"

郑众道："仲升还是惦记我那二十军棍啊！"

班超道："岂敢，在下违反军纪，当受责罚，不过在下所说也是实情。"

耿秉道："事不宜迟，就请仲升去吧！"

班超道："太守有令，在下赴汤蹈火，在所不辞！"

班超从灵棚中辞别，来到了新安营地。赵森询问其结果如何，班超道："为防止各营对新安营发生偏见，新安营编制取消，新安营被分散安置在雁门驻军各营中。"

营中的人听了，不免大吃一惊，一直坐在营门的孔祥广、沈祥等人听了也甚是震惊。

赵森道："我们在新安营，他们尚且欺负我们，若是分开了，不是被欺负得更惨？"

班超道："谁欺负你们，你们就揍他！"其他人也都说，揍那些狗日的。班超道："赵森，听说你的哥哥现在黄龙岭，劳烦你一件事，给你二哥写封信，就说你和兄弟们参加了汉军，写完后交给我，我要去黄龙岭借粮！"

赵森道："那成，黄龙岭不缺粮食。火雷豹死后，听说芦芽山的粮食也拉过去了，我再多让几个人写。"班超说好，赵森便找了几个会写字的，到营帐中给家人写信。

这时，有几个人走进营中来，说来寻不用的废铁。班超问寻废铁何用，来人说，太守要给北门铸一扇铁门，正全城搜集铁器。班超见营中空空如也，唯有刚拆除的障碍上有些许铁片，便道："你们把那些铁片拿去吧！"来人谢过班超，将铁皮一一取了去。

班超出了营门，到了一处僻静的角落，身边只有孔祥广、饶锦文、薛五、沈祥四人。班超将营帐中发生的情形说了，孔祥广叹着气，沈祥道："你做了军侯后接到的第一个命令就是解散所属部队。怎么样，我没说错吧，这个军侯干不热乎！"

孔祥广道："第二个命令是去要粮，你说有这种人吗？靠一张脸去要，连个职务都不给！"

沈祥道："反正我不去，这种不要脸的事，我做不出来，害臊！"

孔祥广道："我也不去，丧家之犬，不光彩！"

班超道："不去便不去吧，我一个人去。"

孔祥广道："你还真去啊？我跟你说，你要不来粮食。雁门这么多人，黄龙岭那点粮食能管几天？这边吃饱了，过两天再去打黄龙岭，你当你老丈人傻啊？"

班超道："能有什么办法，军令如山，只能硬着头皮去！再说附近只有黄龙岭有粮，熬过两天，太原就会送粮过来。"

薛五道："志福和祥广不愿意去，我愿意陪你去！"

孔祥广用手指戳着薛五的脑袋，道："你是不是想女人想疯了？"薛五嘿嘿一笑。

一直不说话的饶锦文说道："我也陪你，我想去看看流丹！"

沈祥叹气道："你们都是一群疯子，我和老孔明天去河里摸鱼！"

孔祥广道："若是你们推着粮车，我们摸到了鱼，我们自己吃，若是你们没有要到粮，鱼就送你们了！"

第二十章

趁夜疾行借粮黄龙岭　再见仲升望秋甚欢喜

赵森将他们几人写好的信交给班超，这些信并没有信封。班超随手一看，不禁笑了，原来这些信有的是字，有的是画，有的是文字中插着图画。

班超换了套便衣，他许久没有穿便衣，记得上次穿便衣，还是去黄龙岭的时候。他心中五味杂陈，一方面，又能见到望秋了；另一方面，雁门被袭，自己将有求于鹧鸪山。

望秋，他日夜想念又不敢挂在嘴边的女人。他时常回想她的一颦一笑，只可惜越想越是记不清楚她的模样，也不知道她现在怎么样了。班超有时想，鹧鸪山是不是将望秋圈禁了，还是望秋在山中随意找个男人嫁了，要不为何好几个月都不来寻自己？

如果不是匈奴人的偷袭，他还没有机会去黄龙岭。他本以为匈奴人偷袭是一次立功的机会，不想敌人势大，不但没有立下军功，贾武还断送了性命。郑众本已同意设立新安营，安置吕梁山人，谁料只半日之间，决定就被取消了。虽然将军没有明说取消他的军侯之职，但是没有了新安营，哪里还需要军侯？是否升职尚无甚所谓，但几次起落，确实让他感到颇有些颜面无光。

这大概就是命！反正本就一无所有，何必太在意得失？

班超是一个天性乐观之人，如此想着，心情也就好了许多。

"仲升，咱们何时走？"薛五突然冲进帐来。

班超看到是薛五，道："明日送走了军侯贾武再走。"

薛五道："出殡是下午的事，若是出殡后再去，到了黄龙岭，只怕要天黑了。到时候人家不管饭，咱们无处可去，就只能在山脚忍饥挨饿。"

班超一笑："心急什么，至少天亮再出发吧！"

薛五道："天亮出发，要将近晌午才能到，到时候人家不让咱们进去，咱们没有时间解释，还是一样在外面挨饿。"

班超道："你觉得什么时候出发合适？"

薛五道："自然是现在出发比较合适。现在出发，黎明时到，一路上可以商量对策，若是大当家同意借粮，咱们当日推回来，明天晚上即可有粮吃！若是不同意借粮，咱们也好有个对策！"

班超道："咦，你今日怎这般聪明？"

薛五大声道："都是饶锦文教我的！哈哈！"

班超拉开军帐的帘子，见饶锦文早已候在帐外，他穿着入黄龙岭时的那件灰白长衫，坐在马背上，眼睛看着南方，一言不发。班超知道，饶锦文是想见到流丹，自从杀了秃鹰，他变得话少了，这件事在他心里打了一个解不开的结。

"薛五，上马！"

"哎，走着！"薛五欢快地上了马。

三人出了南门，一路往黄龙岭方向去。饶锦文走在前面，他疾驰一阵，等班超二人一阵，班超和薛五紧跟着饶锦文，却怎么都追不上。

薛五道："仲升，你瞧锦文，这么着急作甚？到得早了，人家又不开门。"

班超笑着说："你就不想早点见到蓝云？"

薛五道："我没有他那么着急，蓝云不在意我，我去早了也没用。"

班超甚为好奇，道："你既然知道蓝云不在意你，何以还这般用心？"

薛五道："便是蓝云不在意我，只要是能远远地看上她一眼，我也就知足了。你和望秋相约的时候，她是必去的，我只要跟着你，就能见到她。她虽不喜欢我，但我心里甚爱慕她。"薛五说到后面，声音很小，想是说到喜欢二字，害羞起来。

班超皱眉，问："那蓝云长得胖胖的，哪里好了？"

薛五道："长得胖了就是好，自小我娘就跟我说，长大了，要娶个胖媳妇，蓝云长得胖，脸又俊，我喜爱极了！"

一行三人寅时到黄龙岭，其时正值深秋，天亮得晚，山门黑暗，大门紧闭。

三人看到山前的地上有一片亮光，甚为好奇，不由得从马上跳了下来。

薛五将要上前，班超拉住了薛五，低声道："不要走了，前面是水！"

薛五道："黄龙岭山前不是平地吗，哪里来的水？"

班超取来一根树枝，削去枝叶，插进水中，竟深不见底。仰天再看，见半空多了一道吊桥，吊桥长约三丈，也就是说，眼前的水宽三丈。

"黄龙岭修筑了工事，挖了一条宽三丈的河。"班超道："此河距离山门六十步，也就是说，从山下射箭到不了山上，但是从山上往山下射箭，却是风疾箭劲！"

饶锦文道："看来只能等天亮，报了名号，守门的人放了吊桥才能进去了！"

马的嘶鸣声惊醒了守门的人，守门的人本不敢熟睡，听到山下有人说话，便醒了。守门人问山下何人，班超自报名号，守门人识得班超，问班超意欲何为，班超说他想拜访大当家。守门人派人到山中禀告，让班超在山下等待。

山中的人起得早，鹧鸪山年龄大了，更不喜睡懒觉，早早就醒了。听到守门人禀报，眉头紧皱，对守门人说，让他回去，不想见他。守门人去了，鹧鸪山舒展筋骨，顺便到望秋房中看看。

自将班超撵回，望秋每日食欲不振，足不出户，令鹧鸪山颇为烦恼。望秋对班超痴情得很，自知班超为汉军，鹧鸪山不愿望秋与班超再有往来。看到望秋失魂落魄的样子，鹧鸪山有几次心软了，但黄龙岭多年来不与朝廷来往，他也不能破了先例。如今芦芽山等人归附黄龙岭，其家人被汉军掳走，若自己和汉军有往来，势必引起众怒，难以服众。

上次火雷豹围攻黄龙岭，黄龙岭几乎陷落，幸好班超请来汉军，杀了火雷豹。黄龙岭为保全山寨，关闭了山门，将汉军拒之山外。吕梁山其他诸山虽与黄龙岭有所隔阂，但少有私人恩怨，众人见黄龙岭不理睬汉军，以为黄龙岭与汉军不两立，是以投效了黄龙岭。

说起恩怨，吕梁山人以山为家，有时住这山，有时住那山，并无山头之分，只因附近出了强人，划分了区域，被强征去，才有了这山和那山之分。动荡年月，山民为求保命，时常受山匪驱使，干些打打杀杀的活计，而今进了盛世，山民便不喜为寇，只是上山容易下山难，没有寻得脱身的机会。

鹧鸪山见望秋熟睡，很是高兴，只要女儿见不到班超，日子就安生了。

他回到自己的房中，洗漱，用早饭。

火雷豹死后，鹧鸪山觉得一切都好了很多，他带着山民挖了一条沟渠，架了一座吊桥，换了一副新门。现在山上的人多了，工事新了，做大当家的他底气也足了。

鹧鸪山离开望秋的闺房，正要派出一人，问班超走了没有，却见守门的人回报："大当家，山下有一人，正在喊蓝云的名字，嗓子都快喊破了，小的止不住，把蓝云姑娘叫过去了！"鹧鸪山仔细一听，仿佛是有人在喊蓝云的名字，就问这人是谁，守门人说像是斩了火雷豹的那小子。鹧鸪山暗道不好，蓝云知道这个消息，势必告诉望秋。他连忙出门，跑到望秋的闺房，却见望秋起床已经往北门去了，他使劲地喊望秋的名字，望秋头也不回。

"这个傻丫头！"鹧鸪山十分无奈，只得追了出去。

鹧鸪山追到山门的时候，望秋已经将吊桥放下，班超等人正走在吊桥上。

望秋一向起得早，只因这日清晨，望秋梦到班超来寻她，不忍梦醒，是以多躺了一会儿。蓝云叫望秋的时候，望秋很不高兴，她梦到班超掉进了黄龙岭北门新挖的水池里，她睁开了眼睛，又把眼睛闭上。她要回到梦里，把班超救回来。

"望秋，望秋，快醒醒，班超到城门口了！"蓝云冲进了望秋的闺房，摇晃着她的肩膀。

"我知道，掉进水池里了！"望秋犹在梦中。

"班超来了！"蓝云大声喊。

"真的？"望秋的好梦最终被蓝云搅醒，她望着蓝云，不相信这是事实，"班超在哪里？"

"在城门口，被大当家的知道了，你就见不到班超了！"

望秋恍然大悟，她披上外衣，就往门外跑，蓝云边追边喊："鞋子，你还没穿鞋子！"

望秋跑出门的时候，看到鹧鸪山往这边走来，是以不顾一切地冲向北门。到了北门，望秋急不可耐地放下吊桥，鹧鸪山到山门的时候，班超等人已经到了吊桥上。

"来人，给我放箭！"鹧鸪山喊道。

守门的人听到鹧鸪山的话，纷纷将箭上弦。

"谁敢？"望秋大喊，"爹爹，你若再阻止我，我便从山门上跳下去。"说罢，望秋站到了山门上方的石头上。如此一来，众人皆不敢动。

鹧鸪山面露难色，道："望秋，你这是何苦？"

望秋道："女儿过的是什么日子，你难道不知道吗？我宁可一死了之！"

鹧鸪山无奈，挥手示意收弓，道："打开山门，放他们进来！"

上弦的弓箭手将箭收了回来，蓝云喊道："大当家有令，打开山门！"

山下"嗡嗡"地将门打开，班超三人缓缓进门，望秋从石头上跳下，沿着台阶，往山门跑去。

班超三人骑着马，一步一步走了进来。望秋站在山门内，双目噙着泪水，梦中的人终于又站到了自己眼前。她想：他还是从前的那个样子吗？他是否像我思念他一样思念着我？他对我会像我对他那样亲热吗？那张脸果然还是我最初记得的样子，熟悉的面庞，又是陌生的面庞，他就这样走到了我的眼前，为什么我觉得像有十年没有见到他一样？班超停住脚步，从马背上跳了下来，注视着望秋，眼睛里没有别人。望秋心想：太好了，他没有遗忘我！

突然，望秋感觉自己被一股巨大的力量包围！班超快步跑来，紧紧地将望秋抱住。

"天哪，这不是梦里，我终于再一次见到了他，他没有辜负我的等待。"望秋暗自惊喜。

望秋真希望就这样一直抱着他。

"为什么不来找我？"

"对不起，我真的害怕再也见不到你了！"

望秋的眼泪湿润了班超的肩膀，班超后悔自己没有多来几次，就算是鹧鸪山不许，黄龙岭大修山门，他也能混进山内。

"嘿，蓝云！"

望秋推开班超，她看到薛五正在跟蓝云打招呼，可是蓝云并不理会他，山上围观的人笑成一片，薛五也不觉得尴尬。

"饶锦文怎么也来了？"望秋道。

"他想见见流丹！"班超回答。

"流丹最近过得很不好，每日形单影只，和我们在一起的时候，也不说话！"

"你呢？"

"我过得也不好！"

"咳咳！"

班超听到咳嗽声，看到是鹧鸪山站在山门上，便向鹧鸪山打招呼，鹧鸪山嗯了一声，道："到聚义堂吧！"

班超想起此行不是为了儿女私情，主要是为了公事，便与望秋、薛五、饶锦文去了聚义堂。

聚义堂是聚义之堂，班超进堂之后，二当家大黄牛及山上其他头目也都到了。

鹛鸪山开门见山，道："班超突然到黄龙岭，应该不是为了和小女相会，是招抚还是下战书，说出来，也好让我们心里有个底！"

班超道："在下确有公事，不过既非招抚，也非下战书。"众人疑惑，班超继续道："前日，匈奴人赶着牛羊，进了雁门郡城，声言要进贡给皇上。太守耿秉信以为真，不想匈奴人趁夜打开城门，将匈奴人引进了城中，大肆烧杀劫掠，汉军惨败，死伤无数。将军想重整旗鼓，但城中已无粮草，将军派我到黄龙岭，向贵山借粮。"

聚义堂的人听了班超的话，将信将疑，汉军自从在雁门修长城、建城池驻军，就未有如此惨败。

鹛鸪山道："为何不到上党、太原借粮？"

班超道："上党也被匈奴人破了城，而太原太远，恐怕城中的将士支撑不了那么多时日。"

一人突然说道："哼，汉军也有今天，数月前，汉军杀了火雷豹，掳走芦芽山及各山好汉数百众，如今生死未卜，真是报应。"

班超向其施礼，道："敢问阁下高姓大名？"

那人道："在下赵林！"

"你是赵森的二哥？"

"正是！"

班超从怀中取出赵森的书信，道："这是赵森让我转交给你的书信！"说罢，交给赵林，赵林接过信件，看着信中带着插图的文字，十分震惊，道："果然是我三弟的书信，他的笔迹我认识！"

班超道："赵森和吕梁山诸位兄弟都已经从军了，他们现在是汉军，我这里还有他们的书信！"他从怀中将书信取出，一并交给赵林。班超道："现在你们的家人都加入了汉军，救汉军，就是救你们的家人。"众人看了信件，嘴上十分愤怒，骂他们怎可背叛吕梁山，心里却十分高兴。

鹛鸪山犯了难，他知望秋定然会恳求他，是以未定夺，道："仲升难得来黄龙岭一趟，望秋对你也甚是想念，你们先去走走，我和二当家稍作商量！"

班超起身，道："多谢大当家！"

班超与薛五、饶锦文离开聚义堂，望秋也从堂中出来，这时，蓝云已经把其他姐妹叫了过来，唯独不见流丹。

班超和饶锦文都注意到流丹没有来，但是都没有说破。流丹不愿意过来，定是没有原谅饶锦文，班超看到饶锦文沉闷不语，暗自叹了一口气。

望秋道："仲升，现在堂中人多，过会儿人散了，我就去求父亲。"班超有些心不在焉，听到望秋说话，笑着说"好"。

望秋领着班超等人到山中闲逛，班超知光阴难得，虽是一夜未睡，仍强打着精神。"看那座山峰，像不像一个老人在沉思，我们叫它圣人峰！"

望秋和班超走在前面，望秋的姐妹走在中间，薛五紧随蓝云，饶锦文则走在最后，他四处张望，希望能看到流丹，但始终也没有见到流丹的踪影。

天近午时，望秋看出了三人的困意，望秋将他们引进客房，命人送来些饭，自己则去找鹧鸪山去了。

鹧鸪山从聚义堂出来，打听望秋去了哪里，之后一直在自己的房中闲坐。将近午时，鹧鸪山终于等到了望秋。

"父亲，你和二叔他们商议得怎么样了？"

"女儿啊，你先坐着！"

"你快说嘛！"

"我们都以为不可给粮！有的人甚至提出，趁机剿灭汉军！"

"无知！汉军杀之不尽，岂是我们一个山寨能剿灭的？再说瘦死的骆驼比马大，雁门郡驻军近万人，砍头也能把黄龙岭的人累死。"

"哈哈，还是我女儿有见识。那些人不过是嘴上说说，听说自己的弟弟、哥哥当了汉军，不知道心里有多高兴！"

"那你打算怎么办？"

"我和你二叔看法差不多，班超的这个消息不一定准，我们还要查验真伪。万一是假消息，潜伏山外的汉军趁机杀进山内，那我们就是开门揖盗，中了汉军的假途灭虢之计啊！"

见父亲不肯给粮，望秋十分着急，道："爹爹，班超何时对您说过假话？他胸怀大志，从不用阴谋诡计，单是聚义堂一席话，便知他坦诚。再说班超曾替您解围，他带过来的那个薛五杀了火雷豹，解除了你的心头大患。"

鹧鸪山道："看来你铁了心要嫁给他了！"

望秋道："是的，女儿喜欢英雄，喜欢侠肝义胆、有正气、胸怀抱负的男儿，不像黄龙岭的男子，一个个游手好闲，不务正业，生来死去，便如同枯枝败叶，无人知晓！"

鹧鸪山叹道："我女儿长大了！好吧，先发两千石粮草。"

望秋嘟着嘴，道："不行，太少了，那可是几千口人呢！"

鹧鸪山道："咱们可是山寨，没有那么多存粮，再说我还要养活这么多的人呢！"

望秋道："有借有还，到时候让班超还你就行了。"

鹧鸪山叹气，道："真是怕了你了，三千石，不能再多了。"

望秋拍了一下鹧鸪山的手，道："四千石，就这么说定了！"

下午，班超收到了四千石粮草，鹧鸪山答应派人送粮，班超点验无误后，推着粮车往雁门去了。望秋本想着一并去的，经班超劝说，方才答应不去。薛五向蓝云告别，蓝云对薛五微微一笑，薛五兴高采烈，口中一直说蓝云对他笑了。

班超回头，看到望秋在山门下看着他，他向望秋挥手，眼睛一瞥，看到黄龙岭西侧的山顶站着一人，那人一动不动，看身形像是流丹。班超示意饶锦文，饶锦文也看到了她，那人身姿绰约，不是流丹，又是何人！

饶锦文边走边回头，直到她消失在远处的山峰，再也看不到。

第二十一章

夜袭雁门匈奴复又回　汉军再败避难黄龙岭

一行人午时三刻出发，到黄昏方才走了一半路程，众人稍作休息，继续赶路。天到酉时，众人来到城下，忽听前路有马蹄声，班超连忙让大家隐蔽。

一路骑兵从前头走过，黑夜中，看不清人，但是从队形和装束上看，是匈奴人无疑！

班超命众人隐蔽在山沟中，自己只身一人尾随匈奴兵，却见匈奴兵已经包围了雁门南门，甚为震惊！他暗想，匈奴人既然能来到南门，自然也去了北门，如此一来，雁门显然已再度陷入重围！城中昨日就已断粮，匈奴人料想汉人会再回城中，是以烧掉了城门，让雁门无门可守，然后让出雁门，引汉军回来。汉军没有援军和粮草，饥饿两日，势必大乱，匈奴人趁机杀入，雁门郡内六千兵马必尽数被歼。

想到这里，班超看清了匈奴人的真实面目，但匈奴人将雁门围得水泄不通，自己便是生出翅膀，也难将消息送入城中。

班超回到隐蔽的沟里，将情况告知饶锦文，询问饶锦文有何办法，饶锦文十分无奈，道："营中的将军没把你当回事，你倒挺在意他们！"

班超十分不悦，道："锦文休得胡说，同为汉军，何分彼此？不可患得患失。"

饶锦文长叹一声，道："我也没有办法，大概是老天眷顾咱们，让咱们出来运粮，没有死在城中。"

班超道："雁门乃朝廷北境重镇，不可失之！再说还有沈祥、孔祥广在城中，我们不能不想办法！"

"仲升兄真是仁义啊！身在险地，还不忘我们。"

"谁！"班超听到身后有人，大吃一惊，待惊魂稍定，方知来人是沈祥和孔祥广，"你们怎么到城外来了？"

孔祥广道："一是出来散心，二是出城迎你！"

沈祥道："与孔兄一起喝酒的时候，看到了匈奴兵，本想看看热闹，不想遇到老兄你了。你也真行，竟然要到粮食了。雁门要彻底完蛋了，我看咱们带上粮食，到芦芽山自立山头算了。以你的声望，招上三五百人不成问题。"

孔祥广也笑道："就是，到时候咱们和黄龙岭齐名，你娶望秋，也就名正言顺、门当户对了！"

身后跟着送粮的陆晓聪听孔祥广劝说班超进山，上前说道："班大当家，您要是进了芦芽山，一准声望盖过鹧鸪山，我们都来追随您，鞍前马后为您效劳！"

班超拍打孔祥广、陆晓聪的脑袋，道："让你们胡说！"孔祥广低声捧腹，陆晓聪丈二和尚摸不着头脑。

几人正说着，城中响起了警号，四处亮起了火把，顿时城中大亮，就像是点了一个巨大的油灯。

城中传来了厮杀声，声音由远及近，很快就到了南门。

沈祥道："这匈奴人来得好快啊！"

孔祥广道："这不奇怪，敌人势大，士气正旺，汉军失了城门，如惊弓之鸟。"

薛五道："我现在去杀了那些狗日的！"

班超按住薛五的肩膀，道："不要冲动。眼下打草惊蛇，无异于送死，不仅解不了围，反而白白送命。"

薛五问："那该如何？"

班超道："只能待汉军冲出，我等从一侧夹攻，削弱匈奴攻势，给汉军让出一个口子。"

沈祥道："只怕事后追究起来，将军会问我们为何不示警，落个通敌之罪！"

班超道："公道自在人心。"他对黄龙岭送粮的众人说："兄弟们，汉军有难，劳你们帮我一个忙。"

陆晓聪道："不是让我们和匈奴人拼命吧！"

班超道："拼命倒不必，不过需要大家协助！"

一人喊道："班大哥，你在黄龙岭的日子虽不多，但是我敬佩你，你就说怎么办吧！"

班超将众人唤至一处，如此这般地交代，众人甚是高兴，均道"好办法"。

班超刚说完，雁门南门即被打开，城中出来一队人马，那队人马走出数十丈，迎头撞上埋伏的匈奴军。双方战至一处，参与战斗的人越来越多，城门内人马不断涌出，开始尽是汉军，片刻后，就见有追出的匈奴军。

班超等人骑上马，从边角与匈奴人接触，匈奴人猝不及防，不少人被杀。稍后，班超见到了赵森，班超问："其他人呢？"赵森满脸是血，高喊："吕梁山的，班大哥在这，往这边来！"

赵森一声喊，顿时不少人往班超身边涌来，就连一些不是吕梁山的汉军，知道班超勇猛，也都凑了过来。

匈奴兵见汉军涌向班超，就纷纷围了过来，一时间杀声震天！班超见匈奴兵越来越多，便大喊："贼军势大，兄弟们，随我撤！"

班超与孔祥广等人往河床中狂奔，汉军见班超撤退，也都快马疾驰，不敢落下。匈奴兵见汉军逃跑，就势追了上去。班超骑着马，在河水中狂奔，马蹄飞起，水声阵阵，奔马狂烈的嘶鸣声震慑河谷。

匈奴兵怎会让汉军轻易逃脱？正是千载难逢的追杀机会，于是纵马狂追，口中还发出呜呜的叫声。匈奴人追至半路，忽见河床的一侧有庞然大物下来，来势汹汹，地动山摇。

那庞然大物不是别的，正是班超从黄龙岭借来的粮车。班超等人隐蔽之所正是河床的岸上，班超告诉送粮的推车人，他去引诱匈奴兵，匈奴兵追至河床时，便将粮食推到河中。

粮车居高临下，又有人推送，势如猛虎，撞到河中奔驰的战马身上，战马无一不倒，许多匈奴兵被砸伤、呛死。

班超带人趁势回军掩杀，追来的匈奴兵大部被消灭，仅有少数逃窜而去。

班超等人上岸，见汉军大部已经往南撤离。他与众人追上大部，正遇上了耿秉。

耿秉看到班超，夸赞班超智勇双全，挽救汉军于危难之际。班超请罪，说将借来的粮食全部推到了河中，耿秉道："有人才有粮，人没了，粮食再多也无用！"

郑众道："班超，眼下四面楚歌，匈奴兵随时追来，你可有良策？"

班超道："我建议大家先撤往太原。"

耿秉摇头，道："太原太远了，只怕到不了太原，大家就饿死了。"

这时赵森说道："将军，何不到吕梁山一坐？吕梁山热情好客，您一定喜欢！"

耿秉道："可是我们汉军杀了火雷豹！"

赵森道："火雷豹与我们有何关系，他只是占山为王的匪寇，我等却是吕梁山的汉民！若非火雷豹胁迫，我也是春种秋猎的山民呀！"

耿秉问班超："仲升，你意如何？"

班超甚是为难，耿秉知黄龙岭粮草充足，有意到黄龙岭扎营，而黄龙岭和班超交好，耿秉此问，便是要班超去求鹧鸪山收容。那鹧鸪山毕竟是一山寨主，有些匪寇的味道。凡是黄龙岭的头目，哪个人身上没有些血腥气，没沾个把人命？鹧鸪山若不是顾忌此点，便不会阻碍自己与望秋交往了。

来俊道："我听说班超是鹧鸪山的女婿，鹧鸪山对其极为看重，这一日间就要到了粮草，整个汉军只有班超能做到。虽说是粮草进了河里，但是面子总是有的。"

郑众道："仲升，你也不要为难！"

班超思虑再三，道："既然大人有命，小人就试试！"

耿秉扯住缰绳，大声说道："好！那咱们就到黄龙岭暂避！"说罢，带军去了。

班超总觉有些不妥，他知道鹧鸪山对汉军十分警惕，大军到了山下，定然以为是汉军攻山，不会开门。思来想去，班超想了一个计策。

班超让赵森和薛五带着几十名骑兵，骚扰匈奴军，匈奴兵被汉军袭扰，便追了上来，赵森与薛五一路引诱，直带到了吕梁山。

再说班超将大军带到黄龙岭山下，已经是卯时三刻，天将亮了。守门的人被隆隆的马蹄声惊醒，看到有大股部队，连忙敲锣示警。

鹧鸪山依旧像往日一样早起，听到锣声，连忙到了山门口，只见山下旌旗阵阵，围满了黄龙岭。

鹧鸪山一眼就看到了班超，怒道："班超，你这厮骗了我粮食，今日竟来攻城，真是无耻之徒！"

班超拱手道："大当家，匈奴人再围雁门，小侄未到雁门城，便遇到了匈奴军。双方刚刚发生一场恶战，现在敌兵势大，正往这里追来，小侄斗胆，请大当家放我们进去，借贵山暂避！"

鹧鸪山道："休得花言巧语，你想骗开山门，将我献给皇帝，立功受赏！"

班超道："小侄句句是实言，你看我身边的将士，不少是吕梁山的！"

几名吕梁山的汉军大喊："是啊，大当家，我们是芦芽山的，匈奴人来了，咱们不能自家人打自家人！"

这时，望秋赶了过来，听说昨天刚走的班超又回来了，她甚为激动，见父亲堵住大门，不愿放班超进来，甚为着急，劝道："爹爹，仲升定是无奈才来求你的，我看他不像是骗你。"

望秋说完，山上众人见到汉军后卷起漫天尘土，有大股匈奴兵席卷而来。

望秋大喊："爹爹快看，是匈奴兵。"

鹧鸪山也看到了匈奴兵，他已知班超没有骗他，但若就此将汉军放进山来，他还是有些不愿意。望秋大喊："爹爹，你若再不开门，仲升便会像火雷豹一样，死在山前，到时候，你就给女儿收尸吧！"说罢，望秋站在山门石头上，只要稍不留神，便会摔落山下。

这时，大黄牛也道："大当家，这次卖给汉军一个人情也好，将来朝廷也不会为难我们。"

"好吧，开门！"鹧鸪山最终决定放汉军进来。

守门的人将吊桥放下，汉军快步渡桥，及匈奴兵追至，山上的乱箭齐射，不少匈奴人落入水中被淹死。少数过了桥的，被乱箭射死。

鹧鸪山对大黄牛窃窃私语，道："幸好给班超的四千石粮食中有三千石沙子，否则被糟蹋的粮食就多了。"

大黄牛笑道："切莫再说，当心被望秋听了去，与你斗气！"鹧鸪山哈哈大笑。

山下的匈奴军见黄龙岭山高地险，又有水塘，不免唏嘘，知此山非战骑可以攻破，悻悻而回，山上的人见了，欢呼庆贺。

大黄牛道："此次对朝廷军马施以援手，朝廷必会重赏大哥，大哥不日可加官晋爵，坐镇高堂。"

鹧鸪山也如此想，古来可没有山寨似黄龙岭这般，将朝廷兵马迎进山寨，解朝廷于水火的。他道："望秋对仲升一往情深，既然女婿是朝廷栋梁，我等也不可拖其后腿。黄龙岭或借此机缘，洗白山匪之名。"

再说刚刚躲过追兵的耿秉等人，在山内喘息，几名将领观察山形走势，感叹天地造物之神妙，不想竟有如此天险，若在此处设关，当不输雁门之险。

来俊低声对耿秉道："将军，此山雄奇险峻，若加强工事，莫说匈奴骑兵，便是卫青复生，也无计可施呀！"黄龙岭之险峻，耿秉早有耳闻，如今眼见为实，方知言传不虚。来俊道："将军，若我等就此剿灭黄龙岭，吕梁山可一举荡平，朝廷定会宽恕雁门失守之罪。"

来俊的话让众人颇感意外，他说得虽有道理，但是诸人难以接受。

郭圣不好直言反驳，道："来都尉太瞧得起黄龙岭了，区区一座山寨何以与阴馆县城相比？"

来俊道："纵然比不得，也可减轻罪责。取了黄龙岭，我军有了粮草和立足之地，到时再整训兵马，以图时变！"

郑众也不赞同来俊，道："我军有难，鹧鸪山不计个人得失与恩怨，冒生命之险，打开山门，我等夺山，是忘恩负义之举，圣上若是知晓，定然治我等枉杀之罪。"

几人小声议论，耿秉并未发言。

鹧鸪山从山门下来，向诸人施礼。

"几位将军，驾临敝山，鹧鸪山有失远迎！"

耿秉道："久仰大当家，如雷贯耳，大当家威震吕梁山，耿秉早就想一睹大当家的风采了！"

鹧鸪山没有想到耿秉对自己如此恭敬，笑道："老朽也是久仰将军的威名，将军威震匈奴，气拔河山，能到敝山来，老朽感到莫大的荣光！"

两人初次见面，言辞谦让恭谨，像是多年的老朋友，在场的诸人颇为意外。黄龙岭与汉军各自捏汗，大家右手按着刀剑，只待一言不合，便拔刀相向。

鹧鸪山为耿秉引路，耿秉抓着鹧鸪山的手，动作亲昵。

走在后面的孔祥广问班超："你可知鹧鸪山与耿秉打的是何主意？"

班超不言，沈祥道："这还不简单，鹧鸪山欲接受招安，封官晋爵；耿秉则就势取黄龙岭，得平定吕梁山之实。"

饶锦文道："耿秉乃忠信之人，不会恩将仇报，只怕军中有人教唆，打黄龙岭的主意。"

汉军人马众多，黄龙岭没有这么多房子，只能在山中平坦宽敞之所歇息。鹧鸪山将汉军诸将请进聚义堂，摆放几案、坐垫，汉军在左，黄龙岭在右。

因耿秉官职高，鹧鸪山请耿秉上座。耿秉不肯，言黄龙岭乃主人，汉军为客。两人争执不下，郑众建议设两案，一左一右，均为上座。

众人落座，鹧鸪山命人上酒席，鹧鸪山致辞欢迎汉军，耿秉又致辞谢鹧鸪山。耿秉端起酒杯，想起没有看到班超，便问班超在何处，郑众走到耿秉跟前，小声说："此会只都尉以上参加，是以没有班超！"

耿秉大怒，道："此等宴会，怎可没有班超，为仲升设座！"

郑众站直身体，大声喊道："传班超到聚义堂参加宴席！"

堂下传令的人高声喊："传班超到聚义堂参加宴席！"

鹧鸪山初时没有见到班超，尚有些不高兴，及见耿秉传班超，与大黄牛相视而笑。

班超进了聚义堂，众人开始吃饭。汉军两日未饱餐，又经一夜奔波，早已饥饿难耐，后排的将领用手抓菜，吃相甚为狼狈。

宴席早早地结束了，双方各怀心事。

耿秉一面派人出山打探消息，一面撰写奏折，将昨夜之事，上奏皇帝。

各营安顿毕，望秋带着流丹、蓝云等人来到了班超的营地。

望秋将班超拉至角落，道："今夜，你便到我房中睡吧！"说罢，面颊绯红。

班超面露难色，道："眼下汉军与黄龙岭关系微妙，军中流言蜚语，道我将汉军引入黄龙岭，是为了儿女私情！"

望秋嗔道："胡说八道，爹爹已经和将军说了我们的事，当时我就在旁边。"望秋模仿耿秉的样子，粗声粗气道："仲升忠诚可靠，听说望秋与仲升在聚义堂拜了堂，只因匈奴兵来袭，才没有洞房。依我看，即日起，就让他们住在一起吧！"班超料想望秋一个女儿家不会日夜将洞房挂在嘴边，又见她模仿耿秉惟妙惟肖，知她所言非虚。

望秋的姐妹在班超的帐中说笑。蓝云追问沈祥："沈大哥，你从军前，婚配没有？"

沈祥颇不耐烦："我已经成家了！"

薛五哈哈大笑："蓝云，志福骗你的，他没有成家，哈哈！"

沈祥一脸无奈，道："薛五，你真是傻！"

薛五追着蓝云，问："蓝云，你吃不吃鹿肉？"

蓝云不理会薛五，口中念叨："沈志福没有结婚。"她一把抓住沈志福的胳膊，道："我做你老婆吧！"

沈祥吓得跑出了营帐。

蓝云追出营帐，不见沈祥，气得直拍栏杆，震得栏杆嗡嗡响。

薛五走到蓝云身边："你吃鹿肉吗？"

蓝云大声吼道："我不吃！"口水溅在薛五的脸上，薛五吓得不敢说话，只说了一声"哦"！

军帐里，青竹、水仙和孔祥广说笑，流丹坐在桌子边角，双目带着冷意，一声不吭，饶锦文坐在流丹的对面，望着流丹一言不发。

孔祥广示意饶锦文，饶锦文不理会。过不多时，流丹从军帐中出去了，饶锦文喝了一口茶，在营帐中发呆。

班超看到流丹出去，问望秋：流丹何以离开？望秋言，流丹本不想来，只因众人劝说，方才到帐中一坐。饶锦文引箭射父，流丹难以忘怀，说罢，两人嗟叹。

黄昏时，大黄牛见到班超，道："仲升，眼下汉军以天为被，以地为床，黄龙岭的妇人日夜赶织，也织不够军帐用布，你就不要再占着茅坑了。"

班超不知大黄牛所言何意，片刻方才醒悟。大黄牛又道："莫让望秋再独守空房！"班超谢过大黄牛。

匈奴军退去后，皋林曾带兵虎视黄龙岭，见黄龙岭工事坚固，遂带兵退去。

第二十二章

杀鹧鸪山来俊起兵变　化险为夷班超射来俊

是夜，鹧鸪山为汉军接风。

宴席气氛较白日轻松得多，大家开怀畅饮，唯来俊所饮较少。

鹧鸪山见来俊饮酒不多，好奇地问道："来都尉何以只饮数口，是不是黄龙岭的酒不合您的口味？"

来俊神情有些呆滞，对鹧鸪山的话充耳不闻，待郭圣提醒，方知鹧鸪山是同自己说话。

"黄龙岭的酒美，口感清冽，实在是上佳的美酒。"来俊端起酒杯敬鹧鸪山，"黄龙岭兵强马壮，大当家治山有道，我对大当家敬佩得很，这碗酒我敬大当家。"说罢一饮而尽。鹧鸪山哈哈大笑，谢过来俊，将碗中的酒喝光。

来俊倒一碗酒，起身离席，走到场地中央，道："诸位，我汉军遭此大难，实在是莫大的耻辱。我等本已是穷途末路，幸大当家收留，才有了容身之所。敬大当家！"汉军将领起身，一起敬鹧鸪山。鹧鸪山满面春风，自己倒了一碗酒，与汉军一同喝了。

来俊道："此次黄龙岭挽狂澜于既倒，扶大厦之将倾，本都尉已写好奏折，呈报陛下，奏请大当家鹧鸪山、二当家大黄牛援助之功。"

鹧鸪山起身，笑道："黄龙岭乃朝廷之地，同属大汉，能援手汉军，实乃荣幸！"

来俊道："大当家莫谦虚，此战之后，皇上一定会对大当家大加封赏。"

鹧鸪山道："还盼都尉多多美言！"

来俊道："这是自然，愿我们齐心协力，共赴国难，驱除北虏！"说罢，一饮而尽，场中诸人感慨，也都干了碗中的酒。

来俊又道："听说仲升是大当家的女婿。"鹧鸪山点头，来俊对鹧鸪山竖了一个大拇指，道："贤婿啊，忠勇双全，宠辱不惊，可堪大任！此次能躲避匈奴追兵，班超功不可没！听说班超成亲之后，还一直没有洞房，这事要抓紧啊！"众人大笑。"我敬班超一碗！"班超从未见来俊如此夸赞他人，受宠若惊。班超尚未说话，来俊便将碗中的酒喝了，鹧鸪山甚是高兴，道："我陪一碗！"话音刚落，碗中的酒便进了肚子。班超也干了碗中的酒。

这一夜喝到很晚，直至子时方才结束。

班超被望秋搀扶回房，因高兴，酒喝多了。他多日未睡觉，回到房中，便困倒在了床上。蓝云等人推着班超，喊："新郎官，起来洞房了！"

孔祥广也甚为不解，道："这……可是他人生第一次，怎么就睡着了？春宵一夜值千金啊！"

沈祥喝得迷迷糊糊的，道："仲升不行啊，要不要换兄弟们帮忙？"

望秋的姐妹听到沈祥说胡话，推搡沈祥，将其轰出门外。孔祥广、薛五等人也被撵了出来。望秋送走了蓝云，脱掉班超的鞋子和外衣，吹灭了蜡烛，躺在了班超身边。

他终于睡在了她的床上。

望秋抱着班超的胳膊，看着班超熟睡的表情，又望了望窗外，不久便陷入了熟睡。

酣睡中，忽闻窗外响起了刀剑声，望秋神志模糊，见窗外亮起了火光，以为是黄龙岭的人在打斗，连忙披上外衣，走了出去。

天蒙蒙亮了。

这一觉睡得沉极了，班超觉得像是睡了很久。他太累了，累到已经不能再多走一步。

昨夜的酒喝得高兴，原本担心鹧鸪山桀骜不驯，不想宴席中与汉军打成一片，喝得极为投缘。而昨夜一向行事古怪的来俊也没有苛刻言辞，反而多次敬酒。如此下去，黄龙岭接受招安将成定局，望秋与他的事也就少了流言蜚语。

"咦，望秋呢？"班超醒来不见望秋，又见自己和衣而卧，暗骂自己昨夜饮酒过多，误了事。

"望秋？望秋？"

班超穿上鞋子，见房门开着，走到门外。山上布满站岗的汉军士兵，班超奇怪，山中向来无人站岗，今日怎有人站岗了？他又走了几步，只见山中遍布汉军，就连山门上的守门人也成了汉军，再也见不到黄龙岭一人。

他拉住一名士兵，问："这是怎么回事？"

那士兵摇头不知，不理会他。

几人走到班超面前，其中一人问："你是班超？"

班超点头。

那人道："随我走一趟吧，大人找你！"

班超问："哪位大人？"

那人冷言道："雁门都尉来俊大人！"

班超问："来俊大人寻我何事？"

"去了就知道了！"

那几人将班超带到聚义堂。聚义堂的匾额已经被拆除，两侧的旗杆上被换成了汉军旗帜。

班超被带进大堂，堂上摆放着一座几案，案后坐着一人，凝神望去，是来俊。

"来大人！"

班超恍然间已经明白了怎么回事。

啪！来俊用力拍打桌子，发出了阵阵回音。

"大胆班超，你可知罪？"

"不知小人犯了何罪？"

"你既不知罪，我就为你提个醒！"

这时，来俊身边一个参军模样的人，手拿竹简，口中念道："永平九年八月，班超奉命到吕梁山侦察，与黄龙岭山匪匪首鹧鸪山之女望秋产生情愫，并在山中拜堂。尔不思悔改，反泥足深陷，此罪一；匈奴袭击雁门时，尔到黄龙岭借粮，鹧鸪山使用三千石沙子冒充军粮，你不详查，贻误军机，此罪二；匈奴军二袭雁门，班超知情不报，不加示警，致使汉军陷入埋伏，此罪三；匈奴追击汉军，尔将粮草推入河中，此罪四；汉军撤退时，你命赵森袭扰匈奴，引匈奴追杀我军，此罪五。"

来俊道："怎么样？这五宗大罪可有一件冤枉你？"

班超见堂中只有来俊一人，耿秉、郑众、陶噴等人都不在，知此计谋全由来俊一人设计，连忙往外跑，不想来俊有备，埋伏在后门的几名军士冲将上来，将班超死死按住，班超动弹不得。

"我要见校尉！我要见太守！"班超大喊。

"你还指望别人救你吗？拖下去！"

班超被几名士兵五花大绑，拖进了一间房子，关了起来。

班超在房中大骂，房外的人始终不理。他骂了一阵就静下来了，暗暗思忖：昨夜究竟发生了什么事？

黄龙岭的人都被杀了吗？望秋会不会也被杀了？难怪早上没有见到望秋。

耿秉、郑众去了哪里？来俊会和他们一起合谋吗？

会不会是耿秉、郑众不肯见他？昨日上午见到他们在一起窃窃私语，是不是议论此事？如此丧尽天良，真是忘恩负义、恩将仇报！

他悔不该将汉军引入黄龙岭，致使山中之人被枉杀。

中午，有人往房中投了一个红薯，班超大喊："哎，外面情况怎么样了？"

那人道："外面情形不佳，你且等着！"

班超喊："兄弟，能不能帮我叫孔祥广？"

那人道："你的那几个兄弟已经被关起来了！"

班超十分绝望，他没有想到连孔祥广也被关了，看来昨夜已有人下了大功夫。莫非这一切都是阴谋，雁门陷落也是阴谋，想想雁门血流成河的惨象，若是如此，那来俊真是罪该万死！

这日四更，班超听到门外有几声沉闷的叫声，接着房门被打开。

"仲升？"

"来人可是锦文？"

"正是我！"

饶锦文杀死看守班超的卫士，将班超救出。

班超一面除去身上的绳子，一面问："这究竟是怎么回事？"

饶锦文道："来俊将众人灌醉，趁夜杀死了鹧鸪山和大黄牛，放出了火雷豹之子公虎。"

班超问："你怎没被来俊擒获？"

饶锦文道："昨夜我去军营看望流丹，躲过了一劫。"

两人离开小木屋，避过来俊等人的眼线，来到一僻静处。

班超坐在石头上，暗恨自己，引狼入室。饶锦文安慰班超，接着又问："眼下该当如何？"

班超猛拍石头，道："自然是杀了来俊，救出望秋！"

饶锦文道："敌人势大，以我二人之力，只怕有去无回！"

班超道："大丈夫死有何惧？若贪生怕死，就不是壮士！"

饶锦文道："望秋真就对你这么重要？"

班超毅然道："这是自然，望秋对我情深义重，我对她此情不渝。山无陵，江水为竭。冬雷震震，夏雨雪。天地合，乃敢与君绝！"

班超话说完，草丛中忽闪出一人，抱着班超，痛哭："仲升！"班超一惊，见来人竟是望秋。望秋道："仲升，你的话我全听到了！"班超还看到流丹不知何时站到了饶锦文身后。

饶锦文道："我和流丹已将望秋救了出来，望秋本要救你，我怕她有所闪失，不好跟你交代，故而让她在此稍候。"

班超紧紧抱住望秋："苍天护佑，万幸你平安无事！"

"爹爹被杀了！呜呜！"

"是我不好，我不该将他们引进山中！"

"不怪你，你做得没错，只怪人心难测！"

"我去杀了那狗贼！"

"万万不可！那贼人已经通令全山，道你与我爹爹合力杀了耿秉，只待明日将你杀了，用于祭祀。越骑营、射声营都以为你叛变了。"

"太守大人死了？"

"我们也不清楚，眼下黄龙岭只由来俊一人发号施令！"

"赵森等人呢？"

"来俊夺了黄龙岭的兵器，放出公虎，令其统率原芦芽山人众，并看守黄龙岭的人，公虎得释，对其言听计从！"

"那你可知孔祥广等人被关何处？"

"我不清楚。"望秋看着班超道，"仲升，父亲的仇不报了，我们离开黄龙岭吧，走得远远的。我知道一条小路，我们再也不回来了。"

班超恨道："开门揖盗，奇耻大辱！来俊人面兽心，此等大仇怎能不报？"

望秋面带泪花："那该怎么办？"

"找到越骑营营地，只有越骑营、射声营能和来俊相抗！"

"那不是找死吗？谁还会相信你？"

班超道："我在房中思忖一日，怀疑耿秉大人没死。来俊受命守卫雁门，雁门失守，他自知罪责难逃，想以黄龙岭将功抵罪。耿秉、郑众等人皆不屑做恩将仇报的事，来俊只得一人承担。但没有耿秉等人的奏折，恐朝廷难以取信，是以将耿秉等人关了起来，以胁迫他们。若耿秉等人执意不肯写联名奏折，来俊再杀不迟。届时，来俊进可以夺回雁门，退也可占山为王，正是两全之计！

"眼下我们有几件事要做：一是找到孔祥广、薛五、沈祥等人，生死兄弟断不能丧命在奸人之手；二是找到耿秉几位大人，找到他们，真相就大白了；三是放出黄龙岭的兄弟，与芦芽山的人化干戈为玉帛；四是将真相告诉越骑营的将士，耿秉等几位大人都在越骑营任职过，若越骑营的将士知道来俊囚禁耿秉，势必与来俊拼命，以雁门郡将士的战斗力，必然不敌！"

饶锦文道："日间我已经侦察过了，黄龙岭的兄弟被芦芽山的人限定在聚义堂西侧的空地上，空地西侧有一道山岭，芦芽山的人用枝条编了一个围栏，黄龙岭的人就在围栏里。山上还有几个房间有重兵把守，老孔等人估计就在那几个屋子里。"

班超道："我和望秋去解救黄龙岭诸人，你与流丹解救老孔等人。"

"如此甚好！"

几人稍做分工，便行动了。

班超与望秋去聚义堂西侧，饶锦文与流丹去另几间重兵把守的房间。四人对山路极熟，是以避开了夜间巡逻的士兵。

班超二人来到了聚义堂西侧，果见聚义堂西侧的空地上多了一道护栏，栏外亮着灯火，虽是深夜，依然有人巡逻。班超不认识那巡逻之人，若让他将人放了，那人定不会答应，但若将其杀了，未免太过残忍。

他见围栏中众人手脚多被束缚，附耳对望秋道："我从南侧跳进围栏，你在此等候！"

望秋悄声道："你身形过于高大，还是我去！"说罢，绕过篝火，往无人处走动。巡逻的人走了两圈，见四下无人，甚是困乏，便坐在了石头上。望秋见四下寂静，纵身跳进围栏。

望秋最先看到了蓝云、青竹和水仙三人，蓝云等人没有熟睡，见到望秋，甚是吃惊，望秋捂住蓝云的嘴巴，示意她不要叫喊。蓝云身上的绳子绑得并不结实，望秋轻松将其解开。黄龙岭其他人见到望秋来营救，或自行挣脱，或被他人解开。

望秋将众人引出围栏，数百人动作甚大，惊动了远处的巡逻之人。

"什么人？"

班超见情形不妙，想打晕那人，他快步冲到那人身边，却听蓝云喊道："班大哥且慢！"

班超暂停动作，蓝云道："他是芦芽山的人，并无恶意！"

那巡逻的人也甚是惊惶，连忙道："是啊！班大人，我们奉命看守黄龙岭的人，却从未为难过山上的父老姐妹！"

这时，另外几个巡逻的人也过来了，班超看到领头的竟是赵森。

"班大哥！"

几个巡逻的都来向班超见礼。

班超甚是疑惑，却听赵森说："班大哥有所误会，我等虽奉命看守，但对黄龙岭的父老却从未下过黑手。我等早已看透来俊狼子野心，但来俊人手众多，我等不是对手，是以守候在此，待机而动，眼下只差一个领头的人。"

班超向众人拱手，道："都是班超连累了大家！"

赵森道："班大哥，你是好人，我们都相信你！"芦芽山众人都举刀，道："我们都相信你！"说着，芦芽山数百人都聚拢了过来。

有三五人推着手推车，车上放满了兵器。

赵森道："班大哥，这是从黄龙岭没收来的兵器，现在就发给大家，咱们吕梁山说到底都是一家人，不能被外人抢了去，就请班大哥带我们夺回吕梁山。"

"请班大哥带我们夺回吕梁山！"

说话的人声音越来越大，过不多时，就见远处有人围了过来。

最先围过来的是越骑营的部队。

越骑营没有首领，只有几个军侯和参军，班超识得其中几人。

一人上前道："大胆山匪，竟然给黄龙岭山匪私发兵器！该当何罪？"

蓝云道："好大的威风，汉军被匈奴人赶得走投无路，残兵败将，好似流寇，黄龙岭仁德，体恤尔等难处，开门收容，尔等不思报恩，反而杀了我们大当家，试问谁是匪？"

蓝云话说毕，众人大喊："说得好！"

那人被蓝云说得哑口无言，半晌才结舌道："鹧鸪山意图反叛，谋害朝廷命官，不是匪又是什么？"

蓝云问："敢问我们大当家谋害了哪位朝廷命官？倒是我们大当家睡熟之际，汉军潜入他老人家卧房，将其杀害！"

越骑营无人回答，这时一人道："鹧鸪山与班超合谋，杀了雁门太守耿秉和越骑校尉郑众，还有长水校尉陶嗔、太原都尉郭圣！"众人回头，见来俊带着数千兵马围了过来。

班超见到来俊，怒由心生，他强压怒火，道："来大人说在下和鹧鸪山合谋杀了几位将校，在下于何时何地与鹧鸪山合谋，又是于何时何地动手，使用何种兵器杀害的将军？"

"你休狡辩，来人，将班超拿下再细细审问！"来俊道。

越骑营的人识得班超，不肯动手，但雁门郡的将士围了上来。

芦芽山与黄龙岭的人见汉军动手，拔刀站在了班超身边。

一时间，剑拔弩张。

"住手！"

众人回头看去，见是耿秉骑马而来，他身后是越骑校尉郑众、长水校尉陶嗔、太原都尉郭圣。

"原来太守大人没死！"众人议论纷纷。众人连忙收起兵器，既然将军活着，班超自然不是凶手。

来俊惊慌失措，片刻后稍稍平静，他上前拱手道："早上有人报知我，说太守被班超杀害，原来太守大人无恙，定是手下的人谎报军情！"

耿秉冷笑道："来大人编故事的本事真是古今无双，但本太守无心陪你！来人！"孔祥广、饶锦文上前，说："属下在。"耿秉道："来俊阴谋叛乱，将其拿下，交朝廷议处。"

来俊哈哈大笑，道："谁敢动？雁门的勇士，耿秉叛乱，随我擒拿叛军！"雁门郡的士兵将要动，越骑营、长水营的骑兵将雁门士兵围住，黄龙岭与芦芽山众人也拔刀相向，雁门士兵虽久经沙场，但毕竟步兵多，骑兵少，敌众我寡，顿时挫了锐气。

郑众上前一步，对雁门将士道："诸位将士，来俊昨夜用凉水向众人敬酒，有意灌醉大家，他将我与太守关在柴房，逼迫我与太守撰写奏折，上奏皇上，言黄龙岭是被雁门郡攻破，雁门是在汉军围攻黄龙岭时失陷。我与将军誓死不写奏折，那来俊便在军中散布谣言，道我等皆被鹧鸪山与班超杀害。趁着黄龙岭大当家鹧鸪山醉酒，来俊将鹧鸪山和大黄牛杀害。可惜来俊料事不周，那黄龙岭也非来俊的后院，越骑营的勇士饶锦文、孔祥广、薛五诛杀了来俊的鹰犬，来俊的计谋终被揭穿。"

营中的将士听了，恍然大悟，原来来俊欺骗了大家，众人还道是班超与鹧鸪山合谋杀了将军，来俊杀了鹧鸪山是为将军报仇，原来是谋取私利，别图野心。

来俊阴谋暴露，恼羞成怒，只听他大吼："郑众，你不听我劝，朝廷追究你失守职责，你一样身败名裂！"

郑众怒道："贼子，你还不住口！"

望秋大喊："来俊，你还我爹爹命来！"说着，她驾马持刀冲来，被侍立在一侧的公虎挡了回去。

班超张开弓，一箭射中来俊眉心，长箭穿破来俊后脑，来俊从马背翻落在地。吕梁山众人欢呼相庆。

耿秉喊道："乱臣贼子已经伏诛，余者放下兵器，免于追究！"雁门的将士听了，连忙将兵器抛在了地上。

一场突如其来的激变就此结束。

第二十三章

起用窦固雁门换主将　袭扰边境北匈奴南犯

寒秋凛冽，万木凋零，苍凉的旷野偶有几只野兔出没。

山林万籁俱寂，一队人马从南向北缓缓行进。

突然，路边的巨石之后跳出两人，拦住了行进的队伍。

"站住，来者何人？"

"前面这位是当今的驸马，新上任的奉车都尉窦固，后面是朝廷的粮队，你等是何人，敢拦我们的车驾？"

"我乃北军越骑营的将士，奉校尉之命，前来迎接驸马与粮队！"

"带路吧！"

一行人缓缓进山，山路越走越崎岖，稍不注意，车轮便可能毁坏。

运粮的粮官皱眉，口中不禁嘟囔："这都是什么地方！是人待的吗？"

越骑营的将士在前头暗暗发笑，却听新上任的奉车都尉窦固说："好地方啊，崇山峻岭，既能藏兵，又能养兵，易守难攻，正是养兵的好地方！"

耿秉率领诸将在黄龙岭北门迎接，众人一阵寒暄，耿秉将窦固请进山中。

聚义堂的匾额已经换成议事堂，左侧书有对联，上联是"戒骄戒躁莫贪杯饮酒误事"，下联是"勤俭勤劳多操练勿忘耻辱"。自雁门失守与来俊事件发生后，耿秉痛定思痛，就此戒酒。而今山上诸营已经整肃，粮草也日渐齐备，耿秉想重整军纪，夺回黄龙岭以北的土地，重建阴馆县，修复雁门关一带的长城。

耿秉的计划是将领会议的结果，但窦固的到来，打破了这一预想。

窦固宣读了朝廷圣旨，圣旨痛斥雁门失守一事，道耿秉辜负圣恩，本应回京述罪，但念及耿秉了解边事，平定吕梁山，解除来俊叛乱之患，减轻处罚，革除雁门太守之职，改任雁门都尉，行雁门太守事，官秩一千石，掌雁门郡兵马。贬郑众为越骑司马，官秩一千石；贬陶嗔为长水司马，官秩一千石。

雁门的败报到了洛阳，明帝闻之大怒，朝堂之上，当着满朝文武，叱骂耿秉无能。朝中大臣甚为不安，眼下雁门已破，北疆无险可守，若北匈奴大军趁势南下，月内即可直抵洛阳啊！

自公孙述覆灭，国家少有大仗，跟随先帝征战的将军早已魂归九泉，朝中竟无可用之将。明帝事必躬亲，前朝外戚强权，令明帝警醒，除刘苍外，明帝不设将军，以免大权旁落，威胁中央。因朝中没有名将，遇到战事，只能临时选将，选好了，则明帝有识人之明，若选错了，势必要吃败仗。明帝再三斟酌，目光落在开国将领之后。

开国将领中，大将军耿弇、吴汉、邓禹、窦融之子中，耿忠较为突出，但耿忠用事不专，不宜设为统帅。耿秉用心甚专，可惜经验不足，如今吃了败仗，不可再用。

这日，明帝随阴太后到涅阳公主家赏花，阴太后年迈，与姐姐尽谈花草之事，明帝听之无味，遂到院中走走，不想在院中看到窦固。窦固于回廊下读书，脊背笔直，纹丝不动，好似天神，遂与之闲聊起来。

两人从书说到边塞，从边塞说到匈奴，从匈奴说到雁门，相谈甚欢。

次日，窦固接到诏书，解除圈禁，到朝听政。

窦固被圈禁数年，终于被明帝重新起用，窦固连上三道诏书，陈述平定匈奴之策，明帝以窦固为奉车都尉，到雁门任职。

说起窦固，郑众早有所闻，只是听其人，未见其面。窦固到任，军中一众多有不服，认为窦固是凭借驸马身份才在耿秉败军之后任职，属于乘人之危。反观耿秉，虽是兵败，但并未气馁，反而苦练军队。

窦固自到了营中，便发现了这一问题，耿秉虽兵败，但是并未丧失威信，营中将士对其仍然敬重。窦固坐在堂上，道："诸位久在边疆，既是窦某的同僚，又是窦某的前辈，窦某临危受命，还盼诸位多多帮助！"众人见窦固没有恃宠自傲，乃宽心许多，表示愿遵从驸马的号令。

清晨，红通通的太阳照在草原上。牧民从毡包里出来，给牛羊添加草料。羊圈里的羊发出"咩咩"的叫声，牧民梳理着羊毛，开始新的一天。

忽地，一队人马奔驰而来。牧民踮脚张望，想知来人是谁，所为何事，却见那些人拔出了弯刀。牧民知道不好，连忙拔掉羊圈的护栏，赶走羊群，用匈奴语呼喊："有贼来啦，有贼来啦！"周边的牧民听了，都纷纷将羊放出，又纷纷从毡包里拿出刀剑，骑上战马，与来犯之敌厮杀起来。

西河美稷北五百里，有一处营地，南匈奴奥鞬日逐王师子驻守在此。

"日逐王，丘林骨都侯来报，有北部匈奴兵马骚扰其所部，丘林骨都侯请求日逐王支援！"

"传我命令，所有勇士集合，与我一起出战北虏！"

奥鞬日逐王师子年十六岁，身强体壮，勇武好战，是单于虚连题长的侄子，前单于虚连题适的儿子，南匈奴第一任单于虚连题比的孙子，呼韩邪单于的四世孙。

集结了三千精骑，奥鞬日逐王部快马飞驰，但到达河套草原时，丘林骨都侯部已经受到劫掠，死伤数百人。一名牧民告诉奥鞬日逐王，劫掠的北虏往北去了，奥鞬日逐王带着手下骑兵往北追去，行三十里，见到劫掠的骑兵赶着牛羊，拖拽着女人，当即和他们大战了起来。

奥鞬日逐王部英勇，师子身先士卒，与劫掠的北匈奴兵战在一处，北匈奴兵不敌，丢弃牛羊，大部溃逃，师子带兵追杀，至北匈奴境方止。

奥鞬日逐王英勇作战，左贤王虚连题宣与左谷蠡王虚连题屠何对其大加赞赏，在单于王庭的军帐中，众人对他连连敬酒，师子一一回敬。

左贤王道："师子英勇，必将成为我大匈奴又一利器，大匈奴是天上的太阳，师子是大匈奴的尖刀，未来一定能再立战功！"

单于王庭的庆功宴尚未完毕，哨兵就来报，道兰氏骨都侯所部被西域某族侵犯，来敌不与我部交谈，是以不知其国。

师子闻讯，起身道："大单于，小侄受大单于恩宠，正想杀敌建功，请大单于准许小侄出战！"

单于哈哈一笑，端起酒杯，走到师子跟前，道："贤侄勇武，我为你提前庆功！此外，我再拨两千人马，助你一臂之力！"

师子谢过单于，饮了杯中酒，往帐外去了。

师子从王庭出发，两日后，到兰氏骨都侯部。兰氏骨都侯部损伤惨重，师子带属下追杀。两日后，遇西域一国人马，约千人，师子势如破竹，来犯之敌向北逃去，追十五里，遇伏兵。师子自知中计，大叫了一声"来得好"，与来敌将领斗在一处。因师子英勇，敌方数名将领被杀，中埋伏的匈奴部见了，勇气倍增，堪堪不分胜负。

正当敌方败退之际，又有数千铁骑忽然出现！师子所部自知不敌，遂往南败退。敌兵穷追。幸遇须卜骨都侯部，敌方才停止追赶。

两阵对圆，须卜上前一步，问来敌是何人，为何骚扰匈奴？对方一人昂首上前一步，用匈奴语道："我乃于阗国王子列查，受大匈奴优留单于之邀，到东边狩猎。"

须卜道："既是狩猎，又为何犯境？"

列查道："广袤的大草原都是优留单于的土地，我在优留单于的草原上驰骋，何有犯境之说？倒是那位年轻的小子杀了我不少勇士！"

须卜指着师子道："这位少年勇士是呼韩邪单于的四世孙，当今匈奴大单于的侄子，你竟然出言不逊！"

须卜正说着，身后又有上万铁骑来到，竟是屯屠何带着援兵驰援师子来了！师子见己方声势壮大，底气顿时充足，他大声喊道："尔等西域蛮夷，还不下马就擒！"

屯屠何示意师子不要挑衅，他对列查道："王子殿下，匈奴与贵国一向交好，不知道贵国何以向我部寻衅？"

列查见敌众我寡，气焰顿减三分，道："既然这是误会，我军这就撤退！"说罢，带兵离去。

师子急道："左谷蠡王，我军士气正旺，为何放走那西域蛮夷？"

屯屠何道："单于刚刚接到线报，优留已集结呼衍王、皋林犊王、三木楼訾王多位大且渠八万兵马在我军北部沿线，又挟裹于阗国、鄯善国、车师国诸国兵马，总计十二万，欲吞并我部，夺取河西，进军中原，此计若成，匈奴不安，天下大乱！"

师子与须卜皆震惊，师子道："优留那老儿胆子不小，我叫他有去无回！"

屯屠何笑道："侄儿英勇，不下乃父，只是打仗非逞匹夫之勇，须卜，你平日计谋百出，上次一封羊皮书信，就叫汉廷断了与北虏互市的好梦，如今匈奴又逢劫难，你可有良策？"

须卜右手护胸，道："回左谷蠡王，优留单于命于阗国攻打汉朝，于阗国王子带了万余兵马，这万余兵马从数千里外来到河套草原，粮草靡费，听说还没到汉地，携带的牛羊肉便吃光了。优留部粮草本就不足，又哪有余粮给于阗，于阗大军无奈，这才袭扰了我部！"

"竟有这等事？"屯屠何道，"我们何不趁于阗国粮草不足，将其一举歼灭？"

"不可！"须卜道，"于阗国虽缺粮，但未断粮，再者与北虏结盟，我军兵少将寡，不可与之为敌。否则，一旦开战，势必引来北地大军，到时诸国攻伐，我部四面受敌！"

"如此，该当如何？"屯屠何问。

"我有一策，于阗国与我部素来交好，我军可将汉廷交付我部的粮草赠予于阗，于阗感恩，势必不再与我为敌，即便受优留胁迫，也当留有三分余地，不至于赶尽杀绝！"须卜道。

"汉人把这叫雪中送炭，此为良方！咱们马上回王庭，告知大单于！"

北地渐凉，这种遍地荒草的寒冬才是北方特有的，生活在草原的人不习惯炎热，对北方的寒风有着特别的感情。

"王子殿下，匈奴与于阗国有着百年交情，两国素来交好，我大单于听说你部远道而来，劳师以远，特敬献白羊三千头，粟米一万石，以资军用，愿匈奴与于阗国永世交好！"

"单于长是草原真正的太阳，优留单于没有信用，是草原上的野狗，于阗国与单于永世交好！"

出使于阗军的是须卜，他近来常作为使臣，代表大单于出使各国。他按照单于的命令，将汉朝用以接济南匈奴部的牛羊、粮食悉数送给了于阗国大王子列查。

列查本想趁南匈奴部不备，袭扰其部落，不想南单于竟派使臣送来粮食，让他好生惭愧。想起优留的不守信，列查顿感气愤。

送走了须卜，列查回到了营帐。属下呼噜候向列查建言：如今于阗大军粮草齐备，何不联合鄯善国、车师国，一举攻克南匈奴？

列查甚为恼怒，指责呼噜候不义："于阗国的勇士，英勇的呼噜候，你怎能说出这样的话？忠义是于阗国的根本，若我们攻打南部匈奴，岂不是与邪恶的莎车国一样？"呼噜候连忙认错："大王子，您是我心中的太阳，您对我的教诲，就像昆仑山一样永恒！但是大王子殿下，南匈奴虽给了我们粮草，但是仍不够我们返程用！"

列查道："南部匈奴的身后是汉地，大汉朝就像是偌大的粮仓，我们随便取一点，大军便不虚此行了！"

呼噜候大惊，道："那会引来汉朝的复仇大军，再说王子未君还在汉朝的洛阳，这……"

列查怒道："还用你多嘴，本王子就是要汉朝皇帝看见我于阗国的大军！我善良的弟弟未君，为了于阗国，竟然甘愿到汉朝为人质，你不知道我多想念他！我要大汉皇帝将我善良的弟弟还给我！"说罢，低头痛哭，呼噜候忙上前安慰。

天气越发寒冷，一夜间，白霜遍地。清晨，从毡包出来的人们发现，已经四处结冰。

生活在河套的牧民发现黄河已经结冰了，厚厚的冰层联结了南北两岸。

忽地，北地泛起狼烟，一队人马从平地出现，疾驰而来。

牧民发现有警，吹起牛角，急促的牛角声传到了远处，屯兵在此的南匈奴闻讯，集合人马，往黄河岸边靠来。

紧急集合的南匈奴兵用箭挡住了试图渡河的北匈奴兵，双方人马越聚越多，竟站满了黄河两岸。

优留单于是这次渡河作战的总指挥，他见天气转凉，黄河冰冻，想突击西河匈奴王庭，不想被南匈奴部发现。

南匈奴部单于长闻讯，也赶了过来，他知北匈奴虎视眈眈，不敢大意。

"优留，你屡次犯我，是何居心？"单于长喊道。

优留单于笑道："小侄儿，你我南北一家，何分你我？不知道你是否听说，我的大阏氏最近失踪了，我找遍了草原，也没有看到她的影子。我与大阏氏情深义重，大匈奴国民看在眼里，纷纷南下寻觅。西域诸国对大阏氏也十分挂念，诸国纷纷派兵寻找，尤其是鄯善。鄯善王是大阏氏的父亲，听说大阏氏走失，甚为关切，带着万余精骑赶到了黄河岸！"

单于长道："天上的太阳是白的，黄河的水是流的，你的大阏氏又没有翅膀，怎会跑到南岸来？你捏造谎言，意图瞒天过海，兴兵犯我！"

这时，师子单骑上前数步，战马嘶鸣，前蹄跃起。师子道："优留老儿，你莫猖狂，既敢犯我，莫怪我箭下无情！"说完，抽出一支箭，长箭离弦，射向优留，因黄河甚宽，箭到对岸，已是无力，优留一把抓住箭杆，哈哈一笑："少儿勇气可嘉！"

正说话间，南部又有数万兵马到来，来人正是度辽将军吴棠，度辽营都护南匈奴，兵威甚重。

度辽将军吴棠上前，道："优留单于，你不守汉约，擅自越境，该当何罪？"

优留无语，皋林却道："我大匈奴的事，与你汉人何干？再要多嘴，那雁门的耿秉便是你的下场！"

吴棠一震，雁门被匈奴攻破的事震动天下，不想竟是此人所为，他道："大胆贼寇，莫要嚣张，大汉朝带甲百万，汉军北征之日，就是尔等束手就擒之时！"

皋林道："现在的大汉朝不是武帝时的大汉朝了，大汉朝再也没有卫青和霍去病了，你们的铁骑部队早就被皇帝用来耕田了！"匈奴骑兵纷纷大笑。

这时，一名穿着西域服饰的人上前对优留单于道："大单于，这些人不肯让我们过河，鄯善国的勇士愿为先锋，马踏黄河，为大单于找回大阏氏！"

优留单于信心满满，他拍了一下大腿，道："好，就请鄯善国的勇士先过，我为大王助威！"

皋林大喊"呜"，匈奴的士兵一起喊"呜"，声音响亮，蔚为壮观，南部匈奴为之震动。

鄯善国王高喊："鄯善国的勇士，优留大单于是天上的太阳，为了大单于，踏过黄河，杀向河岸，救出大阏氏！"

鄯善国的士兵受到鼓舞，用刀背敲击盾牌，往河岸走来。

师子大怒，道："尔等休想过河！"他单骑跃到河面，冰面开裂，师子从马背跳下，单掌打向冰面，冰面发出崩裂声。

单于长喊道："师子，回来！"

师子跳上马背，纵马上岸，所过之处，冰破水流。

黄河新结冰，下有暗流，破碎的冰块被流水冲往下游，直到被下游冰面堵住，渐渐积为冰山。

对面的北匈奴人被师子震慑，鄯善国军退回岸上。优留单于见今日占不到便宜，萌生退意。他命令大军后撤，对岸的南匈奴见了，不免欢呼。

在西河单于王庭，单于长为师子举行了庆功宴。

单于长道："我侄英勇，今日马踏黄河，震慑北虏，甚为英勇！"

度辽将军吴棠道："日逐王少年英雄，将来定能再建功勋！不过我听说了阗国也来了万余大军，不知道今日为何没有看到于阗国？"

屯屠何将要说出情由，须卜骨都侯却已先说道："听说优留没有给于阗国大军粮草，想来是于阗国带兵回国了！"

吴棠好奇，道："粮草不足，更不该回国啊！没有粮草，他们如何穿过戈壁和沙漠？"

场中诸人不言，屯屠何觉场面有些尴尬，起身向吴棠敬酒。

洛阳的未央宫近日颇不平静，近来的战报让汉明帝甚是不安，北境接连遭受战火，雁门城破，匈奴军在边境横冲直撞，汉军竟无可奈何。前几日，汉明帝又接到南匈奴的单于书信，道南匈奴被十几万大军围困，急求汉朝支援。

汉明帝心怀大志，一心想成为治世明君，效仿前汉武帝，北灭匈奴，西攘诸夷，开万世太平！奈何先帝定有国策：不以汉朝之国力事化外之邦，仿前汉文景两朝，休养生息。可是，近来北边匈奴猖獗，又有外夷犯边，明帝不由得日感焦虑。

今日他召开廷议，讨论募兵之事。

朝廷对于是否募兵之议题讨论依旧，多数老臣坚持休养生息之国策，认为边患乃癣疾，古已有之，治之可，不治亦可。

但朝廷的年轻将领臣下认为，汉朝的国威不可损，汉朝的边民也是民。

朝中以耿秉的堂弟耿恭议战情绪最为强烈，他道："自古只有靖边的皇帝，没有放纵战火的君王，任由北虏放肆，国威受损，民心不安，癣疾也会蔓延成致命顽症！"

朝中老臣指责耿恭，道："你哥哥刚丢了雁门，如今躲进山寨不敢出来，你还敢请战？"

耿恭道："越是失败，越是要战，战是因为敌强，敌人强了，气焰才会嚣张，若敌弱了，臣服我大汉朝，又何须再战？"

董萱道："圣上，耿恭年轻气盛，欲沙场建功，臣可以理解，但做将领的更需要知道大汉朝国力虚弱，须知国力的发展需要两代乃至三代人的耕耘，方能囤积粮草，积攒兵马银两！"

耿恭道："只有打仗，才能平天下。先帝正是明白了这个道理，才兴义兵，平王莽，败更始，降隗嚣，破公孙述，中兴大汉朝天下。今大汉朝开国四十余载，已历两代人，边境骚乱，若不平定，难免有覆国之忧。"

董萱指着耿恭，怒道："黄口小儿，你口出狂言，敢说大汉朝覆国！"

这时，殿外有卫士进来："启禀圣上，边关来报！"

汉明帝道："念！"

那卫士念道："永平九年冬月十二日，辰时三刻，于阗国带兵万余攻北地郡与陇西郡，守城将士出战不敌，城破，城中粮草、牛羊、金银被洗劫一空！"

汉明帝怒拍龙案，道："看看吧，连西域小国都绕到陇西了，再这样下去，朕这个皇帝就成了司隶校尉了。"

几名老臣吓得连忙跪在地上，汉明帝道："拟旨，命耿恭为陇西都尉！雁门有黄龙岭之险，已经不需要这么多人，调黄龙岭一千人随耿恭到陇西去抗击于阗部。"

第二十四章

于阗犯境耿恭领圣命　祥广诱敌班超退大军

耿恭带着圣旨到了吕梁山黄龙岭。此时的黄龙岭经过整修，已然大为改观。黄龙岭之山门经过加高加固，可谓山高地险，山门两侧修建了箭楼，山门前的河被加宽加深，山门后，还修了一座瓮城，城小路窄，进入瓮城内，好似置身井中。

窦固征发将士在吕梁山数个山口修建了关隘，派重兵把守，匈奴兵没有再越界。

听闻北匈奴正在进攻南匈奴，窦固计划夺取雁门关和阴馆县城，若计划实现，则请旨征发附近的百姓，将长城修复。

耿恭将圣旨传示窦固，窦固见了诏书，十分犯难，眼下雁门尚且人手不足，又何来人手分给耿恭。见耿秉在一旁坐着，询问耿秉意见，耿秉知窦固之所难，但耿恭是自己的堂弟，若是空手离去，只怕耿恭有负皇命，是以甚是为难。

这时，班超在侧，他前日收到班固发来的书信，信中已经言明情由，对耿恭一行甚是了然。于是他对窦固道："将军，汉军在吕梁山招安了许多人众，吕梁山的人对汉军多有芥蒂，不如调吕梁山人众随军往陇西！"

窦固道："占了人家的地方，还把人家赶走，不好吧？"

班超道："将军只需优待吕梁山人，不愁不服众，再者，征服于阗国也不需要太多人。"

窦固好奇，道："这是何意？"

班超道："属下听闻，带兵的是于阗国王子列查，列查受优留之邀，绕过祁连山，来到河套草原。他本应同优留一起发难南匈奴，不想南匈奴将朝廷救济的粮食给了于阗国大军，列查心怀恩情，就没有同去，带兵奔袭了陇西和北地二郡。"

耿秉道："此事不假，与我所获消息一致！"

班超继续道："有件事两位将军是否知晓，于阗国的二王子在洛阳！"

窦固恍然大悟，道："想起来了，想起来了，永平六年，莎车国围攻于阗，于阗派人质，请求汉廷派军救援。圣上不同意，二王子未君自己来到洛阳，表示愿为人质，请汉朝救于阗。圣上对二王子的举动十分感动，派酒泉太守邓思与护羌校尉马防驰援于阗国，于阗方解危难。"

班超赞道："将军果然熟知边事！"

窦固笑道："你我都不必吹捧，只是汉朝对于阗国有恩，于阗国王子若心怀感恩之情，为何又要袭扰汉朝城池？"

耿恭嘿嘿一笑，道："莫不是这西域蛮夷想以兵相迫，要求朝廷交还二王子？"

班超道："恰恰相反。属下听说，二王子未君在国中颇有声望，若是二王子不为人质，将继承于阗王位。如今质期将至，二王子一旦回国，大王子储位不保，诸位想，何人最焦急？"

众人恍然大悟，窦固点头，道："仲升远见，定是大王子有意骚扰边关，惹怒朝廷，以借朝廷之手杀二王子，保他王储之位，此借刀杀人之计。"

耿秉也道："当初酒泉对于阗有恩，大王子不忍对酒泉痛下杀手，于是绕道河套。国民听说他要到大汉朝迎回二王子，自然双手赞成。"

窦固道："仲升有何对策？"

班超道："古人言，用智不用力。想退于阗国大军，只需派一使臣，向列查言明，汉朝不会放回二王子。但大王子若不退军，二王子月内将回国。想那时，大王子尚未回国，二王子已到城中，大王子还进得了城吗？"

众人大笑，拊掌曰："妙计！"

郑众道："若再赠些粮草，于阗的将士就更不愿打了，如此软硬兼施，效果更佳！"

因有班超献策，耿恭忽觉一千人甚多，于阗国刚破陇西，城中没有粮草，耿恭向窦固借兵两百，窦固大喜，道："军中将士，只要是看上的，尽管挑！"

耿恭笑道："驸马，我只挑一人，那余下的一百九十九人由此人挑！"

窦固已明心意，道："仲升，你随都尉去吧，功成之后，随我北击匈奴！"

听闻班超随耿恭到凉州平定于阗国，众人皆劝说班超，道凉州有风沙，苦寒远胜雁门，兵寡将羸，又逢新败，难以建功。班超笑而不言，问有何人愿同去，仅孔祥广一人报名。

是时望秋已怀有身孕，班超向望秋辞别，望秋含泪道："妾身知君怀壮志，只是疆场偌大，刀枪无眼，要保重身体！"

班超抱住望秋，好言安抚，但心已到了河西！

次日黎明，窦固与耿秉率诸将为耿恭、班超送行，除两百名将士，窦固又征发了吕梁山三百名壮丁，推送粮车。

耿恭一行沿着官道一路向西。此次随行的多是吕梁山的山民，自黄龙岭被汉军占领，黄龙岭山民便觉站立难安。说来也奇怪，明明黄龙岭是自己的家，可自汉军上了山，好似后背生了毛，浑身不自在。

听说班超要西行，许多青壮山民找到了望秋，要同班超出西河，到山外看看。望秋本不愿班超出吕梁山，见黄龙岭壮丁欲追随班超，反而求班超通融。

众人一行二十余日，到了陇西郡境内，境内人烟稀少，不时见有西域人在境内横冲直撞，班超将西域人擒来，知游弋在旷野道路的正是于阗国人。

因所擒的于阗士卒不通汉话，班超与耿恭不通于阗国语，并未问出可用之情报。又行二十里，见一小队于阗国士卒竟然在巡逻，于阗国士卒见了汉军，掉头就跑，口中狂呼。

耿恭问班超："仲升，你晓得这于阗国士卒口中呼喊的是什么吗？"

班超摇头表示不知，耿恭笑道："定是天兵来啦，快逃命！"班超哈哈大笑。

再前行十里，却见有一队汉军向班超等人疾驰而来。

"在下陇西郡牙门将伏虎，敢问诸位可是朝廷派来的援军？"

班超向伏虎等介绍："这位是新上任的陇西都尉耿恭！"

伏虎面露喜色，道："太好了，朝廷的援军终于到了，不知道都尉带来多少人？"

耿恭道："牙门将不会用眼看吗？抬眼之处，尽是援军！"

伏虎由晴转阴，道："都尉带来的援兵也太少了，于阗国可来了一万大军！"

耿恭道："我为陇西带来了班超，此人可抵十万大军，休要泄气。太守现在何处？"

伏虎泣道："太守忧愤难解，昨夜在营地谢世了！"

耿恭与班超甚感哀伤。

伏虎引耿恭等人去往营地。陇西营地距陇西郡治所百里，距姑臧城五十里。陇西陷落，武威太守曾邀陇西太守到姑臧避难，陇西太守不肯，坚持宿在军帐，发誓要夺回陇西。不想陇西没有夺回，太守竟半夜猝死在营地。

陇西原有士卒两千，尽为骑兵，与于阗国一战，死伤过半，现只有八百骑兵可用。

耿恭问伏虎："于阗军占了陇西、北地两郡，可曾东进？"伏虎回耿恭说："没有再东进。"耿恭与班超对视，对于阗国攻占陇西、北地之意图更加明了。

班超让伏虎找来陇西地图。班超在地图上见到一处山谷，问伏虎道："此谷长几丈，深几何？"伏虎道："此谷名叫落石坡，谷深悠长，两壁尽为山崖，山中有涧，涧有清泉。落石坡首尾长百丈，谷深数十丈，因无人丈量，不知究竟深几何。"

耿恭道："仲升可是要将于阗军引至此谷？"

班超不言，伏虎却道："此计不可行，落石坡距陇西治所五十里，于阗国军怎肯深入汉境五十里，这不是犯了兵家大忌吗？"

耿恭道："不然，于阗国乃西域蛮夷之国，不通教化，未知兵法，他既倚仗蛮力，又何惧孤军深入？只是此计只能围困于阗国一部，不能围困于阗国大部！"

三日后，巳时初刻，日上三竿，孔祥广率领三百人前往陇西郡治所狄道，守城的将士将敌情报给列查，列查问来敌几何，将士报来敌约三百。列查不悦，道："大汉朝未免也太小瞧了于阗国，大汉皇帝再不征派大军，于阗国将东进血洗长安！"呼噜候向列查请命，道："些许毛贼，就让呼噜候代为打发！"列查许可。

呼噜候得了命令，领三千兵马出城。

呼噜候身材魁伟，见到孔祥广，大笑道："汉朝真的没人了吗？才派出数百骑！"

孔祥广笑道："能打仗才是真将军，你这人看上去身强体健，会不会是个草包？"

呼噜候不知道何为草包，道："我乃于阗国第一勇士呼噜候，记住你爷爷的姓名，好叫你知道死在谁的手里！"孔祥广大笑道："我看我也不必报名号了！"

呼噜候道："为何？"

孔祥广道："因为死人不必记名号！"孔祥广说这话，意在提高士气，引人发笑。不想话说完了，身后的士兵无人发笑。众人疑惑：说好的诱敌，为何还不快走？

呼噜候见孔祥广不将自己放在眼里，颇为懊恼，他挥舞长刀，与孔祥广战到一处。于阗国军趁势掩杀，汉军士卒见了敌军长得魁梧，好似野人，心生恐惧，不战而退。孔祥广与呼噜候只交兵两个回合，便只得后撤。

于阗国一士卒询问呼噜候："汉军败退，是否追杀？"

呼噜候道："汉军多狡诈，不可追！"

再说孔祥广见于阗军没有追来，甚为沮丧，怒骂军士："说好诱敌，连兵器都没有碰到就回来了，枉老子说了一番大话，叫西域蛮夷笑话我！"

一士卒道："那蛮夷身材高大，人数十倍于我，休说交兵，吓也吓死了！"

孔祥广道："莫看于阗国人魁梧，胆子实小，好似家中养的耕牛，见刀就跑！"士卒甚为惊喜，连问真假。孔祥广道："我曾多次入西域买卖羊皮，知西域人胆小！"士卒甚为鼓舞，道愿意戳破于阗人脑门！

孔祥广命几人用绳子拖着树枝，在军后两百丈策马奔驰，又道狼烟不可太大。接命的士兵说是，孔祥广带众人到城下继续诱敌。

呼噜候等人将要回城，孔祥广又来了。汉军乱箭射入于阗军，于阗军猝不及防，不少人中箭。呼噜候大为恼怒，带兵冲杀，孔祥广与之接敌，双方打斗十余回合，汉军不支，士卒大喊："孔大人，敌兵太强，撤退吧！"孔祥广大喊撤退，众汉军往东撤退。

呼噜候见两百丈外有人骑马，手中绳子拖拽着树枝，所过之处，烟尘漫漫。呼噜候大笑："原来汉军并不多！"说罢，纵兵猛追。

孔祥广将呼噜候引至一处河谷，两侧有上百名士兵冲出，呼噜候大笑："区区百人伏兵，也想擒我于阗天兵！"伏兵与呼噜候战至一处，不敌，撤出。呼噜候带兵继续追孔祥广，孔祥广将呼噜候引至落石坡。

落石坡谷深路窄，汉军一路狂奔，呼噜候眼见追到，却见谷口出现一路汉军，箭羽密如蝗虫，落石狂泻如雨，堵住了呼噜候的去路。呼噜候意兴索然，忽听身后传来山崩之声，又有巨石从天而降，堵住了返回的路。

天近黄昏，呼噜候已经离城一天，许久没有人回报，城中的列查甚感不安。孤军深入，稍有不慎，便是全盘皆输。于阗国在西域虽是大国，但是和汉朝比起来，人口只有三五郡县之多。若不能将大军带回，于阗势必被周边小国侵吞。

天黑了，呼噜候还没有回来，列查的心更加悬了起来，他一面派军出去打探，一面命人将城池关闭，严加防守，但始终没有消息。

天蒙蒙亮了，列查从床上跳起来，询问有无呼噜候的消息，卫士说没有。忽然，城下有报，说有汉军寻衅！列查亲自到城门上，见汉军列阵整齐。带兵的是耿恭，他有意命汉军士卒间距大些，以显阵容强大。

汉军怎比昨日多了？

汉军既然没事，那呼噜候便有事了！

几个念头在列查心头闪过，不安的阴霾笼罩心头。

"城下何人？"列查喊道。

"我乃陇西都尉耿恭，城上的可是于阗王子殿下？"耿恭喊道。

"正是本王子！"

"王子驾临大汉朝，圣上特派来使节，请王子开城，许汉使进城与王子殿下叙话！"

列查甚是犹豫，耿恭见了，道："请王子打开城门，汉使进城之时，我军退避五里！"说罢，耿恭命汉军退避，城门前，只留班超一人。

列查见汉军退，命人将城门打开，班超单骑进城。

列查回到衙署，卫士将班超引入衙署，两人得见。

"天朝使节来访，有失远迎，不知使节今日见我，所为何事？"

"殿下破了汉军城池，本使自然是问罪而来！"

呼噜候一夜没有回城，列查心中着急，他压着一团火，听到班超说问罪，手掌猛拍几案，道："我有何罪？汉朝扣留我弟弟数年，使他有家不能回，本王子正要讨回弟弟！"

"殿下的话说得言不由衷吧，据闻，二王子才华出众，深受百姓爱戴，按照侍子质约，他将于明年返回于阗，即便是殿下不兴兵，朝廷也会如约将其放回。"

列查一时哑口无言，少顷道："既然归期将至，还请大汉皇帝提前放了二王子，本王子将其迎回！"

班超道："二王子质约期将近，殿下将其迎回，本理所应当，只是你破了大汉两座城池，劫掠妇人，抢人钱财，毁坏民房无数，又该如何？"

列查暗自恼怒，道："依使臣之言，列查该怎么做？"

班超道："自然是向大汉皇帝上书请罪，带兵撤离汉地，返回于阗国！"

列查道："大汉朝不放回二王子，本王子绝不回国！"

班超冷冷一笑："只怕朝廷放回了二王子，殿下就更不肯回国了！"

列查身躯一震，他屏退左右，低声问："天朝使臣何意？"

班超道："殿下担心的不是朝廷不放回二王子，恰恰相反，担心的却是朝廷将二王子放回。王子若肯退军回国，本使可奏请圣上，汉朝可与于阗再续质约，直至殿下登基继承王位！"

列查顿时欣喜，面露狂色，道："使臣所言当真？"

班超点头，道："自然当真！"

列查道："那咱们现在就立质约！"

班超摆手，道："不可，依例，再立质约，当更换侍子，据我所知，于阗王膝下只有两位王子，如若大王子不想被替换到大汉朝来做侍子，最好还是由二王子继续留质洛阳。"列查点头，问如何才能让二王子继续留质洛阳。班超道："请王子回国，以大王的名义再派使节，就说莎车再围于阗，大王子正在作战，请求将二王子继续留质！圣上不会在意哪位王子留质，自然允许！"

列查恍然大悟，起身拜谢班超，道："汉使真是才智过人，是列查的大恩人！列查这就修书向大汉皇帝请罪，带兵回国！"班超起身回礼。

列查忽想起一事，道："本王子有一将领昨日与天朝军队作战，今日还没有回城，不知使臣可知晓？"

班超笑道："此人确在汉地，其属下一兵一卒也无损伤！"

忽然门外一人来报："王子殿下，我军昨日追敌，遇到埋伏，被困在一山谷之中，前后夹击，不得而出，属下用尽全力，方才冲出重围，请殿下出兵。"

列查急切地问道："那呼噜候呢？"

那士兵满脸狼狈，道："呼噜候无恙，只是仍被困在谷中！"

列查这才知道班超为何如此泰然。他拜谢班超："汉军智勇无敌，列查钦佩，请汉使放回呼噜候，列查这就引兵回国，于阗永世臣服大汉！"列查请班超少安，片刻后，列查呈上一块写有引罪之词的绢布交与班超，班超将绢布收入衣袖。

忽城下来报，呼噜候回城。

列查喜出望外，与班超到了城上，见呼噜候带领三千于阗军步履蹒跚。再看于阗军后，是队伍整齐划一的汉军骑兵，军容整齐，甚为威武。

列查命人打开城门，迎呼噜候进城，班超却道："请王子殿下退出狄道城，殿下退出狄道后，呼噜候一干众人及兵器、战马将如数奉还。"

列查叹道："好吧，既是如此，列查遵命！"

列查命于阗国所有士兵集合，退出了狄道。汉军见于阗国退出，方有序进入狄道。又闻于阗国军从北地退出，汉军方才放回呼噜候等人。

耿恭问班超，是否赠其粮草。班超道于阗国袭扰汉地时，营中已有粮草，只是粮草不充足。若要回到于阗国，势必要袭扰汉地，若不袭扰，势必又饿死军士数千，如此惨象，不忍再见，可将黄龙岭带回的粮草，送与于阗国军，如此于阗国军感激恩德，将不会再叛！

耿恭钦佩班超，向班超拜谢，道："仲升真是神人，耿恭钦佩万分！"

班超谦虚地回道："都尉名门之后，誉满朝廷！"

于阗兵退后，耿恭向皇帝上报边情，将班超如何引诱呼噜候，如何单骑进城，如何劝退于阗国王子之事详加陈述。

快马飞报洛阳，明帝接到捷报，甚为欣慰，满朝文武，大为鼓舞，皆道皇威浩荡。

明帝道："素闻班超有才学，文武兼备，今日视之，果不其然！"

这时，殿下董萱说道："圣上，班超固有才学，但是也有过错。"

明帝甚为疑惑，问："有何过错？"

董萱道："班超没有明旨，自称汉使，与于阗王子会见。班超称，于阗国若退兵，汉朝与于阗续约，继续留质二王子，如此行事，对于于阗，乃是失信；于大汉，乃是丧失国威；于班超，乃是越权。听说班超娶了吕梁山土匪匪首的女儿，如此出身，败坏门风，有损汉朝清誉！"

马防道："启奏陛下，臣以为不然。班超身在塞外，兵少将寡，无权无兵，唯有智取。耿恭攻城之前，没有上奏圣上，乃是耿恭之过。但陇西远离洛阳，奏折往来需月余，一个月的时间，谁又知道边关发生了多少大事，丢了几座城池。最为可喜的是，耿恭与班超没费一兵一卒收复了陇西二郡，实在功大于过。"

明帝点头道："班超无汉使之名，行汉使之事，有功也有过，功过相抵，以观后效！命班超、耿恭到度辽将军吴棠处效力，抵御北匈奴！"

圣旨到了陇西，耿恭甚为忧虑。孔祥广问班超："可曾封官？"班超道："没有。"孔祥广大为懊恼，问："如此功劳，为何没有封官？"班超不言。耿恭如实将圣旨转达给孔祥广。孔祥广沉默片刻，问："此次投效吴棠，诸位带兵马多少，挂何职衔？"

耿恭颇为尴尬。他此次只身离京，挂陇西都尉职衔，现委派到度辽将军帐下，又要只身前往。至于职衔，圣上没有委任新职，也没有取消他现任职务，只得以陇西都尉衔到度辽将军帐下。

班超境遇倒好些。班超虽无职衔，现有黄龙岭数百人追随。军中有的人叫他班大人，有的人叫他班公。孔祥广随行班超。班超本以为出征立功，就行封赏，没有想到朝廷并不买账。好在孔祥广勇猛，在军中颇有威信，班超才有些安慰。

因班超以不足两千人之众退于阗一万大军，班超在军中威望大增，吕梁山众不肯回山，表示要追随班超，再立新功。

耿恭初时愤慨，少顷便平静下来。他没立军功，没有封赏也是应当。军中收拾妥当，次日便北上，往度辽将军营去了。

第二十五章

深入敌营班超遇故人　龙曼离世欢儿道实情

度辽将军屯五原曼柏县，闻朝廷派来援军，吴棠甚为高兴，及见了耿恭、班超只带有数百人，心中甚为不悦，有意怠慢之，原定的接风酒宴仅有从事、司马数人参加。

这日，风正凛冽，黄河对岸出现了一列军队，军队从冰面跨过，突袭了南部匈奴的部落，不少匈奴牧民被杀，师子带兵追去，搜寻无果。

因黄河北岸屯满了窥测的敌军，南岸的匈奴军及汉军不敢越境，生怕遭到敌人的围困。一次，呼衍骨都侯被袭，呼衍骨都侯带兵跨过黄河追敌，陷入敌兵埋伏，最后呼衍骨都侯战死，仅数百人逃回黄河南岸。

班超入五原，度辽营闻其所部皆为山匪，尝窃窃私议，嘲讽其出身，将士待之如仇敌，班超所部上下愤慨，欲离开五原，返回黄龙岭，班超不肯，以言辞挽留之，众人方留下。于是两方常有冲突，乃至刀兵相见。月余，赵森领黄龙岭五百众回黄龙岭，度辽将军吴棠闻之，亲率黎阳营五百骑兵，将其追回，自此，两军稍有平静。

吴棠上书朝廷，请求另派援军，将吕梁山众遣返回山。奏折到了朝廷，泥牛入海。吴棠再上书，将赵森率众返回吕梁山一事如实奏报，朝廷仍不置可否。吴棠无奈，只得默不作声。

班超及所部的吕梁山众不知吴棠上书之事，对吴棠所部颇有不满。吕梁山众穿着在吕梁山时的衣服，经过数月山路波折行走，衣裤鞋子破烂不堪，其部兵器长短不一，坐骑多为运粮用马，和度辽营的将士相比，颇似乌合之众。

　　班超曾找过吴棠，为其所部更换服饰、战甲、兵器，因班超无军阶，吴棠不肯见他。耿恭到中军大帐找到吴棠，吴棠见了耿恭，但对其并不买账，耿恭怒而离营。

　　孔祥广见吴棠如此，从营中离去。黄昏时，从牧民处买酒数囊，与赵森等人醉饮，被吴棠下属发现，报知吴棠。吴棠怒，命耿恭执行军杖，耿恭为难，孔祥广走到营外，自行脱下铠甲，露出脊背，吴棠属下执杖，杖声沉闷，孔祥广一声不吭。

　　执杖毕，孔祥广穿上衣服，纵身跳到马背上，道："如此军营，不待也罢，我去也！"

　　吴棠大怒，道："你那小子，想做逃兵吗？来人，乱箭射死！"吴棠随行军士立即将箭对准孔祥广。

　　一旁默不作声的班超突然大喊："谁敢！"说罢，将长枪护在了孔祥广身前。

　　赵森等人拔出佩刀，将吴棠等人围定。

　　耿恭道："将军，还是收起你的箭，孔祥广谁也动不得。"

　　吴棠没有想到一向有礼的耿恭突然作难，他道："你想怎的？"

　　"今日之事就此作罢，你别为难我的弟兄，我部今后自当约束！"

　　吴棠不说话，"哼"一声，带部离去。

　　众人连忙问孔祥广如何，孔祥广道："诸位兄弟，此地不宜久留，吴棠没有容人之量，我等还是趁早离去，免得中了他的奸计。"

　　耿恭道："孔兄，我们是朝廷的将士，不是吴棠一人的，你莫着急，大丈夫志在四方，何必为一小人断了前程。"

　　孔祥广道："我意已决，诸位，就此别过！"说罢，打马而去。

　　班超和耿恭欲追之，孔祥广已消失在夜色中。

　　耿恭以为孔祥广酒醒之后，自会回来，不想他次日未回，耿恭心有不安，派人出去打探，直至四日后，方有下落。

　　提供消息的是吴棠所部的探子。探子报知耿恭：他在黄河南岸奉命巡视，不想遇到了一股西域骑兵，这股西域骑兵正要劫掠一个村庄，被孔祥广拦住，他单枪匹马，以一敌百，奈何寡不敌众，坐骑被敌人射死，孔祥广被擒。

　　耿恭震惊，连忙问敌人的装束和样貌。探子道，来敌高鼻梁、深眼窝，与匈奴人相貌不同，装束也不一样。

　　班超道："不好，这是西域鄯善国。鄯善国一心要找回大阏氏，定是大军南下的时候，与孔祥广遇上了。我现在就去找回孔祥广！"见班超要出去救人，赵森甚为激动，表示要一同前往。班超点头同意。

　　班超与赵森化装成牧民，探子代为引路，到了黄河南岸，探子道："我军本驻扎在黄河以北，自北虏南犯，我军已数月没有渡河，两位小心！"班超辞别那探子，与赵森牵着马，过了黄河，往北而去。

　　两人一路北行，遍地尽是荒草，不见人烟。行了半日，见草地有践踏痕迹，枯草上有新鲜马粪，知有军马经过，遂沿途追逐之。天近黄昏，见远处有炊烟，班超二人勒住缰绳，隐蔽潜行，翻过一处草地山坡，见前方有大军驻扎，军士所穿服饰颇似鄯善国军服，行军营帐沿河驻扎，漫山遍野，占据了偌大一块草地。班超观察山形，见此地地势低洼，虽有利于取水，藏匿部队，但也不易发现敌兵，敌军一旦突袭，大军如在瓮中。

　　班超与赵森将坐骑藏在一处隐秘所在，吃了些许干粮，准备夜探敌营。北斗正明，班超与赵森匍匐在附近的山岗，以枯草掩盖，但敌营人马欢腾，不见休息，难有机会潜入。

　　赵森献计，擒来两名敌兵，换上敌兵铠甲服饰，混入军营，伺机找到孔祥广以救之，班超称妙。

　　两人商议完，见前方隐约有数人在巡逻，手中持有火把。两人悄悄从山坡走下，追上前去。巡逻的有三人，分前中后，班超示意赵森对付后面卫士，自己对付中间的卫士，赵森龇着白牙，表示知道了。两人轻声上前，各自打晕一人，前面持火把的人闻声，猛地转身，班超早已料到，他抬起拳头，将要动手，那人喊了一声"班超"！

　　班超听那人叫出自己的姓名，甚为震惊，举在半空的拳头停住了，他仔细一看，举着火把的人竟然是他在雁门北救过的沙岸。

　　沙岸问："你怎么在这里？"沙岸不爱说话，班超想不起他的声音。此刻听到他说话，班超还在回想，这人的声音原来是这样。

　　"孔祥广被掳走了，我来救他！"

　　"还有这等事？此地不是说话的地方，跟我来！"

　　沙岸将班超带到一处隐蔽所在，那里远离军营，说起话来，甚是方便。

　　班超惊奇，问："你不是车师国王子吗，何以这副打扮？"

　　沙岸长叹一声，道："我这也是为了掩人耳目，不想被匈奴人发现！"

　　班超问："我知殿下与匈奴人不和，不知道殿下为何带兵助阵？"

沙岸道："说来话长，车师与匈奴素来交好，父王又与单于感情深厚，此次出兵，父王也是无奈，若我大军不出，匈奴随时会灭了车师国。我多次劝阻父亲，不要出兵，无奈父亲坚持出兵。父亲既然强行出兵，我只能随行，以免中了匈奴的圈套！此行，我主要是想查清龙曼的死因，我与龙曼有婚约，若不是优留抢走龙曼，她早已成了我的王妃。"

"鄯善国为何也到了河套草原？"

"鄯善国王受优留单于蒙蔽，以为龙曼为南匈奴所夺，遂带兵到河套，欲为优留夺回龙曼！"

"原来如此！"班超道，"我有一个猜想。"

"什么猜想？"

"龙曼公主可能已经遇害！"班超道。

"绝不可能，龙曼国色天香，是鄯善国的明珠，如宝石一般圣洁，优留单于对她爱慕无比，不会伤害她分毫！"

班超沉默不言。

沙岸道："匈奴人狡猾，他们极有可能将龙曼公主藏了起来！"

班超不认同沙岸的猜想，但他也没有反驳，道："殿下在匈奴王庭有没有眼线？"

沙岸叹道："我的眼线早就被杀死了！"

班超与赵森皆叹气。

沙岸劝班超二人早日回营，道："此地复杂，不可久留，我自会设法营救孔祥广。"

班超请求扮作沙岸属下，跟随沙岸。沙岸道，人种不同，长相相差，若被认出，反而不便。班超犹豫再三，沙岸将右拳放在胸口，立誓道："沙岸以太阳之名起誓，定会将孔祥广救出，回报班超救我之恩！"班超见沙岸如此，心中的石头落了下来，道："班超发誓，定为殿下找回龙曼公主！"

沙岸脸上露出笑容，执班超之手，道："还是仲升懂我！"

班超道："有劳殿下费心，我这就去了！"说罢，向沙岸辞行。

告别沙岸，赵森十分好奇，道："班大哥有何办法打听龙曼公主的下落？"

班超神秘道："山人自有妙计！"

赵森笑道："班大哥这般有本事，居然认识车师国的王子，令人敬佩！"

班超道："初时，我见到他，他正被匈奴兵追杀，只道这是一个落魄汉子。后来，我见他执着坚毅，方觉此人不简单！"当下，将沙岸于草原寻找龙曼却被匈奴人追杀一事道与赵森。赵森对沙岸之事未起兴趣，倒是对望秋意图捆绑班超之事起了兴致。班超不理会赵森，扬鞭疾行。赵森哈哈大笑。

班超与赵森一路向南，过了黄河，天尚未亮。又往南，向路人问得奚鞬日逐王师子部所在，又疾行，日上三竿方到。

早就听闻师子英勇，班超来到师子营门口，见师子治军整齐，将士威武，为之一震，暗道果然是青年才俊。

师子听闻班超求见，亲自出迎。他将班超引入营帐，礼敬有加。

师子道："早就听说班超智勇双全，招抚吕梁山，智退于阗军，正是匈奴人心目中的大英雄！"

班超从未听到别人如此夸赞自己，当下自谦道："谬赞了，我对日逐王倾慕已久，日逐王少年英才，黄河岸边，单骑喝退北虏十万大军，是真正的草原英雄！"

师子哈哈大笑，道："是大单于英勇，我不过是借了单于的威名！"

"年少谦逊，可贵，日逐王是草原上当之无愧的明珠！"

"班公来我奚鞬部，应该是有事，咱们闲话少叙，你且说来！"

"那我就开门见山了！"说罢，班超将潜入敌营的事情说了，师子点头，班超道："眼下车师王子不明阏氏龙曼死因，只有请求日逐王代为寻找，如果日逐王找到龙曼，那么鄯善国再无南下的理由，届时你部趁机袭扰鄯善，鄯善军再无留念，必撤军！"

师子双手一拍，大喜道："真是妙计！"

班超愁道："只是找到龙曼，还是一件难事！"

师子道："这并不难，我自有计策！"说罢，他喊道："将大且渠蒲当叫来！"稍后，一名健壮的中年汉子进了营帐，师子道："蒲当，听说你与北虏私信疏通，可有此事？"

那中年汉子顿时惶恐，道："绝无此事！"

师子大声道："还敢撒谎，来人，将蒲当拉出去，鞭笞三十！"

蒲当口中喊着冤枉，被士兵拉出，帐外传来了蒲当的痛苦声。

班超惊讶，道："日逐王这是何意？"

"班公莫怪，北虏早就有人在拉拢蒲当，蒲当心意坚定，从未动摇。我打他三十鞭，是要北虏以为我不相信他，这样他便能名正言顺到北边，打听龙曼的下落！"

班超甚为敬佩，道："日逐王年纪轻轻，就有这般谋略！"

鞭笞毕，师子走到帐外，道："大且渠勾连北虏，我要单独申斥，众人退下！"众人退去，师子与蒲当私语，稍后，蒲当大怒，骂道："黄毛小儿，如此污我，我定要斩杀你，以泄我心头之恨！"

"蒲当，我念你是一向忠心，才给你机会，不想你竟如此忘恩负义！来人，将蒲当拿下！"

几名士兵围住蒲当，蒲当杀了两名士兵，骑上快马，往北去了。师子没追，片刻后，有属下报与师子，言蒲当带着部属，投北虏去了，师子面露怒色，痛骂了几声。

班超见师子设下计策，便与赵森回营，等待消息。

营中见班超二人回来，甚为高兴，都问班超有无见到孔祥广，班超不言，又问赵森。赵森道，连根毛都没有见到。众人又问有何收获。赵森道，骑了一天一夜的马！

三日后，班超见到沙岸派来的信使，因车师国没有文字，随军又无通汉字者，故信使口述信函。那信使道，国王已在鄯善军营寻到孔祥广的下落，他腿部中箭，正在营中疗养，并无大碍。

班超得知孔祥广平安无事，长出一口气，心想待他箭伤康复，再设法将其迎回。班超奇怪，车师国王何以代沙岸寻孔祥广，他不好直问，便道谢过国王。

半月后，师子突然来到班超的营地，班超见师子亲自驾临，知龙曼有消息了。

师子打马狂奔，几至营帐，方才从马背跳下。他不经通报，直接撩开了班超军帐的帘子，喊道："仲升，你交办的事，我办妥了！"

班超正在帐中与耿恭商议粮草，师子进了帐中，也未寒暄，对外大喊："把人带进来！"

班超隐约听到帐外有马蹄声，就从帘内往外看，却见有一队人马正往营门赶来。片刻后，这队人进了营门，将一名女子带进帐中。这女子高鼻梁、深眼窝，与中原女子相貌有些不同。

"仲升，这女子名叫欢儿，是龙曼的侍女！"

班超大喜，问："姑娘别怕，我且问你，你家公主现在何处？"

那女子初时有些紧张，稍后情绪便稳定了，她不通汉话，口中说的是匈奴语，口中喃喃半晌，班超只听了大概，师子为其翻译，班超方才明白。

原来，车师国的王子沙岸到北虏王庭寻龙曼，被优留单于发现，优留派人追杀。沙岸逃走后，优留单于告诉龙曼，沙岸已被其杀死。优留单于本意是让龙曼死心，不想龙曼半夜于单于营帐挥刀自刎。优留悲伤至极，汉廷拒绝其和亲、互市的消息传来，优留更是怒不可遏，他马上集结大军，南下扰边。

优留南侵是打着寻找大阏氏的旗号，实则大阏氏已死。为防消息走漏，他命车利将大阏氏三名侍女殉葬。车利执行命令时，心有不忍，杀死两名侍女后，将一名侍女救了上来，带回家中。

蒲当投降后，手下多方打听大阏氏的下落，但王庭手下讳莫如深。后蒲当夜探营帐，听到打扫单于龙帐的老嬷嬷自言自语，才知道了欢儿的下落。

班超用匈奴话问欢儿："可愿意重回鄯善？"

欢儿欢喜不禁，道愿意回鄯善，可半晌之后，却又摇头说不想回了。众人好奇，问为何？欢儿道她喜欢车利大人，不想回去了。师子大怒，道："车利杀了你的伙伴，你怎能再回虎狼的身边？"欢儿摇头，道："车利大人是好人，他杀我的伙伴是因为王命，他救我是因为他有善心！"

师子无奈摇头，片刻后，道："龙曼公主已死，优留带着北虏，挟裹着车师六国、鄯善国进犯我部。南部已做好准备对抗北虏联军，但大单于有好生之德，不忍鄯善国受到蒙蔽，含冤灭国，请你到你的国王那里，将真实情况告诉他。"

欢儿道："整个北部匈奴都以为我死了，欢儿躲在军帐中，一步也不敢出，听说陛下率领大军东进，欢儿非常震惊。现在公主无辜而死，欢儿愿将真相告知大王，请大王停止战争！"

师子大喜，命属下将欢儿带到帐外，对班超等人道："仲升，你可有良策？"

班超道："眼下需由一人到北岸联系沙岸，将欢儿交给沙岸，再由沙岸将其带到鄯善王面前，将实情报知。若鄯善国退了，一直徘徊不前的车师国也就退了！以眼前的形势，我最适合做信使。鄯善军与车师军退，优留单于孤掌难鸣，汉匈两军东西夹击，北虏必退！"

师子面露难色，道："只怕将实情报知鄯善国王，大军也未必肯退！千里东征，劳师靡费，鄯善王怎肯空手而归？"

班超道："日逐王说得在理，鄯善大军没有了留下来的理由，还需要一个走的理由！"他慢慢盘算时日，想到于阗国大军走了近两个月，心中默念，快了，快了。

师子走后，班超与赵森带着欢儿去了黄河北岸，按照班超与沙岸的约定，班超将欢儿带到了鄯善营北五十里的草地上。那里有一片林子，车师大军就藏在林子后。

班超三人来到营门口，因言语不通，欢儿代为通报。稍后，沙岸从中军大帐走出，见到了班超。班超将情况告知沙岸，沙岸大惊，将班超请入大帐。进了大帐，班超请欢儿将情况详细说来。

欢儿将情况一一表述，沙岸听得潜然泪下，良久方得以平静。沙岸道："可怜鄯善王一心南下寻找公主，原来龙曼早已遇害，我们都上了当了！"

班超道："殿下节哀，眼下要将实情报知鄯善王，以免再发生冲突，致使无辜者丧命。也请殿下将这件事告知车师王，莫再上了优留的当！"

沙岸道："仲升放心。车师东征以来，未曾与南部有过交兵，倒是因为水土不适，死了不少车师勇士。此事我已与父王有过讨论，鄯善退兵，我军自退！"

班超起身，谢过沙岸，道："殿下深明大义，班超感激不尽。班超有个不情之请，欢儿见到鄯善王后，还请殿下将欢儿带出来，放她回匈奴！"

沙岸惊道："这是为何？"

班超道："欢儿爱上了匈奴的车利大人！"

沙岸又是一惊，随即自言自语："都是情惹的祸，情难断，人难留！"

班超问起孔祥广的情况，沙岸说孔祥广在鄯善营中，有人照看，伤情已无碍，今日便派人送他回南岸。

沙岸安排了一处营帐，供班超二人歇息。

第二十六章

遭遇偷袭呼衍王撤军　班超被缚身陷地牢中

欢儿走后，帐中只有沙岸一人。沙岸匍匐在桌案上，痛哭起来。

龙曼死了，虽然沙岸早已经料到，但他还是心怀一丝侥幸。也许是优留将她藏了起来，也许是龙曼自己躲了起来，也许是欢儿对他撒了谎。但沙岸终究是理性的人，他可以为爱放弃王位，但他不能在悲剧发生之后陷入混沌，他还有很多事情要做，他是个王子，也是个国王。

就在去年，沙岸做了车师前国的国王，班超不知，尤以为他是车师王子。车师共有六国，车师前王居交河城，据《后汉书》记载，河水分流绕城，故曰交河。车师后王居务涂谷，车师前王乃车师后王之子。车师前后王与东且弥、卑陆、蒲类、移支并称车师六国。车师六国皆为小国，各国人口不足汉一郡县，沙岸虽任前王，对班超并不刻意显耀身份，班超称呼其为王子，沙岸亦不在乎，不予纠正。

休息一夜，次日，沙岸带着班超、欢儿去了鄯善军营。

途中，沙岸问欢儿："那个车利，我见过，勇敢，对优留很忠诚，你喜欢他哪里？"沙岸还记得，匈奴兵最后一次追杀沙岸，领头的就是一个叫车利的人。

欢儿道："他正直，勇敢，善良，是我心目中的大英雄！"

沙岸道："可是他杀了你的同伴！"

欢儿道："我的同伴是优留杀的，不是车利杀的，车利只是优留手中的刀！"

沙岸赞叹："真是聪明的女人！可你为何还要回到车利身边？那里充满了危险，一旦你被发现，就会被杀掉，那个时候，车利也救不了你！"

欢儿道："我爱他，就算是死，也要死在他身边！"

沙岸知道欢儿这种感觉，当初他孤身来到匈奴寻找龙曼的时候也是这样，不顾一切，只为能和心中的她在一起相守到老。现在龙曼已经死了，他开始羡慕起欢儿，她心爱的那个男人还活着。只要活着，就有希望！

想到这里，沙岸打马快行，不多时，队伍就到了鄯善军营。沙岸将班超与赵森留在营外，远远地躲藏起来，自己则带着欢儿及部众进了鄯善军营。

鄯善王正在策划一场大战，他带来的粮草不多了，优留单于并没有按照出兵以前的约定向其配给粮草。他曾经找过优留，优留告诉他，鄯善军应打一场大的战役，占领南部匈奴的草原，攻入关中。优留说，之所以粮草不够，是因为没有打过一场像样的胜仗。

鄯善王越发地忧虑，像这样庞大的军队，没有充足的粮草是不行的。黄河南岸有南部匈奴所有的主力，又有汉军屯兵，始终找不到合适的战机，鄯善军只能像土匪一样，对边镇、村寨、牧区进行袭扰，但这对大军的给养实在是杯水车薪。他准备效仿于阗王子列查，对河西一带的汉朝城池进行掠夺，可他担心这样会将汉军的主力吸引到自己身上，若是如此，他和鄯善国的勇士将在东方的草地上彻底覆灭。

"报，车师前王到东征大军营门！"

鄯善王稍稍回神，召诸大臣迎接沙岸。

军中列出仪仗，两排军士从营外站到了营门口。

鄯善王到营门外出迎，诸大臣紧随鄯善王身后。沙岸被请进了中军大帐，鄯善王不知沙岸有事，稍作寒暄，便与众将说起了敌我形势。

"寡人寻大单于索要粮草，大单于总是敷衍，完全不似先前答应的那样爽快！眼下战不得战，退不得退，好生为难！"

鄯善王甚为无奈，说起粮草，口中连连叹气。沙岸无心讨论，双目不由得走神，鄯善王察言观色，知沙岸心不在此，便停止了说话，命文武大臣退出帐外。

沙岸见帐中空虚，觉得这才找到了说话的机会，但他又不知如何说出口。

"沙岸，你来我大营后，神情恍惚，是不是有事？"

沙岸不知如何表述能让鄯善王不感到难过，他想还是让欢儿来说比较合适，这样鄯善王就不至于迁怒自己。

"大王，我为你带来了一个人！"

鄯善王甚为好奇，沙岸大声喊："你进来吧！"说罢，一人从帐外进来。因帐外明亮，帐内昏暗，那人走到近处，鄯善王才依稀辨认出来，是龙曼的贴身侍女。

"欢儿，公主呢？"

欢儿见到鄯善王，先是跪在地上，跟着便哭出声来："公主，公主她已经升天了！"

鄯善王几乎站立不稳，沙岸连忙将其扶住。鄯善王道："你且详细道来，公主是如何去的？"

那欢儿已是第四遍讲述公主自杀的过程，初时尚磕磕绊绊，不能理顺，说了两次，便能将前因后果、事实经过详加阐述，细节之处好似亲眼见过一般。

沙岸本以为鄯善王听了欢儿的话，会因悲愤将罪责加在自己身上，不想鄯善王并不太关心龙曼之死，只听他口中喃喃："完了完了，龙曼不是大阏氏了，大匈奴对鄯善再也不会像从前那样客气了！"

沙岸道："大王，龙曼公主已经升天，请大王节哀！"

鄯善王犹未回魂："完了完了，大阏氏不是鄯善的公主了，怪不得优留不给我粮草！"

"大王，优留欺骗了您，他明知龙曼公主已经升天，却还欺骗您说龙曼公主南下，以此调动鄯善举国的大军！"

"举国的大军！"鄯善王口中重复，"举国的大军，就是这举国的大军！优留欺骗了我，不给我粮草，我现在不能撤军，如果我撤军，匈奴人就会从后背夹击我！"鄯善王越说越紧张，不由得满头大汗。

沙岸道："我部与鄯善国一同撤军，你看如何？"

"一起撤？"鄯善王擦着汗，道，"是个好办法，可是没有粮草，几千里的路，怎么走得回去？此事从长计议！"

沙岸没有想到会见是这个结果。他原本想，将事实告诉鄯善王，鄯善王会停止干戈，不想鄯善王听说龙曼死了，整个人陷入了慌乱。现在鄯善大军没有了粮草，优留若以粮草胁迫，鄯善王对优留势必言听计从。

离开鄯善军营，沙岸见到了班超二人，并将营中发生的事告诉了班超，班超也没有想到是这样一个结果。不过既然鄯善王知道了龙曼的下落，自然也就不会三番五次地南下了。

沙岸派人将欢儿送回了龙城。

欢儿走了没多久，一大队人马从东往西赶来。

沙岸甚为震惊，不知来者何人，观其人数，有上万骑兵，队伍前后连接三四里，烟尘漫漫，铁蹄隆隆。沙岸命属下避在一侧，莫挡住其道路。片刻后，队伍行进到沙岸跟前，观其装束，是匈奴人。

若是寻常，骑兵遇到其他队伍，势必停下询问，但这些骑兵并未理会沙岸，而是继续前行。沙岸觉得奇怪，便大喊："我乃车师前王沙岸，敢问贵军是哪位王公的部众？"

稍后，一名王公打马前来，那人右手护胸，道："我乃大匈奴呼衍王。"

"不知呼衍王往何处去，是不是大单于又有了新的部署？"

"半月前，于阗国的一万大军偷袭了我部，我部损失惨重，牛马多被掳走，现在我带领我部复仇的勇士，追击于阗。"

沙岸甚为震惊，于阗军接连出动，先是攻下了北地与陇西郡，继而退回西域，现在路过祁连山，竟然袭扰了呼衍王部！不过这件事却在班超意料当中，于阗军不缺少粮草，但是于阗军并不甘于寂寞，呼衍王部空虚，于阗军顺手牵羊，待呼衍王反应过来，他们已经带着大军到了鄯善了。

"于阗军袭扰贵部已是半月前的事，现在过去，只怕为时已晚！"

"此仇必报，于阗军吃了豹子胆，竟敢袭扰我部，我要让于阗军血债血偿！"说罢，打马而去。

大军浩浩荡荡向西而去。

班超道："不是于阗国大胆，实则是列查大胆。听说匈奴使节还在于阗监国，列查就敢袭扰匈奴呼衍王部。过了呼衍王部，就是鄯善国了。鄯善国的大军皆在此驻扎，不知道鄯善国有无应对的办法！"

沙岸问班超："你早就知道于阗国会袭扰呼衍王和鄯善国了！"班超笑而不言。

沙岸忽然发现了良机，他快马回到鄯善军营地，将实情告知了鄯善王。

鄯善王听闻这个消息，头上恍如炸了一个响雷。于阗国在鄯善国西南，于阗大军回国，势必途经鄯善，于阗既然袭扰了呼衍王部，自然也会袭扰鄯善。鄯善大军多在河套，一旦发生战事，势必难以抵挡。

"前夜我做梦，梦到自己掉进了枯井里，枯井深不见底，抬头看不见天。天亮后，我问巫师，此为何兆？巫师说我近来不宜近水，否则有灾。我想只要不过黄河，见不到水，灾自然化解了。昨夜，我梦到一个枯井在前方晃来晃去，我就问巫师，这是何解？巫师说此兆预示我将有一个劫数。你刚才来时，道龙曼去了，我以为枯井之兆应在此，不想果有一个大劫！”

“大王有何打算？”

“汉人有句话，兵贵神速，我这就集结军队，返回鄯善国！”

“只怕已经来不及了！”

鄯善王猛拍几案，道：“那就攻下于阗国，于阗抓走了多少人，我就抓回多少人，于阗抢走了我们多少牛羊，我们就抢他们多少牛羊。”

“大王真英雄，鄯善若是撤军，我必劝说父王一并撤军，我军粮草充沛，届时优先补给鄯善！”

鄯善王握住沙岸的手，泪眼蒙眬，道：“当初龙曼要是嫁给你就好了，呜呜，我也不用大老远到这地方寻她！”

沙岸离开鄯善军营，将营中情况告知班超，班超对情形已经了解，他与赵森骑上快马，对沙岸道：“鄯善大军与车师国军一旦离营，北虏势必追击，我就回到南岸，将情况告知度辽将军与南部大单于，相信度辽将军和南部匈奴单于定将截住北部匈奴军，助殿下顺利离开河套。”

沙岸右手护胸，对班超鞠躬：“车师国的子民谢谢仲升，你是车师国的恩人！”

班超效仿沙岸，右手护胸，向其还礼，随即打马而去。

鄯善王知龙曼已死，对草原形势隐隐忧虑。优留克扣鄯善王粮草，使得鄯善大军渐渐陷入绝境，听闻于阗大军袭击呼衍王部，鄯善王不禁对鄯善国的处境越发担忧。沙岸约定与鄯善王一同撤军，又与班超约定，劝说汉军统帅出兵制约北匈奴。

班超信心满满，眼下只要回到黄河南岸，将敌情报与耿恭，再由耿恭报与吴棠，趁北匈奴拦截鄯善军和车师军，与南部匈奴联合出兵北部匈奴，北匈奴必大乱。

班超与赵森一路快马，天将黄昏时，终于回到本部。

回营后，见营门口人马全被换了，班超甚为奇怪，不知何故。他进了大营，看到吕梁山军士脱去帽子，两手空空，站立在一侧的栅栏里，周边有几十个陌生的士兵，手持刀枪在一侧警戒。

被圈禁的人见班超二人回来，大喊：“仲升快走，吴棠那老儿污蔑你是内奸，等着要抓你！”

班超吃了一惊，他这两日奔波南北两岸，何以一夜之间成了内奸？

班超所部全为吕梁山众，是赵森的乡亲，赵森见众人被圈禁，急了：“谁把你们关起来的？”他见周边皆为度辽将军部众，涨起来的气就泄了一半，可又想到是自己人关了自己人，随即又火了："吴棠，吴棠，你在哪里？你出来，咱们比画比画！"

赵森的话惊动了营中大帐，吴棠与一干将士从班超的帐中出来，耿恭也站在吴棠的一侧，只是手中的佩刀不见了。

吴棠看着班超，班超也看着吴棠。

班超先说话了："以前我到将军的营中找将军，将军说我无军阶，今日何以屈尊到我的营中来了！"

"营中出了内奸，我要亲自调查，如果查证属实，为将者，还要秉公执法！"

班超见吴棠欲抓自己惩之而后快，知已想好的计策难以付诸行动，顿时动了肝火："我部没有受吴将军一粒粮草，吴将军也没有拨我部一兵一卒、一刀一箭，论到执法，也摊不到你吴将军的头上。"

吴棠也不生气，语气平和道："都说班超有大志，依我看，不过是投机的小人。幸好本将军没有将粮草、刀枪武器配与你，否则你作乱之日那还了得！我告诉你，圣上有明旨，耿恭、班超统领的吕梁山众皆由本将节制，只是你看看吕梁山这些人都是什么出身？山匪，一群乌合之众，见了本将不拜不说，甚至冷眼相对！粮草兵器到了他们手上，岂不是抱薪救火、开门揖盗！"吴棠话未说完，被圈禁的吕梁山众便传来一阵叫骂声。

"吴棠，你阴险小人！不得好死！"

"爷才不是乌合之众，爷的爷都是吕梁山的好汉！"

看管吕梁山众人的军士一声暴喝："都闭上你们的臭嘴！"人群无奈地安静下来。

吴棠一声冷笑："就这样的一群人还能打仗，真是笑话！"

班超知今日难有好下场，但他不想错过这个击垮匈奴的机会，只得道出实情："此次我到北岸，探知一个重要情报，于阗大军路过呼衍王部，洗劫了呼衍王大营，呼衍王已经西归，鄯善国与车师国都在准备撤军。届时，北部匈奴势必追击鄯善大军和车师军，我部可联合南部匈奴，一举从背后击垮北部匈奴！"

吴棠哈哈大笑，道："你以为我会信吗？别说你说的是谎话，就算是真话，这也是他们做给你看的。于阗大军撤退之时，带走了北地、陇西两郡的粮草，区区一万人马，还不够撤退到西域的吗？再说鄯善的公主是北匈奴的大阏氏，车师后王安得与优留一向交好，这两国怎肯单独撤军？"

班超道："鄯善的公主已经自杀，优留屡次克扣鄯善粮草，鄯善已经断粮了！"

吴棠道："哦？你怎么了解得这么清楚，是孔祥广打探的，还是你打探的？如果你不是奸细，你怎么会打探得这么清楚？"

班超道："龙曼的事是薁鞬日逐王代为打探的，我认识车师王子，我为车师王子传递龙曼死因的时候，恰巧遇到呼衍王大军西归！"

吴棠恍然找到真相，大声喊道："大家听见没有，班超认识车师王子，还为车师王子传递消息！"吴棠转身对耿恭道："都尉，班超刚才说的话，你都听到了吧？班超自己承认了私通敌人，向敌人传递消息！"耿恭想要辩解，却不知如何申辩，只道："仲升此去北岸，是为解救孔祥广，龙曼的事确系日逐王代为打探，还请将军详查！"

吴棠摆出一副什么都知道的样子，道："个中情由，我自会详查。"他对众人道："班超未经请示，擅自离营，传递消息，致使我军险中敌人奸计，来人，将班超抓起来！"

吴棠属下将班超二人围起来，班超与赵森拔刀，将要反抗，吴棠喊道："班超，你不看看今天还能跑得出来吗？"

班超没有说话，赵森喊道："那也势必鱼死网破！"

吴棠喊道："班超，放下武器，否则被圈禁的士兵，我将一一杀死！"吴棠说罢，围着吕梁山众的士兵又往前走了几步。

"休要伤害其他人，我放下兵器就是！"班超放下武器。

"这还有点男子汉的样子！"吴棠道。

众人一拥而上，将班超绑了起来。班超在人群中大喊："耿恭，鄯善与车师将要回国，机不可失……"班超还要再说，却和赵森被将士押了下去。

班超和赵森被关进了度辽营的囚牢里，囚牢为一处方形深坑，牢深一丈八，长宽各一丈，牢顶以铁栏罩之。牢底潮湿阴冷，被投了些干草，班超和赵森仰望天空，天空狭小灰暗。

班超和赵森被拘禁的当天晚上，黄河北岸的鄯善军与车师军连夜拔营，开始西归。大军行了一夜，北部的匈奴方知其已经离去。优留大为震怒，果率轻骑，欲追回鄯善军与车师军。

北方草原发生的异常军事变动很快被南方的汉军和匈奴军探知，吴棠见敌方部队果如班超所说，对班超通敌之事更加确信。他将班超和赵森押到帐中，严刑审讯，二人被打得皮开肉绽，终不承认通敌一事。吴棠不信班超没有通敌，他准备将班超秘密处决，以绝内患。

奠鞬日逐王探查到了匈奴大军的变动，虽然他不知道全部情由，但他立即意识到这是班超北渡黄河的结果。现在黄河北岸的大军已经乱了，若趁机出兵，必定能重创北匈奴。日逐王将这一情况报给南部单于，南部单于甚为高兴，派屯屠何与师子到度辽营商议北击匈奴之事。

师子禀明来意，吴棠大手一挥，道他早已知道此事，这是北部匈奴设下的陷阱，引诱南部匈奴与汉军。他还道自己已抓获一名内奸，准备将内奸处决。

屯屠何听吴棠所言不无道理，对黄河北岸的形势转为谨慎，从吴棠军营告别。

归途中，师子郁郁不快，吵道："北边的事千真万确，吴棠不肯出兵是怕死！鄯善国撤军乃是汉军班超将龙曼死因告知鄯善王所致，鄯善王知龙曼已死，已无东征必要，遂撤了大军！那龙曼原是车师王子的未婚妻，只因优留强夺，王子才失了所爱，两军撤退，必定为真！"

屯屠何道："且由两部厮杀，待两军相争数日，我军再一鼓作气，大破北虏！"

第二十七章

扮黑衣人耿恭救班超　洗脱冤屈吴棠还清白

师子与屯屠何来到王庭，将在度辽营中所见向单于奏报，师子建议挥师北上，趁黄河北岸草原大乱，一举击溃北匈奴。屯屠何将吴棠之见转述，道北虏狡猾，恐设埋伏。单于沉吟片刻，问须卜骨都侯："骨都侯有何看法？"须卜道："度辽将军所言，不无道理，南北两家交恶数十年，全凭先祖护佑，今草原动荡，我军可观察两日，再做定夺！"单于道："诸位既然看法一致，那就多派哨骑，详加打探，以静制动！"

师子还将争论，见单于主意已定，道："师子向大单于请命，哨骑的事就由师子安排吧！"单于笑道："日逐王乃大匈奴的勇士，此事非你莫属！"

师子转身离营，单于问屯屠何："日逐王此去，你料结局如何？"

屯屠何道："日逐王势必带领所部，袭扰北虏！"

单于道："你我所见略同。须卜，命你带领两万骑兵接应日逐王，若战事焦灼，务必将日逐王救回，我太喜爱这个侄儿了！"

须卜右手护胸，应道："是！"

师子出了单于王庭，直奔日逐王部，那里有他带领的五千铁骑。

"传我命令，所有将士随我出战北匈奴！"

"日逐王，大单于何时动身，其他骨都侯部何时到？"

"大军稍后就到，大单于命我部为先锋！"

"真是太好了！草原的勇士终于等到决战的机会了！"

再说班超及所部被缴了军械之后，所部五百人皆被囚禁，吴棠欲上书陈述班超勾连南北之事，文书未成，营中传来奏报，道有人杀死军士，救走了囚牢中的班超与赵森。

吴棠甚为震惊，吕梁山众皆被看押，营中何人敢如此？！他亲率轻骑百人，连夜追赶，见路边接连有汉军尸首，心中恼怒，悔恨没有杀了班超，以致班超走脱，遗下祸害。

吴棠猛抽马鞭，坐骑发出刺耳的嘶鸣，又行了半个时辰，但终也没找到班超。

救走班超的是耿恭，他换上一身黑衣，趁夜杀死守卫，将班超二人从地牢中救出，中途虽有追兵，但追兵又岂是耿恭的敌手，是以顺利地逃脱了。

三人离开军营，一路向西南，正巧遇上了师子北上的骑兵。

"日逐王，此去何为？"班超勒住马缰。

"原来是班公，那吴棠说鄯善撤退是北虏的奸计，不肯出兵，大单于也不肯冒险，我只能带着我部五千骑兵北渡黄河，侦察敌情了！"师子道。

"日逐王威武，如不嫌弃，请带上我等三人！"耿恭道。

"汉军里只有你们两位是英雄！"师子道。

"日逐王休要小看人，我赵森也算一个！"赵森道。

师子哈哈大笑："你这汉子果真有股英雄气，英雄惜英雄，打完这仗，到我营中，咱们痛饮七天七夜！"众人拍掌说好。

话毕，众人连夜快马渡河。是时夜寒风冷，河面冰冻如磐石，师子命所部屯兵五原北五十里的石毫岗，稍作休整。他派出哨骑，探明鄯善大军已经拔营，便命所部向西追赶。所部追出两百里，进入一片胡杨林，却见林中有打斗痕迹，林后有无数未掩埋的尸体。班超等人进入林中，见此血腥场面，便知林中发生过一场大战。

师子问："班公，我等是否继续追赶？"

班超道："胡杨林后是一片巨大的荒漠和戈壁滩，我军就算追上去，也是以少敌多，没有胜算。戈壁滩缺水，优留的骑兵每人只带三天口粮，从北虏王庭到这片胡杨林，需要一天一夜的路程，返程同样也需要一天一夜。"

师子喜道："那也就是说，最迟明日早晨，这股骑兵就要原路返回！"

班超道："正是，不过还有一种情况，那就是优留预留了粮食，在胡杨林一带接应，如此一来，优留的轻骑只需在明日天黑之前到达胡杨林，即可粮食无忧。"

师子道："我现在派出人手在来的路上埋一支伏兵，劫了北虏的粮草，如此既能判断时间，又能判断敌情！”

班超右手护胸，道：“日逐王聪慧过人！”

赵森道：“请日逐王给小人百骑，就让小人蹲守这批粮草。”

师子哈哈大笑，道：“我给你千人，请壮士为我守卫！”

赵森谢过师子，领千骑而去。

师子将部队向南撤三里，隐蔽在一处土丘下，部队不点火，所吃的粮食全部为烤好的羊腿，所喝的全部是羊奶。

因当日较累，所部将士很快便睡着了。星光漫天，寒夜里刮起了大风，有将士提议点火取暖，被师子否决了，将士们忍受不了寒风，便相互拥抱在一起。

次日早晨，太阳从地平面升起，寒风凛冽，滴水成冰。哨骑报告，昨夜没有任何人靠近胡杨林，师子让哨骑再探。已时初刻，东西路口仍安静如常，连放牧的牧民都不曾出现一人。师子望着太阳，见运粮的和匈奴骑兵都没有出现，怀疑自己是不是判断错了。班超取来马奶，让师子不要着急。

时间到了正午，东边的哨骑突然来报，说是有一队人骑着快马正向东赶来。说这些人每人骑着一匹马，手中还赶着一匹，被赶的马后背似驮有物品。

师子大喜，他站起来笑道：“终于来了！”

就在这时，又有一哨骑赶来报告，道：“胡杨林以西十里外发现了大股北虏骑兵，恐有两万之多！”

师子道：“时间还真巧！勇士们，随我冲！”

众骑兵将要动，班超道：“日逐王不可，现在冲过去，咱们会有死伤！”

师子道：“打仗哪有不死伤的？”

班超道：“可尽量减少伤亡。我军现在只要夺了北虏的粮草，北虏必大乱！”

师子道：“我现在再带一千精骑驰援赵森，北虏见粮草被夺，必定猛追，你带领三千精骑从后背袭击他们，他们身心疲惫，好似板上鱼肉，我们必能大胜。”

班超道：“此计甚妙，只是我军不可夺敌军粮草！”

师子奇道：“这是为何？”

“我军夺了敌军的粮草，势必引来敌军拼死攻杀，敌人以一当十，我军必死伤惨重。”

“仲升考虑周全，只是那些羊奶羊肉该当如何？”

“割开装羊奶的囊，将背肉的马赶到山崖下！没有了肉，这些骑兵就绝望了！"

"此计甚妙！"

师子亲点了一千铁骑，往赵森的伏兵处赶去。

送粮的北匈奴刚进入埋伏地，赵森还没有发动进攻，师子的铁骑就到了。送粮的北匈奴军初时见到师子，以为是优留帐下的将军，及见到前方骑兵张弓射箭，才知道来者不善。押运吃食的是皋林帐下的哈子摩，他见来敌不多，并不放在心上，命手下持盾护卫，不想两侧的山坡忽有赵森的伏兵冲来，哈子摩不知伏兵多少，顿时恐慌，师子的铁骑踏破了盾牌，临时摆设的盾牌经不住奔腾的战马，北匈奴的士兵不少被践踏。

哈子摩毕竟英勇，虽然敌强我弱，仍然顽强抵抗，左突右击，竟杀死不少南部匈奴军。师子见敌军久衰不败，甚为着急，他见哈子摩与士兵打斗，一刀连着一刀，颇有章法，丝毫不露败象。他打马过去，与哈子摩亲自过招。哈子摩不认识师子，师子也不认识哈子摩，两人各尽全力，心中暗暗惊奇，均道敌人还有这般勇士！

两人缠斗三十回合，赵森将哈子摩残部清除，唯哈子摩还在与师子打斗。

"赵森，你将北虏水囊全部割破，前方三里处，有一个断崖，你将这些马赶到断崖去！"

"此计未免太过残忍！"

"这是班超之计！"

"仲升真是足智多谋！"

赵森领命，命众士兵将马赶到一处，往断崖方向赶。哈子摩对那些粮草也并不在意，只顾与师子缠斗，师子与哈子摩打斗时，下属也不帮忙，只在外围叫好。哈子摩心中暗想，让你们见识本将的厉害，他挥舞双刀，愈战愈勇。

优留的两万大军终于赶到了，带兵的是车利，他从眼前的形势就已经判明，送粮的人被杀了。大军追赶了两天两夜，屡中埋伏，他早已经是身心俱疲，他不能让匈奴精锐毁在自己的手里，伴随着一系列的失败，他从戈壁滩回来了。

既然有伏兵，就不会只有一处，眼前的真真假假让车利如惊弓之鸟，他不去判断赵森为何赶走那些马，他只想将大军带回王庭，交给优留大单于。

车利带着大军，往北去了。

师子注意到了这一切，哈子摩也注意到了，趁着师子分神，他从战斗中撤离出来，奔向了匈奴大军。

班超与耿恭带着三千骑兵追来，与师子合军一处，班超命人在后军坐骑尾巴上拴着树枝，拖起漫天尘烟。哨骑报给车利，道南部叛军又有一队伏兵，车利回头看去，见骑兵后卷起数丈高的尘烟，命大军全力北撤。师子见了，奋力追杀，敌军不敢还击，被杀死上千人。师子还将要追，敌军已然走远，消失在大青山下的烟瘴里。

师子叹道："可惜了仲升的好计策！"

班超道："车利太聪明了。不过以五千铁骑能将两万大军追得像老鼠一样，也只有日逐王才能做到！"

"我军以逸待劳，北虏虽众，亦不足惧也！"

师子命众军士打扫战场。

忽有上万骑兵从南部赶来，师子望见旌旗，知是须卜的骑兵。

"骨都侯，你怎么来了？"师子道。

"大单于担心你受到埋伏，故而命我驰援于你！"须卜道。

"这样说来，大单于相信我的话了！"

"大单于也是将信将疑，今日看来，鄯善与车师国军确实撤退了。"

"骨都侯既然来了，就请随我一起东进，灭了北虏王庭！"

须卜道："你我不过一万五千骑，又如何能灭了北虏王庭！"

师子道："优留已是惊弓之鸟，一万五千骑足也！再说优留又如何知道我们是一万五千骑，我们只需要多竖旗帜，优留定然胆寒。"

须卜知此招太过冒险，但他不好直言相抗，只得道："此事还须请示大单于！"

须卜派人火速回南部单于王庭，将黄河北的情况报知单于，南部单于闻之，派大军五万到黄河北岸驰援师子，又派人知会度辽营吴棠，吴棠亲率三万大军，出五原。

三日后，南部匈奴军与度辽营军会合于大青山下，此时，众人方信鄯善国与车师国系真撤退。

大军分两路，南部匈奴北进大青山，度辽营向东搜寻优留大军。屯屠何带领师子、须卜循着北部匈奴的踪迹，迈进高耸的大青山，因山势崎岖，不利骑兵，屯屠何遇伏后，便带大军撤退。度辽营东向搜寻优留主力，见优留大营空虚，只留有一堆柴火，甚为懊恼，往东又追三日，不见匈奴兵，方知优留主力已经撤回草原深处。

两军收拢，屯五原。

大军搜索北匈奴大军踪迹的时候，班超去了一趟鄯善军营地，他想找回孔祥广。沙岸证实，孔祥广确实是被鄯善人抓去，现在鄯善军退了，孔祥广却没有踪迹。

回到五原，吴棠设宴庆贺，请屯屠何、师子及诸骨都侯出席。

宴席上，吴棠道："优留大军集举国之力，联合西域诸国，以十二万大军欲攻破匈奴，虎视长安，我汉匈联军不足九万，大破之，可谓兵锋强盛。尤以贵军日逐王最为英勇，以五千骑设伏，拦截北虏粮草，击溃北虏车利两万大军。"

屯屠何道："北虏狡猾，将军能够及时出兵，屯屠何感激不尽！"

师子"哼"一声，自己喝下了一杯酒。

耿恭知师子怨恨吴棠错过战机，因吴棠诬陷班超，耿恭对吴棠同样不满，师子面露不快，屯屠何与吴棠皆不言，耿恭便道："日逐王，你似不甚高兴！何事让你如此沉郁？"

师子是直性子，他一拍桌子道："我不高兴的是度辽将军不经调查，将班超关在地牢，诬陷其为奸细，尔后拒不出兵。如今战机错过，北虏遁入草原深处，大军寻觅不得，此过谁应当之！"

吴棠最怕南匈奴人提及此事，如今经师子口中提出，他甚为尴尬，不过他早已有了对策，只听吴棠说道："班超之事，确系误会，本将军正准备调查，班超当夜却走脱而去。班超从度辽营离开之时，本将军已经有所觉察，本将军认为班超可能是被他人诬陷，是以没有追杀，后来听说班超到了日逐王那里，就放心了。班超多次深入敌营，瓦解敌军，探得情报，本将将如实奏报给圣上，为其表功。此次我们没有剿灭北虏主力，并非我军无能，而是优留过于狡猾，优留知联军崩溃，必不敌我军，是以连夜撤出了南部草原。"

众人见吴棠这段话说得中肯，不断点头。吴棠见师子怒气稍缓，向属下示意，稍后帐外有人抬进十余个木箱子，走进十余个美女。

吴棠道："这是我军在围攻北虏大营的时候，从北虏营地搜到的金银和俘获的美女，此次征战，日逐王功不可没，本将特将金银和美女送给日逐王！"

日逐王见这些美女俱都是汉人面孔，知道这是吴棠从南方买来的，他不点破，道："将军的心意，小王就领了，但是我有一言，此次战役的经过，我将如实奏报大汉皇帝，班超如有不测，我必不轻饶你！"说罢，扔下手中的杯子，往帐外走去。

吴棠气得胡子发抖，他强作镇定，向屯屠何道："本将还有些礼物要送左贤王。"

屯屠何道："日逐王年轻好胜，将军莫怪！"

吴棠连连摆手，道："不敢不敢，日逐王年少英雄，来啊，将箱子和美女抬到日逐王营帐。"

次日，屯屠何带着师子及诸骨都侯回西河美稷复命。

临行前，师子向班超道别，班超送师子三十里，两人各自说了一些道别的话。

"仲升日后还是要多提防吴棠，此人不善！"

"河套的战事已经结束，我准备回越骑营，那里才是我的营地！"

"如此我便放心了，来日方长，仲升有空多来我部走动，和你一起打仗真是痛快！"

两人说足了话，方才道别。

回营的路上，耿恭问班超："真想回越骑营吗？"班超说："是。"耿恭道："越骑营虽好，但是没有仗打。此番北虏撤退，皇帝势必将越骑营召回洛阳，是时有志不能施展，辜负了你宏图之志！"

班超亦叹气。

回营后，吴棠果然没有再为难班超，其所部兵器亦被发还。吴棠为班超部换了统一的制式军服，参差不齐的兵器也都换成了长柄匈奴刀，众人顿时精神为之一振。

吴棠将班超叫入营帐，将所写的奏折递与班超，班超视之，见奏折写道："班超三渡黄河，深入敌营，瓦解北虏联盟，致使鄯善与车师撤出河套。班超引奠鞬日逐王军五千，在胡杨林一带伏击北虏，北虏大乱，斩敌首五千。臣率度辽营兵三万，追击北虏，斩首万余，北虏远遁！"

班超见奏折谎报战果，夸大了斩首人数，问："将军这是何意？"

吴棠坐在帅椅上，道："你与匈奴日逐王交厚，我要为你秉笔直书，奏报战果，圣上得知，必有厚赏于你，这不正是你想要的吗？"

班超道："我是说将军为何夸大战果？"

吴棠哈哈大笑，道："仲升，你到了我这个位子就知道了，做臣子难！我们的圣上想效仿前汉武帝，北击匈奴，但是圣上还没有北征，北虏联军就包围了南部匈奴，军情危急，一旦南部匈奴被破，势必长安不保，届时河南河北尽落入蛮夷之手，洛阳沦陷。如今河西的羌族窥伺大汉，圣上需要好消息抚慰，现在西域人退了，北虏跑了，这不正是好消息吗？还管杀了多少匈奴人干什么，匈奴人是杀不尽的，当年卫青、霍去病杀了一辈子匈奴，不一样没有杀完匈奴人吗？我们多报一些，朝廷的人就多安心一些。"

班超不言，他知各军皆有夸大战果的情况，是以并不再辩驳。

班超离开吴棠军帐，回到自己的营帐，耿恭告知班超，窦固与耿秉已经收复了雁门郡及周边其他诸城。耿恭道："今日我收到堂兄的信，信中说，奉车都尉已经将黄龙岭改为黄龙关，他每日练兵，已于十日前收复雁门郡，夺回了雁门关！"

班超喜道："那真是太好了！这样我们就能回洛阳了，我已经好久没有回家了。"

过了月余，朝廷传来圣旨，吴棠正式迁为度辽将军，命耿恭、班超将黄龙岭五百人带回黄龙关。耿恭与班超到奠鞬日逐王部，向日逐王辞行。师子牵着班超的手，不肯让班超离开，班超道君命难违，师子端起一碗酒，敬给班超，道："听闻优留部败退后，不甘心失败，欲卷土重来，汉匈两军定会再度联手。"

班超喝下碗中的酒，道："是时必能击垮北虏，让北虏不敢再南犯！"

班超、耿恭带着黄龙岭军往东去了，灰色的草原，一队骑兵缓缓东行，师子带着骑兵，站在山坡远处，为班超送行。坡上的匈奴兵唱着匈奴歌，歌声悠长。汉人听不懂歌词，但是却听出了匈奴人的真情。

队伍一路东行，初时有些缓慢，数日后，大家说起黄龙岭的山山水水，便对黄龙岭有了思念。归途中，不知道是谁谈起了望秋，不多时，大家都讨论起了望秋。有人说望秋是他见过最俊的女人，有人说望秋和班超是天生一对，正所谓好女配英雄。一时间，热闹非凡。大家没有了压力，也没有负担，生活又有了新的开始。

班超也想念望秋，转眼已是春天，他出征前，望秋就已经怀有身孕，现在已经过去四个月，望秋也快生了。想到这里，班超就有些激动。

第二十八章

诏命班超即刻回洛阳　望秋随夫越骑营产子

半个月后，返程的军队回到了雁门，迎接班超的是郑众。

郑众在雁门西三十里为班超搭了一处草棚，草棚里还备好了马奶。班超受宠若惊，他连忙下马，向郑众跪拜："不才班超拜见郑公！郑公远道相迎，班超感愧不已！"

郑众面带笑容，亲自将班超扶起，道："仲升，你建的功，郑某都听说了，出迎三十里不算什么，你若消灭北虏，我到河套接你！"

班超哈哈大笑，这时，耿恭也向郑众叩拜，郑众将耿恭扶起，赞叹道："贤侄英勇可嘉！走，尔等随我入城！"

雁门郡已在两月前被窦固收复，优留撤军，匈奴人无心守城，是以一击而溃。说到这里，郑众不无感慨，他道，此战的关键在于河套，两军的胜负也在河套。河套之战胜利了，雁门之战也就好打了。

郑众将班超请入草棚，班超这时方才知晓，郑众已经被皇帝拜为雁门太守，窦固与耿秉因收复失地，被皇帝召回洛阳。耿恭问："北方初定，城池需重建，长城需修复，人心也需安抚，不知圣上何以急着将二人召回？"

郑众哈哈一笑，道："此中并无玄机，一者将军们长期在塞外，许久没有见到家人；二者修城小事，可由他人代劳，无须事事亲为。"

班超问："黄龙岭现由何人掌管？"

郑众道："你们走后，匈奴人多次围攻黄龙岭，只因地势险峻，壮士用命，才没有被攻破。雁门收复后，窦大人上书圣上，建议将黄龙岭改为黄龙关，委派一名智勇双全之人镇守，由雁门郡管辖。窦大人离开雁门前，我等商议，由你掌管最为合适，你为人正直，为将有勇有谋，与匈奴人打过交道，又是望秋的夫君，深得吕梁山民望。"

班超起身拜谢郑众："郑公谬赞了，仲升何德何能？"

郑众示意班超坐下，道："仲升切莫推辞，在你回来之前，黄龙关暂由郭圣代为掌管，待圣旨一到，你便去交接！"

班超好奇，道："郭都尉有何安排？"

郑众道："攻城时，耿秉大人一马当先，郭圣更是身先士卒。耿秉欣赏郭圣，已经向圣上奏请将郭都尉调入越骑营，任越骑司马！"

班超甚是惊奇，那越骑营掌管的兵马虽不多，但官阶甚高，向来由皇亲担任，此次耿秉推荐郭圣担任越骑司马，可见对其之器重。

回到城中，班超见城内房屋多处倒塌，民宅被烧，少有能住人处。想到初进雁门郡时的情景，他不禁感慨万千。

郑众命人给班超安排营地，并告知班超，晚上在雁门郡衙署为班超一行人接风，班超应了。郑众走后，班超便向郑众下属打听沈祥、饶锦文等人的下落，卫兵说知道这两个人，他们都是越骑营的，已经于一个月前同窦固、耿秉回洛阳了。

班超许久没有见到沈祥和饶锦文，听说两人回到洛阳，心中有些失落。

想起孔祥广，班超觉得有些惭愧，他将孔祥广带入河套，却没有将其平安带回来。不过他相信吉人自有天相，既然孔祥广没有死，一定还会回来。

现在他最想见到的是望秋，想起离别时望秋对他不舍的样子，班超心里酸酸的。

晚宴时，班超有些心不在焉，尽管郑众与耿恭频繁举杯，班超还是想早点结束晚宴。郑众看出了班超的心思，问班超是否连夜赶回黄龙关。班超甚为尴尬，他不肯以私废公，只道有些疲倦。

班超早早地回去了，耿恭在衙署与赵森一直喝到深夜方回。班超躺在营帐，辗转反侧，难以入睡，他太想见到望秋了。班超好几次从梦中醒来，发现天都没有亮。

次日清晨，班超早早起床，按照圣旨，班超要将属下带回黄龙关。班超催促众人收拾行装。郑众因前日醉酒，委派一名属下前来相送。

班超抽打着马鞭，马声嘶鸣，属下也都好似脱缰的野马，两个时辰的路程，仅一个多时辰就到了。

班超到了黄龙关下，见黄龙关气势巍峨，心头一震，陡峭的山顶竟然修建了长城一样的城墙，山门钟鼓林立，山下青草尽锄，水池宽阔，将士威武。

"关下的可是仲升？"

"正是在下！"

"哈哈，我还以为你昨夜进关，不想今日才到。"

吊桥被缓缓放下，班超看到关上说话的正是郭圣。

关门口，班超终于见到了望秋。

听说班超要回黄龙岭，望秋激动得一夜没睡。她早早地梳妆打扮，却发现自己再也没有了往日的娇媚，她像山上的山姑一样，挺着怀孕的肚子。

"还以为要到孩子出生以后，你才会回来。"望秋眼睛看着班超，似乎在检查他是否完整。

班超拉住望秋的手，道："夫人，辛苦了！"

望秋擦掉眼角的泪，随即破涕为笑，道："回来就好，回来就好！"

望秋身后的蓝云及众姐妹都在，唯独流丹没有来，班超甚为好奇，问："流丹呢？她为何没来？莫不是随饶锦文回洛阳了？"

望秋闭口不言，蓝云接话道："流丹的事稍后再说，咱们先回山！"班超知有内情，不再多言。

班超的属下回到山上，兴高采烈，欢呼雀跃，声震山谷。

望秋现住在黄龙关内的一处平地上，此处从前是种粮食的田地，自汉军到黄龙关扎营，黄龙关的房子紧缺起来，聚义堂一带为将军、校尉的起居和议政之所，山上的山民及妇人则在山中的平地另起房子。好在山中树木多，山石也较好开采，房子没几日就建起来了。

较寻常人家，望秋的房子大些，整洁一些，许多器具和用品都是从之前闺房中搬来的，是以生活用品齐全。

因班超刚回到黄龙关，来看望班超的人络绎不绝，上至郭圣，下至山民，无不向班超致以问候，言语中充满了尊敬和景仰。

望秋觉得父亲虽然英雄一世，但是比起班超，却是差远了。当年鹧鸪山盘踞黄龙岭，众人虽然敬他，但更多的却是怕他，她发现大家对班超是由衷地敬佩。想到这里，她越发相信自己的眼光和选择，以至于五个月的分别，再苦她都觉得值得了。

送走了客人，班超终于能和望秋聊些亲密的话，两人执手相望，相视一笑。

"对了，我进关时，问起流丹，你何以闭口不言，莫非有什么难言之隐？"

望秋面露沉郁之色，道："此事不知从何说起，当年饶锦文杀死了秃鹰，流丹曾发下誓言，此生绝不与饶锦文再有来往。雁门郡被破后，汉军撤入黄龙岭，来俊谋反，杀了我父亲，流丹和饶锦文曾联手帮助我们，除掉来俊。当时我们都以为，这件事过后，流丹当能够消除对饶锦文的仇恨，不想流丹没有。两个月前，耿秉做媒，流丹与饶锦文在黄龙岭拜了天地，入了洞房，可是新婚当晚，流丹举刀要杀饶锦文。"

班超甚为震惊，问："这是何故？流丹缘何要杀锦文？"

"流丹本意是想借新婚，为秃鹰报仇，但是新婚当夜，流丹看到饶锦文坐在自己面前，反倒下不了手，是以她留下遗书，独自离开了黄龙岭！饶锦文醒来，看到流丹留下的字条，连忙追了出去。是时匈奴尚未退兵，流丹离开黄龙岭只半日，便遇到了匈奴兵，流丹孤身一人，不堪敌手，被匈奴兵俘获。匈奴兵缚住其手脚，夺了其贞洁，流丹羞愤自杀。饶锦文寻到流丹时，流丹奄奄一息，饶锦文悲痛欲绝，自此没有再回黄龙岭。"

班超唏嘘长叹，不想自己离开黄龙岭数月，山上竟然发生了这么多的事。

按照郑众所说，班超将接替郭圣，任黄龙关都尉。只等圣旨下来，郭圣交出兵符，自己就是镇守关口的将军了。待到第三日，班超果然接到了朝廷颁布的圣旨，圣旨诏命班超、耿恭即刻回洛阳复命，命郭圣继续镇守黄龙关，命随耿恭、班超赴陇西、河套的吕梁山五百勇士解甲归田，赐予农田、农具、种子、耕牛。

圣旨颁布后，黄龙关震动。五百勇士初以为自己已是汉军，不想朝廷一道圣旨将自己降为了农民，不过营中亦有不少人不喜从军，正是几家欢喜几家愁。

郭圣对圣旨甚为不解，但他想可能圣上另有深意，也就释然了。

耿恭找到了班超："仲升，这究竟是怎么回事，皇上命我们将人带回黄龙岭，我只道是有何部署，不想竟将这五百勇士解散回去种地了！还有就是，圣上将我们召回洛阳，匈奴人不知道哪天又回来，都回洛阳，何人守疆？"

班超也甚无奈，他不知道如何安慰耿恭，只道："定是朝廷另有安排，我本就是越骑营的人，现在越骑营都不在了，我继续留在雁门已经不合适了。"

耿恭连连叹气，一时间想不明白。

听说朝廷将班超召回洛阳，望秋甚为苦恼，若是寻常，那也还罢了，只道班超去哪里，她便夫唱妇随，也去哪里，只是还有一月，自己便要临盆，若是受了颠簸，动了胎气，势必影响孩子。若是不去，自己生下孩子，孤身一人住在黄龙关，心中更觉凄凉。那时还要坐月子，坐完月子，自己抱着孩子，一路南下，更是颠簸。想到这里，她跟班超说，要与班超一道回洛阳。

班超甚为难，自己与望秋相聚不过三天，望秋也没有见过班母，随行洛阳，并无不妥。只是一路颠簸，望秋怀有身孕，恐难以支撑。归程有期，走得快了，望秋难以忍受，走得慢了却会超期。望秋苦求，道自己不会拖累班超，班超犹豫再三，终是同意了。

临行那天，赵森穿着一身便衣来到班超跟前，班超问赵森有何打算，赵森跨上马背，道："我愿追随班公，戎马天涯！"班超笑道："班某前途未卜，只怕委屈了你！"

赵森也笑道："吃糠咽菜，再苦我都认了，能追随班公，小弟死而无憾！"说罢，手中扬起长鞭，先一步走了。

耿恭笑道："仲升，愚弟就是喜欢这样的汉子，你若养不起，就送到我耿府来！"

班超朝耿恭瞪眼，道："你没听赵森怎么说的，吃糠咽菜都愿意！"

望秋也笑道："就是，养个人还养不起吗？"

耿恭想起望秋是匪首鹧鸪山的女儿，山中积财甚厚，哈哈一笑。班超看出耿恭深意，甚为尴尬，但终究是打马前行了。望秋坐回车内，车夫驱车，车轮吱吱响了起来。

与望秋同行的还有望秋的几个姐妹，自从汉军进了黄龙岭，望秋便和她的几个侍女成了姐妹，从前只是名义上的，现在成了真正的姐妹。鹧鸪山死后，她的大小姐身份没有了，好在几人感情深厚，几个姑娘仍然听从望秋。

返程的路多为山路，初时比较艰难，考虑到马车易坏，所以多备了一套。出吕梁山的时候，望秋乘坐的马车便坏了一个轮子，车夫换下那个坏了的马车轮子，放在备用马车上，继续前行。行走一半的时候，另一套马车的车轮也坏了一个，车夫将备用的车轮又换上了一个，这才到了太原。

适逢春季，天上下起了雨，大雨瓢泼，道路泥泞，车马难行。因有期限，班超甚为着急，望秋道："只要天气晴朗，夫君便请先行，待路上泥水干了，我再轻车追赶！"

班超不肯撇下望秋，道："只是回朝复命，遇上大雨也是正常的，你莫着急！"

说来也巧，两人说完了话，天就放晴了，一行人加速前行，前面的路也十分平整，没几日的工夫，就行了七八百里。

眼看快到了洛阳，望秋突然发起烧来，赵森到镇上请了大夫，开了药，都无济于事。班超想尽快回洛阳，但是正值深夜，城门已闭，他见此处距离越骑营练马场较近，就驾车到了练马场。

是时正值深夜，一行人来到营地。值守的士兵昏昏欲睡，听到有车马声，顿时清醒，喊了一声谁，看到是班超以后，连忙放行。

越骑营士兵回到洛阳后，校尉和司马一职空缺，越骑营禁兵由北军中候吴炎监领。

汉代军制，北军为皇家禁军，西汉为八营，东汉为五营，每营设校尉一名，官秩两千石，司马一人，官秩一千石。每校所掌兵马约七百，是以北军五校尉官显职闲，平时很少管理禁军。北军中候，官秩六百石，北军五校禁兵平日由北军中候代为监领。

班超进了越骑营练马场，营中只有三两军候，负责练马场训练。练马场的士兵多认识班超，见到班超驾车入营，颇为好奇，后知班超妻子生病，方退避回营房。

班超的师父马叟听闻班超回来，甚为惊奇，他披上衣衫前来探望，问得望秋症状，连忙道："你内人想是要生了！"

班超知马叟所言非虚，道："如此可如何是好？"

"仲升莫急，练马场北五里处，有个稳婆，她精通医术，可为你内人接生！"

班超牵来快马，道："我这就去请稳婆！"

马叟拦住班超，道："且慢，据我所知，是圣上将你召回的，你应该先回洛阳！"班超道："洛阳城门已闭，我天亮进城！"说罢，打马而去。

班超快马去，快马回，果然在练马场北的一处农户找到了马叟所说的稳婆。这稳婆从前随丈夫在洛阳行医，专为妇人接生。一日，朝中一王公请她丈夫出诊，她丈夫到了府上，看了一眼榻上的病人，就知此人命不过三天，无力回天，便只好开了些补药。她丈夫知道此王公甚为霸道，将要病死的又是他疼爱的小儿子，势必寻他难处，便连夜带着家眷到洛阳北买下一处宅院，隐居起来了。

稳婆进了营房，将房中的男女全都赶了出去，只留蓝云一人打下手。

房外人群攒动，约莫过了半个时辰，房外就听到孩子的一声啼哭，众人情难自禁都欢呼起来。

"是个男孩，是个男孩！"

众将士向班超祝贺，班超问稳婆："我内人怎么样了？"

稳婆笑着说："母子平安！"

班超也笑了起来。

四更时分，班超与耿恭打马到了洛阳北门，城门打开后，两人直奔未央宫。

两人到了未央宫正门，向城门守卫通报，道二人奉旨回京复命，请求放行。城门守卫见二人拿着圣旨，便报宫内的太监总管李科，当时明帝正在考查皇子的功课，李科道："屁大的事也来劳烦皇上，让他们到太尉府报到去吧！"

城门守卫将李科原话带给班超二人，班超二人遂来到太尉府，将回朝复命一事说了。太尉府的主事让二人签下名字，道："知道你们回来就行了，你们可以走了！"

班超二人悻悻而去。

返京前，两人还以为圣上要听他们在西域如何瓦解匈奴联盟，如何犒赏，如今看来，都已是镜中花、水中月了。

出了太尉府，班超向耿恭道别，道多年没有回家，正要回家看看，耿恭也说想念家母。

两人分手之后，班超直奔城南书巷，因在城中，他不敢纵马狂奔，只得下马步行。两年没有回家，书巷依旧，灰色的墙砖，长满青苔的石板路，勾起了他对往日的回忆。就在从军前，班母还为他相了一门亲，他还记得那个女子名叫如霈，如果不是那次失火，他和如霈早已经成家，可惜往事如烟，如霈已经嫁作他人妇。

越往前走，班超越是激动，他太想见到母亲大人了。忽地，一人叫住了他。

"仲升！"

班超回头，看到是从前的好友黄询！

"致知！"

两人抱在了一处。

"何时回来的？"

"刚到家门口！"

"伯母想死你了，听说你要回京，早就把床给你铺好了！"

两人一路牵手，进了班家院子。时班母正在纺线，见班超回家，丢下线团，为班超盛饭。班超看到妹妹班昭也在家中，甚为高兴，问："昭妹何时来的洛阳？"

班昭道："年初来的，你常年不在家，我为母亲尽孝！"

班母擦拭眼泪，道："来了就好，这回齐全了！"

班超放下碗筷，跪在地上，道："母亲，孩儿不孝！"

班母道："你这是为何？"

班超道："儿子在外从军，娶了媳妇，没有来得及向您禀告，请母亲恕罪！"

班母将班超扶起，笑道："此事我已知晓，母亲不是顽固之人！我听说那鸲鹆山也是好汉，将汉军迎进了山中，可惜遇到了来俊那个小人！"

"母亲，您都知道了！我还有一事要告诉您，望秋刚刚在洛阳北的练马场生了一个儿子！"

"真的，这真是天大的喜讯！"班母乍闻此事，惊喜之情溢于言表，"快把人接回来，我要看看我的小孙孙，不，不，大人还在坐月子，我明天自己跑一趟！"

晚上，班固回到家中，三五杯酒后，两人便说了朝中的事。家人相聚，初时，饭桌上还有几人，半个时辰后，桌子边只剩下了两人。

"仲升，我知道你志大，但是朝中的事你不懂！你此次出征，夺取了黄龙岭，智退于阗国，瓦解了北虏联军，解除了北方之患，但是你不过一走卒，你无官阶品秩，又非校尉将军，有功也记不到你头上。再者你在陇西时，谎称汉使，朝中正有人弹劾你矫诏欺君之罪！"

"我也是为了智退于阗军！"

"话虽如此，但没有圣旨，此举正是授人以柄！后汉开国四十载，朝廷王公将相除刘姓外，皆为耿、邓、窦、马、吴等开国将领后人，你如此行事，朝中自然有人不喜。"

"圣上知我回京吗？"

"太尉府的文书明日即递交皇宫，叫圣上御览，所以圣上明日知晓。"

"圣上是否会见我？"

"依我看，圣上不会见你，朝中诸将多如牛毛，那回京复命之说也不过是让你回到洛阳，至于你的所作所为，早有人在奏折中写得一清二楚！"

"对了，昭妹怎到了洛阳，她夫婿何在？"

班固自饮了一杯酒，道："昭妹命苦，嫁的那个丈夫短命，已经于年前病故了！"

班超甚为吃惊："怎还有这种事？"

"昭妹是个痴情人，扶风不能住了，就到了洛阳。昭妹才华横溢，文笔在我之上，我准备将她荐给皇后，教授公主诗文！"

"真是好主意，昭妹才情卓著，父亲常夸赞她文清笔正，乃大文豪！"

第二十九章

风闻天下仲升又品茶　围三缺一大破淮阳城

次日，班母请来了一辆马车，准备将望秋接回洛阳，待见了望秋，才发现她身体虚弱，不堪车马劳顿，遂罢了心愿。

班超重住练马场，营中的薛五、沈祥甚为高兴。

沈祥问："此次你出征河套，立了大功，皇上总要封赏你一个校尉吧！早知道如此，我就随你一起出河套，咱们兄弟一起建功！"

班超叹了口气："此事还不知道有何定论呢？"

沈祥道："还能有什么定论？封赏有加啊！"

班超道："且不说此事了，我走了以后，发生了不少事吧？"

沈祥道："嗯，流丹与饶锦文新婚当日，欲杀锦文，后不忍下手。离开黄龙岭后，流丹被匈奴人截获，流丹受辱后自杀而亡！"

薛五道："此事过后，饶锦文就失踪了，我也不知道他去了哪里，估计是一时间，难以接受！"

班超道："我那边也不好，孔祥广醉酒后大闹军营，后被鄯善人劫了去，现在鄯善军都退了，我却连孔祥广在哪里都不知道！"

"不会被鄯善公主看上了吧？"

"他哪有这好命！"班超叹着气，看到薛五正在洗尿布，甚为好奇，问，"薛五，这活怎么能让你干，等会儿留着我洗！"

薛五嘿嘿一笑："我先练练手，以后我和蓝云有孩子了，就不会紧张了！"

　　薛五话刚说完，就见身后出现了一个怒气冲冲的身影："薛五，谁和你有孩子，你不要胡说八道！"薛五又是嘿嘿一笑，两只蒲扇般大的手用力搓洗着盆子里的尿布。

　　"薛五，你轻点，当心搓坏了！"

　　半个月后，望秋养好了身子，从练马场搬回了洛阳城。练马场的将士十分不舍，但是班超知道练马场不是久留之地。

　　望秋命蓝云在书巷买了一处宅院，距离班母所住的院子相隔不过三十丈远。

　　之所以另置一处宅院是因为班超所住的房子太小，现在班昭也住进了洛阳，使得原本狭小的房子拥挤不堪。班超已经成家立业，应该有自己的宅院，望秋同行的几个姐妹没有去处，也需要住所。

　　班母听说以后，将买房的钱给了望秋，望秋坚持不要，班母口中嘟囔："你这钱来路不明，用了不踏实！"说罢，将钱放在了望秋床头。班母离开，望秋哭成了泪人，任班超如何安抚，也不奏效。班超将事情告知班母，班母自言自语："能哭则知羞，知羞则懂廉耻！"遂炖了一只老母鸡，端给望秋，从此婆媳关系日渐和睦。

　　望秋住进洛阳后，班超初时月余回家一次，后半月一次，乃至日日住在家中，无人约束。班超心中疑惑，只道越骑营已将其除名。班超查名册，每月薪俸例钱仍在。越骑营将士见班超日日不在军营，只道是军务废弛，军纪涣散，无人管制，遂有迟到早退者，都处以笞杖。

　　既然不用到营中签到，班超每日便抱着儿子到风闻天下听书。班超已经给儿子起了名字，名叫班雄。班超不喜欢带孩子，望秋对班雄似也没有寻常母亲那样慈爱，孩子哭时，望秋手足无措，只得将班超叫来。"雄儿又哭了，该当如何？"班超便会将班雄抱过来。班超若不在，望秋会冲孩子大喊，结果孩子哭得更凶了。蓝云等几位姑娘倒是经常抱班雄，不过几位姑娘都没有生育过孩子，照顾不了太久。望秋生出一计，她时常把几位姐妹叫入房中，对着不会说话的班雄说："雄儿，快让姑姑抱抱！"几位姑娘便轮着带。班雄好动，饿的时候，喜扒姑娘的衣服，姑娘们害羞，日子久了，大家就都怕见到望秋。

　　班超曾经劝说望秋再生一个孩子，但是望秋死活不同意。生育班雄时，望秋经历了太多的波折，差一点将命丢了，回想起在练马场分娩时那撕裂般的疼痛，她对生孩子充满了恐惧。

　　班超闲的时候，会到风闻天下坐坐。望秋不喜欢让班超出门，但是班超在家中坐得久了，脚底下像是长了毛。望秋无奈，只得许其出门，但须将孩子带上。班超很久没有到风闻天下了，怀里的班雄望着茶馆，四处张望。"看吧，你娘都把你憋成什么样子了，老爹带你出来透透气！"

风闻天下的老板一眼就认出了班超，说书的二两半也过来和班超叙话。班超从军的日子，二两半逢人便说，班超是听了他的话才投笔从戎的。许多人问班超，有没有见到匈奴人，杀了几个。班超避重就轻，道自己确实见到了匈奴人，还杀了不少。那些人又追问，是否封侯，班超大笑："娶了老婆，生了娃崽，每天像猴子一般，可不就是猴吗？"茶馆人大笑，有人道："你的军投得值了，讨了老婆，生了娃，什么都不耽误。"

这日班超又到风闻天下喝茶，他寻了一处靠窗的座，几位熟客与他打过招呼，小二上前说道："班公，楼上雅间有位客人请你过去叙话！"班超问："敢问贵客是何人？"小二摇头，表示不知，只道那人衣着华贵，不似寻常人家。

班超抱着孩子，上了楼。门口早已有人恭候，侍者见班超来了，连忙躬身相迎。

"班公到了，里面请！"

侍者为班超推开门，班超跨过门槛，进入房间，见房间内坐着一人，这人身穿绸衣，腰束玉带，果真是气宇轩昂。班超凝神，见桌前坐着那人竟是淮阳王太子刘鲂。刘鲂的身后站着一干属下，其中就有在练马场三掌击断树干的"三掌将军"。

"拜见太子！"

刘鲂见班超进来，拱手道："仲升来了，快请坐！"

"不知太子叫在下有何事？"

"都是老朋友了，叫你上来，一起叙叙旧，说些话！"

"多谢太子抬爱，班超不敢当！"

"你在北疆立下战功，本宫都听说了，对此，本宫已将此事报知父王，让父王为你请功。"

"有劳淮阳王费心，班超一介武夫，不值大王如此劳心费力！"

"话不能这么说，本宫一向欣赏仲升的才干与志向。只是朝廷制度多，人事复杂，又有奸人作梗，纵然有才也难以施展，有志也难以得偿所愿。据我所知，此次北征，仲升劳苦功高，但是朝廷至今没有对你奖赏，这是何等不公？本宫想请仲升到淮阳王府效力，不知道仲升意下如何？"

班超道："多谢太子殿下，班超北征归来，已无志向，如今有了孩子，只想每日抱着犬子，赋闲于街头，听书喝茶于廊下，唯此而已！"

刘鲂再三劝说，班超不为所动，刘鲂命人取出百锭黄金，送与班超，被班超婉言谢绝。

班超离开风闻天下，不敢回家，向姚钱树借了一匹快马，径直往练马场去了。到了练马场，班超见到了沈祥，班超将风闻天下的事情说与沈祥。沈祥道，连日来，刘鲂多次秘密拜访越骑营的将士，不光是越骑营、长水营、射声营、屯骑营等，刘鲂都多有走动。

班超见营门口远处有人，疑心是跟踪自己的线人，对沈祥道："这回连家都回不去了！"

沈祥道："我去将他抓回来。"说罢，骑上一匹快马，快如闪电疾如风，三五快步就到了那人跟前，那人尚未回神，便被沈祥抓在马背上。

沈祥将那人投掷在营门大院中。

"说，谁派你来的？"

"我……我，没人派我来，我就是随便走走！"

沈祥狠狠地抽了几鞭，那人犹不肯说，沈祥命人将其绑在练马场的大树上，那人缄口不言。

班超向沈祥辞别，另选了一条道，天将黑时才回到城中。班超进了城中，选了巷子，见身后没人跟踪，这才进了家门。

"怎么这么晚才回来？"

"没什么，去了一趟练马场！"

"快把雄儿给我，该饿坏了！"

"给他喝了些粥，在我怀里睡着了！"

班超将班雄交给望秋，自己从小门出去。

"怎么又出去？"

"我去看看母亲。"

"又嫌我做饭不好吃！"

班超来到班固家中，向班母问安，班母一家正在吃饭，见班超来了，给班超让座。班超自幼就吃母亲做的饭，自然比望秋做得更合胃口。他也不谦让，自己寻个位置，坐了下来。

班昭笑道："二哥是被嫂子撵出来了？"

班超道："二哥怎会被嫂子撵出来？二哥是想来看看母亲和妹妹！"

班昭道："既是来看母亲，白日怎寻不见你？偏到了吃饭的工夫，你就来了！还有就是你只顾着自己，把嫂子和我侄子扔在家里，一点都没有丈夫的样子。"

班超将碗筷放在桌子上，道："我不吃了，好吧！"

桌边的众人大笑。

班超问："大哥怎还没有回来？"

班昭道："我说怎样，还说来看我们，原来是来找校书郎的！"

正说着，班固进了门。

"仲升来了啊！"

班超起身，将班固拦在了院中。

"大哥，近来朝中可有异动？"

"你所指何事？"

"地方藩王！"

"你是说淮阳王刘延吗？"

"正是！"

班固将班超拉至卧房，将房门紧闭，问班超："你可是听到何消息了？"

班超道："今日刘延之子刘鲂在风闻天下找到了我，欲以利诱之，劝我到淮阳王府效命！"说罢，将风闻天下发生的事说与班固。

班固大惊，道："仲升切莫应他，依我看，那淮阳王有造反之象！"

"何以见得？"

"你想，那刘鲂身为淮阳国太子，没有圣上诏命，不在淮阳就国，跑到洛阳来做什么？听说淮阳王府的谢弇与韩光更是四处招募奸猾，其心为何？"

"这淮阳王为何要造反？"

"淮阳王是先帝与被废郭皇后之第四子，建武十七年，郭皇后被废，刘延从嫡子变为庶子，建武十九年，太子刘疆被废，改封为东海王，刘延由此心怀怨恨，也是可能的！"

"东海王自请退位，留下美名。刘延却行事严酷。他造反与先帝废后有何关系？"

"你小心在意就是，依我看，那淮阳王嚣张不了几日！"

两人叙话毕，回到堂屋。

刘鲂收买北军将校之事越来越公开，初时，只有少数将领收到刘鲂的金银，半月后，北军军侯以上的军官皆被刘鲂拜见。消息传到皇宫，明帝大怒，命人缉捕淮阳国在京人员，严加拷问。

谢弇、韩光等皆被抓，廷尉将其关押至天牢，对其讯问。谢弇供述，刘延命人于淮阳王宫殿西北井中埋下谶书，谶书预示：天时将变，新君将立，并请来巫师，诅咒明帝，早日驾崩。

刘鲂得悉韩光二人被抓，与公孙通连夜逃回淮阳。

因韩光是馆陶公主的夫婿，馆陶公主到未央宫哭诉，但终未换回韩光的性命。与谢弇一道被赐死在天牢内。

明帝命使臣召刘延携子回京领罪，不想使臣尚未入淮阳国，京外的奏报就到了洛阳，淮阳国造反了。

明帝震怒，命司隶校尉率领河内郡、河东郡将士平叛，不想两郡将士兵不足千，又无实战经验，不足克城。因淮阳国在洛阳东南四百里，明帝又调北军五校，但北军多为骑兵，不善攻城，明帝又命窦固为奉车都尉，节制各路军队。窦固命大军将淮阳城团团围住，城内士兵进出不得。

大军围城一月，因淮阳城被加高加固，城内粮草充足，攻城将士死亡数千，城未破。明帝亲自来到淮阳城，见攻城将士屡屡败退，怒道："尔等收了淮阳王多少好处？竟不用命！"

窦固道："陛下，攻万人之城需六万精兵，淮阳城粮草充足，又居高临下，我军一时难以攻克，也在情理之中，不如围城半年，待城中粮草枯竭，守城士兵自然投降！"

明帝冷冷道："驸马真是好耐性，回到洛阳，朕让史官在青石丹书上为驸马写下如下历史：永平十一年，淮阳国叛乱，驸马窦固围城半年，城内粮尽水竭，窦将军不战而胜！"

窦固面上一红，忙道："臣下十日之内，必破淮阳城！"

"十日？"

窦固脸上满是汗水，道："五日！"

明帝道："朕限你三日之内攻破淮阳城，若城不破，你也不用来见朕了！"

窦固不敢擦汗，只得硬着头皮说是。

明帝道："朕在未央宫等你的好消息！"说罢，驾车返京。

送走明帝，窦固额头豆大的汗珠滚落，一旁的沈祥问："驸马爷，这没到夏天呢，您怎热成这般？莫不是病了？"

窦固道："我快病死了！班超呢？越骑营的班超呢？"

沈祥道："回驸马爷，您忘了，班超回京复命以后，像丢了魂一样，没着没落的，眼下没有职务，不在您身边效力！"

窦固道："都什么时候了，还当没事人一样，赶快让他回来，这都火烧眉毛了！"

其实班超正在营中。越骑营拔营的时候，清点名册，班超正在营门口。这是军国大事，他不敢怠慢。和越骑营的其他人一样，班超一轮轮地冲锋，又一轮轮地退下来，他已经意识到这样的攻城方法不对，正准备向窦固献策。

沈祥找到了班超："恭喜仲升，你又有立功的机会了！"

班超问："此话怎讲？"

"奉车都尉叫你过去！"

"窦驸马？"

"正是！"

班超被沈祥领到中军大帐前，窦固正在帐中与诸将开会，商议破敌之计。帐前的卫士拦住了班超二人，问："驸马爷正在帐中开会，讨论军国要务，你二人有何贵干？"

沈祥道："这是班超，驸马请来的军师，你敢拦他？"

"皇上都没有办法，就他能破敌？"

"你白长了一双眼睛，我看挖掉算了！"

"哎，你怎么骂人？"

说着，两人吵了起来，声音越来越大。

"帐外何人争吵？"

"回驸马，我将班超带来了，值守的士兵不让他进来！"

窦固听闻班超到了，连忙迎出帐外："仲升，真是好久不见！"说罢，挽住班超的手，走进帐中。帐中是北军五校及周边诸郡的各个将领，有的人见过班超，有的人只闻其名。窦固将明帝的命令说了，问班超有何良策。

班超道："朝廷大军围淮阳城月余而不破，一方面是因为淮阳城高墙厚，兵精粮足，另一方面是城内的将士抱着必死之心，是以难以攻破！"

一将士问："淮阳王残暴，其属下多不守法，我军再三声明，投降者免死，为何将士还抱有必死之心？"

班超道："淮阳王伪造诏书，言朝廷破城之日屠城，城内的将士信以为真，故而抱着必死之心。被围者最大的愿望就是逃出围城，一旦有机会，必奋不顾身！"

窦固恍然道："仲升的意思是，让出一阙，让城内的士兵看到逃跑的希望！"

"正是，如此一来，城内的守军必争相出城，是时城内空虚，则城可破也。"

窦固起身道："传我将令，命淮阳城南部大军调至西门，只留三百老弱，调东门大军往北门，调北门大军往南门十里外的五花岗设伏！"

将令一出，淮阳城外旌旗闪动，各部变换位置，城上的守将见了，以为朝廷又要攻城，甚为紧张，各个张弓搭弦，做好了战斗准备。不想大军换防后，各营门屯兵的将士换了，却没有攻城的意思。而且守城的将士细心地发现淮阳城南只有三百老弱，一时间激动无比。

朝廷的换防引起了所有淮阳城将士的注意，城中的中下层军官密谋，趁夜从南门逃出淮阳城，冲出包围圈。眼下城内粮草无多，孤城无援，破城是早晚的事。这几乎形成了共识，没有命令，也没有人组织，以屯伍为单位的将士吃完晚饭，全部来到了南门。

"吱吱"！

城门被打开，成群结队的士兵从南门出来，站在南门外树林的窦固见此，露出了笑容。逃兵蜂拥而出，随即溃散，有人丢了旗子，有人扔掉了兵器，有人为了跑得快，干脆丢掉了盔甲。

城门口，刘鲂领着公孙通拦截逃兵。

"不许走，出逃者，杀之！"

公孙通斩杀身边的逃兵，但他们已经拦不住洪水一样的逃兵，刘鲂还要拦截，一名士兵挥刀斩断了刘鲂坐骑的马腿，刘鲂摔落马下。

半个时辰后，城中再无士兵走出，窦固命伏兵将逃兵抓回，自己带着大军，进了城中。

窦固在淮阳王府抓到了刘延及其家眷，刘鲂亦在其中，只是公孙通勇武，合众人之力，都未将其擒得，被其逃脱。

明帝的车驾尚未到洛阳，窦固的捷报便到了。

明帝大喜，命人将淮阳王押解至京，并将其投放天牢。

大军还回洛阳，明帝犒赏北军及两郡兵马。

朝堂上，明帝问窦固使用何计，得以平定淮阳王叛乱。窦固据实而奏："实乃班超之功也！"当下，窦固将班超如何献计、如何部署说与明帝。

明帝大笑，道："窦固与朕说，淮阳城不可强攻，今日所见，果然！今日起，窦固任执金吾。"窦固跪谢皇恩。明帝又问："班超来了吗？"窦固道："臣下已命其在殿外等候！"

"传！"

太监高喊一声："传班超觐见！"

班超理正衣帽，进入殿堂，向明帝跪拜："微臣班超参见陛下，吾皇万岁万岁万万岁！"

"平身。"明帝道。班超起身，明帝继续道："班超，朕记得第一次见到你时，你还在为兄申冤！"班超道："陛下真是好记性，那时我兄长蒙冤被抓，幸得圣上明察秋毫，救了我兄长！"

明帝道："你父亲班彪一代文豪，你兄长更是朝廷文臣之楷模、朝廷之刀笔，听说你投笔从戎，申明志向，可有此事？"

班超道："正是如此，班家世代书香，但班超志在疆场，欲效仿张骞，出使西域！"

明帝哈哈一笑，道："仲升之志，令人钦佩，朕若不做皇帝，也当像你一样，只可惜了你的文墨之才！执金吾刚在朝廷夸你有才德，你既在北疆立有战功，又帮助执金吾平定淮阳王，正所谓有功必赏，封你做城门左校尉，你看如何？"

"多谢陛下，班超愿为朝廷肝脑涂地！"

"既是如此，好好当差！"

第三十章
边烽又起明帝欲兴兵　大军出征汉军分四路

班超从未央宫退去，窦固迎上来，道："仲升，以你之才，做个卫尉都绰绰有余，只是一口吃不成胖子，莫要灰心。"

班超笑道："总胜过赋闲在家！"

窦固道："皇上并非不看重你，相反，皇上是在有意栽培你！"

班超不解，道："这是何意？"

窦固道："眼下朝廷正在休养，朝廷有一帮大臣，贯彻清静无为的边境策略。若主战的将领都在边疆，势必引发朝野动乱，每日争吵不休，将我等调回洛阳，既保住一干将领，又免于口水之战！"

班超对窦固深深一揖，窦固笑而受礼。

自北匈奴联军南犯失败，优留颇不甘心，时常派大军侵扰汉境。永平十四年冬，明帝接到奏报，言北匈奴攻陷渔阳、云中二郡，劫掠民夫、牛羊无数。明帝甚为震怒，口中咳嗽不止，不想竟重病不起，太医多次诊察，未明病因。

明帝召窦固、耿秉入寝宫，明帝躺在床上，命窦固二人坐下，侧身道："为君者，应当爱惜民力，不应增派劳役、赋税，以求百年之后，青史丹书留名，后人称誉。但做皇帝太难了，自高祖皇帝以来，大汉一直面临边患，北匈奴滋扰不休，若兴兵北伐，损耗国力，民怨沸腾，则使国家陷入西汉武帝末年之境地。若放任边患，任其发展，则边民永无宁日。为人君者，都以为自己能成为明君、圣君，但守成者众，成功业者寡。朕已入不惑之年，往日无多，不求功业，但求后世无唾骂也！"

耿秉、窦固惶恐，耿秉道："圣上乃真龙，岁享永年，一定千秋万福！"

窦固道："陛下治国有方，勤政爱民，再创中兴盛世，正是千秋之功业！"

明帝急咳，半晌道："你二人怎似酸儒文臣？净说些溜须拍马之词！我收到雁门太守郑众的奏报，皋林扬言，要再破雁门关，杀入阴馆城。"

窦固、耿秉二人对视，片刻明了，耿秉直言道："陛下，北匈奴滋扰边境，控制西域诸国，阻碍东西交通，臣建议兴兵北伐！"

窦固道："禀陛下，北匈奴嚣张至极，如放任的毒瘤，臣也建议兴兵北伐！"

明帝长出一口气，平躺下来，道："你二人明日早朝，各拟一道奏折，朝议！"窦固、耿秉起身领命！

次日早朝，耿秉与窦固各自呈报了奏请出兵北征的奏折。"北虏猖獗，多次南犯，北虏之患似癣疾之患，眼下国力强盛，臣奏请陛下颁布诏令：招募远征军，北击匈奴，西攘诸夷，去此癣疾。"奏折上报后，朝堂哗然，好在武将均附和，明帝乃问："匈奴再次南犯，窦固、耿秉俱呈奏折，诸位爱卿有何异议？"堂下却是一片寂静。

窦固与耿秉皆为明帝的心腹爱将，多年来，二人习边事，明帝有边事疑惑不解，常召之下问。窦固、耿秉虽主张北伐，但是两人从未在朝堂上公开上奏，今日两人先后上奏，其中的奥妙不言自明。武将自不必说，文臣似也瞧出了风向，纷纷表态。

明帝本以为朝堂会为此争吵不休，不想文臣武将一致同意征伐，局面大出明帝意料。明帝不禁从龙椅间站起来，他面露笑容，从龙案拿起一道竹简，道："这是东平王昨日发来的奏折，奏请出兵北伐，被朕驳回了。今日两位爱卿在早朝奏请北伐，朕心中生有疑虑。兵者，国之大器，大汉朝历经王莽篡政，国力衰落，自先帝中兴，大汉再行休养生息之国策，轻徭薄役，与民休息。先帝，一代圣君，曾多次教导朕，为君者，应以天下苍生为计，不可妄动干戈。朕以天下苍生为念，不敢动摇先帝制定之国策！"

耿秉见明帝要否决奏折奏议，急道："陛下，国家有倒悬之危急，苍生系于一线，不可犹豫。陛下出兵，非好战！今外夷南侵，如不北征，则苍生难安，天下难定，纵有太平盛世，亦有亡国之危机，是故，兵者，生死存亡之道也！"

明帝问窦固，窦固道："我大汉世代尚农，为农；匈奴世代好战，尚武，好肉，为狼。狼性凶残，频入农户圈中偷猎鸡鸭。农户心善，不忍杀之，将其驱走。狼去，引狼群复回。农户无力驱狼，鸡鸭被狼群咬死殆尽。是以仁慈未必降伏教化，治猛兽不可以仁德！"

窦固奏毕，群臣附议。

明帝大悦，道："既是如此，窦固与耿秉各拟一道方略。"

窦固道："回陛下，窦固已于昨夜写了一道方略！"

明帝甚为高兴，他一扫病态，道："爱卿念来！"

窦固道："我大军可分两路，一路向西，攻打北虏呼衍王部，继而出河西，灭车师、疏勒；一路从雁门、云中北上，灭北部匈奴王庭。两路大军同时出击，由陛下各选一位主帅。"

耿秉道："陛下，臣也写了一道方略，臣的方略也是分两路，一路为汉军，一路为匈奴军，我大汉军西出河西走廊，匈奴军则征北虏。"

大汉开国四十六载，开国名将俱归尘土，朝中武将多为功臣子嗣，而诸位青年才俊，又以窦固、耿秉尤为出色。窦固、耿秉上奏方略，无人与之反驳，只明帝有疑问："南部匈奴兵不过六万，何以征伐北虏？再者数年前，南部匈奴曾有人与北虏交通，如征伐不成，两部一统，则后患无穷！"

耿秉道："匈奴交通是假，交恶是真，数年前，须卜派人遣书信致优留，有意被汉军拦截之，引朝野震动。陛下置度辽将军，增调黎阳营甲士万人，隔绝南北。优留请求互市不成，趁势纠集大军南侵，南部匈奴一度有覆灭之险。后班超离间联军，联军撤退，南部匈奴自此对北虏势成水火。至于兵弱将寡，陛下可遣吴棠与之相助，可监其军，可助其平虏！"

明帝大悦，道："爱卿对匈奴真是了如指掌，只是南匈奴如何肯出兵？"

耿秉道："南匈奴与北虏乃世仇，早想与北虏决战，可派使节与之联络。"

明帝问："何人可为使？"

窦固道："班超与奠鞬日逐王师子感情交厚，回京时，师子亲自相送，班超可为使！"

明帝喜道："甚妙，传旨，命班超即刻到西河美稷！"

河套的清晨，冰封的河面在太阳的照耀下闪出熠熠光辉，枯草下是被风吹过的沙粒，凛冽的寒风吹拂着牧民的帐篷。太阳初升的地面线，两人骑着快马往营地疾驰，戍卫的南匈奴士兵拦住来人，被拦的显是汉人装扮，却说了一口流利的匈奴语，匈奴士兵与之说了数句，来人随即进了大营。片刻后，两列整齐的士兵列成仪仗，营中走出一人，那人挽住来人的胳膊，大步走进了营帐。

"来人，上马奶酒，仲升，真是没想到在这个时候见到了你，我们已经好几年没有见面了！"

来人亦是大笑："是啊，班超思念日逐王，是以不避寒苦，千里而来！"

"你们汉人有这么多烦琐的事情要做，怎么冒着寒冬来到河套草原看我？"

"正是因为寒冬，农户不种田，猎人不狩猎，商人不行舟船，我才能来看望日逐王！"

"哈哈，如果黄河对岸没有北虏虎视，我就相信你了！"

"日逐王的眼睛就像是草原上雄鹰的眼睛，无论树多高，总能看到隐藏在草丛下的猎物。我此行是告诉日逐王，皇上决意要征伐北虏了！"

"真是太好了，我这就报给大单于，请大单于与汉军一起动手！"

"陛下正是此意！"

洛阳的未央宫，宫廷的太监及宫人正在打扫庭院。

"快点，打扫干净了，今天皇上有客人！"一个下巴尖溜溜的男人扯着细嗓在宫中指挥打扫。

这日是皇帝接见薁鞮日逐王的日子。

奉单于长的命令，薁鞮日逐王随班超到洛阳商议战事。

明帝在未央宫见到了师子。

师子单膝跪地，右手护胸，道："大匈奴虚连题师子拜见大汉皇帝，大汉皇帝是大匈奴的太阳，师子祝愿大汉皇帝一直照耀着大匈奴！"

"爱卿平身！"明帝没有想到单于派来的将领如此年轻，他对师子的英勇有所耳闻。

朝廷上，一番礼节过后，明帝问起了匈奴对北虏的态度，师子胸有成竹，他对明帝表达了单于长的诚意，表示愿意出兵。

明帝甚为高兴，安排师子住在未央宫，师子不愿住在未央宫，说想在洛阳多走走，明帝准奏。师子离开宫门，班超领师子到风闻天下喝茶，又到开阳门外赏柳，到练马场遛马，与薛五比武。

雁门关上，郑众正在巡查边防，忽地北方的平地上出现了大股的骑兵，黑压压一片，难以望到尽头。

"太守大人，是匈奴骑兵！"

"弓箭手准备！"

一排弓箭手将弓拉满，另一排弓箭手在后排做准备。

匈奴大军越发靠近，距离雁门关仅有一箭之遥。

"是郑公吧？你本是文臣，怎做起了武将？快将关门打开，放我进去！"

郑众见说话之人是皋林，遂警惕，道："犊王为何又来犯境？我劝你速速离去，以免尔部再遭涂炭！"

皋林哈哈大笑："你无非是占了雁门关地险的便宜，真刀真枪，我匈奴勇士怎会惧你？我劝你老老实实打开城门，否则进关之日，我将屠尽吕梁山民！"

郑众一声冷笑："凭你一句话，我就会放你进来吗？"

皋林道："我也没有指望你会开关，我听说大汉的皇帝正在整军备战，但是大匈奴在草原生活了几百年，是打不垮的，今天我就向大汉皇帝表达必战的决心！来啊！"

皋林话毕，匈奴人从大军之中赶出一群人，这群人尽是汉人装扮，手与手被绳子绑缚，有百人之众。一队骑兵从一侧走出，用绳子缚住汉人的手臂，然后骑上马，快马疾驰。被缚住的汉人在地上被骑兵拖拽，痛苦哀号，不一会儿，雁门关前的山石便被染成了红色。

半年前，郑众已经命令长城以北的汉人内迁，不得在关外种地、游牧，不知道皋林从何处抓来的汉人，只听皋林说道："这些汉人是匈奴勇士的俘虏，不知道郑大人想不想救，不救的话，他们可就死了！"

郑众及一干将士看在眼中，痛在心里，将士请命，打开关门，与匈奴兵决战，但郑众不肯决断，并下出严令，命令诸军不得私自迎敌，擅自出战者，斩！

关下的皋林见城上的汉军痛得咬牙切齿，甚为得意，命令匈奴兵斩杀未死的汉人，并传令：匈奴兵每半月来此"遛马"一次！

就在朝廷准备出征之时，呼衍王部攻破了酒泉城。

边塞的战事不断传到洛阳，朝野震动，文武大臣献计献策。

朝堂上，明帝拿出边关的奏报，说道："前几年，于阗国从陇西撤军，于阗大军一路烧杀抢掠，把呼衍王部抢了。这本是好事，结果呼衍王没了牛羊，又纠集大军，攻破酒泉。酒泉郡地处偏远，大汉朝鞭长莫及，西域诸国饱受欺凌，苦不堪言！诸位爱卿，出征的事，你们商量得怎么样了？该动身了！"

窦固上奏："启禀圣上，臣与诸位武将商议，还是分两路，一路西出酒泉，瓦解呼衍王部；一路北过黄河，寻找北虏王庭，将其消灭！将领方面，臣不敢自专，请圣上定夺！"

明帝道："两路大军不行吧？大汉多年没有对外征战，青年将领没有威信，大权交给两个人，万一指挥失策，岂不是误国？"

"陛下的意思是？"

"依我看，河西分两路，一路由你窦固指挥，调河西酒泉、张掖、敦煌三郡及卢水胡骑兵马，一路由耿秉指挥，调陇西、武威、天水及羌胡兵马，两军夹击呼衍王部；黄河以北分两路，一路由吴棠指挥，所部为度辽营和南部匈奴军，一路由骑都尉来苗指挥，调太原一带诸军兵马，左右夹击！"

耿秉问："陛下，出征四名将领是否设将军？"

明帝道："不设将军，未建功勋，何以立威？无威何以为将？朕效仿前汉武帝，先让你们打一仗，打出一个将军！"

朝廷的明旨很快草拟、下达，师子在洛阳玩耍了三月，带着圣旨回了西河。班超发现，朝廷下发的圣旨里并没有自己的名字，不光没有自己，北军五校一兵一卒也没有调动。班超找到窦固，请窦固将其调往出征大军，窦固知道班超来意，甚为难，他道："大军出征，此为朝廷生死存亡之时，洛阳乃京畿重地，卫尉所管辖的皇城卫士、北军禁兵皆保卫圣上之亲兵，没有陛下圣旨，概不得调动，违者以叛逆论处！"

班超道："我只是城门左校尉，陛下只需另外任命一人即可。我志在疆场，还请驸马为我通融！"

窦固甚为感佩，道："你我同是扶风郡人，又都忠于君事，明日我奏与陛下，为你请命！"班超谢过窦固。

次日，窦固果为班超求情，明帝对班超印象颇深，道："班超是有志之人，如此忠于朝廷，实属难得！"由是准奏！因越骑营、长水营不少将士到过塞外，窦固又奏请从越骑营、长水营选拔一些懂匈奴语之人，以充实军中人才，再由死难的将士中抽调独子、遗孤充实北军。大军出征期间，北军可增加编制，抽调司隶校尉所属勇士到洛阳，加强洛阳军备，明帝亦准奏。

窦固得此军令，从越骑营、长水营抽调能征善战勇士百人，其中就有薛五、沈祥、饶锦文等人。

班超与赵森到越骑营探望沈祥，沈祥告知班超，自回到洛阳，不知饶锦文下落，而薛五则不肯离开洛阳。班超问："为何？"沈祥道，薛五说蓝云在哪里，他就在哪里。班超扑哧一笑，去寻薛五，见薛五在劈柴，班超从后面猛踹其屁股一脚。

薛五被踹，不仅没倒，还将班超弹了回来。薛五回头一笑："嘿嘿，我看着你，防着你呢！"

班超问："你看到我了，为何还不与我说话？"

薛五道："我怕你叫我出征？"

班超问："你为何不肯去出征？"

薛五道："蓝云在哪儿，俺在哪儿！"

班超又踹了薛五一脚："你还是个情种！"

薛五急道："那也是跟你学的！"

班超骗薛五道："蓝云说了，你要是不去出征，就不算好男人。蓝云最瞧不起怂包，你是不是想当怂包？"

薛五道："我不做怂包，但蓝云不去，我也不去！"

班超气道："蓝云不喜欢你，她喜欢的是沈祥。"说罢，转身走了。

出征那天，饶锦文突然回来了，他骑着白马，穿着灰色长衣，长发束起，看起来一如从前，唯独胡须有些凌乱。饶锦文向耿秉请罪，耿秉道："国家有难，你知道回来，就是壮士，上马！"

望秋到洛阳外送班超，蓝云也来了，蓝云的脸更加丰盈了，薛五看得一片痴迷。

薛五是被迫出征的，他对蓝云挥舞手臂："云云，我还会回来的，你等着我！"

蓝云没有理会薛五，向背对她的沈祥挥舞手臂，心里默念："我等你回来！"

班超出征前，以为自己会再次随军北征，与雁门的皋林部相抗，不想大军一路向西，一直跨过陇西，穿过河西走廊，来到了酒泉。窦固到达酒泉，立即命令士兵，将城墙加高两丈二。

"诸位兄弟，酒泉城墙是我们的院墙，酒泉的城门是我们的大门，能否睡得安稳，就靠这堵墙了！"大军加固城池时，窦固一直担心匈奴人突然来袭，但是直到城防加固完毕，也未见一个匈奴兵。

"诸位，匈奴人一直在窥测我军的举动，眼下我们要寻找战机，不可轻举妄动！"

"窦大人，是不是匈奴人见大军到了，远遁漠北，逃之夭夭了？"

汉军从最初的紧张变为松懈，从松懈变为急躁，从急躁变为焦虑，本以为大军到了酒泉，不可一世的匈奴兵会与汉军决战，但是进入酒泉半年，汉军连匈奴兵的小股骚扰都没有见到。

窦固问副将耿忠："哨骑报与我，周遭皆无匈奴人，酒泉之前传出的奏报都是真的吗？"

耿忠是大将军耿弇的儿子，他也不知道为何如此，道："雁门传来的消息，近来雁门以北的匈奴兵突然杳无踪迹，就像是人间蒸发了一样。"

窦固这才明白，一直像老虎一样的匈奴人在内心还是害怕汉朝的，他们早已被一百多年前的汉军铁骑吓坏了。

"将班超叫来，让他出酒泉，寻找呼衍王部主力！"

如果不是窦固给班超安排新任务，班超会觉得自己已经成了泥瓦匠，趁着窦固加固酒泉城防，班超也绘了图纸。

班超见到了窦固。

窦固道："眼下四路大军屯兵半年，粮草靡费，至今没有一战！"

班超道："昔日霍去病攻打匈奴，没有携带给养，一直打到狼居胥山，奉行的是以战养战，今日我们大军坐守空城，以待来敌，自然是粮草靡费。"

窦固道："永平九年，你入吕梁山，进黄龙岭山穴，瓦解匪寇，终抱得美人归。永平十年，北虏裹挟联军围困南部匈奴，你深入敌境，破坏了联军，解除了北部危机。眼下敌人踪迹难觅，大军半年未动，你可愿出酒泉？"

班超道："班超愿意深入腹地，为大人寻找匈奴主力！"

第三十一章

落入敌手老汉助逃脱　查明身份原是赵向西

　　茫茫的荒漠和戈壁，四处是飞舞的沙粒和干枯的野草，班超与赵森、薛五绕过祁连山，沿着水草，往北走去。越往北走，越是荒漠，被风侵蚀过的红土形成了形态各异的土丘。

　　这次的哨骑派出了十路，要求务必找到呼衍王主力，但只有两路在认真寻找，一路是班超三人，另一路是耿恭带领的三人。耿恭的手下是沈祥和饶锦文，饶锦文不说话，沈祥也不说话，耿恭一个人在马背上自言自语，忽而调侃班超，忽而调侃匈奴人。

　　另外八路多为酒泉本地将士，这些人在酒泉生活十余年，知道关外到处是游弋的匈奴兵，平日不敢出关。听说踏进沙漠的人多陷入迷途，再也难以回来，哨骑们吓得两腿发抖，他们暗自盘算，只在山脚走动，不往沙漠戈壁去寻，即便是夜里，也不生火，所带的干粮吃完，便回城中。

　　班超三人在荒漠中走了半个月，沿途打听匈奴人之所在，因荒漠中少有人烟，且常有路人撒谎，班超一直未寻到匈奴人主力。

　　这日三人来到了一处名叫落雁淖的地方，落雁淖是一处大湖，湖边草木茂盛，灌木叠错。三人寻到湖边，心情甚好，欲下水捕鱼，一解多日疲惫，不想刚生起火，就有三五匈奴人出现在了湖对岸，班超三人甚为惊惶，这些人何时出现的自己竟一无所知。

　　三人立即上马，准备作战，却见几名匈奴人转身钻入林子中去了，三人提刀追过去，可到了林子近前，却寻不见那几个匈奴人的踪影。三人十分失落，欲再回湖边。正在三人将去的这个时候，忽闻身后传来了人声，"呜呜咦呜呜"，班超转身，一眼望见身后的土坡上有一队匈奴人正在靠近，竟有五十人之多！

匈奴人马脖子悬挂的铃铛发出了丁零零的响声，赵森问班超："该如何是好？"

"莫惊慌！"班超道，"进了敌营，就能探出军情了。"

匈奴人将班超三人围了起来，奔走的坐骑像是陀螺一样围着三人，一名年轻头目用匈奴语喊道："你们是什么人？来落雁淖做什么？"

班超用匈奴话回答："我们是附近的牧民，牛羊被狼群追散了，我们在寻羊！"

"你们这些狡猾的汉人！"

班超三人被匈奴人带走了，他们被关押在匈奴人编织的带刺笼子里，笼子空间狭窄，人坐在笼子里，稍不小心就被荆条上的长刺扎到。

"喂，你们关我干什么？"赵森喊道。

薛五小声说："赵森，你别着急，到了晚上，这些匈奴人睡着了，咱们就偷偷跑出去！"

"我担心活不到晚上！"

匈奴人抓汉人，多是让他们做奴隶，或是赶羊，或是做杂役，诸如此类。听话者，或可存活；不听话者，则鞭笞打骂，乃至杀之喂狼。班超被关押在匈奴人的营地，匈奴人已经认出了他们是汉军，是以并未将其使役劳作。

天将至黄昏，有人到笼子边巡视，班超见来人形貌魁伟，胡须粗壮，认出此人是匈奴呼衍王。于阗国袭扰呼衍王部后，呼衍王返回了营地，班超见过呼衍王，但是呼衍王并没有认出班超。

呼衍王身后站着一干人众，其中一人就是将班超带回营地的那个年轻头目，从其装扮来看，其人平平常常，与其他将军无异，但众将对其礼敬有加，班超判断此人可能是一位王公之子。

"加信，笼子里关着的汉人就是你刚刚抓回来的吗？"呼衍王问。

"是的，呼衍王！"

呼衍王走到笼子边，问："是谁派你们来刺探军情的？汉军一共有多少人？"

赵森、薛五见被识破，都不说话，班超道："呼衍王真是好眼力，我们确实是汉军，是奉车都尉窦大人派我们来的！"

呼衍王一惊，他早已猜到这三人是汉军派来的探子，却没有想到眼前的探子竟说得如此坦然，他微微一笑，道："好大的胆气，只言片语间就把主子卖了！"

班超道："非我卖主，只因小人知道，以呼衍王的睿智定能识破我等身份，小人只是识时务，不敢在呼衍王面前撒谎！"

呼衍王心中高兴，哈哈大笑："胆识过人，来人，给这位勇士上酒！"班超接过酒囊，喝下囊中酒，将酒囊扔在地上，道："多谢大王，只是汉军将要出动，小人生是汉人，死是汉鬼，呼衍王若要杀我，便请动手吧！"

呼衍王问："汉军何时出动？从何处出动？"

班超道："此为机密！"

呼衍王摇头，再三劝说，班超不为所动，呼衍王找来通汉语的匈奴人问赵森二人，赵森二人俱不肯说，呼衍王胸中沉郁，愈想从班超口中问出军情，只念在班超对他有过颂扬，不忍加刑，转身走了。

加信看到呼衍王不肯对班超用刑，转而命人将赵森、薛五用绳索缚住，悬吊于栏杆，以荆条抽之，赵森与薛五被抽后，忍痛不发声，班超于囚笼中背对着赵森、薛五二人，听到荆条鞭笞声，痛苦难当，每一笞都像是打在自己的身上。

赵森、薛五二人被打得血肉模糊，鲜血染红了干枯的草地，匈奴人拿来两囊酒，浇在赵森二人身上，两人再也忍受不住，口中发出"啊，啊"的叫喊，声音震耳欲聋，远处围观的匈奴人见了，哈哈大笑。班超站起来，想要冲出笼子，却见匈奴人张弓搭箭，瞄准了三人。班超忍住怒气，重新坐了下去。

赵森大喊："大人，不要救我们，要不我们谁也活不了！"

啪啪！匈奴人拿起鞭子，对着二人，又抽了起来。

丑时初刻，营中的匈奴人陷入熟睡，一个黑影来到班超的囚笼前。班超没有睡着，见这黑影走近，十分奇怪。那黑影和班超对视，做了一个手势，示意班超不要说话。那人掏出刀来，割开荆条，放班超从笼中出来。班超与那人一道割断吊着赵森、薛五二人的绳子，放二人下来。那人显然对匈奴的营盘极为熟悉，带着三人绕过了匈奴人的卡哨，几人骑上马，离开了呼衍王营地。

薛五嘿嘿一笑，脸上的伤疤顿时疼了起来："哎哟，我说晚上就能逃出来，这回你信了吧！"

班超转身问相救之人："不知道恩人尊姓大名？"

"老朽以卑贱之身在敌营委身多年，早已忘了姓名，匈奴人都叫我老汉，你们也叫我老汉吧，不枉我也是一个汉人。"

班超这才注意到，这位老汉已经年过五旬，他身穿兽皮，头顶花白，汉话说得已经有些结巴。班超猜想，此人当是已被俘虏多年的汉军或是牧民。

"恩人，此去酒泉需要多少时日？"

"穿过酒泉塞，一路向南，十日可到酒泉西！"

"恩人在匈奴委身多年，不知可愿意随我再回大汉。"

"老朽身在匈奴多年，此生最大愿望就是能逃离魔窟。不求能回京都城，只求再见酒泉郡！"

班超拉住老汉双手，道："不光能回酒泉，还能回到洛阳！"

说话时，忽闻身后传来马蹄声。

老汉低声说："快走，匈奴人来了！"

班超道："走不了了，匈奴人是循着血迹找来的！"

匈奴人"呜呜"地将班超等人围住，班超定神，见追兵只有十余人，心中稍安。

领头的是加信，他对老汉说："老汉，原来是你放走了这些俘虏！"

老汉不说话，加信挥鞭抽老汉，老汉被抽了一鞭，脸上显出一道红印。老汉捂住脸，加信又抽了一鞭，班超忽扯住鞭子，猛地一拽，加信猝不及防，从马背摔落。赵森因被加信抽打，对其怀恨在心，他趁加信摔落马下，从加信腰间拔出佩刀，扎向其胸口。加信的佩刀极为锋利，佩刀刺穿了加信胸口的铠甲，直没入底，加信双目圆睁，似还没有意识到死亡的降临，赵森紧握匕首，沿着匕首的方向，猛划三寸，加信死死地掐住赵森手臂，可再也没有了力气。

匈奴人大惊，他们以为三人中有二人受了重伤，遂没有防备，不想发生了意外。

薛五仍在马上，他趁机拔出刀，将眼前的匈奴兵兵器打落，班超捡起鞭子，猛抽匈奴人坐骑的眼睛，匈奴人登时慌乱，薛五趁机杀死两名匈奴兵，余者登时溃逃。

老汉从马背跳下，用手捂住加信不愿闭合的眼睛，但是他的双目却怎么都闭合不上。

"他是呼衍王的小儿子，待我很好，老汉的名字，就是他给我起的！"

赵森甚为高兴："这仇报得值了，看他以后还如何逞凶！"

班超道："快走，咱们杀了呼衍王的儿子，人家怎肯罢休？"

几人不及掩埋加信，仓皇逃去。

天将大亮，四人一路往南纵马狂奔，天近午时，有一股追兵追到，约有百人。老汉将班超等人引进山中，寻了一处幽静的小道，穿过小道，是一条长约百里的山谷，几人在山谷中驰骋半日，才算是摆脱匈奴的追兵。

十日后，班超回到酒泉，发现大军已经准备出发。

原来，四路大军整训良久，明帝见各路大军迟迟无功，下达诏命，命令大军出边塞，自行寻找主力。耿秉已经于十日前带领大军出居延塞，窦固也整饬军队，准备出塞。

派出的十路哨骑全部回营，唯有班超一路见到了匈奴人。听说赵森杀死了加信，窦固甚为高兴，他命主簿找来记功簿，为班超三人记上一功。

因赵森、薛五有伤，窦固留二人在酒泉养伤，班超向窦固推荐老汉，请老汉为其引路，窦固担心其为匈奴探子，只许其随军，不得在军中走动。班超到帐中请老汉出塞，老汉不肯，班超问其缘故，老汉道："大漠苦寒，老汉年事已高，不堪军旅颠簸，多年匈奴生活，落下诸多疾病，只愿有生之年，再回洛阳，与妻儿相见！"班超将老汉的话告知窦固，窦固道："军中只老汉熟悉敌营，还是烦请仲升再请！"班超再请老汉，道："此战关乎国运，窦大人再三相邀，仲升拜托先生了！"老汉叹气道："老朽被匈奴人凌辱多年，说来对其恨之入骨，既然仲升再三恳求，老朽便再入大漠，若是在大漠中咽气，请仲升将我骨灰带回洛阳，交至东街赵家。"

班超大惊，问："可是风闻天下对面东街的赵家？"

老汉也是一惊，道："正是。"

"您莫不是赵向西？"

"你怎知我的名号？"

"八年前，您经商途经河西，被匈奴人劫掠，不想竟活了下来！"

"惭愧惭愧！一条贱命不足挂怀！"

原来，将班超救出匈奴的竟是孔祥广的老东家赵向西，当年赵向西携带数万银到西域经营皮货生意，中途遭到了匈奴人的劫掠，许多武师因此被杀，赵向西被劫到匈奴，为匈奴人使唤劳役，孔祥广因勇武得以逃脱。

两人叙起往事，又道洛阳变化，不禁唏嘘感慨。赵向西问起家人，班超没有隐瞒，道家产皆被作价卖给了商贾，只剩一处宅院供老幼居住。赵向西叹道："该是如此，只苦了家中妻儿老幼！"

次日，大军出酒泉，北进祁连山，因大军尽是骑兵，故而行军速度很快。

按照班超和赵向西的指引，大军直扑落雁淖，窦固率领骑兵，以迅雷不及掩耳之势攻入呼衍王营地，但大军到了落雁淖后，发现落雁淖附近再无匈奴人的踪影。

窦固判断，呼衍王部已经撤离。

千里劳师无功，主将窦固、副将耿忠甚为懊恼。

窦固召副将耿忠、司马、从事商议对策，众人皆以为，呼衍王可能向东逃去，寻找优留单于主力，合兵一处去了。窦固问班超有何想法，班超道："数年前，优留单于组织大军南犯，呼衍王没有优留王命，擅自将部众撤回祁连山以北，天山以东，两人心生隔阂。如今汉军大举北征，优留自顾不暇，呼衍王与优留合二为一，目标较大，只会更便于汉军合围。西域诸国，国弱兵寡，不堪为敌，呼衍王到了西域，一呼百应，正所谓翻手为云覆手为雨，退可以效仿大月氏，占地称王，进可联合西域诸国反攻大汉，两全其美！"窦固然其言。

议事毕，忽有哨兵报告，发现落雁淖以西三十里有大量马粪。窦固将赵向西请来，问落雁淖以西是何地。

赵向西答："落雁淖以西仍是荒漠，三千里外是天山，天山有水，可畜牧耕种。"

"天山一带有何国？"

"天山以南有车师。"

窦固问："你所言不假，不知老汉可知天山的去路？"

赵向西答："昔日我往西域运送羊皮货物时，时常经过车师，可代为引路。"窦固拊掌大笑，道："老汉真乃明灯耳！"

大军一路向西，所经之处，千里荒漠，缥缈无人。

行军月余，未见匈奴一人，大军不知到了何处。军中将士斗志昂扬，以为汉军威武，匈奴远遁。

兵马未动，粮草先行，窦固深知没有粮草的危险。此次行军尽为骑兵，传统的大军补给难以维系，窦固效仿前汉车骑将军霍去病，以战养战，以敌人物资供给自己。但是自出了酒泉，一路没有遇到匈奴人，沿途上，他不断命人打探河流与湖泊，并从牧民处采买牛羊，以资军用。到了天山以东的区域，大军粮草渐渐不足，眼看就要中断，窦固深以为忧。

窦固派出哨骑，对周遭进行打探，皆没有发现。草原上有句谚语，有草必有羊，窦固见山脚有青草，找来赵向西，问："前方有无匈奴部落？"赵向西答："此处有北部匈奴韩氏骨都侯部，男女老幼近万人！"既是有万人，不难寻找，窦固命哨骑百人向西再探，黄昏时，哨骑还报，言前方百里有部落，远远望去，一望无际。窦固甚为高兴，眼下粮草靡费，没有补给，他命令大军向西行进，一鼓作气攻破该部。

次日午时，大军在距离该部落二十里处进行短暂休整。这是出征以来的第一次大仗，十分重要，关乎军心士气，要准备充分。窦固暗自盘算：一个万人的部落，士兵最多三千人，汉军有一万两千人，是其四倍，大军一鼓作气，攻其不备，当势如破竹。大军取胜以后，士气鼓舞，再破呼衍王则水到渠成。

正当窦固巡查将士的时候，士兵报告，韩氏骨都侯求见。

窦固甚为惊诧，问来人带兵多少，士兵报告，随从卫士三五人。

窦固亲自出迎，果见大军外站着一个胖胖的匈奴人。

胖胖的匈奴人说的是匈奴话，他自报名号。窦固在雁门之时，也学了些匈奴话，问韩氏骨都侯有何见教，韩氏骨都侯道："听闻大汉皇帝的驸马西征，韩氏诚惶诚恐，韩氏深知大汉铁骑之厉害，故而特来敬献黄牛一百头、白羊一千只，以助驸马平定呼衍王部！"

窦固大悦，问："牛羊何在？"

韩氏骨都侯指着身后，道："就在身后的山坡下！"

窦固命人到山坡下查验，果如韩氏骨都侯所言。

见韩氏骨都侯如此真诚，窦固收起了讨伐的念头，道："骨都侯对大汉如此忠心，我将上奏陛下，并奏请将天山以西的广袤草原赐给你，世代在此放牧！"

韩氏骨都侯右手护胸，对窦固表示感谢，道："驸马要西征，本侯可代为引路！"

窦固道："骨都侯知道呼衍王之所在？"

韩氏骨都侯道："天山以西有个王国叫伊吾卢，伊吾卢以南有片肥美的草地，这块草地靠近蒲类海，所以我叫附近的草地也是蒲类海，蒲类海原本属于我们部，但是呼衍王仗着优留单于的宠爱，杀了我的父亲，将这片草地据为己有。韩氏部人丁单薄，不及呼衍王部强盛，只好忍气吞声。呼衍王占领蒲类海，没有在此放牧，而是将草地留给了伊吾卢王国。伊吾卢的王后是呼衍王的长女，呼衍王对其爱护有加，把草地当成了嫁妆，留给了自己的女儿。听说汉军大举西征，呼衍王带着部落回到了蒲类海！"

窦固、耿忠听罢，相互使了一个眼色。

第三十二章

出其不备汉军袭匈营　班超城前诱出呼衍王

安置了韩氏骨都侯，窦固捧腹大笑，道："匈奴人怎如此实诚？把所有尘封往事一股脑儿全抖搂出来！"耿忠道："会不会是韩氏骨都侯设下的圈套，先赠牛羊以示弱，再将大军引入埋伏圈，联合呼衍王，以重兵聚歼之！"窦固沉吟道："不像，韩氏骨都侯说的像是真的，以我大军现有的粮草，韩氏骨都侯只需将部落迁入荒僻处，匈奴人便可对我军坚壁清野，我大军没有粮草，自会溃乱！"

为防止呼衍王部发现汉军，汉军寻了一处隐蔽之地驻扎，大军背靠天山，西侧邻水，又有林木遮挡，甚难发现。韩氏骨都侯带着窦固来到了蒲类海，窦固留耿忠坚守大营，自带着班超、耿恭等几名将士到呼衍王的营地进行抵近观察。

窦固见匈奴人各行其是，甚为悠闲，问班超："仲升，你认为匈奴人是否有意而为之？"

班超道："我汉军近百年没有深入匈奴腹地，匈奴人早已不知道何为偷袭，再者匈奴人好斗狠，不善计谋，故而不似诱敌！"

窦固示意撤回大营。回到营地，窦固召集诸位将校，耿恭、班超等人俱在，又有酒泉、张掖、敦煌各郡都尉、副都尉。窦固将抵近侦察的情况做了简要说明，道："呼衍王部依水搭营，绵延数里，人数并不太多。我意，趁呼衍王不备，我军于夜间发起突袭，将这些夷狄消灭在睡梦中！"众将十分高兴，都说出征两个月，总算是找到匈奴人了，只待大人一声将令。

大军只带一顿口粮，天将黄昏，大军即赶往蒲类海。到了蒲类海，已然是三更三刻，平地上可见到许多帐篷，除了偶尔一片篝火，整个营地寂静无声。

耿忠问："太静了，会不会有诈？"

窦固道："我带一部冲在前面，如果有埋伏，你再为我掩护！"

耿忠急道："你是主帅，自然是我带兵冲锋！"窦固争执不过，同意了。

耿忠带领酒泉郡将士和羌胡冲进呼衍王部营帐，平地里的安静就此被打破，致命的尖叫响起，随后传遍了整个营地，许多匈奴人赤裸着身体从营帐中钻出，有的在找武器，有的在找衣服，受惊的战马横冲直撞，踏坏了帐篷，倒塌的帐篷盖住了企图逃跑的人，被帐篷盖住的匈奴人刚刚摆脱帐篷，便被冲上来的汉军砍死了，许多人还没有来得及睁开眼，便死在了汉军的刀下。

冲进营地的汉军本以为营地只有数千人，不想越杀帐篷里跑出的人越多。原来，作战前，窦固并没有告诉众将士蒲类海驻扎有多少匈奴人，呼衍王部的匈奴人数倍于汉军，窦固知道，汉军将士若知道匈奴人数量高于自己，士气必大减。

汉军在境内作战，多有城池保护，攻伐有度，每下一城，必有死伤。匈奴人不修城池，便没有防护，汉军趁夜偷袭，如入无人之境，匈奴人死伤无数。

远处的窦固见此确系呼衍王部大营，且没有伏兵，便带领张掖、敦煌部冲进营中。经过一阵砍杀，一些匈奴人拿回了武器，并形成了抵抗。但是匈奴人恐惧之心已生，他们不知道汉军是何时出现的，也不知道是如何出现的，仿佛就是一场噩梦。

为首的是呼衍王，他也没有想到汉军会突然来到他的营帐，正如韩氏骨都侯判断的，呼衍王认为汉军没有到过西域，不敢轻易出兵深入西域数千里。当听到喊杀声时，呼衍王就已经判断出一二，他还没有来得及带走怀里的女人，便在部下的掩护下，往北逃去了。

汉军打了一场漂亮的突袭战，杀死匈奴三千人，抓获俘虏三千人，余者向北溃逃。

捷报很快传到了朝廷，朝廷震动，洛阳震动。

原来，这四路大军，只有窦固一路有收获。东线的骑都尉来苗与南匈奴左贤王出边塞，来到匈奴河水上，匈奴人见汉军至，全部溃逃。汉军至一小山，以为是涿邪山，兵退。吴棠带领的骑兵虽出塞，但是一直在边境徘徊不前。明帝问吴棠涿邪山几何，吴棠无话可答，朝中遂知吴棠未达涿邪山。

涿邪山，皋林的封地。吴棠受命出征，畏敌不前，未达涿邪山，被明帝免去度辽将军及中郎将职，贬为庶人。

耿秉出居延塞，横绝六百里，至三木楼山，未见匈奴人。

明帝对窦固予以褒奖，加位特进，位同三公。三公，太师、太傅、太保，人臣最为尊贵者。明帝命令耿秉、刘张交出兵权，同属窦固，并择期攻取伊吾卢和车师国。

伊吾卢与蒲类海相近，车师国在伊吾卢以西，若要攻取车师国，势必要先取伊吾卢。

伊吾卢原本是小国，但是伊吾卢建有城池，单单依靠夜袭是不能夺取的。窦固抵近观察，见城墙高约三丈，尽为土墙，不禁叹息摇头。

耿忠问："伊吾卢国小城矮，将军为何叹气？"

窦固道："虽是小城，但是我军皆为战骑，没有攻城器械，若是一味强攻，只怕死伤无数！"

耿忠道："不如派一使节，说服伊吾卢国王来降？"

窦固道："哨骑探报，呼衍王兵败后，其残部随呼衍王逃往了伊吾卢，伊吾卢王后是呼衍王的女儿，两兵合一，又岂会轻易投降！"

耿忠道："不如将伊吾卢围定？"

窦固道："我军兵只一万二，城内兵力多寡不明，若城内兵精粮足，我军反倒陷于不利，不如派一校尉，带一校老弱在城前挑战，大军于三里外的山坡埋伏，一旦将匈奴人诱出城外，伏兵便即杀出！"

耿忠道："举贤不避亲，我弟耿恭英勇机敏，可到城前挑战，我自领大军伏于城外！"

窦固说好，耿忠下去安排。

再说耿恭接到任务，甚为激动，他自领百人，于城前叫阵。

初时，耿恭气沉丹田，声震九州，引来无数人惊慌失措地站在城头，不乏城内的王公、将相。

伊吾卢的国王名叫海丹，听闻汉军来了，心里咯噔一下，手中的水杯没有握紧，掉了下去。自从娶了呼衍王的女儿，海丹觉得有了靠山，做起国王，也更有了底气，这世间除了王后，再也不用怕第二人。

大汉北征匈奴的消息，海丹早就听说了，但是他没有想到呼衍王会退回天山。他本想找个机会拜见呼衍王，却没有想到呼衍王刚到蒲类海，就被汉军端了老窝，呼衍王带着残部逃往伊吾卢的时候，海丹并不想让呼衍王进来。一个王后就够他喝一壶，又来一个呼衍王，今后这伊吾卢谁当家呀！

海丹最终还是将呼衍王放进来了，劝说他的不是他的王后，而是他的丞相。丞相没有考虑谁当家的问题，而是说城里的粮食够吃，不在乎再多一万人，但是如果汉军来了，城里的粮食和女人就会全部被抢走了。海丹立即想到，汉军太强大，弹丸大的小城终究守不住，但是多了一万人，就有了希望。

海丹亲自将灰头土脸的丈人迎进了城中，反倒惹得王后不高兴，说这是把祸水引到自己家来，海丹恍然大悟，顿时后悔。

海丹预想得没错，呼衍王进了城中，呼衍王就成了国王，自己成了太子，连呼衍王下面的骨都侯和大将对自己也都不太放在心上，但是现在不重要了，重要的是汉军真的来了。

呼衍王问守城的将士，城外的汉军有多少人，将士回答，城外的汉军约百人。海丹大喜，捡起地上的水杯，再次泛起了精神，他对守城的将士喊道："区区百人，让我的大将军贝尔将其擒杀了！"

殿上的贝尔将要站起来，呼衍王猛捶了一下几案，贝尔僵在那里，海丹不敢说话。

"这是汉人的诱敌之计，汉人极其狡猾，他们有几万人，却只在城前放了一百人，只要我们出去，城外的山坡上就有无数的汉军冲下来，到时候，谁也不会活着回来！"

海丹擦拭额头的汗珠，庆幸这位饱经沙场的丈人来到了伊吾卢。

耿恭叫阵时，伊吾卢矮小的城墙上站满了看热闹的人。初时，他们心怀恐惧，及见汉军人少，相距较远，胆子才又大了起来，站在城上，互相指点。半日之后，看热闹的人退去一半，又换了一半。耿恭甚为懊恼，射出一箭，因距离太远，箭镞无力，射中城墙，掉落在地上，惹来城上一片笑声。

守门将士还报海丹，道："城下汉军无能，箭不及城，掉在地上！"殿内一片欢笑，又有将领请战，呼衍王皆不许。

三日之后，耿恭等人尽显疲态，诸人躺在城外，一面吃肉，一面笑骂。城上的人各行其是，偶有几人经过，对着城下指点，意思是：原来这就是汉军。

窦固见呼衍王不中计，决定就此作罢，另寻计策，他命人将耿恭传回大营。

传命的是班超，班超到了城下，向耿恭传达窦固的命令。耿恭接到命令，长出一口气，道："我在这矮城下已经叫骂三日，那城上的夷狄视我如猕猴，誓死不开门，好生屈辱！"

班超抚慰道："诱敌不成，只怕窦大人还是会攻城，大人已经命人砍伐木料，赶制攻城器械，是时你可一洗耻辱！"

城下的汉军收拾帐篷，守城的士兵甚为喜悦，击掌欢笑，守城的将领将这一消息告诉了呼衍王及海丹。呼衍王和海丹听说后，也甚为高兴，亲自来到城门，庆贺这一胜利。

海丹道："汉军撤了，呼衍王可重整旗鼓，徐图再起！"

呼衍王笑道："你是怕我占了你的城不走吧？"

海丹被呼衍王说中，羞得面红耳赤，道："小婿不敢，区区伊吾卢小城，呼衍王不会放在眼里！"

呼衍王道："你知道就好，别忘了，蒲类海是我从韩氏骨都侯那里抢来送给你的，人不能和狼一样，要有良心！"海丹被呼衍王说得羞愧无比，他只得转移话题，道："城下的汉军十分嚣张，竟然搭起了帐篷！"

呼衍王一声冷笑："这种诱敌的小伎俩，岂能瞒过我？咦，城下那人十分眼熟，没错，就是他！"海丹问："是谁？"

呼衍王咬牙道："是杀了我儿子的仇人！来人，随我出去杀了那个汉人！"海丹与城上诸将尚未回神，愣在当场，呼衍王拔出刀来，喊道："随我杀出去！"

诸将这才明白，于是拔刀下城门，冲了出去。

原来，呼衍王站在城上，看到了班超，他对班超印象十分深刻，加信就是因为出去追班超，所以才被赵森杀死的。呼衍王对班超三人的模样念念不忘，虽然人是赵森杀的，但是对呼衍王来说，他们都是凶手。

呼衍王曾派出多路人马去追班超，但是因为有赵向西引路，各路人马一无所获。呼衍王本欲与汉军决战，但是理智告诉他，这次汉军是要动真格的了。

一百多年前，汉军在匈奴的步步逼迫下，以倾国之兵北击匈奴，匈奴几乎亡族灭种，最后退回漠北，休养生息。如果不是前汉经历政权更迭，匈奴还没有发展的机会，眼下汉朝复兴，又以倾国之力北征，匈奴人若正面与之相抗，无异于以卵击石，痛定思痛，呼衍王决意带着所部迁往西域，暂避锋芒。

呼衍王撤往西域的时候，命人沿途清扫脚印和马粪，不留线索，他们对西域的路线十分熟悉，行军速度又快，所以没有想到汉军会突然出现。

而今，呼衍王见到了班超，原本平静的内心又激荡起来，这一切都源于这个汉人，如果不是他闯入落雁淖，自己的儿子就不会死，自己也不会带着部众西迁，所部也不会受到偷袭。找到了罪魁祸首，呼衍王怒火中烧，他再也压抑不住自己。

再说城下的班超众人，已经将帐篷收拾妥当，军营简陋，物资紧缺，耿恭不舍丢弃。众人将要上马，忽听城上一人喊叫，继而城门大开，众人以为有人应战，却见城门口人如潮涌，不似小股部队，却像是倾巢出动。

耿恭暗道一声不好，丢下包裹，大喊："撤退！"其他将士见了，连忙上马，马声嘶鸣，往城外山坡跑去。

匈奴人追得紧，他们窝着怒火，终于有了复仇的机会，是以拼命追赶。反应慢的汉军，被追上的匈奴人乱刀砍死，反应快的则跑在前头。

国恨家仇，呼衍王的快马追着班超，死死不放，班超手中没有长兵器，只有一把长剑。班超是汉军的勇士，呼衍王是匈奴人中的英雄，两人在阵中你一刀，我一剑，斗了个不分你我。

再说山坡上的汉军，刚刚接到窦固的军令，准备撤回蒲类海大营，正在整备，忽见山下城门大开，匈奴人从城内冲了出来。耿忠见到此景，不以为真，在山上凝视良久，见大军倾巢出动，遂知匈奴人已出城。

耿恭的部众没能从匈奴人的穷追猛赶下轻松得脱，临近山坡的时候，耿恭的部众被匈奴人追上，并缠斗起来。耿忠知道这是千载良机，他喊道："将士们，上一场仗，我们打胜了，但是匈奴人说我们是靠偷袭。今天我们和匈奴人正面接敌了，你们还有信心打胜吗？"众将士齐声喊"有信心"。耿忠说："好，陛下等着我们的捷报，泉下死难的将士等着我们的捷报！冲啊，杀尽匈奴人！"大军冲出山坡。

匈奴人并不知道山坡后真的有伏兵，他们以为这是呼衍王一厢情愿的推测，现在呼衍王第一个冲出城门，伏兵之说也就不太放在心上了。

汉军冲出山坡的时候，匈奴人并不慌张，因为智慧的呼衍王已经预料到了。但是当看到汉军如巨石一样碾压的时候，匈奴人就慌张了。与汉军接敌的匈奴人，最初怀着一腔仇恨，及与汉军接敌，便被汉军的战马撞倒。洪水一样的汉军从山坡上下来，所过之处，人仰马翻。好狠斗勇的匈奴人，试图一雪前耻，但是这些生活在西凉的汉军对匈奴亦有家仇国恨，他们作战英勇。溃败像是海面推起的波浪，从这端涌到那端，后面的匈奴人见了，顿时溃散，汉军摧枯拉朽，匈奴人纷纷退回伊吾卢城，但是因为人马太多，城门又小，不少人被踩踏，城门堵塞。

海丹站在城上，他本想带领本国勇士与呼衍王并肩作战，一举击溃汉军，以后也好与呼衍王平起平坐，现在见匈奴人如惊弓之鸟，再也没有决战的信念。

"关闭城门！"海丹喊道。

"陛下，城门下全是尸首，关不动！"

海丹看不到城门下的情形，喊道："汉军未到城门，何来尸首？"

"都是匈奴人的，满地都是匈奴人，他们互相踩踏，都是被踩死的！"

海丹意识到城要破了："都守住，谁也不准离开城门！"他从城门下来，回到宫殿，找到了他心爱的王后，王后问他外面的情形怎么样了，海丹没有理会，王后拉住海丹，大声问："我父亲怎么样了？"

海丹结结巴巴道："还在城……外，快逃命吧！"

王后终于意识到问题的严重："我去收拾一下金银首饰！"

海丹道："多拿着点！"

海丹与王后穿上仆人的衣服，从北门乘坐马车出城，刚走到城外，就被事先埋伏的汉军抓住。

"国王，您要去哪里？"海丹与王后双手发抖。

呼衍王在城门前与班超打斗。他虽然年近五旬，但是宝刀未老，两人先在马背上打斗，而后又在地上缠斗，最后用拳脚在地上对打，直至周边再也没有匈奴人，只剩下围观叫好的汉军。

汉军皆不认得呼衍王，他们见眼前这人衣服样式饰品皆异于寻常匈奴人，知道这人不是寻常人物。

班超和呼衍王对打了许久，各自都没有击中对方要害，呼衍王对班超恨之入骨，余光在寻找自己的佩刀。打斗了数回合，呼衍王终于看到了佩刀，他打了一个滚，滚到刀前，不想刀被围观的沈祥踢到了一边，汉军哈哈大笑。呼衍王拔出沈祥的佩剑，与班超打斗，班超接过饶锦文递出的佩剑，两人又斗到了一处。

班超长剑护胸，呼衍王横劈直砍，班超勇武过人，呼衍王力大如牛，将窦固、耿忠都引了过来。众人皆为班超打气，班超亦招招递进。呼衍王因年迈，体力渐渐不支，动作慢了下来。呼衍王气喘吁吁，班超反倒镇定下来，他不断与呼衍王游斗，吸引呼衍王出招，呼衍王一击不中，班超躲到了呼衍王身后，呼衍王越发急躁，班超打落呼衍王的长剑，刺伤他的小腿，将呼衍王俘获。呼衍王口中吱吱有声，班超听不清楚呼衍王说的什么，但是班超知道定是痛骂他的话。

众人大喜，不想呼衍王张开嘴，顺着班超手中的长剑，穿了下去，长剑从呼衍王的嘴直没入后脑，鲜血溅了班超一身。班超大吃一惊，大叫："呼衍王，不可！"可是已来不及，众人这才知道这是呼衍王。

窦固命人砍掉呼衍王的头颅，悬挂于伊吾卢，将大军迁入城内。

此战，汉军斩杀匈奴两千人，俘虏两千人，余者溃逃，攻破伊吾卢城，擒获国王与王后，并押解至洛阳。

窦固任命班超为假司马。军司马，将军之属官。假司马者，为代理司马。因军司马需要朝廷圣旨诏命，故而为假司马。

第三十三章

披坚执锐耿秉破后王　汲水投降沙岸见天日

窦固夺取伊吾卢后，认为伊吾卢乃通往西域的要地，它南通鄯善，西通车师、焉耆、龟兹，西北通匈奴，须设置官署，加强管理。此外，伊吾卢雨水充沛，土壤肥沃，宜耕种，向明帝建议，设置专职官员，在此开垦耕种。明帝听其言，设宜禾都尉，管理伊吾卢，并将部分随军的将士留下开垦农作。

窦固夺取伊吾卢后，驸马都尉耿秉、骑都尉刘张相继率部到伊吾卢报到，驻扎伊吾卢的汉军由是增加到三万二千人。

窦固一面命士兵就地垦荒，一面与耿秉、耿忠、刘张商量进攻车师的事宜。

窦固让班超请来赵向西，介绍车师六国的情况，赵向西如实叙说。

车师原名姑师，前汉武帝派赵破奴、王恢攻破其国，为方便管理，将其一分为六，分车师前国、车师后国、东且弥、卑陆、蒲类、移支。车师六国中，以车师前国和车师后国最为强盛，各有胜兵一万。后四国皆为丁不过万的小国，因匈奴一再打压，如蒲类，人口只两千。车师国既非大汉人种，亦非匈奴人种，高鼻梁，深眼窝，肤白，发黄，说龟兹语，经丝绸之路往来东西的商人多与之通匈奴语，亦有通汉话者。

耿忠建言："班超与车师前王沙岸有旧，何不由沙岸说服车师来降？"

耿秉道："有旧交，未必肯降，西域人反复，大军来了降之，大军去了叛之！"

耿忠道："《孙子兵法》有言，上兵伐谋，其次伐交，其次伐兵，其下攻城；攻城之法为不得已。陛下知天命，爱惜将士，不忍涂炭生灵，若能仁德降伏，则为上善之策！"

耿秉道："天上何来掉下的馅饼？真刀真枪打来的最为可靠，我愿率领所部，攻下车师国！"

窦固知耿秉出兵匈奴，劳师无功，甚为苦闷，但他亦不喜死战，徒损将士性命，道："兵马未动，粮草先行，命粮草官先行运送粮草，大军三日后拔营，至交河城东二十里处扎营。我军先礼后兵，若车师国投降，则大军接管车师国，若车师拒不投降，我军再破城不迟。"

大军浩浩荡荡地往西行去，因有赵向西的指引，大军顺利地来到车师前国，并在车师前国交河城东二十里处扎营。

扎营毕，窦固将班超传至中军大帐，道："仲升，你与沙岸有旧交，我亦不忍血染车师国，劳你到交河城走一趟，一者代我问好，二者传达陛下旨意，劝其归顺！"

所谓归顺，就是仿前汉例，派侍子到洛阳为质，如此可视为属国，年年对汉朝纳贡，汉朝保护其安全，若其国被他国侵犯，汉军以兵护卫。

班超知不可推辞，欣然领命。

班超出使的时候，沈祥与饶锦文主动请行。

班超随耿恭出战于阗国的时候，沈祥错过一次机会。班超回到洛阳以后，献计平定淮阳王，由是迁升城门左校尉；征战呼衍王的时候，十路哨骑，只有班超找到了呼衍王部；大军征战伊吾卢时，班超打败呼衍王，名震汉军，窦固亲命班超为假司马。现在沈祥还是一名屯长，初时，沈祥以为班超是运气好，每次都能赶上大仗，所献计策都碰巧奏效；后来发现班超是读书多，既通天文地理，又通军事；再后来，发现班超十分勤奋，竟学会了匈奴语。再后来，沈祥也说不清楚了，他觉得这都不是最根本的原因，至于是什么，他说不清，他觉得跟着班超就对了。

临行前，沈祥的士兵问沈祥去哪里，沈祥回答随班司马出使，那士兵道："这种跑腿的活就让我去吧！"哪知沈祥双目紧瞪，踹着士兵的屁股，道："你竟然跟我抢差使？"

至于饶锦文，他现在很少说话。他消失的那段时间，什长已经换了人，窦固想让他担任屯长，他不肯，只道操不下心；耿秉请他任军侯，饶锦文婉言谢绝之。

班超对饶锦文较为信任，薛五、赵森在酒泉，孔祥广还不知下落，有沈祥和饶锦文在，他再放心不过了。

三人到了交河城，城门紧闭，城下再无一人。

原来车师国听说汉军来了，打败了呼衍王，又平定伊吾卢，知汉军不日便到，命令守城将士紧闭城门，严令城内不得随意进出。

班超站在城下用匈奴话喊道："我乃汉军假司马班超，请求见车师前国国王！"

城上的人听到班超说匈奴话，心里一紧，后来听到是汉军，心里又是一紧。

班超见城上的人不答话，又用汉话说了一遍，不多时，城头出现一人，那人年约三十，头戴王冠，对班超叽里咕噜说了一段话，班超三人都听不懂，看到三人一脸茫然，城上一人使用汉话喊道："我们国王说，车师只听命于匈奴大单于，不见汉军！"

班超暗道："这人怎成了车师前王？那沙岸去哪里了？"他不再言语，与沈祥二人掉头走了。

班超回到大营，将情况据实报与窦固，窦固沉思良久，道："六年前，优留挟裹诸国南犯，沙岸从中游说，致使鄯善国大军回国，盟军分崩离析。沙岸带着大军回国后，车利中了师子的埋伏，优留岂能善罢甘休？他定会再带着他的草原之师来到车师国。优留来到车师国会做什么？他会允许一个不听话的国王在西域存在吗？"

班超大吃一惊，道："莫不是优留将车师前王给换了？"

窦固道："不是不可能，你也听城上那人说了，他效忠优留！"

班超道："窦大人真是神算，属下没有想到这一层。"

窦固道："抓些本地的牧民到帐中问话！"

班超得了窦固的命令，想到这果然是一个好办法，便去了。

车师前国虽将城门紧闭，但是城外游荡的牧民却置之不问，班超出了军营没走多远就找到了牧民。但是这些牧民不通汉话，也不通匈奴语，班超甚是无奈。他突然想起赵向西，将赵向西请来一问，赵向西果然通龟兹语。

牧民跟赵向西说，五年前，优留带着呼衍王部、韩氏骨都侯部来到车师前王部，杀死了沙岸，并任命车师后王的小儿子汲水为车师前王。

班超闻之，甚为悲痛，道："无怪乎交河城守城的将士说国王听命于匈奴，原来早已不是沙岸了！"那牧民说，沙岸国王视子民如兄弟，视老人如父母，民甚怀念之，继任的国王听命于匈奴，新建了牢房，加重了赋税，民甚恨之。

班超如实告知窦固，窦固准备以兵伐车师。

是时，车师前王在交河城，车师后王在务涂谷，务涂谷位于今博格达山脉北麓至奇台西南之间，山多谷深，道路险阻。务涂谷距离交河城五百里，窦固以为，交河城近，且道路平坦，易攻难守，务涂谷跋山涉水，难以交通，易守难攻。

耿秉不以为然，车师后王乃车师前王之父，破了后王，前王定不战而降。

窦固犹豫不决，毕竟大军劳师远征，损耗靡费，且道路艰险，未尝能轻易破城。

两人不欢而散。

窦固在帐中与其他诸将商议对策时，属下忽来报，言耿秉率领所部，往北去了。窦固甚为懊恼，耿秉不遵从将领，擅自调兵攻城，目中无人。

刘张问窦固："该如何决断？"

窦固道："耿秉带走一半精锐，我军攻城力量已经不足，且耿秉孤军深入，若深陷险境，为主帅者，岂不罪责难逃？传我将令，就说驸马都尉耿秉是遵从我的将令行事，命粮草官追赶驸马都尉，我自领大军追赶！"

耿秉率部北上的消息传遍了全军，军中议论纷纷，皆道驸马都尉出兵务涂谷，及窦固发布军令，众将士方知大军全部北上务涂谷。不过耿秉擅自出兵的消息还是在军中蔓延开来。

"你听说了吗，驸马都尉这次是擅自出兵？"

"驸马都尉是大将军耿弇的侄子，深受陛下器重，精通兵法，如果不是讨匈奴的时候，没有遇到匈奴主力，驸马都尉未尝不会建功！"

"只怕驸马都尉太想建功了，他孤军深入，万一全军覆没，岂非身败名裂？！"

"还是窦大人顾全大局，若是追回驸马都尉，还不知道如何论处呢？"

再说耿秉的大军一路北上，只两日便到达了务涂谷。

车师后王安得做梦也没有想到汉军毫无征兆地就出现在了务涂谷的城前，他吓得连忙来到城上，只见汉军列阵整齐，旌旗浩荡。

"城上的可是车师后王？"耿秉喊道。

车师后王尚未回神，他没有听懂耿秉说些什么，口中支支吾吾，就听耿秉在城下喊道："我的大军只带了三天的口粮，行军两日之后，口粮已不足一日。我限你即刻打开城门，否则我在日落之前破城，破城之时，鸡犬不留！"

安得在城上吓得发抖，看到浩荡的汉军，便知自己不是敌手，他听说了汉军消灭呼衍王、伊吾卢的事，也知道汉军的强大，更听自己的父亲说起过前汉的汉军。安得的丞相为安得翻译耿秉的话，现在务涂谷孤立无援，汉军弹指间即可破城，他连忙命人打开城门，亲率数百骑兵迎接耿秉。

"喜迎汉军到来，车师国甚为荣幸！"安得紧张地迎进耿秉，脸上汗如雨下，却不敢擦。

窦固的大军赶到务涂谷的时候，安得已经投降，窦固部甚为震惊。耿秉一日之间兵不血刃攻破车师后国，目光敏锐，所部英勇，不禁为之侧目。

务涂谷城小，汉军驻扎城外。

时窦固有一司马，名叫苏安。苏安会见安得时，为讨好窦固，对安得道："国王陛下，您虽识时务，挽救国民于水火，但是投降的人不对。"

安得甚为好奇，问："该投降于何人？"

苏安道："自然应该投降于奉车都尉窦大人，窦大人是当今天子的姐夫，是破呼衍王与伊吾卢的英雄，驸马都尉不过是其下属！"

安得恍然大悟："原来那位腰带八围的将军是奉车都尉的下属！"

到了约定受降之日，安得派了部将去见耿秉。

耿秉见安得没有亲自来，十分生气，问安得为何没来，投降的将士道不知，是国王命其前来投降。

耿秉大怒，他返回大营，自领精锐大军来到窦固大营。窦固未明情由，问耿秉何故怒气冲冲，耿秉据实相告，道安得无信，没来亲自投降，自来向奉车都尉请命，斩杀安得。窦固大惊，道："暂且住手，这样会坏了大事！"耿秉道："接受投降，就像是遭受敌人的攻击！打仗获得的胜利，才是最安全的！"

耿秉出了窦固的中军大营，自领精锐骑兵往务涂谷去，大军旌旗闪亮，旗帜鲜明，整齐地列阵在务涂谷城下。

车师后王安得听守城将士报称耿秉自领大军到了城下，甚为惶恐，他刚出大殿，就有士兵报告，城外的汉军箭雨齐发，射死守城将士无数，安得站立不稳，就在思索对策时，又有将士来报，汉军已经攻破城门。

"快扶我去见汉军！"

安得在丞相等人搀扶下，来到了城门口，是时城下已经死伤一片，车师国不见任何可与之抵抗的士兵。安得推开搀扶他的人，喊道："别打了，我投降！"

汉军皆停手，耿秉大喊："继续杀！"众将士继续与车师国士兵厮杀。

汉军在耿秉的训练下，英勇善战，训练有素，车师国不及汉军有战斗力。

安得见耿秉没有止兵的意思，跪在地上，叩首："将军，我愿意投降，请不要再杀了！"

耿秉不说话，众将士仍不罢手，安得抱住耿秉坐骑前腿，哭天抢地："我愿意投降大汉朝，请将军住手吧！"车师国将、相、军士、女人皆伏地跪拜。

"住手！"

汉军就此休兵，安得奉上车师后国王印。

安得投降的事震惊了整个西征的汉军，就连窦固对耿秉也是刮目相看，汉军将士上下对其无不敬服。窦固升中军大帐，诸将不敢与耿秉相近，皆敬畏。

窦固道："车师后王已经投降，如何破车师前王？还请诸位谈谈！"

耿忠道："耿秉以数千精锐之兵破务涂谷，势如猛虎，说明我汉军强盛，士气高涨，我军可趁势而下，一举破车师前王！"

刘张也同意耿忠的观点："此次驸马都尉建立殊勋，其他诸将没有立功机会，正想建功立业！"

窦固问耿秉想法，耿秉道："有战必有伤亡，圣上以仁爱治天下，为将者亦要爱惜将士。诸位以为，我以胜兵兵临务涂谷，是为好战，其实不然。先破后王，是为了破前王，如今后王已破，前王亦不在话下，我意，以后王为质，请前王纳降，前王为后王少子，必降大汉！"

窦固微笑，深以为然。

耿秉带着安得来到了交河城前，看到自己的父王坐在汉军的车上，汲水再也说不出只听命于优留单于的话来。

"打开城门！"汲水命令道。

守城的将士听到命令，准备下城开门。

"不许打开城门！"

城上城下的听了，都吃一惊，这人是谁，竟然敢对国王吆五喝六。

"你对优留大单于宣誓过，今生只听命于大单于！"

众人明白了，和汲水说话的人是优留单于派来的匈奴人。

"可我的父王在汉军手里！"

"那也不行，如果打开城门，我们大家都会落在汉军手里，我们要战胜汉军，效忠大单于！"

嗖！

一支箭羽化作流星，从城下射中匈奴人头部，从这头穿到那头。匈奴人应声倒地，惊得汲水大叫了一声。

这本是不可能的事情，汉军列阵城下，为防止城上的人射箭，通常会站在射程之外。但是城下的人拉满弓弦，以低射高，精准地射中匈奴人，将匈奴人的头颅击穿，此等箭术，难寻第二。

再看这射箭之人，竟然是安得身边的耿秉，他的弓弦刚刚递给身边的卫士。

众将士高喊："都尉威武！都尉威武！"

安得从鞍车下来，对汲水跪拜，道："孩儿，投降吧，将军仁德待人，不会滥杀无辜的！"

汲水连忙出城，跪在地上，车师前国由是投降。

汲水投降时，班超带着一干人进入城中，逢人便询问沙岸的下落。宫人听说班超在找沙岸，连忙引路。穿过宫殿和几个曲折幽回的小径，果然在车师前国的后花园找到了沙岸。沙岸被汲水圈禁，并对国民宣称他已经死了。

当沙岸见到班超，他几乎不敢相信自己的眼睛，他被圈禁多年，以为再也出不了那个院子，不想还能重见天日。

班超道："当年，你揭穿优留的阴谋，致使鄯善国王带领大军回国，哪知优留终究没有放过你。"

沙岸道："这些我已经想到，身为国王，我不能看到我的子民无辜战死！"

班超领着沙岸出后院，在前殿见到了窦固、耿秉、安得等人。安得再见沙岸，痛哭流涕，道自己还以为沙岸已经死了，不想竟还活着。

班超将情况说与窦固，耿秉拔剑出鞘，要斩杀汲水："你这贼子，竟然勾结匈奴，陷害你哥哥！"沙岸连忙护住汲水，道："将军误会！"耿秉双目圆睁，问："有何误会？"

沙岸道："多亏了汲水，我才活了下来！"原来匈奴人寇城时，优留废掉车师前王，另立新王，并取沙岸人头，是汲水使了调包计，才瞒天过海，保住了沙岸。

众人听罢，怒意稍减，但汲水却已不可再为前王。

第三十四章

不远千里望秋会班超　病入膏肓赵向西辞世

破了车师国之后，捷报传至洛阳，文臣武将俱来朝贺。

这一日，明帝在未央宫设宴，邀诸王赴宴，庆贺西征的胜利。

东平王刘苍上奏道："陛下中兴大汉，创武帝之功业，北击匈奴，外化夷狄，澄清海外，东西交通，将再通丝绸之路，真乃万世之伟业，刘苍恭贺陛下！"

明帝也甚为高兴，道："朕在位十七载，为人严苛，为君失贤，今以刀兵见于西域，愧对先帝教诲。今匈奴远遁，车师投降，唯丝路不见通畅，朕心难平！"

刘苍道："昔日张骞出使以通西域，武帝以兵凿空，至前所未见之地，见前所未见之人，地理风貌，异域风情，皆开千古先河，陛下爱惜民力，可寻访通西域语言之人，重开丝路！"

明帝大笑："东平王与朕想到了一处！"

车师收复后，车师后王以汲水为侍子送到洛阳，窦固、耿秉都条陈事情始末经过。明帝大悦，因其欣赏耿秉才华，任命其为度辽将军，窦固留在西凉，整治西域，开垦天山，戍卫屯边。

窦固根据天山一带的情况，奏请效仿前汉，再设西域都护和戊己校尉。

西域都护保护西域各国不受他国侵犯，官秩两千石。

戊己校尉，西域屯田官。甲乙丙丁庚辛壬癸都有各自相应的方位，戊与己没有自己的方位，故而取名戊己，戊己者，没有固定的场所。戊己校尉有时分为戊校尉和己校尉，有时为一人。

窦固在边疆经营数年，深受当地民众及少数民族爱戴，所列条陈，一一准奏。

明帝永平十七年，汉朝在西域再设都护府，治所为车师后王部务涂谷，改务涂谷为蒲金城，任命陈睦为西域都护，在车师前王部设戊己校尉，任命耿恭、关宠为戊己校尉。

沙岸再次被任命为车师前王，不过这次是大汉皇帝任命的。

沙岸与班超骑行交河城外，水草郁郁，牛羊肥壮。

"这次多亏了汉军，我们车师国才得以从匈奴人的魔掌中解脱！"

"大汉以仁义治国，大汉天子英明睿智，此番大王经受磨难，正是仁义之所起，大王重回王位，正是仁义之所致！"

"车师乃西域小国，我身为前王，自然要为子民着想，倒是仲升你不远万里，甘冒生死之险，解车师于危难，令人敬佩！"说罢，沙岸向班超深深一揖，班超连忙扶起沙岸。

沙岸问班超有何打算？

眼下军中事务繁多，班超尚没有打算。他忽然想起了孔祥广，问沙岸有无孔祥广的下落。沙岸摇头，道："那年寡人从河套回来，本想派人到鄯善国代为打听孔祥广的下落，不想优留带着匈奴大军来到了车师，寡人就此被囚禁，打听孔祥广的事也就被搁置了！"

班超觉得自己应该找到孔祥广。沙岸看出了班超的焦虑，道："孔祥广是被鄯善国公主救去，公主仁爱宽和，孔祥广应该无碍。"

话虽如此，班超却十分担忧。

告别沙岸，班超回到了大营，却见营门口聚集了许多人。众人见了班超，连忙喊道："假司马来了，快看，假司马来了！"班超细看，见薛五、沈祥、赵森等人俱在。班超甚为高兴，喊道："赵森，你怎么来了？"

赵森笑道："不是我要来，是另有人想你！"

赵森说罢，身子一晃，闪到了一旁，只见赵森身边站着几个女人，中间那人带着一个孩子，正深情地看着自己，仔细一看，竟是望秋！

望秋想哭，却又不能当着众人落泪，只好强忍着，露出笑脸。班超没有想到望秋竟会找到蒲类海来，道上险阻，几个女人不知道要历经怎样的艰难。当着众将士，班超不敢失态，他尽量用平常的语气："你怎么来了？"

这大概不是望秋想听的话，望秋没有回答，班超也意识到自己说话不得体，他看着望秋眼前的孩子，道："这是雄儿吗？长这么高了！"望秋身边的孩子是班雄。班雄自记事起，便没有见过父亲，他时常问望秋："爹爹是谁？他在哪里？"望秋会说，你爹爹叫班超，他正在西域打仗。孩子不懂打仗，可是看到别人家的孩子都有爹爹，自己没有爹爹，他时常会感到自卑。望秋已经两年没有见过班超，她也特别想念班超，班超身在疆场，不能回家，她就想到自己去边疆看望班超。望秋的想法赢得了姐妹们的支持，但是却遭到了班母、班固的反对，毕竟沿途山险贼多，望秋又是女儿身，实在太危险了！但是望秋坚持要去，班固拗不过弟媳，只得给沿途官员写信，拜求护送。经过半年的奔波，望秋和她的姐妹终于来到了酒泉。到了酒泉，她们见到了薛五和赵森，这时她们才知道，班超已不在酒泉，而是在一个叫车师的地方。

望秋带着班雄，马不停蹄地赶往车师，蓝云等人连忙追了出去。薛五见蓝云去了，骑上快马，也追了上去。赵森随后又找来十多人，与他们一道护送望秋。

"雄儿，叫爹爹！"班超对着班雄说。

班雄吓得躲在望秋身后，望秋抱起班雄，轻声说道："雄儿，你不是想见爹爹吗？这就是你朝思暮想的爹爹！"

班雄凝视班超良久，他似乎在寻找什么，在片刻的凝视之后，终于打开双臂。班超顺势将其接过，眼角豆大的泪水禁不住掉落在孩子的肩上，他对着班雄稚嫩的脸蛋亲了又亲，又把他高高地抛在天上，班雄在半空中发出咯咯笑声。

望秋在车师住了三日，因水土不服，出现腹泻症状，遂回酒泉休养。

于是班超向窦固请假，窦固道："我已颁布军令，除屯垦将士，各营士兵回酒泉扎营。你先与夫人回酒泉，大军随后就到。"

班超将行，将士忽报，赵向西腿疾发作，疼痛难忍。班超连忙到赵向西帐中，果见赵向西在床上翻滚。赵向西见班超至，咬住牙关，片刻后，头冒大汗，后背如蒸笼。

班超道："恩公何故如此？"

赵向西道："西域风大，得了腿疾，每逢阴天，疼痛难当，不能行走。"

班超道："大军欲回，内人不服水土，我先送其回酒泉，请恩公一并乘车，待到了酒泉，我再托人送您回洛阳！"

赵向西连声咳嗽，道："我已是迟暮之年，重病缠身，到不了洛阳，仲升就莫为我操心了！"

班超道："大丈夫一言既出，驷马难追，我让军医为您开副良药，您到了酒泉，精神便好了！"

军中的大夫为赵向西开了些药，赵向西果然病情有所好转。

班超找来两辆车，一辆由赵向西乘坐，一辆望秋乘坐，车驾在斜阳余晖照耀下丁零零地响，班超不停地慰问病情。经过一个月的舟车劳顿，车驾终于到了酒泉。在大夫的精心照料下，望秋的身体逐步好转，但是赵向西的身体却越发糟糕了。班超每日前来照料，赵向西两泪模糊，只道班超是恩义之人。

不几日，大军回到了酒泉。薛五每日到班超帐中来，班超知薛五是为看蓝云，故而问望秋，蓝云是否出嫁。望秋道，蓝云一直爱慕沈祥，并未出嫁，此行蓝云便是为了寻沈祥而来。班超道，沈祥年近三十未娶，已过婚嫁之龄，当考虑家室。望秋道，只怕沈祥未必在意蓝云。

班超出了营帐，将沈祥拉至一僻静处，问他对蓝云有何打算。沈祥大惊，道："仲升何故有此一问？我与蓝云清白如水！"班超又问："你年近三十，莫不是此生甘愿独居？"

沈祥道："骠骑将军曾言'匈奴未灭，何以家为？'，我沈祥也当如此！"

班超猛踹沈祥屁股，道："你也配和骠骑将军相比！"

沈祥指着班超："你班超有志，我沈祥就不能有志了？"班超还将要踢，沈祥一溜烟跑了。

就在班超和沈祥说话之时，薛五却在为蓝云洗衣服。

蓝云和两位姐妹刚从城外骑马归来，院外传来几位女子的咯咯笑声，均道好久没有这般畅快了。

几位女子来到院中，见薛五在洗衣物，甚为好奇，走到近处，众人方才认出，这是蓝云的衣物，蓝云一声呵斥，将薛五踹倒在地上，薛五四仰八叉，模样甚是狼狈。

"谁许你碰我的衣服？"

薛五坐在地上，惊望着蓝云。蓝云大声说："薛五，你以后再也不许碰我的东西！"说完，气呼呼地回了房间。

薛五从地上站起来，衣甲上带着泥土，其他姐妹想上前安慰，却见薛五一声不吭，灰头土脸地从营门走了。

望秋听说这件事后，将蓝云叫到跟前，训斥道："薛五对你一番真意，你不领情也就罢了，还当众羞辱于他，真是过分！"

蓝云委屈道：“我不喜欢薛五，可那傻大个总是出现在我面前，我好言相劝不得，只得出此下策！”

望秋闻之，叹气道：“可惜你朝思暮想的沈祥对你也无情义，仲升已问过沈祥，沈祥宁死不肯娶你！”

蓝云听罢，蹲在地上痛哭，道：“不娶便不娶，我宁可独身，也不嫁大傻！”

自望秋来到酒泉，班超每日带着班雄出去射雁，教他习武、识字。

这日班超像往常一般，带着班雄在草原上射箭，忽见有许多人从南往北跑来，班超拦住一人，问他为何狂奔，那人说他是附近的羌族牧民，因鄯善国的骑兵纵兵劫掠，故而逃跑。

班超连忙回到城中，将实情报与窦固，窦固大怒，道：“鄯善国甚为嚣张，竟到汉境劫掠！”

班超道：“鄯善，西域大国，水草肥美，牛羊食之不尽。鄯善王，性温和怯懦，少与邻国为敌。班超以为，兵祸并非国王授意，而是军纪不严之故！”

窦固笑道：“仲升所言有理。陛下命我们收复西域，眼下伊吾卢已通，你有何想法？”

班超道：“鄯善国远，征之，粮草靡费，所耗人力物力巨大。可遣使一人，率使团三十人，到鄯善国，晓以利害，明以时势，劝其投降！”

窦固拊掌道：“仲升与我所想一样，不知你可有推荐人选？”

班超深深一拜，道：“就由属下去吧！”

窦固大笑，将班超扶起，道：“此事非你莫属，你既通西域风情，又勇武睿智，定能不负使命。”

望秋回到酒泉以后，水土不服症状虽有所好转，但是仍然病态缠身，三月后，已憔悴不堪。班超不忍望秋在此受苦，多次命人将望秋送回洛阳，望秋不肯。望秋听说窦固委派班超出使西域，病情似又重了几分，班超只好请窦固派人将其送回洛阳。

送走了望秋、班雄及望秋姐妹，营中冷清了许多，薛五甚至沉默寡言起来。班超问薛五愿不愿随他出使西域。薛五问：“能不能娶到老婆？”班超说：“西域的女人特别多，眼睛大，脸又白。”薛五双目放光，露出些神采，片刻后，又变得无精打采，道：“西域的女人不是蓝云，我不喜欢！”

班超问沈祥是否愿意去西域，沈祥说他愿意，看不到蓝云，做什么都行。班超摇头。

班超又问饶锦文、赵森，两人都没有异议。饶锦文是想走得越远越好，那样就想不起流丹，赵森觉得和班超一起能做大事，欣然同意。另有田虑、曾伯等人相继报名。

临行前，班超去看望赵向西。赵向西原本是要和望秋一道回洛阳的，但是赵向西的腿疾已经十分严重，下不了地了。上次见到赵向西时，他奄奄一息，说今生回不了洛阳了，班超甚为惋惜，暗自后悔不该请他引路。这次向赵向西辞别时，赵向西竟然下了地，还在院中打拳，拳风有力，令班超为之一惊。

"仲升来了，令夫人走了吗？"

"贱内已经回洛阳！"

"可曾捎有书信？"

"已经写了，班超母亲大人一封，恩公公子书信一封！"

赵向西凝视班超，道："多谢啦！这些日子，我躺在床上，一直在想一个问题，人生短暂，如白驹过隙，人活着是为了什么？"

班超道："自然是造福苍生，恩养父母，抚养儿女！"

赵向西叹道："你说的这些，我都没有做到，我是商人，前半生以商为志，后半生潦倒困苦，尝尽人间苦难，上没有孝顺父母，下没有抚养儿女，碌碌一生。"

班超不言，赵向西问："听说窦大人命你出使鄯善国？"

班超答："是。"赵向西叹道："壮士当有宏图志，昔日张骞凿空西域，名垂千古，今日有你班仲升再通西域，重开丝绸之路！西域王国三十六，至王莽篡汉，历经征战合并和分裂，现有大小五十余国。鄯善算是大国，但是算不上强国。鄯善西边有个莎车国，国强好战，经于阗国挫败，国力大损。天山北路有焉耆，焉耆以西有龟兹、姑墨、温宿，胜兵数以万计，非好相与。匈奴犹在，都护新立，汉军如撤去，恐难久安，小心在意！"

班超拜谢赵向西，赵向西从怀中掏出一物，送给班超，道："这是我最后的一件礼物，拿回大营再打开。"班超接过那物件，只见是一个长匣子，倒不是很沉重，遂谢过赵向西。

赵向西挥舞着手臂，眼睛欲睁还闭，似闭似合，班超知他倦了，便悄悄退去。回到营中，他将赵向西送给自己的盒子随手放在桌上，因窦固寻他，班超出去了，直至深夜方回。回到帐中，班超见匣子仍在，便好奇打开，见匣中是一块羊皮，上面绘有图案，班超仔细凝视，却见这是一块西域详图，图中标注了西域的主要山川、河流、地名、国家和交通道路。

班超甚为感动，他出了营帐，去答谢赵向西，到了赵向西帐前，士兵告诉他，赵向西已于日落前去世，死前一直看着东方，口中喊着"洛阳"！

班超顿感惭愧，赵向西一直希望自己能够再回洛阳，可是自己没有能够帮到他，反倒是他一直在无所求地帮助自己。他命手下将赵向西尸骨火化封存，并派人将其送往洛阳。

一个风和日丽的日子，班超骑着高头大马，和窦固派遣的从事郭恂，带领三十六名将士，以假司马身份出使鄯善国。尽管过往经历了跌宕，但是真正的征程才刚刚开始。

第三十五章
拔刀相助客栈起风云　鄯善被围班超巧退敌

晚霞照在山上，山坡像是燃烧的火炭，连绵无际。行走了两个月，班超等人甚是疲倦，如果再见不到村镇，今夜他们将夜宿山坡。这已经不是什么稀罕事，一个月以来，他们住过荒漠，住过沙丘、草地，宿过河滩。在西域，遇到河滩是一种幸运，班超已经将所行路线，过往河流、山坡绘成地图，以期能够沿着这条路线返回洛阳复命。

班超庆幸手中有赵向西的地图，尽管地图不是很精准，但是这已经足以让班超一路前行。太阳渐渐落山，疲惫不堪的赶路人看到远处冒起了炊烟，这无疑是打了鸡血，刺激着饥饿和口渴的赶路人。"把汉军的旗帜举起来！"班超说话时坐直了身体。

前面是一家孤独的客店，远近既无村庄，又无部落。客店由石头堆砌，看着还算整齐，房顶盖着厚厚的茅草，店门口竖着一杆八丈高的旗杆，远远就能看到。旗杆上有块撑起的羊皮，羊皮上画着一个黑色的酒坛，以示有酒。

店门口早已有人等候，伙计是个汉人，见一行三十余人，知道是个大主顾，招待分外热情。班超走到正门，见头顶门框浅浅地写着"八方客栈"四个字，方知店名。

"诸位客官里面请，小的先给各位安排好上房，客官们安顿好了，正好出来吃饭。"方圆百里，只这一家客店，凡是路过此地的，必定要在此休整，店家小二早已熟谙门路，班超一行人也觉得这般安排极为妥当。

一行人进了院子，见院子甚大。院内有一口灶，灶口敞着，没有锅，灶旁堆着柴火，旁边站着两人，一人往灶内加柴，一人往灶上泼水，柴火遇水冒起浓烟，适逢无风，浓烟滚滚直冲云霄。众人方才醒悟，远远看到的炊烟是店家有意为之，正是要告诉远道的赶路人，此处可以投店。

伙计将班超引入客房，客房极大，床铺间紧挨着，就像是在军中营房一般，三十八人住在当中竟不觉得拥挤，想来此店常有客商路过，店家才建此大房。

用饭时，除了汉军一行，堂中的边角还坐着一对男女，此男女年约二十，一副汉人装扮，两人吃饭时不说话，余光不时地看着汉军。班超暗道，此处终是偏僻，虽一家店大，但来往的客人不免还是少了些。

三十八人坐四张桌子，郭恂邀班超单独一桌，不必与士兵同坐。班超断然拒绝，郭恂据理力争道，骠骑将军有言，军人有高低，将帅有上下。班超回驳，大司马有言官兵平等，往来皆兄弟。郭恂争辩不过，只好与士兵同坐。郭恂好静，众将士喧闹，郭恂颇为不悦。

说话间，饭菜已经端了上来。班超叫来店小二，问："小兄弟，你们这里每天生意好不好？"

店小二有问必答："有的时候好，有的时候不好。"

班超好奇，道："何时好？何时不好？"

"夏天的时候好，冬天的时候不好。早几年好，这几年不好。降雨多的时候好，旱季的时候不好。不打仗的时候好，打仗的时候不好。"

班超点头，又问："此处离鄯善国还有多远？"

小二答："沿着山脚，还有五百里，一路往南，看到一处大水，名叫鄯善湖，那便到了。"

入夜，除安排两人放哨外，众军士全部入睡。

夜深时分，班超听到房外有响动，隐隐有刀剑之声，继而有哨兵鸣锣。众人惊醒。班超示意众军士莫慌，命众人勿掌灯，速披甲，取兵器。窗外月色朦胧，但刀剑声却在十丈之外，似不是围攻汉军。班超打开窗户，看到院外亮起了火把，知道打斗之人在院外。

"报告司马，院外有人打斗，一伙来历不明的人正在围攻一对男女。"

"来人多少？"

"有三五十人。"

"都跟我出来。"班超道。

郭恂连忙制止："班兄，院外打斗纯属个人恩怨，我们又何必介入？"

班超道："我们此行是要西域诸国臣服大汉，既然是臣服，就要加布恩德，又怎能见死不救？"

众军士听说外面只有三五十人，暗道汉军身经百战，院外之人不足为惧，便支持班超。沈祥道："莫不是郭从事怕了？我大汉将士岂能贪生怕死？"郭恂见阻拦不住众人，只好同意。汉军骑上军马，出了院子，果见门外站着一队人马将一对青年男女围住，这对青年男女正是晚上吃饭时在大堂所见之人，两人手持弯刀，背靠背而立，身上布满鲜血，眼下已然精疲力竭。

院外这队人虽不多，但衣着一致，身披铠甲，动作整齐划一，一眼便能看出是军队。此去鄯善不远，难道是鄯善的大军？班超回想鄯善的军队，鄯善似没有这般精神，亦与此军的装束不同。

这队人马领头的十分高大，大额头，大鼻子，大胡子，装束也不同于其他士兵。他上前一步，口中叽里呱啦地说了几句，班超等人无一听得懂。班超上前，对那人说了洛阳汉话，那人也听不懂。就在这时，被围的女子突然杀死眼前的一人，双方再次混战起来。人时常同情弱小者，汉军见这对男女被围，心生怜悯，对方一名士兵退到汉军身边，被沈祥用枪杆绊倒，汉军哈哈大笑。对方以为汉军与眼前男女一伙，纷纷冲了上来，汉军正愁没有理由混战，见对方过来，迎头反击。汉军皆班超精挑的勇猛将士，来人哪是对手，一个回合便有一半人从马背掉落。对方的头目大惊，亲自来战，被薛五三刀斩落马下，其余众人见了，四散溃逃。

汉军收拢部队，被救的男女向班超道谢。班超试图问男女姓名，哪国人，因何被追杀，但因言语不通，没有答案。男女有伤在身，班超给了他们些治外伤的药，但他们对班超似有迟疑，始终缄口不言。男女包扎好外伤，趁着夜色离开了客栈。

次日，众人吃过早饭，备足了干粮与水，继续往南行。这一路，水草渐丰盛，牧民也渐渐多了起来。饶锦文一路打探，经过十余日的跋涉，众人终于到了鄯善湖。

"快看，有湖，好大一片，无边无际！"赵森喊道。

鄯善国就在鄯善湖附近。班超猜想，西域诸国逐水而居，鄯善国必建在鄯善湖流出的一条河的下游，历经近三个月，终于要到了。

鄯善湖是一个巨大的淡水湖，众人在湖边痛饮了一番，洗了澡。

"班兄，你还记得在雁门关外，我们一起抓鱼的日子吗？"沈祥看着鄯善湖，对班超说。

"当然记得，那时候的肉香啊。"

"今日我再去抓一回。"说罢，他脱下衣服，拿着长枪下了水。

薛五也甚是高兴，取了弓箭，射了一头鹿回来，与众人分食。

众人吃着烤鱼与鹿肉，心情甚是欢畅。班超特意将存下的一坛酒分与众人，以示庆贺。众人吃罢酒肉，忽见远处卷起漫天尘烟，湖水荡起长波，个个眉头紧皱，不好的预感涌上心头。众人熄灭柴火，披上战甲，寻低洼处隐藏。班超与饶锦文一道抵近侦察。

三里外的草地上，一支约两万人的大军自西向东正在狂奔疾驰。此地是鄯善国境内，眼前的军队如果不是鄯善的，就是进攻鄯善的。鄯善国军队回城，无须快马疾驰，当是不急不躁，仪仗整齐才是。这支军队若不是鄯善国军，便是来攻城的，此地只有于阗国有如此强大的军队，难道是列查来攻城略地了？想到此处，班超又跟紧了一些，走到近处，见军队的装束，断定正是于阗军。

"不好，鄯善国有危险。"

再说鄯善国王广早已获得奏报，于阗国正在整饬军队，伺机进攻鄯善。他日夜担忧，不想于阗的大军还是到了。他一面收缩军队，将所有兵力集中到鄯善王城，一面加紧筑墙，准备与于阗军决战。饶是如此，鄯善王仍不放心，鄯善国虽大，但是兵不强悍，城池低矮，举国并无抗击于阗的信心。

列查带领的于阗大军到了，可鄯善城前早已挖了一条三丈深的壕沟，故于阗军虽兵临城下但却进城不得。于阗王子列查在城下大声叫阵："老儿广，你挖了偌大的壕沟，以为就能躲过破城之灾吗？我有两万铁骑，莫说你区区壕沟，便是一道峡谷，转瞬也可填平！"

鄯善王在城上说："王子殿下，没有化解不了的仇怨，希望你不要一意孤行，置苍生黎民于不顾。"

列查哈哈大笑："我还是头一回听你讲大道理，你杀我爱将呼噜候，此仇怎能不报？"

"呼噜候大将军不是我杀的，那是一个汉人杀的，我已经将他绑来了。"说罢，众军士将一名男子五花大绑地捆上了城头。

列查在城下见了，说："好，你将此人送出壕沟，我斩了此人首级，自当退军。"

"我若将人送出壕沟，只怕你趁机攻城！"

"你若不将人送出来，我即刻攻城！"

　　鄯善王看着眼前被捆的汉人，说："勇士孔，为了鄯善国，委屈你了！"

　　被捆的汉人将要说话，口中被一名士兵塞了一块破旧羊皮。一名将军道："恳请大王早作决断！"鄯善王道："我心有不忍啊！"

　　那位将军道："大王仁慈，此人杀了呼噜候，引来了于阗的复仇大军，若不将此人交与列查，恐怕我们就要亡国了！"

　　鄯善王点头，命人在那名汉人的腰上绑一根绳子，从城上放了下去。人被放下一半，于阗大军的箭就像雨点一般飞了过来，箭雨没有射中那个汉人，射中了城上放绳子的士兵，士兵的手一松，汉人从城半空落了下来。

　　见鄯善王不肯开门，王子列查命令士兵攻城。于阗军出阵，举着梯子搭在了壕沟上。城上的鄯善军见于阗军言而无信，十分愤慨，鄯善王尚未发令，众将士便自行将箭射了出去。鄯善王顿时慌乱，口中说："谁让你们射箭的？"士兵一边射箭，一边说："大王，再不射箭，于阗人就攻上来了！"鄯善王无奈地说："那就射吧！"

　　西域诸国善骑射，不善攻城，于阗军虽勇敢，但是没有大型的攻城器械，面对鄯善国的箭雨，冲锋的将士死伤甚多。鄯善王本想惩罚那些擅自射箭的士兵，见此状，不禁连声叫好。

　　于阗军攻城不利，列查十分着急，狂躁的他大发雷霆，命令部队全线进攻。于是部队潮水般涌过去，梯子上铺着木板，铁骑不久就到了城下。步兵推着攻城车也到了城门下。可鄯善人早在城门下堆满了石头，于阗人固然将城门撞烂了，却也没有进得了城中一步。

　　城上的箭雨纷飞，城下死伤一片。于阗人一面将梯子搭上城墙，一面举着盾牌往外运石头。眼看城门将破，忽听身后传来一阵密集的锣声。开始时，因征战声太大，听到的人少，但是片刻之后，城上城下的人就全都听到了，于阗军回首望去，只见城外山坡之上站着两骑，一人在敲锣，一人举着根手杖；再看二人身后的林边，布满旗帜，林中不时飞出阵阵惊鸟。

　　于阗军大为恐慌，身后何时出现了一股军队，自己竟一无所知。于阗军攻城时已经损失了部分人马，而鄯善军尚无较大损伤，如果林中的军队与王城中的鄯善军夹击，于阗军定有去无回。

　　列查连忙收拢部队，鄯善军也没有趁势反攻。

　　山上的两人是班超和饶锦文。眼看鄯善王城将破，班超使出了疑兵之计，他命军士在林边插满旗帜，然后在林中疾驰，将林中的鸟赶走，以造成埋伏了大军的假象。

　　列查很快就认出了班超，班超也认出了列查。

　　"班超，你怎么来了？"

　　"我奉奉车都尉窦固之命，领兵前来收服鄯善国。我见两国正在交战，前来问明缘由。"

　　"你带了多少兵？"

　　"不多。"班超狡黠一笑，说，"班超只带了几名侍从。"

　　"怎么会？那山上的鸟儿都飞走了，林中布满了旗帜，你是不是带了几万大军？"

　　"王子殿下英明，我大汉皇帝英明神武，欲仿效前朝皇帝，保护西域，重开丝路，再创大汉盛世。"

　　"保护西域？是要降伏诸国？"

　　"正是。"

　　"这是大事，但能否让我先攻克鄯善国，报了呼噜候的大仇？"

　　"呼噜候死了？"

　　"正是。"

　　"如何死的？"

　　"死于鄯善国之手。"

　　班超不及细问，但他绝不可能再让于阗军攻克鄯善。如果鄯善国灭了，于阗国就成了西域的强国。他道："于阗大军伤亡惨重，需要修整。请殿下先行退军，待我问明情由，再给你一个答复。"

　　眼见鄯善王城将破，不想班超带领汉军出现，列查不知班超究竟带了多少军队，不敢贸然宣战。汉朝是超级大国，数月前，仅听到汉军北征的消息，匈奴就遁走得无影无踪，右贤王部更是一夜就被击溃，汉军先后收复车师后王、前王部。无论国力、军力，西域无任何一国可与之比肩。莫说班超带了军队，就算不带军队，班超以汉军之名命其退军，列查也不敢不退。再说二王子还在洛阳，二王子贤名远播，一旦汉军送还二王子，自己将难以继承王位。

　　在鄯善国的欢呼中，列查退去了军队，到三十里外的墨水河滩驻扎。

　　于阗军退后，鄯善国清理城门下的石头，布置仪仗，以王侯之礼欢迎班超。

　　"汉使究竟对列查说了什么，竟使列查退去了两万大军？"鄯善王问班超。

　　"我对列查说，我是奉大汉奉车都尉窦固的命令出使鄯善国的。鄯善国是大汉的友邦，命于阗国立即撤军。列查听了，答应撤军到三十里外，这才解了王城之危。"

"汉使真是神武！鄯善城小，大汉威武之师到了，恐招待不周，希望汉使见谅。"

"鄯善王莫慌，我汉军一行只三十八人。"

"什么，只有三十八人？"

班超回望山坡，山上走出三十六骑，每骑各执一道令旗。

鄯善王顿感敬佩，但片刻后，便有些失落：汉军只区区三十八人，于阗军再来攻袭王城，班超又当如何退敌？

第三十六章
鄯善王城班超见祥广　于阗兵退汉使受冷遇

鄯善王将班超和郭恂请入王宫，丞相、将军等人作陪。鄯善王问班超："汉使此行出使我鄯善，不知道所为何意？"

"我奉奉车都尉之命，出使鄯善。鄯善王可仿效车师国，臣服大汉，此后鄯善有危难，大汉朝身先士卒，保护鄯善。"

鄯善王与丞相、将军面面相觑，不知该如何接话。丞相让道："汉使所言，实乃美事一件，我鄯善国弱，常受匈奴欺凌，又常与周边国家交战，如有大汉保护，鄯善国民将安居乐业，不再为生存发愁。只是四十年前，西域诸国入汉恳求庇护，大汉皇帝拒绝了诸国请求，不知汉使今日为何主动要求保护我们？"

班超道："大汉历经王朝动荡，王莽篡汉，朝廷自顾不暇，如今明君再现，励精图治，大汉再现盛世。陛下仰苍天之厚德，垂怜苍生，不忍西域诸国再受欺凌，故而再生保护西域之意。"

丞相让又问："不知大汉有何条件？"

郭恂道："自前汉始，臣服者须向大汉皇帝称臣，每年按例向大汉纳贡一次，派王子入洛阳为质，三年一换。"

鄯善王问："鄯善国可得甚好处？"

郭恂道："好处当然多了，你自可安心在鄯善为王，有人攻你，我大汉可派兵助你解围。昔日，匈奴围困诸国，诸国主动派遣质子不就是如此吗？再者，我大汉朝对藩属国一向优待，西域诸国上贡牛羊不及我大汉恩赐之一二，臣服大汉于鄯善而言，实好处多多。"

鄯善王点头。近年鄯善常受周边国家侵扰，先是莎车国，继而是匈奴，现在是于阗国。鄯善国水草丰盛，国民安于畜牧和务农，不好争斗，如能受大汉庇护，当是好事。鄯善王便说："眼下于阗虽退兵，但尚未班师回国，鄯善国仍有覆灭之危。如果汉使能退于阗军，鄯善愿意臣服大汉，进奉臣表，选派质子。"

郭恂面带犹豫，班超却称好。

班超问："数年前，匈奴曾强迫西域诸国出兵大汉，陈兵五原，于阗国先行返回西域，途经鄯善国时，趁鄯善国空虚，洗劫了王城，可有此事？"

班超提起了鄯善出兵五原和于阗洗劫鄯善国的旧事，这两件事对鄯善国都有损颜面。鄯善王面上有些挂不住，吭哧着说"是"。班超知道鄯善王误会了自己的用意，解释道："大王莫要误会，我不是要提旧事，我是好奇，既然是于阗偷袭了鄯善，为何于阗今日会打着前来复仇的旗号攻城？"

丞相让道："汉使有所不知，于阗军本可占有王城，但列查洗劫了鄯善王城便离去了。此后王城几乎成了废墟。大王回国后，花了三年才修好王城。鄯善人不好争斗，也没有想过复仇，不想于阗人见王城将要修复，趁机攻伐，意图将王城占为己有。一年前，于阗军再次攻来，鄯善军奋起反抗，眼看不敌，一个常年生活在王城的汉人身先士卒，一枪捅死了带兵的呼噜候，于阗人惊慌溃散。时隔一年，于阗人再次整顿军备，扬言为呼噜候报仇。王城人心惶惶，于阗王子向我们索要凶手，我们没有办法。"说到这，丞相停了下来，看着鄯善王。

鄯善王也甚是尴尬。班超想起城墙放下一人，就问："眼下这位勇士在哪里？"

"他现在被绑在校场旗杆下。"丞相说，"我们担心于阗军还会再来。"

班超怒从心起。他隐隐觉得此人就是孔祥广，但眼下要克制怒火："校场在哪里？"

"我为汉使带路！"丞相起身，带着班超去了校场。郭恂虽不知道班超为何如此激动，但是想到鄯善国如此行径，对鄯善国所为也感到不齿。

果然不出班超所料，那位汉人勇士就是孔祥广。孔祥广被绑在旗杆下，旁边有位美丽的姑娘在为他擦拭脸上的脏物。

"孔兄，真的是你吗？"

孔祥广也认出了班超："班兄，你来了。"孔祥广在城下的时候，就已经认出了班超。

　　"快松绑！"班超对丞相说。

　　丞相让不敢犹豫，连忙命人将孔祥广身上的绳子解下来。

　　"丞相，我的房间准备好了吗？"

　　"准备好了。"

　　"请丞相找两位军士将孔将军抬到我的房间，我要为他治伤。"

　　"是！"丞相让看出班超与孔祥广相识，他惊得一身汗，不敢有丝毫懈怠。

　　孔祥广被抬进了班超的房间。沈祥、薛五、饶锦文听说找到了孔祥广，纷纷来见。听说孔祥广斩杀了来犯的呼噜候，鄯善王欲以孔祥广之命退于阗军，众人都气愤不已，道鄯善王忘恩负义，以怨报德。孔祥广自言，是自己斩杀呼噜候，也甘愿赴死，众人十分奇怪，却见门外一人在哭泣。

　　班超问："那是何人？"

　　"那是鄯善公主安。"众人恍然，对孔祥广失踪数年的去向也了解了个大概。孔祥广道："八年前，因一时气愤，我离开军营，不想遭遇了匈奴人。敌众我寡，我负伤昏迷，被狩猎的鄯善军人搭救，认识了公主安。安是我见过最美丽的女人，她善良、聪慧，我从此爱上了她。后来鄯善大军回国，我也随鄯善大军到了西域，我那个时候想，只要能远远地看到她，也知足了。鄯善王准备将她嫁给莎车国王子，安不肯，我知道她是爱我的。为了能娶安，于阗大军进攻鄯善的时候，我主动请缨。这个时候，打仗都是迫不得已，只有我主动请战，鄯善王欣然允许。我单枪匹马出入军阵，刺死刺伤数十人，将指挥作战的呼噜候斩落马下。就像是在黄龙岭，将士们见我勇敢，都围了过来，于阗军溃散，我成了鄯善国的勇士。为了褒奖我，鄯善王将安许配给我，我成了鄯善王城最幸福的男人。就在要举行婚礼的前一天，王城突然收到了一个消息，列查带着两万大军，直奔王城，扬言要为呼噜候复仇。这个时候，矛头突然对准了我，说呼噜候是我杀死的，只要将我交给于阗人，王城就能免于灾难。我知道将我交给于阗人，于阗人还是要攻城，但是为了一线希望，为了我爱的安，我决意负荆请罪。当我将自己绑好，走到国王前时，国王嘿嘿一笑，问我怎么将自己绑起来的，还省去将士们劳神了。"

　　众人听到此处，无不愤恨，孔祥广说："于阗军到了，国王果真就将我送上了城楼。他怕我反悔，用羊皮将我的嘴堵住。士兵将我从城上放下去，于阗军纷纷射箭，意图射死我，哪知道距离太远，没有射到我，反倒有一支箭射中了城上的士兵。我从城上摔了下来，所幸的是皮糙肉厚，城墙也不高，没有摔死。"

"我要找那鄯善王老儿算账！"沈祥起身便要出门。

饶锦文拉住沈祥，道："我们客居鄯善，凡事不要冲动。"

班超没有说话。这时院外进来一些士卒，说要拜见勇士孔。班超命人放行，一群士卒涌进房内，跪拜孔祥广，其中一人说着鄯善国本土话，众人谁也听不懂，稍后就听孔祥广也说了些听不懂的鄯善语，你一言我一语，良久才退去。

沈祥问孔祥广："这些蛮夷对你说了什么？"

孔祥广说："这些人曾经跟着我在战场上打过仗，很敬佩我，祈福我早日康复，与他们一起打仗。"

薛五笑道："看来鄯善人也不完全是忘恩负义的小人。"众人哈哈大笑。

郭恂道："英雄无论在哪里都会受到尊敬，司马大人，我们已经答应鄯善王退敌，不知道你可有良策？"

班超道："现在言退敌尚早。"

郭恂十分气愤，指着班超，道："原来你没有退敌良策，那你还答应鄯善王！"说罢，拂袖而去。

沈祥气道："此人无甚本事，脾气挺大，有能耐自己去退敌！"众人皆言"是"。

三日后，于阗军再次兵临城下。得知汉军仅数十人，于阗军卷土重来。

鄯善王将班超邀到城门上，问班超有无退敌之策。班超道："于阗军两万，王城内亦有两万军，王城依城池之险，大王无忧。"

鄯善王急道："鄯善虽有两万兵马，但无于阗军之勇啊！"

班超挥手，说："无碍。"

其实班超早已有了退敌之策。鄯善王城十分坚固，城高墙宽壕深，城内粮草充足，军队与于阗军数量相当，唯有士气不足。士气不足乃缺乏攻伐经验所致，只需抵御数日，待于阗士气低落，粮草匮乏，敌我强弱之势自会变化，届时一鼓作气，于阗大军自溃。

班超命人将汉旗插满城头，又命人准备了大罐火油和巨石。于阗军攻来时，班超率领汉军引弓射箭，汉军箭法精准，城下许多士卒被射死。于阗军畏惧，列查下令，后退者斩，于阗军再次向前，梯子搭到城墙时，班超命人投巨石、泼火油，于阗军死伤大片，鄯善军士气大振。列查眼见再打下去，必将血本无归，命令大军撤退。

鄯善王见自己与汉军的指挥天差地别，对汉军不由得刮目相看，但他仍不肯就此臣服："汉使，此次之所以获胜，皆是因我鄯善国的勇士上下一心，英勇善战，可作不得数。"

班超见鄯善王不信守诺言，冷漠道："于阗军还没有回国呢！"

鄯善王顿时心慌："这可如何是好？"

班超道："待我明日与他一战，到时还请大王开门，派些士兵助战。"

自于阗军入境，鄯善军就一直躲在城中，对此次大战没有信心。听闻班超要开门迎战，鄯善王战战兢兢，颇为犹豫。班超说，如果鄯善军一直龟缩城中，于阗军便是退了，也会卷土重来。鄯善王这才下定决心。

次日，于阗军果真来犯，而且准备了大量的盾牌与攻城梯，哪知道大军刚到城下，王城的城门便打开了，城内大军鱼贯而出，领兵在前的就是班超。

于阗军甚为意外，列查道："班超，你怎充当了鄯善将军？"

班超回答："鄯善已决心臣服大汉。臣服大汉者自有大汉护佑，今外敌来犯，我自身先士卒。"

列查道："我与鄯善有深仇，你若不退下，休怪我无情！"知道没有大股汉军，列查胆气大了很多。

"列查，你有什么本事，尽管使出来。"

"哈哈，你身后的都是鄯善军，鄯善军虽众，但不堪一击，鄯善军本有王城保护，无奈出城受死。"列查心花怒放，以为终于有了战胜的机会。他命大军分左中右三路进攻，但因大军连续攻城数日，士卒疲惫，且战斗减员，不敌鄯善军。鄯善军以汉军为先锋，所过之处，如摧枯拉朽，鄯善军在城中闷了数月，士气大振。于阗军渐渐不敌，前面接敌的士兵相继落马，后面的部队掉头回撤。

这时，城外的山坡上涌出一股军队，举着鄯善国旗帜，摇旗呐喊，于阗军魂飞魄散，丢下武器，纵马奔逃。

于阗军大败，班超没有乘胜追击。鄯善王问班超："为何不穷追猛打，以泄心头之恨。"班超道："冤家宜解不宜结，如果杀了王子列查，于阗王势必倾国来犯，届时大王如何抵抗？"鄯善王不语。

大军回城后，全城相庆。城中百姓对汉军夹道相迎，无不称赞其神勇。是日，王宫宴请了汉军全体将士，双方互相敬酒。班超见公主安在鄯善王一侧倒酒作陪，询问鄯善王："听闻大王已经将公主安许配给了勇士孔，不知道可有此事？"班超说罢，全场顿时安静了下来，没有再出声。郭恂坐在一旁，扯住班超的手臂，示意他不要问，但班超挣脱了他。

　　鄯善王面色尴尬，转瞬便面色如常，道："确有此事！"班超又问："不知道鄯善王是否悔婚？"郭恂又去扯班超手臂，班超没有理会。鄯善王停顿片刻，道："不曾悔婚。"班超道："既是如此，不知道大王何时为公主安举办婚礼？"鄯善王早已打探清楚，得知孔祥广是班超至亲好友，而今于阗军退，将要臣服大汉，将女儿嫁与大汉勇士并无坏处，便道："请汉使定夺。"汉军上下拍案相庆，鄯善将士也举杯庆贺。

　　其实鄯善国民也十分喜爱孔祥广，知道公主安钟情于这位汉族勇士。长期以来，因为孔祥广是汉民的缘故，两人没有走到一起。后来孔祥广击溃于阗来犯敌军，杀死呼噜候，鄯善王答应将公主安嫁给孔祥广。但是因为于阗进攻鄯善国，孔祥广被一部分大臣用来做替罪羊，两人因此断了姻缘，孔祥广差点命丧黄泉。现在汉军与鄯善军击退了于阗军，当再无理由阻拦二人恩爱。

　　公主大婚，自然要办得隆重，酒宴上，婚礼日程被定到了一个月之后。

　　原先约定击退于阗军，鄯善王便上臣表，选派质子，但于阗军退后，班超便再也见不到鄯善王了。初时鄯善王常派人送来吃食及棉被，近来却已无人过问，常需汉军催促索要，方有吃食送来。

　　班超每每拜见鄯善王都被宫人挡住，或道接见使臣，或道出城狩猎。不觉间时间就过去了半个月，班超越发着急。

　　这一晚，帐中来了一人。

　　正在查看自己绘制的西域地图的班超觉得此人十分熟悉。

　　来人是一位姑娘，她穿着一身的黑色衣服，但掩饰不住她美丽的身姿。

　　"是你？"班超想起那晚在八方客栈救下的一对男女，来人正是被救的女子。班超问："你怎么到这里来了？"班超想起来她不懂汉语，正要说匈奴语，眼前的姑娘张口了，她用汉语说："你为什么来西域？"

　　班超愣住了："原来你懂汉话。"

　　"我问你为什么来西域？"

　　班超顿了一下，道："我奉奉车都尉窦固之命，前来收服鄯善国。"

　　"鄯善国答应了？"

　　"鄯善王说，只要我退了于阗大军，就同意臣服大汉。"

　　"鄯善王说过的话，恐怕连他自己都不相信。"

　　"不知道姑娘是想告诉我什么？"

"在这个大漠里，只有匈奴人才是真正的主人，大汉朝想庇护西域，就要彻底地打败匈奴人。"说罢，转身离去。

班超想要问清楚，但当他掀开军帐帘子望时，那女子却已经不见了人影。

恰逢丞相让路过，班超将丞相让请入帐中。班超为丞相让倒满酒，然后坐在蒲团上，闭目不言。丞相让问班超有何烦恼。班超经入帐的女子提醒，已然猜到匈奴有使臣来到，但他仍不确定，有心诈丞相让，便道："汉军为使，匈奴也为使，汉军虽强盛，但近年没有经营西域，匈奴虽弱于汉，但铁骑纵横，时常扰边。"说罢长叹一声："我让鄯善王为难了！"丞相让十分吃惊，道："汉使如何知道匈奴使节到了鄯善？"班超双目圆睁，离开蒲团，抓住丞相让的衣领，道："匈奴使节何时来的？现在何处？来了多少人？"

"匈奴使节于十日前抵达鄯善，共有两百人，现住王城西墙的匈奴军帐里。"

班超将丞相让捆绑起来，堵住其嘴，关进一间幽闭的柴房之中。

第三十七章

突袭匈使威吓鄯善王　鄯善臣服使节团凯旋

　　班超招三十六名军士，设宴饮酒。酒至半酣，班超道："鄯善王近日对我们不似往日那般盛情，不知诸位是否有所察觉？"

　　赵森道："我等早已察觉，近来饭菜简陋，军士怠慢，不知是何缘故？好生费解。"

　　班超道："自然是有缘故，不知诸位可想知晓？"

　　薛五道："司马大人，究竟发生了何事？"

　　班超见众人都看着自己，这才说："匈奴派来了使节，足有两百人！"众人皆吃惊，匈奴人何时来到王城，又住何处，自己竟一无所知，无怪鄯善人对汉使一行冷淡了许多。班超继续说："朝廷派我们来西域是做大事的，诸位随我历经千难万险，方才到了鄯善国，求的是功名富贵。而今破了于阗军，却迎来了匈奴使节。鄯善王背信弃义，意图将我们绑了，送给匈奴人。我们的骨肉只怕要在西域喂豺狼了。"

　　赵森道："这鄯善王真是反复不定的小人。"

　　薛五大声道："是死是活，我们都听司马大人的。"众人都说听从司马的。

　　班超道："不入虎穴，焉得虎子。为今之计，只有杀了匈奴人，断了鄯善人依附匈奴人的念头。"众人喝了酒，胆气壮了不少，均附和班超："与其窝囊死在西域，不如先动手杀了匈奴人。"

　　饶锦文问："不知道匈奴人在何处落脚？"

　　班超道："我已经打探清楚，匈奴人就住在城西的军帐中。"

饶锦文又问："如何动手？"

班超道："敌众我寡，又是深夜，我们可趁夜潜伏至匈奴军帐，放一把火，匈奴人在慌乱中不知道我们有多少人，必恐惧大乱，我们便可一举将其尽数歼灭。杀了这些虏人，鄯善国人必心惊胆寒，我们也就大事可成了。"

薛五问："是否知会郭从事？"

班超道："吉凶决于今日。郭从事是文人，干不了武人的事，若是他不敢干，泄了密，我们便要坏事了。"众人皆称是。

是夜，四更时分，王城一片宁静，班超率领三十六名军士潜伏至城西。城西有一片开阔地，地上新起了二十围军帐，帐前立着一杆旗杆。旗杆上飘着的正是匈奴的旗帜。

班超命饶锦文带着十人持鼓埋伏在帐篷之后，见火起后，大声鼓噪，又命沈祥、薛五各带十余名军士守在帐篷门口，自己走到上风向点火。

当日风大，班超点起火把，投向各个帐篷，帐篷遇火即燃，火势很大。躲在帐篷后的饶锦文等人见火起，大肆擂鼓呐喊，睡在帐篷中的匈奴人立即惊醒，反应比较快的匈奴人马上冲了出来，却被潜伏在帐外的汉军一刀砍死，班超亲手格杀三人，躲在帐内的人见了，吓得不敢出帐，于是被火活活烧死。

城西的大火引来了守城军士。漫天的大火和撕裂般的哀号让睡梦中的值夜军士触目惊心，不过当他们赶到时，城西已经满地是烧焦的尸体！看着脸上混着灰尘和血水的汉军将士，守城的军士们不敢上前一步。

天尚未亮，班超提着匈奴使节头颅，带着三十六名汉军来到了王宫，六排六列站在王宫门前。值夜的军士连忙通报宫内的侍卫。侍卫叫醒了还在睡梦中的鄯善王，鄯善王听闻班超提着匈奴使节的头颅，大为震惊，又闻汉军尽数歼灭了匈奴使节团，身体不住地发抖，口中念叨该如何是好。

"召丞相！"

"值夜的军士已经去了，没有找到。"

"这个没用的东西，跑哪儿去了？连个商量的人都没有。"

鄯善王穿着睡衣，在寝宫转了一圈又一圈，内心挣扎了无数遍。匈奴使节死在了鄯善国，匈奴必报此仇。他们不会将账算在强大的汉军身上，只会找弱小的鄯善清算。匈奴人杀死了无数的国王，也换下了无数的国王。匈奴人如果进攻鄯善，破城轻而易举。但大汉强，匈奴弱，汉军的西征大军刚刚横扫了右贤王部，收复了车师国，而匈奴远遁，其大单于也藏匿得不知所踪，眼下只有依靠大汉王朝，善待汉使，才能抵御匈奴。他悔恨将匈奴使节迎进王城。

想到这里，他穿上了衣服，整理衣冠，在太阳初升的时刻，打开了宫门，将班超等汉军迎进了王宫。看到班超身后整齐威武的汉军，鄯善王镇定了下来，他上前对班超施礼，说："汉使，小王已经议定臣服大汉，臣表正在撰写，质子选定三王子末，汉使复命之日，臣表及三王子一并送到。"

"多谢鄯善王。"班超带着三十六名汉军离开了王宫，没有再多说一句客套的话。

回到营帐，军士欢庆胜利，众人对班超的胆识、谋略无不钦佩。班超不仅识破了鄯善王的用意，找到了匈奴使节，还全歼使节团，致使一直摇摆不定的鄯善王最终臣服大汉。

班超放还了丞相让。丞相让离开了汉军营帐，试图带兵围剿汉军报仇，鄯善士兵无人听命。鄯善将士痛恨匈奴人长期的压迫。他们的妻儿饱受凌辱，他们的土地被肆意侵占，他们的牛羊被无情掠夺。如今汉军帮助鄯善人赶走了于阗军，还灭了匈奴使节，大快人心。汉人的勇敢与智谋，让鄯善军士钦佩。

日上三竿，习惯了早起的郭恂听到帐外嘈杂的喧闹声。"都吵什么，身上怎么都脏兮兮的，哪来的血？"郭恂问一名将士。那名将士道："昨夜，司马大人带着我们夜袭了匈奴使节营地，一举歼灭了使团。"

郭恂大吃一惊，这是一个天大的大功，而班超却没有告诉自己，实在太过分了。

"班司马，听说你们夜袭了匈奴使节营地？"郭恂来到班超营帐。

班超看到郭恂的脸上露出了不满。他挥挥手，说："从事大人虽然没去，但是班超怎能独自占了这份功劳？班超会如实上报，就说从事大人与班超一起出兵，共歼匈奴使团。"郭恂顿时喜形于色。

汉军杀死匈奴使团的事情，在次日的清晨就传遍了鄯善王城，举国震惊，鄯善王甚至派丞相提前送来臣表，确认文辞是否妥当。

三日之后，班超在王殿上接受了鄯善王交纳的臣表，时群臣云集。班超在众人瞩目之下，以宗主国使节的身份接受了臣表。当日，汉军一行在鄯善军的护送下，带着三王子末返回柳中。鄯善国仪仗从王宫一直摆到了城外，围观的百姓随着使团一直跟到了鄯善湖，口中不断喊着"大汉"与"班超"。

鄯善王担心匈奴人复仇，对班超说："汉使回国之后，务必再回鄯善，鄯善不能没有汉使！"

在鄯善的国民看来，臣服大汉，鄯善从此就是大汉王朝的一部分了，此后匈奴、于阗、莎车再也不能随意攻伐。

使团一行返回顺利，仅两个月就回到了伊吾卢。

时窦固在伊吾卢驻扎。过去的半年，窦固帮助当地百姓开荒、兴水利，找来熟悉耕种的人教当地牧民种植五谷，深受当地民众爱戴。

因沿途缺乏驿站，鄯善国臣服的消息没有事先传书到伊吾卢。班超一行进了车师境内的时候，窦固才得奏报。窦固听说鄯善国纳了臣表，甚是惊喜。他更换都尉军服，置仪仗，亲自出城相迎。

见窦固亲自相迎，班超连忙下马。

"仲升让鄯善臣服，一路辛苦了。"

"劳都尉亲自迎接，愧不敢当。"班超将三王子末迎下马车，道，"这位是三王子末。"

窦固躬身施了一礼，道："三王子殿下一路辛苦了。"

三王子右手护胸，还礼道："驸马大人好。"

"哈哈，好，走，随我回城。"窦固挽住三王子的手臂，将使节一行迎入城中，城内军民百姓争相张望，口中啧啧称奇："也不知道这班超用了何办法，竟然凭着一张嘴就让偌大的鄯善国臣服了。""可不是吗，我们辛辛苦苦打了那么多仗，死伤那么多人才收复了车师。"

窦固将三王子迎入馆舍，从馆舍出来后，自与班超一番细说其中经过。说到纵火夜袭匈奴使节之事时，班超称自己与郭恂商议之后，一道实施。窦固点头，夸赞班超有勇有谋，有大将之风，但仍不免感叹此行太过冒险。

班超问："是否先行将臣表送往洛阳？"

窦固道："不可，臣表与质子同属纳降物，不能一前一后。稍后我撰写捷报奏表，先行奏报此事。"

"大人思虑周全。"

是夜，窦固在伊吾卢为班超一行和鄯善王子接风。沙岸听闻班超回城，也亲自赶来为班超祝贺。宴会初时是为欢迎鄯善王子，但鄯善王子汉语不佳，出席宴会的又多是武将，诸将酒过三巡，话便多了起来，但又担心说了不该说的话，被鄯善王子听了去，沈祥便带着薛五连连向王子敬酒。鄯善王子酒量本不错，但经不住诸将连番进攻，片刻便挥手称身体不适，退回了馆舍。

鄯善王子退去，诸将欢笑起来。窦固指着诸将，笑骂道："尔等甚是无礼，鄯善王子不远千里来到伊吾卢，诸位不待王子殿下吃罢酒席，便连番敬酒，让客人空腹而眠，非君子也。"众人哈哈大笑。

沈祥向窦固施了一礼，道："都尉教训得对，只是王子殿下不通汉话，我怕他听不懂，心生烦躁，助他早点结束宴席。"

沙岸道："那你更应该留他在此，让他多学学汉话。"众人又哈哈大笑。

窦固起身端起酒杯，正色道："诸位随我征战两年有余，作战勇猛，受尽寒苦，固在此谢谢诸位了。"说罢，一饮而尽。诸将起身，齐声道："赴汤蹈火，在所不辞。"说罢，随窦固饮了杯中酒。

窦固又斟了一杯酒，道："好男儿志存高远，心怀天下，今右贤王部尽灭，车师收复，鄯善臣服，尽是列位之功劳。我将如实奏报陛下，为诸位请功，诸位将垂功名于竹帛，富贵显耀于乡里。"说罢，一饮而尽。诸将齐声道："谢都尉大人。"说罢，又饮了杯中酒。

窦固又为自己斟了一杯酒，道："这第三杯酒，我敬班超。"班超听了，连忙站了起来。窦固道："班超此次以假司马的身份出使鄯善，功劳甚大，此次鄯善臣服，要说兵不血刃那是虚言，但未损我大汉一兵一卒，难能可贵，来，仲升，我敬你一杯。"说罢，一饮而尽。班超谢过窦固，也干了杯中酒。

窦固继续道："此次臣服鄯善，为大汉一统西域，开创了一个先例，我将上奏陛下，以此法为典范，逐一收复各国。"众人皆称好。窦固道："不过眼下还有一个问题。"众人齐声问："何事？"窦固道："何人护送王子末？"

众人议论纷纷，沈祥说："这还用讨论吗？此等荣耀自然是假司马！"众人皆说班超比较合适。班超不言，心里暗想自己护送较为合适，也好回家见见望秋和儿子。

哪知道这时，一人从座席中站出来说："回禀都尉大人，属下愿意护送王子末回洛阳。"众人见此人是郭恂，都十分惊讶。今晚此人一言未发，不想竟出来抢功了。郭恂道："都尉大人，属下与假司马大人一起出使鄯善，让鄯善臣服，又一起将王子末从鄯善国接回伊吾卢，其饮食起居已然洞察，其语言沟通已自如，正可胜任此差事。来时的路上，王子殿下曾询问属下，是否由属下护送到洛阳，属下不敢回答。今日都尉大人过问，属下斗胆自荐。"众人低声讨论，郭恂说得没错，郭恂动辄与三王子同坐，不时嘘寒问暖，确实比班超与三王子的关系紧密一些。但护送便等同于抢功，到了洛阳，陛下对护送人员必有一番赏赐，如此功劳，岂不是等同于天降？

沈祥道："都尉大人，我等皆愿意与班大人一起护送。"

窦固问班超："仲升有何想法？"

班超见郭恂有心抢功，反倒不肯相争了，道："我与三十六名壮士一路鞍马劳顿，虽壮心不已，但身乏体倦，不堪再受长途颠簸之苦，就让郭从事护送吧！"

"既然如此，就让郭从事护送王子，护送人员由我另行选定。"窦固道。

酒宴郁郁而散，班超却谈笑如常。

王子末在伊吾卢休整三日，随后与郭恂去了洛阳。

窦固将鄯善臣服的详情奏与明帝，并奏请选派一精明强干之能臣，继续出使西域。护送王子末的车尚未到洛阳，批复的奏折已经回到了伊吾卢。明帝早已知晓班超的鸿鹄远志，为鼓励其壮志，特下诏书："吏如班超，何故不遣而更选乎？今以超为军司马，令遂前功。"诏书到达，窦固大喜，道："君知我为何不遣你护送王子乎？皆因此也！"班超泣而拜谢。

窦固道："仲升，鄯善一行，你只带三十六人，连对付匈奴使节的人手都显不足，我为你再加派些人手。"

班超谢过窦固，说："人多了，粮草、辎重也就多了，难免出现疾病、掉队，给我三十六人就够了。"

窦固问："下一个国，你准备去哪里？"

班超道："我准备去于阗，不过还要劳烦都尉大人一件事。"

窦固问："何事？"

班超道："大人可知于阗有一位王子，现在洛阳为质。"

窦固道："莫不是王子末君？"

班超道："正是此人，此人贤明，在于阗国颇有人望，而大王子列查却不得人心。"

窦固道："我明白了，此事交与我。"

数日之后，班超带足干粮、水，舒展旗帜，再次向南出发了。

"饶兄，你说孔祥广那小子娶了一个夷国的公主，那生出来的孩子得什么样啊？"沈祥坐在马背上，有些无聊。

饶锦文不想说话，但是还要回应沈祥："还不是一个鼻子、两只眼睛，又不会变成长毛怪。"

"哎呀，走得那么急，没有喝到喜酒。这回可得让孔祥广给我补上。"沈祥说话的时候，已经有点饿了，"你们猜，郭恂那小子到了洛阳，皇上会赏给他什么官？"

薛五道："肯定是个大官，不做个郡守，也能当个县令。"

"我看啊，未必。"沈祥神秘一笑。众人都问他为什么，沈祥说："其实窦大人找我问过话。"众人好奇，问找他说什么。沈祥说："窦大人问我，郭恂有无参与处置匈奴使节。"众人问结果怎样。沈祥说："郭恂又没有给我好处，我能帮着他说话吗？再说了，咱窦大人明察秋毫，我也不能骗他，我就一五一十地说了。"

薛五道："这样说来，那郭恂到了洛阳，最多也就是一个跑腿的功劳。"

赵森道："可不是吗，不能因为你护送了人，所有的功劳就都是你的了。"众人说"是"。

薛五说："可是仲升还是个司马啊！"

沈祥道："那不一样，从前是假司马，是代理的，现在是真正的军司马，真正的汉使，以前的职务是都尉大人委任的，现在的职务是皇上委任的，我们代表的是大汉王朝。"

薛五道："那以后我们说的是不是就算话了？"

沈祥道："当然说的算了。"

第三十八章

出使于阗使团遭冷遇　深夜造访茅屋见故人

　　于阗国的王城宫殿里，于阗王广德正在观舞，眼前的舞蹈甚是乏味。这些舞娘还是大败莎车国时，从莎车国抢来的，时隔多年，舞娘没有换过，舞蹈没有变过。

　　"都下去吧，下去吧，去军中找个男人嫁了吧！"广德挥了挥手，再也不想见这些人老珠黄的舞娘。殿中的舞娘听了，连忙跪拜谢恩，为于阗王跳了十年舞，于阗王终于施了一回德政。

　　舞娘从殿中退下，一位身穿红色羊皮，面上涂着五彩的男子走进殿来。广德见男子进殿，连忙起身相迎："国师来了，快为国师赐座。"两名侍卫不等国王说话，已经将凳子搬来。

　　走进王殿的是一个巫师，于阗王广德对其十分信任。在于阗国，民众看到巫师，就像是看到国王一样。

　　"大王，听说汉朝的使节来了。"

　　"是的，本王已经将使节迎入馆舍。"

　　"大王可知道，汉朝的使节来我于阗国所为何事？"

　　"自然是为臣服之事。"

　　"大王作何打算？"

　　"汉朝虽是大国，但是远在万里之外，今于阗兵强马壮，幅员比先王时辽阔，不惧大汉。"

　　"既是如此，大王为何还将汉使迎入王城，大王不知鄯善吗？彼国近在咫尺，前车之鉴啊！"

"国师说得是，但大汉派来使节，二王子尚在洛阳，不可不使之进城。"

"我听说，大王子攻打鄯善时，便是汉使代为指挥鄯善军，致使我两万虎狼之师丢盔弃甲，狼狈败回。"

"正是。"

"大王何不借此机会，将汉使一干人等就地擒获，于牢房内，以毒药杀之。今后若复有汉使来于阗，只道不曾见过班超，汉朝亦无可奈何。"

"国师妙计，容我思虑一番。"

巫师退去，王子列查求见广德。

"父王，听说汉使已经到了我于阗王城？"

"确有此事。"

"为首的可是班超？"

"确是班超。"

"孩儿新败于鄯善，皆因班超，父王何不将班超等人就地杀之？"

"为父正想为我儿复仇，只是班超身为汉使，若死于城中，难免招来汉朝复仇大军，带来亡国之祸。"

"于阗新败莎车，雄张丝路南道，而大汉远在万里之外，正是鞭长莫及啊！"

"孩儿，你可别忘了，你弟弟还在洛阳为质。"

"正是因为弟弟在洛阳为质，才要摆出强悍的姿态，以免被汉人小瞧，致使弟弟在洛阳受辱。"

"监国的匈奴人有何动静？"

"匈奴人只怕已经知晓，赴鄯善的匈奴使节死后，监国的匈奴人便日夜担心班超来于阗，而今汉使大张旗鼓入城，匈奴人焉能不知晓？"

"此事我自有计议，你退下吧。"

列查还想再劝说父亲，但看到父亲已经不想说话，便郁郁退下。

广德坐在王座上，眼睛望着殿外，现在巫师和列查都来劝说他杀掉班超，但于广德来说，杀与不杀都无关紧要，相比起来，王位才是最重要的。于阗虽败于鄯善，但是于阗仍是西域的强国。西边的莎车历经惨败，短时间难以恢复元气，北面的疏勒还被龟兹人占着，就连疏勒的国王也是龟兹人。疏勒北的姑墨、温宿弱小，又远在天边，于阗才是西域的强者。想到这里，广德想给汉使一些颜色看看。

按照礼节，汉使抵达当日，王宫要设宴款待汉使，为汉使接风。但是此次招待汉使的不是国王本人，也不是王子或者重要的大臣，而是一个官职不高的内侍官，其人其貌不扬，汉话也不流畅。

众人落座后，士兵为汉使一行端来一盘盘肉，众人打开盖子，见盘中所装竟是生牛肉。内侍官道："听闻大汉烹饪之技冠绝天下，我于阗乃荒僻蛮夷之国，粗鄙陋习之乡，平日皆以生肉为食，不知道诸位能否习惯？"

众人不知是刁难，纷纷抱怨："这如何吃得？快端去煮熟了。"

内侍官笑道："天不打雷，后厨无火。"

众人见肉上带有血丝，无一人吃得下去，连班超也眉头紧锁。内侍官又命人上酒，酒倒在杯中，无味，竟是白水，众人方知此人在戏弄自己。

班超愤然离去，沈祥掀翻了桌子，独内侍官暗笑，回望盘中的冷肉，孤芳自赏，敬佩自己的才华。

除进城第一日，于阗王接见了汉使一行，此后数日再也没有接见。班超知于阗王有意怠慢，也不再见于阗王。

于阗王城甚大，班超时常携军士在王城及周边骑马，所到之处，城郭整齐，国民安居，百业兴旺，比洛阳虽有不足，但也是繁华热闹之处。待的时日久了，常见城中有斗殴之乱象，更有甚者，有官兵强抢民女之事发生。

于阗产好铁，能打制精良兵器。一日，班超在铁匠铺看铁匠打铁，一位瘦弱的老者面带老泪跑到班超面前："汉使，汉使，救我女儿。"班超不知发生了何事，见一位老人跪倒在自己的脚下，他扶起老人，说："老人家，你有何事？"

老人说："汉使，我女儿被宫中的侍卫抢走了，求汉使救我女儿。"

班超问："老人家如何称呼？"

铁匠说："此人无名无姓，大家叫他瘦老干。瘦老干有个女儿，颇为俊俏，定是被人抢去祭神去了。"

"岂有此理，这是何人如此猖狂？"

铁匠铺的铁匠道："汉使大人，这是巫师派人干的。"

班超气道："哪里来的巫师？"

铁匠道："于阗国近年来了一位巫师，自称是天神的儿子，可知过去，可断未来，口能吐火，袖能藏雕，运筹帷幄，决胜千里。国王对巫师十分信服，凡大小事务，尽决于巫师。巫师说，自己的神力是父神赐给他的，为孝敬父神，每月须进奉一位童女。于阗王规定，满十五岁未嫁之女，巫师可尽挑选之。为此，城中百姓争相嫁女，没有嫁出去的，难免落于巫师之手。"

班超怒道："可恶的巫师，装神弄鬼，残害百姓。"

铁匠道："可不是吗，匈奴人好女人，可是匈奴人要去的女人，不喜欢的就会送回来，那巫师却从未放还一人。十余年了，不知道坑害了多少姑娘！"

"怎无人反抗？"

"反抗了，但谁敌得过王宫？"

"老人家你快起来，随我去救你女儿。"

铁匠喊道："可使不得，那巫师有金刚不坏之身，杀不死。"

班超不相信杀不死巫师。三十六名士兵列成三队，沈祥、饶锦文、薛五各领一队，三队汉军在老人的带领下，拦住军士。这几名卫士拖拽着一名女孩，女孩不过十四五岁的年纪，手脚淤青，面带梨花雨，正在无力地挣扎。

"站住，放下手中的女孩？"班超喊道。

几名军士认得汉军，为首的卫士上前一步，说："汉使大人，这是巫师要的女孩，我们也是奉了国王的命令。"

"无论是谁的命令都不行，强抢民女乃无道之政，欺压百姓，天理不容。"

"汉使大人，我们也不想这么做，但是我们不将这个女孩交给巫师，我们的命也没了。"

"将这个女孩交给巫师，你的命现在就没了。"班超说完，汉军三队人马即刻将几名士兵围了起来，枪头对准军士，口中喊着"哈"，呐喊整齐划一，极具威严。

班超说："把女孩放了。"几名卫士迫不得已，放了女孩，离开了。

老人家携女儿跪在地上叩谢班超，围观的百姓纷纷欢呼，都说汉使来了，以后再也不用将女儿交给巫师了。

回到军帐，班超气犹未消，沈祥道："仲升，今日你在于阗军民面前替百姓出了口气，但是恐怕要得罪一个人。"

薛五问："谁？"

饶锦文道："还有谁？自然是那位神通广大的巫师。"

薛五道："不过是一个江湖骗子，洛阳城里满大街都是。"

沈祥哈哈一笑："没有想到我们的薛五大人也练就了一双火眼，不过就今日之事，我觉得不是一件坏事，咱们虽得罪了巫师，但却得了人心。"

饶锦文道："不错，于阗城看上去好，实际问题很多。皇帝每派钦差大臣到地方郡县检查，地方郡县无不临阵以待。初时一两天，城中看上去街道整洁，百姓富足，邻里亲睦，但是日子久了，问题就暴露了。所以纸包不住火，该烧的还是会烧起来。以前于阗的百姓还会提防咱们，今后就不会了。"

几人正说着，军士报告说，帐外来了许多人，说要见汉使大人，求汉使做主。几人不免震惊，来到帐外，只见帐外围满了人，有男有女，有老有少，见班超等人出来，纷纷跪在地上。班超等人将众人扶起。领头的是铁匠铺的铁匠和瘦老干，铁匠道："这些人都是于阗国的百姓，刚才见汉使救了瘦老干，来求汉使大人为他们做主的。因我与瘦老干认识汉使大人，大家请我们带个头，望汉使大人莫怪。"

班超道："于阗的父老们，快快请起，今日你们有何冤屈，尽管说来。"

铁匠一一介绍，说："这是长鼻干，他老婆去年被匈奴人掳了去，至今没有送回。那位是大山婶，一家兄弟五个，全部被大王子征去当兵，而今全部死了。大山婶的儿子今年满十五，大王子又要征去当兵，大山婶请求不要去当兵。这位是花妹，下个月就要送与巫师祭神。后面跪着的三兄弟是牧马的，常年以牧马为生，但所养的马被大王子尽数征去，没有给付一两银子，现在欠着债，吃了上顿没有下顿。"

班超命沈祥将众人所说一一记录，天将黑了，仍未记完。

夜深人静，班超躺在帐中，久久不能入睡。忽地，他见到帐外闪过一个人影，似在探听帐内动静。班超连忙起身，掀开帘子，追了出去。那人影走得极快，眼见跟丢，人影一晃，班超又跟了上去。片刻后，班超来到一处土房，房外一片漆黑，但院门大开，房内烛火晃动。班超犹豫良久，将要准备回帐，院内走出一人，提着灯笼，说："贵客既然到了门口，为何不进去？"

班超这才明白，是有人有意将自己引到此处，便道："深夜冒昧，打扰了。"

那人将班超迎入内院的堂屋，屋内灯火大亮，只见房内站着五人，竟有两人十分眼熟，细想之下，正是在八方客栈相救的那对男女。

见班超进来，五人单膝跪在地上，男子说："班大人有救命之恩，忠有礼了。"

班超连忙将几人扶起，说："举手之劳，快快请起。"几人起身之后，班超问："敢问公子，你怎会在此处？公子莫不是于阗人？"

男子道："恩公，我不是于阗人，而是疏勒人，流亡至此。"

班超疑惑道："公子详细说来！"

男子道："我们以前不知道恩公是何人，不敢与恩公走得太近，今见恩公所为，知恩公乃天上的太阳，能解我们西域人苦难，故而邀恩公到小院一坐。我乃疏勒的公子忠，五年前，龟兹人打败疏勒，占领了疏勒，杀死了我的伯父疏勒王。我和小妹笛玉逃出疏勒城，自此常年受到追杀，那日在八方客栈，幸得恩公相救，我和小妹才逃得敌手。"

忠言罢，一旁的女子起身说道："笛玉见过恩公，在鄯善国时，笛玉多有冒犯。"

笛玉说的是在鄯善国深夜闯入班超军帐，叙说匈奴使节入城的事。班超起身还礼，说："哪里！公主若不是及时送来消息，我还不知道此事，是公主救了我们！"众人哈哈大笑，公主也笑着说："如此说来，我们算是扯平了，互不相欠。"

忠向班超介绍另外三人："这位勇猛的疏勒男儿是黎弇，这位身材高大的勇士是潘辰，身边的这位是高冒。黎弇是先王的侍卫，对王室忠心耿耿，一直追随我兄妹二人；潘辰是疏勒的第一勇士，勇猛无敌；高冒是疏勒的丞相，曾在大汉游历八年，精通汉文化，我和小妹的汉语就是高大人教的。"

班超向三人施礼，见三人个个气宇非凡，知道这三人都是忠的臂膀。三人随后向班超还礼。班超问："适才殿下说龟兹人攻破了疏勒，据我所知，龟兹与疏勒国力相当，何以如此强悍？"

忠道："自大汉历经动乱，西域被匈奴逐一征伐。现任龟兹王建是匈奴人所立，故而龟兹王嚣张跋扈。在建的统治下，龟兹日渐强盛，继而雄霸北道，国力可比南道早年的莎车。五年前，龟兹一举攻破疏勒，伯父疏勒王自刎于城楼，我兄妹逃出王城。龟兹王建仿效匈奴，立自己弟弟兜题为疏勒王。自此，疏勒人过着国破家亡的生活。"

班超叹道："原来如此。"

忠道："听闻恩公奉大汉皇帝之命，以军司马之职出使西域诸国，重建西域都护府，不知道可有此事？"

班超道："确有此事。"

忠起身向班超施了一礼，道："如此，忠便要向恩公施礼，替疏勒的百姓拜谢恩公。"

班超问："这是何缘故？"

忠道："国破家亡，疏勒被龟兹攻占，恩公既然是大汉的使节，便有再造西域都护府的重任，势必要赶走兜题，重建疏勒王城。"

班超道："公子复国之志，令班超钦佩，只是我陷于于阗，日夜不得国王召见，不知何时能从于阗脱身。”

黎弇道：“那于阗有三害，汉使不妨从于阗抽身出来，待平定了疏勒，公子派兵助你平了于阗。”

班超不置可否，问：“将军说于阗有三害，不知有哪三害？”

黎弇看了看忠，笑道：“所谓三害便是巫师、匈奴、大王子，巫师常年借祭祀之名，从民间掳走民女，奸淫之后，沉入无底洞，多年来，残害了无数的少女。匈奴使节是匈奴单于派来监国的，人不多，但拖家带口，也有数十人众。当年列查袭击右贤王部，事后优留单于曾陈兵于阗王城，于阗王迫于无奈，投降匈奴，匈奴自此派了使节，对于阗监国。匈奴人是于阗人的太上皇，欺压于阗百姓，除强抢民女，还修筑宫殿，征民夫，肆意殴打百姓。于阗大王子列查好战，屡战屡败，屡败屡战，爱征壮丁和马，作战时，不体恤士兵，士兵饥寒交迫，又慑于严刑峻法，不敢不为之。这三人便是于阗的三害，有三害在，平定于阗，任重道远。”

笛玉道：“恩公可知，于阗国中，现在最害怕又最记恨你的是谁？”

班超思忖，道：“应是大王子，我曾在鄯善打败大王子的大军。”

笛玉道：“大王子确实害怕又记恨你，但并不是最恨你的。想当初大王子列查败于你，你未曾斩尽杀绝，而是放了他一条归路，大王子和于阗王都铭记在心。”

班超好奇，道：“那是何人？我在于阗没有仇家。”

笛玉笑道：“自然另有其人，那就是在于阗监国的匈奴人。”班超恍然，笛玉道：“你在鄯善杀尽匈奴使节两百人，而在于阗监国的匈奴人老少合计不过数十人众，匈奴人如坐针毡，自然对你又恨又怕。听闻你入城之日，监国的匈奴人扎合便向巫师行了重贿，请于阗王将你们捕入狱中，下毒杀了，因于阗王摇摆不定，恩公才没有死于非命。”

班超道：“如此说来，于阗王倒还是善人。”众人哈哈大笑。

笛玉道：“恩公远道而来，一行只三十七人，兵少将寡，万事小心谨慎。需要之处，请恩公言语，笛玉在所不辞。至于复国一事，还要从长计议，恩公暂且不必放在心上。”

班超听笛玉说得言辞恳切，心想这公主倒比公子忠会说话。他道：“复国一事，班某记在心头，待于阗之事了罢，我等必随公主公子入疏勒。”

第三十九章

降伏广德班超斩巫师　输送瘟疫莎车围于阗

离开小院，班超趁夜回到了军帐。

次日，天将亮，于阗的丞相私来比来到班超军帐处，道："国师听说汉使有一匹宝马，墨唇赤毛，十分雄健，遣本相来讨要。"

班超问："既是本使的宝马，国师何故讨要？"

私来比道："凡本国圣物，皆要祭祀天神。国师要宝马，也不是占为己有，而是祭天所用，保佑于阗水草茂盛、牛马健壮。"

班超道："本使宝马，乃天朝陛下所赐，国师若有诚意，烦请国师亲自来取，方显祭天诚意。"

私来比退回王宫，面见于阗王及巫师，道明原委。巫师甚为高兴，说："我本以为，汉使乃穷凶极恶之徒，不想也如此敬重天神。"

于阗王问："不知道国师意下如何？"

巫师道："班超既有诚意，我便亲自去取，请丞相带路。"

巫师与私来比离开王殿，直奔班超军帐。时帐外有四名军士站岗，巫师见了，不免惊叹："汉军果然威严。"沈祥将巫师、私来比迎入帐中。巫师问："汉使，宝马现在何处？"

班超道："宝马就在你身后。"

巫师回头看去，只见一道刀光，人头便滚落在地。

一旁的私来比尚未回神。片刻后，怒骂班超："大胆班超，你竟然斩杀国师，毁我于阗国运，我要禀告国王，将你千刀万剐，受尽极刑。”

班超道：“来啊，将此人绑到帐外，当众鞭笞三百。”

两名军士将私来比拖到帐外，用绳索缚在帐外的旗杆上，然后抬来一锅油，将绳子在油锅浸泡，而后用浸泡后的绳子鞭笞。私来比被打得歇斯底里，一旁的内侍官见了，尿湿了裤子。班超将巫师的头悬挂在旗杆上，对围观的百姓说：“这是巫师的人头，今日我已经将其头颅斩下，从今以后，再也没有人让你们将自己的女儿拿去祭祀了。”百姓初见一血淋淋的头挂在旗杆，不知道是何人，待见那人面部涂满五彩，方知是巫师，信了班超的话。百姓见巫师死了，第一个念头不是自己不用将女儿用来祭祀，而是敬畏班超。那巫师在于阗说一不二，自称刀枪不入，口能吐火，其身不死，能活万年，不想汉使竟将其头颅一刀斩落，可见汉使才是真正的天神。故而班超斩落自称不死之身的巫师之事，更使于阗人对班超敬重有加。

“汉使大人是真神！”铁匠和瘦老干率先跪在了地上，向班超跪拜，其余众人也纷纷伏拜。

班超命人解下头颅，带着汉军提着头颅去了王殿。王殿的侍卫见汉使到了门外，纷纷挡驾，待见了巫师的头颅，纷纷退后。一名侍卫通报了国王，国王听说班超提着巫师的头来到了殿外，十分惊慌。他跑出殿外，见班超已经冲到了王宫。

“广德，你的国师受了匈奴的重贿，多次要杀我，现在已经被我杀了。”

广德浑身发抖。他早就听说班超在鄯善夜袭匈奴使节的事，鄯善王惊慌失措，匆忙定下了质子和臣表。汉军就驻扎在伊吾卢一带，今班超已杀死巫师，若不表态，自己也将死无葬身之地。想到此处，广德连忙走下殿来，跪在地上，说：“小王惑于巫风久矣，今汉使神威，为于阗锄奸，于阗额手相庆，拜服汉使。”说话间，身后的臣子及侍卫跪在地上。

“于阗王请起。”

广德不敢起身。班超又说了一声：请起！广德才站起来，为表忠心，道：“于阗受匈奴欺压久矣，今汉使到了，小王奏请诛杀匈奴人。”

班超道：“有劳于阗王。”

于阗王久不带兵，但亦是久经沙场的老将军。他曾大败莎车，在于阗军民中具有极高的威望。他召集了守城卫士三百人，突然包围了监国匈奴人的宅院。扎合就住在院中，巫师已经向他许下诺言，不日就杀死汉使一行。他抱着新抢来的美人还在睡梦之中，刚刚发生的巫师之死，他毫不知情。当院外传来惨叫声，扎合从梦中惊醒。他尚未明白发生了什么事，房门就被不懂礼貌的于阗人踹开了，几个凶恶的于阗人举起刀剑，刺死了一丝不挂的扎合。

只一日的工夫，巫师和匈奴人全部死了。于阗的百姓先是吃惊，后是庆贺，特别是前一日刚刚去请求班超帮助的于阗国民，更是感激涕零，对汉使钦佩不已。

下午，大王子列查从军营赶来向汉使请罪。当他进入王宫时，便知道于阗的一切都变了。百姓对他没有从前的畏惧，反而对他指指点点。王宫的卫士早已经换了人，殿上的群臣低着头，不敢说话，父王也在群臣前站着，而坐在王座上的竟然是班超！

他想对班超呵斥一声，让他从王座上下来，但是大殿上的肃静和威严，让他不敢开口。他现在开始庆幸，父王没有听他的话对班超动手。

班超道："长期以来，于阗国受匈奴监国，国权尽失，国民受尽凌辱、欺压，国君威严扫地，今广德带领于阗勇士，亲自斩杀匈奴监国扎合，上合天意，下合民心。昔日王莽篡汉，降西域诸国为侯国，乃无道之政，今广德臣服大汉，我将呈请陛下，赐广德为大汉朝于阗王，封其余公子为王子，其余文臣武将都另有分封和赏赐。"

广德及众文武十分欢喜。昔日王莽曾将西域诸国降为侯国，引发各国不满。各国虽被降级，但仍称自己的国君是王，不过没有了大汉的封号，王号名不副实。今大汉使节重新封其为王，于阗和文武群臣怎能不喜？

文臣武将谢过封赏，班超又道："匈奴及巫师在时，于阗盛行巫蛊之术，此后一概废之。凡有强抢民女者，斩。近年大王子大肆扩张军队，凡不满十八岁的壮丁，放还回家，强抢马匹，归还原主。原主愿意售卖的，可以购买，但不得低于市价。"

班超话刚说完，列查便觉一根刺扎在心头。于阗百姓都说自己与巫师、匈奴是三害，今班超没有封自己是太子，又处处针对自己，只怕迟早要将自己除去，想到这里，手不禁发抖。

政令颁布之后，于阗百姓欢欣鼓舞，纷纷称赞汉使为政仁德，恨不得让汉使做国王。

私来比被班超鞭笞之后，文臣皆上书揭发私来比买官卖官，索贿受贿。班超乃废黜之，立副丞相隗胜为相。隗胜对班超十分敬重，班超对隗胜也是青睐有加。

这日隗胜到班超帐中造访，隗胜道："汉使大人，您平定鄯善，让于阗臣服，鄯善与于阗国民都怀念您的恩德，唯有一事令于阗文武疑惑不安。"

班超问："何事如此？"

隗胜道："于阗国太子一事。于阗王年过六十，已过盛年，国中迫切需要一位太子，稳固国本，汉使既封赏了群臣，为何不为于阗立一位太子？"

班超问："丞相有何建议？"

隗胜道："大汉礼制，立长不立幼，立嫡不立庶。大王子乃大王之嫡长子，近年战绩卓著，在军中颇有威望，臣建议立大王子。"

班超不置可否，道："太子一事乃于阗内政，本使不便干预，请丞相奏请于阗王，请于阗王定夺。"

隗胜道："臣已经奏请了大王。大王说此事须汉使定夺。"

班超笑道："我想于阗王早已有人选，丞相不必急躁。"

隗胜退下之后，疏勒公子忠拜见班超。

"恭喜恩公，贺喜恩公。恩公一日之间，除巫师，灭匈奴，政绩昭彰，令人敬佩。"

"公子请坐。"

"今于阗平定，不知道恩公可愿与我一道去疏勒？"

"于阗之事尚未了结，请公子再等一段时日。"

"多谢恩公，忠静待佳音。"

公子忠退去之后，瘦老干携女儿送来一些鲜肉："汉使，这是小老儿刚杀的羊，肉质鲜美，特献与汉使。"

班超喜道："老人家，这如何使得？"

瘦老干佯作生气："怎么使不得？你们救了我女儿，是我女儿的救命恩人，也是我的救命恩人。些许羊肉，怎么使不得？今日汉使在于阗，于阗的子民都感激汉使的恩德。"

班超道："既然如此，我便收下了，只是老人家还需要过日子，莫再送吃的来了。"

瘦老干笑道："好，但我还是要常来看我恩公的。"

班超大笑，说"好"。

瘦老干道："汉使，小老儿还有个不情之请。"

班超问："何事？"

瘦老干道："我这女儿年将十六，到了婚嫁之年。我见汉使麾下军士神威勇猛，能否择一人为我女婿？"

班超哈哈大笑，道："老人家，汉军有规矩，汉军征战在外，不得娶妻纳妾生子，违者斩首。"

瘦老干疑惑："这是何缘故？"

班超道："此军规为的是防止打了胜仗的将士强抢民女，蹂躏当地百姓。"

瘦老干顿时醒悟，又说："小老儿自愿的，并非汉军强抢，这也不可以吗？"

"无陛下圣旨，我等皆不敢违背军令。"

瘦老干一脸遗憾地离开了班超军帐。

瘦老干走后，国王遣人来请班超，班超入王宫。

见班超入王殿，广德起身相迎："汉使大人，广德有礼了。"

"于阗王不必客气。"

广德不敢坐王座，与班超在殿下对坐。

"你们都出去吧！"广德赶走侍卫。

众侍卫、女眷从王殿离开。广德道："汉使大人在于阗可住得习惯？"

"习惯，于阗气候温和，风沙小，颇为宜居。"

"习惯就好。自汉使到了于阗，百姓夹道相迎，军民鼓舞。广德看在眼里，十分钦慕，自省为政数十年，不及汉使三五日之功，惭愧。"

"于阗王谦虚了，昔日莎车纵横西域南道，大王你带着衰落的于阗国，以少胜多，以弱胜强，单此一点，便足以称雄。"

"汉使抬爱了。今于阗复归于汉，但广德已近暮年，于阗前途未知，广德甚为担忧，我想请汉使为我一决！"

"大王说的莫不是立太子的事？"

"汉使神机妙算！"

"今日丞相已到我帐中，询问于我。"

"不知道汉使有何建议？"

"本使初到贵国，不敢说建议。"

"小王大儿子名叫列查，二儿子叫未君，另有三儿子、四儿子刚成年，但才华不及二人。昔日莎车与于阗交战时，于阗国力弱小，小王以二王子为质，换来酒泉郡三千骑兵相助，得以战胜莎车。二王子为质满三年，小王多次修书劝其回国，二王子不肯。论品行，大王子不及二王子；论能力，二王子不在大王子之下，我念及二王子于国有功，一直不肯就此将大王子立为太子，为此大王子躁动不安，瞒着我带领大军入了汉境。如此行径，岂不置未君于险境？不义也。"

"大王子也是想建立威信。"

"我年华渐尽，人将迟暮，虽有愧于于阗，但不想传位于残暴之君。那日我见汉使未立列查为太子，知汉使也不喜列查，恳请汉使奏请大汉皇帝，将二王子送回于阗，小王愿另派三王子入洛阳。"说罢，于阗王起身跪拜班超。班超连忙将于阗王扶起，说："大王快快请起，本使尽力周旋。"

于阗王起身后，帐外有人奏报，道："丞相求见。"

于阗王笑道："定是为太子之事而来。"

丞相进入殿内，向于阗王和班超施礼，随后道："大王，大事不好，和阗河中近几日不断有死尸从上游漂来，死者身体已经膨胀，面目可憎，百姓将其打捞后，就地掩埋。不想这几日，于阗城中有人得了病，病者身体发热，口中咳嗽不止，宫内的医官说是瘟疫，中者无药可治。"

班超问："和阗河的上游是何处？"

广德道："和阗河发源自昆仑山，上游是莎车国。"

班超道："定是莎车国将感染了瘟疫的人投入河中，将瘟疫传播给于阗。"

丞相隗胜问："眼下作何计策？"

广德："将染病之人聚在一处，莫让他人再传染。"

班超问："国中死了几人？"

隗胜道："仅几名老人经不住伤寒，死在了家中。若无良方，只怕就不是几个老人的事了。"

班超道："带我去看看。"

隗胜带着班超去了城外，只见地上躺着七八具尸首。死者有男有女，年龄大小不一，从死者遗体来看，死者除尸体僵硬和尸斑外，未见异常。

"刚才还只三五具，现在就有了七八具尸体，如此源源不断，不知道要死多少人，可恶的莎车人。"

瘟疫蔓延得很快，从前还十分活跃的于阗王城，突然间喧嚣尽收，街头巷尾再见不到一人，连巡逻的侍卫也很少见到。

这是突如其来的一场瘟疫，十分致命。眼见王城病者越来越多，班超束手无策。

相继有人离开了王城，流落在于阗的疏勒公主笛玉、公子忠带着属下去了鄯善，暂住在王城的手艺人去了他处，军队病倒大半，毫无战斗力。

"司马大人，我们暂且去鄯善避一避吧！"已经有士兵劝说班超，暂时离开于阗。

"不可，离开了于阗，再回来就难了。"班超道。

瘟疫发生后，班超每日看望生病的人，安慰生病的家属，不想数日后，班超也感染了瘟疫，他躺在帐中，身体昏昏沉沉，没有一点力气。

就在王城瘫痪的时候，和阗河的上游来了大队人马，站在城上看去，阵容强大，部队整齐，竟有两万之众。守城的将士连忙关闭了西城门，掩埋尸首的士兵赶不及回到城中，只得沿着王城，逃往东大门。

急促的鼓声震惊了全城，城头点起了战时的烽火，人们挣扎着从床上坐直身体，却有气无力。

"司马大人，有敌军。"

班超穿上战甲，拖着沉重的脚步上了城头，他强行打起精神，令周边的士气得到些许鼓舞。

"汉使大人不是病了数日吗？怎还亲赴战场？"

广德没有生病，他命人给班超搬来座椅。班超谢座，坚持站在城头。城下的百姓见了，备受鼓舞。

"来敌势大，不可出城迎战。"班超道。

"谨遵汉使命令。"众将士道。

"去准备滚石、火油。"班超道。

"汉使大人，滚石、火油皆准备妥当。"

"好，待莎车人靠近，不用等我命令，只管投放，只有一条，瞄准了。"班超道。

"是。"众将士在鄯善时，亲尝过滚石及火油的厉害，回城之后，在城门库房也备足了滚石、火油。

稍后，莎车兵马靠近，行至百步外勒住马缰。

"城上的可是我那阴险狡诈的姐夫广德？"

"齐黎小儿，你带领大军，意欲何为？"

齐黎是莎车的国王。班超望去，只见此人与自己年龄相仿，身着银色盔甲，英气逼人，气宇轩昂。

"听说汉使到了于阗，莎车国惶恐。先祖有教诲，大汉乃圣朝，不敢负也。今汉使到了于阗，齐黎恐汉使被我那阴险狡诈的姐夫谋害了，故而不远数百里，前来营救。"

"不劳莎车王操心，汉使贵胄，于阗国待如上宾。"

"和我听说的不一样，听说汉使在贵国染了瘟疫。这要是传到洛阳，大汉皇帝怪罪下来，阴险狡诈的姐夫恐不得好死啊！"

广德气得胡子颤抖："齐黎小儿，你胆敢一再辱骂本王，放箭！"箭雨纷飞，因射程有限，没到齐黎跟前，便落了下来。莎车人哈哈大笑。

齐黎笑道："听说贵国近来瘟疫传播得厉害，不巧前几日我国中也感染了瘟疫。我从先祖珍藏的汉朝典籍中找到了治疗之法，想请汉使到莎车诊治，不知道汉使是否同意？"

于阗众将士听说齐黎能治瘟疫，纷纷躁动。广德道："莫听他胡言乱语，汉使和御医都束手无策，齐黎有何办法？"他大声对齐黎喊道："齐黎小儿，于阗的瘟疫是莎车传来的，你们在河中投放患了瘟疫的尸体，致使于阗国感染瘟疫，早晚遭天谴。"

班超大声道："齐黎，带领你的大军速速离开于阗，否则汉军到了于阗，叫你有去无回。"

齐黎道："汉使，你不要被广德老儿蒙骗，我莎车才是大汉的忠实臣国。广德，你可敢打开城门，与我一战，缩在城里，算什么英雄？"

广德气道："昔日我与你父亲大战时，你还在匈奴当人质，今日仗着匈奴为你撑腰，竟大言不惭。列查呢？列查呢？"

一旁的侍卫回禀："回大王，大王子不知所踪，刚才我等前去寻找大王子，殿下并不在宫内，军营也说几日不见大王子。"

"废物，废物！关键时刻，竟然不知所踪，紧闭城门，不准出战。"广德下了城楼，与班超回到了王殿，莎车人一路行军劳累，退军五里扎营，准备明日攻城。

第四十章

未君回国良方解瘟疫　走险叛变列查被擒获

　　班超到了王殿，问广德："齐黎何以成了你的小舅子？"

　　广德道："昔日，老莎车王贤暮年，国力衰弱，我身为于阗国君，紧逼日深，老莎车王为缓解攻势，将女儿美姬许给了我。美姬俊美，为我生下众王子，后来我杀了老莎车王，美姬日夜不与我说话，没过两年，忧愤而死。"

　　班超又问："齐黎何以骂你阴险狡诈？"

　　广德叹气，道："这说来话就长了。老莎车王贤在位时，赶走了匈奴，奏请光武帝派遣西域都护，光武帝授予莎车国贤为西域都护，统一管理西域诸国。莎车使节到了酒泉，被酒泉郡守拦下，上书光武，道夷人不可授予大权。光武帝后悔，改授大将军印。莎车使节回到莎车，贤大怒，但仍以西域都护府名义征伐诸国，乃至于攻下了西域周边所有国家。于阗与莎车接壤，最早被莎车吞并，于阗王俞林被派到了偏僻的骊归做王。贤攻伐无度，攻下了龟兹，诸国对其咬牙切齿，甚至莎车文武对其也十分不满。我的伯父休莫霸是于阗的将军，最先起义，带领于阗国民反抗莎车。伯父死后，我被推举为于阗国君，打败了莎车。老莎车王便将女儿许配给我，送还了被拘禁多年的父亲。后来我再次兵临城下，老莎车王与我城下会盟。会盟当日，老莎车王轻车出城，被我扣住。莎车丞相且运忌惮贤骄悍，关闭城门，不放救兵。我将老莎车王掳走于于阗，拘禁一年有余，后将其杀了。"

　　班超叹道："无怪齐黎对你恨之入骨！"他看广德面有得意之色，似并不为耻。想那英雄暮年，被自己的女婿广德骗出城外，掳至于阗，莎车王何等气愤。贤死，西域才四分五裂。贤若不死，这世间便是大汉、匈奴、莎车三家鼎立了。

广德道："昔日贤在世，莎车国称霸一时，整个西域几乎尽归其版图。我于阗不过是其版图中的一座小城。贤去世后，莎车土崩瓦解，国土只剩下从前般大小，还要依附匈奴才没有灭国之灾。可惜现在于阗国民半数身染瘟疫，若是平时，击退莎车只是弹指间。"

班超知广德在说大话。莎车就算没有了贤，国力大不如前，但依然是西域南道的大国。

隗胜道："臣有一计，不知是否可行？"

广德道："速速道来。"

隗胜道："莎车往和阗河中投放尸首，我于阗也可趁夜将身染瘟疫的尸首抬往敌军营帐。敌军即便能治瘟疫，恐也带不足药。待三五日后，敌军尽数沦为病人，我大军再一拥而出，可杀尽莎车人。"

广德道："妙计，妙计！通知辅国侯，今夜动手。"

班超道："不可，此计太过阴毒，最终只会害人害己。"

广德急道："那可怎么办？"

班超道："托丞相福，我已思得一策。"

次日，齐黎率大军来攻。班超命人端来数十盆羊血，命军士将箭头涂满羊血，射往城下。

"齐黎，你可看清楚了，这箭头上粘的是什么？"

齐黎命将士捡来一支箭，见箭头满是淤血，说："这是血？"

"不错，这是染了瘟疫的人身上的血，一旦射中敌人，必将身染瘟疫而死。"

城下的莎车人有的听得懂汉语，有的听不懂，待口耳相传之后，皆大惊，一时间，人群躁动。

"我有解药！"齐黎大喊。

"纵有解药，恐也治不下两万之众吧！"说罢，又射下一批箭。

莎车兵再次躁动，坐骑嘶鸣，站在前头的连忙后退，生怕被箭伤到。

"齐黎，我这将士的枪头也有血！"

说罢，城头响起了鼓声，四面擂鼓，鼓声震天，继而城门大开，城内有骑兵倾城而出。城外的莎车兵见了，掉头疾跑，一时间，踩踏了许多人。因是佯攻，于阗兵并未追击。

击退了莎车人，于阗人欢欣鼓舞。他们没有想到，仅以城中的半数兵力就击退了来袭的莎车军，对班超钦佩之至。

是夜，因连日没有休息，班超高烧不退。他躺在床上，炭火烤得他满头盈出大汗。恍惚中，他梦见了远在洛阳的望秋和雄儿。班雄将到读书的年纪，不知道望秋有没有为他寻一位老师。又或许，望秋没有为他请老师，而是亲自授他武艺。自古父母不授业，望秋若不肯为他早早地请老师，岂不是耽误孩子？其实又何必请老师？兄长班固学富五车，妹妹班昭也是百年不遇的才女，听闻太后还请她入宫为公主讲授儒学。

朦胧中，有人将班超扶起，给他喂了一碗汤药，班超只觉得喉咙处十分苦涩。班超喝完，又继续昏睡，暗想此生只怕要病死在这异国他乡，只苦了家中等他的望秋。班超暗暗咬牙，不能就这么睡下去，睡着了就醒不过来了。炭火烤着班超，后背的衣衫湿透了，班超觉得似乎身体没有那么烫了，头也没有那么沉了，反而想睡上那么一会儿。他放松身体，连同疲惫的心一起放了下来。

次日，阳光照进了房间，照射在了床头，一向与军士同睡军帐的班超在宫中的软床中醒来。他环顾四周，周边横七竖八地躺着几位军士。班超知道这是守着他一夜未睡的军士，他从榻上下来，忽觉得身体轻盈了许多，周身也有了力气，闻着清新的空气，班超精神倍增。

"司马大人醒啦！司马大人醒啦！"

班超看到是一个军士在说话，知道此人叫田虑，本想制止他，但是房中的其他军士也全部都醒了过来，纷纷拜见班超。

沈祥上前一步，说："仲升，你可吓坏我了。"

班超紧握沈祥的手，道："志福，这一夜幸亏有你照料。"

沈祥道："昨夜于阗王的二王子忽然回城，并带回了大量草药，听闻你生病了，亲自为你熬药，哪想这一夜的工夫，你就生龙活虎了。"说罢，沈祥眼中噙着泪水。

班超激动地问："你是说二王子回于阗了？"

沈祥说："是啊，昨夜二更回来了。"

班超喜道："妙哉妙哉，二王子现在哪里？"

沈祥道："二王子正在王宫门口主持熬药。"

班超道："我这就去见他。"班超说完，便要出门。

沈祥急道："衣服，你还没穿好衣服。"

班超笑道："是要穿好，不能辱没了我大汉的威仪。"

班超换好衣服，一路疾走，不多时便到了宫殿门口，只见门口正中央置了一口大锅，锅底燃起了旺火，几个仆人不时地往锅内添加草药。大锅旁边有个几案，案前站着一名白衣男子，打扮如汉人，举手投足间，透出雍容与气度。

"党参五两，桂枝八两，白术五两，麻黄七两，干姜五两，炙甘草五两，黑附子一斤。照此熬制一个时辰。"

仆人问："熬好了怎么办？"

"熬完后，取药汁冷却，每个病人喝一碗，晚上再喝一碗，两日后便可痊愈。"

班超十分欣喜，上前一步，道："想来这位便是二王子。"

二王子从案前走出，对班超施礼，道："未君拜见汉使，不知道汉使的病情如何了？"

"已无大碍，照此药再服上一剂，定能痊愈。"

"如此甚好！汉使为于阗国事操劳，忧劳成疾。若是汉使在此有何不测，未君真惭愧难当！"

"二王子回国，是否得陛下旨意？"

"正是陛下命我回国的。"

"二王子似不愿回国？"

"非不愿回国，实小侄不肯离开大汉。"

班超哈哈大笑，问："大汉如何吸引你了？莫不是在洛阳娶了美娇娘？"

未君道："我自入洛阳，便迷上了医术。大汉医术浩瀚博大，短短十年，难以穷尽。此前父王多次召我回国，我都拒绝，此番乃大汉皇帝召我，我不得违命。来时，我将医馆内的医书尽数带了回来，又采购了大量草药。哪想刚到鄯善，便听说于阗遭了瘟疫，我这才衣不解带、马不解鞍地赶回了于阗。适逢汉使病情加重，我便煮了一碗药，给汉使服下，今日见汉使精神抖擞，心中甚是安慰。"

说话时，于阗的辅国侯仁到了。

"侄儿，你总算回来了，于阗有望了。"

"拜见叔叔！"

"免礼，哈哈，刚才我到营中走了一遭，士兵好了大半。"

"距离痊愈，还需要一段时日。不过这是一场普通的瘟疫，并不难治，只是我于阗缺少良医好药。"

"哈哈，好，不枉侄儿在洛阳学医十年。"辅国侯话音一转，道，"汉使，昨日毒箭之计吓退了莎车，想莎车已经回过味来，今日还要来攻城，如何退敌？还请汉使拿个主意。"

"无妨，生病的时候，莎车尚且攻不进来，如今病愈了，莎车就更别想打进来了。"

忽有人来报，说大王子回城了。

辅国侯惊奇，道："大王子甚是奇怪！从城中感染瘟疫开始，大王子就不见了，今日为何突然现身？"

班超暗想，此人突然出现，必有缘由，只是现在不好言明罢了。他与辅国侯再上城头，果然见齐黎带着莎车人出现在了城下。

齐黎在城下喊道："班超小儿，昨日你竟敢诓我，将羊血说成是人血，何其可恶！"

班超说："兵不厌诈！齐黎，你休要嚣张，二王子已经从洛阳回来，带回了大量草药，于阗的瘟疫不日就会驱除。尔等身后的这群走兽马上就要成为于阗的刀下鬼。"

齐黎有些吃惊，道："哦？未君回来了？"

班超道："正是。"

齐黎平静下来，道："那又咋样？不过是多了一个刀下鬼。"说罢，他拔出佩剑，大声道："莎车的勇士们，复仇的机会到了，为先王报仇。"攻城云梯搭在了壕沟上，莎车兵卒举起盾牌，城上箭雨纷飞，莎车军士顶住箭雨，迈过壕沟，将云梯搭在了城墙上。班超一声令下，霎时，巨石滚木从城头落下，不少莎车人被砸死砸伤。

莎车士卒被打退，城头的于阗军民欢欣鼓舞，暗道：有城墙为工事是比那些无险可守的帐篷好。

辅国侯道："汉使大人，此番防御也太过顺利，那莎车军损几名兵卒便退了，究竟有何阴谋？"

班超道："不管是阴谋还是阳谋，今夜便能见分晓。"

王殿上，于阗王正在召见大王子。

"列查，这几日你去了何处？"

"数日前，孩儿探马来报，齐黎带领两万大军直奔王城而来，孩儿不知消息是真是假，只好前去核实，以禀报父王。哪知道离城不久，就遇到了莎车大军。为免打草惊蛇，孩儿一路追踪，发现齐黎轻骑而来，粮草并未备足，若今日破不了城，明日必离去。孩儿探明军情，及早回城，特来向父王讨要一支精兵，趁莎车拔营时，奇袭莎车。”

“我儿消息可是实情？”

“千真万确！”

“我儿天纵奇才，比本王盛年时还要英武。本王统领的铁狮军就交与你统领，替本王杀尽莎车军。”

“且慢！”

说话时，班超进入大殿：“大王子这几日去了何处？”

见班超进殿，列查显得有些紧张：“回汉使，列查去城外探察军情去了。”

“既然是探察军情，可曾向你父王禀报过？”

“事发突然，不曾禀报。”

“莎车军屯于城外，已数日之久，大王子可曾派人入城通报？”

“为免打草惊蛇，列查不敢通报。”

“莎车粮草封锁严密，你如何得知？”

“这……这是我在敌军中线人送来的消息。”

“既然是线人送来的消息，大王子并没有亲眼所见。”

“确实没有亲眼所见。”

“铁狮军是于阗的主力，不能轻易出动，大王可另派细作，化装成流民，观察军情。若军情属实，大王子再率领大军追出不迟。”

于阗王也回过神来，道：“汉使所想，甚是周全，就依汉使所言。”

“是。”列查忽想起一事，问，“听说二弟回来了？”广德点头，列查一脸兴奋状，道：“太好了！二弟回来，我就再也不用一个人扛起于阗的大任了，我这就去寻他。”

列查离去之后，众人望着列查的背影，对视良久。

是夜，班超通知汉军众军士，兵不卸甲，等待军令。

三更初刻，哨兵奏报，大王子带人去了南门。班超即刻带领汉军众将士去往南门。于阗城郭不大，片刻即到，班超命众人潜伏在南门的巷中。稍后，南门传来刀兵之声。

“诸位壮士，大王子列查，勾结莎车，妄图叛变。莎车的军队就潜伏在南门外，大军进城，我等皆死无葬身之地。”

“我们都听司马的。”

"辅国侯的大军马上就到，听我命令，拿下南门。"

南门外乃是沙漠，守军较少。大王子带着家丁和数百名府兵眼见将要拿下南门，忽听身后传来一阵鼓声，继而灯火通明，顿时心慌。

"速开大门！"

众家丁加紧动作，却被突然赶到的汉军制止。

"我乃汉使班超。随大王子作乱者，杀无赦，投降者，不予追究！"班超喊道。

众人忌惮班超威严，不少人停了手。

这时，辅国侯的大军赶到，将叛军围住。

班超再喊一遍："投降者，既往不咎！"

霎时，数百名府兵及家丁放下了兵器。薛五将列查拿下，沈祥将叛军带往空地。班超与辅国侯上了城楼，只见城外灯火密布，两万大军早已守在了城外。

"叛徒！叛徒！"辅国侯气得咬牙切齿，"将这个叛徒押入王殿！"

一名将士问："那城外的大军怎么办？"

"就让他们在城下等一夜吧！"

列查被押到于阗王殿，喜欢早睡的于阗王今夜却衣不解带地坐在王殿上。他已经预感今夜有事将要发生，甚至将卫士全部调集到了王殿周围，却没有想到大王子真会通敌。

"王儿，你身为大王子，究竟为何要叛国？"于阗王言辞中既气愤又恼怒。

"父王不知吗？这皆是父王一手造成的。"列查跪在地上，满腹怨言。

"为父有何过错？"于阗王问。

"这些年来，我四处征战，百般讨好父王，父王未曾一刻将我放在眼里。未君到洛阳为质十年，你都不立我为太子，今二弟回城，他岂能容我？我若不自保，岂能保全？"

"未君为了于阗，自愿到洛阳为质，为父怎能视而不见？你以求弟为名，置于阗安危于不顾，瞒着我出师大汉，险些置你弟弟于死地。你穷兵黩武，满城怨声载道，还有何话讲？"

"胜者为王，败者为寇！孩儿无话可说，只求速死。"

"好，你既不怕死，本王就成全你！来啊，押入大牢，赐毒酒。"

"大王且慢，本使有话要讲。"

"汉使请讲！"

"其一，大王子虽勾结莎车国，但叛国并未成功，乃未遂。未遂虽与叛国同罪，但情节不同。其二，大王子穷兵黩武，好大喜功，但常与于阗王分忧，颇为尽孝。其三，大王子身为于阗王之子，虽与民同罪，但也请念及父子之情，留大王子一条性命，彰显于阗王宽厚仁德之政。"

广德身为于阗王，若大王子平日犯此过错，将其拘禁起来，日后不予以兵权也就是了，但汉使在此，于阗王不敢用私。今劝说的话从汉使口中讲来，每一条都合乎情理，句句都是文章，听得于阗王眉间大喜。但他不敢表露，只说："如此处置，恐难以服众啊！"

"这是本使的一番良言，还请大王斟酌！"

"既然有汉使求情，就将大王子暂且囚禁在移花宫。"

侍卫将列查带下去。

广德问班超："汉使病情是否好转？"

"托大王的福，服了二王子的药，班超已然康复八九。"

"如此甚好。"广德眉宇间多了一丝欣慰，道，"不知道汉使对城外的莎车军怎么看？"

"如我所料！没错，大王子说的是实情，莎车粮草要尽了。"

"何以见得？"

"于阗的瘟疫是突然起来，莎车刚刚解决自己的瘟疫，突然调兵，来不及筹备粮草。再者齐黎没有想到于阗能挡得住莎车大军，又这么快治愈了瘟疫，他想的是速战速决，如此一来，轻骑而出，粮草自然不足。"

"汉使分析得真是透彻！"广德道。

"汉使打仗，真是痛快！虽未开战，但敌军事态已然摸得透透的。"辅国侯道。

"大汉有个成语，叫围魏救赵，讲的是战国的时候，魏国包围了赵国，齐国后来包围了魏国，迫使魏国撤兵回国的故事。我意，今夜辅国侯带领铁狮军一部往莎车王城。天亮以后，莎车哨骑必发现铁狮军，继而仓皇回防，届时我率大军倾巢而出，两面夹击，莎车军兵无粮草，前进不得，后退不能，必无斗志。"

广德、辅国侯仁、隗胜都拍案称好。辅国侯道："小将这就带领五千铁骑，星夜驰往莎车国。"

"如此甚好！还请辅国侯一路多举旗帜，务必造成声势。"

"小将领命，国中之事，就有劳汉使多为大王分忧。"说罢，辅国侯从王殿离开。

第四十一章

莎车兵退于阗臣大汉　笛玉请命汉使往疏勒

辰时三刻，哨兵来报，城外莎车军营忽然拔营，军帐不及收拾，辎重多有遗漏。班超已命城中将士带足三日粮食，听闻哨骑探报，命打开城门，全面出击。

城中将士身体已经康复，积压的仇恨正点燃他们的斗志。他们策马疾驰，冲往城外。莎车的哨骑探到于阗军倾巢而出，顿时惶恐，纷纷丢盔弃甲，只盼轻装奔逃。

于阗军猛追，莎车军溃逃。听闻于阗大军于夜间奔袭莎车，齐黎不敢回城，他另择一条小路，不想逃到了和阗河岸。班超见莎车军弃王城不顾，转往他道，暗想两面夹击之策失算，哪知和阗河汹涌，拦住了莎车军的去路。

班超将莎车军围住，当时莎车军仍有两万，于阗军只一万有余。班超见莎车如惊弓之鸟，有意速战速决，但广德认为莎车势大，辅国侯又不在此处，不能贸然交战。

正犹豫不决，班超见莎车忽然重新布阵，只见军容整肃，气势夺人。班超顿时变色，暗想："莎车军中有高人，竟然能绝地逢生，将一支斗志全无的军队瞬间指挥成一支不畏生死的铁军。"

班超下令："全军准备！击鼓！"鼓手打起了战鼓。莎车军因在逃命的时候，丢了战鼓，全军一言不发。

一通鼓后，班超上前一步："齐黎，你可知错？"

齐黎道："本王有错！"

班超道："错在何处？"

齐黎道："错在轻信列查，应当在未君回到于阗之前，将于阗攻破。"

　　班超道："今日我以汉使身份，命你向大汉称臣，永不背叛，你可愿意？"

　　齐黎道："我莎车从前是大汉的属国，但大汉天子无信，听从小人谗言，将西域都护的印绶收回，从那时起，我莎车便不再是大汉的属国了。"

　　班超道："既然不是，先祖为何又以西域都护的幌子攻伐诸国？"

　　齐黎道："此乃先王的权谋，早已是你们大汉用过的把戏，有何稀奇？"

　　班超道："你既不肯归附大汉，咱们就战场相见。"

　　齐黎道："我莎车尽是铁胆勇士，还怕你区区一万兵马。"说罢，他转身对身后的将士大声说："勇士们，我们手中已经没有了羊肉，但是于阗人腰上有。他们只有我们兵力的一半，粮食不多，只有真正的勇士才能从他们身上夺来羊肉。勇士们，你们的身后是我们的母亲河，我们再也没有退路了！和阗河将是我们莎车英魂的埋葬处，我们的后人会来祭奠我们，我们的血肉和骨头将养育我们的后人。战斗吧，莎车的勇士，拿起你们的战刀，刺向凶恶的敌人。"

　　齐黎的一番话，极大地鼓舞了莎车军，莎车军嗷嗷呐喊，向于阗军发起了反攻。于阗军听到了齐黎的话，觉得莎车人要来夺羊肉，害怕起来，双方打在一处，于阗处于下风。

　　战斗持续了一个时辰，辅国侯的军队因闻讯莎车军变道，赶到了和阗河岸，莎车军顿时惶恐，本就疲惫饥饿的莎车军士气大落，沿着河道往下游逃去。

　　莎车军逃了三十里，忽来了一股救兵，挡住了于阗军。原来，守城的大将军齐征见齐黎迟迟不回城，知道齐黎出了事，便将城中所有将士带出了莎车。沿途见到血迹，齐征找到了莎车大军。他见莎车大势已去，于阗士气正盛，知道自己无法取胜，便在一处山坡设伏，截断了于阗的追兵。于阗军追击受阻，莎车大军慌乱间逃回了莎车。

　　这一战，于阗军杀敌两千，是十多年来少有的大胜仗。军中欢呼，高喊"汉使"，班超脸上洋溢着胜利的喜悦，道："都是于阗王指挥得当，辅国侯及时赶到，才能大胜莎车。"广德、辅国侯嘴上说："都是汉使神机妙算、运筹帷幄。"心中实则美不可言。

　　是日，全军驻扎和阗河岸，庆祝于阗大捷。

　　王帐内，广德命手下准备了鹿肉和美酒，凡军中千总以上将军，全部赴宴，班超率沈祥、饶锦文、薛五赴宴。

　　班超道："此次大捷，于阗王果断，辅国侯机敏，将军们勇敢，军卒用命，正可谓举国同心，上下同德，我要上奏陛下，为诸位请功！"说罢，杯中酒一饮而尽。

广德、辅国侯及诸将甚为欣喜，纷纷干了杯中酒。

辅国侯道："其实这酒当我们敬汉使。汉使文武双全，英勇无双，斩杀了祸国殃民的巫师在前，识破了大王子阴谋在后，昨日又料定莎车断粮，出此围魏救赵的妙计，若非莎车国来了援兵，定可一举全歼莎车。"

一位将军道："汉使见识超群，我等皆肯为汉使用命。今日跑了莎车并不足忧，他日我再随汉使灭了莎车。"

班超拍案道："好，多谢诸位将军。大王，今日汉使还有个不情之请。"

广德道："汉使请讲。"

班超道："二王子忠厚爱人，待人谦和，有大王风范。"说到此处，想到广德并不忠厚谦和，又道，"今大王子叛乱，二王子回国，是否重新思定太子之位。"

广德道："诸位是何意见？"

辅国侯起身离席，跪在案前，道："王兄，请立二王子。"

诸将也起身离席，跪在案前，道："请大王立二王子为太子。"

广德道："既然诸位与汉使所见相同，本王也不胜欣慰，就依诸位所言，立二王子为太子。"

众人拜谢广德。

广德的酒也喝了许多，自觉十余年了，从未有今日这般畅快。如今将士用命，举国大治，皆班超所赐，当下走到殿中，对班超施了一礼，道："汉使，从此以后，汉使就是于阗的恩人，于阗永远是大汉的属国，听从大汉，年年进贡。"

班超也酒劲上来。他猛拍几案，道："于阗王真英雄也！今日我们便在和阗河滩，以穹苍为证，宰马为誓：于阗永远是大汉的属国！大汉永远庇护于阗！"众人都说好。

众人手拉着手出了军帐，来到河滩，滩前设下几案、香炉。几案两侧各点了一个火把，众军士见了，纷纷围了上来。一名将军牵来一匹白马，众人合力将白马杀了，抬到案前。

班超道："请诸位熄灭手中的火把，只留几案的两把。"众将士不解，仍熄灭了火把。周遭顿时黑暗，四下寂静无声，只听水声潺潺，又见天上浩瀚星空，众将士方明白班超之意。班超道："今日我与于阗王在此盟誓。"说罢，与广德走到几案前，班超右掌对着广德的左掌，同时说："今日我二人在此盟誓，于阗永远是大汉的属国，大汉永世庇护于阗。"

广德道："上酒。"辅国侯端来两碗马奶酒，广德和班超各端了一碗，双手将碗举过头顶，碰在一起，随后一饮而尽。

众人再次点起火把，众军士围着篝火，跳起了舞。汉军只见过女人跳舞，从没有见过这么多男人在一起跳舞，在一旁见了，捂嘴偷笑。于阗将士见汉军偷笑，还以为自己跳得好，便拉着汉军跳舞，汉军自知不会跳，连忙摆手。于阗军士甚为热情，汉军颇为为难，忽然想到一个办法，舞剑给于阗人看。于阗人见汉军将士剑舞得好，不住地欢呼。

班超与广德看军士跳舞，辅国侯走上前来，道："汉使，刚才我的手下在河边取水，捡到了一个宝贝，特献与汉使。"班超细细端详，见辅国侯手中托着的是一块石头，长约五寸，其状似禽卵，不知为何物，道："辅国侯手中拿的是什么东西？怎么说是宝贝？"

辅国侯道："汉使有所不知，这块圆石看似普通，实则内里藏着一块美玉。适才我用宝剑削去一角，只见石中晶莹剔透，美不胜收。"

班超接过石头一看，见石头果然被削去一角，被削的地方翠绿明亮，十分夺目，叹道："西域果然是宝地，本使虽知道和阗产美玉，却不知道美玉竟藏于这平凡无奇的卵石之中。"

广德道："和阗河及源头昆仑山盛产玉石，但美玉可遇不可求，今日汉使到了河滩，天降美玉与汉使。"

班超道："此玉我收下了。现在我突然有了一个好主意。"

众人问："什么好主意？"

班超道："汉人好美玉，大王可命人寻访美玉，到大汉售卖，定能卖个好价钱。"

广德喜道："如此甚好，看来我们于阗要赚大钱了。"

班超笑道："是要赚啦。"众人大笑。

捷报当夜已经传入于阗王城，二王子和隗胜早早做了准备。西门前铺就了红毯，城头张灯结彩，文武官员全部到城门前恭候，百姓自发到城门相迎。为表隆重，二王子亲到三十里外相迎。

大军入城，百姓对班超欢呼，用蹩脚的汉语喊着班超的名字，班超对城中百姓挥手。于阗王、辅国侯及诸将都喜气洋洋，百姓争相送来牛羊，以示慰问。

广德回到王殿，随即下令宣布二王子为太子，贬大王子为庶民。同时下令，组建一支和阗军，寻找和阗玉。和阗玉即为今日的和田玉，又名乌白玉，与辽宁岫岩玉、南阳独山玉、陕西蓝田玉并称为中国四大名玉，因玉质软，杂质少，深受美玉收藏者喜爱。

和阗玉产于昆仑山上，经过流水冲击，少部分散落在河里。昆仑山险峻，于阗军组建的和阗军便在河中寻找和阗玉。河中卵石众多，于阗军见圆形石头便以刀剑开之，河滩遍地碎石。久而久之，于阗兴起玉石之风，其他军民在河道也寻找玉石，因河道较长，寻玉的和阗军难以制止。

经过一段时间，于阗国发现了大量玉石，广德便想组织一批将士化装成商人，到大汉售卖。但多年前，将士曾去了一次大汉，沿途危险重重，大家并不想再去冒险。

班超见采来了大量的玉石无法售卖，十分惋惜。他在城头贴出告示，悬赏愿意出使大汉者，可惜于阗人不肯走万里之路。

汉代，百姓是不许佩戴玉器的，只有王公贵族才可以，故而公子出门，喜欢将玉挂在腰间，以示身份。于阗臣服大汉之后，班超便打算返回洛阳复命，顺便将玉石带到洛阳，寻能工巧匠雕刻，售卖给王公大臣，以助于阗安居富裕，但疏勒公子忠和公主笛玉再次找到了班超，请求班超光复疏勒。

薛五思念蓝云，劝说班超回洛阳，而班超也甚思念望秋。去鄯善前，望秋已然生病，现在不知道病情如何了。犹豫不决时，田虑找到班超，劝说班超："西域与洛阳有万里之遥，往返间需两年。西域五十国，若每下一城都要亲回洛阳奏报详情，则百年才能一统西域。今司马年过四十，胸有壮志，若有书信、奏折需要传递，只需让于阗派使节往洛阳即可。"

班超道："使节只能传递奏折，不能代为售卖玉石。"

田虑道："使节只要在酒泉等沿途叙说于阗有美玉可卖，自有洛阳商人不远万里前来采购，何愁卖不出去？"

班超哈哈大笑："田兄有远见，班某佩服。依你之见，疏勒是否去得？"

田虑道："大人折杀小人了。依小人之见，疏勒去得。于阗周边强国有二，一是莎车，一是疏勒。莎车已然不能文服，须重兵破城可得。疏勒则不同，如今疏勒为龟兹人所占，人心向着复国。司马无须大动干戈，便可得疏勒。所谓先易后难，司马为疏勒人复国，疏勒人自然感激司马。疏勒水源充沛，司马可以疏勒为根据，北攻龟兹、姑墨、焉耆，南下莎车，西进康居、大宛、大月氏。"

班超笑道："与我所想一样。"

依照田虑的建议，班超命赴洛阳传递臣表的使节沿途散发到于阗采买玉石的消息，并将样品与人展示，自己则率领汉军往北入疏勒。

兜题住疏勒盘橐城，橐，音驼，盘橐意为骆驼。

班超行到距离盘橐城九十里处，狂风大作，电闪雷鸣，下起了冰雹。几人寻一处内嵌的山崖，躲避冰雹，饶是如此，也有不少人被砸伤，需要休整。

疏勒人黎弇道："沙漠旱地忽降冰雹，是为不祥，是否改日入城？"

公子忠道："我们一行不足百人，断然不能攻城。"

班超笑道："本使让鄯善、于阗二国臣服，向以智取，从未有攻城之说。"他见公子忠及黎弇等人如此相信天象，下令原地休整。

公子忠问："眼下兜题猖狂，背靠龟兹，为虎作伥。我担心汉使随我入城，被兜题一并捉去，岂不是自寻死路？"

班超问众人："我欲遣一人先行入城，探寻兜题口风。此人须有勇有谋，不知何人敢入城？"

沈祥道："一人是否太少？那兜题见了，未免自大，不将汉使放在眼里。"

班超道："几人算多，便是我们都进了城，也不是疏勒勇士的对手。"

黎弇喜道："大人也知道疏勒勇士的威名？"

班超没有听说过疏勒人能征善战，为鼓舞士气，道："疏勒勇士，威名满天下，我虽远在大汉，也如雷贯耳。"疏勒人听了，无不露出自得之笑。

薛五忽然道："我明白了，司马大人遣一人进城，是为防众人落入圈套，而余部则为后应，兜题投鼠忌器，不知道汉军多少人，自不敢对入城的人如何。"

班超笑道："薛五今日倒是开了窍，不知道你可愿去？"

薛五支支吾吾："大人，你也知道，我虽聪慧，那也不过尔尔，慧根犹如一道惊雷，眨眼即逝，比不得……"他转头看看众人，想把苦差引给谁，忽然看到了沈祥正对他笑，道："比不得沈祥，沈祥追随耿秉大人时，已经是屯长了，他身经百战，足智多谋，正适合担当此大任。"

沈祥双目怒视薛五，转身对班超道："司马大人，论武艺，自是薛五勇武，我与锦文无不甘拜下风。虽说薛五从军时笨些，又不被蓝云姑娘所喜爱，但近几年追随司马大人，所见所闻，大有长进，区区疏勒国君，不在话下。"

薛五着急起来："我再有长进也不及你，要不我们比试比试，谁赢了谁就去。"

沈祥指着薛五道："来来来，咱们比比，谁赢谁就去。"

众人见二人推来推去，都不肯去，暗自发笑，却又不敢插话，生怕接了这"美差"。

就在这时，田虑站了出来，道："大人，小人愿往。"

班超大声说："好，你既愿往，便先行入城，代我通禀。那兜题在疏勒不得人心，敢有不从，当即杀之。"

众人皆唏嘘，不知这田虑如此胆大，竟主动请缨，一人入城。

第四十二章

入盘橐城田虑执兜题 立忠为王汉使得民心

冰雹下了半个时辰，继而雷雨瓢泼，又半个时辰，雨收云开，阳光刺目，就像是什么都没有发生过一样。

当夜，众人在山洞夜宿，因柴火潮湿，众人没有生火，以干粮为食。

次日，田虑拜别班超，先往盘橐城去了，大队正常行进。

田虑快马疾驰，按照公子忠所指的路于午时到了盘橐城。时盘橐城门大开，门口有门吏盘查，田虑遇门吏，自报名号。门吏不通汉话，旁边过路的老人告诉门吏说，这是汉人，门吏方才醒悟。门吏找来一名汉人，为自己翻译。那名汉人年约四十，见到田虑，十分高兴，道："今日总算见到同类族人。"

田虑道："我乃大汉使节班超帐下的文吏，今日奉汉使之命，出使疏勒，拜见疏勒王。"

那汉人翻译给疏勒门吏。门吏让田虑稍候，自己则快马入宫通报。约过了一个时辰，一名宫人出城，将田虑迎入宫内。

田虑入宫后，见一人端坐在王座上，此人身材矮小，不似寻常西域人威武，又见他五官不整、獐头鼠目，心里便有些不快，暗道：疏勒王怎生这般模样？

座上坐的是兜题，龟兹王建的弟弟，现任的疏勒王。兜题见田虑望着自己，眼神异样，暗自来气，道："大胆汉人，你可瞧够了寡人的模样？"

田虑笑道："大王怕人看吗？"

兜题语塞，转而问："你来我疏勒，究竟有何事？"

田虑道："奉汉军司马班超之命，到疏勒通禀，我汉军司马奉大汉皇帝之命出使疏勒，欲重建西域都护府，重新庇护疏勒。"

兜题问："怎么只有你一人入城？汉使现在何处？"

田虑道："汉使现在城外，次日便到。"

兜题道："我疏勒国力强盛，与龟兹为兄弟之国，与匈奴为友邦，不需要大汉庇护。"

田虑道："今汉军以胜利之师攻破匈奴右贤王部，优留单于远遁，奉车都尉窦固与驸马都尉率领汉军，以天兵之威挥师车师，弹指间大破伊吾卢。今汉使承大汉天子之命，出使西域，鄯善、于阗皆臣服，疏勒国弱城小，你兜题不怕汉军威武之师吗？"

兜题道："大汉远在万里之外，你休以汉军恐吓寡人。寡人既非鄯善王广，也非于阗王广德，你大汉也休要做我的太上皇。"

田虑见状，道："疏勒王不肯臣服也罢。和阗河产美玉，司马大人出使于阗，于阗王曾献与汉使大人一块美玉，汉使大人命小吏献与大王。"说罢，从袖中掏出一个盒子。兜题大喜，道："快呈上来！"左右仆从欲取，田虑道："我亲自呈献大王。"说罢，端着盒子上了台阶。兜题眼睛盯着盒子。田虑走到兜题跟前，打开盒子，忽然金光一闪，盒中显现了一把匕首。兜题尚未反应过来，田虑便持刀架在兜题的脖子上，左右仆从顿时惊慌。

"杀人啦！快来人啊！"

王宫的仆从惊慌地从宫中逃了出来。侍卫见兜题被劫持，不思救王，反被仆从惊慌的样子吓到，一并四散奔逃。城中并无大军护卫。田虑劫持兜题上马，兜题身材矮小，田虑高大，如劫持一只羔羊。他驾马往城门疾驰，一路无人敢挡，到了城门口，门吏见汉人只片刻便从王宫出来，颇为好奇，待见到大王被劫持，亦不敢阻止。田虑劫持兜题出了王城，城中军队方得知大王被大汉使节劫走，但想到汉使斩杀匈奴人，兜题亦非疏勒种，便无人出城出手相救。

田虑劫持兜题出城三十里，遇到班超大队。班超和公子忠走在前面，沈祥、薛五随后，见一人疾驰而来，众人勒住缰绳。

"仲升，我见那人像是田虑啊！"

"正是田虑，只是他清晨去，何以现在就回来了？"

"我看那马背上还有一人。"

"随我去看看。"

班超、沈祥快步上前，公子忠、薛五、饶锦文也相继跟上。

"司马大人，属下回来了。"

"马背上是何人？"

"此人乃是疏勒王兜题。"

众人先是一惊，随后大喜。班超道："田虑勇猛，本使将你用作文吏，是屈才了。"众人哈哈大笑。

公子忠追了上来，看到马背上的兜题，喊道："没错，此人就是兜题。"

笛玉、黎弇、潘辰、高冒随后跟到，见到马背上的兜题都十分吃惊，问如何将兜题抓到的。田虑据实讲述："我见兜题实无降汉之意，便效仿荆轲刺秦，假装送美玉与他，待我靠近时，从匣中掏出匕首，挟持了兜题。兜题左右仆从惊慌，四散奔走，无人敢拦我。我将兜题扔到马背上，纵马出城，与诸位大人会合了。"

众人听了，对田虑无不敬佩。班超道："来人，将兜题绑了。"身后的两名军卒将兜题从马背上扯下，用绳子将其绑了。

公子忠跪在地上，拜谢班超："汉使大人恩同再造。一年前大人救我兄妹，今日又抓住了兜题，忠当真感激不尽。"忠说完，笛玉、黎弇等人也跪谢班超。班超说："既然兜题被抓，此刻我们便将兜题杀了，悬首于城门之上。"黎弇、潘辰、高冒皆赞同，地上的兜题听了，登时惊慌，双腿在地上挣扎，口中呜呜。

"不可。"田虑说道。

笛玉问："为何不可？"

田虑回望班超。班超知田虑所想，若杀了兜题，此后与龟兹的关系便如同莎车，没有大军征伐，恐难臣服，便对笛玉道："此刻杀了兜题，未免太便宜他了。"

众人恍然，道："就是，就这样杀了他，太便宜他了。"

讨论完毕，班超领大队往盘橐城出发。

一路上，沈祥与薛五颇为沉闷，两人不承想，田虑轻松将兜题执于马背。一日之间立此大功，而昨日班超问及他二人可愿去时，两人还百般推托。立功事小，颜面为大，昨日二人推诿之事已在军中传开，众人还夸赞他们机敏。哪知今日田虑便立此大功，两人不免沦为军中笑柄。

"薛五，昨日让你去，你为何不去？"

"我也曾谦让于你，你为何不去？"

"我要知道立功如此轻松，还用你劝？"

"彼此彼此，这回丢人了！"

日暮黄昏之时，众人到了城外，本打算在城外夜宿一晚，待天亮进城，哪知道行到城门五里处，有大队人马在此等候。班超以为是疏勒大军在此迎敌，不想公子忠认出了领队的将军和丞相。

"可是公子？"

"樊将军、渠丞相，你们怎么来了？"

"我已不是将军，渠丞相也已不再是丞相，听闻汉使将兜题掳走，我等特意在此恭迎汉使入城，没想到遇到了公子。"

"正是我与公主将汉使请来复国的。"

"如此真是太好了！"

"我来为你们介绍。"公子忠将二人领到班超面前，向二人介绍，"这位就是汉使班大人。班大人曾对我与公主有救命之恩。"二人向班超施礼，班超向二人还礼。

公子忠又向班超介绍："恩公，这位是樊成将军，先王在位时，樊成将军英勇无双，是先王帐下的勇将。先王兵败，樊将军死里逃生，躲藏在深山之中。我寻访三年，总算将樊将军找到，后樊将军隐匿在盘橐城中，日夜等待时机。这位是渠丞相，渠丞相是先王在位时的丞相，精通汉语、匈奴语、大月氏等多国语言，先王兵败后，渠丞相被抓，因我向兜题的王后行了重贿，才将其救下，但此后再无官职。"

班超道："两位都是疏勒的先王重臣，忠勇无双，令人敬佩。"

樊成道："汉使过誉了，亡国之人，不敢言勇。听闻汉使将兜题抓住，国民争相奔走，我与渠丞相也想一睹汉使风采。今日一见，果然威风凛凛，相貌不凡。"班超与众人哈哈大笑。

樊成转身对身后的将士大喊："疏勒的勇士们，大汉朝的使者来了，他们为我们抓住了坐在王位上的丑陋龟兹人，我们再也不用受龟兹的奴役了！"

众疏勒将士用汉语大喊："恭迎汉使！"

班超上前几步，对疏勒将士说："勇士们，我的手下已经抓住了兜题，从今以后，再也没有人骑在你们的背上，你们的女人将不会被抢走，你们的牛羊将是昆仑山下最肥壮的牛羊。"

丞相渠为班超翻译成疏勒语，疏勒人听了，无不欢呼。

公子忠高呼："勇士们，让我们一起欢迎汉使入城！"

樊成准备了一辆囚车。疏勒人将兜题装进囚车，因兜题个头矮小，头卡在囚车护栏上。沈祥特意为其找来一块石头，垫在脚下，如此兜题将头伸到了木栏之外。

在锣鼓声中，大队人马将班超一行人迎进了疏勒王城。

笛玉坐在马车内，班超与公子忠并行在前，笛玉的马车其次，兜题的囚车再次，随后是汉军三列骑兵，最后是疏勒的大军。

大军入城时，百姓不顾吃饭，争相跑到城门外，欢迎汉使及公主入城。

百姓欢呼着公主和公子忠的名字。这些年，公主和公子忠惨遭追杀，多次陷入险境，今公子和公主回城，疏勒百姓盼望疏勒能回到往日的太平。

囚车入城时，百姓看到兜题踩着石头，纷纷嘲笑，不少人用地上的石头和土块投掷囚车。

入城的是南门，沿着南门直行五百丈是宫门。午时，田虑出城，王宫骚乱，宫门不见守卫。现大队回城，王宫卫士凛然，数百名王宫卫士整齐地站在宫门外。

"卫队长歇儿率王宫卫队，拜见公子、公主、汉使！"

囚车里的兜题见了歇儿，差点气背过去。田虑劫掠自己时，王宫不见一名侍卫，如今公子忠来了，竟这般整齐。

公子忠道："你们守卫王殿，却让大王被人掳去，实在失职。现在我把你们的大王送来了！"

歇儿道："公子恕罪。我们虽然身在盘橐城，但是心随着公子。兄弟们已经将王城内的龟兹人全部抓了起来，请公子发落！"

一行人进了宫门，见到宫门大院内，一群老幼妇女的双手从后背绑着跪在地上，眼中噙着泪水，呜呜哭叫。公子忠道："这些都是什么人？"

歇儿道："这些都是兜题的家眷，年老的是兜题的母亲，年幼的是兜题的孩子，那些年轻的女子都是兜题的妃子。"

公子忠大怒："胡闹，那分明是兜题从我疏勒强行抢去的民女，将她们放了。"

歇儿说"是"，命人将跪在地上的一众女子放了。众女子纷纷叩谢公子忠。公子忠和颜说："姑娘们，回家去吧，你们的爹妈都在等着你们。"众女子再三拜谢公子忠，之后各自离去。

"将这一干人等，与兜题一道押入大牢。"公子忠道。

"是。"歇儿领命。

班超没有想到，一个日夜追随兜题的人见到忠后，随即背叛了兜题，究竟是兜题作恶多端，不得民心，还是公子忠深得人望，贤明可嘉？

"汉使大人，前面就是疏勒的王殿，请汉使入殿。"公子忠道。

"公子请。"

公子忠与班超并行入城。

入王殿后，将到王座。公子忠不敢入座。班超走上了王座台阶。

田虑率先说话："恭喜司马大人夺得盘橐城！"沈祥、饶锦文等人也立即参拜。公子忠、潘辰等人也只好跟着拜见。

班超站在王座的几案前，道："今日擒拿兜题，汉军文吏田虑当得第一功。"

田虑拱手道："多谢大人栽培！"

班超又道："今兜题已被擒拿，疏勒万民思安，命田虑立即张榜，发安民告示！"

田虑道："是。"

班超道："疏勒国被占领后，公子忠坚韧不拔，保护公主，深得民望，此次擒获兜题，公子功不可没！"

公子忠面有喜色，道："多谢汉使赞扬！"

班超见公子忠站在台阶下，想疏勒君王之位，非公子忠莫属，虽众望所归，但不能任由其自行称王，应当以汉使身份，授其王位，如此名正言顺，忠也必对大汉感恩戴德。班超道："国不可一日无君，笛玉公主乃先王独女，自古男子为王，女子为后，先王既薨，本使意，立公子忠为新王。"

汉军无人说话。公子忠、潘辰、黎弇、高冒等人无不惊喜。

"汉使立公子为王啦！"黎弇大叫。

潘辰哈哈大笑，道："真是太好了！这疏勒国，我只服公子一人，现在公子要做疏勒王了。"

高冒乃文人，虽开心，却不似黎弇、潘辰笑得那般放浪，只走到公子忠面前，右手护胸，轻声说了一句："恭喜大王。"

公子忠也十分欢喜，向高冒还礼。高冒对公子忠小声说："大王应跪谢汉使！"公子忠虽然想过有成为疏勒王的这一天，但是在这之前，他还只是一个流亡在外，只有百名侍从的落魄公子，哪里想到今日便能占领盘橐城？现在虽占领了盘橐城，毕竟是汉军之功劳，汉使立何人为疏勒王，众人皆无异议。忠是先王的侄子，论起亲疏，众文武会支持笛玉。笛玉娇美可人，待人宽厚，国中威望不在他之下，而西域也从无女人不可称王的律令。今班超立其为王，忠的心里虽有所期待，但万没有想到一朝成真。

"忠跪谢汉使大恩，汉使待忠之恩情如天上的太阳，照耀着我，我将永远铭记汉使的恩情，疏勒也将永远铭记大汉恩情。"

"疏勒王请起，三日之后，我会为你主持登基仪式。"公子忠及诸将一同叩谢班超。

忠继位疏勒王的消息很快传遍了盘橐城，人们争相告走，万民相庆。忠是先王的侄子，作战勇敢，先王死后，忠一直保卫公主笛玉，随公主常年流亡在外，多次被追杀。汉使到了疏勒，抓住了龟兹人兜题，没有自己称王，也没有派人过来做王，而是立了一个疏勒王室的公子为王，疏勒的百姓觉得，疏勒受到了大汉的保护。

忠接管了盘橐城。他一面命全城加紧警卫，一面修补城墙。高冒准备着登位用的器物，忠命歇儿清理后宫，打扫王城，城内一片忙碌，秩序正在恢复。

第四十三章

校场比试汉疏争高低　箭术竞技班超胜黎弇

清晨，盘橐城的校场，汉军正在操练。

汉军的三十六名军士，乃班超精挑细选。班超深知，为将者不可一日不练兵，故而勤加苦练，一日不可懈怠。

"快来看，汉军操练了。"

盘橐城不大，校场围栏外，站着几名疏勒女子。

汉军见有人观看，铆足了劲，手中的刀枪在耳畔舞出了风声。几个女孩子拍掌称好，引来更多围观的人。

一名疏勒女子说："汉军真挺拔，如果能嫁给汉人，不枉我来这人间走一回。"

一旁老年妇人道："老身早生了四十年，要不非嫁一个汉人不可！"老妇说完，又有几人应和。

一名围观的男子听了，颇为不满，道："我疏勒男子也不乏勇士，你们怎能尽夸汉人？"

老妇人说："汉人模样俊秀，容貌整洁，再看看你们，不修发髻，不整衣衫！"说罢，露出鄙夷之情。

刚才的男子道："修了发髻如何？衣衫整齐又如何？我们疏勒人吃的是羊肉，身材高大健硕，能打仗。"

老妇人发出一声冷笑，道："能不能打仗，老身比你清楚。龟兹人将我疏勒夺了去，不就是例证吗？"

男子哑口无言。这时围观的人越来越多，有人指着校场喊："快看，那是疏勒第一勇士潘辰！"众人顺着那人所指，往前看去，果见潘辰带着一队人往校场中去了。

指挥汉军操练的是班超本人，班超见潘辰走来，迎上去，道了一声潘将军。

潘辰道："汉使初到疏勒，将士们不待休整就晨起练兵，令人钦佩！"

班超道："练兵在于平日，一日不练，我怕大家生疏了。"

潘辰道："我疏勒军卒操练从没有路人驻足观看，将士们听说有人观看练兵，都想来凑个热闹，不知道有没有打扰到汉使？"

班超微微一笑："哪里的话？大家同为军人，又是兄弟，何来打扰之说？"

潘辰道："今日天气好，我疏勒勇士想和汉军讨教一二，不知道汉使是否愿意？"

班超和汉军将士听了，不免吃了一惊。潘辰气势汹汹而来，原来是要打架。也难怪，校场操练，百姓争相围观汉军，疏勒军卒难免有气。

班超道："不知道潘将军想如何比试？"

潘辰道："我疏勒出一名军卒，你汉军出一名军卒，二人对打。"

班超道："好。"

"让我来。"赵森喊道。

其他汉军跃跃欲试。班超选的是一个叫曾伯的人，此人年约二十，身形偏瘦，是班超从耿恭帐下挑选的军卒。潘辰选的是一个叫巨擘的人，此人披头长发，手臂和大腿都十分健壮。

这一轮是徒手搏斗，曾伯和巨擘一上场，双方身形立见高下。疏勒军卒奋力呼喊，汉军却有些低落，不太自信，心中埋怨选错了人，应该让薛五上阵抵挡。

"巨擘，不要伤了这位汉军勇士。"潘辰对巨擘说。

"打斗比武，伤亡在所难免！"巨擘显得十分为难。

潘辰踢了巨擘一脚："让你下手轻点！"

曾伯拱手道："这位壮士，你放手比赛，若是我伤了，是我技不如人，自然怨不得旁人！"巨擘走到校场中央，学着曾伯，向曾伯拱手，班超说了一声"开始"，两人便走到了场中。

巨擘口中"啊"的一声喊，冲向曾伯。曾伯原地不动，眼见巨擘的拳将要打到，身体快速左跨一步，巨擘见拳扑了空，左肘便打了过来，曾伯想到他左臂可能会打来，没有想到他用的肘，肘比臂短，但肘的力道强，曾伯不敢强接，后退了一步，避开一击。

疏勒军卒见巨擘速度快，曾伯连连败退，忍不住拍掌叫好。曾伯避让了二十个回合，巨擘开始气喘吁吁。巨擘再次打来，曾伯双手对准巨擘的脸。巨擘以为曾伯要攻他头部，双手伸开，护在胸前，没想到曾伯一个箭步冲上去，左手擒住了他的右臂，右拳打在了巨擘的下颚。巨擘猝不及防，口中鲜血纷飞，地上落了两颗门牙。

汉军拍掌叫好，疏勒军却十分气愤，怎么一直占上风的巨擘突然输了？定是巨擘一时大意。潘辰脸色难看，命人将巨擘抬下去，道："我们再比比兵器。我们校场有很多木制兵器，大家点到即止，不要伤人。"

比试兵器，原本应选身形高大，使用兵器较重的军士，这样能压倒对方，将对方的兵器弹飞。但因为用的木制兵器，兵器重量的差异小了，所以潘辰点了一名体形比较瘦，身法颇为灵活的军士。

"让我来。"赵森喊道。这一回，班超点的是薛五。

汉军刚刚捏了一把汗，庆幸曾伯赢了，现在见对方挑了一名身法灵活的军卒，班超却选了一个身形魁梧的薛五，不免又捏了一把冷汗。

受匈奴人影响，疏勒人好使圆月弯刀，疏勒兵库尽为木制弯刀。

潘辰点的这名军士绰号叫"轻猴"，手中的弯刀看着也颇为顺手，而薛五虽也用过弯刀，但毕竟不是熟练兵器。

两人到了校场中间，相互还礼。班超宣布开始。轻猴受曾伯启发，选择后发制人。他站在原地不动，等着薛五攻他。薛五见轻猴不动，自己也不动，两人在场中站了好一会儿，两军及疏勒百姓看了，都忍不住发笑，只道这二人怕了对方。

如果是平常，潘辰会踢轻猴一脚，但是因为有了第一场的经验，潘辰不动了。

"上吧，薛五！"班超在后面喊。

薛五也想早点打破尴尬。他上前一步伸出木刀，轻猴也将刀伸了出去，轻猴的刀刚碰到薛五的刀，就收了回去。众人见了，以为轻猴害怕，都哈哈大笑。

薛五见轻猴胆小，右脚上前一步，用刀从右前方直劈而下，众人以为轻猴会用木刀抵抗，哪知轻猴像曾伯一样，躲闪了出去，薛五一刀扑了空，而轻猴却到了薛五身后。如此反复十余个回合，薛五像是与巨擘掉了个，轻猴倒像是曾伯，众人看了直摇头，心中暗说：个头太高不好。

又过了十余个回合，薛五已经有了败落之势。他左支右绌，身体周边不断被攻击，险被木刀划到。众人这回才明白，轻猴并非一味躲闪，而是确实有着很好的刀法，木刀在他手中变幻，像是魔术一样，有时看着是在左手，可是突然又到了右手，又一个回合，木刀又莫名其妙地到了他的左手，无怪乎潘辰选他迎战。

薛五也看出了轻猴暗藏凌厉的刀法，但他判断轻猴断不敢和他正面相抗，所用的招式必是声东击西的打法。想到这里，他看到了破绽，轻猴的刀和眼睛余光不在一处，通常余光所及才是他真正的攻击点。

轻猴的刀指着薛五的前胸，余光却在薛五的左小腿关节处，薛五料想，轻猴是要假装攻击前胸，然后移步左侧，砍他小腿。薛五将木刀对准轻猴的刀，果然，轻猴快速移步到薛五左侧，因薛五提前做了判断，就在轻猴移步的时候，薛五用木刀奋力打在轻猴的手上，轻猴虎口疼痛，拿捏不稳，手中的木刀掉在了地上，薛五顺势踢了轻猴屁股一脚，轻猴摔倒在地上。

汉军与疏勒军都不敢相信眼前发生的事，与刚才的情形如出一辙，眼看疏勒人将胜，忽然就败了。

"不服，不服！"疏勒军大喊。

汉军不高兴了，纷纷说："愿比服输！"

班超走到潘辰面前，问："将军是否还要比试？"

潘辰似决心难下。这时，黎弇、高冒出现了，黎弇道："就再比一场，我来出战。"

潘辰急道："那怎么可以？黎将军追随先王，功勋卓著，您怎么能亲自上阵？"

黎弇道："如果败了，从此休再称我将军了。"

潘辰道："高大人，您劝劝黎将军。"

高冒笑道："无妨，我们正好见识一下汉军的威武，输给汉军，不丢人。"

黎弇道："汉使，我们比比箭术怎么样？"

"让我来。"赵森喊道。

班超道："将军亲自上阵，我亲自与将军比试。"

汉军与疏勒军听了纷纷叫好。

因两军比试时间较久，校场比试的事情传到了王宫，王宫不大，笛玉公主和公子忠也来到了校场。

军卒在校场布了两个靶位，距离为两百步。寻常军卒能射六十步外靶位，远点的为八十步靶位，善射者能中一百步外靶位，黎弇开弓两百步，单是臂力就可见一斑。

黎弇道："汉使，本将开弓两百步，不知道汉使开弓多少？"

班超道："黎将军臂力超群，本使佩服。"

　　黎弇自以为自己箭术高超，想以远程靶位吓退班超，殊不知班超从军时便得越骑营马叟真传。潘辰递给黎弇一支宝雕弓，黎弇弹了一下弦，取了一支箭，张弓射出，不偏不倚，正中靶心。疏勒军民见了，拍掌叫好，无不喝彩。

　　"请汉使射箭！"黎弇道。

　　"锦文，把你的弓拿来！"

　　饶锦文将自己的弓递给班超，又从箭篓里挑了一支笔直的箭给班超。班超看了箭头，对饶锦文点头。

　　班超张弓射箭，不偏不倚，正中靶心。两军见了，竟无人称好。

　　笛玉在一旁见了，问忠："奇怪，我疏勒人不拍掌称好也就算了，怎么汉军也无人拍掌？"

　　忠说："想是汉军军纪严明，不好拍掌。"

　　黎弇见班超也中了靶心，说："汉使好箭法，军卒将靶位推至两百五十步！"军卒听命，以军旗示意，靶位的士兵见军旗，以军旗回应，随后将靶位移动到两百五十步远的位置。

　　黎弇取来两支箭，双箭齐发，均命中靶位。疏勒人拍掌称好，两百五十步的箭程对黎弇来说不算太远，但是能双箭中靶，可就太难了。只见班超淡然取来两支箭，轻轻射出，同样是两箭均中靶。

　　疏勒军和汉军依然无人鼓掌。

　　黎弇暗暗心惊，但这已经到了他的射程极限。他命士兵将靶位再后移五十步，引双箭射之，结果是一箭脱靶，一箭射在靶的下缘上。

　　班超引双箭，结果是一箭脱靶，一箭命中靶心。

　　箭靶取来，疏勒军民痛惜万分，道只差一点点。

　　班超道："将军箭法超群，本使也只是略胜一点点。"

　　"汉使何止胜一点点。"

　　班超听说话人是一名女子，转身见到了笛玉。笛玉道："我本以为黎弇将军是我们疏勒第一神箭手，却不知道'山外有山，人外有人'，也难怪那莎车两万大军围攻瘟疫横行的于阗都大败而去。"

　　黎弇见笛玉说话，才看到忠也来到了校场，脸上不觉露出惭愧之色。

　　"黎弇确实是疏勒第一神箭手，只不过不敌汉使罢了。"忠走到班超面前说。

　　"疏勒王过誉了。"班超道，"疏勒的勇士十分勇敢，他们聪慧机敏，是能打大仗的军队。汉军愿与大家一道守护这盘橐城。"

一名疏勒军士问："汉使，你真的愿意和我们一起住在盘橐城吗？"

班超说："为什么不愿意？这里有水，这里有羊，听说这里还有很多好吃的瓜！"疏勒军士听班超说瓜，全都哈哈地笑了。

众人各自散去，汉军和疏勒军继续操练，围观的百姓也渐渐散了，只有几个女孩子一直围在护栏外，观看着汉军演练。

黎弇一脸沮丧地离开校场，笛玉却将黎弇单独叫到一旁。

笛玉问黎弇："将军是不是觉得不服气？"

黎弇叹气，道："只差一点点。"

笛玉摇头说："差得不止一点点。"

黎弇奇道："公主为何那么说？"

笛玉道："汉使引弓射箭，每箭所射，皆上靶。所不同的是，黎将军上靶，疏勒人鼓掌；而汉使上靶，汉军无人鼓掌。汉军大胜而无人鼓掌，这不奇怪吗？我想唯一能解释的就是司空见惯。汉军知道汉使是一位神射手，且箭法远胜我们黎将军，所以见怪不怪。至于第三次没有双箭命中靶心，汉使是要给黎将军留些颜面，给我们疏勒留些颜面。"公主说完就走了，留下黎弇愣在原地。

操练完毕，班超在营中休息，高冒求见。高冒将笛玉公主的话一五一十说与班超。班超大为惊奇，暗道："疏勒公主竟有如此见识，甚为难得。"

高冒道："汉军入我疏勒，军民百姓夹道相迎，甚为爱戴，盼望汉使能长期住在疏勒。"

班超道："难得高大人不嫌弃，班超一定多住一段时日。"

高冒顿了顿："小人知汉使乃洛阳人，令兄在朝为官，不知道汉使是否成家？"

班超道："班某已过不惑之年，贱内现在洛阳，家中还有一儿子，不知道高大人问这个做什么？"

高冒笑道："自然想为大人说一门亲事。"

班超尴尬一笑，连忙挥手："贱内与班某感情甚笃，不劳高大人费心。"

高冒道："小人也就是随口一问，汉使不同意就罢了。高某家中有一女，年二十二，因高某追随大王、公主流亡，致使小女耽误了婚期，高某想从汉军勇士中择一人为婿，不知道汉使能否答应。"

班超以为高冒是要将自己的女儿许给自己做妾，心中不以为然，现高冒要将自己的女儿嫁给自己的属下，班超便不得不重新考虑。汉军有军规，在外征战、驻扎者不得娶妻、纳妾，上次于阗的瘦老干提出要将自己的女儿嫁给汉军，自己就是以这个理由回绝的。但是这次不同，这次是高冒提出的，高冒提出这样一个要求，是想和班超走得更近，而班超也有必要和高冒保持良好的关系，如果属下的汉军能娶高冒之女，今后疏勒和汉军将更加亲密。

"不知道高大人看上了汉军中的哪位壮士？是否需要我将人叫出来，由大人挑一挑？"班超问。

"不用挑，你属下中的薛五就不错。我看上他了。"高冒道。

班超好奇，道："高大人如何看上薛五了？"

"适才薛五在校场面对轻猴的多次挑衅，临危不乱，最后反败为胜，我十分喜爱。薛五既有疏勒人的威猛，又有汉人的机敏，实在是不可多得！"

班超见高冒由衷地喜爱薛五，倒颇为意外。他对着帐外喊道："来人，叫薛五过来！"

稍后，薛五进了军帐。

班超道："薛五，这位是高大人！"

薛五道："拜见高大人！"

高冒道："壮士不必多礼。"

班超道："薛五，高大人有意将其千金许配给你，你可愿意？"

薛五眼睛睁得溜圆，道："大人，我已经有蓝云了，我不想娶别的女子。"

高冒颇为意外。班超也没有想到薛五会提起蓝云，悔不该当着高冒的面提起这事。

"蓝云远在洛阳，且并不中意于你，今高大人垂青于你，你可要思量。"

薛五道："有什么好思量的，等回到洛阳，我就去找她。"

班超更加生气，但是碍于高冒在场，不好发作，只好对高冒说："高大人，薛五心直口快，我自严加管教。"

高冒也看出了薛五不愿意，只好拜别班超："有劳汉使了。"

第四十四章

新王登位班超释兜题　薛五练兵河滩遇美人

高冒离开军帐。班超踢着薛五的屁股，道："蓝云都不理你，你还提蓝云？"

薛五争辩道："我就爱蓝云。"

班超没好气地说："我还以为你只是想娶个老婆，没有想到你还是个情种。"

薛五道："蓝云长得好看，胖嘟嘟的，招人喜欢，我娘年轻时候就长这样。"

班超道："那我们要是回不到洛阳了呢？"

薛五奇道："怎么会回不到？难道一辈子住在西域了？我可不想一辈子住在这里，风沙大，口又干，连洗澡水都没有。"

班超叹道："回是要回的，只是我不知道几时得回，也许一年，也许两年，也许是二十年，到那个时候，你薛五都年近五十了，就算蓝云还活着，牙都掉了一半了。"

"那我也娶她。"薛五斩钉截铁地说。

"滚。"班超摔着几案上的竹简，"榆木疙瘩！"

薛五闷头离开了军帐。

稍后，一名侍卫前来通报，新任疏勒王请汉使到王殿议政。

班超召集汉军，入了王殿。除饶锦文外，众人在殿外等候。

班超入王殿，见殿中有新王忠、公主笛玉、高冒、黎弇、潘辰、渠、樊成等。

"汉使请坐，这是我命工匠打制的虎头椅！"

在忠王殿前有一张特殊的座椅，这张座椅乃青铜所造，靠背有一面虎头，十分气派。新王忠将此座椅布置在王座左前方，意在显示与众不同，和对汉使的尊重。

班超当仁不让，坐在了虎头椅上，问："不知道疏勒王请我来王殿是为何事？"

忠落座，道："我请汉使来，是想问如何处理兜题一事。"

班超见众人都在看他，知众人关心他的意见，道："诸位想必都已经讨论过了吧？"

潘辰道："刚才我们都已经议论了，想听汉使的意思。"

班超道："你们是什么意见？"

樊成道："当然是杀了，以报前仇！"

班超问："疏勒王也是这个意见吗？"

忠点头，道："兜题作恶多端，疏勒百姓人人对其咬牙切齿，恨不得将其扒皮抽筋。"

班超道："但是依我之见，兜题杀不得。"

众人都问："为什么？"

班超道："我知道诸位对兜题同仇敌忾，恨不得食其肉，啃其骨，寝其皮。五年来，兜题在疏勒国作威作福，不断派人追杀新王及公主，从道义来说，杀之不为过。但是疏勒国是龟兹王建攻破的，先王也是建杀的，建攻破疏勒，自己不会做疏勒王，只好另派他人。所以兜题只是建派来的一个人。"

潘辰道："但兜题是建的弟弟，杀了兜题，和杀了建一样。"

"作恶不同，岂能等同？兜题即便是建的弟弟，也不同于建。听说龟兹王相貌威武，你再看兜题，形貌猥琐，亦不是能征善战之人。建攻打疏勒的时候，兜题是没有参战的，兜题是建攻打完疏勒，被建派过来的。既然是派过来的，派谁都一样，换了另一个，也许危害更大。"众人点头，班超继续说，"其次，兜题在疏勒期间，没有斑斑恶迹，虽名为疏勒王，但不得人心，既无征伐，也无残杀。再次，龟兹强，疏勒弱，如果杀了兜题，龟兹的复仇大军不日就到，盘橐城城小墙低，多处破败不整，兵力又不及龟兹，难免再败。如果放了兜题，龟兹难免心怀感激，或不会发兵。"

潘辰道："我听说汉使来西域，是为了一统五十国，是不是我疏勒斩杀兜题，汉军将难以使龟兹臣服？"

班超被潘辰问住了。他略作沉吟，随即道："西域诸国，必将再被大汉庇护，龟兹一时间降与不降都不甚紧要，但我大汉以宽德为怀，对诸国都不能有偏袒。昨日疏勒被占，我带领汉军夺回疏勒，他日龟兹被疏勒所占，我自当夺回龟兹。如此方能使各国久安，免于战争疾苦。"

高冒起身对班超施了一礼，道："汉使所言，令人敬服。汉使为我疏勒收回盘橐城，抓住兜题，兜题理应由汉使处置。汉使一番道理，也令人茅塞顿开。新王，臣赞同汉使之决定。"高冒说完，渠附议，黎弇随后也附议，樊成、潘辰不言。

忠道："汉使讲了这么多道理，有一条很关键：龟兹强，我们弱。我们已经夺回了盘橐城，单是夺回盘橐城，建不会来，因为盘橐城本来就是我们的。但是我们如果杀了兜题，建就会有很多理由过来。"众人点头，表示赞同。

新王忠入城的第四天，忠在盘橐城王殿举行了登基仪式。相比汉朝的登基仪式，疏勒的登基仪式简单得多，忠在众人的簇拥下，踩着台阶，戴上王冠，接过班超交付其手中的一柄王剑、一枚和阗玉制疏勒王印章，就算是完成登基了。但是在疏勒人看来，这已经十分正式了。文武分列站立，新王着新衣，戴新冠，缓缓前进，众文武在司仪官的口令下，每一步都整整齐齐。

以前新王登基都是接过王印就结束了，但是忠继位，有汉使亲自主持，不仅仪式隆重，而且令人信服。班超将王剑、印章交与忠，宣读了以汉使身份自撰的任命书，并任命高冒为疏勒丞相，渠为副丞相，黎弇为疏勒都尉，潘辰为副都尉。

任命书宣读后，文武大悦。任命书是班超授意的，夺回盘橐城的消息刚刚送往洛阳，大汉皇帝的圣旨要两个月后才能到达，但在疏勒君臣心中，圣旨并不重要，只要有班超的任命书，就足够了。

随后忠交给班超一张羊皮臣表，并宣布将兜题放回龟兹。

政令下达，文武激愤，纷纷议论。"为何要将兜题放回龟兹？即便不杀，也不应该放回。"忠见文武议论，只好转移话题，但事情很快就传开了。

时间转入盛夏，酷热的疏勒使汉军饱受炎热之苦。冬季的时候，寒风撕咬着生活在西域的人；夏天来临，刚刚经受苦寒的人又要经历火炉一样的炙热。

滚烫的铠甲能让人的皮肤灼伤，疏勒军卒早已经褪去铠甲，躲在帐中纳凉。班超下了严令，除睡觉外，任何时候不得去甲，所以城中只要见到穿着军甲的人，就知必是汉军。

尽管不能去甲，但是酷暑已经不能操练，薛五不知道该带着军卒做些什么。他想出一计，派一名军卒到沈祥的帐中，看沈祥在做什么。军卒得令，以喝水为名，到了沈祥帐中，见帐外的树林下，沈祥带着军卒擦拭兵刃。薛五顿悟，也带着军卒擦拭兵器。但是十余人的兵器并没有多少，不到一日就擦完了。第二日，薛五又派军卒到沈祥帐中探军情，军卒见沈祥正在带领军卒修补甲胄，薛五也带着军卒补甲胄。第三日，沈祥带领军卒在树林下蹲马步，薛五也带军卒蹲马步。到了第四日，军卒回报薛五，说沈祥带着军卒在擦拭兵器，薛五抓住军卒的衣领，气道："怎么又开始擦了？"那军卒十分惶恐，说："我不知道。"薛五放开军卒衣领，说："不打仗的日子真是烦透了。传我军令，今日城外疏勒河练习骑射。"

"大人，没有司马大人准许，我们不能擅自出城？"

"司马大人已经说了，自行训练。"

"出了城，万一遇到龟兹人怎么办？"

"当然是打了！"

那军卒面露惶恐，但却不敢违抗。

薛五队一共十二人，收拾妥当，就往城门去了。沈祥的军卒见了，对沈祥说："大人，快看，薛大人出城了。"

沈祥一脸不屑，说："这是要去河边洗澡吧。"

那军卒问："大人，咱们要不要也去洗澡？"

沈祥道："一直都是咱们做什么，薛五做什么，咱们还能模仿他去？擦刀去！"

那薛五亲自领着十一人出了军帐，一路无人，将到城门，却见一台双人的简易轿子迎面而来，轿子上坐着一名女子，轿子路过城门时，门吏纷纷跪拜。薛五带着十一人，快步出城，丝毫没有理会那轿子上的女子。轿子上的女子见薛五都不看她一眼，就问门吏，刚刚出城的人是谁。门吏说领头的是汉军薛五，女子惊叹："原来他就是薛五。"

薛五来到城外五里处的疏勒河滩，寻了一处阴凉处，准备下马扎草靶，众人还没开始扎草靶，早已是口干舌燥，先舀了一壶河水喝了。

稍作休整，军卒开始扎草靶，薛五在一旁监督，余光处见河岸树林有人影，他便单骑纵马去寻。行不几步，见树后有两名女子，疏勒人模样，薛五想说两句疏勒语，话到嘴边，却不知该说些什么，支吾半晌，他终于出言问道："哪来的女子？"

两名女子被薛五逗乐了，穿着绿色绸衣的女子说："我叫瓜儿，是从盘橐城跟过来的，因仰慕将军，想看看将军操练！"

薛五道："汉军操练乃是机密，我怎知你们不是敌人的细作？"

名叫瓜儿的女子说："你看我像不像细作？"

薛五被问住了。他看那女子一副疏勒人模样，穿着汉人的丝绸，知她非富即贵，确不像细作。那女子说："听说汉军威武，难道怕我一个疏勒女子？再说这也没有什么秘密，无非就是射箭骑马，有何稀奇？我疏勒人从小就练骑马射箭，早看腻了！"

薛五道："既是看得腻了，就回去吧！"

瓜儿道："我偏要看，怎样？"

薛五道："那就对不起了！来人，将这两名女子拿下！"

说话的工夫，就有两名军卒跑了过来，将两人押到了靶场。

"将这二人押在大树下。"

两名军卒将两名女子押到一棵白杨树下，说："不许动。"

瓜儿挑着眉毛，说："这儿可比刚才那地方看得清楚。"

薛五非常懊恼，不耐烦地说："把她们放得远点，别让她们过来就行。"

两名军卒又将她们赶到了原处，瓜儿笑道："这不是白忙活一场吗？我又回来了！"

薛五气哼哼的，索性不搭理这二人，心想：既然不是敌人，就罢了。哪知道箭靶刚刚扎好，就听远处有人喊："快来人啊，小姐掉水里啦！"

薛五眉头紧皱，看河里果然有人，那河水湍急，眼见人就要被冲走！

薛五喊道："快去救人！"

众人都是北方长大的，均不会水，纷纷摆手说："还是大人去吧，我们不会水！"

薛五无奈，只好去救人，到了女子落水处，才想起自己也不会水。正不知该怎么办时，脚下一滑，只觉得后背被人推了一下，身体落入到了水中。

"刚才谁他娘的推我？"薛五一回头，看到岸上的女子眉头紧皱地对他喊："快救我家小姐。"

河水不深，但是水流得急，薛五站不稳，被水冲到了两丈之外。薛五的身后有块巨大的岩石，他奋力抓住岩石，才勉强不被水冲走。薛五移步到岩石前，见落水的瓜儿姑娘被河水冲了过来，并且不偏不倚还就撞到了自己的怀里。薛五一把抓住瓜儿，瓜儿却好似死了一般。

"姑娘，姑娘！"

"将军，我家小姐怎么样了？"

"不知道啊！"

"快将我家小姐抱上来！"

"水太急了！"薛五试着上岸，但是一步也挪不了。这个时候，一名军卒扔来一根绳子，喊道："大人，我来救你了！"那军卒在绳子一端拴了一块石头，将绳子甩到了河中央，薛五将绳子拴在腰上，众人合力，没费多少劲就将薛五拉了上来。

薛五将瓜儿放在地上。瓜儿的侍女喊道："大人，我家小姐呛水了，你快按她的肚子。"

薛五十分犯难："男女授受不亲。"

侍女不懂授受不亲的意思，喊道："谁让你亲了，我是让你按肚子，我按不动。"

众军卒喊道："大人，快按吧，要不这姑娘就死了。"

薛五想了想，痛下决心，将手放在瓜儿的肚子上，用力按了下去，一股水从瓜儿口中喷出，射到了薛五脸上。瓜儿咯咯大笑，说："你力气太大了。"

薛五一脸迷茫，问："你没有晕啊？"

瓜儿眉毛一挑，说："谁说我没有晕，我刚才晕过去了，是你将我从河里抱上岸的。"

一军卒嘀咕说："都晕了，还知道自己如何上岸。"

瓜儿也不生气，趴在薛五的耳朵前，悄声问："我香不香？"薛五脸一红，见众人迷茫地看着他，以为大家听到了，羞得不知道说什么，大声喊："都看什么！回去练箭。"众人低头回去，没走几步，就不禁相互对视发笑。薛五拖着湿漉漉的铠甲，满面通红，不无狼狈地回到靶场，头也不敢回。

下午的训练，薛五没精打采。他的脑海里不断回想自己在河里救人的画面，但是忙碌的训练让他无法集中精力将整个画面串联起来。瓜儿和她的侍女早已经没有了影子。他现在有点期待瓜儿继续守在大树后面，但是她再也没有出现。薛五越来越失落，他决定回城。

吃过晚饭，薛五蹲坐在帐外，看着天上的月亮，一言不发。

次日天不亮，薛五又将部众拉到了疏勒河边。他一边训练，一边看着河滩后的树林，以期能看到瓜儿，可一直到中午都没见到人影。中午，天气酷热，甲胄像一个鏊子，把人里外煎了个遍。众军士不敢去甲，只好在树荫下纳凉，但夏日的酷暑将人闷了个透，只盼着能吹来一丝凉风。

薛五眼睛望着疏勒河，余光却看着树林外。一次次失望之后，他在林中躺了下来。

"薛五！薛五！"

薛五瞬间坐了起来，但四下无人。

"薛五！薛五！"

薛五确信是有一个女孩子在叫自己，这个声音就是瓜儿。他循声去找，在五丈外看到了瓜儿。瓜儿和一个壮汉推着独轮车。独轮车陷进了沟里。

"你这是做什么？"薛五问。

"给你送点吃的。"

薛五连忙帮忙，将小推车从沟里推了出来。

众军士将小推车围了起来。瓜儿擦着汗，笑着说："这是我最爱吃的疏勒的寒瓜，送你们解暑。"众军士从没有见过车内的寒瓜。只见这些寒瓜生着翠绿外皮，瓜径如菜碟般大小，浑圆如球。

"这瓜怎么吃法？"薛五问。

"拿刀来！"瓜儿道。

薛五递给她一把刀。瓜儿取一个寒瓜，从中剖开，红通通的瓜瓤立现众人眼前。瓜儿将寒瓜切为几块，与众人分食，众人吃了一口红瓤，只觉得尽是甜汁，又吃了几口，觉得妙不可言。

"瓜儿姑娘，绿皮可以吃吗？"

"当然可以！"

众人吃了一口绿皮，觉得皮硬而无味，说："不好吃！"

瓜儿咯咯一笑，说："当然不好吃。"

众军士道："那你还让我们吃？"

瓜儿道："你们问我是不是可以吃，而不是问我好不好吃，我当然说可以吃啦，只不过不好吃。"

瓜儿给薛五送来的寒瓜，就是我们俗称的西瓜。薛五等人都没有吃过西瓜，口中不住地称赞。一名军士说："瓜儿姑娘，这瓜真是好吃，你以后能不能经常给我们送瓜？"

瓜儿高兴地说："当然可以，薛五是我的救命恩人嘛，不知道你们薛大人愿不愿意？"

众军士连忙将目光投向薛五。薛五嘿嘿一笑，说道："当然愿意，求之不得！"

众军士欢欣鼓舞，争抢着要将最后两个吃了，被薛五一把拦住。薛五说："这两个留给司马大人。"

到了晚上，吃过晚饭，薛五抱着两个寒瓜，喜滋滋地来到班超军帐。班超端坐在帐中，见薛五怀里抱着两个绿球，问是何物，薛五如实回答，说："是寒瓜，可以消暑。"说完，将两个寒瓜放在了案上。

班超知西域有许多奇珍异物，没有当回事，说："我上回跟你说的事情，你考虑得怎么样了？"

薛五想不起来什么事，问："何事啊？"

班超道："就是娶高冒女儿的事！"

薛五道："高冒的女儿，我见都没有见过，我不娶！"

班超道："听说很漂亮，你别小看疏勒人，疏勒姑娘要是美起来，比洛阳的姑娘更有风情。"

薛五道："要娶你娶，我不娶。"

班超道："怎么，还惦记着蓝云哪？咱们都出来快两年了，蓝云这会儿早该嫁人了。"

薛五道："我不惦记蓝云，但是我也不想娶高冒的女儿。"

班超火了："真是转性了，从前天天担心娶不着媳妇，现在给媳妇都不要。你脑子是不是坏了？"

薛五也火了："我就是不娶。"说完，抱着寒瓜转身就要走。

班超道："你想干什么？"

薛五道："什么也不干，就是不娶高冒的女儿。"

班超吼道："不娶就不娶，你抱瓜干什么？给我放下。"

薛五看自己怀里抱着两个寒瓜，重新放回了桌案，因他带着气，寒瓜放回桌案的时候，两个瓜炸开了一个。薛五气哼哼地离开军帐，班超用手蘸了一下寒瓜汁放在嘴里，口中支吾："嗯，还挺甜！"

第四十五章

窦固撤军班超心生忧　电闪雷鸣薛五定私情

翌日中午，于阗国辅国侯来访，称有洛阳的商贾来到了于阗王城。班超十分欣喜，将商贾迎入军帐。商贾名叫梁善，临淄人，做的是丝绸生意，听说汉军收复了伊吾卢，一直想入西域做生意。梁善说先后进入河西走廊的还有不少人，有的是吴中的，有的是南阳的。到了酒泉郡，众商贾听说班超让鄯善、于阗臣服了大汉，十分高兴，准备入西域南道。走到鄯善，遇到了准备入洛阳的于阗使节，于阗使节告诉他们，汉使命他代为传话，于阗有美玉，商贾可购买之。众商贾大为振奋，除少部分人在鄯善售卖丝绸，大部分人连夜入了于阗。

班超问辅国侯："和阗玉卖得如何？"辅国侯大笑，道："赚了许多金银，商人口袋里的钱全掏出来了。"班超颇为欣慰，道："如此，于阗国富足了。于阗人赚了钱，都买了什么？"

辅国侯道："有的买了汉人的丝绸，有的买了汉人的器皿，有的买了些许手工玩意儿。"

班超问梁善："商人到了于阗，住在哪里？吃什么？"

梁善道："于阗王为我们安排了住处和吃饭的馆舍，不过商人源源不断而来，单是王室提供的住处，恐怕不够用。"

辅国侯道："近来国中新添了许多的客栈，一些无业之人利用售卖的玉石钱和汉朝商人做起了生意。他们不肯远赴大汉，但是对汉人的到来十分欢迎，有的在沿途开设客栈，有的为汉人牧马，就连铁匠铺也增设了好几处。"

班超笑道："这真是百业兴旺啊！"

辅国侯道："全靠汉使，于阗国提起汉使，无不感激。"

梁善道："是啊，我们一路往西，到处能听到司马大人的名字。司马大人声名远播，在西域诸国广为称颂。小人祖父是前汉的商人，往返西域与临淄，自王莽篡汉，西域的丝绸生意就断了。如今司马大人出使诸国，诸国重新归附大汉，丝绸之路有望再通。"

班超被梁善一番夸赞，难掩喜悦之情，道："两位请吃瓜，这是疏勒的特产。"说罢，将薛五送与他的寒瓜与两人分食。

辅国侯道："这是寒瓜，此瓜绿皮红瓤，多汁味甜，尤以疏勒的瓜最好。"

班超道："辅国侯也知道寒瓜？"

辅国侯道："西域盛产寒瓜，小将也十分喜爱！"

班超将那个完好的寒瓜切了，分与两人，两人对寒瓜赞不绝口。

班超问："梁善，商人中是否有懂耕作的农夫？"

梁善问："有，不知道大人问这个做什么？"

班超道："近来到了盛夏，我到于阗郊外走访，见疏勒河边有良田数万亩，可以耕种，无奈疏勒人不懂耕种之法，若将这数万亩良田种植五谷，疏勒可增人口数十万。"

辅国侯猛拍桌案，道："汉使真是妙计，早就听闻汉人善种五谷蔬菜，奈何我于阗国邦小国僻，没有谷种，也不通耕作，可否请汉使也分于阗一些农夫，教我国人？"说罢，弯腰向班超施礼。班超还礼，答应了辅国侯的请求，道："只是国中现在尚没有谷种，烦请梁公从洛阳带些谷种。"

梁善道："何须洛阳？酒泉就有，只是现在已过了春季，要等来年了。"

辅国侯喜道："无碍，无碍，今年先把地垦出来！"

送走了梁善，班超去王殿见新王忠，将准备在河滩种植五谷的事说与忠，忠道："疏勒人以放牧为生，羊肉可以果腹，羊皮可以穿衣，而种五谷劳神费力，何以弃己之长，从己之短？"

班超道："疏勒国土不及于阗，人丁不及龟兹，欲止干戈，必先强国。疏勒国土狭小，又伴有干旱，可育人丁不过十万之众，若开河道，蓄水渠，垦荒地，种五谷，疏勒可育人丁三十万。疏勒人人皆兵，三十万人可控弦六万，如此远可防匈奴，近可攻龟兹、焉耆，疏勒王有何犹豫？"

忠道："听闻于阗辅国侯刚刚来过，还带了一个汉朝商人。"

班超道："确有此事。"

忠道："听说汉朝人将于阗国的美玉都买走了。"

班超道："正是。"

忠道："汉使何不为疏勒寻一条强国之计？"

班超道："我刚才所言就是一条强国之计。"

忠道："此计恐太久了。"

班超道："欲速则不达，强国非朝夕之事。"

忠道："既然如此，就听汉使的，我这就命高冒征集国民开垦疏勒河滩。"

疏勒河有五百里长，可供开垦的约百里。班超命高冒将可供开垦的地做好标记，然后在城内城外张榜，告知疏勒人：自愿开垦，由汉朝提供谷种、农具，教种植，凡开垦者，耕种满三年，地归开垦者所有，且头三年，不纳税。

榜文贴出后，疏勒人很快就知晓了垦荒的消息，但疏勒人常年放牧，不晓耕种，对耕种毫无兴致。一连三天，只有三名无业之人报名，班超方知垦荒之难。

为了垦荒，班超带头示范。他到铁匠铺打造铁犁，又牵来一头公虎，给公虎套上绳子。那公虎从未犁过地，被班超套上绳子，还有些不知所措，后几经驯化，才知道主人让它做什么。

疏勒人被强制赶到河滩，亲眼见到了班超驱赶耕牛犁地，眼神中充满好奇。众汉军一一讲解犁地的用意，疏勒人仍不肯报名。班超强行摊派，命疏勒人在河滩垦荒。疏勒人虽不愿意，但是仍服从汉使的命令，一时间，怨言四起。

"汉使怎么可以这样？羊羔正在配种期，我不在怎么行？"

"羊羔配种还需要你亲自来啊？我那半月大的孩子才需要照料呢！"

"你家孩子比羊还多，老大带着就行了。"

当疏勒人在河滩上忙得热火朝天时，两名汉军来到了疏勒盘橐城。

这两名汉军是窦固的信使。他们将一份黄绢递到班超手中。班超展开黄绢，只见信中写道："仲升吾弟：见信如晤，五月初一，陛下命我班师回洛阳，西域诸事咸由西域都护陈睦署理。弟在西域的功绩，将垂于竹帛青史，盼弟在西域一展才华抱负，不负圣上眷顾隆恩！兄固顿首！"读罢书信，班超问信使："都尉大人是否已经班师？"

信使道："都尉大人五月初一接到圣旨，次日班师回洛阳，如今已一个月了。"

班超又问："柳中、伊吾卢现有多少兵马？"

信使道："汉军两千，另有车师散兵一万。"

班超在帐中踱步，一种不祥的预感笼罩心头。班超纵横西域，之所以降伏鄯善、于阗、疏勒，全赖窦固大军在柳中、伊吾卢驻军。汉军的庞大气势，震慑了诸国，现在汉军主力撤回河西、洛阳。鄯善、于阗、疏勒三国尚不足忧虑，莎车、龟兹、焉耆及统辖的小国恐怕会躁动不安。

信使见班超来回踱步，不知道班超因何忧虑，一人问："大人这是怎么了？"

班超方才想到尚没有安排信使住所，喊道："田虑，给两位兄弟安排一毡军帐。"

田虑进帐，对两名信使道："两位兄弟随我来。"

信使拜别班超，赵森入军帐，问："大人，信使来此，所为何事？"

班超长叹一口气，对赵森道："老三，大事不妙，你随我多年，到现在还没有机会立功。"赵森想那日在校场本能够立功，班超不给机会，但他不敢争辩。

这时，新王忠入帐，问："汉使，听说大汉有信使来了，不知道是不是朝廷来了圣旨？"

忠在等皇帝的册封圣旨，班超知汉军撤回关内的消息藏不住，不久就会传遍西域，道："是都尉大人的私信，汉军撤了。"

忠尚没有明白其中要害，道："哦，想是西域太平，皇帝陛下召都尉回朝廷，另有重用。听说都尉是陛下的姐夫，公主思念都尉，这也是情理之中。"

班超长出一口气，他本以为洛阳出了什么事，调窦固回防，听忠说来，也有几分道理，便释然了。

忠见册封的圣旨没有送达，想起了另一事，道："听说汉军大多尚未成婚，我疏勒女子众多，汉使是否愿意从中撮合？"原来，高冒曾向忠建言，为使汉军长期驻扎疏勒，可命疏勒女子嫁与汉军，汉军娶了疏勒女子之后，将在疏勒安家，从此疏勒与大汉关系稳固，利于防备龟兹。忠听了此话，觉得颇有道理，故而向班超说了此事。

班超道："高冒大人曾向我说了这事，只是汉军有军规，汉军从军在外，不得私自婚娶。"

忠道："自然不能私自婚娶，只要汉使允诺，便是堂堂正正。我听说汉使的妻子就是在雁门从军时娶的，非常恩爱。"

班超哈哈一笑，道："正是。"

忠道："高冒大人说他女儿看上了汉军的薛五，我见薛五勇武，也喜爱之至，汉使不妨成全二人。"

班超道："说来也怪，我将此事说与薛五，薛五竟不同意，好生纳闷。"

班超与忠在帐中又聊了会儿，忠说："河滩开垦已初步完成，疏勒是游牧之国，疏勒人尚不习惯耕种，是否歇息一阵，让大家给羊羔配种？"

班超想到汉军已撤，龟兹可能会围城，道："如新王所言，停止开垦。"

停止开垦的命令一经宣布，举国振奋，国人各行其是，再也不愿扛着锄头在河滩刨土了，一时间，河滩寂静无人，就像是未曾开垦过。

垦荒的日子，薛五每天都要到河滩，和疏勒人一起刨土。作为汉人，既要带头干活，又要示范动作，忙得焦头烂额。薛五是放牛娃出身，家里没有地，后来跟着梁货殖，也没有学过种地，但在疏勒，薛五却成了种地的师父。疏勒人有不懂之处，都会向薛五询问，久而久之，薛五受到了疏勒人尊重。

薛五已经很久没有见到瓜儿了，不知道瓜儿出了什么事，甚至担心自己做错了什么，引起瓜儿不开心。

班超听说薛五经常带兵到疏勒河滩演练，担心龟兹人会趁汉军撤出柳中、伊吾卢，袭击疏勒，命薛五每日巡视疏勒河，注意龟兹人的动向。疏勒河位于疏勒以北十五里，龟兹人如果入疏勒，必要渡河。

薛五于是每日带着部众去疏勒河滩巡视。

往日巡视，并无异常，这日巡视，撞见了瓜儿。

"那个骑马的，回头！"

薛五乍听到瓜儿的声音，还以为听错了，转头一看，却见瓜儿就在自己身后。瓜儿穿着汉人样式的衣服，梳着汉人的头饰，看着与大汉的女子一般。瓜儿骑着一匹雄健的骏马，马儿的脖子上挂着一个铃铛，丁零当啷地响着。

"你……你这几个月去哪儿了？"薛五问。

"怎么，想我啦？听说你天天在河滩垦荒，我觉得无趣，就在家里待着了。"

"你家在哪里？我想找你都找不到。"

"我家就在城里，可惜你进不去。"

"盘橐城就没有我薛五进不了的地方。"

"口气挺大，你们汉军都是这么自大吗？"

"哪有，我只是想见你。"

瓜儿见薛五说的是真心话，没有再难为他，说："今儿我出来，想和你赛马。"

薛五睁大了眼睛，问："要和我比吗？"

瓜儿道："是啊。"

薛五来了兴致，问："怎么比？"

瓜儿道："从这往东，有一座山，名叫排山，距此约三十里，咱们从这出发，谁先到山脚，谁就算赢。"

一名军士问："瓜儿姑娘，输了如何？赢了又如何？"

瓜儿道："我赢了，你们薛大人要喊我一声师父。"

那军士就问："若是我家大人赢了呢？"

瓜儿眼睛滴溜溜地转了两圈，似想不出办法。

那军士道："如果瓜儿姑娘输了，就嫁给我们薛大人。"

瓜儿羞得满脸通红，说："看你家大人有没有本事了。"

众人纷纷起哄："当然有本事了。"薛五一旁嘿嘿发笑，说："好。"

薛五的马多次长途奔袭，是从洛阳骑到疏勒，陪伴他征战无数的战马，此马经过改良，耐饥渴，速度快。瓜儿的马年约五岁，鬃毛发亮，体态雄健，是从疏勒精挑细选的神驹。

两匹马站在同一条起跑线，军卒还没有发口令，瓜儿自己说了一声开始，就跑出了线外。眨眼之间，已经是百丈开外，薛五奋力追赶，狂奔了七八里，方才追上瓜儿。十里之后，薛五跑到了瓜儿前面，瓜儿狂抽马鞭，终究还是追不上薛五。瓜儿不喜认输，眼见败落，早忘记了赌约，从鞋袜中抽出一把短刀，插进坐骑屁股，坐骑发出嘶鸣，追上了薛五。薛五见瓜儿的坐骑一边跑，一边流血，十分奇怪，追上来问瓜儿，为何坐骑流血？瓜儿见薛五追了上来，气急败坏，又给了马屁股一刀。

"你怎么伤害战马？"

瓜儿哪管薛五，用鞭子狠抽坐骑伤口，坐下的马跑得像闪电一样。

最终瓜儿赢了，她比薛五先到排山。

"这不算，你作弊！"

"怎么作弊啦？"

"你用刀子捅马的屁股，马受了刺激。"

"你也可以啊！"瓜儿撇嘴说。

"我不会，我不会伤害我的战马！"

"可是你输了比赛，快叫师父！"

"我不叫！"

瓜儿恼了，喊："你叫不叫？"薛五斩钉截铁地说："我不叫。"说完转身骑上马，往回走了。他走出五里路，见瓜儿没有跟上来，觉得奇怪，就往回走，直到了排山下，才见瓜儿灰头土脸地坐在一块石头上。

"马呢？"

"此马野性难驯，背叛了我。"

薛五明白了大概，定是瓜儿的马受了伤，不肯再让瓜儿骑它，将瓜儿甩了下来，自己跑了。薛五哈哈大笑，瓜儿捡起地上的石块，扔向薛五，被薛五伸手接住。薛五从马背下来，说："随我回去吧，咱们算个平手好不好？"

"不好，你输了，要叫我师父。"

"好吧，我认输了，师父在上，请受徒儿一拜。"说罢，薛五单膝跪在地上。

"哎，你起来！"瓜儿急道。

"怎么了？"

"你们汉人有师徒伦常，我要是成了你的师父，以后你怎么娶我啊？你快起来！"

薛五两只眼睛睁得圆圆的，说："你要我入赘到你家？不行不行，老薛家要断后了，不行不行！"说罢，连连摆手。

"什么是入赘？"

"就是男女结婚，男的在女的家生活。"

"好啊，你连入赘都不肯，那我也不到你那个破军帐去。"

两人你一言，我一语，在排山下吵了起来，不知不觉间，天色暗了下来，两人都以为天要黑了，哪知道一道闪电划过，天上下起了雨。

"哎呀，下雨了。"薛五道。

"不要紧，疏勒下不起来大雨。"瓜儿望着天空。

雨淅沥沥地淋了下来，天上"砰"地响起了一道惊雷，吓得薛五咯噔一下。瓜儿虽没有见过这么大的雷，但是却不害怕，见薛五一脸惊恐的样子，心中有了一个主意。过不一会儿，天上又响了一个雷，瓜儿大叫了一声"妈呀"，迅速地钻进了薛五怀里。薛五被突然钻进怀里的美人吓得不知所措，瓜儿散发的体香和柔软的身躯让薛五情难自已。他抱紧瓜儿，勇气增加不少，心中暗暗念叨："就让雷劈了我吧。"

第四十六章

龟兹围城薛五担大任　拆除王宫城门修瓮城

一炷香后，雨停了，到了回城的时间。

薛五将瓜儿抱上了马，忽看到远处有一骑正往北疾驰。

"那是何人？"

"不认识，看装束，像是疏勒人。"

"天黑了，疏勒人进排山干什么？"

"不清楚。"

"你在这里等我一会儿。"说罢，薛五单骑往北追去。

往北是一处干涸的峡谷，穿过峡谷是一处开阔地，空地上燃着点点的篝火，一望无际。薛五难以置信，刚刚下过大雨，这里竟然还能生火。

每堆篝火前围坐着七八人，篝火上正在烤着羊肉，刺鼻的香味让薛五感到饥饿。薛五不敢逗留，悄悄地从峡谷退了出来。

"那边是什么人？"瓜儿问。

"是龟兹人，数不清的龟兹人！"

瓜儿目瞪口呆："咱们快回去吧！"

两人同乘一匹马，瓜儿在前，薛五在后。如果不是大敌当前，薛五希望能慢慢悠悠地回去，享受二人骑马的乐趣，但大敌当前！

好在离城不远，薛五的马又耐脚力，不多时就到了盘橐城外。

"咱们先进城吧！"

"不，我的兄弟还在疏勒河边等我。你先进城！"

"天都黑了，你的兄弟早就回城了！"

"不会的！"

"你这人真犟，要是已经回来了呢？"

"不会的！"薛五坚定地说。

"就算没有回来，你也别去了，太危险了。等他们回来，也许龟兹人已经攻城了，到时候你们就进不来了！"

"到时候里应外合，围而歼之！"

"就你们那十几个人？"

薛五郑重点头，瓜儿急了："你傻啊，龟兹人有五万铁骑。"

薛五道："我不管，我不去河边，我的十几个兄弟就回不来了！"说罢，将瓜儿从马背上放了下去："你去通知司马大人，就说龟兹人来了。"说罢，纵马而去，瓜儿气得在地上直跺脚。

天已经黑了，薛五到了河边，众军士还在。因薛五赛马，众人一直在等薛五回来。众人回到盘橐城门口，龟兹的大军已经逼近，夜色下，灯火通亮，远看就像是有一片火海往城门涌动。

"我是薛五，速速打开城门。"

薛五将瓜儿送到城门的时候，城门尚是开的，如今城门紧闭。

门吏在城门上喊道："大人，龟兹人马上就要来了，小人不能开门。"

薛五喊道："龟兹人尚远，你容我进城后，再关城门不迟！"

门吏道："国王有令，擅开城门者斩，小人不敢违令！请大人离开城门，到别处躲躲！"

城下的汉军听了，大骂门吏是小人，不得好死。

瓜儿听说城门紧闭，知道薛五进不得城，一直在城门上等候。如果是平时，瓜儿听薛五说了大话，定要看一眼薛五如何大战龟兹军，如何以少胜多，但是眼见龟兹大军一望无际，燎原的火把像是春季的洪水，瓜儿着急了。

"门吏，你快将城门打开，你没有看到汉军就在门口吗？"

"小姐，实在是大王有命，小人不敢违背。"

"龟兹人尚远，进不了城。"

"你再不开城，信不信我从城门上跳下去？"说罢，作势要往下跳。

那门吏自然不能任由瓜儿跳城门，吩咐左右："保护小姐！"

两名军卒听令，将瓜儿抬了下去。

龟兹人眼见将到城门下，距离城门不足一里地了。龟兹的将领已经看到困在城外的汉军，吩咐一小队人马剿灭汉军。

就在这时，班超到了城门上，看到薛五在城下，喊道："薛五，你为何还在城外？"

城下汉军见到班超，十分欣喜，纷纷说大人请开门。班超也无意听门吏解释，命令道："打开城门！"

门吏道："龟兹人已经到了！"

班超拔剑放在门吏的脖子上，命令道："打开城门！"

门吏惊慌失措，双手发抖，说："打开城门！"

盘橐城没有护城河，也没有吊桥，只有一道城门，城门大开时，龟兹人已经来到城下。班超命令放箭，被城下的龟兹人用刀轻松地拨开，敌众我寡，薛五和龟兹人交上手。

双方纠缠在一起，不分胜败，眼见大军将到，班超喊道："薛五，进城！"

薛五没有克敌制胜，心中颇为遗憾，不肯进城，但经不住班超一再催促，还是进了城。龟兹人哪肯放汉军就此进城，一并跟了进去。"勇士们，冲进盘橐城，与大王里应外合！"班超命令门吏关闭城门，数百名疏勒军将龟兹人围了起来，龟兹人暗叫了一声不妙，有几人丧了命，片刻后，又有几人丧了命，余下四五十人与疏勒军砍杀，一炷香后，只四五人尚有命在，下马投了降。

城外领军的是龟兹王建。自兜题回国，建厉兵秣马，等待报仇的机会，眼下机会终于来了。

建的战甲是十年前的龟兹工匠做的。龟兹的工匠师从于前汉的汉人，技术纯熟，为显示建的雄姿，量身打造了一套虎头银甲。这套虎头银甲穿在建的身上，威风凛凛，令人侧目。然征服了疏勒之后，西域北道诸国臣服，建久不征战，身体肥胖臃肿，战甲披就之后，腰腹甲带不能系。

新王忠和黎弇、潘辰等将先后上城，见城下坐骑上有一肥胖者，忠问："城下是何人？"

"孤是龟兹王。"建在城下喊道。忠等人略带唏嘘，五年不见，此人竟长成了这般模样。建喊道："谁是新王？"

忠环顾左右，答道："我是新王。"

建喊道："谁是汉使？"

班超答："我是汉使。"

建笑着喊道："我告诉你一个好消息，汉军撤回关内了，汉使再也没有靠山了。"说到这里，他收敛笑容："今龟兹十万大军兵临城下，疏勒将再次被破城，新王将沦为我的阶下囚，汉使何不开城献降？我念你不杀吾弟，留你一条性命。"

班超道："建，你当我不会数数吗？城下不过一万兵马，你竟敢口出狂言，称自己有十万大军。"

建笑道："真是瞒不过你，城下是一万人，但是排山之后，还有九万。你一定想问，我们龟兹哪来的这么多人？我告诉你，这里面还有焉耆、姑墨、温宿的军队，他们的国王听说我要攻打疏勒，都抢破头要来打前锋。但是我龟兹的铁骑是何等威武，区区一个盘橐城怎么需要这么多人？所以他们都是观战的。"

班超道："纵然汉军今日撤离了伊吾卢，难保汉军他日将重返西域。你就不怕汉军攻破你的王城，将你碎尸万段吗？"

建做出被雷劈中的样子，说："是要将我五马分尸吗？想想都好怕！大汉如果真的在意西域，就该趁此机会，收复诸国。但是汉军撤了，大汉的皇帝并不在意西域人的死活。没有了汉军，龟兹人就是西域的霸主！"建说完，身后的龟兹军挥舞起火把和兵器，口中欢呼。

"看到了吧，我才是西域的霸主。今天晚上，本王暂不攻城，让你们感受一下惊惶不安和死亡降临的气息，待明天太阳升到树梢，我将带大军破城。"建说完，龟兹大军后队变前队，从盘橐城下缓缓撤军，海浪般的火把渐渐远去，直到在黑夜中消失。

城中的众人尚未回神，忽听到城下一女子大喊："薛五，薛五！"

班超往城下看，见一女子抱住了正在列队的薛五。

"那是何人？"

班超左右皆不认识，班超命人将薛五及那女人带上城门，问："薛五，这是何人？"

薛五结结巴巴地说："此……女子……名叫瓜儿。"

"瓜儿？"

忠向班超介绍："汉使，瓜儿是高冒的女儿。"

班超颇为震惊："高大人何在？"

这时候，高冒从忠的身后站了出来。

"这位女子是否为令千金？"

高冒早已认出瓜儿，说："回汉使，确实是我的女儿。"

班超问薛五："薛五，你和这女子何关系？"

薛五说不清楚与瓜儿的关系，嘴里支支吾吾，半晌道："我喜欢瓜儿，瓜儿也喜欢我。要打要罚，就冲我，不要怪瓜儿。"

班超哈哈大笑："高大人，不用你来找我说媒，原来人家早就好上了。"

高冒也颇为尴尬。瓜儿是他的二女儿，他本意是将他的长女嫁给薛五的，没有想到阴差阳错，二女儿与薛五相识了。前一阵时日，二女儿去了一趟于阗，从汉朝的商人那里买来了许多的丝绸和绫罗，请人做了汉朝的衣服。他见瓜儿穿上汉人衣服，只道她喜欢汉服，今日见她与薛五站在一起，方知瓜儿早已看上薛五。

高冒虽明白了经过，但不好说破，只好顺着班超的话："真是上天注定的缘分。"

班超不知道中间枝节，只道高冒要嫁的就是这个女儿，高兴地说："薛五啊薛五，你可知道，你一直不愿娶的就是瓜儿，瓜儿就是高大人的女儿。"

薛五也没有想到瓜儿是高冒的女儿，一时间不知道该说什么好。班超问："薛五，你可愿意娶瓜儿？"薛五嘿嘿一笑，说："我愿意！"众人哈哈大笑。

处理完薛五的事，班超叫来门吏，呵斥道："大胆门吏，你竟敢紧闭城门，欲将汉军置于死地乎？"那门吏吓得双腿瘫软，跪在地上："汉使恕罪，都是大……"说话时，抬头看了一眼忠，见忠怒目而视，不敢多言。忠说："汉使，我确曾有严令，不准擅开城门。敌军来袭，薛大人被困在城下，此门吏曲解我意，不派人通报，将汉军置于险地，真是罪大恶极，请汉使严处。"

瓜儿道："薛五巡逻到排山一带，发现有大股敌军，让我入城禀报，但其他汉军仍在疏勒河滩待命。薛五本可入城，另派他人通知汉军，但顾及汉军安危，仍亲赴险地。不料回城时，城门紧闭，险些丧命。"言罢，众人皆夸薛五重情义。

班超道："龟兹军没有渡河而过，而是选择绕道排山，若非薛五及时发现龟兹大军，只怕此时城门已破。"

高冒道："请汉使严处门吏。"黎弇等都请处置门吏。

班超道："门吏虽有过，但仍是执行军令，只是稍欠灵活。若开了城门，放龟兹军入城，虽百死难赎其罪。"

高冒道："门吏执掌一城安危，臣奏请汉使，设城门校尉一人，副尉两人，统归都尉执掌，专事城防。"

班超道："此议可行。"

忠问："不知何人任职妥当？"

班超道："新王以为何人妥当？"

忠道："不如由薛五如何？"

班超道："薛五勇猛有余，机敏欠缺。"

副丞相渠道："校场一战，薛五大败轻猴，足见机敏。城外侦察，发现龟兹大军又脱身回城，又见机智。亲回疏勒河滩，迎回汉军勇士，不畏生死。遇大军攻城，回军应敌，不见乱象。如此机敏勇猛，我赞同薛五。"说罢，高冒对渠笑着点了一下头。

樊成道："小将也推荐薛五。"

班超道："既然大家都推荐薛五，那就是薛五吧。"

众疏勒人上前拜见薛五，薛五有如在梦中一般，慌忙将众人扶起，道："大家快起来，薛五承受不起。"众人起身，薛五连连对众人拱手，道："薛五与那龟兹人死战到底！"疏勒人大多不会说汉话，口中喊着："五！五！"

任命完薛五，忠又任命两名疏勒勇士为城门副校尉，那两人便是巨擘与轻猴。

从城门下来，班超与忠在王殿商议退敌之策，忠问："敌军来势汹汹，虽只有一万兵马，但仍强于疏勒，汉使可有退敌之策？"

班超道："薛五入城时，一部分龟兹人攻入城内，后疏勒军将城门关闭，龟兹大军入不了城，疏勒军以多敌少，居高临下，将入城的龟兹人消灭干净。我有一计，可仿效大汉城防，在城门设瓮，敌军破城时，进入瓮内，四面的弓箭手万箭齐发，城下纵有千军万马，亦无可奈何。"

忠不解，问："何为瓮？"

班超道："瓮是封闭的瓦罐。我们在城门内侧起两道围墙，然后再将两侧的围墙连起来，形成一道四面的围墙。"

忠拍案称绝，道："真乃妙计。只是城内没有石头，如何另起围墙？"

班超回望宫殿，不言。忠明白班超的意思，疏勒的王殿是用石头堆砌的，可以筑墙，他大声说："来人，拆掉王殿。"班超从王殿回到军帐，黎弇已经带着疏勒人拆除王殿。

出了王殿，班超见到了公主笛玉。笛玉仿照汉人，对班超施礼，道："听说汉使给兄长出了一个好主意。"

班超道："事出紧急，也是无奈之举。"

笛玉道："区区一座宫殿，拆了也不要紧，笛玉敬佩的是汉使的才智。"

班超道："公主真是通情达理。班超还有军务，就告辞了。"

笛玉道："汉使保重。"

拜别笛玉，班超回到了军营。营中的汉军都在等班超，见班超回来，都围了过来。

赵森道："听说司马大人要拆了王殿？"班超点头，赵森道："那疏勒人还不炸了锅？"

班超道："很多大臣反对。他们觉得拆除王殿是对疏勒人的侮辱。但是唯有此法才有希望，所以反对的大臣就没有坚持。"

赵森道："依我看，拆的是王殿，又不是他们家，只要新王不反对，没人会坚持。"

班超见薛五不在，问："薛五去哪里了？"

赵森笑道："刚刚和瓜儿姑娘说悄悄话呢，现在不知道在哪里。"

班超道："都回去睡吧，明日还有仗要打。"

众人散去，赵森、沈祥进了班超军帐。班超给二人各倒了一杯水，就像是知道他们要进来一样。"大人？想问为什么让薛五做城门校尉？"

沈祥道："是啊，仲升，我和你从军十多年了，放着屯长不干，随你入了西域，途中建功不少，你也应该考虑我啊！"

赵森道："我虽没有建功，但是多次请战，大人都不给机会。"

班超饮了一口水，道："这次任命城门校尉，很突然。盘橐城是疏勒的，按说校尉也该是疏勒人，但是疏勒能人匮乏，我汉军又个个才华出众。疏勒人希望我们汉人能够出战，自然会将一些军职交由汉人担当，但汉军除我之外，另有三十六人。这三十六人中，薛五被高冒相中，聘为女婿，如此一来，薛五成了半个疏勒人。薛五作战勇猛，现在又成了高冒的女婿，理所当然成了疏勒人的最佳人选。"

赵森恍然大悟，道："难怪大人一言不发，疏勒人踊跃举荐薛五。"

班超道："后面还有大仗，你们都有机会。将来整个西域都是我们的，你们还愁没有军职？"

沈祥道："汉军已经撤退，只怕我们难以立足。"

班超叹道："是啊，只盼朝廷别有什么动荡。"

赵森道："总不会将我们也召回去吧？"

班超断然道："不会，降服西域，重开丝路是陛下的宏愿。"

第四十七章
指挥若定勇破龟兹军　望秋病逝蓝云入西域

次日，班超早早地醒了，他到城门视察的时候，看到忠站在城门上指挥，三座与城门等高的城墙拔地而起，将城门包围起来。

忠见班超到了，从城门下来，道："汉使，你所说的瓮城是不是这样？"

班超巡视再三，连连称赞，道："好啊，疏勒王甘愿舍弃王殿，一夜之间修筑了此工事，令人钦佩！"

忠道："抵抗龟兹，还要汉使多费心。"

班超道："御敌的事交给我，疏勒王暂且休息，距离龟兹人攻城，还有两个时辰。"

忠道："实在睡不着，盘橐城曾被攻陷，不能再被攻陷。"

班超道："疏勒王能拆王殿而筑王城，足见疏勒王决心，疏勒万民知疏勒王豪情，必死战。"

这时，黎弇上前说话："汉使，疏勒王是我所见过最无私的大王。大王拆王殿筑王城，黎弇钦佩之至。文武最初是反对的，但是见大王心意已决，便召集百姓筑墙。百姓听说大王舍弃宫殿筑王城，对大王十分敬佩，无论老幼全部上阵，是以一夜之间，筑成此瓮城。"

班超叹道："民心可依，好！滚石、火油准备得如何了？"

黎弇道："全部准备妥当，龟兹胆敢攻城，必有去无回。"

忠问："汉使以为龟兹会在几时攻城？"

班超道："龟兹偷袭不成，必大举攻城。我料龟兹没有准备攻城器械，不会强攻，必在城下布阵挑衅，以待攻城辎重就位。龟兹远道而来，既然不能偷袭，必养精蓄锐，吃饱喝足，缓缓布阵。我料龟兹军辰时三刻出发，巳时初刻抵达城下。届时我军以静制动，可派一支骑兵与之对战，然后佯装败退，将敌兵引入瓮中。龟兹人不知我有瓮城，我军万箭齐发，龟兹人必败。"

黎弇喜道："汉使真乃神人，我这就去布置。"

巳时初刻，龟兹大军果然出现在了盘橐城下，大军缓缓行进，步调整齐划一，远远望去，旌旗猎猎，气势夺人。

大军行进到城下百步之处，建单骑上前一步，道："城上的鼠辈，见到我龟兹大军，是不是吓破胆了？敢不敢与我大军一战？"

"汉使所料不差，龟兹人不敢攻城。"黎弇对疏勒王忠说。

忠对城下的建说："城下的虏人，你屡屡犯我，杀我先王，此仇必报。"城上的军士随忠大喊："此仇必报！此仇必报！"

建寻衅道："既然要报仇，就开城门吧！"

忠道："我有王城之险，为何要开城？你不是要破城吗？既是破城，就来攻城吧。"

建冷笑一声："就凭这几块石头就想挡住龟兹大军？别忘了你伯父是怎么死的，那时的王城不比现在矮。"

忠大怒，道："休得狂言，谁愿出城，与龟兹一战？"

黎弇、潘辰等人上前一步，道："末将愿往！"

忠道："黎弇乃疏勒都尉，不宜亲自上阵，潘辰，命你领兵一千，出城迎敌。"

潘辰说了一声"是"，带兵出城去了。

城门大开，建看到城门只出来千余人，笑道："疏勒无人乎，只千人迎敌！"

潘辰大喝一声，道："我乃疏勒潘辰，谁敢与我一战？"

建回头问："谁愿与敌将对阵？"

一位长着络腮胡子的大汉说："巴尔愿往。"

建道："命你领兵一千，与敌将对阵。"

长着络腮胡子的巴尔与潘辰两军交战，疏勒军竟占了上风，带着耻辱出战的疏勒人勇猛好战，将巴尔击退了。在一旁观战的建心中怒骂巴尔是废物，又派出千人，驰援巴尔。龟兹人喜欢公平对决，不爱以多胜少，虽有王命，亦不肯用尽全力，双方战成平手。城上的疏勒人见了，不断称好，士气倍增，以至于有请战者，请求以倾城之兵，一鼓作气，击溃龟兹，被班超制止了。

建又增派兵马，疏勒人以少敌多，力气不足，露出败象。班超命人鸣锣退兵，潘辰不肯服输，迟迟不肯退军，疏勒人战死不少。建笑着对身边的将士说："疏勒人比以前能打了，但是没有我们人多。"城上的班超急了，又命人敲锣，城下的潘辰见四周都是龟兹人，大喊撤退，疏勒人方才退入城内。

建看到疏勒人败退，喊道："疏勒人败了，杀进城内，斩杀疏勒王者，赏金万两，封侯。"

与潘辰对阵的龟兹人不等建说话，早已追了上来。城上箭雨纷飞，龟兹人避开箭雨，庆幸冲进城门，却见城内还有一道门，正犹豫不决，身后的大军蜂拥而来，自己被推进了城内。眼见要过第二道门，忽然二道门城门关闭，城墙上站满了疏勒人，顿时万箭齐发，进入城门的龟兹人命丧城内。

城外的建看到龟兹大军攻入城内，心中大喜，万没有想到这般容易就进了疏勒王城，哪知过不多时，冲进王城的人又退了出来。

"这是怎么回事？"

周边诸将都不知道发生了什么事，建叫来一名冲进城的士兵。士兵对他说："我也没有完全入城，我看到城内另有城墙，将城门围了起来，勇士们进城之后，城上万箭齐发，大家被乱箭穿心而死。"

建从来没有听说过这种工事，单凭一名士兵讲述，他无法想象这是什么样的工事，但他知道已经不能再进攻。

"撤军！"

王命一经下达，城门下的龟兹人很快退了出来，但是已经进入城门的，却再也没有活着出来的人。

城上的人欢呼，黎弇问："良机难得，是否出城追击？"

班超道："听我号令，开城出战！"

黎弇率军出城，败退的龟兹人惊慌失措，疏勒军乘胜追击，斩杀千余人。

此战疏勒军大获全胜，龟兹军败退到疏勒河以北。

一个渐入凉秋的日子，薛五在城门值守。城门紧闭，城外远处一棵杨树孤零零地站在土丘上，显得有些荒凉。时间到了正午，天空下有两骑不紧不慢地往城门走来，因城外空旷，值守的卫兵早早就看到了。

到得城下的是一男一女，两人头部裹着纱巾，看不清脸。

"站住！"城上的卫兵用疏勒语喊道。

"我们是从汉朝来的！"城下的男子说。听到汉话，一旁巡逻的薛五走了过来。男子继续说："我要见汉使班超。"

薛五没有认出城下的男子，但是却依稀地认出了一旁的女子，虽然她只露着一双眼睛，但从她骑马的身形，薛五认出了她。

"城上的可是薛五？"男子喊。

"你是何人？"薛五问。

"我是陆晓聪！"

"果然是她。"薛五暗想，他命令打开城门，将城下二人迎了进来。

进城的是陆晓聪和蓝云。蓝云远远地看到了薛五，当城门打开，她和陆晓聪进了城门。

薛五看到蓝云，十分高兴，连忙从城门上下来。蓝云走进瓮城，薛五将要说话，蓝云揭开面纱，大声说："薛五，过来牵马！"薛五突然停住了脚步，若是在黄龙岭或者洛阳的时候，蓝云叫他过来牵马，他求之不得，但是如今蓝云再叫他牵马，他不太情愿。

"来人，过来给蓝姑娘牵马！"薛五道。

蓝云感到奇怪，说："薛五，我让你牵马！"

薛五虽不情愿，但还是给蓝云牵马去了。

蓝云脸上露出了笑容，说："带我去见班超！"

薛五道："蓝姑娘请不要直呼司马大人的名讳，在西域，没有人敢直呼他的名讳！"

蓝云哼了一声，道："你们叫不得，我也叫不得？我和陆晓聪不远万里来到疏勒，历尽千险，不想两年没见，你们竟这般尊贵了？"

薛五不语，将蓝云和陆晓聪引到班超军帐。

班超正在帐中给望秋写信，他已经写了许多信，但是都没有发出去。西域距洛阳有万里之遥，不通信件，只有西域的使节出使洛阳的时候，才能让使节捎带一封。班超从洛阳出征已经三年有余，他最后一次见望秋，也是两年前的事了，而今相思日深，也不知道何时能回洛阳，以解相思之苦。

正下笔时，薛五将蓝云和陆晓聪带到。

班超见到蓝云，甚是吃惊，问："蓝云，你怎么来西域了？"

蓝云带着哭腔，说："姑爷，夫人仙去了。"

班超浑身一震，问："谁仙去了？"

蓝云道："是我家小姐。小姐等你望穿秋水。她相思成疾，日渐消瘦，真是等你不得，寻你不能。"说罢，将一块绢布交与班超。

班超接过绢布，手中紧紧抓住，口中重复："望穿秋水，望穿秋水，望秋！"

蓝云道："小姐从西域返回洛阳后，身体一日不如一日，收到你的来信，想来西域寻你，但是恐耽误你的大事。"

班超打开绢布。绢布是班固的亲笔手书，只见信中写道："吾弟超亲启：弟自从军西征，尔来三岁矣，母亲大人安好，唯望秋见你不得，相思成疾，于永平十八年七月初三仙去，望弟节哀。弟妹后事皆已料理，弟之子雄，兄自养之，待如亲子，盼弟勿念。另嘱托吾弟，陛下于七月十五驾崩，新帝将承继大统，西域之政有变，望吾弟保重！兄固顿首！永平十八年七月十八日。"

望秋是自己的结发之妻，如今病死家中，自己却不在身边，班超痛如刀绞。众人上前，劝班超节哀。班超结舌难语，半晌才问蓝云："西域距洛阳相隔万水千山，且凶险至极，大哥怎差你过来了？"

蓝云道："班固大人本没有差我，是我自愿来的。小姐一走，洛阳再无留恋！"

班超好奇，道："莫不是为沈祥？"

蓝云摸着衣扣，低着头说："才不是为他。"

班超知蓝云十分喜欢沈祥，只是沈祥一直不喜欢她，没有想到她竟然追到疏勒来了。班超问："你那两位姐妹呢？"

蓝云道："另外两位姐妹已在洛阳寻了婆家，嫁人了。"

班超道："你且在疏勒住下，暂时先别回去了。"

蓝云道："嗯，这次我就不回去了。"班超吃了一惊，命薛五将蓝云带了出去。

班超伏在桌案，将绢信又读了一遍，注意到书信的后文写了一件大事。皇帝于七月十五日驾崩，这封信写于七月十八日，也就是说，皇帝去世三日，班固就写了这封信。望秋去世，班固没有写书信，皇帝去世了，班固写了书信，说明信的重点是皇帝驾崩。信中说西域之政有变，这是何意？难道新皇帝主张放弃西域？

"叫田虑！"

稍后，田虑进军帐。

"司马大人，您找我？"

"这封信你读一读？"

田虑接过书信，读罢，惊道："皇帝驾崩了？"

班超道："我现在想，都尉大人之所以撤军，是因为陛下预感到天年已尽。为保卫京师，避免动荡，陛下召回都尉，护卫京畿，确保新皇登基。"

田虑恍然大悟，道："正是，无怪乎汉军突然撤走，定然是如此。都尉乃皇亲国戚，又深得陛下信任，有都尉大人在，新皇就能顺利登基。"

班超道："但是书信后文说西域之政有变，这是何意？"

田虑道："令人揣摩不透，此信后段显然是要我们提高警惕，以防有变。书信虽然没有明说，但隐含深意。先帝雄才大略，欲效仿前汉武帝，一统西域，再通丝路。但是经营西域，耗人耗力，文臣多反对。西域诸国征战，有求于汉，汉须以远道之师伐之，粮草靡费，于大汉而言，损耗甚巨。新帝主政，若听信文臣之言，恐将闭关锁国，停止与西域往来。"

班超叹道："所言甚是，那我等在西域两年多的经营将打水漂，西域诸国将再次沦为匈奴人的天下。"

田虑道："只盼这一天不要到来。"

薛五将陆晓聪带到自己的军帐，让其住在自己的营内，又为蓝云在远处支起一围军帐。这是一围新帐，准备留给送信的洛阳信差用的。

"你们平时就睡这个啊？为什么不住王殿？"

"王殿被拆了。"

"被拆了？"

"是啊，用来修瓮城了。"

"听说这里冬天很冷，这个帐篷能顶得住吗？"

"冬天帐篷里烧炭火，很暖和！这次来西域，要多住一段时间，可惜你来得有些晚了，这边有寒瓜，绿皮红瓤，特别可口！"

"你就知道吃，我还记得你以前给我烤鹿肉！"

薛五有些尴尬，说："都是过去的事了！你在这里坐一会儿，我出去一下，等会儿给你一个惊喜。"

蓝云笑道："有什么惊喜？"

"等我！"薛五出去以后，到了沈祥的军帐，找到了正在组织军卒擦兵器的沈祥。

"沈祥，你过来！"

"什么事？"

"有惊喜！"

"有什么惊喜？"沈祥笑道。

"过来就是了。"

薛五将沈祥带到蓝云的军帐，对军帐里的蓝云说："蓝云，你看我把谁带来了？"

蓝云看到薛五身后的沈祥，愣在当场，半晌才说了一声："沈祥。"沈祥看到蓝云也吃了一惊，道："你怎么追到这来了？薛五，这就是你说的惊喜？"

薛五没有想到沈祥会生气，嘴里接了一声"嗯"，蓝云见沈祥是这个反应，气道："薛五，这就是你说的惊喜？"

"你来西域，不是为了见沈祥吗？"薛五问。

"他对我无情，我怎么还会对他有意？"蓝云道。

"等会儿，你来西域不是为了找我？"沈祥虚惊一场的样子，摸着自己的胸口，道，"那就好，吓死我了！"

蓝云道："我来西域是为了给班超送信！"

"送信啊！好，送完信早点回，晚了就入冬了，路不好走！"

蓝云怒道："我什么时候走关你什么事？你走！"

沈祥一副无所谓的样子，点着头，说："我走，我这就走！"边说边离开了军帐。

薛五颇为尴尬，说："那个……我也走了。"

蓝云嚷道："走，都走吧！"

薛五离开了军帐。蓝云气呼呼地坐在床上。沈祥对自己还是从前那般冷漠，不过她并不在意，因为沈祥一直就是这样。令她百思不得其解的是，一向对自己言听计从的薛五没有从前那般听话了，这究竟是怎么了？

自班超西征匈奴，望秋就开始在洛阳为蓝云三姐妹招揽婚事，另外两个姐妹陆续出嫁，唯有蓝云没有遇到合适的人。望秋每每提及相亲之男子，蓝云不免与沈祥和薛五对比，相比之下，终觉不如薛五对自己踏实。如此一拖再拖，蓝云竟错过了出嫁的黄金年龄。望秋去世，班固差人往西域送书信，蓝云竟毛遂自荐，班固不放心她，派了陆晓聪与之做伴。两人穿越万水千山，历尽艰难险阻，总算来到了这不毛之地。她原本想，薛五从前那般喜欢她，见到她来到西域，定然是欢喜疯了！哪知入城时让他牵马，他竟有些不愿意。这次自己没有赶走薛五，薛五竟然自己走了，这在从前是不可想象的！

第四十八章

薛五大婚蓝云闹相府　焉耆发兵欲袭都护府

　　蓝云出了军帐，想看看薛五在哪里，问个明白，但是没有见到薛五，只见到了正在劈柴的赵森。

　　"赵老三！"

　　"谁在喊我？"很久没有人这么喊赵森了，但是赵森还是知道有人在喊自己。他四处张望，看到远处的一围军帐有一个女人对他招手。"见鬼了，这里什么时候起了一围新军帐！"赵森走上前，看到了蓝云。

　　"蓝云，你怎么来西域了？"

　　"给班超送信！"

　　"哦，原来是这样！"

　　"我问你，薛五最近发生了什么事？"

　　"薛五？发生什么事？没什么事啊，嗯，做了官了，疏勒的城门校尉，管着两千号人呢！"

　　"怪不得，原来是升官了，架子大了！"蓝云释然。

　　"对了，薛五要娶妻了！"

　　"娶妻？哪来的妻？"

　　"疏勒丞相高冒的女儿！"

　　晴天霹雳！蓝云问："什么时候的事？我怎么不知道？"

　　"你远在洛阳，怎么会知道？那个疏勒姑娘长得漂亮，白，脸特别白，虽然薛五的长相在汉人中属于垫底，但是被高冒一眼相中。"

"怪不得不愿给我牵马，怪不得急着要走。"蓝云默念，"原来薛五有了别的女人。"

赵森见蓝云失神的样子，问她怎么了，蓝云摆手说"没事"，自己回到帐中，蒙头大哭起来。

薛五回到了城门，但他已无心值守。蓝云的出现让他有些不安。他已经感觉到，蓝云此行并不是单单来送信。如果不是龟兹军的骚扰，他早就和瓜儿成婚了，如果让瓜儿知道，自己曾经喜欢过蓝云，而蓝云又出现在了西域，不知道瓜儿会不会生气。

正胡思乱想之际，瓜儿带了些吃的过来看望薛五。薛五已经好几日没有见到瓜儿了，现在整个盘橐城的人都知道薛五将要迎娶瓜儿。"瓜儿，你怎么来了？"薛五有些担心这个时候撞上蓝云，不过蓝云应该不会到城门来。

"我来看你啊，几天没有见到你了，也不知道你在干什么。"

"我在值守，一旦有警，就迅速通知司马大人！"

"我看龟兹人被我们打怕了，应该不会再来了。"

"嘿嘿，我想也是！"

"陪我到城内走走吧！"

"我在值守，不能脱岗！"

"那就在城上走走吧，登高望远！"

薛五说好，两人就在城上走了一走，到了无人处瓜儿还亲了薛五一下，羞得薛五满脸通红。瓜儿咯咯大笑："若是成亲之日，你岂不是要羞得像猴屁股？"薛五不敢多逗留，说了一会儿话，又回到了城门。

远远地，薛五看到了蓝云，蓝云正在和一名军卒说话，像是在打听薛五。不一会儿，薛五就看到蓝云向自己走来，走近就停下脚步，神情莫名地望着瓜儿。蓝云见瓜儿身形俏丽，白肤细腻，不由得怒从心起。

蓝云问："薛五，这位是不是丞相的那位千金？"

薛五一愣，说："是。"

蓝云指着薛五，道："见异思迁，喜新厌旧，看到丞相的女儿，就忘了我了？"

薛五嘴拙，不知道该如何辩解，只说："我没有。"

蓝云气道："还说没有，以前口口声声说喜欢我，原来都是假的。你娶不到汉人，娶了戎狄之女，你就这么担心娶不到女人吗？"

薛五仍是不知如何还口。瓜儿愣在原地，似不知道究竟发生了什么事，她问薛五："这是你在大汉娶的妻吗？"

薛五两只手连忙摆动，说："不是，我没有娶过妻！"

瓜儿道："哦，这位婶婶应该是从汉朝来的，走了那么远，人都不见瘦，你们汉人吃得真不错呢！"

蓝云指着瓜儿，怒道："你叫谁婶婶！还说我胖，蛮夷女，看我不撕了你的嘴。"说罢，手就往瓜儿的脸伸来。薛五岂容她动手，一把抓住了她的手，将其拉到了一边，蓝云抓不到瓜儿，与薛五打斗了两招，无奈敌不过薛五，气得走了。

蓝云并没有去别处，而是找班超评理去了。

班超本就沉浸在丧妻之痛中，见蓝云闯进帐中，忙擦拭眼角。

"蓝云，你有何事？"

蓝云见到班超在擦拭眼泪，却仍然控制不住自己，她正色道："仲升，你给我评理，我不远万里来到西域，本想与薛五在西域成婚，谁知道薛五有了新欢，与那戎狄之女成婚！"

班超惊道："你说什么，你来西域是为了与薛五成婚？"

蓝云道："正是。我从前喜欢沈祥，但是沈祥不喜欢我。我思来想去，觉得还是薛五待我好，薛五肯为我烤鹿肉，又对我言听计从，所以我才甘冒千难万险来西域。"

班超半晌不言，良久才道："我记得薛五随我入西域时，曾多次表示要娶你，但你始终不肯。我以为你誓死不肯嫁薛五，故而疏勒丞相求婚时，我不假思索地就答应了。你虽没有相中薛五，但是自有人喜欢薛五，所谓姻缘天定，不可强求！如今薛五有了喜欢自己的女人，你纵然回头，薛五也无可奈何。"

蓝云哀求道："大人，我是您爱妻的姐妹，您与姐姐情深义重，眼下我身陷绝境，求大人为我做主。"

班超作难道："我如何做主？"

蓝云道："蓝云恳求大人终止薛五与蛮夷女的婚事，将我许配给薛五。"

班超拍案斥道："这如何可能？我汉人行事以信义为先，更何况是婚姻大事。若是我终止薛五和瓜儿的婚事，疏勒人会将此事视为奇耻大辱，我们再也不能在疏勒立足。"

蓝云瘫坐在地上，失神道："我知道了，我知道了！我不去打扰薛五！"

蓝云来到疏勒的消息迅速传遍了汉营，营中有少部分将士认识蓝云，但大部分都不认识她。好事之人向沈祥打听内情，沈祥不予理会，众人便将目光投向了住在营中的陆晓聪。陆晓聪担心与众人相处不来，就施展特长，将蓝云的事一股脑儿全兜了出来。陆晓聪绘声绘色地将蓝云的事情说完，吩咐大家不得外传，众人心领神会，当场击掌说绝不外传。但是到第二天，蓝云的事就已经传遍盘橐城了。

这一日，高冒来到班超军帐，声言协商办理薛五与瓜儿的婚事。班超问："龟兹军仍在排山一带驻扎，何以急着操办婚事？"

高冒道："兵临城下在疏勒来说，是家常便饭。如今两军对峙，事态平稳，正是操办之机。"

班超笑道："恐不是高大人的心里话。"

高冒道："近日城中盛传，薛五的旧爱来到疏勒，我担心事情有变。"

班超道："也好，早办早了，省得挂念。"

高冒问："请汉使择定吉日。"

班超道："今日太急，明日匆忙，就择定后日吧！"

高冒道："不知道礼节从疏勒，还是从汉。"

班超道："出嫁从疏勒，拜堂从汉。"

高冒又问："新人拜堂后，住何处？"

班超道："暂住你家吧，我看拜堂也在你家，省得蓝云知道后来闹。等龟兹军走了，汉营给薛五起一处城门校尉宅。"

高冒喜道："汉使真是通达机变，如此甚是妥当！我还有一个请求，不知道汉使能否应允？"

班超道："但说无妨！"

高冒拜谢班超，道："请汉使为小女主婚。汉使如果能为小女主婚，我高家当蓬荜生辉！"

班超起身，扶起高冒道："高大人怎么施这么大的礼？薛五是我的属下，此分内之事。"

高冒平身后，支吾半晌，道："我听说汉使的爱妻不幸过世了。"

班超叹道："世事无常，贱内身体本是很好，自两年前去了伊吾卢寻我，水土不服，落下病根。回到洛阳后，她一直没有康复，不想先我一步走了。"

高冒道："汉使请节哀，生老病死，不可强求。"班超不言，高冒继续道："汉使，尊夫人仙去，我十分痛心。但汉使尊贵，不可无夫人。数月前，我曾为您做媒，您还记得吗？"

班超知道高冒说的是笛玉公主，连连摆手，道："不可，夫人刚刚故去，我断不再娶。"

高冒道："汉使正是盛年，怎可没有夫人？洛阳有万里之遥，汉使回不得洛阳，自然应该从疏勒择一品貌俱佳者。"

班超道："笛玉公主小我二十岁，实在愧对公主，不要再提此事了！"

高冒道："公主虽青春，但汉使于疏勒有恩，于公主有恩，汉使才华与抱负不输当世任何人，也只有汉使才配得上公主。"

班超道："爱妻刚刚过世，请高大人莫提此事了！"

高冒见班超态度坚决，只好作罢。

两日后，薛五和瓜儿在高冒的家中举办了婚礼。疏勒婚礼习俗比较简单，为显隆重，班超仿照汉人婚礼习俗，在原有的婚礼流程上增加了几条，诸如新郎与新娘持同心红花入殿等。

当日，为了不让蓝云知道薛五成婚，班超命沈祥带着蓝云到疏勒河边骑马。蓝云早早到了河滩，觉得河滩风景乏味，想要回城，被沈祥阻拦。蓝云觉得沈祥有意将其支开，问沈祥是否有事瞒着自己，沈祥眼睛瞟着天上的云彩，说"没有"。可蓝云却自作主张骑着快马赶回了盘橐城。

蓝云回城的时候，方才午时初刻，见汉营中没有人，就问了一个疏勒军卒。疏勒军卒告诉蓝云，说汉军都在丞相府喝喜酒。蓝云问明丞相府所在，打马直奔丞相府。

时间到了午时三刻，正是拜堂的吉时，丞相府内外站满了参加酒席的人，众人争睹这难得一见的婚礼。

"高瓜儿，你出来，和我决斗！"

薛五和瓜儿将要拜堂，听到门外有人喧哗，不禁回头。院内围满了人，听到外面有人叫嚷，都出来围观。

"高瓜儿，你抢我夫婿，出来与我决战！"

听到是蓝云的声音，班超暗道不好，沈祥没有看住人。出席婚礼的是疏勒的文武官员和新王忠，蓝云大闹，高冒定然颜面尽失。

宾客议论纷纷，正不知该如何是好，瓜儿自揭盖头，对众人说："亲友们，外面的汉人女子是薛五的朋友，薛五曾经喜欢过她，但她毫不珍惜，将薛五拒之千里。"

众人纳闷，薛五这么好的人还会被拒绝，那真是瞎眼了。瓜儿继续说："诸位一定奇怪，薛五这么好，那位姑娘为何不喜欢？我也不明白，要不我也不会嫁给薛五了。"众人哈哈大笑，瓜儿说："薛五来到西域，这位姑娘思来想去，还是觉得薛五好，就追到了西域。薛五和我情投意合，这位姑娘见我第一眼，就骂我是蛮夷之女，没有想到今日还来相府大闹我的婚礼。"众人怒不可遏，纷纷指责蓝云，道她可恶，竟然骂瓜儿是蛮夷之女，那在座的都是蛮夷了。

蓝云气得哑口无言。班超叫来赵森和饶锦文，让他们将蓝云带回汉营。赵森和饶锦文不敢怠慢，将蓝云架回军营，关进了营帐，寸步不敢离开。蓝云在营帐中大哭不止，几次欲横刀自尽，都被饶锦文拦下。

婚宴尚没有结束，班超就回到了营房。

"蓝云怎么样了？"

"不太好，几次要自杀，都被拦下了。现在她的房间里，一点铁丝儿都没有。"

知道蓝云没事，班超长出了一口气，说："没事就好。"班超进了营帐，见蓝云憔悴了许多，非常痛惜，说了些安慰的话，但是蓝云一句话都不说。

从蓝云的帐中出来，班超叹气，担心蓝云这样下去会真的出事，见沈祥在一旁，将沈祥叫了过去。

"沈祥，蓝云来了西域，非常不易，不如你娶了她吧！"

沈祥瞠目结舌，道："那怎么可以？蓝云若是为我勇闯西域，我感激涕零，就算是让我娶她，我也眉头不皱一下。但她是为薛五来的，我娶了她算是怎么回事？"

班超想了一下，觉得沈祥说得在理，但沈祥如果不娶蓝云，蓝云想不开，又该如何？蓝云是望秋的姐妹，望秋走了，班超无论如何也不能让蓝云死在西域大漠里。

"你再考虑考虑，蓝云不错，能吃苦，能干活！"

"这种女人不光在洛阳有一大筐，在疏勒也一大筐。"

这时，蓝云从帐中跑了出来，指着沈祥，喊道："我死也不嫁给你，明天我就回洛阳！"说罢，反身钻进了营帐。

班超暗道："坏了，刚刚到疏勒，再回洛阳，万里迢迢的，岂不是很危险。"正无可奈何之际，忽见一人从王殿方向走来。

来人是笛玉公主。王殿被拆了以后，笛玉一直住王殿的后院。笛玉走到班超近旁，说："我来安慰一下蓝姑娘吧！"班超没有想到笛玉不请自到，暗想不妨让她一试："有劳公主了。"

笛玉公主进帐与蓝云叙话，班超与沈祥背着手在一旁叹气。班超见饶锦文坐在营外的杨树下，走上前去，道："锦文啊，蓝云是流丹的姐妹、闺中密友，你和流丹相处的时候，蓝云往来送了不少信，我有个想法，你不妨考虑一下？"

一直不说话的饶锦文站了起来，说："司马大人，我想起来营中有两名兄弟病了，等着我去抓药。"说完，起身就走了。班超嘀咕："不厚道！"

龟兹军攻城失败后又多次攻城，虽说攻城无果，但城内百姓却是惶惶不可终日，以至有不少人趁乱逃走。

这天夜里，盘橐城外出现了一个人，此人举着火把，跪在地上，请求接纳。

值守副校尉轻猴通报薛五。薛五来到城门上，问："城下何人？"城下之人称自己是龟兹人，人唤百胜，因兜题霸占其妻，行刺不成，特来投奔疏勒。

薛五打开城门，将百胜迎入，送至班超处，交班超处置。

班超问百胜："你在龟兹是何军职？"

百胜道："我乃龟兹王卫队长。"

班超一惊，问："既然是卫队长，兜题何敢占你妻？"

百胜愤然道："奈何龟兹王不为我做主，龟兹王说，不过一女人，过几日就送回来了。"

班超大怒："真乃禽兽！只是你投奔我疏勒，疏勒眼下困难，难以助你夺妻！"

百胜落泪道："不用汉使助我。刚才我行刺兜题失败，爱妻不肯拖累我，已拔剑自刎了。"

班超安抚百胜："尊夫人大义之举，令人钦佩！你且在疏勒住下，明日我带你见疏勒王。"

百胜道："汉使大人，我看疏勒安静如常，君不知疏勒大难将临吗？"

班超疑惑道："有何大难？"

百胜道："大汉皇帝临死之际，将汉军撤回关内，奉车都尉窦固被传回了洛阳，可有此事？"

班超惊道："你怎么知道？"

百胜道："这早已不是秘闻。酒泉以西的汉军名为万人，实则不过一千，大军全部被撤回了关内，拱卫洛阳去了。试想汉军击溃右贤王部，占了车师，而汉使在鄯善、于阗杀了匈奴使节，匈奴岂能不反击？匈奴统治的龟兹、焉耆又如何不异动？"

班超问："你可是听说了什么？"

百胜道："不是听说什么，而是发生了什么。焉耆位于龟兹以东，车师以西，是西域北道的大国。焉耆听说汉军撤出了伊吾卢，遣使入龟兹，欲合兵围攻西域都护。龟兹王接见来使，同意大将军廉羽领兵三千，入焉耆。"

班超惊道："大军何时出发的？"

百胜道："已经是半个月前的事情了。如果我所料不错，焉耆不日将攻克都护府。"

班超道："焉耆是大国，以焉耆的兵力，没有龟兹，一样能攻下都护府。之所以邀龟兹出兵，是想汉军反攻的时候，可以和龟兹合兵共同抗击汉军。"

百胜道："汉使英明，只是焉耆攻克了西域都护，汉使将孤立无援，困守西域了。"

第四十九章
分兵疏勒重建旧王城　合兵耿恭班超遭围困

次日，班超领百胜去见新王忠，命百胜将焉耆、龟兹合兵围攻一事说与忠，忠听了大惊，道："若是西域都护被攻没，大军必然回击疏勒，疏勒必亡。"

班超道："可惜盘橐城孤立无援，如果再有一座城，便可互为掎角。"

班超见忠时，笛玉也在一旁。笛玉道："是有一座城。"

班超喜道："城在何处？"

笛玉看了一眼忠，忠似有难言之隐，道："此城名叫疏勒城。'疏勒'的本义是有水的地方，疏勒城建在疏勒河下游，本是疏勒的王城，但是因为五年前一战，疏勒城沦为了废墟，所以兜题才住在盘橐城。"

班超道："无碍，破损了无妨，只要重新修缮就是了。我想领兵三千，驻守疏勒城。"

忠颇为难，道："现在疏勒兵不足一万，合兵一处岂不是更好？"

班超道："合兵一处则孤立无援，龟兹大军来袭，我军受制，将被动挨打。若分兵疏勒城，敌兵攻我，你可救疏勒城；若敌兵攻你，我可救盘橐城。"

忠问："如果敌军两面围攻，该如何应敌？"

班超道："敌军若两面同时围攻，兵力则分散，不足为患。"

忠道："汉使所言甚是，就如汉使所言。"

笛玉道："笛玉有一请，能否允许笛玉追随汉使入疏勒城。疏勒城乃先王旧城，笛玉想保卫王城。"

忠道："疏勒城四处坍塌，城内脏乱，汉使入城是为抵抗龟兹大军，王妹就不要去给汉使添乱了。"

笛玉道："汉使乃贵胄之躯，甘愿入旧城，小妹又怎敢言苦？"

班超劝说笛玉："盘橐城经过修缮，是一座坚城，而疏勒城实乃险地也，公主还是固守盘橐城为好。"

笛玉道："汉使不必再劝，我意已决。"

忠笑道："既然王妹心意已决，就随汉使一道入城吧。"

有笛玉在，确实方便许多。班超见笛玉坚决，也不再多言，心里对笛玉十分地感激。

分兵入疏勒的消息发出，盘橐城军民震动。忠让班超点将，班超点黎弇随行。

军令发出，大军开始收拾军帐、器械，高冒着手准备粮食、牛羊，部队次日拔营。汉军除了薛五，全部入疏勒城。

次日五更，黎弇所部埋锅造饭，饭毕，整队出城，疏勒王忠到城门相送。

大军出城，连走了三天，行军两百里，班超见十余人脱离部队，往南疾驰，问黎弇："那些人去往何处？"

黎弇道："疏勒城衰败，这十余人怕是不肯去，逃命去了。"

班超喊了一声沈祥，沈祥回应："末将在。"

"将这十余逃兵就地处死！"

沈祥说了一声"是"，带领汉军追了出去。

霎时间，十几名逃兵被沈祥率领的汉军斩杀。

班超不言，继续前行，疏勒军惶恐，再无逃兵。

大军第四日黄昏抵达疏勒城，疏勒城墙坍塌大半，城内长满了荒草，无一人居住。看着破败的疏勒城，班超终于知道疏勒人为何逃跑。疏勒城是土城，城墙是用夯土堆砌的，城内的房子只能看到地基，残破的木桩大多被烧过，疏勒城俨然是一座废城。

黎弇道："先王在世时，疏勒城十分繁华，北面龟兹、焉耆，南部的莎车、于阗都有商贩来做生意，是西域少有的闹市。后来龟兹人攻破疏勒城，焚毁了王殿和民房，疏勒城就不能住人了。兜题将王城迁往盘橐城后，疏勒城彻底荒废，就连附近的牧民都不肯住在城内。"

班超道："不怕，城没了，再建一座就是了，生火做饭，就地扎营。"

黎弇下达军令：“生火做饭，就地扎营。”

大军就地扎营，次日早晨，天刚亮，班超就骑马在附近转了一圈，回到营地，召黎弇商议军情。班超道：“疏勒城是一个好地方，我沿途看了一下，疏勒河流经疏勒城，如果敌军来袭，我军可以守城自保，不愁水源。”

黎弇道：“这也正是疏勒城建城时最主要的考虑。”

班超道：“传我军令，命大军征集附近的牧民，重新筑城。”

“是！”

接到军令，黎弇一面派兵征集牧民，一面就地取土筑城。

筑城之初，将士十分不解，明明有一座坚城可守，非要在三百里外的废城上再筑一座新城，众人心中颇有抵触。但是汉使有令，疏勒人不得不照做。

筑城很快出了问题，建好的城墙不到一人高就倒了。黎弇将事情报告班超。班超到了现场，见城墙像散沙一样，塌方了。

“这是怎么回事？”

黎弇道：“我们都不懂如何筑墙，只道是将泥水和好就行了，哪知道烂泥扶不上墙。”

田虑走上前，道：“大人，依小人之见，此地的沙土颗粒过大，不易凝结，难以筑墙。”

班超问：“你可有妙法？”

田虑道：“要将沙粒去除是不可能的，小人曾见泥匠筑墙。泥匠筑墙首先选用黏土，西域风沙大，黏土少，我们要选含有黏土的土。”

黎弇问：“如何才能找到这种土？”

田虑道：“凡能生长草木的土多有黏性，河滩边上有一片树林，林地边上难免混入沙子，大人可取林地中央的土来筑城。但是林中的土仍沙粒较多，欲吸附泥沙，可混入干草，充分搅拌之后，再放入模具，制成土砖，如此既坚固，又便于堆砌。”

黎弇叹道：“田大人真是妙计！”

班超道：“田公，我命你为新城校尉，总理新城监造。”

田虑拜谢班超。

田虑亲自打制了一件土砖模具，又命疏勒军卒依照规格打制百件。依照田虑之法，黎弇命人取土，收集干草，果然制成了方砖。

班超命田虑在疏勒城原址重建，田虑建议将疏勒城缩小，以减少建城时间，提高防御能力。黎弇担心城郭太小，城外的箭射进城内，城内无处躲避。田虑建议将城墙建高，居高临下，如此城外的箭只能射到天上，飞不到城内。

在田虑的督促下，新城很快落成，城内设有汉使署衙和都尉府，就连普通将士也住进了砖房。望着建成的新城，疏勒人既自豪，又高兴，他们终于住上了和汉人一样的民房。

"也没见龟兹军嘛！"

"是啊，两个月了，连个龟兹人的影子都没有见到。"

士兵心生怨言，认为白建了一座新城。

这日，天将黄昏，几名士兵赶着羊群进城，城上的士兵忽见东方卷起漫天尘烟，大队骑兵和步兵往疏勒城赶来。

"龟兹人来啦！龟兹人来啦！"城上的士兵喊。

城下赶羊的士兵听说有敌军，匆忙赶羊，好在羊群比较听话，终于关上了城门。

城外的军队很快来到了城下。闻见城下擂鼓叫阵，班超、笛玉、黎弇、田虑、沈祥等都上了城，只见城下有七八千人之众，其中半数为骑兵。

班超喊道："城下何人？"

城下一名士兵喊道："我们是戊己校尉耿恭的部下，速速打开城门！"

"耿恭？我乃班超，请耿校尉说话！"

"是仲升兄吗？我是耿恭！"

城下单骑上前一步，班超见城下那人果然是耿恭，问："耿兄，你怎么到此了？"

耿恭道："说来话长，焉耆攻破了蒲金城，杀了西域都护陈睦，我收集军队，到此御敌。"

"太好了，我有帮手了，打开城门！"

城门被打开，耿恭率领的大军进入城内。班超与耿恭叙旧片刻，又听城上响起了鼓声。班超到城上一看，见城外四面八方涌来了大股骑兵，不下两万人。

"这是怎么回事？"

"这都是来追杀我的！"

"是焉耆人？"

"不止焉耆，还有匈奴人、龟兹人。"

班超向耿恭介绍："这位是疏勒的公主笛玉。"耿恭见笛玉谈吐不凡，叹道："公主既有西域的美貌，又有大汉的风采，令人仰慕！"笛玉头一次被人这般夸奖，笑道："多谢校尉抬爱。"

班超又向耿恭介绍黎弇："这位是疏勒都尉黎弇。"

简单介绍之后，城外的大军已经到了城下。

大军中一人单骑上前一步，道："我乃焉耆王广，城上的是何人？"

赵森笑道："鄯善王名字叫广，于阗王名字叫广德，这位焉耆王也叫广。'广'在西域还真是一个富贵名字。"班超见那人年过四十，与自己年龄相仿，宽脸高额，胡须浓密，道："我乃汉军司马班超！"

焉耆王显然没有将班超放在眼里，道："从未听说，可敢开城与我一战？"

"彼军盛，我军寡，我军有城墙为垒，何以己之短，攻彼之长？"

焉耆王兴致索然，道："疏勒城早就被龟兹王毁了，为何一夜之间又冒了出来？"

班超道："不是一夜，是两个月，焉耆王攻我都护府的时候，我趁机筑下此城。"

焉耆王道："此城高不过蒲金城，大不过柳中，似比疏勒旧城还要小一半，岂能抵挡我五万大军？"

"数月前，龟兹王围攻盘橐城的时候，称自己有十万大军。十万大军尚且被我击败，何况你五万大军？"

"龟兹王号称十万大军，其实只带了万人，万人之众当然破不了城。"

"我看你身后不足五万。"

"大军还在赶来，我焉耆崇尚信誉，从不藏虚。这位是匈奴的左谷蠡王，未来的大单于鳌。"

班超见城外人头密密麻麻，知道人数不少，道："你围攻汉军，杀了都护陈睦，就不怕有覆灭之危吗？"

焉耆王哈哈大笑："陈睦罪有应得！你们汉人占有中原也就罢了，还要占有西域，野心未免太大。"

班超道："大汉是天下的大汉，大汉的皇帝是天下的君主，我皇命西域都护保护诸国，何曾有过私心？"

北匈奴左谷蠡王鳌大笑："你们大汉皇帝都保护不了自己，何谈保护西域？现在他已经驾鹤西去了。"

耿恭道："休要与他多言，他攻下西域都护府，杀了陈睦，与我们大汉势不两立。焉耆王，有本事，你就打进城来！"

焉耆王指着耿恭，道："耿恭，疏勒城我攻定了，看这弹丸小城，也不甚大，本王就算攻不进城，也要困死你。听我命令，退军三里，就地扎营。"

城外的大军退到了三里之外的河滩扎营，果真没有再前进一步。疏勒军可以清楚地看到焉耆大军的营地，而焉耆大军也能够看到疏勒城的概貌。

班超将耿恭请到汉使衙署，询问汉军近况。疏勒的将士头一次见到耿恭，听闻耿恭英勇，纷纷聚了上来。耿恭向众人问候，然后坐下喝了一口水，叹道："情形不尽如人意！"众人探问详细，耿恭道："我本是西域的戊己校尉，负责屯田，是个闲职。半年前，窦固大人突然被朝廷召回。没过多久，我驻地听说焉耆要出兵车师。三个月前，我得到消息，焉耆和龟兹攻占了蒲金城，杀死了都护陈睦，十分震惊，就带领我的三百下属赶往柳中。在途中，我遭遇了伏击，三百将士全部阵亡，只剩下我一人侥幸逃生。"

众人听了，不免唏嘘。耿恭问："仲升，你可知道伏击我的是何人？"班超摇头说"不知"。耿恭道："伏击我的是居住在蒲类海一带的韩氏骨都侯！"班超惊道："怎么会是他？窦大人不是已经赐予他牧场，他也表示臣服了吗？"

耿恭道："匈奴乃蛮夷之族，无德无信，优留单于给韩氏骨都侯送来几个从大汉边境掠夺的女子，又送了几车金银，韩氏就转头投靠了北匈奴。"

班超气道："韩氏果然可恨！"

耿恭道："韩氏是匈奴的一支，投降大汉，本就在族内有非议。这次叛变，也在意料之中，只是可惜了我那三百军士。"

众人又问后来如何，耿恭道："当时蒲金城已经被攻破，车师后王安得被擒，只剩下柳中还在据守。我到达柳中时，柳中正遭遇北匈奴左谷蠡王率领的两万大军围困。敌军来势凶猛，柳中眼看就要破城。我接管了柳中，思得一计，将毒药涂在箭头，对城下的匈奴人说这是汉朝的神箭，中箭的人必出怪事。这些箭射中了一些匈奴人，中箭者毒发，血肉沸腾，匈奴人顿感惊恐。当日天上狂风大作，雷电交加，我趁机带兵出城，斩杀千人。匈奴人感到惶恐，口耳相传，说我大汉有神力相助，便退军了。"

笛玉叹道："耿校尉真是神人！竟能思得这样一个计谋，当真了不起！"众人对耿恭竖起了拇指，夸他智勇双全，耿恭却并没有得意之色。他继续说："我知道匈奴人会识破我的计策，所以匈奴军退去之后，我就招募了数千人，奇袭匈奴一部。匈奴人被我打得溃散，却不想引来了更多的匈奴人。后来焉耆的军队来了，龟兹的军队也来了，我就想找一座有水的城，以此为根据，与敌军周旋。"

班超笑道："所以你就来疏勒了！"

耿恭道："没错，西域缺少水源，没有水，人是活不下去的，更何况是打仗？我听说疏勒河下游有一座城，就想占了，哪知道仲升在这里。不过这座城看上去不大，而且像是新盖的。"

"耿兄有所不知，这座疏勒城本是一座废城，我们刚刚建来用于防御龟兹的。"

"原来如此。"

班超道："疏勒人少，我原本担忧兵丁不足，难以守城，现在好了，耿兄来了。"

笛玉叹道："可现在敌军也多了。"

次日，天近正午，城外的大军再次将疏勒城围了起来，一眼望去，军队竟比昨日更多了。

"城上的班超，你来看看，我是否吹嘘，可是五万大军？"焉耆王广喊。

班超见疏勒城四面被围，军队众多，知道焉耆王所言非虚，道："焉耆王，你倚强凌弱，以多欺少，算什么英雄？"

焉耆王喊："大汉数千万众，怎么说我是倚强凌弱、以多欺少？"

左谷蠡王喊："班超，你可敢开城一战？"

班超道："敌众我寡，可开战，不能开城！"

焉耆王哈哈大笑："知道敌众我寡，就早日献降，我可放你一条生路。"

"休想！只有战死的班超，没有投降的班超！"

焉耆王不知道城内有多少军队，但是他料定守军不多，道："既然不肯投降，那就别怪我了。危须王，攻城！"焉耆王一旁的危须王拔出长刀，大喊了一声进攻，城下的军卒从四面八方涌来。

城上箭雨纷飞，城下的军卒举着盾牌，扛着梯子跑向城门，两军发生交战。城外的人自恃人多，一往无前，守城的军队拒城而守，回击凶狠，战斗数时辰，双方各有死伤，攻城不下，焉耆王鸣金收兵。

双方拉锯一月，城内箭镞渐渐不足用，班超担心，继续守城，只能短兵相接。

笛玉见班超站在城头，愁眉不展，问班超："有何忧虑？"班超据实说："昔日守城，火油、滚石皆可用。今疏勒为新城，城中既无火油，也无滚石，只得用箭镞攻击。城内无竹条，箭镞将尽，我正发愁！"

"箭镞虽远射，焉耆有铁盾。我见田虑大人造砖颇快，何不以砖代石？"

班超茅塞顿开，道："公主真乃高见！"

班超命田虑继续造砖，砖中添加碎石，而后以火烤之，使之坚硬如铁石。土砖造毕，焉耆联军又来袭。焉耆人手持盾牌，焉耆王见城上不放一箭，哈哈大笑，对危须王道："城内没有箭了，我们可以放手攻城了！"

危须王道："大王何以知道城内没箭？"

焉耆王道："我们和匈奴大军围困了疏勒城一个月，疏勒人的箭比天上的雨还要密，早就该用完了。疏勒城是一座新城，城内没有竹条和铁器，不能造出新箭。现在我们围城，城上不放一箭，我料定城内没有箭了。"

城下的军队将梯子搭上了城墙，焉耆联军爬上了梯子，眼见就要进入城墙，忽然大块的土砖临空落下，将梯子上的人成串砸落，死伤不少。

焉耆王大吃一惊："哪来的石头？"

片刻，一名军卒抱来一块土砖交给焉耆王，焉耆王方知是砖头。

焉耆王正要犹豫是否撤军，匈奴人已经从城下撤了出来，这时，城上箭雨纷飞，焉耆军死伤一片，焉耆王急喊："快快撤军！"

北匈奴的左谷蠡王将焉耆王及龟兹将军廉羽、姑墨将军召至军帐，商议军情。

左谷蠡王道："我们打了一个月，至今不知道城中有多少兵马，有多少粮草，汉军有恃无恐，一副任我围攻的样子，实难应对。若是继续围困，恐怕没有拿下疏勒城，我们五万大军人吃马嚼，只怕也要饿死在这河滩上。"

焉耆王道："据我所知，城中的人不多，不超过一万。"

左谷蠡王道："汉人实擅长守城，城中有一万兵马，我们需六万才能破城。"

焉耆王犯难："那该当何如？"

左谷蠡王怒道："该当何如？不是你放出豪言，三日内拿下疏勒城吗？如今一个月过去了，还来问我？"

第五十章

焉耆堵河疏勒城断水　掘地廿丈耿恭终得水

蒲金城一日攻下，焉耆王没有想到疏勒一座小城如此难破。

左谷蠡王喝了桌上的一碗水，喝到了泥沙，气得将碗摔了，说："这是谁舀来的水，怎么有这么多的泥沙？"

一名士兵吓得跪在地上："左谷蠡王，水是小人舀的。近来疏勒河干枯，河中快没水了。"

左谷蠡王跑到帐外，来到河滩，见河床上的水流没不过脚跟，果然不深。

左谷蠡王惊奇，道："这河水怎么这般浅？"

焉耆王道："西域少雨，河本来就少，现在进入枯水期，河水慢慢渗入到了河床之下，河面上的水就少了。"

左谷蠡王望着不远的疏勒城，拊掌大笑："我有办法破城了。"

焉耆王、廉羽等人连忙追问是何办法。左谷蠡王指着河道，说："你看这河水通入疏勒城内，如果我将疏勒河堵住，将河水引入不远处的洼地，疏勒城内是不是将就此断水？"

焉耆王惊叹左谷蠡王的智谋，并不失时机地拍马屁："疏勒城内没水，汉人就是不投降，也要渴死。左谷蠡王天纵英才，真是万年一见的神人，就是给我一百个脑袋想一百天，也难以想出这等办法！"

左谷蠡王也对自己的才智感到自豪，道："都说汉人善用智谋，我匈奴人不也是一样有勇有谋。"众人连忙附和，称赞左谷蠡王。

疏勒河的水不深，十几名军卒不用半个时辰就将河水掐断了，城上的疏勒士卒见了，连忙大喊："不好了，匈奴人掐水坝了！"

班超、耿恭、笛玉听见，连忙张望，班超道："快让士卒堵水坝，舀水。"

十几名疏勒士兵快马赶到城内的河滩，将另一头堵住，但是河床上的水不多了。

城内没有多少木桶，也没有几个水缸，装不了多少。士卒就将做饭用的锅揭了，用来装水。所有的能装水的都装了，但是城内有上万人，单靠锅碗瓢盆装下的水连三天都不足用。

班超命人在城内的河坝挖出一个水坑，上游的水全部进了水坑内，望着三尺深的水坑，班超觉得嗓子很干。

耿恭道："我本以为我们会被饿死，没有想到最后却是被渴死！"

黎弇道："将士们听说没有水了，全部去河边喝水去了，原本水源充沛的一条河，不到一个时辰就干枯了。"

正当将士们抢水时，北匈奴和焉耆的军队又到了，但是人数并不多，只有数十人。

为首的是左谷蠡王鳌和焉耆王广，鳌喊道："班超何在？耿恭何在？"

班超和耿恭早已经闻讯赶来。班超答："我们在呢！"

左谷蠡王道："城内现在忙什么呢？也不出来迎敌！"

班超没有回答，耿恭道："我们忙着呢，正给你做棺材！"

左谷蠡王哈哈大笑，道："是忙着给自己做吧，别累着，要不口渴怎么办？"左谷蠡王周边的人全都放声大笑。

沈祥拔出一箭，射向左谷蠡王，被左谷蠡王一旁的士兵用刀拨开。

班超道："省点力气吧！"

沈祥问："怎么办？"

黎弇道："不如我冲出去，将坝口豁开。"

班超道："没有这个可能，坝口一定设下了重兵，即便我们冒死将坝口打开，匈奴人照样能将坝口封上。"

黎弇问："那该怎么办？"

耿恭道："只能挖井了！"

班超道："也只能如此了。"

耿恭亲自带人挖井，最初选址在河床中间。将士们先将表层湿土挖开，挖了三丈，不见水，颇为沮丧，于是在河道十丈外挖了一井。掘地三丈，不见水，又在十丈外掘井。如此这般，将城内的河道尽掘之。

城中的将士见耿恭全力挖井，以为必能挖出水来。哪知道挖了一天，也不曾掘到一处泉水。班超见河道内遍地是井，对耿恭道："西域干旱，遍地是黄沙，沙堆从这里吹到那里，一个沙堆盖住了另一个沙堆，单挖三丈是不够的。"

耿恭领会，选择了其中一口井，往地下深挖。第二日，挖到了八丈深，不见水，但是城中的水已经不多了。

笛玉将所有的水集中管理，按额分配，每人每天只能喝一碗。分到水的人将水倒入自己的囊中，十分爱惜，有的人一天都舍不得喝一口，也有的人饥渴难耐，分到水了，就一饮而尽。西域干燥，人容易口渴，将水藏起来的人问一饮而尽的人为何喝得这么快，一饮而尽的人回答："没看到耿校尉正在挖井吗？"

大部分人对挖井都抱有希望，这里是疏勒河，这条疏勒河自祖先生活的时候就有了，地下肯定有水。

第三天仍然没有挖出水来，城内的人开始着急了。他们自发来到井前，希望井下能挖到水，一些人甚至去挖废井。但是结果是徒劳的，因为没有水，干活之后，人感到更加口渴。班超命令所有人停止挖井，只挖耿恭那口井。

第四日早晨，几名聪明的汉人起来在营房采集露水，其他人见了，也都离开营房，但是并无收获。第五日，仅剩不多的水被分光了，只剩下了两桶，供挖井的人喝。第六日，城内的人开始收集尿液，但是因为没有喝水，连尿都没有多少，有的人干脆将马粪集到一处，用布包裹，压榨出粪汁饮用。

深井下沙石阻隔，渣土难以运上来，须一桶一桶往上提，故而井越深，越是难挖。挖到第七日，井已深至十五丈，仍不见水。

此时，军心躁动，不少人莫名地聚在一处。

班超知道，这不是个好兆头，凡聚集之人，多会商议对策，难免有人生出投降之念，一旦有人鼓噪，就会席卷全军。

突然，城上响起了鼓声，敌军来了。

班超急忙到城上，见城下聚集了上万敌军。

焉耆王在城下喊道："班超，棺材打得怎么样了？累不累，渴不渴？"

班超不答。

焉耆王又道："城内早就断水了吧？何必苦苦支撑？出城献降吧，左谷蠡王答应，凡主动投降者，一概不杀！"焉耆王话毕，城上左右交头接耳，嘀咕不断。

班超喊道："焉耆王，你不过是匈奴人扶持的一个傀儡，你有何脸面在此大言不惭？"

焉耆王道："想不到你如此嘴硬。实话告诉你，这弹丸疏勒城早已经被我们围得水泄不通，你胆敢开城，必城破人亡。如若不敢开城，三日之后，你们必渴死城中。"

焉耆王退军之后，城上将士纷纷跪在地上。一名疏勒士兵说："汉使，我们开城献降吧，城内没有水了，许多军士已经在榨马粪，我们何必做困兽之斗？"

班超大怒："尔等这般没有骨气，来人哪，此人动摇军心，将他斩了！"

"且慢！"

班超见来人是笛玉，道："公主怎么来了？"

笛玉道："这些人都是疏勒的勇士，不怕死，但是这般蜗居城中，忍受饥渴之苦，实在难受，还请汉使饶过这次。"

其他将士都来求情，班超知道不能真的将此人杀了，就道："以后不可再动摇军心，再有下次，定斩不饶！"

一名军卒道："汉使，我等不肯就此渴死城中，想请命出城一战，将水坝打开！"

班超道："将士们的忠勇之心我都看在眼里，只是水坝附近早已经埋伏了重兵，我军盲目出城，必中埋伏。"

众人都觉得有道理，只盼耿恭能早点挖出泉水。

就在这时，笛玉晕倒在地。

有人大喊："公主一定是口渴了！"

"快拿水来！"

有人递来一个水囊，囊中只有一口水，倒在了笛玉的嘴里。

"快把公主抬下去！"

众人不应。班超急道："快将公主抬走啊！"

一名疏勒人说："汉使，公主是昆仑山上的明珠，我们不能靠近！"

另一名疏勒人道："汉使，您是大汉的使臣，是我们疏勒尊贵的客人，对我们疏勒有着无比的恩情，只有汉使才能将公主抱回寝殿。"

班超没有想到疏勒人有这么多规矩，无怪乎笛玉只身生活在军营，也没有人对她有亵渎之举。看到笛玉嘴唇干裂，班超知道她严重缺水，便将其抱了起来。他一路狂奔，众人无不注目。

　　回到了笛玉的卧房，一名士兵端来一碗水，班超亲自将水喂与笛玉。笛玉喝了水，悠悠醒来，班超再喂她，笛玉摆手拒绝，道："城中军士缺水，不可浪费！"

　　班超道："听说你一直没有喝水？"

　　笛玉道："我是公主，又不打仗，应该将水省给将士！"笛玉望着眼前卧房，问："何人将我送到此处的？"

　　班超想起疏勒人对笛玉的尊重，不敢说是自己将她抱过来的，但是笛玉已经明白一二，她面颊绯红，不再说话。

　　班超觉得有些尴尬，道："我去看看井挖好了没有。"

　　笛玉说"好"。班超将起身，笛玉突然叫住了班超："哎，那个！"班超刚迈出一步，又及时地收住了："怎么了？"笛玉道："没什么，谢谢你对疏勒一直这么尽心地保护。"班超微微一笑，说："分内之责。"笛玉似乎不想让班超离开，又说："是我和王兄让你来到疏勒，现在受大军围困，出不了城，随时有性命之忧，我感到十分惭愧。"

　　班超道："超曾立下志向，要在西域建功，如今壮志未酬，但也得遂心愿。"

　　笛玉道："早就听说你有远志，今日从你口中听到，颇有一番男子汉气概！"说到这里，她略作停顿："听蓝云说，你的爱妻过世了？"

　　班超长叹一声，道："正是。超出塞两年，贤妻盼我不得，忧郁成疾，过世了。"

　　笛玉露出伤感之情："汉使真是重情，小女子敬佩。"

　　笛玉提起了望秋，不免令班超回忆起往事。他心里感叹："望秋，为夫这就去寻你了，你可要等着我。"想到这里，他站了起来，道："公主好生休息，超先告退。"笛玉见班超脸上显现出一丝愁苦和阴郁，悔不该提起班超去世的妻子，但班超已经走远。

　　第八日，城内已经有人因为口渴而死亡，更有伤残者，因无法忍受口渴而挥刀自杀。城内弥漫着绝望，班超也做好了开城迎战、最后一搏的准备。

　　"勇士们，城外就是试图将我们置于死地的豺狼，现在到了最后时刻，是坐以待毙，还是战死沙场？"

　　集结的疏勒人高喊："战死沙场！战死沙场！"

　　班超道："今日，我们就宰马解渴，之后战死沙场。将我的坐骑牵来。"

　　沈祥将班超的宝马牵来。班超看宝马明眸剔透，心里已经在流血。他抚摸马首，与爱驹告别。就当他拔刀要斩马时，远处大喊："有水啦！有水啦！"

人群躁动，纷纷跑向河滩，只见耿恭浑身是泥，在河滩挥手："我挖到水啦！"几名正在挖井的军士被从井中拉了上来，站在不远处，能清楚地听到泉水的咕咚声。

班超眼角湿润，抱住耿恭，哽咽道："耿兄，你救了我们，救了全城，救了疏勒！"耿恭也是喜极而泣，道："这是我这辈子挖得最深的井，足足有二十五丈深。"

"耿兄毅力惊人，真是大汉的奇才栋梁！"

士兵们心急火燎地将水从井中打上来，不顾泥沙，个个喝了个饱。

"水真甜啊！"

就在水井挖开的第二日，蜂拥的联军将疏勒城团团围住。

焉耆王在城下喊："城上的听着，左谷蠡王听说疏勒公主美貌，公主若肯出城，嫁与左谷蠡王，左谷蠡王许诺豁开水坝，给你们一条生路。"

疏勒人在城上大骂："匈奴胖子，胆敢觊觎公主美貌，也不撒泡尿照照！"

左谷蠡王也不生气，焉耆王道："城上的人听着，你等既不肯开门献降，大军今日就要攻城了。"

耿恭在城上大喊："焉耆老儿，别再鼓噪了，我已经挖出井水了！"

焉耆王不信："你说什么？"

耿恭命人提了一桶水，泼于城下，说："这就是井里的水！"

焉耆王难以置信，左谷蠡王对焉耆王说："会不会是河中的存水？"

耿恭大声道："你们如果不信，就继续围着。"说罢，不再理会城下。

焉耆王和左谷蠡王双目相对，同时发令："撤军！"

焉耆和匈奴的联军撤去之后，四野肃穆，周遭寂静，城外数日不见一人。城内休整数日，将士精神日渐饱满，班超的心情好了甚多。

蓝云在校场舞剑，士兵们纷纷叫好。此次分兵疏勒城，除笛玉带了两名侍女，随行的只有蓝云一个女人。蓝云心中的沉郁仍没能排解，时常舞剑自娱，引来士兵围观。

将士们的掌声逐渐让蓝云寻回了自信，但情绪仍得不到释放，舞毕收剑，蓝云对众人道："可有人敢与小女子一较高下？"

一名小兵上前拱手道："蓝姐，请赐教！"蓝云大怒，暗骂："竟敢叫我姐！"不管那小兵是否已准备好，蓝云挥剑就刺向小兵的胸口。小兵猝不及防，后退两步，眼见蓝云剑口就要刺到小兵，却被一根枝条挡了出去。蓝云见那拿枝条的人，年过四十，方脸阔额，知道此人名叫黎弅，乃是疏勒的都尉。

"蓝云姑娘好身手！"

蓝云有些不高兴："你把我的剑挡开了，不是身手更好？"

黎弇哈哈大笑："我是怕你伤了小兄弟，姑娘不要生气！"

蓝云咄咄逼人，道："我不生气，但是你要陪我打一架。"说罢，剑口指向黎弇，黎弇见招拆招，用一根荆条与蓝云斗了十回合。蓝云听说黎弇曾败于班超，心里还小看他，但是见黎弇气定神闲，招招只守不攻，知他有意相让。又斗了十回合，蓝云知道自己功夫不及黎弇，便收起剑来，道："都尉剑法与我相当，今日就算个平手！"

黎弇微微一笑，道："是姑娘谦让了！"

笛玉和班超站在远处，笛玉对班超道："黎弇都尉一直没有娶妻，我看蓝云姑娘倒是与他相配。"

班超点头，道："确实相配，只是蓝云小黎弇十多岁，蓝云恐不愿意！"

笛玉道："你不是蓝云，又怎知蓝云不愿意？"说罢，怔怔地看着班超，班超见她目光中饱蓄深情，不禁想起了望秋。班超避开笛玉的目光，道："此次围城，历时数月，不知道盘橐城那边怎么样了？"

笛玉道："我已经派出信使，今日就应该回了！"

就在这时，一人慌忙跑来，道："报！公主殿下，小人奉命到盘橐城，不想盘橐城被重兵围困！"

笛玉慌忙问："有多少兵马？"

那人道："一眼望之不尽，估计有两万！"

笛玉惊道："何以有如此多的人马？"

班超道："此事不难理解，除了龟兹围城的人马，还有匈奴和焉耆的军队。"

笛玉问："那该怎么办？我们是不是要回军盘橐城？"

班超道："回军是一定的，只是路上会不会有伏兵，五万的大军只出现了两万，剩下的兵马是走了，还是藏在了附近？"

笛玉道："可请耿校尉共同御敌！"

班超道："只有此计了，此城留守一千，剩余人马随我救援盘橐城。"

班超找到耿恭，商议却敌之策，耿恭道："愿听仲升调遣！"

第五十一章

焉耆设伏班超未中计　智取龟兹班超助焉耆

是日，班超在疏勒城集结大军，往盘橐城出发。疏勒城外三十里处有一山谷，谷深数十丈，名叫枯水谷，大军来到枯水谷，周遭寂静。

"停！"耿恭喊道。

"耿兄，为何停下？"班超问。

"此谷狭窄，深数十丈，若山顶有伏兵，我军必伤亡惨重。"耿恭道。

"赵森，你带人到山顶打探！"班超喊道。

赵森领命，与曾伯寻坡上山。

山坡陡峭，赵森、曾伯二人爬到一半，就见山顶出现大队人马。

"哈哈，想不到围城数月，未曾破城，今日略施小计，就将尔等从城中引出。"班超抬头望去，见焉耆王广出现在山顶。

"坏了，中计了！"耿恭道。

"谁送来的消息？"黎弇问。

班超望向笛玉，笛玉回望送信之人，送信之人吓得浑身发抖，道："小人说的句句都是实情啊！"

班超料想此人没有说谎，道："别慌，听我命令，弓箭手准备！"

焉耆王本在山谷中做好了伏击的准备，见班超不肯入瓮，只得现身。听到班超布阵，他决定不给班超布阵的时间，就带着大军绕道山谷后的缓坡俯冲而下。沈祥指挥弓箭手，箭雨洒向焉耆军，但敌军众多，很快冲了过来。黎弇指挥疏勒军，平地拉起了绳子，俯冲的焉耆军停不下来，就被缰绳绊倒了一大片。

焉耆王本以为占尽了地势，没有想到被一根绳子绊倒，悔不当初。班超趁机掩杀。焉耆军不敢下山。班超见机，命大军后退，回到了疏勒城。

军队虽然全身而退，但盘橐城之围仍然未解。

班超、耿恭、笛玉、黎弇在帐中商议应对之策。

黎弇道："眼下焉耆王大军就在城外，而龟兹军又将盘橐城团团围住，如果贸然出城，势必再中焉耆的伏兵。"

笛玉问："恩公可有良策？"

班超道："战国时，魏国围攻赵地，赵国遣人入齐求救，齐国将领孙膑、田忌挥师入魏地，魏国空虚，魏军不得不放弃赵地，回师魏地。齐军在魏军回师的路上设伏，大败魏军。"

笛玉高兴地说："这个典故我听过，叫围魏救赵。"

耿恭问："可是焉耆和龟兹有两路大军，我军该如何出兵？"

班超道："听说焉耆的南河城有险道，难以入境，而围攻盘橐城的又是龟兹军，我军出兵龟兹的它乾城最为适宜。"

黎弇道："若我大军被焉耆拦截了，该当如何？"

笛玉道："最好施个计策，离间龟兹和焉耆的关系，使焉耆不肯出兵！"

黎弇摇头，道："这不可能，焉耆王的妹妹是龟兹王的阏氏，我们又如何能离间他二人的关系。"

班超听后好奇，道："焉耆王何时将妹妹嫁与龟兹王的？"

黎弇道："就是五年前，龟兹王雄健一时，焉耆王为了讨好龟兹王，就将年龄最小的妹妹嫁给了龟兹王。"

班超道："这焉耆也是大国，国力不亚于龟兹，为何要讨好龟兹王？定是麻痹龟兹，为使龟兹对焉耆不起觊觎之心，如此一来，自己则能够伺机偷袭龟兹。"

笛玉向班超投去欣赏的目光，黎弇和耿恭则露出喜色，黎弇道："如此说来，那龟兹和焉耆并非看上去那般亲密。"

班超道："西域本是三十六国，我大汉历经王莽篡乱，西域诸国征战不断，进而分裂为五十六国。国家多了，难免征战不断，彼此提防，又彼此觊觎。焉耆王主动向龟兹王示好，可能就是为了让龟兹王放松警惕。"

笛玉道："这焉耆王真是狠心，竟然拿自己的亲妹妹去麻痹敌人。"

班超道："我意，由我出城与焉耆王相见，约定围攻龟兹国王城。"

笛玉急道："那太危险了！焉耆王如果将你扣起来不放，岂不是有去无回？"

班超道："比起疏勒城，焉耆王自然更加在意它乾城，如果能夺得它乾城，焉耆王又怎肯置我于死地？"

笛玉道："你怎知焉耆王不会将你杀了，自己领兵偷袭龟兹王城？"

班超道："一者，龟兹王城守军众多；二者，焉耆王要提防我军背后偷袭，以防腹背受敌。诸位放心，由我出城，最为合适。"

众人见班超态度坚决，就不再劝阻。

是时，焉耆军再次来到疏勒城外，班超开城，独自出城，邀见焉耆王。焉耆王见班超一人出城，反而有些畏惧，担心中了汉人的计。

焉耆军容整齐，班超走到焉耆王跟前，对焉耆王拱手施礼，道："拜见焉耆王。"

若是平时，见到班超，焉耆王早动手将班超杀了，但是班超独自一人出城，焉耆王不敢轻动，他说："汉使为何一人出城，亲赴险地？"

班超也是第一次近距离靠近焉耆王，见焉耆王高额头，长鼻梁，碧眼黄发，非中原人种，道："班超出城，是为送焉耆王一件礼物！"

焉耆王好奇，道："是要将公主送与我吗？"

班超道："非也，公主虽然金贵，但此物比公主金贵百倍。"

焉耆王更加好奇，问："何物？"

班超道："龟兹的王城。"

焉耆王一愣，立即哈哈大笑："龟兹的王城好端端地在那里，你如何送我？再说我与龟兹王亲如兄弟，我怎会取他王城？"

班超道："都说焉耆王有大志，雄才大略，如果焉耆王得龟兹，则焉耆将占领西域北道。南道诸国一盘散沙，若得北道，焉耆王将纵横西域，再无敌手。届时我向大汉皇帝请旨，封大王为西域都护，大王地位便似昔日莎车国贤一般，再不受匈奴人摆布。"

焉耆王听罢，大喜，道："说得很好，可是如何能得龟兹？"

班超道："眼下龟兹大军大部在盘橐城，而盘橐城不日将被攻下，一旦盘橐城被攻破，龟兹将实力大增。焉耆王可趁此良机，与我大军一道围攻龟兹王城。龟兹王城兵力少，必不敌我。"

焉耆王早有围攻龟兹王城的想法，因龟兹是匈奴的属国，焉耆王一直找不到合适的机会。现在龟兹围攻盘橐城，焉耆王也想趁机夺下龟兹城。

焉耆王正色道："阁下暂且稍候，容我与危须王商议。"

班超道："在下回城静候！"

班超走后，焉耆王问一旁的危须王："危须王对此有何看法？"

危须王道："龟兹有水草，牛羊繁盛，大王一直想夺取龟兹，只因龟兹强大，才没有良机。眼下匈奴东归，建又增兵盘橐城，正是夺取龟兹王城的好时候。我只担心，与班超一起围攻龟兹，会受到班超的偷袭，要知道进军的时候，两军相距不远。"

焉耆王道："这个你大可不必担心，班超没有多少兵马。他最担心的应该是我们将他部吞并。"

危须王道："还是大王英明。"

两人就合兵的事商议了近一个时辰，天近正午，焉耆王命士兵摇旗，答应合兵。

笛玉有些不安，道："真的开城吗？两军会合，焉耆王一旦反悔，敌众我寡，我军将陷于万劫不复！"

耿恭哈哈大笑，道："公主，焉耆的人虽多，但他也不是我汉军的对手！"

班超道："焉耆想要趁势攻下龟兹，需要我们这个后援。"

城门缓缓打开，焉耆大军未动，班超率领汉军、疏勒军出城。

焉耆王右手护胸，对班超、笛玉施礼："汉使、公主，广有礼了。"危须王及众将对班超、笛玉施礼。班超、笛玉及黎弇、耿恭向焉耆王、危须王回礼。

两军会合，化去前怨，往龟兹的王城出发。

大军往北行了五日，将近龟兹王城。

焉耆王道："汉使，前方三十里就是龟兹的王城它乾城了，听说汉军英勇，又擅长攻城拔寨，到时还请汉使指挥你部打个先锋。"

班超道："我部长期困守疏勒城，既无攻城器械，也无防守盾牌，只有一杆戈矛而已。焉耆王如果让我攻城，我自然不会推辞，但是大军到了城下，将士们成了龟兹人的靶子，城仍然不能破，如此徒劳送死，非明智之举。"

焉耆王道："难不成汉军作壁上观？"

班超道："汉军自然不会作壁上观，只要焉耆王与我同心，我部自然会助焉耆王夺得龟兹王城。"

焉耆王点头，打消了让班超部做先锋，消耗汉军力量的念头，道："它乾城是一座坚城，守军有万人，如何能够破城？"

班超道："强攻必然失败，还会引来盘桑城的龟兹大军。焉者王可带三百战骑，以入城见王妹为由，轻装入城。入城后，大王杀掉城门士卒，由我和危须王率部入城，如此弹指可定！"焉者王哈哈大笑，道："汉使与我所思计策一致。"当日大军驻扎在龟兹城外二十里的山沟里，部队不生火，原地休整待命。

次日，焉者王带领卫队前往龟兹王城，龟兹王城守军见是焉者王，进城通报给阏氏，阏氏听说王兄来了，甚是高兴，转而问守卫他带了多少人。守卫回答，焉者王带了三百人。阏氏犹豫再三，龟兹王临行前，曾一再嘱托，他出征期间，城门紧闭，不得有任何人出入，一旦敌人的奸细混入城中，龟兹王城不保。

阏氏知道自己的王兄觊觎龟兹已久，他虽带的兵少，但他有可能在城外埋伏了重兵，一旦中计，势必大祸临头，于是命守卫告诉焉者王，大王出征在外，不得开城门。

守卫得令，到城门传命，焉者王听罢，捂住胸口，道："烦请告知王妹，我与汉军接敌，受了重伤，急需医治。"守卫站在城上，不知道是真是假，连忙传命。

阏氏听说焉者王受了重伤，才从殿中走出，来到城上。她见焉者王一脸痛苦状，手上沾着鲜血，连忙命人打开城门。

"王兄，只许你一人进城！"

"多谢王妹！"

城内连忙布置仪仗，两列士兵沿着城门口整齐站好。

城门缓缓打开。当焉者王靠近城门的时候，焉者王的卫队突然冲进城门口，不远处的焉者大军趁机越出埋伏圈。城上的守卫见了，没有反应过来，见城外黑压压一大片，不知道来敌多少，顿时惶恐。

焉者王的卫队杀死了龟兹王城的守卫。事发突然，守军来不及抵抗，大军便冲进城内，占领了它乾城。

王城上，龟兹阏氏指着焉者王，大骂："王兄，你怎可欺骗小妹，害我丢了王城？"

焉者王道："焉者与龟兹接壤，不是你死就是我亡，我会照顾好你的，王妹。"

阏氏泣道："我丢了王城，还有何颜面苟活于世！"说罢，拨开众人，从城上跳了下去。

焉者王大惊，但已经来不及劝阻，望着城下王妹的尸体，焉者王惊愣半晌，他跑到城下，口中大喊："王妹，你为何寻短见，不与王兄叙叙话？"焉耆王哭得声泪俱下，城上将士看得心酸，都道大王重情，爱惜妹妹。

焉耆王命人收敛龟兹阑氏的尸首，传令凡龟兹将士，投降者免死。龟兹人本欲抵抗，见焉耆王哭成泪人，相互议论道，投降此人，料想没有性命之忧，便交了兵刃，被焉耆王另辟一处营房，单独安置。

安置完俘虏，焉耆王直奔王城后宫，此后再没有从后宫出来。后宫一片惊慌，不时传出哀号，又见几名将军从王宫中扛出赤裸的女人。见将军如此，士卒蜂拥离开兵营，冲向民房，他们三五成群，见到女子，便当场施暴，凡有金银器皿，尽劫入怀中。

班超和耿恭的部众被安排在王城的东南，笛玉与班超、黎弇、耿恭商议军务，对焉耆军所作所为尚不知情。

笛玉道："现在龟兹王城已破，建不日就会知道消息。"

黎弇道："若建败了，则焉耆在西域一家独大，疏勒早晚也将败亡。"

耿恭道："我现在有个忧虑，焉耆王会不会趁夜围攻我们大营，将我们灭了。现在我们已经没有了用处，焉耆王也不会臣服大汉，势必将我们视为眼中钉、肉中刺。"

班超踱步半晌，道："眼下焉耆王还不会与我们决裂，因为用不了几日，建就会率领大军夺取龟兹王城。焉耆王兵马近两万，虽有坚城据守，但是民心不稳，仍然需要依靠我们。"

这时，沈祥闯进军帐，他哈哈大笑，道："这些焉耆人实在太坏了，进城的时候装成老好人，面对俘虏，就变了个人。"

班超问："怎么回事？"

沈祥道："那焉耆王正在纵兵为祸呢，城内乱成了一锅粥！"

班超走出军营，见两名焉耆人抱着金银器皿，行色匆匆，便将那两人拦住，道："将东西放下！"那两名焉耆人不认识班超，也听不懂班超说什么，但是知道班超在阻拦他们，遂拔刀相抗，沈祥挥刀将二人的刀打落，焉耆人将金银器皿丢下，落荒而逃。

笛玉道："眼下的情形，就像是五年前的疏勒城。在西域，每下一城，城内的百姓都会遭殃，轻者被抢，重者被屠城，无一幸免。"

班超生气，道："焉耆人实在太过分，随我去见焉耆王。"

班超带领轻骑三百，入后宫，听到一女子惨叫声，驻足。门口有两名卫士看到班超，问班超是何人。班超道："我乃汉使班超！"卫士知道班超的姓名，连忙施礼。班超问："房内是何人？"卫士答："是危须王！"班超又问："房内的女人是谁？"卫士面面相觑，不敢说话。这时，一名女子冲出房门，衣衫不整，面带血水，危须王紧随其后，扯住女人的头发，向后猛地一拉，女人撞到了房门上，后脑勺溅出了血浆，当场死去。

危须王见门口站满了人，这才看到班超："门前为何如此喧哗？原来是汉使来了。"

班超大怒："危须王，你淫乱龟兹后宫，擅杀宫人，罪大恶极！"

危须王冷冷一笑："败军的女人是俘虏，她们现在都是焉耆人的奴隶，我不过杀了一个奴隶，何罪之有？"

班超道："俘虏也是人，也不允许你肆意妄为，来人，将危须王绑了！"几名汉军上前将危须王绑了，危须王大惊："班超，你胆敢绑我，看我王兄如何处置你！你大难临头了！"

第五十二章
笛玉生爱班超遭探问　汉使使诈脱身它乾城

班超带着危须王找到焉者王。焉者王衣冠不整，听说班超来寻他，匆忙穿上外衣。

"汉使寻我何事？"

"焉者王好快活，城内现在乱成一锅粥了。"

"发生了何事？"

"何事？你纵兵为祸，焉者的将军们在宫中大肆劫掠，士兵哄抢民财，淫人妻女！"

焉者王打了一个冷战。他扎好腰带，道："不可能吧，谁这么大胆？"

"把人带上来！"

沈祥、赵森将危须王押上来，危须王身材高大，傲然站立。赵森从身后踢了危须王的膝盖。危须王跪在地上，将要站起，被赵森死死按住。

班超道："危须王奸淫宫人，宫人不从，危须王将宫人当场杀死。"

焉者王佯装大惊，问："危须王，可有此事？"

危须王毫不畏惧，道："确有此事，那贱人不从，老子只好将她杀了！"

焉者王猛踹危须王一脚。危须王急道："王兄为何踹我？"焉者王看了一眼班超，道："你怎可如此糊涂，人家不从，你换一个就是了，何必将人杀了？"危须王明白这是做样子给班超看，也露出了悔意，道："是，王弟有错，悔不该将人杀了！"

班超道："掠人城池，又怎可劫人财物，淫人妻女？我军新得龟兹王城，民心不稳，焉耆所为，定然会激起民愤，换来报复大军！"

焉耆王这才明白班超之意，道："多谢汉使提醒！我这就下令，停止纵兵，严守军纪。只是本王有一请，危须王乃我一母胞弟，作战英勇，还请汉使将危须王放了，以待日后抵御龟兹大军。"

班超道："杀人偿命，欠债还钱，如果这么轻易就将危须王放了，是否太便宜他了？"

焉耆王问："汉使想如何处置？"

班超道："以大汉律令，应当杖五十，但是重刑之下，危须王恐难上战场，依我看，杖二十。"

危须王气得发抖："班超，你敢杖我二十？"

焉耆王指着危须王："你给我闭嘴！"随后转向班超："多谢汉使手下留情。"

班超道："为震慑军卒，我建议当众行刑，请百户以上的军官前来观刑。"

焉耆王道："军杖可以，但观刑就免了吧，请汉使给小王一个薄面。"

班超怒道："不行，休想藏私，阁下若爱惜弟弟，就由我汉军代为行刑。"

焉耆王大惊，道："不敢劳烦汉军兄弟，那就当众行刑。"

危须王怒骂班超："班超，你不得好死！"

赵森上前转身，狠抽了危须王两巴掌，打落了危须王的两颗后槽牙，道："汉使尊贵，岂是你想骂就能骂的？"危须王眼睛冒着火，嘴巴流着血，不敢再言。

班超派赵森、沈祥二人监刑，但班超走后，焉耆人就不将二人放在眼里。焉耆王召来十几名士兵在后宫观刑，行刑的士兵也没有用力，行刑完毕，危须王就活蹦乱跳地走了。临走时，狠狠地瞪了赵森一眼。

赵森、沈祥二人将行刑经过告知班超，班超端起一杯水，喝了一口，不言。笛玉道："仲升像是已经猜到了这个结果。"班超道："是，危须王是焉耆王的弟弟，焉耆王又怎么会让弟弟受刑受辱？"

笛玉问："既然早就知道这个结果，为何还要逼焉耆王下令？"

班超道："有好过没有，就算是藏私，也能稍作震慑！让焉耆人明白，就算是危须王，也不能乱杀人。"笛玉点头，表示明白了。

三日之后，龟兹王建的大军抵达城下。建在盘橐城下苦战了半年，因为有焉耆的制约，盘橐城一直是孤军抵抗，城内已经没有牛羊供给，军民百姓已经开始吃死去的战马，而建本人也日渐消瘦，就在他准备做最后一搏的时候，龟兹王城传来了噩耗，他最信任的盟友、妻子的哥哥袭击了王城，将它乾城占为己有。

建知道焉耆王一直惦记龟兹，后来龟兹夺了疏勒，降伏了尉头国、姑墨国，焉耆就不敢再觊觎龟兹。相反，为了防止自己不被龟兹灭国，广还将妹妹嫁给了建，以讨好建。焉耆和龟兹都是西域北道的大国，是丝绸之路上的强国，焉耆没有军力消灭龟兹，龟兹也没有军力消灭焉耆。焉耆王广主动将妹妹嫁给建，建也趁机与之结交，确保在与他国作战时，焉耆不会袭扰后方。此次焉耆出兵围攻西域都护，龟兹出兵五千相助，一是共同御敌，二是派人监督焉耆王，防止突袭它乾城。

焉耆消灭西域都护之后，龟兹邀其消灭疏勒。疏勒围城失败，龟兹王将廉羽率领的五千军撤回到盘橐城外。但建没有想到，在关键时刻，广会联合班超偷袭龟兹王城。建撤回大军，星夜回援龟兹王城，但是为时已晚，龟兹王城已经被攻占。

建纠集两万大军，又邀姑墨骑兵八千，尉头国骑兵五千，共三万三千铁骑。战骑阵阵，军容整肃，怀着复仇之心的龟兹人一言不发，只待建一声军令。

听说龟兹军到了，焉耆王镇定自若，他命人在城上架起了炭火，置起了酒杯，邀请班超就座观战。班超看到龟兹军至，知道盘橐城之围已解，但现在的情形，已经没人在意盘橐城了。

"汉使请坐，这里有龟兹上好的美酒，还有羊肉。"

"不知道焉耆王有何退敌之法？"

"听说汉使最善守城，滚木、巨石、火油用得尤为凌厉，这些我已经领教。疏勒城两个月的围城，让本王深谙城池之重要性。我焉耆以弓马为立命之本，但困守城池，恐箭不够用，所以我也命士兵准备了滚木和巨石，一旦贼人来袭，我就让他有去无回。"

说话时，龟兹军已经开始叫阵。

"王城上的听着，叫广出来说话！"

士兵报告焉耆王，焉耆王慢慢起身，走到城上，道："妹婿有何话要说？"

"王兄为何占我王城？"

焉耆王哈哈大笑："为王者，自然以开疆拓土为己任，龟兹王不也是一样吗？"

建："你趁我不备，窃取王城，实为阴险小人。"

焉耆王广道："汉人的兵书说，兵不厌诈。你若有本事，只管夺去！"

建道："王城我早晚要夺回来，你且先把阏氏还我！"

龟兹王不知道阏氏已经死了。焉耆王哈哈大笑："我这就还你！"说罢，对身边的士兵吩咐了几句，那士卒听了，表情十分吃惊，但还是照办。片刻后，城上立起了一根旗杆，旗杆上挂着一具女尸，女尸随风摇曳。

焉耆王道："妹婿，旗杆上挂的人便是你的爱妻，你若爱她，便攻城来取。"

建破口大骂："禽兽！你竟然连自己的妹妹都杀。"

班超对焉耆王道："你为何要将龟兹阏氏尸首悬挂于城门？那可是你亲妹妹啊！"

焉耆王道："我自然知道是我亲妹妹，此举就是要震慑龟兹！"

班超将要说"会激起龟兹的愤怒"，却听到危须王说："大王胸怀韬略，气度不凡，虽与王妹情深义重，但仍以王妹之身震慑贼人，可敬！"身边的将士纷纷献媚，道："可敬！"

城下的龟兹军十分愤慨，蜂拥而来，但因步兵少，又缺乏攻城器械，不到两个时辰，大军就退败。建回到营地，十分恼怒。兜题安慰建："王兄不必生气，此城乃龟兹人建造，城高坚固，我军一时难以攻克，也在情理之中。此时没有攻克，正说明当时建城成功！"建不理会兜题的抚慰。面对爱妻的离世，他悲愤交加，想起了发生这一切的根由，皆源于弟弟在盘橐城被汉人擒获，丢了盘橐城。兜题不知道建心中所想，还想要再劝，建拔剑放在兜题的脖子上，道："广可以因为王城杀了自己的妹妹，我是否可以因为盘橐城杀了自己的弟弟？"兜题惶恐，跪在地上给建磕了三个头，说："王兄息怒，愚弟是有过错，但广怎能和王兄相比。广虽生有人形，却形同禽兽。王兄与我情深似海，我对王兄也是俯首帖耳，不敢有半分违背，请王兄切莫砍我头颅！"建将兜题扶起，道："王兄失态了，不该责备你，贤弟起来说话！"兜题拜别建，从军帐出来，才发现满头大汗，连忙擦拭汗水。

这一战，焉耆成功击退龟兹。班超回到营中，十分愤怒。笛玉问班超："发生了何事？"班超据实告之笛玉。笛玉亦是愤怒至极，她道："依我看，龟兹王城不是久居之地，应当趁早离开，早走早好，迟则生变。"

耿恭说："从前我们留在王城，焉耆王不对我们动手，是因为害怕龟兹军攻城，没有帮手，现在龟兹军被打退，焉耆王就会有恃无恐。"

班超道："是要想办法离开了。"

笛玉问："仲升有何计策？"

班超道："明日龟兹王再来挑战，我军可主动请战，焉耆王视我们为眼中钉，必同意，届时我们趁机出城。"

笛玉问："如此一来，我们与龟兹军必将接敌，大战起来，难免有死伤。"

班超道："我们可趁龟兹人退兵的时候出城，这样可避免接敌。"

笛玉赞叹道："仲升果然好谋略！"众人皆同意班超所谋。

次日清早，班超来到笛玉军帐，为笛玉送来一套铠甲。

"仲升送我铠甲作甚？"

"等会儿我们就要出城了，你穿上铠甲，焉耆王认不出你，自然就不会生疑。"

笛玉更加敬佩班超，道："还是仲升思虑周全！不知道有无蓝云一套？"

班超道："我已经安排！"

笛玉道："不知道仲升发现没有，蓝云好像喜欢上了黎弇，黎弇似乎对蓝云也有意！"

"还有这事？"

"你每日忙于军务，都不曾观察！"

"是我之过也，若二人真是有情，我亲自为他们主持婚事！"

笛玉犹豫半晌，道："令夫人仙去，你就不曾想过自己的事吗？"

班超知道笛玉的意思，道："多谢公主挂怀，班超尚无再娶之念！"

笛玉初时对班超并无情爱之意。高冒做媒，她仍觉班超大她二十岁。后入疏勒，班超成了疏勒城的顶梁柱，笛玉方对班超有所了解。班超此人，智谋超群，临机果断，在汉军中威望极高，在疏勒人心中，胜似天神。笛玉暗想，自己是疏勒公主，貌美如玉，又是青春盛年，班超应该喜爱自己。在疏勒城，自己体虚垂危，班超关心备至，应该说早已经心有灵犀，但是班超迟迟没有表露对自己的情意。或许是，贤妻亡故，班超伤心难过，但岁月长久，班超不能茕茕孑立、鳏寡一人，他应该有一人陪伴才是。此事，笛玉想了许久，她多次想问个究竟，话都到嘴边又咽了回去，此时她趁机说出，不想班超说尚无再娶之念，笛玉难掩失落，露出伤心之色。

班超看出笛玉神色不佳，从帐中走出，怅然良久。

日上三竿，建再次带人攻打龟兹王城，王城高耸险峻，不能强攻，只得在城外叫阵。龟兹人在城外叫阵了一个上午，焉耆王坚守不战，龟兹人颇为愤慨。

到了下午，急切复仇的龟兹王建组织了一场大规模的攻城，龟兹人死伤千人，但面对高墙，仍然无法破城。迫于无奈，建命令撤军。

看到龟兹人撤军，危须王大喊："龟兹人败了，龟兹人败了，王弟请命，追杀龟兹人。"

焉耆王点头，道："王弟英勇，不过汉使曾经答应本王，愿为先锋，汉使何在？"

班超上前一步，道："焉耆王，本使在此！"

焉耆王道："龟兹人败退，汉使可愿追击？"

班超道："俗话说，穷寇莫追，龟兹人兴许是佯装败退，伏兵于城外！"

焉耆王冷笑，道："没有追怎么知道有伏兵？莫不是汉使怕了吧？"

班超道："既然焉耆王要追，本使无话可说！赵森，通知黎弇都尉和戍己校尉，集结本部兵马，随我出击！"

赵森应了一声"是"，随即下城。班超和焉耆王拜别，危须王对班超冷嘲热讽："盼望汉使旗开得胜！"班超回应："一定，一定。"

班超所部集结完毕，焉耆王命人打开城门，班超所部倾城而出，直追龟兹军。疾行数百步，接近龟兹军时，班超部掉头往东，绕开了龟兹军。

城上的焉耆王和危须王见了，十分奇怪，汉军怎么绕道了？莫不是要包抄？直至班超所部远去，仍不解其意。

班超部疾驰五十里，至屏风山方止。班超择一隐蔽处驻军，欲返回疏勒城，询问盘橐城情况。不想当日深夜，龟兹王建造访。

班超万没有想到龟兹王会来访，得知龟兹王便衣成行，只带随从三两人，十分惊讶，随即亲自出迎。

建化去往日的臃肿，体格精健不少，虽满面风尘，但仍难掩威武之气。

"汉使大人，贸然造访，还请见谅！"

"龟兹王不避浅陋，本使欢迎之至，不知道龟兹王如何寻到这里的？"

"听闻追兵出城数百步，转而向东，我觉得蹊跷，便带上三两侍从，亲自尾随，查看究竟。"

"龟兹王事必躬亲，令人钦佩！"

"不敢，本王追出数里，才知道不是焉耆军，而是疏勒军。我本以为大军是要绕道包抄，哪知道你们一路向东，像是要去疏勒。本王思虑再三，决定造访汉使。"

"不知道龟兹王来我军营，意欲何为？"

龟兹王道："本王曾灭疏勒国，疏勒复国之后，我又一再发兵疏勒，最终落得国破家亡，无家可归，十分惭愧。汉使曾释放王弟兜题，又曾劝阻焉耆王不要在王城劫掠，故而深知汉使乃至善尚德之人，想向汉使请教，如何能复国？"

"难得龟兹王能知他人之痛。"

"罪过，罪过，悔不当初！"

"本使也不愿焉耆王坐大，此人穷凶极恶，杀害西域都护，纵兵劫掠，又将亲妹妹尸身悬挂于旗杆，若是称霸西域，后果不堪设想。"

"焉耆王此人，包藏祸心，有吞并西域之志。我恳请汉使助我夺回城池，本王发誓，若汉使助我，龟兹从此听从大汉号令，不再觊觎疏勒王城和土地。"

"不行，龟兹贼人不可信！"笛玉公主冲进帐来，她拔剑在手，剑刃搭在了建的脖子上，"你杀我父王，毁我王城，有何颜面来求我们？"

龟兹王神色默然，道："公主要杀我，就动手吧，正所谓杀人偿命，天经地义。"

班超按下笛玉的剑，道："公主切莫动手，今日龟兹王有求于我们，为的是龟兹人。待此事了罢，他日必有报仇的机会！"

龟兹王道："汉使所言不假，夺回王城后，公主可随时到王城寻我复仇。"

笛玉气犹未消，道："你以为我会信你吗？"

班超命蓝云将笛玉请到帐外，自与龟兹王商议。

第五十三章

班超设计俘获焉耆王　沈祥监守无意惹荻花

次日起，龟兹军再也没有到龟兹王城下叫阵和攻城，城外如一潭死水，静得可怕。

焉耆王和危须王终于明白，班超不是去追敌，而是离开了王城。焉耆王命人查看班超军营，见营中再无一人，正是人去帐空。

"班超委实狡猾，竟然假意出兵，趁机离城。"焉耆王怒道。危须王却不这么看。他早就恨死了班超，班超走了，正是拔出了眼中钉。焉耆王如此一想，觉得危须王说得有道理，就不再多想。

城外安静得可怕，没有班超率领的汉军，也没有龟兹军，难道他们真是进行了厮杀，死得一个都不剩了吗？如果真的是这样，焉耆就是西域第一强国。想到这里，焉耆王得意地大笑。

一个月后的一天，城外出现了一匹快马，骑马的人刚刚到城门下，就从马背上掉了下来。

"报告，城外有一人从马背上掉了下来！"

"人掉下来关我们什么事？"

"看装束，像是焉耆人！"

"焉耆人怎么会在城外？"

"可能是从王城过来的！"

彼王城非此王城，焉耆王一下子就明白了。他喊道："快打开城门，将人救活！"但是人没有救活，来人临死前，说了一句话："王城不保。"

焉耆王大惊。焉耆王城不比龟兹王城坚固，无怪龟兹王城下见不到龟兹人的影子，原来是攻打焉耆王城去了。焉耆王城乃是自己的大本营，城内有自己的妻儿，一旦被破，则根基俱毁。

"回城驰援！"

焉耆王命危须王留守龟兹王城，自己率领骑兵一万回防焉耆王城。

焉耆王疾驰十日，人马俱疲，行至狐山一带，已是夜里，焉耆王命人生火做饭，不想饭没做熟，忽地箭雨纷飞，箭镞或射进烤肉，或射入士卒口中，一时间，死伤大片。焉耆人大惊，此处距离焉耆王城还有五百里，没想到此处会有伏兵。

焉耆人尚没有看到敌兵，已然死伤三成，待拿上兵器，骑上战马，又死伤一成，余者奋起厮杀，不想来敌势大，多是二打一或三打一，甚至有四打一者。焉耆人寡不敌众，陷于慌乱。

焉耆王率部杀出重围，眼见逃出，忽地前方亮出火把，一路大军挡住焉耆王的去路，放眼望去，竟有万人之多。

"贼人广，你意欲逃往何处？"

焉耆王一眼就认出了龟兹王建，大惊："你怎么在这里？"

建说道："你中了我的调虎离山计了！"

焉耆王知道自己今日在劫难逃，问："你想如何？"

建道："你杀我爱妻，纵兵为祸，淫乱后宫，难道还想活着出去吗？"说罢，大军将焉耆的残部紧紧围住。

焉耆王看到建的身边是汉使班超，连忙下马，跪在地上，说："汉使救我，王妹是自杀而死，汉使劝我不要纵兵，我也下了严令！汉使在龟兹时，我未曾为难汉使分毫，求汉使救我！"

班超斥道："大胆焉耆王，你攻杀西域都护，罪大恶极。龟兹阏氏虽不是你杀的，但你却将阏氏尸身悬于城门。龟兹阏氏乃是你的胞妹，你不知人伦，不懂廉耻，不开教化，岂能无罪？"

焉耆王老泪纵横，道："小王知错了，盼望汉使宽恕！"

班超道："来人啊，将焉耆王绑了！"

赵森与沈祥将焉耆王绑缚。焉耆军卒十分惊慌。班超道："放下兵器者，免死，否则格杀勿论！"焉耆人没有听懂班超的汉话，建代为翻译，焉耆人连忙下马，将兵器置于地上。

赵森与沈祥将焉耆王押下去，建向班超道谢："多谢汉使妙计！"

班超问："龟兹王准备如何处置焉耆王？"

龟兹王建道："焉耆老儿夺我城池，杀我爱妻，我与他不共戴天，明日午时，我要将其在军前正法！"

班超道："不可！你杀了一个焉耆王，必引来复仇的大军，更何况你的王城还被焉耆王占着。"

龟兹王建问："依汉使所言，莫非要将焉耆王放了？"

班超道："自然不能轻易地将他放了。"

龟兹王道："如何能放？"

班超道："归还城池。"

龟兹王道："如此大仇，岂是归还一个城池这么简单，我乃西域的雄鹰，受此大辱，必要那焉耆老儿以命偿还。"说罢，策马而去。

班超在原地驻足良久，带兵回到营地。

是夜，耿恭找到班超，将一张羊皮交给班超，羊皮上只有四个字：柳中告急。

班超问："怎么回事？"

耿恭据实回答："北匈奴左谷蠡王并非撤军，而是改道柳中。现在匈奴三万大军围攻柳中，我又将大军带出，关宠一人苦苦支撑，恐难以维持。"

班超道："那你火速驰援柳中。"

耿恭道："可是如此一来，你在西域就孤立难支了。"

班超道："无妨，我于诸国有恩，他们不会对我怎样！"

耿恭道："职责所在，既是如此，后会有期！"说罢转身离去，班超追上耿恭，道："我送你。"

再说赵森和沈祥看守焉耆王，焉耆王被放进一个五尺见方、八尺深的坑里，焉耆王坐在坑里，一言不发，赵森和沈祥觉得甚是无趣，不时地举着火把查看，生怕焉耆王死了。

夜半无聊，将睡之际，赵森、沈祥二人察觉身边有人，同时惊醒，大喝了一声谁，只见那人也吓了一跳，往后退了一步。

"毛贼，你可是来救人的？"赵森说罢，抓住那人衣领。那人反手打了赵森一个耳光，骂道："臭不要脸。"

"怎么是个女人？"

沈祥也看清楚了，此人确实是女人，只是因为她穿着黑色衣服，沈祥才没有认出。

那女子说："女人怎么了？女人你们就可以动手动脚？"

赵森反倒不好意思，道："姑娘莫怪，我们兄弟二人身负重任，不敢怠慢。"

那女子道："有何要事？不就是看管焉耆王吗？"

沈祥"咦"了一声，道："你怎么知道？"

那女子道："抓人的时候，我就在旁边，只是你们伴作没有看到罢了。"

沈祥摇头，道："不可能，偌大一个女子，我怎么会看不到？"

那女子道："你肯定看不到。"

沈祥坚持："我肯定看得到。"

那女子"咦"了一声，道："你眼睛长在屁股上了，我站在你身后，你都能看得到。"

沈祥惊讶，道："你认得我？"

女子道："自然认得，你站在汉使身边，雄赳赳，气昂昂，好不威风。"

沈祥颇为得意，道："我与汉使乃是兄弟，从军比他还早一年。"

女子道："既然早于汉使，为何军职低微？"

沈祥哑口无言，女子颇为得意。

沈祥问："你来此究竟何为？"

女子大声道："好奇，想仔细看看焉耆老儿长什么样。我奉命出征，总要知道敌人长什么样吧！"

沈祥吃惊，道："你是来打仗的？"

"怎样，看不起我？我乃姑墨公主，姑墨的先锋大将！"

沈祥哈哈大笑，道："先锋便是生得你这副模样？"

那女子十分不高兴，突然上前，抓住沈祥的双肩，将沈祥扔出一丈之外。

沈祥从地上爬了起来，十分不服气，道："有本事再来。"

那女子适才打了沈祥一个措手不及，这次沈祥有了防备，便没有这么容易近身。她几次试探，都被沈祥识破，几次攻防之后，沈祥渐渐看清了她的套路，她惯于摔跤，一旦被她抓住，人就会像蛤蟆一样飞将出去。

可能是害怕被对方抓住，那女子同样防守严密，沈祥一直找不到机会。

"你们别晃了，要打就打，看得我眼睛都花了。"赵森在一旁喊道。

沈祥被赵森逼急了，心道自己总算是男人，力气要大，就算被抓住，也不会怎样。想到这里，他故意卖了一个破绽，将肩膀露了出来，那女子看到机会，上前一步，抓住沈祥的肩膀，沈祥也趁势抓住她的肩膀，两人都想将对方甩开，但都拉扯不动。僵持半晌，沈祥下盘不稳，被那女子扔了出去。沈祥虽脚离地，但不肯松手，手中抓有东西。

"臭不要脸！"那女子上前踢了沈祥一脚，转身快步离开。

沈祥从地上爬了起来，道："姑墨公主踢我干什么？"

赵森捧腹大笑，道："你这个色鬼，淫性不改，与人斗狠也就罢了，扯人家衣服作甚？"

沈祥见自己手中攥着两块黑色的布，懊恼道："姑墨人的衣服太不结实了。"

次日，龟兹王建来到班超军营。

"汉使，听说戊己校尉带着汉军走了？"

"正是，柳中告急！"

"定是左谷蠡王发兵了，说起来龟兹和焉耆都是匈奴的属国，没有匈奴，就没有龟兹和焉耆的今日。"

"错，没有匈奴，焉耆和龟兹会更好！"

建不置可否，他是匈奴人扶持起来的，不肯说匈奴人坏话。

"戊己校尉突然离去，汉使在西域无兵可用。汉人有句话，叫'巧妇难为无米炊'，汉使还如何完成大业？"

"大业不在人多！"班超道。

"不知道汉使如何处置广？"

"焉耆王杀死西域都护，论罪当诛，龟兹王将其杀了吧。"

龟兹王道："杀之不妥，哨骑探报，焉耆城内大军出动，据此不到五十里了。"

"你欲如何？"

"我想和焉耆王谈谈！"

龟兹王命人将焉耆王从坑内捞出来，经过一夜，焉耆王身心俱疲，像是换了一个人，往日威风扫尽。

班超道："广，你可知罪？"

焉耆王跪在地上，声音沙哑，道："广知罪。"

班超问："你有何罪？"

焉耆王道："广不该得罪汉使，不该袭扰龟兹王城。"

班超斥道："你杀死西域都护陈睦，乃是叛逆，按大汉律法，当灭九族。"

焉耆王怅然地看着班超，道："陈睦都尉并非死于广之手，实在是匈奴人所为，我也是奉了匈奴人之命，才攻打都护府的。"

龟兹王道："那你占我龟兹城，杀我阏氏，这笔账怎么算？"

焉耆王道："我愿退军，让出龟兹王城，将……将……将我爱女白月嫁给大王，以补王妹身死之憾。"

龟兹王道："还有，你每年须向龟兹进贡战马一千匹、肥牛一千头、肥羊一万只。凡龟兹军所至，焉耆军须避让，不得有不敬之行为。"

焉耆王早已是惊弓之鸟，连连点头称是。

龟兹王十分满意，命令大军起行，带焉耆王回龟兹，索要王城。

班超命令所部收拾行装，准备起行，出发时，却见不到沈祥，就问赵森："沈祥何在？"赵森笑而不语。班超责问之下，赵森才道明实情，说沈祥一早被姑墨公主抓走了。班超大惊，问："为何抓走沈祥？"赵森道："昨夜我和沈祥奉命看守焉耆王，不想姑墨公主起了童心，想再看看威风一时的焉耆王长得什么模样，与沈祥打了起来。争斗时，沈祥抓破了姑墨公主的衣服。"

笛玉问："抓破了哪里的衣服？"

赵森道："抓破了肩头。"

笛玉道："坏了坏了，沈祥性命不保！"

班超问："为何这么说？"

笛玉道："姑墨人视贞洁如性命，平日衣服裹得严实，被沈祥撕掉一块，还不将沈祥杀了？"

班超骑上快马，道："快随我追姑墨人。"

姑墨人起行得早，走在龟兹人前头，班超超过龟兹，急追姑墨，天近正午，方才追上。

"停步！"

姑墨大军见有人追来，停止前进，班超一眼就看到了沈祥。他被五花大绑地放在一个姑娘的坐骑上。那姑娘蒙着面纱，却难掩动人身姿。班超知道此人就是姑墨公主。

"拜见公主！"

姑墨公主并不买账，道："汉使追我有何事？"

"想请公主归还沈祥。"

"此人我要带走，交女王处置。"

"沈祥乃大汉使臣，公主不能将他带走。"

"若是我强行将他带走呢？"

班超站直身体，道："那我只能动手了。"

姑墨公主"哼"一声，姑墨人顿时将班超围了起来。当时班超身边只有十几人，而姑墨大军却有七八千人，班超一时陷入两难。

正当这时，龟兹王建追了上来。他问明情由，道："荻花，你就卖我个面子，将这位壮士放了。"姑墨公主不肯，龟兹王有些动怒，道："怎么连我的话都不听了？"姑墨公主气不过，但还是抓起沈祥，扔给了班超。班超一面接过沈祥，一面惊叹姑墨公主的臂力。她看似柔弱，但是力大无穷，难怪沈祥会败给她。

"汉使，你的人情我还了，咱们再会！"龟兹王说罢，哈哈大笑，带领大军离去。姑墨公主一脸幽怨，对着沈祥叽里咕噜地说了几句话，众人谁也听不懂。姑墨公主走远，赵森将沈祥身上的绳子解下，沈祥气得暴跳如雷："打闷棍算什么本事？有本事单打独斗，明着来！"赵森说："单打独斗也不见得能赢啊！"沈祥看赵森半晌，道："不说话能憋死啊？"赵森笑道："我要是不说话，你就死了，幸好我发现及时。"

笛玉上前对班超道："这位勇冠三军的公主可能爱上了沈祥。"

"勇冠三军？"

"你不知道吧？姑墨是女王制，凡是姑墨的女王，都苦练了一身本事，力大惊人。不过姑墨也是一个奇怪的国家，一旦女王生了女儿，就会立即杀掉丈夫，防止篡位。"

"要是女儿未成年就死了呢？"赵森忍不住问。

"新的女王就会从哥哥或弟弟、叔叔的女儿中挑选，总之不会因为没有女儿继位破坏了女王制。"笛玉道。

疏勒军经过半月的跋涉，终于回到了盘橐城，盘橐城军民欢呼。

经过数十次战斗，疏勒在艰难中存活下来。这一年，疏勒人口减半，有的战死，有的逃亡，可谓惨烈。

班超回到盘橐城，与忠会合，互诉战情，不禁唏嘘。潘辰据实讲述，龟兹王不断对盘橐城增兵，兵力近两万，但疏勒人不畏生死，拆房拒敌，以死马为食，顶住了龟兹的一次又一次的进攻。龟兹王见盘橐城久攻不下，动员姑墨和尉头国出兵，聚合胜兵三万余人，准备一鼓作气，攻下盘橐城。盘橐城百姓也做了与城共存亡的准备。就在大军攻城的时候，龟兹王城传来了被焉耆和疏勒军攻占的消息，龟兹王率军回防，大军俱走。开始盘橐城内的军民还不知道发生了何事，后来知道疏勒军占领了龟兹王城，军民振奋。

说到这里，忠问："恩公，何以助建夺回王城，待其自灭，不是更好？"

班超道："一者焉耆凶残，二者建夺不回王城，必全力攻打盘橐城，以求立足。"

忠恍然大悟："恩公思虑深远。"

班超道："疏勒王抵抗龟兹大军一年有余，保住了盘橐城，功在千秋，我必向大汉天子请旨，对诸位褒奖！"

忠及诸文武都十分高兴。笛玉问："洛阳可有新帝继位的消息？"

班超道："洛阳道远，尚未收到新诏书！"

忠问："下一步作何打算？"

班超道："巩固盘橐城。对盘橐城进行修补、扩建、加高，仿汉城，挖壕沟，建吊桥。召集疏勒百姓安心放牧，沿疏勒河复耕。吸取疏勒城教训，在城内挖井，寻水源，防止城外断水。我估计龟兹王一时不会再来，但是难保龟兹国力恢复，龟兹王野心再起，所以城内要多备粮草，防止围城。"

忠叹道："恩公所言甚是，此次围城，最感到吃力的就是粮草不济。我们西域人以肉为食，不吃粟米，但牛羊乃是活物，城内无草，牛羊饥瘦，不够军民食用！"

班超道："夏秋之际，可屯干草，以备需要。此外，粟米存储久远，不会腐烂，可补羊肉之不足。"

忠道："汉使所言，小王一定照办！"

第五十四章

恨意未减蓝云嫁黎弇　兵临城下获花擒沈祥

　　班超回营，走到街市上，疏勒军民上前搭话，有的抱着羊羔，有的拿着熟肉，表示要送给汉使，俱言没有汉使便没有疏勒。班超被军民围住，挤成了一团。班超道："谢谢大家，大家对班超的一片赤诚之心，班超铭记在心，不过还请大家把东西拿回去，给家人食用！"

　　一名疏勒人道："汉使是我们疏勒的大恩人，没有汉使，我们疏勒就城破人亡了，疏勒王城的悲剧要重演，我们给恩人送些吃的算什么。"

　　又有一名疏勒人道："我们期盼汉使永远留在疏勒，不要离开。"

　　班超道："保护疏勒，是班超分内之事，大家只要齐心，疏勒一定会成为西域最强盛的国家。"军民欢呼，又将羊羔、熟肉凑了上来，因距离太近，羊羔舔了班超的鼻子。

　　"我看汉使就收下吧，这是疏勒人的心意，虽不是金银玉器，但重于金山银山。"

　　"公主来了！公主来了！"

　　班超回头一看，果然是笛玉公主。

　　"我见这里热闹，就凑了过来。没有想到汉使威望如此，先王在世的时候，也未曾受到这般拥戴！"

　　"公主过奖了！"

　　这时，有人喊道："公主是我们疏勒的美玉，汉使是疏勒的太阳，可谓碧玉佳人，天作之合！"众人回头，见是丞相高冒。军民听了，纷纷应和，道："公主配汉使，那是再好也不过了。"

笛玉看向班超，见班超面露窘相，咯咯一笑，道："汉使恐怕想再娶一个洛阳姑娘吧！"

班超道："今日说的是御敌，不谈婚嫁！"

这时，黎弇携蓝云走了过来，道："御敌要谈，婚嫁也要谈，莫不是汉使不喜欢公主？"黎弇的话将班超逼到了绝路，笛玉、高冒及百姓都看着他，此时任谁也说不出不喜欢的话，班超道："公主美貌，确如一块无瑕的美玉，天上地下，当世无双！"

赵森在一旁喊道："汉使今日终于说出了真心话！"

众人附和："汉使说了真心话！"班超笑着对众人说："莫不是我从前说了假话？"

赵森道："非是说了假话，而是不说，但是我等知道，汉使对公主情深义重，格外上心！"众人又附和："情深义重，格外上心！"

笛玉知道班超对自己有意，因他前妻过世，心有介怀，有苦难言，故而有心逗趣班超，不想军民起哄，班超大方豪言，夸赞自己，笛玉反而害羞起来。

"你们都瞎说些什么？"笛玉转身离开了人群。

高冒笑道："公主害羞了！"众人皆大笑。

班超道："班超自知公主是天上的明月，不敢高攀。公主青春之年，好比盛开的海棠、三月的春天，班超已是中年，怎可耽误公主？"

高冒道："此言差矣，以公主的才貌，疏勒无人可比，谁人又配得上她？汉使是大汉的使臣，对疏勒有恩，又有神人之智，公主非汉使不嫁！"

众人附和："非汉使不嫁！"

蓝云上前一步，道："仲升，听我一言，公主对你情深，不可负她！"说罢，转身走了，黎弇随即追了出去。班超愣在当场，蓝云是望秋的侍女，望秋待她如姐妹。如果班超再娶有人反对，蓝云应该是第一个，现在连蓝云也支持公主。

高冒道："黎弇都尉似乎对蓝云姑娘颇为关心啊！"

沈祥哼一声，道："没有长性！"但见班超对他横眉，就闭口不言了。

班超道："感谢诸位父老，班超在此拜谢大家了。送我的羊羔我就收下了，我必亲自将其养大，剩下的吃食，大家就拿回去吧。"说罢，接过羔羊，众人口中传出羡慕声，道："此人有幸，汉使竟收了他的羊羔！"

再说蓝云离开集市，往军帐去，半路遇上薛五及高瓜儿。她突然止步，欲另寻他径，不想被薛五夫妇看到。"蓝姐姐留步！"高瓜儿喊住蓝云，蓝云驻足，转过身，想听高瓜儿说些什么。高瓜儿上前握住蓝云的手，道："蓝姐姐近来可好？"蓝云"嗯"了一声，高瓜儿闻言道："听闻姐姐半年来陪同公主和汉使征战疏勒城，颇为辛苦，现姐姐回城，我正想让薛五带我拜访姐姐！"蓝云没有想到高瓜儿如此客气，倒不知道该说什么了。她将要开口，高瓜儿又握住她的手，道："我还要买些干果，就让薛五陪姐姐走走吧！"说罢，转身就走了。

蓝云凝视薛五，薛五呆望着蓝云。蓝云道："尊夫人似有喜了！"薛五没有想到她会说这个，挠挠头，道："不是有喜，是瓜儿长胖了！"

蓝云道："到底是相府千金，虽有战事，仍口粮不减！"

薛五道："瓜儿听说我喜欢女人胖一些，每日食羊肉三斤，半年来，终日不绝！"

蓝云叹道："疏勒女子倒是痴情！"

薛五道："听说黎弇都尉与你……"

蓝云道："黎弇都尉和我什么都没有。"

这时，高瓜儿对薛五大喊："薛五，快来，这里有一头飞鹿。"薛五转身，跑了过去，脱口赞道："果然是一头好鹿！"高瓜儿道："我们买来做烤鹿肉好不好？滋味一定鲜美！"薛五笑道："听瓜儿的！"

蓝云一阵心酸，还记得在黄龙岭时，薛五曾不顾风沙，蹲守沙坑，为她猎鹿的情形。倘若当时自己能珍惜薛五，今晚和薛五一起吃鹿肉的人就是自己。

"蓝姐姐，我们走啦，稍后我们还要去看望汉使！"高瓜儿挽着薛五，边走边挥手，蓝云一阵失神。

"蓝云，终于找到你了，你怎么说走就走！"

黎弇追了上来，蓝云看到黎弇，心里忽然有了着落。这位年过四十的都尉，是疏勒国第一勇士，掌握疏勒的军队，在疏勒国有着国王一样的声望。黎弇虽不是她年轻时心中的梦中夫婿，但他有着和班超一样的英雄气概，最为要紧的是，他像从前的薛五一样对自己言听计从。

"黎弇，有句话我想问你！"

"蓝姑娘请讲！"

"你愿意娶我吗？"

蓝云说话的时候，街市的人聚了过来。疏勒国何人不识黎弇，又何人不识蓝云，现在汉朝姑娘问疏勒国第一勇士是否愿意娶自己，每个人都想知道答案。

黎弇被蓝云大胆的问话惊住了，问：“你说什么？”

蓝云大声喊：“我问你，你想不想娶我？”

黎弇喜道：“想，我想娶你！”

蓝云失神地站在街上，黎弇抱住蓝云，道：“再也没有人比我更想娶你了！”蓝云眼睛里含着泪水，紧紧地抱住黎弇。围观的士兵和百姓敲着盾牌和竹棍，街市一片欢呼。

蓝云拉着黎弇来到班超军帐。班超和沈祥、田虑、赵森等人在商议军务。

“仲升，我有事找你说！”

班超见蓝云和黎弇一同进帐，心中已经猜了大概，对沈祥等人道：“诸位暂且回避！”

蓝云道：“不用回避，特别是他！”蓝云指着沈祥。

班超道：“既然是这样，就说吧！”

蓝云道：“我和黎弇即将成婚，你是小姐的夫婿，就是我半个主人，想请你为我们主婚！”

班超看了一眼沈祥。他虽然猜到蓝云和黎弇的来意，但觉得还是要慎重措辞，道：“恭喜黎都尉，班超愿为你们略尽绵薄之力！”

黎弇十分高兴，道：“汉使是疏勒的恩人，也是黎弇的恩人。”

班超问：“不知道黎都尉将婚事定于何日？”

黎弇道：“尚未确定，还请汉使定夺！”

班超道：“好，明年三月初十是个好日子，春花烂漫，大地复苏，正是婚嫁的吉时！”

黎弇右手护胸，道：“多谢汉使，黎弇遵从汉使之意！”

蓝云大声道：“不行，明年太久！依我看，十日之后就是好日子。”黎弇见蓝云顶撞班超，扯住她衣袖，却被蓝云挣脱。班超将要争论，见蓝云眼神带着怒火望着沈祥，知她恨意未消，道：“也罢，十日就十日。”

十日之后，黎弇和蓝云在盘橐城举行了盛大的婚礼，为表隆重，班超亲自主持，国王忠、公主笛玉亲临婚礼，疏勒国文武大臣无一缺席。

班超为蓝云准备了新衣，新衣完全比照汉朝样式，蓝云穿上后，头顶红盖头，尽显大汉妇人风采。疏勒国人头一次娶汉人为新娘，见新娘顶着盖头，十分好奇。

喜宴上，潘辰问："汉使，汉人新婚为何要顶盖头？如此一来，宾客不就见不到新娘真容了吗？"

"此为汉礼！"

"既是汉礼，为何用于疏勒？"

"一者蓝云乃大汉之女，二者让大家见识一下我大汉的风采！"

潘辰大声道："风采已经见识，还是让我等看看新娘子吧，大伙早就等不及了！"

班超哈哈大笑："好，请新娘！"

司仪大喊："请新娘！"

蓝云身披新衣，缓缓入堂，司仪喊："请新郎揭盖头！"

黎弇面带笑容，他上前一步，用手揭开蓝云的盖头，只见蓝云面如白玉，肌透晶莹，回眸顾盼，十分骄人，不禁令人动容。

潘辰道："汉使，往日未见新娘这般漂亮啊！"

班超笑道："新娘大婚，必要有一番梳妆，这就是梳妆后的新娘！"

众人皆啧啧称美，蓝云见堂下交头接耳，知是夸赞，心中不由得十分得意。她环顾大堂，见薛五与高瓜儿坐在边角，暗自道："薛五娶错了人吧，你那美貌夫人不日就胖成了猪！"

自龟兹退军，盘橐城回到了往日的平静。疏勒人本无忧虑，不想黎弇大婚后十日，盘橐城外出现了一支千人的铁骑。

盘橐城紧闭城门，薛五命守卫士卒将军情报与班超和疏勒王忠。

"城下何人？胆敢聚集盘橐城下，可是不要命了？"薛五喊道。

"我乃姑墨公主荻花，为沈祥而来，尔等速开城，把沈祥交还与我！"城下的人喊道。

来人乃姑墨公主荻花。姑墨对名节十分看重，无论天气多么炎热，始终不露手臂，是以姑墨人肤色甚白。荻花将沈祥抓破其肩头衣服之事视作奇耻大辱，洗刷耻辱只有两策，或杀沈祥，或嫁沈祥。

接到军情，班超领汉军来到城上，对沈祥道："志福，那姑墨公主看上你了，不嫁给你誓不罢休，你有何打算？"

沈祥道："我沈祥发誓不娶西域女子！"

班超气道："那你孤独终老吧！"

沈祥道："这女子竟然寻上门来，好不知羞耻，待我出城迎战！"说罢，沈祥下了城门，来到城外。"咄！你这女子为何屡屡上门寻衅？"沈祥问。

"沈祥，此次来到盘橐城，并非寻衅，只不过想与你完婚！"荻花道。

"羞不羞，一个女孩子，竟然远道上门求婚！"

"我姑墨有规矩，除面与掌，不得示人。凡窥探女子身体的男子，或嫁或杀，除此别无他法。"

"只不过扯破了肩头，怎能算是窥探！"

荻花大怒："那你还想看哪里？"

城上众人大笑，沈祥颇为尴尬，道："我并不想娶你为妻，你走吧！"

荻花问："是我不够好看？"

沈祥摇头，道："婚姻大事，岂能儿戏？本将听说姑墨的女王生下女儿后，会杀死自己的丈夫，我不想被你杀死！"

荻花道："那都是传言，倘若我继承王位，必不杀你！"

沈祥道："你走吧，我不会信的！"

荻花暴怒，道："任我好说歹说，你就是不信？"

沈祥道："不信。"

荻花道："来人，将沈祥拿下！"两名骑兵拍马上前，欲将沈祥擒回，沈祥挥枪，将二人拍落马下。又有两人上前，沈祥单枪匹马，将二人拍落马下。

沈祥颇为得意，道："前几日不曾防备，看你今日还能否赢我？"

荻花道："赢了你又将怎的？"

沈祥道："要杀要剐，悉听尊意！"

荻花说了一声"好"，拍马上前，与沈祥斗到了一处。兵刃相接，沈祥顿觉吃力，荻花手劲甚大，使用的兵器是长柄陌刀。此刀长二尺二，柄长七尺一，通体乌黑，打到沈祥手中的长枪，沈祥竟感到虎口发麻！仅十个回合后，沈祥就不敢再与之打斗，暗道了一声"厉害"，便只在周边游走，企盼能趁机偷袭。

站在城上观战的班超等人早已瞧出端倪。薛五道："城下女将手中的兵器看似沉重，若女将斩了沈祥的坐骑，沈祥必败落！"

薛五话音刚落，就见城下的荻花将沈祥的坐骑头颅斩下，沈祥摔落在地，荻花顺势就将沈祥逮在自己的马背上。

班超说了一声"不好"，命令薛五追击荻花。薛五开城，追了出去。那荻花抓了沈祥之后，如获至宝，也无心恋战，当即带着部众绝尘而去。

薛五带着所部一路追击，追至排山。荻花见来敌不多，勒兵对峙。

"呔，你那戎女，快放了我汉军兄弟，可饶你不死！"薛五喊道。

"贼将休狂，吃我一刀！"荻花将沈祥扔到随从马背上，单刀战薛五。薛五亲眼见到沈祥败落，知道荻花手中陌刀锋利，不敢与之争雄，处处躲闪。"贼将何以扭扭捏捏？"薛五满头大汗，道："你那陌刀厉害！"荻花哈哈大笑，道："念你有自知之明，我不为难你。不过你也别为难我，否则我立斩沈祥，然后挥刀自尽！"

这时班超赶到，道："公主殿下，你将沈祥带走吧，只是不得伤他性命！"

薛五大惊，道："司马怎可放过女将？沈祥会有性命之忧！"

荻花对班超拱手谢道："多谢汉使大人，汉使厚恩，荻花定有厚报！"说罢，拍马而去。

班超对薛五说："我料那姑墨公主定不会斩杀沈祥，回城吧。"

荻花带着沈祥，一路往北，五日后，回到姑墨。姑墨是小国，领户六千，人丁不足两万，全民皆兵，共有兵卒八千人，治所名叫石城。

城门大开，荻花带着部众进城，城门守卫纷纷跪拜，百姓皆跪地欢迎。沈祥双手被拴着绳子，另一端被荻花牵着。荻花骑着马，牵着绳子，沈祥则像是奴隶一样，不断小跑，稍微慢了，就有倒地被拖之险。

第五十五章

阿丘沐浴沈祥误入宫　班超挡道危难救荻花

荻花将沈祥关到王殿后院的一处柴房内，给沈祥上了一具脚镣。沈祥疲惫不堪，躺在柴房睡着了。不知道睡了多久，沈祥醒来，看到荻花鼻子扎着铜环，身上穿着豹皮缝制的上衣正站在自己眼前，像是一个野人，不由得吓了一跳，道："你何以这副装扮？"

"不好看吗？这是我最喜欢的一件豹服。一年前，我亲手射杀了一头豹子，豹皮完好，交仆人做了这件豹服。"

"我不喜欢这么穿，还有你鼻子上的铜环，不好看。"

"你是汉人，喜欢绸缎，等着！"说罢，荻花出去了。沈祥在柴房大喊："哎，将我脚镣除了啊！"

半个时辰后，荻花再次回到柴房，果然拆除了鼻子上的铜环，换上了一身靓丽的绸衣，但发式仍让沈祥觉得怪异。"怎么样，这回是不是好看多了？"

沈祥不敢说难看，道："换上汉服后，倒与大汉的公主一般无二了。"

荻花咯咯大笑，道："那你肯入赘姑墨吗？"

沈祥犹豫半晌，没有答应，也不敢说"不"。荻花瞧出端倪，抓住沈祥衣领，大怒："你抓破我肩头，若是不娶我，我必杀你！"

沈祥颇为难，道："公主何必动怒？我没有说不娶你。"

荻花又"咯咯"一笑："以前叫我贼将，现在叫我公主，是听话了许多。"

见荻花好哄，沈祥干脆放下脸面，道："公主花容月貌，在下一见倾心，只是碍于情面，才没有说出口。公主武艺超群，即便汉将勇士都不及你，在下只担心配不上公主。"

"你真的这么想？"荻花问。沈祥回答："千真万确！"荻花"咯咯"一笑。

沈祥仍希望荻花将自己放回疏勒，道："公主，我这人有三大恶疾，须事先说与你听，你听了之后，忍受得了，我们便可成亲。"荻花十分奇怪，问："哪三大恶疾？"沈祥嘿嘿一笑，道："我有脚臭，除去鞋袜，臭气熏天，常半月才洗一次脚。"荻花点头，道："无妨，我姑墨缺水，并不看重洗脚，臭一点不要紧。"沈祥愣了半晌，又编造了一条，道："我只穿汉服，不穿兽皮！"荻花道："往来客商较多，不乏丝绸、蜀锦、棉麻衣物，你尽管穿！"沈祥想起中原人最恨赌，又道："我平生好赌，常一掷千金。"荻花道："好赌不要紧，我姑墨人人爱赌，你我日后可天天赌。"见荻花没有异议，沈祥又道："我还有七个小疾：一是入梦后好磨牙。二是半夜好梦游。三是胸无大志，缺乏谋略。四是见利忘义，卖主求荣。"说到这里，沈祥顿了一下，道："第三条说错了。志向没有班超远大，谋略不如班超。"荻花突然捂住沈祥的嘴，道："后面不用说了，不管你有什么恶疾，我都不在乎。"沈祥愣住了，突然有种难以名状的感动。

沈祥伸手抚摸荻花的脸颊，发现荻花对自己真的动了感情。他想起了蓝云，但是蓝云已经出嫁，出嫁的时候，他看到蓝云的眼神中对自己仍怀有怨恨。沈祥觉得自己也许不应该对荻花那般无情，毕竟荻花是真的在意自己。

沈祥拖动着脚镣，沉重的脚镣声让沈祥心烦不已。这正是沈祥不喜欢荻花的原因，一言不合就打斗，然后牢牢锁住。"能否将脚镣打开？"沈祥恳求荻花将脚镣除去，荻花不放心。沈祥道："我武艺不及你，难逃你的掌心，再者石城牢固，我纵有翅膀，也难飞出城去。"荻花如此一想，就命人打开了沈祥的脚镣，将其安置在一处宅院内。

荻花为沈祥准备了衣物，不许沈祥乱走，道：院中安全，出了院子，必有危险。沈祥不信，换了一身新衣，从后院翻墙而出。王殿的院墙不高，但守卫森严，沈祥出了小院，未见守卫，遂起出逃之心。

他逢门必进，奈何王殿道路曲折，始终未能出得王宫。正当一筹莫展之际，他听到身后有脚步声，还隐隐有人说话，听声音像是荻花。沈祥见前方有宫殿，就打开宫门，溜了进去。殿中昏暗，沈祥蹑手蹑脚，欲寻一处隐蔽之所在，见四周皆无遮挡，唯左侧有一屏风，便轻声走了过去。

　　这时，屏风后有人轻声说话，沈祥听不懂，知是一妇人，不敢应答，亦不敢动。妇人察觉有异，大声说了一句话，沈祥知道是叫人，只听宫殿另一处发生响动，一扇大门打开，几名女官走了进来，看见沈祥"啊"的一声叫，口中叽里咕噜地说了几句话，沈祥预感不妙，要夺门而逃，忽地宫殿两侧有人冲了进来。

　　"沈祥，你怎么在这里？不是让你不要乱走吗？"

　　卫兵将沈祥围了起来，荻花就在其中。

　　"我迷路了。"沈祥辩解。

　　这时，屏风后的妇人开始和荻花说话，因说的是姑墨话，沈祥听不懂。只见荻花面露惶恐，先是跪在地上，继而露出哀求之色，但屏风后的妇人语气严厉，容不得荻花反驳，荻花不断叩头，最终被两名卫士请出门外。

　　宫人离开了宫殿，殿内只剩下屏风后的妇人和沈祥。沈祥不知道屏风后的妇人是谁，就连天不怕地不怕的荻花也闻之变色。不过现在好了，荻花走了，再也没有人能够约束自己了，也许自己再也不用娶荻花了，想到这里，沈祥一阵暗喜。

　　"多谢夫人救命之恩！"

　　"你叫沈祥？"屏风后的妇人说起了汉话。

　　"在下正是沈祥。"

　　"嗯，温文尔雅，颇有大汉风采，你年岁几何？"

　　"小可三十有二。"

　　"正是盛年，风采昭然。"

　　这时，房间里传出水声，屏风后暗影相投，片刻后，一名妇人走出屏风，她身材高大，但是面部松弛，脸上带着皱纹，看上去已经年过五十。她发髻带着水珠，身上披着浴巾，竟然一直在屏风后沐浴。

　　"原来夫人一直在沐浴，多有打扰，在下这就告辞！"说罢，转身要走，不想手臂像是被鳄鱼咬住一般，沈祥回过头，却见那妇人正站在身后，右手已经握住自己的左臂虎口。

　　"夫人，你……"

　　"干吗着急要走？多在我这殿中休息一会儿，殿内有张卧榻，你不妨进来一坐。"

　　那妇人掐住沈祥的腰，将沈祥举过头顶，往屏风后走去。沈祥意识到不妙，大喊："老妖婆，你要做什么？"

　　"送到嘴边的鲜肉，你说我要做什么？我还是头一回品尝大汉的鲜肉！"穿过屏风，有一张卧榻，此榻宽一丈，长一丈，看上去十分宽大。妇人将沈祥扔到床上，伸手去解沈祥的衣带。沈祥大喊："我是荻花的丈夫。"妇人"咯咯"大笑："我是姑墨的女王，你是不是荻花的丈夫，我说了算。"

沈祥大吃一惊，暗道原来此妇人就是姑墨的女王，无怪乎力大无穷。但见姑墨女王一脸邪笑。沈祥大喊："荻花救我！"姑墨女王又是"咯咯"一笑："她不敢救你，今天你是我的了。"

正在这时，宫门忽地被踹开，荻花闯进宫内，姑墨女王大吃一惊，道："荻花，你要做什么？"荻花道："沈祥是我的！"说罢，扯掉姑墨女王的浴巾，女王赤裸全身，连忙捂住胸口，荻花趁机将沈祥抱走，夺门而去。

出了宫殿，荻花将沈祥放了下来。两人各自骑上一匹快马，跑出王宫，离开了石城。两人刚出石城，城外的追兵就追了上来，荻花见追兵只三五骑，便拉住缰绳，斩杀了一人，其他人也就不敢动了。荻花斥道："尔等速速回城！否则莫怪我刀下无情。"追兵自知不敌荻花，不敢进，亦不敢退。荻花拍马前行，疾驰五十里，坐骑渐疲乏，遂减速慢行，不多时，却听身后蹄声阵阵，铃声叮叮当当响！荻花大惊，往南继续疾驰。又二十里，追兵渐近，沈祥道："坐骑乏力，恐不能再跑了！"荻花道："那该如何？"沈祥道："给我一件兵刃，与追兵拼了！"

荻花道："别人都不怕，唯独我母亲，臂力惊人，气拔山河，我不是对手。"

沈祥道："姑墨女子怎这般厉害？"

荻花道："姑墨自古女强男弱，如没有高超的功夫，如何征服男人？"

说话时，沈祥坐骑不堪狂奔，累倒在地。荻花一把扯住沈祥胳膊，将其拉上了自己的坐骑。荻花坐骑是精挑万选的良驹，但是背负两个人，仍是减慢了速度。又行三五里，姑墨女王带领追兵追了上来。

沈祥不敢回头，只听身后喝声不断，眼见将近，前方平地上忽地出现一列军人，挡住了去路，领头的赫然是班超。

"哈哈，志福，你回来了！"

"仲升救我！"

"你速过来，我来挡住追兵！"

军阵放开一个口子，荻花跃进军阵。追来的姑墨女王见前方严阵以待，勒住了缰绳，斥道："咄，前方何人挡路？"沈祥这才看清，追兵有三百余人，个个干练。

班超道："我乃大汉使节班超，汝是何人？"

姑墨女王道："我乃姑墨女王阿丘，汉使何以挡住阿丘去路？"

班超道："不知女王南下欲何为？"

姑墨女王道："公主叛国，欲擒回国。"

班超回头看了一眼荻花，见荻花面露难色，对姑墨女王道："女王，荻花乃忠孝之女，貌美如花，勇冠三军，何以叛国？"

姑墨女王难以启齿，道："荻花通敌！"

班超道："我大汉将领沈祥现是荻花公主的夫婿，恕本使不能从命！"沈祥坐在荻花坐骑上，对班超竖了个大拇指。

姑墨女王道："汉使如不肯交出荻花，请将荻花马背上的男子交给我！"

沈祥面露难堪之色，班超不解，道："为何将他交与你？"

姑墨女王道："此人勾引公主，致使公主叛国，我必亲手将其血刃！"

班超道："此人乃大汉使臣，大汉皇帝的宠臣，断不能交给你！"

姑墨女王道："汉使不肯交出荻花，也不肯交出宠臣，姑墨从此与大汉势不两立，十日之后，阿丘必率大军，亲征疏勒！"女王自知寡不敌众，率军撤退。

十日之后，姑墨并没有出兵来攻打疏勒。班超在盘橐城为沈祥和荻花举行了婚礼，疏勒文武尽到场祝贺。喜宴上，蓝云问："沈祥，听说你不喜欢荻花，何以现在又娶了她？"沈祥知蓝云有意刁难，道："开始的时候，是荻花想嫁我，我不肯。后来我见荻花真心实意，对我用了真情，我便感动了。"蓝云本想说我也对你用了真情，你怎不娶我，却见众人"哈哈"大笑。班超道："若是一个丑八怪千方百计想嫁给自己，定然是躲得越远越好，但是美若天仙的公主嫁给自己，沈祥断不该犹豫。"众人又大笑。

黎弇问："汉使，你怎知沈祥会逃回来，又如何知道有追兵？"

班超装作神秘的样子，道："我与志福从军多年，对志福秉性极为了解。志福勇猛且聪慧，平日自恃勇武，将谁都不放在眼里，一旦不敌，必韬光养晦，趁机逃跑。我知沈祥定能逃出，是以在路上伏兵三千，静候志福！"

黎弇又道："听说姑墨女王约定十日围攻疏勒，现在十日期限已过，为何不见大军？"

班超道："龟兹王三万大军尚且不能攻下盘橐城，姑墨数千兵马又奈我何？"

黎弇道："汉使真是用兵如神！"

蓝云道："听说姑墨都是女人称王，新娘子在姑墨勇冠三军，能否给我们演示一二！"

沈祥知道蓝云不怀好意，不希望荻花此时献艺，哪知荻花并无芥蒂，道："既然这位姑娘想看一看，荻花就献丑了，诸位请随我出帐！"众人随荻花来到帐外，荻花环顾左右，见地上有用于碾压谷物的石磙，问："何人能将此石磙举起？"众人见此石磙长约四尺，径宽一尺七寸，猜测此石磙约有四百斤，众人只见它在地上滚过，没见它被谁抱起来过，纷纷摇头。荻花微微一笑，走到石磙之前，扎了个马步，双手握住石磙两侧，两臂用力，就见她将地上的石磙抱起了起来，然后站了起来，举过头顶。众人啧啧称奇。荻花面露青筋，双臂拨动，将石磙投掷两丈开外。荻花走进人群，众人见她站立之处，竟露出三寸深的脚印。

班超问："荻花公主，你母亲比你如何？"

荻花道："远胜于我，似刚才那个石磙，若是我母亲来举，脚印深不过一寸。"

众人倒抽一口凉气，想疏勒国中，竟无一人胜得了姑墨女王，若姑墨兵马数万，疏勒岂是敌手。

班超似瞧出了众人的心思，大声道："如今荻花嫁给了志福，我大汉多了一个如花似玉的娇娘，疏勒多了一个保卫盘橐城的勇将！"众人皆道是，黎弇大声说："我先敬新娘一碗！"

荻花十分高兴，端起碗，道："都尉请！"说罢，一饮而尽。众人纷纷向新娘敬酒，时间从正午到晚上，没有停歇。众宾客多喝得大醉，众位亲人不得不往来将各宾客一一接走，唯有酒量大者饮至最后一刻。

繁星照亮夜空。沈祥已经在帐中躺了下来，薛五被高瓜儿拧着耳朵离开，荻花仍与班超对饮。黎弇不停举杯，但已经不能再饮，蓝云准备将黎弇扶走。这时，帐外来了两名军士，风尘仆仆，一人按着刀，一人托着黄绢，问："班超何在？"

班超正在饮酒，道："我是班超，你是何人？"

"班超接旨！"

班超吓得连忙跪在地上，高喊了一声："微臣接旨！"其余人等也惊慌叩拜。

托着黄绢的军士展开黄绢，念道："建初元年三月一日，大汉皇帝诏曰：班超在西域经营两年有余，收鄯善、于阗、疏勒三国，劳苦功高，朕心甚慰。西域偏远荒僻，实寒苦之地，民不通教化，今国力微弱，不堪远征，诏班超率大汉使团回京复命，钦此！"

班超收到圣旨，酒醒了大半，接过圣旨，问："两位大人，陛下何以命我返京？"

来人道："回司马大人，这圣旨已写得清楚，个中情由，小人并不清楚，小人只是代传圣旨。"

班超接过圣旨，又读了一遍，仍不敢相信这是事实。

第五十六章

接旨返京班超夜难寐　黎弇自刎难留汉使团

传圣旨的人道："大人，小人来时遇到了耿恭大人，他让小人给大人传句话。"

"何话？"

"凡事遵从天意！"

班超不解，问："耿恭现在如何了？"

那人道："耿大人返回柳中后，再遭北匈奴围攻，城内断粮断水，最后只剩七位残兵。陛下嘉奖其忠勇，晋升耿校尉为骑都尉。"

"再次遭到围攻，只剩七位残兵，何其壮烈，耿恭英勇！"班超自言自语，"无怪陛下让我回洛阳，实在是西域形势不佳啊！"

"不知道大人准备何时返京？我等与大人一同回去。"

"你们暂且休息，容我稍做安排。"班超命人将两人带了下去，自己却在当场发呆。

荻花上前夺过圣旨，问班超："我还是头一回看到圣旨。圣旨说了什么？我没有看懂。"

班超道："圣旨命我班师回洛阳。"

"要回洛阳了，沈祥不是也要回洛阳，那我岂不是也要去？"

"是啊，你也要去！"

荻花将圣旨交还班超，手舞足蹈，道："太好了，再也不用见我母亲了。"

班超看着荻花，有苦难言，道："公主早点休息。"说罢，离开了营帐。

班超踱步去了军帐，躺在床上辗转反侧，始终睡不着，又一人信步来到盘橐城城门上，望着天上的繁星，他沉思良久。天上的北斗星闪耀在北方的夜空，摇光直指正东，开阳星附近的辅星时隐时明。银河闪耀，好似一条银龙，灿烂无比。在黄龙岭的时候，班超曾经和望秋一起看过星星，那个时候，望秋倚靠着自己的肩膀，看星星是多么美好的一件事。没有想到，酒泉一别，班超竟再也见不到望秋。如果望秋还在，班超恨不得快马赶回洛阳，现在望秋走了，谁还能陪自己一起看星星？

望秋没有等到自己，自己也没有能够完成宏图大业，可现在就要离开西域！班超十分痛心。但皇命不可违，否则就犯了抗命之罪。难道自己终将一事无成，含恨离去吗？班超拿着圣旨，望着星空，一直徘徊到天亮。

清晨，班超回营，沈祥最先冲到班超的营帐。他衣衫不整，尚有些酒意："仲升，听获花说，我们要回洛阳了？"班超点头，道："洛阳来圣旨了，让我们回去。"沈祥喜上眉梢，道："太好了，那昨天的成亲是不是可以不作数了？"班超一愣，道："成了亲还有不作数的？"沈祥道："嘿嘿，都要回去了，还要这西域的老婆作甚？"说罢，转身就跑。

稍后，汉军其他将士都来询问，得知有圣旨，各自都非常欢喜。他们来西域两年，一直未曾还家，今日终得回家了。不久，薛五来到营中，问班超："司马大人，薛五可否留在疏勒？"班超问："为何？"薛五道："薛五离不开瓜儿，瓜儿离不开薛五。"班超叹道："薛五，你可知你为何能娶瓜儿，又为何能做疏勒的城门校尉？"薛五道："薛五勇武，瓜儿爱慕薛五！"班超摇头道："这只是其一，其二是因为你是汉人，大汉的使团在疏勒，强大的汉军就在不远的车师国。现在汉军被调回了关内，西域都护府被攻陷，就连深入西域的使团也要撤回洛阳了。我若走了，你孤身一人，疏勒如何肯听你指挥？那高冒还如何器重你？就算瓜儿与你恩爱，只怕高冒也会棒打鸳鸯。"薛五沉默不语，离开了班超军营。

随后，黎弇来到班超大营，见到班超，扑通跪在地上，道："汉使，听说大汉皇帝来了圣旨，命你回洛阳？"班超连忙扶起黎弇，道："都尉请起。"黎弇不肯起，道："汉使不可走，你走了，疏勒必亡。"

班超道："奈何大汉皇帝来了圣旨。"

黎弇道："我王可以请旨大汉皇帝，请求汉使留下。汉使智慧过人，神机妙算，我疏勒勇士可尽服从汉使指挥，三五年后，必成大业。"

班超道："我亦不舍，奈何君命不可违！"

黎弇道："汉使如果走了，我必自刎于城下！"说罢，离帐而去。

稍后，高冒来访，入营帐，叩拜班超，道："听闻汉使要走，老朽胸痛难当。汉使擒兜题，立新王，守疏勒，退焉耆，占龟兹，功勋卓著，战功累累，如没有汉使，盘橐城早已是废墟一片，哪里还有今日之盘橐城？万望汉使不要离开！"

班超道："大汉新君继位，命我回洛阳，为人臣子者，岂有抗命之理？"

高冒道："汉使如离去，则龟兹必重围盘橐城，那时尉头、姑墨国蜂拥而上，疏勒必亡！若疏勒亡了，于阗、莎车也不是龟兹对手，则西域尽归龟兹之手，届时龟兹东征焉耆、车师，再征鄯善，将一统西域，汉使如何定鼎大业，完成毕生宏愿？"

班超沉吟道："丞相之意，我已明了，班超也再三想过，奈何君命不可违啊！"

高冒道："汉使若不弃疏勒，我必为汉使保媒，迎娶笛玉公主！"

班超向高冒深深作揖，道："多谢丞相美意，但抗命非同小可，绝非儿女之情所能化解。"

高冒叹气，掩面离去。班超命赵森营前侍候，任何人拜访，都不见。

班超躺在榻上，片刻后，听到帐外吵闹，自知有人闯营，便不理会，哪知那人自己闯了进来。

"班超，皇帝来了圣旨，你为何不告诉我？"

班超听到是笛玉的声音，连忙从榻上下来，道："公主怎么来了？"

笛玉面带愤懑，道："我若再不来，只怕你偷偷回洛阳，从此见不到你了！"

班超道："绝不会如此，班超此去，定会向公主辞行！"

"辞行？"笛玉哼一声，"如此说来，真是礼数周到！你在营房门口设下卫士，就是要准备向我辞行吧？"

班超知道笛玉不高兴，抚慰道："公主莫要生气，实在是班超接到圣旨，不知该如何应对。班超虽有几年没有回洛阳，但班超投笔从戎，志在西域。今接到圣旨，实属突然，班超不知如何是好！"

笛玉语气缓和，道："仲升之志，我早已知晓。今圣旨到了疏勒，仲升走则失志，留则抗旨，实属两难！"

班超叹道："知我者，笛玉也！"

笛玉抚慰班超，道："任君去留，我自随君去。君何去，我何从也！"说罢，起身离去。

班超要回洛阳的消息，很快就传遍了整个盘橐城，城内蔓延着悲伤的气氛。

两日之后，姑墨女王阿丘带兵来攻疏勒，叫阵城下。

班超闻之，上城观阵，见来敌不过五千，心中了然，对黎弇道："姑墨，小国也，姑墨女王领兵亲自叫阵，尔等需择一良将，引为先锋，待两军胶着不下，城内大军尽出，以多敌少，必能克敌！"

黎弇道："阿丘女王勇武，我等皆不是敌手，何不叫荻花迎敌？"

班超道："女儿迎战母亲，是为大逆，不可。薛五，你领精兵三千，战将十人，出战姑墨！"

薛五应了一声"是"，领军出战，饶锦文、赵森、曾伯等皆出战。

阿丘女王见城门打开，道："汉使为何不出城迎战？"

薛五道："区区姑墨，何以要汉使亲自出战？"

阿丘女王道："敢小瞧姑墨，看我厉害！"说罢，拍马上前。阿丘女王使的也是一把陌刀，比起荻花所用武器，似乎更加沉重。薛五用的是一把大刀，此刀沉重，平日只他一人使用，但是比起阿丘的兵器，仍显轻薄。薛五是汉军第一勇将，以力大著称。薛五的大刀砍向阿丘，阿丘回刀格挡，薛五的大刀被震回，薛五虎口发麻，双臂颤抖，暗道了一声好厉害！薛五拍马上前，第二回合，阿丘单臂举刀迎面而来，薛五见阿丘举刀在手，不知道欲往何处砍，自己挥刀往阿丘马蹄砍去，将阿丘的刀刃引到马蹄处，兵刃未接，两骑交错过去。第三回合，阿丘举刀而来，薛五故技重施，刀口对准阿丘马首，哪知城上的荻花见了，大喊危险。阿丘的刀口没有回击薛五，而是迎面直击薛五，薛五早有应对，连忙迎击，哪知陌刀沉重，加之阿丘力大，压在了薛五的大刀上，薛五坐骑承受不住，倒在了地上。就在此时，饶锦文箭镞射出："姑墨女王，吃我一箭！"饶锦文意在救人，阿丘听到有人说话，连忙收刀，薛五翻滚到一侧，跑回军阵。

姑墨女王看到饶锦文，叹道："好有味道的汉人！"饶锦文不理会姑墨女王，又射出一箭，姑墨女王轻轻拨动陌刀，箭镞射到了刀面，只听"叮"的一声，箭落到了地上。城上的班超见了，大为惊叹："世上还有人如此轻松地挡住饶锦文的箭。"阿丘道："你这汉人，箭法不错，不如随我回姑墨好了，必胜过你在疏勒为卒。"

饶锦文吐了一口唾液，道："呸，老不正经！"

姑墨女王"咯咯"大笑，道："大惊小怪，就许你们男人三妻四妾，不许我们女人多几个男人？在姑墨，男人是没有特权的！"

班超在城上大喊："锦文，休与阿丘闲谈，合力围攻！"

这时，薛五重新上马，他不肯认输，当先冲出去，饶锦文、赵森、曾伯紧随其后。其他几人见阿丘力大，心有畏惧，薛五受了阿丘一击，反倒不怕了。只见薛五挥舞长刀，使出生平绝技，将大刀舞得虎虎生风。十余招过去，竟不显败象，其余众人见薛五打得密不透风，也都上前助阵，阿丘寡不敌众，败退而回。

疏勒大军趁机出战，两军缠斗，城内大军蜂拥而出，姑墨军败退，疏勒军欲乘胜追击，班超担心城外有伏兵，命令鸣金收兵。

黎弇拜谢班超："汉使果然用兵如神！"

这时，疏勒王忠走到班超近前，道："汉使真是疏勒的太阳，不知汉使能否留下？疏勒不可没有汉使。"

"多谢疏勒王美意，只是君命不可违。班超明日就要班师了，这一仗是班超为疏勒打的最后一仗。"

忠道："怎如此快！难道就不能多留几日？"

班超叹道："天下没有不散的宴席，早走晚走都要走，晚走不如早走！"

次日清晨，班超早早收拾好行囊，带领汉军准备出城。是时，疏勒王忠带领疏勒文武等在帐外，汉军吃过早饭，往城外走去。高瓜儿和薛五已经在城门口等候，见班超过来，两人上了马。"见过汉使！"高瓜儿对班超施礼。班超道："瓜儿，此去洛阳有万里之遥，你可吃得下颠簸之苦？"瓜儿道："只要薛五在，瓜儿不怕苦。"

一旁的沈祥对荻花说："公主，汉使说得对，此去洛阳尤为辛苦，洛阳水土又与西域不同，只怕你不能习惯，依我看，你还是回姑墨去吧。"荻花从腰间抽出鞭子，抽在沈祥身上，那鞭子十分柔软，在沈祥腰上缠了一圈半，荻花用力一拽，将沈祥从他的坐骑上拉到自己的坐骑上："嘿嘿，你去哪里，我去哪里。"众人哈哈大笑，这时一骑从城内疾驰而来："等等我！"众人回头，见是笛玉公主。

笛玉身上背着一个行囊，像是要远行。"公主，你这是？"班超问。

"你去哪里，我去哪里！"笛玉说。

班超眼泪夺眶而出。高冒道："汉使，公主对你一片真心，高某并无虚言，高冒恳请汉使留下，不要走！"说罢，跪在地上，疏勒军民，除疏勒王忠，尽跪了下来。

班超下马扶起高冒，道："诸位起来。班超身负皇命，不得不走！"这时，班超见到跪在地上的蓝云，将蓝云扶起，道："蓝云，我们汉人讲究夫唱妇随，你既然嫁了黎弇都尉，就要终生侍奉他，为他生子！"蓝云含泪道："大人，蓝云领命！"

班超重新上马，将要走，黎弇抱住班超坐骑的腿，大声喊道："汉使走不得，汉使一旦走了，龟兹必去而复返，疏勒将再次亡国啊！"班超知道若再不走，必更加难走，遂拍马。班超坐骑挣脱黎弇，快马疾驰，其余随从相随出发，黎弇拔剑在喉："汉使，黎弇先行一步了！"说罢，饮剑自刎。蓝云哭天抢地，疏勒国民大骇，一种不祥的预感笼罩在疏勒上空。

走在后面的田虑追上班超，道："黎弇拔剑自刎了！"班超大为震惊，勒住缰绳，想回头看一眼又不敢回头，他闭目半晌，眼角流泪，哽咽道："出发，去于阗！"

班超一行三日到于阗。于阗城门大开，国王和众文武出城相迎。

于阗王广德道："汉使一去两年，于阗人对汉使甚是思念，今汉使再回于阗，于阗军民振奋，欢喜之至。"

班超面无喜色，道："本使也甚是想念于阗王。"

广德将未君引到班超面前，道："未君，快来见过汉使。"

未君走到班超面前，对班超深深一揖，道："汉使，未君有礼了！"

"未君免礼！"班超道，"未君深得大汉礼仪精髓！"

广德哈哈大笑，道："多谢汉使褒奖，未君回到于阗后，发扬大汉医术，救死扶伤，深得于阗军民爱戴！"

班超道："如此，恭喜于阗王了。"

"父王，请汉使入城吧！"未君提醒广德，广德方才醒悟，道："请汉使入城！"班超点头，随广德入城。

广德在王殿设宴，尽叙两年来发生的大小诸事。辅国侯道："汉使自驱除匈奴监国，于阗再不受匈奴欺压，军民上下一心，全力开采和阗玉。永平十八年，中原客商往来西域，不少和阗玉被贩入关内，金银大量涌进于阗，于阗又从汉人手中买丝绸、陶器、茶叶等物，一时间，城中丝绸之风大盛。一些商人从关内带来了谷种，和阗河一带种植了谷物，部分于阗人开起了酒肆客店，人来人往，好不热闹。"

班超等人皆点头称好，隗胜道："只是去年汉军从伊吾卢撤出，焉者攻下了西域都护府，汉人少有人入西域做生意了。去年，我们捡了许多和阗玉，卖了钱，莎车人看了眼红，时常偷袭，将于阗人捡来的玉夺去。"沈祥猛拍几案，道："莎车人委实可恨！"

广德又问班超两年来的情况，田虑将夺取疏勒盘橐城和抵御龟兹的事简述一二，未君问："汉使，眼下大汉新帝登基，焉耆、匈奴、龟兹纵横西域北道，不知道汉使有何对策？"

未君言罢，在场汉人面面相觑，于阗人尚不知道新帝已经颁布圣旨，命众人返回洛阳，如果于阗人知道实情，恐伤心难过。

班超知道此事难以隐瞒，只好如实相告："不瞒诸位，大汉皇帝刚刚颁下圣旨，命我等回洛阳复命！"

广德问："汉使要回洛阳？不知汉使何时再回来？"

"班超也不清楚。"班超道。

班超

仗剑出塞
一统西域

（下）　李成事◎著

中国文联出版社
http://www.clapnet.cn

下　册

第五十七章

笛玉献计广德留仲升　重返疏勒潘辰斩兜题

于阗人听闻顿时了然。辅国侯道："汉使不能走啊！"众人看向辅国侯，辅国侯道："汉使走了，于阗怎么办？"众人皆疑惑不解，辅国侯嘴拙，说不出理由，末君起身离席，道："我来说吧！"广德点头："我儿请讲！"

末君道："汉使初入于阗，我父王便亲斩匈奴监国使节，以誓效忠大汉，匈奴早已将于阗视为死敌。今汉使离去，匈奴必复来，匈奴强，于阗弱，于阗必有一场大灾难！"众人恍然，于阗文武更是面目惊恐。末君继续道："二者，西域南道的鄯善、莎车与于阗有旧怨，尤其是莎车，与我于阗有血海深仇，只是念着汉使的情面，莎车才没有再见刀兵，但和阗玉之事，已能见端倪。三者，龟兹强悍，依仗匈奴，龟兹转瞬可灭疏勒，所谓唇亡齿寒，一旦疏勒灭了，则于阗、莎车皆无完卵。此三者，皆为于阗之生死利害。"众人皆点头称有道理。

末君继续道："汉使若留下，则好比西域的一根擎天玉柱，震慑莎车、龟兹，于阗也必安稳无恙。此后汉使一统西域，各国相安无事，则天下太平。汉使有经天纬地之才，戡平西域之后，必要治理诸国，以汉使才德，诸国军民必能衣食无忧，安享盛世。"

辅国侯突然离席跪在地上，呼天抢地："汉使万不能回洛阳，请汉使体谅辅国侯的一片苦心，请汉使为八万于阗人着想！"隗胜等文武也都跪在地上，泪眼婆娑。

班超起身，扶起辅国侯，道："诸位，班超何尝不想在西域建功？只是大汉皇帝有圣旨，班超不得不从命！"众人皆哭。

　　席宴毕，班超出王殿，想看看瘦老干和铁匠，笛玉陪同，沈祥与赵森护卫左右。四人来到街市，见街上的铁匠铺竟有十家之多，班超寻觅半响，才见到了自己认识的铁匠。这位铁匠没有名字，街市上认识他的人一直喊他铁匠，现在铁匠铺多了，王城里的人习惯叫他老铁匠。

　　老铁匠见班超到访，放下手中铁器，跪在地上给班超磕了一个头，道："小人不知汉使驾到，给汉使磕头了。"班超扶起老铁匠，道："铁匠兄弟何时这般客气了？"老铁匠道："汉使在西域的所作所为，我都听说了，对汉使钦佩之至。汉使真是神人！龟兹、焉耆五万大军都没有攻破疏勒，有汉使镇守西域，西域再不惧怕匈奴、龟兹之流。"

　　班超笑道："真是过誉了。"

　　这时瘦老干带着闺女来到了铁匠铺，瘦老干见到班超，跪在了地上："瘦老干拜见汉使！"班超将瘦老干扶起，道："老人家为何行此大礼？"瘦老干泪眼蒙眬，道："没有汉使，哪有我女儿的今天？听说汉使将要离开西域，返回洛阳？"班超正犹豫如何回答，老铁匠大声说："怎么？汉使要回洛阳？"班超点头，道："大汉皇帝有令，命班超回洛阳。"周边围观的军民大为吃惊，都问为何。班超自知大汉皇帝不肯让汉将经营西域，却难以启齿。笛玉抚慰瘦老干："老人家，莫要哭，当心伤了身子。"瘦老干道："汉使若走了，我一把老骨头只怕也活不了几天了。"

　　从街市回到军帐，班超躺在榻上，睡了三天。这三天，任谁来访，班超都不见。这可急坏了沈祥。他向笛玉问计，笛玉说："暂且让仲升躺着吧，如果传旨的人问起来，就说仲升病了。"班超躺在军帐中，笛玉成了汉军的主心骨。

　　一连数日不见班超，于阗王广德和辅国侯对班超都十分挂念，听说班超多日卧榻，纷纷到营前问计于笛玉，如何能挽留汉使。笛玉十分神秘，道："办法是有，只可告之于阗王一人。"广德屏退左右，道："公主请直言！"笛玉道："仲升乃当世勇将，胸怀韬略，深得民望，其心如烈火，其志如昆仑。今汉军收于关内，焉耆大破都护府，班超势单也，班超纵有雄鹰远志，奈何兵不过三十六人，难御外敌，为之奈何？"于阗王广德沉默，良久道："广德明白公主深意，就去找汉使。"

　　广德入班超军帐。班超正在帐中读《公羊传》，见广德入帐，放下竹简。广德道："汉使，如不弃，广德愿将两万兵马托付汉使，助汉使平定西域，完成大业，只求汉使念在于阗八万老幼，不要离去。"班超起身，道："于阗王，这从何说起？"广德单膝跪在地上，道："我儿未君所言句句属实，于阗不能没有汉使，请汉使不要抛下于阗！"班超扶起广德，道："你容我思忖再三！"这时，笛玉进入军帐，道："不要再想了，有于阗和疏勒两国支持，仲升你的鸿鹄之志必成！"其他汉军都入军帐，跪在地上，道："我等愿誓死追随司马大人，愿在西域建功！"班超问："你们不愿回洛阳了？"赵森道："大人，我等思念故土是真，但西域军民恳切，于阗、疏勒两国对大人寄予厚望，若大人离开西域，只怕伤了于阗、疏勒军民之情。"沈祥道："再者黎弇已死，此事不可重演。"

笛玉道："大汉皇帝对于西域之事，忧虑的是损耗大汉的国力，死伤大汉的军士，今仲升不费大汉一兵一卒，大汉皇帝当不会治你抗旨之罪。"

班超思忖良久，道："也罢，既然诸位一心，班超再无话说。我意已定，留守西域。"

广德大喜，道："多谢汉使！"转身出帐，对等候在营外的文武，道："马上发告示，就说汉使为于阗计，留守西域，不回洛阳了！"班超在帐内听到广德说话，压抑在胸中多日的沉郁尽都疏散，好似卸下背了多日的磐石。

班超道："既然不走了，恐怕还要回疏勒。"

众人问："为何？"

班超道："我们临走的时候，姑墨的骑兵就在城外不远。汉军撤回洛阳和黎弇自刎的消息很快就会传到姑墨和龟兹，龟兹和姑墨必闻风而动。"

笛玉道："早晨传来的消息，两日前，龟兹联合尉头国、姑墨已经攻下盘橐城，疏勒王弃城败走。"

班超吃惊道："为何不早说？"

笛玉道："你心在洛阳，我说了何用？"

班超问："龟兹曾围攻盘橐城一年，也不见破城，现在为何不到三日就破了。"

笛玉道："一者你走了，疏勒人没有了信心和决心。二者，黎弇都尉自杀，士气受挫。三者，龟兹早有准备。"

田虑道："只怕姑墨攻城的时候，龟兹大军就已经埋伏在了远处，要不阿丘何以失约？又为何以区区几千兵马上前寻衅？"

班超摇头道："恐怕不止于此，城中可能有内应！"

这时，广德再次进入帐内，班超道："于阗王，龟兹王联合姑墨、尉头攻破了疏勒，唇亡齿寒，请于阗发兵相助。"广德拍着胸脯，道："汉使，我这就亲率两万大军，随汉使征讨。"班超道："多谢于阗王！于阗王城需要大军驻守，提防莎车来犯，于阗王只需给我五千骑兵即可。"广德大喊："辅国侯何在？"辅国侯进入帐内，道："王兄，辅国侯在此！"广德道："辅国侯，你亲率五千兵马，随汉使收复疏勒！"辅国侯应了一声："是。"

西域诸国无战事时，各部皆在城外放牧，遇有战事，层层征召。城内军民听说班超留在西域，皆欢喜无限。三日后，辅国侯率五千骑兵随班超入疏勒。

大军行进一日，遇到逃亡的疏勒王忠。班超见忠狼狈，赠忠以熟肉，问忠："现有部众多少？"忠据实回答，道："仅有残兵三百。"班超问："何以不到三日就被破城？"忠道："城中出了内应，敌兵化装成疏勒人，提前进入城内。到了深夜，内应突袭城门，我军尚在梦中，毫无防备。若不是潘辰以命保护，此刻我已经是剑下亡魂。"

班超问："蓝云何在？"

"仲升！"一人走出。班超回望，见一人穿着甲胄，好似男儿，正是蓝云。班超道："你怎这副装扮？"蓝云道："潘都尉怕我伤了，给我穿上了甲胄。"班超对潘辰道："多谢潘都尉。"潘辰右手护胸，回礼，不言。

"曾伯，保护好蓝云！"班超道。

疏勒王忠道："蓝云既然已嫁给了黎弇，就是疏勒人，蓝云姑娘的安危就由我们疏勒人保护吧！"班超冷冷道："三日就丢了盘橐城，你如何保护蓝云？"疏勒王忠面色难看，曾伯将蓝云接到身后，笛玉拉住蓝云的手，高瓜儿、荻花也来抚慰，蓝云顿时心暖，道："大人，疏勒王和潘都尉待我很好。"

班超问："疏勒王，现在盘橐城何人守城？"

忠道："兜题。"

班超对左右笑道："兜题已经丢失一次盘橐城，建为何还将盘橐城交与他？"

忠道："可能是建有意雪耻，眼下城中的守军一半是投降的疏勒军，一半是龟兹、姑墨、尉头军。"

班超问："姑墨参战还可理解，这尉头国是何国？何以一再攻打疏勒？"

忠道："尉头国位于疏勒以北，龟兹以南，夹于疏勒、龟兹之间。前汉时，尉头国是疏勒的附属国，后来龟兹强盛，转为龟兹附属国。尉头国有户三千，兵五千。"

班超道："我料城内并不知我去而复返，疏勒王，你领残部前去挑战，只许败，不许胜。"疏勒王忠领命。

忠自领残兵三百，到盘橐城下挑战。

兜题在城上看到忠，捧腹大笑，道："败军之将，尔丢了王城，不去逃命，竟然以卵击石，到我盘橐城寻衅。"忠斥道："你这奸贼，若非用计，汝安能进得我这盘橐城？"兜题大笑，道："汉人有言，兵不厌诈！你既已送上门来，就休想走！"说罢，打开城门，命一支骑兵出城。这支骑兵共有千人，人数不多，但是面对三百疏勒残兵，却是气吞山河。两兵相交，疏勒顿见败象，唯独潘辰气势汹涌，越战越猛，忠大喊："潘辰，速撤军！""交战正酣，为何撤军？"说话间，又斩杀一人。忠命部众后撤，数十人围困潘辰。潘辰不能力敌，冲出敌阵，忠率部逃窜。

兜题站在城上，哈哈大笑，亲下盘橐城，下令追击。尉头王劝说兜题，道："贼将在诱敌，大王切莫中计！"兜题道："忠的大军已投降于我，三百残兵死伤过半，忠无援军，何来伏兵？"说罢，引军出城。兜题来到城外，欲擒忠以洗丧城之辱，见忠败走，追出数里，眼见得手，平地忽地涌出大股骑兵，将兜题围住。兜题见班超出现在阵前，大惊，道："班超，你不是回大汉去了吗？"班超道："班超是走了，但班超又回来了！"兜题见四周尽是精锐骑兵，人数远胜于自己，掉头欲走，潘辰引弓射箭，兜题头部中箭落马身亡。龟兹军大惊，惊惶败走，班超趁机领军掩杀，斩杀龟兹军八百人，余者溃逃。

班超寻一与兜题身材相仿者，命其穿上兜题的衣服，又命疏勒人和于阗人穿上龟兹人的衣服，令假扮龟兹的人在前方狂奔，自己则亲率大军急追。前方的人跑到城下，用龟兹话大喊："快开城，我们中计了！"尉头王在城上看到后面有大股追兵，面露得意之色，对身边的左、右都尉道："我说得没错吧，城外必有伏兵！"左、右都尉面露钦佩之色，问："敢问我王，是否开城？""速开城门，请兜题大王入城。"左、右都尉亲自下城，打开城门，不料进城之人并非兜题，而是假扮者。左、右都尉拔剑在手，将假扮者斩杀，但前军已经入城，后军眨眼间也到了城下。

城内除五千疏勒俘虏，只两千尉头军。左都尉请示尉头王，是否撤军。尉头王不肯，道："尉头的勇士都是太阳的子孙，有太阳神庇佑！"班超命于阗辅国侯率领所部，聚歼尉头国军，尉头国兵卒虽少，但十分勇猛。双方斗得激烈，胶着不下，班超担心城内另有屯兵，命薛五查看军情，薛五没有找到其他龟兹军，却在一处营房找到了疏勒战俘，遂斩杀看守，将兵卒释放。疏勒人取了兵器，赶往城门口，尉头国四处受敌，损兵折将，逃出城外。班超命沈祥清点敌军伤亡情况，沈祥还报，斩杀龟兹军一千、尉头国六百余人。

班超一面命人清查城内，一面与笛玉安抚疏勒军民。见班超去而复还，疏勒军民欢欣鼓舞，均道汉使没有放弃疏勒，疏勒有希望了。

薛五还报："城内没见到姑墨军，也没见龟兹军。"

班超奇怪："破城军队何以撤得这般快？"

田虑道："这并不奇怪，龟兹军出，焉耆必闻风而动，要知道焉耆王有被俘之辱。攻破疏勒城，龟兹王不敢久留，定要亲率主力，回防龟兹王城。"

班超道："若是应对疏勒三百残兵，龟兹和尉头四千军足矣。"

稍后，高瓜儿领着高冒前来拜见班超。班超见高冒身形憔悴，惊道："丞相何以这般？"高冒道："惭愧，龟兹突袭疏勒城，老朽身在梦中。只因兜题忙于寻欢，没有处置老朽，老朽这才留下一条老命。"

班超扶住高冒，道："兜题做了一件好事，给疏勒留下了柱石！"

是日，忠在丞相府设宴，班超坐主位，左侧依次是辅国侯、薛五、沈祥、赵森、饶锦文、田虑，右侧是疏勒王忠、公主笛玉、高冒、潘辰、樊成。

众人举樽敬班超和于阗辅国侯。

酒过三巡，高冒起身离席，道："汉使再造疏勒，功高于天，我疏勒对汉使无不感恩戴德。"班超谦虚道："这都是辅国侯的功劳。听说疏勒有难，辅国侯亲率大军，驰援疏勒。"辅国侯道："我也是奉于阗王之命，再者破城之计尽出自汉使，小将不敢贪功。"

班超哈哈大笑，道："辅国侯秉性有二，其一是作战勇猛，其二是虚怀若谷。此次收复疏勒城，于阗功勋卓著，我必上奏大汉皇帝，为辅国侯请功。"辅国侯起身拜谢班超。班超继续道："此战之后，疏勒与于阗可结为兄弟之国，互为盟国。"辅国侯和忠都点头称是，辅国侯道："国书须由于阗王签署方有效！"

班超道："你可遣可靠之人，将结盟之意，告知于阗王。若于阗王亲临疏勒，自然是好，但若顾忌莎车袭城，你以辅国侯之名，于阗王弟之尊，一样可以签署盟约。"辅国侯再次起身拜谢班超："汉使真是思虑周全，我这就安排。"辅国侯离席，向班超、疏勒王告退。

第五十八章

潘辰求爱蓝云含泪嫁　出师姑墨汉将战阿丘

高冒道："汉使此次重回疏勒，老朽有一事还要重提！"

沈祥哈哈大笑，道："丞相，我知道你说的何事。"

"噢？沈将军说来听听！"

"老丞相说的是汉使与笛玉公主的婚事。"

"正是，老朽再三劝说，汉使总是婉拒，或言已娶，或言丧妻，或言笛玉公主年幼，这些老朽早已听得多了。今笛玉公主钟情于汉使，汉使又独身一人，汉使当不再推托。城门送行，公主追随汉使，举国皆知，此事汉使应有个定论。"

班超回望笛玉，笛玉低头含羞，班超道："丞相说得是，公主对我情深义重，我对公主也是爱慕敬重，我意攻破姑墨之后，迎娶公主。"

沈祥惊道："汉使要攻姑墨？"

高冒问："何以要等攻下姑墨以后？现在成婚也是妥当的！"

班超道："公主大婚，乃是疏勒的国事，势必要知会诸国，诸国道远，赶往盘橐城非三五日之功，故而要选定两个月之后。"众人皆点头称是，道汉使思虑长远，此事果真急不得。

高冒道："近年，诸国与疏勒来往较少，唯有康居与疏勒是姻亲，务必知会。再者于阗于疏勒有恩，应当另派使节，拜会于阗王。莎车与疏勒无姻亲，亦无仇怨，鄯善道远，因是汉使大婚，均应一一知会。龟兹、焉耆，虎狼之国，断不可请。汉使刚刚击破尉头，又要攻伐姑墨，此二国亦不宜邀约。"众人皆称是。

　　说毕婚事，班超看向潘辰，道：“潘辰，此次作战，你甚为勇敢，你要何封赏？”

　　潘辰起身拜谢班超，道：“汉使，小将不要封赏。”

　　班超笑道：“为何不要封赏？”

　　潘辰道：“潘辰只有一心愿，恳请汉使成全！”

　　班超问：“何心愿？”

　　潘辰道：“小将一直将黎弇都尉视为兄长，今黎弇都尉故去，其妻蓝氏孤身一人，潘辰甚为怜悯。疏勒有俗，兄亡，弟弟纳娶兄嫂，以照料嫂侄，潘辰恳请将蓝氏嫁与潘辰，潘辰定善待蓝氏，不敢懈怠。”

　　黎弇自杀，蓝云沦为寡妇，班超自感心中有愧，今潘辰自愿纳娶，班超甚为欣慰，问：“你所言可是真心话？”潘辰道：“句句真心。”班超拍了一下大腿，道：“好，十日之后，我为你二人操办婚礼。”潘辰跪谢班超。

　　班超道：“潘辰身为副都尉，追随疏勒王多年，忠勇可嘉。盘橐城一战，疏勒惨败，此战说明盘橐城不可成为孤城，疏勒城仍需驻军。潘辰听命，命你为疏勒都尉，领兵五千，驻守疏勒城。”潘辰拜谢班超。

　　宴毕，田虑向班超进言：“汉使，将蓝云嫁与潘辰即可，何以授予潘辰都尉之职，又何以命其驻守疏勒城？”

　　班超道：“兜题复回疏勒，皆因我当年放虎归山之故，今潘辰射杀兜题，实有功也。”

　　田虑道：“放归兜题乃是为了让龟兹不起刀兵，今日兜题复回，亦非兜题之力。司马骗出兜题，兜题在劫难逃，实司马之谋，非潘辰之功。”

　　班超道：“潘辰富有勇略，我不能舍其能而不用，亦不可派薛五驻守，犯了大忌。”

　　田虑道：“只盼潘辰得此恩惠，能忠君事主，用心守城。”

　　与田虑谈毕，班超去见蓝云，蓝云神色憔悴，消瘦了许多，早已无往日神采。见班超入帐，蓝云起身拜见。班超扶起蓝云，道：“你何时如此多礼？”蓝云道：“往日蓝云是女儿家，今日嫁作人妇，不可不知礼。再者大人是先主夫婿，今贵为司马，又是汉使，蓝云不可造次。”

　　班超叹道：“你变了不少！”蓝云泣道：“蓝云命苦，蓝云万没有想到，到了西域只一年，就发生了这事。今黎弇故去，蓝云不知做何打算。”

　　班超问：“新就任的都尉潘辰想娶你，你可愿意？”

蓝云愣了一下，道："他为何想娶我？"

班超道："潘辰早就看上你了，只是那时你已嫁作人妇。"

蓝云道："我愿意！"

班超惊讶，道："往日你千挑万选，奈何今日这般痛快？"

蓝云道："大人你不懂女人之苦。往日我是女儿家，尽可凭自己喜好婚嫁，如今我已成了寡妇，哪有自由身？"

班超抚慰道："西域不同于大汉，没有繁文缛节，世间的名节并不看重，你若不喜欢，还可另嫁。"

蓝云道："就是他了，他不是喜欢我吗，又是副都尉，不委屈我！"

班超道："好啊，我还想请笛玉劝你，现在看来，全都省了。我已提升他为疏勒都尉，他与你成婚之后，就去镇守疏勒城，那时他管理一方，你也受人敬仰！"

"多谢大人。"

班超离开蓝云军帐，去见笛玉。笛玉现住王殿后院，听闻班超来访，命女仆传话："大婚在即，恕不见面。"班超愣了半晌，转身欲走，又一女仆来传话："思君甚深，见面叙话。"班超又愣了半晌，这才大步走向笛玉闺房。

班超敲了三声房门，门内传出笛玉的声音："没上锁，你进来吧！"班超进了闺房，只见案桌上放了一盏红烛，烛火照亮半个房间，却没有见到笛玉。班超看向布帘，只见布帘的一侧站着一个人，那人穿着红色新衣，身形款款，正是笛玉。

笛玉微微一笑，浅浅的酒窝让班超沉醉。他不禁看呆了。"好看吗？"笛玉轻声问。

"好看！"班超道，"美到不能再美了。"

"比得上汉人女子吗？"

"胜过汉人女子十倍、百倍！"

"比汉人王公之女如何？"

"天上地下，不可同日而语，就是大汉的公主，也未能及你十之一分。"

笛玉"咯咯"一笑："你今日是吃了蜜，说话这么甜！"说罢，坐在了班超对面。班超道："从今往后，我都像今日这般。"笛玉又是"咯咯"一笑，道："这件衣服是我托高瓜儿从大汉的商人那里买来的，仿照大汉的新衣量身定做，为的就是看你吃惊的样子。"班超道："确实吃惊，被你的美惊到了。"笛玉笑道："好，有话留着成亲之日再说，疏勒虽不比大汉规矩多，但也有闲言碎语，汉使大人，请吧！"

"这么快就下了逐客令，我还没有看够呢！"笛玉将班超推出房门，将门紧闭，班超想起另有一事，拍着门说："我另有一名兄弟，名叫饶锦文，烦请公主为他寻个妻子。""此事我已有安排。"笛玉道。一名女仆上前，将班超请出了后院。

班超回到营帐，见沈祥正在帐前候他。沈祥上前三步，道："司马大人去了哪里，怎这么久？"班超道："有这么久吗？不过片刻而已。""大人的片刻已到了三更。"班超回望沈祥，问："你寻我何事？"沈祥道："我是想问大人何时攻姑墨？"

"你问这个作甚？"班超问。

"荻花乃姑墨公主，大人攻打姑墨，其母必受难，荻花担忧母亲。"

"你怎么看？"

"沈祥没有看法，沈祥是代荻花来问大人，大人如方便，就请通告一二，如不便，则罢了。"

"阿丘曾一路追杀你和荻花，又助龟兹王破了疏勒城，你不恨她？"

"恨，又恨又怕，但为人子者，不可犯上。若大人攻打姑墨，请不要派我和荻花出战。"

班超冷笑："你总是一副君子模样，让你出战，你战得过阿丘吗？"沈祥面上一红。班超拍着沈祥肩膀，道："志福，阿丘可以不杀，但绝不可再做姑墨女王。一旦阿丘退位，我会命荻花就任，届时你就是女王的丈夫，位同国王。"

沈祥道："我不想做国王，只想追随大人，平定西域。姑墨有习俗，凡女王生下女儿后，其夫必死。"班超大笑，道："后面这句才是你的真心话吧，你大可放心，以荻花对你的真情，她不会杀你。再说，你沈祥就这么容易被杀吗？放心入城。"

沈祥道："沈祥明白了。"

十日之后，班超在盘橐城为潘辰和蓝云举行了一场婚礼，为显重视，班超将婚礼办得比黎弇大婚还要热闹。潘辰婚后第二日，领了一支千人的军队去了疏勒城。临行前，班超对潘辰说："潘都尉，我将有事于姑墨，你暂且领兵一千驻扎，囤积粮草，聚集人丁，待我大破姑墨，再将剩余四千人马交你！"

潘辰右手护胸，道："汉使为我疏勒操劳，天地共鉴，潘辰镇守一方，一定不负汉使重托。"班超拍着潘辰肩膀，潘辰上马，与蓝云离去。

潘辰走后，前往龟兹刺探军情的人回报班超，称焉耆果然趁龟兹军南下，准备对龟兹用兵，因龟兹军和姑墨军及时回城，两军先锋相遇，龟兹军问焉耆军为何深入龟兹境内，焉耆军称演练时遇到风沙迷路了，不敢交战。焉耆撤军后，阿丘率军返回姑墨。

三日之后，班超整备军队，率领于阗、疏勒军一万，征讨姑墨。

军队行进十日至姑墨石城，大军一字排开，声势雄壮，薛五在城下叫阵："呔！叫你那女王出来，大汉使臣班超率领义军征讨，命阿丘速速投降。"

守城的门吏早已报知阿丘，阿丘听说班超领兵征讨，先是一惊，继而大怒："这汉人不是回洛阳去了，怎又回来了？看我不砍了他脑袋！"她命人将兵器扛来，又将战马牵来，准备大战一场，哪知上了城，才看到城下兵马有万人之众，顿时灰心丧气。

这时城下的薛五继续叫阵："你那女王不是英勇善战吗？不是勇冠三军吗？怎不见出城与我一战。"阿丘被激怒了，在城上喊道："你那汉人贼子，在城下等着，看我斩你！"说罢，从城门下来。

班超见阿丘将要出战，命大军布阵。是时，城门大开，阿丘引兵来攻。荻花和沈祥躲在阵后，没有出战，但是薛五将荻花的陌刀借来了。阿丘识得此刀，顿时大怒，与薛五大战了数个回合。薛五攻势凶狠，被阿丘一一拆解，薛五虽咄咄逼人，却没有占到任何便宜。

班超喊道："薛五，不要与阿丘缠斗！"薛五知道班超有计，不敢耽误，撤回阵内。这时，班超已将中军撤到两侧，中间空了出来，军阵就像是一个口袋。薛五后撤，阿丘以为薛五怕了，急追薛五，追出五十步，忽听身后响起了翻腾声，回头一看，见追随自己的姑墨骑兵被疏勒军使用绳索绊倒了。阿丘惊慌，这时疏勒军和于阗军围了上来，将摔倒的军卒尽杀，余者奋力逃脱。

城上的左骑君见女王受难，急忙指挥大军营救，遂开城门，出倾城之兵。阿丘果真是勇猛，军队虽败，但她仍顽强御敌，薛五、饶锦文、赵森等人合力斗她，不露败象。左骑君奋力冲进军阵，阿丘趁机冲阵，逃回城内，薛五等人皆不能阻挡。

薛五等人到班超军前领罪："司马大人，阿丘英勇，我等不是敌手，请司马大人责罚！"

班超道："罢了，我已看见，阿丘提着一把沉重陌刀，确实有万夫不当之勇。"

赵森愤懑道："那阿丘算什么女王，倒像是五大三粗的汉子！"

班超笑道："所以沈祥对她畏之如虎！"

辅国侯问："此战之后，阿丘必然有所准备，不敢开城再战，我们该当如何？"

班超道："此事我已有主意！"

是夜，班超大营宿于城外十里山坡。

班超命薛五将俘虏关押在疏勒军营左侧空地上，用栅栏围定。俘虏共有百人，他们身处牢笼，精神萎靡，并不甚饿。到了第二日，俘虏饥肠辘辘，问看守索要饭食，看守说："你们尽是铜皮铁骨，哪里需要吃食？"俘虏们大怒，却不敢反抗。

到了晚上，俘虏们已经没有了力气，躺在地上奄奄一息，这时荻花和沈祥提着酒肉来到了战俘营，俘虏们两日未进米水，早已是饥肠辘辘，闻见肉味，全都站了起来。

"是公主，公主来了！"

"公主来救我们了！"

上百名姑墨战俘跪在地上，向公主行礼："公主！"

荻花问："你们还认我是你们的公主？"

一名战俘道："您永远是我们心目中的公主！"

"好！把肉拿去分了！"几名军卒将酒肉抬了上来，姑墨士兵走到桶前，你争我抢，将桶内的肉分了个干净。俘虏们顾不上说话，吃相狼狈，恨不得将骨头也啃了。

"公主，这是我这辈子吃过的最香的肉，喝过的最甜的酒！"一名大胡子俘虏笑道。

"公主，您怎么现在才过来看我们，您再不过来，我们就饿死了！"一名秃头俘虏道。

荻花叹了一口气，道："我被女王追杀，避祸至疏勒，有何颜面再见诸位勇士？"

大胡子俘虏道："公主的事，姑墨人尽皆知。此事不怪公主！"

秃头俘虏道："公道自在人心，公主不必介怀，只怪我们那女王太过狠辣！"

荻花道："不可这么说女王！"

大胡子俘虏道："现如今有何不能说的，女王身为一国之主，性情暴虐，每日召男侍侍寝，国民不堪其暴政，如处水火。现在连驸马都不肯放过，教我们好生心寒！"

秃头俘虏道："倒不如让公主主政，公主性格温和，待人宽厚，我们皆听公主号令！"

"想让公主主政不是不可以！"

众人回头，看说话的人竟是班超。

荻花道："这位是汉使大人班超，是汉使从军粮里给你们拨出的酒肉。"

"多谢汉使大人！"众俘虏跪在了地上。

"起来吧。"班超将俘虏们扶起，拱手道，"班超奉大汉皇帝之命出使西域。西域动荡，诸国好战，百姓不堪战乱之苦，班超有意止干戈，开太平。今姑墨女王阿丘为祸姑墨，追杀公主，败坏人伦，又助龟兹王攻伐疏勒，致使疏勒生灵涂炭，姑墨军民饱受兵祸，班超特来讨伐。姑墨公主勇武聪慧，待人宽厚，正是贤明的国君。"

众俘虏喊道："汉使，我们不想打仗，我们拥护公主。"

"好。"班超道，"明日，我就放你们回城。"众俘虏皆吃惊。

班超与荻花走后，众俘虏认为，阿丘女王虽凶残，但自己身为姑墨人，不能叛变阿丘女王，只要班超将其放回，就据实告之阿丘女王。

第五十九章

不得民心阿丘败石城　终成眷侣笛玉嫁仲升

　　次日上午，班超放俘虏回城。几名疏勒军卒将俘虏押解到城下，退到百步之外。阿丘在城下见了，不明班超用意。一名俘虏在城下喊道："女王大人，班超将我等放了回来，请女王开城！"阿丘女王问左骑君："城下的军卒是否尽为我姑墨勇士？"左骑君叫来属下，共同辨认，然后回禀阿丘："女王，城下的军卒尽是我姑墨勇士。"

　　阿丘命左骑君打开城门，左骑君将众俘虏迎进城内，阿丘又命左骑君将众俘虏绑了。众俘虏问阿丘为何绑自己，阿丘反问班超为何将其放了。一名俘虏说："班超给我们安排了酒肉，让我们返回石城，约定三日之后的三更夜里，以火为号，让我们趁夜打开城门，放疏勒人进城。当时我们假意投降，骗过了班超，班超今日就将我们放了。"

　　阿丘："你们说的是真话？但难保你们有人被收买，上了当。为安全起见，你们暂且委屈一下，待打完仗，再将你们放了。右骑君，将这些人关进牢房，好生伺候！"

　　众俘虏不服，纷纷叫嚷："女王，我们说的句句属实，没有叛变啊！"

　　右骑君将众俘虏带到军营，对众俘虏说："牢房关押不下，你们暂且在营中歇息，不得离开军营。"一名俘虏问："右骑君，你也不相信我们吗？"右骑君道："本骑君相信你们，但是女王有命，本骑君不敢违背，诸位好好歇息。"

　　右骑君走后，就有人小声痛骂，道右骑君是因为受了阿丘宠幸才获得升迁，没有真才实学。又有人骂女王多疑，悔不该将实情告知女王，众人称是。

　　这时，众人中有一名叫壬午者，是姑墨的译长，他对众人说："姑墨女王残暴且多疑，我等据实回禀却仍受牢狱之苦，城门一战实阿丘指挥不力所致。荻花公主仁善，赏罚分明，是王室嫡女，又有大汉支持，我等不如按计行事，扶立荻花。"众人皆称好。

三日后夜里，班超命人在营地燃大火，造成起火造饭的假象，然后亲率大军伏于城外。军卒口中衔着铜钱，战马口中籁着绳子，偃旗息鼓，等待号令。时间到了三更前后，仍不见城门被打开，荻花开始焦虑，对班超道："俘虏不可信，恐有泄密之嫌。"班超道："俘虏定会将计策告知阿丘，但阿丘不会相信，必将俘虏关押起来。姑墨人傲气盛，你母亲执意关押俘虏，俘虏定会反抗。"

这时，城上亮起一支火把，火把在城头上摇摆，班超也命人举起了火把，以此呼应。稍后，城门大开，班超站起来，命令军队进城。荻花劝阻，道："汉使不怕中计吗？"班超道："就算中计，以姑墨的兵马数量，也难以获胜！"

疏勒和于阗的大军冲进城内，城门的守卫已经被壬午的属下制服。班超带领荻花、沈祥、薛五、饶锦文等人率部众一千入王宫，又命于阗辅国侯和田虑亲率于阗和疏勒军直扑姑墨大营。

荻花为众人引路，守卫不敢反抗，不多时即来到女王寝宫。这座寝宫沈祥来过，夜幕之下，沈祥仍心有余悸。

"谁在宫外？"阿丘厉声责问，见宫外亮着火把，没有人回应，阿丘知道出了事情，她穿上衣服，披上战甲，打开了房门。

"荻花，你何时进城的？"阿丘惊道。

"荻花无礼了！"荻花说罢，举刀与阿丘打斗。荻花与阿丘斗了二十几个回合，不分胜负；约三十回合，荻花不敌，刀被打落。阿丘挥刀砍来，班超、薛五、饶锦文等人俱来战，荻花拾起兵器，合斗阿丘，阿丘寡不敌众，眼见败落，殿内忽有人大喊了一声"女王小心"，众人回头，见一名男子立于殿内，衣衫不整。阿丘趁机拨开薛五的兵器，往宫外逃走，薛五追了出去，荻花却往寝宫迈了几大步，将侍立在殿门的男子斩了。

荻花道："此人乃女王的男宠，姑墨的右骑君，奈何没有一点本事！"

班超对沈祥等人说："快追阿丘！"沈祥等人连忙上马。

众人到了宫外，早已没有了阿丘的影子，只见薛五在路上横劈竖砍，与姑墨军斗到了一处。城内乱成了一片，地上到处躺着伤兵和死尸，班超知阿丘已经遁走，对众人喊道："大家快罢手！"众人乃止住兵戈。班超指着荻花，道："大家看看这位是谁？"姑墨人看见荻花，纷纷跪下："拜见公主！"

荻花道："诸位勇士，这位是大汉使节。汉使有令：投降者，一概免死。"

这时，有人道："公主，我们不想做亡国奴！"

壬午站了出来，道："诸位，听我说几句，阿丘女王残暴多疑，屡屡出兵助龟兹，致使姑墨得罪了焉者、疏勒，乃至于大汉朝。现在阿丘女王逃走了，又有汉使在此，我们可拥护荻花为我们的女王。公主仁善，是一位不可多得的明君！"

众人听说推举荻花为女王，纷纷称好，有人问："汉使，你可同意荻花为姑墨女王？"

班超道："尔等只要投降，我即授封荻花为姑墨女王。"

"不打了！"姑墨人纷纷放下兵器，表示愿意拥护大汉。

三日之后，龟兹军兵临城下，见姑墨守卫森严，军纪严整，龟兹军不战而退。十日之后，荻花在姑墨举行了登基仪式，班超以汉使之身授荻花为姑墨女王，授沈祥为国公，授壬午为姑墨辅国侯。半月后，线人回报班超，道阿丘兵败之后，逃往龟兹王城，住进了龟兹王宫。阿丘每日哭诉，求龟兹王为她报仇，龟兹王建正在厉兵秣马，立誓报兜题被杀之仇。

不日班超班师回疏勒，临行前，班超召见沈祥，告知将要班师，沈祥一副无所谓的表情，道："走吧，大人和公主成婚之日，我和荻花必到。"班超好奇，道："你一个人留在姑墨，不怕孤单，无人与你说话吗？"沈祥嘿嘿一笑，道："我头一回觉得西域好，来对了。现如今我是国公，位同国王。虽说姑墨是西域小国，但我在姑墨说一不二，姑墨的军民对我尊敬万分，女仆对我毕恭毕敬，感觉从来没有这般好过。"

班超夺下姑墨石城的消息，震动西域。班师的路上，途经尉头国，尉头国王亲自慰劳大军，敬献牛羊两千头。班超回到疏勒，笑着对笛玉说："那尉头一个月前还与龟兹连兵，攻我盘橐城，今日见我大破姑墨，转而献上牛羊两千头。"笛玉惊讶，道："尉头人少，两千头已经不是小数。"班超点头："尉头是怕我军假途灭虢，在回来的路上，将他灭了。"

班超回姑墨之后，和笛玉的婚期就到了。一直以来，笛玉追随班超左右，唯有姑墨一战，笛玉守在盘橐城中，只盼班超早回。今班超如期回城，笛玉十分欣喜。

婚期将近，诸国贺喜的使节陆续来到，鄯善的驸马都尉孔祥广、于阗国的太子未君、姑墨国公沈祥代表国王向班超祝贺。此三国与班超交厚，故而使节最先到场，班超搭建馆舍，招待客人。不日，康居遣使送礼来贺，莎车、焉耆派来使节表达祝贺，尉头国亦遣使送礼，唯不见龟兹使者。

班超两年没见孔祥广，甚是想念，召孔祥广、薛五、沈祥等人在汉使大帐会面，笛玉亦到场。孔祥广见到班超，道："你那侄儿今一岁了，因那道路崎岖，不敢带出，不知大人何时有空到鄯善做客。"班超哈哈大笑，道："有时间定然造访。"孔祥广道："没有想到，沈祥做了姑墨的国公，依我看，当国公作甚，干脆做国王算了，女子怎能称王？"众人哈哈大笑，饶锦文道："只怕沈祥做不了国王。"孔祥广问为何，饶锦文道："打不过媳妇呗！"众人都笑，沈祥捅了捅饶锦文胳肢窝，面露窘迫，道："你们都别笑，谁也打不赢她！"众人称是。

孔祥广见来使众多，道："大人重夺盘橐城，攻下姑墨，令诸国钦佩。如今大人大婚，诸国都派来了使节，就连往日好战的莎车，还有与疏勒往来不多的康居都派了重臣。"

笛玉道："莎车与于阗是敌国，此次疏勒之行，恐有打探消息之嫌，至于康居，乃是疏勒的姻亲之国。我母亲和疏勒王的母亲都是康居人，只因疏勒城一战，两位夫人罹难，康居与疏勒往来得就少了。"

孔祥广冷笑，道："恐怕不是因为两位夫人故去的缘故，而是不愿得罪龟兹王吧！"

众人不言，良久，班超才道："此次婚礼颇有看头，诸位都是明白人，小心在意就是！"

疏勒城早早就开始准备班超和笛玉的婚事，忠一面命人采集石料，重建王宫寝殿，一面建造汉使府邸，疏勒军民干得热火朝天，眼见喜事将近，新的王宫寝殿和汉使府也已建成。为显隆重，高冒命人在疏勒城中央搭了一个高台，台上铺就红毯，台下有阶，台阶两侧竖起旗杆，杆上飘着红绸带，显得十分喜庆。妇人洗菜，男人搭台，擅长跳舞的人彩排舞蹈，都盼着这一日能好好表现。

婚礼前一日，潘辰携蓝云赶到盘橐城。

婚礼当日，高冒将诸国宾客迎到高台，按照国力强弱和亲疏安排座次，左侧为首的是疏勒，其次是康居、莎车、焉耆，右侧为首的是于阗，其次是鄯善、姑墨、尉头。

巳时初刻，班超从汉使府出发，到王殿迎亲。午时初刻，班超与笛玉抵达高台。众使节、宾客起立，继而号起，班超和笛玉牵着红绸，踩着红毯，缓缓走上高台。

号停，高冒高声喊："大汉使节班超与疏勒公主笛玉婚礼开始！一拜天地，敬谢天地上苍！"高台上有一张几案，案上有一个斗，斗内放有麦子，麦子上插着一杆秤，秤上贴着一块红绸，上写"敬拜天地"四个字。班超和笛玉跪拜天地，高冒喊了一声"起"，班超和笛玉就站了起来。高冒又喊："二拜东方，敬谢大汉皇帝！"班超和笛玉就对着东方叩拜。高冒喊："夫妻对拜！"班超和笛玉于是相视跪在地上，叩首。高冒喊："礼成！"班超和笛玉随即起身，面向宾客。

高冒道："请诸国敬献贺礼！"诸国自疏勒王始，依次敬献贺礼。忠敬献的是一对犀牛角，于阗敬献的是一对白璧，康居敬献的是一对汗血宝马幼崽，鄯善敬献的是一对青铜玉女剑，姑墨敬献的是一把新制陌刀，焉耆敬献的是一尊金牛塑像，尉头敬献的是一把宝雕弓。

诸国礼单皆十分贵重，在场诸人心里无不唏嘘。

献礼毕，高冒道："诸位贵宾，本国在汉使府院备下薄酒，请诸位移步就座。"

众人闻言遂起行。汉使府已经将牛羊肉准备妥当，为丰富喜宴，桌上还备有鹿肉、兔肉、獐肉等熟食，每桌都有专人倒酒。婚宴开始，排练多日的疏勒女子换上绸衣，在院中跳起了疏勒舞蹈，舞姿翩翩，引人入胜。

孔祥广问饶锦文、赵森："跳舞的女子身姿曼妙，两位兄弟还是孤家寡人，何不择一人为妻，生一窝儿女，以尽天伦之乐？"

赵森道："我不喜欢西域女子，还是回到洛阳再论！"

孔祥广笑道："只怕汉使三五年也回不得大汉了。"赵森一愣，随即将目光看向了院中起舞的女子。孔祥广拍着饶锦文肩膀，道："怎么？还是放不下流丹？"饶锦文苦笑，自饮一杯酒。

稍后，班超开始敬酒，第一桌是诸国使节。

班超端着酒杯，道："感谢诸位使臣屈尊来到疏勒，参加公主和我的婚礼，超不才，先饮了樽中酒，略表谢意！"说罢，饮了樽中酒，众人对视，随即将樽中酒干了。

侍从给众人斟酒，班超端起酒樽，道："第二樽，我祝诸国国王身体康泰，百姓安居乐业！"

焉耆的使者乃危须王，危须王道："汉使企盼诸国相安无事，但龟兹时常蠢蠢欲动，骚扰焉耆边境。"沈祥冷笑道："只怕是焉耆先占了龟兹的王城！"危须王道："占王城是为解盘橐城之围，怎是我王一人过错？"

莎车使节道："汉使，我莎车历代效忠大汉，先王贤更是被大汉封为西域都护，只因中了广德的奸计，才惨死于阗。今于阗独占和阗河，将和阗玉卖给大汉商人，获利巨大，十分不公。”

于阗辅国侯道：“你莎车假冒大汉皇帝圣旨，谎称西域都护，四处征伐，致使西域战火频发，诸国遭难，我于阗王巧使妙计，大破莎车，正是造福西域。和阗玉是和阗河至宝，和阗河又属于阗，我于阗人在自己的国中寻玉，与莎车何干？”

莎车使节道：“和阗河何时成了于阗的河，它一直属于莎车，是你们抢了去！”

于阗辅国侯道：“和阗河自上古时就属于阗，是贤抢了去！”

莎车使节对班超说：“汉使，此事若不能决，我莎车与于阗必有一战！”

班超不怒自威，道：“你此行是来向我宣战的？”

莎车使节道：“不敢，只想请汉使裁决！汉使处置公平，定有公论。”

站在身后倒酒的田虑道：“诸位切莫着急，今日是汉使大婚之日，何须在此时讨论此事？”

危须王道：“为何不能讨论？今日虽是汉使大婚，却是各国使节齐聚一堂！”

田虑冷冷道：“纵然是议事，也不在这一时。喜宴散去，诸位可尽情闲谈，相信诸位大人不会吝惜这一时三刻吧！”莎车使节道：“大人说得在理，本使先干为敬！”莎车使节干了酒樽中酒，其余众人也干了。莎车使节放下酒樽，对班超拱手道：“汉使大人，喜酒喝了，但莎车与于阗是世仇，我不与于阗人同坐，在下告辞了，咱们议事时见。”莎车使节说罢，不待班超说话，带着侍从转身离开。

辅国侯大怒，指着莎车使节道：“气焰实在嚣张，此人就是来闹事的！”

康居使节道：“汉使，您去而复返，夺回疏勒、盘橐城，又大破姑墨，志不在小，此后有何打算？”

班超道：“诸位，若是没有醉酒，未时三刻，到我府中大堂议事。”众人举杯，道：“如此甚好！”

离开酒桌，笛玉问班超情形如何。班超道：“尚在意料之中，只是没有想到莎车使节会突然离席！”笛玉让班超喝一碗马奶解酒，班超说无碍，将田虑叫来，道：“你到馆驿查访，问明这莎车使节是何人，在莎车是何官职。”田虑领命，赵森接替田虑，笛玉担心班超醉酒，命人将酒换成了水。

第六十章

各国使节吵闹汉使府　笛玉出面为汉将选亲

太阳偏西，客人渐渐散去。班超换上一身红色便衣，准备梳洗。田虑回报："大人，我已查明，来使乃莎车国的大都尉哑正，莎车王齐黎的叔叔。此人性情乖张，与先王颇有几分相像。"班超问："此人既然如此强势，怎不夺齐黎王位？"田虑道："小人也不解，恐是此人重礼法，忠于王事，不敢擅权！"班超摆手道："非也，王弱叔强，必有内乱。如此惨事，我大汉尚且罄竹难书，何况于蛮夷？"

陆晓聪报班超："大人，诸国使节已齐聚大堂。"班超道："传疏勒王到我府上议事。"陆晓聪回报："疏勒王醉酒，已不省人事。"班超擦去脸上的水，道："既然如此，就不惊扰疏勒王了。"班超从后院走进大堂，诸国使节三五交头接耳，或站立，或围坐，见班超进来，各自走到自己的座位前。

"诸位久等了！都坐吧！"

"汉使请！"

班超当先落座，众人依次就座。

康居使者道："汉使，此厅修得富丽气派，令人炫目，为何不见名号？"

班超道："建成不久，尚未起名。"

辅国侯道："依我看，此厅应当叫聚贤堂，诸位西域贤达聚到一处，共谋大计！"

莎车使者哑正冷笑一声，道："既然于阗的人在，谈何聚贤？顶多一个议事厅罢了。"

辅国侯大怒："哑正，你屡屡辱我，究竟是何用意？若非汉使在，我定与你大战三百回合！"哑正用手扇扇耳朵，道："真是脏耳朵，阁下何曾是对手？"辅国侯拔剑在手，道："是汉子就到院中比比？"哑正冷然，道："汉使在此，你何敢如此放肆？"哑正起身面向班超，右手护胸，道："汉使，我莎车是西域大国，自我王兄被害，莎车屡受欺辱。先是割让和阗河，继而被鄯善占领了东原，不到半年时间，莎车丧失领土大半，竟然不及先王登基之前。"

辅国侯道："莎车王贤以西域都护之名，征战西域，纵横南北，吞疆并土，何其猖狂！我于阗和鄯善不过是索回被侵吞之地，有何过错？"

哑正道："莎车本是小国，据山麓之地，受匈奴欺压，水草无鄯善茂盛，人丁无于阗众多，城防不及焉耆坚固，因先王兄善治，收部族，御匈奴，却强敌，方有昔日之盛！先王兄遇害，强敌环伺，莎车割城赔地，只求自保也。于阗占有和阗河，我莎车水源匮乏，牧场尽为沙石荒漠，牛羊饥瘦，百姓困乏，奈何之？"

辅国侯辩道："莎车有昆仑山雪水，何曾有水源之缺？分明是莎车欲占有和阗河，取玉石以售卖也！"

班超道："和阗河是圣水之河，非一国之有，若莎车无水，可辟支流。"

哑正道："山地难垦，不可辟。"

班超问："大都尉以为应该如何？"

哑正道："割上游给莎车。和阗河上游本是莎车领地，因汉使战败我王，此段被于阗占有。"

辅国侯道："不可！莎车阴险，两年前，莎车将带有瘟疫的死尸抛掷河中，致使于阗国人身染瘟疫。若不是汉使击败齐黎，我于阗亡国矣。"

班超道："往事可鉴。"

哑正道："上游不可，请汉使割中游。"

辅国侯道："中游不可，若莎车占了中游，则长驱直入，我于阗必无防御之力。"

哑正道："中游不可，请割下游。"

班超道："地，命也，怎可轻易割让？"

哑正道："今汉使欲成大业，若汉使肯割让下游给莎车，莎车愿臣服大汉。"

班超沉吟道："割地，非我之能，亦不可为之。莎车若无水可用，可到和阗河下游取水。"

辅国侯纠正："但不可取玉石！"

哑正跪谢班超："多谢汉使，哑正回莎车之后，一定向大汉上臣表。"

班超连忙扶起哑正，喜道："大都尉请起，大都尉为莎车操劳，令人敬佩，来人！取酒，我与大都尉共饮一碗。"田虑取来酒囊，倒入碗中，交与班超和哑正，二人对碰，随即一饮而尽。班超哈哈大笑，请哑正入座。

班超问康居使者："现在鄯善、于阗、疏勒、姑墨皆臣服大汉，康居王是何态度？"

康居使者道："康居自前汉始，与大汉交好，我王愿意臣服大汉，只是还请汉使亲自到康居，与我王一叙。"班超大喜，道："这个自然。我与康居使者对饮一碗。"沈祥道："我陪汉使。"田虑斟满三碗酒，三人一饮而尽。

沈祥问尉头使者："你尉头是何意思？"

尉头使者颤颤巍巍，道："此事非小人能做主，小人只是来为汉使贺喜。"

沈祥哈哈大笑，孔祥广道："还请大人回去转告尉头王，早日归降汉使。"尉头使者不住点头："这个自然，这个自然。"众人看向危须王，危须王仿效尉头使者，道："臣服大汉乃是国策，由王兄议定。"

一年前，焉耆攻没西域都护府，与大汉结仇。焉耆不肯投降，实属众人意料之中。

班超见众人不再争吵，忽而意气风发，道："班超自来西域，今日最为高兴。自今日起，诸国凡遇事，可知会班超，班超一定尽心尽力，不负众望。"

会客毕，晚宴开始。班超纵情豪饮，举杯无数，直至深夜方休。

客人散去，笛玉命人将班超扶入新房，班超呼呼大睡，笛玉为班超盖好被子，叹道："从未见新郎新婚之日如此大醉。"说罢，自己褪去外衣，在班超身旁睡下。四更时分，笛玉睡醒，见房内烛火晃动，班超端坐于案前，正执笔书写。

笛玉起身，为班超披上外衣，班超回头，笑道："你醒了。"笛玉道："新郎官不在身边，自然要醒了。"班超拿起竹简，道："我正在撰写奏折，你且看看。"笛玉拿起奏折，见奏折写道：

臣窃见先帝欲开西域，故北击匈奴，西使外国，鄯善、于阗即时向化。今拘弥、莎车、疏勒、月氏、乌孙、康居复愿归附，欲共并力破灭龟兹，平通汉道。若得龟兹，则西域未服者百分之一耳。臣伏自惟念：卒伍小吏，实愿从谷吉效命绝域，庶几张骞弃身旷野。昔魏绛列国大夫，尚能和辑诸戎，况臣奉大汉之威，而无铅刀一割之用乎？前世议者皆曰取三十六国，号为断匈奴右臂。今西域诸国，自日之所入，莫不向化，大小欣欣，贡奉不绝，唯焉耆、龟兹独未服从。臣前与官属三十六人奉使绝域，备遭艰厄。自孤守疏勒，于今五载，胡夷情数，臣颇识之。问其城郭小大，皆言"倚汉与依天等"。以是效之，则葱领可通；葱领通则龟兹可伐……以夷狄攻夷狄，计之善者也。臣见莎车、疏勒田地肥广，草牧饶衍，不比敦煌、鄯善间也，兵可不费中国而粮食自足……愿下臣章，参考行事。诚有万分，死复何恨。臣超区区，特蒙神灵，窃冀未便僵仆，目见西域平定，陛下举万年之觞，荐勋祖庙，布大喜于天下。

"以夷狄攻夷狄，兵可不费中国，妙计！妙计！"笛玉带着嘲讽语气的语调说，"你们汉人将我们西域人唤作是夷狄，倒很擅长起名。"

班超道："公主莫生气，夷狄之说早在东周就有，指的是不穿衣服，不通汉话之人。"笛玉道："那何以说以夷狄攻夷狄，兵不可费中国？"

班超道："大汉皇帝召我回洛阳，而我坚持留守西域，实乃抗命。抗命，杀头之罪也。朝廷不派兵卒，班超欲抗龟兹，只能发疏勒、于阗诸国之兵，如此我皇才会准我留在西域。"

笛玉叹道："朝廷不许你留在西域，终是麻烦。你母亲、兄长、儿子皆在洛阳，若留下叛逆的罪名，恐有大祸。"

班超道："正是，若是不费中国兵卒，朝廷则再无他议。"

笛玉道："疏勒、于阗皆有亡国之危，西域离不开你。"

班超问："你能否离开我？"

笛玉羞道："我也离不开你！"班超哈哈大笑，抱笛玉上榻。

班超的婚宴吃了十日方才作罢，各国使节相继离去，辅国侯也带着于阗的五千铁骑离开了疏勒，热闹的盘橐城恢复了往日的宁静。

班超听到消息，大婚之前，龟兹王曾派人到盘橐城，准备在他婚宴上侮辱一番，因那使者胆怯，到了排山一带，徘徊不前。婚期刚过，使者返回龟兹，道自己已经进了盘橐城。龟兹王问城郭几何，班超是何模样，使者词穷，不能对答。龟兹王问副使，副使据实回奏，龟兹王大怒，骂其辱没龟兹，不堪王命，遂将龟兹使者悬挂城门，使其饥饿而死，又将副使下狱，其余侍从杖五十。

时至春末，班超领着疏勒军民垦荒。疏勒人沿着疏勒河一带耕种麦黍，种植寒瓜等果蔬，数月之后，瓜果遍布，麦黍旺盛，眼见就到了秋收之日。这是疏勒种的第一季粮食，很多人没有吃过馒头，都盼望着早日吃到新粮。

新粮收割，疏勒国新增粮食三十万石。班超下令，鼓励生育，凡生一男孩者，奖励十头公羊，生一女孩者，奖励十头母羊。于是疏勒人竞相生育，凡年满十六者，皆成婚。一时间，城内婚嫁之风大盛，百姓邀请班超到场，因婚嫁密集，班超不得不将婚嫁男女聚到一处，共同举办。

疏勒举行新人最多的一次婚宴是汉军大婚，因沈祥到姑墨做了国公，陆晓聪被纳进汉军，为此，陆晓聪欢喜了好几日。汉军有三十五人未婚，班超在盘橐城颁布公告，凡愿意嫁汉军者，可到汉使府报名。

汉军初入西域，没有想到会滞留。高冒为挽留汉军，多次上奏班超，恳请将疏勒之女嫁与汉军，被班超拒绝。后大汉皇帝命汉军回洛阳，汉军徘徊不定，没有就地纳娶之念。现在班超已下定决心留守，并自娶疏勒公主，汉军势必要久住疏勒，如今西域民心可依，汉军将士又是盛年，纳娶势在必行。

疏勒经过多年征战，男少女多，不少适龄女性看上了汉军。听说汉军娶妻，盘橐城适龄女性纷纷报名，报名者中有宫中女官、女仆、舞女、歌女，有疏勒文臣武将之爱女，亦有城中大户小姐和商贩、牧民之女。消息散出，疏勒城和于阗爱慕汉军者赶来报名，以至于半道听闻对方来相亲，互相打斗，乃至护送之人有重伤者。

报名者达千人，凡应招者，先到汉使府登记造册，由汉使府颁发应招编号。家住盘橐城的姑娘，登记后回家等待通知，凡城外及别国前来应召者，住疏勒馆驿。因前来应招的人多，馆驿接纳不下，笛玉不得不将应招的姑娘分置丞相府、都尉府等处。

一时间城内喧哗，大街上四处可见美丽的姑娘，相比平时，这些姑娘打扮精心，部分姑娘穿上了汉服，留着长发，城内的老者、男子皆瞠目。

这日，笛玉在汉使府的应征登记处查看名册，一名军士跑到笛玉身前跪了下来，口中哽咽，面颊带泪，喊道："公主，你要为我做主啊！"笛玉问："你是何人？发生了何事？"

男人哭道："我是飞鹰营的百夫长骨牙，半月前，我与城南弓匠的女儿定亲，不想汉使府发布公告，说汉军招亲。弓匠的女儿看到公告，转眼就悔亲，跑到汉使府应招，若不是我今日上门送酒，还被蒙在鼓里。请公主为我做主！"

笛玉马上派人，到城南将弓匠及其女儿带到汉使府。笛玉见到弓匠，问他叫什么名，弓匠答："父母生我的时候，天上打着雷，就叫我雷生。"笛玉问其女儿叫什么，弓匠答："小女无名，我唤她叫作雷小。"笛玉问弓匠为何悔婚，弓匠答："悔婚是女儿的主意，不是小人的主意。"笛玉看向雷小，见雷小长得貌美，竟有花容之色，倒像是王公之女，怪不得骨牙如此在意。笛玉问雷小为何悔婚，雷小胆怯，不敢说话。

笛玉道："已有婚约者，不得悔婚。我疏勒人讲信义，做人不可言而无信，你懂了吗？"弓匠怯懦，不敢顶撞，将雷小带了下去，骨牙跪谢笛玉。负责登记的主簿问："公主，那雷小长得漂亮，虽有婚约，但公告并未禁止有婚约的女子应招，公主为何不要此人？"

笛玉道："若婚约可随意悔婚，婚约意义何在？且纵容悔婚，会激起疏勒人与汉军的矛盾。"主簿恍然大悟，道："公主明鉴。"

因报名之人众多，笛玉代为筛选，将年长、年幼、相貌平庸者筛出，剩三百五十人。笛玉将三百五十人分为三十五队，每队十人，分置不同军帐。主簿将军帐标记编号，再由三十五名军士抽签，去不同军帐选亲。凡相中者，出帐告知主簿姑娘身上的编号，没有选中者，待相邻的军帐选亲的男子出来，到该帐中选亲。若两个军帐都没有相中，则第二日打乱顺序，从剩余的女子中再选。

头一日，半数的汉军抱得美人归；第二日，又有七八人选定美人；第三日，只两三人选定；到了第四日、第五日，没有人选到美人。

笛玉摇头纳闷，在汉使府大院招未选中妻子的汉军，见那几人是饶锦文、赵森、田虑、曾伯等人，笛玉问饶锦文想娶什么样的女子。饶锦文摇头叹气，说不想娶。赵森道："锦文忘不了流丹。"笛玉深知其意，又问赵森想娶何女子。赵森道："那日你与大人婚宴上，有一跳舞的女子，身姿曼妙，令人难忘，我想见那位女子，只是不知道她叫什么名字。"笛玉笑道："这有何难？来人，将那日跳舞的女子尽数招来。"稍后，一队女子来到院中。

"公主，那日跳舞的女子带来了。"

赵森环视，摇头道："我说的那个女子不在此队中。"

笛玉问女官："这是怎么回事？"

女官回："另有三名女子已经嫁人，公主大婚之后，汉使鼓励生育，那三人皆待产在家。"

众人哈哈大笑，赵森满脸尴尬。笛玉道："不碍，明日再选就是了，只是不要再惦记那位舞女。"赵森说"是"。笛玉又问田虑，田虑道："没有见到心仪的女子。"笛玉又问曾伯，曾伯笑道："我只是怕选早了，错过了好的。"笛玉想起了陆晓聪，问陆晓聪选了谁。赵森笑道："陆晓聪头一日就选好了美人，但是他马上就后悔了。"笛玉问为何，赵森道："因为他只看到了十个，而我们看到了五十个。试想从十人中选出的姑娘好，还是从百人中选出的好？"

笛玉恍然大悟，道："我明白了，你们想见所有的姑娘。"赵森等人笑而不语。笛玉道："好吧，明日辰时三刻，到校场待命。"众人齐声说"是"。

第六十一章
校场选亲锦文得佳缘　故布疑兵疏勒王反叛

次日辰时，赵森等人梳洗打扮，早早来到校场，却见校场空荡，没有一人。互相质问怎么回事，忽地天上下起了雨，几人走也不是，不走也不是，被淋成了落汤鸡。大雨下了一炷香的工夫，眨眼又是晴天，几人准备回营换衣服，却见女官领着美人们来到了校场。几人惊喜地大喊："人来了！"

待选的美人站成八列，间隔一丈有余。笛玉对赵森等人道："美人全部到了，你们开始选吧。"赵森喜道："多谢公主！"说罢，当先走入阵中，除饶锦文外，众人先后进入校场。

众人在人群中走了一大圈，自认为将所有的女子都见了，方才走到自己心仪的女子面前，将那女子领了回去。眼见曾伯、田虑等人都已经出来，只剩下了赵森还在美人之中。赵森左右徘徊，像是观察军情，忽地，赵森觉得自己的铠甲被人扯住，心头一动，回过头来，见是一肥胖女子，那女子眼睛眯成一条缝隙，赵森用力扯开铠甲，挣脱那女子，跑出三丈之外。

曾伯大喊："赵森，你选好没有？"赵森被刚才的女子惊吓，尚未回神。这时，赵森的铠甲又被人扯住，赵森将要发作，铠甲又被松开了。他转头看向身后那女子，见她肌肤娇嫩，葱鼻细眉，好生乖巧，顿时口呆，半晌道："你叫什么名字？"那女子不通汉话，只是微笑，赵森看她笑得好看，也笑了起来，女子伸出玉手，赵森不知何意，问："你的手怎么了？"那女子抓住赵森的手，赵森这才明白，将女子牵出校场。

　　这时，只剩下饶锦文还没有选，笛玉问："锦文，你也选一个吧！"饶锦文道："我就不选了吧！"笛玉道："过去的事就过去吧，都十年了，何必念念不忘？"饶锦文不说话。

　　这时，有人大喊："公主！公主！"众人回头，只见一名老妇人拖着一名女子过来，身后跟着两名男子。笛玉问："发生了何事？"那妇人是笛玉从前的奶妈，老妇人说："今日馆驿的一名店小二跑到汉使府，说有一名女子到汉使府登记选美，被汉使府安排住进了馆驿。但是每次选美，这女子都躲藏起来。店小二觉得此人有骗吃骗喝之嫌，决定交公主发落。"

　　笛玉走到那女子跟前，温言道："姑娘，你是哪里人？"

　　那女子十分泼辣，试图挣脱老妇人，听到笛玉问话，却连正眼都不看笛玉，只道："我是温宿人。"笛玉又问："你来盘橐城作甚？"那姑娘道："你们不是选亲吗？听说汉使府负责食宿，我就是借选亲，到你们馆舍骗吃骗喝的。"老妇人一听，好像得了道理，说："公主，我说得没错吧。此人罪大恶极，不如鞭笞五十，交后院挑粪。"被抓的温宿女子一听，大怒，咬了老妇人之手，老妇人疼得作势欲打温宿女子，温宿女子咬完就松了口，老妇人打到了自己的手背上，因用力大，疼得"哎哟"大叫。

　　老妇人作势要去抓温宿女子，那温宿女子却跑到了饶锦文身后，对饶锦文低声说："好汉救命！"饶锦文对老妇人说："婆婆，我看此事就算了吧，一个小姑娘家，何必受如此重罚？"老妇人将要发怒，笛玉示意不要争吵，老妇人抬在半空的手落了下来，站到了一旁。

　　温宿女子见没事了，转身走到饶锦文身前，对饶锦文说："这位将军，谢谢你救我！"饶锦文这才看到温宿女子的正脸，惊道："流丹！"温宿女子一愣，用带着浓重的西域口音汉话说："将军你怎么了？"饶锦文这才回神，道："没事。你随我走！"说罢，抓住温宿女子的手，温宿女子嗷嗷大叫："你这人怎么比那老太婆还野蛮？"众人一片唏嘘，笛玉和赵森等人全都跟了上去。

　　饶锦文将温宿女子带到了汉使府，问值守侍卫："汉使何在？"值守侍卫道："正在大堂悬挂牌匾。"饶锦文拉着温宿女子闯进大堂，见班超正在悬挂牌匾，大喊仲升，班超回头，道："锦文你来得正好！看我这块牌匾写得如何？牌匾上书'同仇敌忾'！上回危须王和辅国侯为此事还争论了一番，这回没话说了吧？"班超见饶锦文不说话，道："你不是在校场相亲吗？"饶锦文道："你看她是谁？"班超这才留心到饶锦文手中还拉着一个姑娘。

"流丹！"班超一惊，随即摇头，"不可能，怎么会如此相像？"

饶锦文喜道："你也觉得很像是不？"这时，温宿女子挣脱饶锦文，对着饶锦文"呸"了一声，道："坏人！"班超和颜道："姑娘，你是哪里人？叫什么名字？"

温宿女子道："凭什么告诉你？"

这时，笛玉走进院中，赵森等人尾随其后。笛玉听到温宿女子与班超对话，答道："此人名叫星六，温宿人，是到盘橐城应亲的。"班超喜道："应亲的好，嫁给锦文最合适！"饶锦文站在一旁傻笑，温宿女子星六却没有明白班超的话。班超对侍卫道："传城门校尉薛五和陆晓聪！"一旁的侍卫应声出门。

不多时，陆晓聪到。这是班超第一次派人召他，他边走边对侍卫说："汉使召我，定有要事与我商量，否则断不会如此着急。跟你说，我十年前就和汉使大人认识了，那时我就看出汉使满腹韬略，胸怀智谋，我跟汉使说，大人将来前途一定不可限量，你看我说对了吧？"陆晓聪还没有进院，众人就已听到他说话。陆晓聪进了院中，见众人望着他，以为有重任托付于他，遂缄口不言。他放慢脚步，走到班超跟前，准备行礼，余光瞥见了温宿女子星六，吓了一跳："妈呀，流丹复活了！"众人哈哈大笑。稍后，薛五到，薛五见了星六，亦如陆晓聪。

班超道："这真是善缘！公主，你带这位星六姑娘洗漱一番，稍后我们再谈。"笛玉命女官将星六带到后院。饶锦文等人皆激动不已。片刻，众人才看到班超悬挂的牌匾，多不解其意，但仍是夸赞了一番。

汉军选定妻子，未被选中的美人获发路费和干粮，被遣送回原地。一月后，班超在校场为众人主持婚典，另外三十四对皆自愿成婚，唯饶锦文和星六系强制成婚。成婚之日，笛玉给星六穿上新衣，说是为她做的新衣服，星六喜不自胜。星六没有见过汉式的婚俗，女官将星六带到校场，见人声鼎沸，不知道是要成婚。后来星六和饶锦文拉着红绸，拜了天地，送入洞房的时候，星六才知道上了当。她大喊大叫地往外跑，被汉使府的几名老妇人拉住，其中就有笛玉的奶妈。

"臭丫头，捡了便宜还想跑！"老妇人捆住星六的手脚，送进了洞房。

饶锦文在校场敬酒到深夜才回，见星六被绑，被子哭湿了大片，酒醒了大半，连忙将绳子解开，却见星六毫不动弹。

"你怎么了？"饶锦文问。星六只是无声哭泣，却不说话。饶锦文更慌了，问："谁这么大胆绑了你？""拜堂的时候，不还是好好的吗？这是怎么了？"饶锦文上前给星六擦眼泪，被星六一脚踹到床下。星六大喊："骗子！骗子！骗我和你结婚。"饶锦文大呼冤枉："你来疏勒不就是为了应亲吗？再说不是你同意成婚的吗？"星六大哭："谁说成亲了？公主只说给我做了一身新衣裳，让我参加祭天庆典。我看着热闹，就信了！"

饶锦文兴致索然，道："别哭了，就当没有成婚，我另寻住处去！"星六道："不行，你走了，那几个老太婆非杀了我！"饶锦文无奈："那该怎么办？"星六道："嫁都嫁了，就当我吃亏！咱们洞房吧！"饶锦文目瞪口呆。

建初三年春，笛玉产一子，班超起名，曰班勇。

建初三年夏，于阗王广德遣辅国侯到疏勒，报莎车不信守承诺，多次从和阗河下游劫掠民财，骚扰于阗。班超遣田虑巡视于阗边境，见情形果然如辅国侯所言，田虑击退骚扰散兵，以汉使官员之身份致书莎车，命其恪守国界，感汉使恩德，不得再有越界骚扰之举。齐黎收到田虑竹简，被哑正投掷于火盆。

当年西域大旱，和阗河和疏勒河断流，湖泊水位下降，草木枯死，牛羊饥瘦。哑正趁于阗不备，率军占领和阗河，虎视于阗王城。于阗告急，辅国侯援引建初元年，疏勒内乱，于阗派兵五千相助疏勒，请求疏勒发兵。班超拍案，道莎车屡屡越境，其心可诛，遂召疏勒王忠、丞相高冒、城门校尉薛五到汉使府议事。

班超将莎车越轨之事说与众人，众人沉吟不语，班超道："疏勒与于阗乃睦邻之邦，兄弟之国。疏勒有难，于阗率兵相助，今于阗有难，疏勒也应尽心相助。"

高冒道："唇亡齿寒的道理，我们都懂。只是今年大旱，莎车是想攻于阗，还是只是想占水源，尚无定论。再者去年疏勒国大婚，今年将士们多在抚育幼儿，难以抽身。"

辅国侯冷冷道："依丞相之言，龟兹大军到排山环伺，是来玩耍赏景？疏勒有难时，我于阗的勇士就应该留守抱孩子。"

高冒满面通红，道："老朽不是这个意思，老朽全听汉使吩咐。"

班超问忠，道："疏勒王是何想法？"

忠沉吟半晌，道："小王没有异议，只是于阗相助疏勒，军费由疏勒出，今日疏勒相助于阗，不知……"

辅国侯斩钉截铁，道："军费我于阗一力承担。"

班超点头，对辅国侯道："请辅国侯暂且回国，容我稍作安排，军队整备完毕，我即刻率军出发。"辅国侯拜谢班超，向众人拜别。

　　辅国侯回到于阗，恰逢莎车军围城。辅国侯在城下大喊："汉使率领的疏勒大军马上就到，尔等洗净脖子，准备赴死吧！"莎车军大为恐慌，齐黎问哑正该如何是好。哑正道："昔日疏勒有难，于阗派五千铁骑相助，今日于阗有难，疏勒定会出兵。"齐黎道："如果疏勒出兵，则我军将会腹背受敌！"哑正道："军心已乱，老臣建议，无论疏勒是否救援，我大军都应撤出于阗。"齐黎下令撤军。

　　莎车大军撤回和阗河对岸，哨骑探报，未见疏勒大军。齐黎大为懊恼，哑正抚慰道："两军人数相等，且于阗占据城池，撤军并无过错。老臣以为，疏勒定会援助于阗，只是发兵需要时间，大军尚未赶到而已。"稍后，有线人回报，疏勒正在整饬军队，准备对莎车用兵。齐黎对哑正连连称善，道："王叔果然神机妙算，只是有何办法，能阻止疏勒？"

　　哑正道："我确有一计，沉思良久，请大王斟酌。"齐黎忙说："请王叔道来。"哑正道："疏勒王为班超所立，班超驻守疏勒，疏勒军政、民政皆令出汉使府，如今班超娶了先王之女，声望如日中天，而疏勒王却形同虚设。大王可向疏勒王施以重贿，承诺夺下于阗，平分其地，疏勒王定会掉转枪头，杀了班超。班超在疏勒只三十六兵卒，必难抵挡。届时大王就可心无旁骛，安心地攻取于阗了。"齐黎大喜。

　　再说班超在疏勒准备月余，准备动身，哨骑回报，称排山一带出现大股龟兹军，班超派哨骑侦察，两日后还报，不见龟兹军。后数日，班超将要动身，又有哨骑报，称在疏勒河下游见到龟兹军，兵力约五千。班超派哨骑侦察，三日后回报，未见龟兹军。班超不知真假，命救援军在城中待命，五日后，准备出发，又有哨骑报告，称龟兹军正在围攻疏勒城，班超大怒，亲率一千铁骑，出城查看。

　　临行时，高冒道："城外敌情诡谲，忽东忽西，汉使既出城，就多带些军队。"

　　班超道："我只查看军情，不与龟兹作战。"

　　高冒走后，田虑道："这几日，我在王宫中见到一人，形似于阗大王子列查。"

　　班超奇道："列查不是被驱逐出于阗了吗？怎会到疏勒来？你恐是看错了。"

　　田虑道："近来疏勒王怪得很，听说新纳了几个美人，日夜不出宫，就连龟兹兵临城下，他也不为所动。"

　　班超问："你是否有所疑？"

　　田虑道："不敢确定，总觉得王城有些怪异。"

　　班超道："田兄多虑了，我待疏勒王恩重如山，有乾坤再造之恩，他不会负我。"

　　班超出城，率军往疏勒城，沿途平安无事。两日后，班超抵达疏勒城，见城下并无军队，遂进城。班超问近日有无龟兹军到此，潘辰答没有龟兹军来过，班超大怒，道："我这就回去斩了那谎报军情者。"说罢，上马就要出城，蓝云挽留道："大人吃了饭再走！"班超道："晚饭就不吃了，我斩了谎报军情者，再来看你。"

是夜月光大亮，班超一路疾驰，仅后半夜睡了三个时辰。次日天将亮，军队又启程，黄昏时分，班超抵达盘橐城下。

"我是班超，命薛五将城门打开！"

"城下的可是汉使，大王向我下了严令，近日龟兹军大肆活动，命我等死守城门，任何人不得入内。"

"我已查明，龟兹军并未出动，是有人谎报军情！"

"汉使明察秋毫，但我怀疑汉使的部众之中有龟兹的间谍。"

此人话音刚落，城下的疏勒军即刻躁动起来，大骂守城之人："说谁是间谍？有种滚下来！"田虑对班超道："大人，城内有变。"班超细看说话之人，见此人是王宫的卫队长歇儿，问："薛五何在？"城上无人应答，但是班超已经明了。他难以接受事实，口中不停地说"不可能"，这时，城上射下一枚箭，射箭的是歇儿，歇儿道："胆敢越过此箭，休怪我箭下无情！"班超从田虑手中接过弓箭，引弓射出，一箭射中歇儿头盔，因力道大，将头盔射落在地。

城下众将士齐声叫好。

军队连续奔波三日，早已疲惫，知今日不可战，遂往于阗方向撤军三十里。

班超将兵屯置于一隐蔽之处，众将士扎营，班超寻了一棵大树，倚靠在树下，久久不言，众人亦不敢靠近。田虑命众人各自行事，自与赵森、饶锦文守在帐中，不敢闭眼。到了深夜，班超忽地坐起，召众将到汉使军帐议事。

田虑派人召诸将，众人齐聚班超大帐，见班超脸色难看，不敢说话。

班超温和地言道："盘橐城两度沦陷，数次被围，是我汉军解救盘橐城于水火，又是我立忠为疏勒王，都说说看，疏勒王为何反我？"

众人不言，良久，赵森才道："听田大人说，疏勒王近日新纳了几个美人，又听说有人在疏勒王宫见到了于阗大王子列查。据我所知，列查被驱逐出于阗之后，去了莎车，他与莎车王齐黎乃是甥舅，虽有国仇家恨，但也有骨肉之情。此次大人准备率领疏勒军援助于阗，最惊恐的恐怕就是莎车了，若莎车遣使，对疏勒王施以重贿，相约攻破于阗后，与疏勒割地分城，疏勒王难免不动心。试想，若派一个使节，何人最为妥当？自然就是列查了。列查是于阗的大王子，由他出面，最为妥当。"

饶锦文惊道："赵森想得很透彻，分析得十分有见地！"赵森十分得意，道："这个事情我思考良久，只是除了这几个美人和相约割地分城，莎车还能献给疏勒王什么宝贝，才会让疏勒王铤而走险，背信弃义？"

田虑道："重贿恐怕只是其一，依我看，西域人不堪教化、不懂恩义才是根本原因。司马大人对忠恩重如山，先是扶立他为疏勒王，后是为他重夺疏勒城，若是没有司马大人，盘橐城至今还在兜题手中。"

饶锦文叹道："奈何我等家眷尚在城中，不知生死如何。"说到此处，众人皆叹气。

班超道："为今之计，该当如何？"

赵森道："哪有何话说？明日到城门挑战，看谁敢应战。"

田虑道："不可，敌军势大，我们应该避其锋芒，到于阗请求援手。"

饶锦文道："于阗自顾不暇，如何对我们施以援手，况我等家眷俱在城中，岂能一走了之？"

班超道："诸位的意思我已明了，诸位家眷俱在城中，于阗也搬不出救兵。依我之见，反王忠逆天之举不得人心，我等只需在城外摇旗呐喊，城内就会军心动摇，倒戈大半。只是那反王，破城之后，我定不饶他！"

第六十二章

收复盘橐班超得民心　逃匿乌即疏勒王被擒

次日辰时三刻，班超军前训话："疏勒的勇士们，你们的王反叛了，背叛了我，背叛了大汉，也背叛了你们。他走向地狱的深渊，却要拉着你们的家人，拉着疏勒国的百姓，你们是要跟他，还是要跟我？"

疏勒军齐声呐喊："追随汉使大人！追随汉使大人！"

一名士兵道："大王一定是中了蛊惑。汉使大人对疏勒恩重如山，大王万不该反叛汉使！"

班超道："你们都是这么想的吗？"众疏勒军齐声喊"是"。班超道："请你们随我夺回盘橐城。"

班超带着千人的铁骑再次来到盘橐城下。

班超在城下大喊："叫忠到城门上见我。"

稍后，忠来到城头，忠道："班超，我在呢，你有何话说，尽管道来。"

班超问："你为何反我？"

忠哈哈大笑，道："你勾结于阗，图谋疏勒，我不斩杀你，已是对你恩德。班超，你走吧，离开疏勒，我不杀你！"

班超道："于阗曾助你夺回疏勒，又怎么会图谋疏勒？分明是你忘恩负义。疏勒的勇士们，我是汉使班超。疏勒王忠在城外故布疑兵，诱我出城。现在疏勒王已经背叛了大家，大家不要相信他。"

城墙上的守卫已经被忠替换，任班超如何劝说，终无人动摇，忠在城头上，哈哈大笑："班超，你以为几句话就能煽动疏勒勇士倒戈吗？"

忠说完话，城内响起了嘈杂声，稍后城头上一片骚乱，片刻后，城门大开，只见薛五带领疏勒军攻出城外，与班超会师。

薛五见了班超，大喜："大人没事吧？"班超说没事，问："城中情形如何？"薛五道："全都倒戈了！"班超大喜过望，道："如何倒戈的？"薛五道："全因公主劝说。你离开盘橐城那日，我被军士灌醉后，被绑了起来，丞相一家被围，也进出不得。凡汉军家眷，被聚拢到丞相府，一同看管。我们听说大人昨日兵临城下，料想今日还会来，就合力杀了看守。出来后，我带着公主，来到城门大营，公主道破疏勒王的阴谋，我的部众就全部倒戈了。"

班超喜道："看来疏勒王真的不得人心！"班超率军攻入城中，城内疏勒军望风归降，班超几乎兵不血刃，就夺回了疏勒城。班超命人统计伤亡，王宫卫士死伤三十余人，余众随疏勒王从侧门逃走。班超命薛五追击，薛五亲领城门铁骑一千，出城追杀。

班超入城，欲寻公主笛玉，却见星六站在城门口，指挥若定："你们几个将尸首抬到城外，将另外几个将俘虏押到汉使府外，准备审讯，其余的打扫街道。"班超十分欣慰，对饶锦文点头。饶锦文颇为尴尬，喊了一声"星六"。星六看到饶锦文，连续跨了三个大步，跳到饶锦文的马背上，从身后抱住饶锦文，道："相公，你回来啦！"饶锦文脸面通红，说："你快下去，那么多人呢！"星六紧紧抱住饶锦文，道："就不，我还担心见不着你了呢！"班超等人见了哈哈大笑。

饶锦文说："快带汉使去见公主！"星六恍然大悟，从马背上跳下，牵着班超的马，道："我为汉使大人引路。"班超笑着说"好"。星六牵着马，一边疾跑，一边大喊："汉使大人回来咯，行人避让！"众人又哈哈大笑。

星六牵着班超的马一路来到汉使府，当时笛玉坐在汉使府门口的椅子上，怀里抱着班勇。笛玉身前的台阶上坐着十几个手拿盾牌的护卫，护卫们已经疲倦，见班超过来，连忙站了起来。"见过汉使大人！"班超对众人点头，他快步下马，走向笛玉。笛玉见班超来到，站了起来。班超抱住笛玉，道："让公主受惊了。"笛玉道："你没事最好！"班超接过笛玉手中的孩子，那孩子只几个月大，看到班超，口中"咯咯"发笑，班超和笛玉见了，心中安定许多。

赵森问："敢问公主，西施现在何处？"

笛玉答："丞相府打斗剧烈，我已将诸位内人接到汉使府安置，西施现在院中。"

说话时，汉军的家眷全都从院中出来，众人从一场大难中解脱出来，喜不自胜。

赵森挽住西施的手，西施亦笑而不言。赵森妻子乃疏勒人，因钟情于赵森，在校场扯住赵森铠甲，对其示爱。其妻不通汉话，自嫁与赵森后，与星六等人苦学汉语。西施乃牧民之女，无名无姓，赵森就为其取了汉名，叫西施，此名乃春秋美女之名，震古烁今，被赵森借用。旁人皆笑赵森。赵森认为，只有此名可配爱妻。赵森称西施与星六为妯娌，时常劝诫西施，要与星六和睦相处，每日乐此不疲。

见家眷没事，班超命田虑张贴安民公告，审问王宫侍卫。众侍卫对忠反叛之事皆不明原委，班超又讯问忠新纳的美人，美人回答，自己是莎车人，是列查将她们从莎车带过来，孝敬疏勒王的。班超搜查王宫，见忠的寝宫摆放着诸多玉石，大的高约三尺，手感光滑，隐隐有光亮。玉石一旁有八个大箱子，箱子都上了锁，赵森用刀劈开锁环，见箱内装满了金块。

赵森道："莎车果然对疏勒王施了重贿。"

班超道："张榜，将莎车国对疏勒王行贿之事告之国民，将玉石和金块纳入疏勒国库，以备需要。另外，将这几名女子放了，遣散回国！"

几名女子听了，马上跪在地上："大人，请不要将我们遣送回去。我们本就不是莎车人，而是被莎车从草原抢来的牧民之女。如果我们回到莎车，莎车王定将我们杀了。"

班超道："既然如此，你们就暂且住在王宫之中，做些打扫杂活！"几名女子连忙跪谢。

班超从王宫出来，重新安排守卫，命赵森统领。之后，班超去了丞相府。时高冒儿子成大守在门口，警惕戒备，见班超到，连忙施礼。班超点头，问高冒何在。成大说："家父病重，正在休养，容我通报！"班超说不必了，将要进门，高冒听到了班超的声音，带着病躯出门迎接来了，班超见他数日之间苍老许多，面目甚为憔悴。

"老丞相，您何故如此？"

高冒满脸是泪："汉使，老臣有失察之罪。老臣不知反王的阴谋，没能制止他，险些酿成大祸。请汉使夺去老臣的权职，许老臣告老！"

班超道："老丞相功勋卓著，岂能告老？再者老丞相是臣，疏勒王是主，岂有以臣悖主之理？"

高冒道："话虽如此，但老臣年迈，已经不堪重任，请汉使另选贤能。"

班超道："另选大可不必，早就听闻，贵公子成大干练，今日一见，果然不凡，班超斗胆请公子成大任府丞，代理丞相事。"

高冒感激涕零："犬子年幼，又无才学，岂能担此重任？"

班超道："丞相谦虚了，如蒙不弃，请成大即刻署理府丞事务。"

高冒携成大叩拜班超谢恩。

薛五五日后回到盘橐城，向班超禀告，疏勒王忠出城之后逃往了乌即城，现盘踞城中，闭门不出。

班超得报，命薛五在盘橐城休养，守好城门，自己亲率三千铁骑，赶往乌即城。

临行前，笛玉拉住班超的马缰，道："汉使可否答应我一件事？"

班超许久没有听到笛玉唤他为汉使，知她所说的极为重要，问："何事？"笛玉道："忠罪大恶极，但他是我堂兄，又是疏勒王，若擒回忠，请念在先王遗脉的分上，不要取了他性命！"班超沉吟，道："我知晓了，你照顾好勇儿！"说罢，打马而去。

乌即城乃疏勒一小城，墙高两丈，长宽各一里，内有驻军千人。乌即城是一座不起眼的边城，平时没人将这座小城放在心上，抵达乌即城后，班超准备一日攻破，擒回疏勒王。他命疏勒将士表明来意，又命守城将士立刻打开城门，献出反王忠，但守城将士毫不买账，反而射箭警告。班超大怒，命人擂鼓挑衅，城头燃起烽火警戒，但不见开城。

班超知道乌即城兵少城小，断不会开城出战，遂命人准备云梯，开始攻城。骑兵放弃战马，举着盾牌，扛着云梯搭在城上，因城墙不高，云梯将将放好，后面的骑兵踩着梯子就上了城墙。守卫大为吃惊，疏勒军一阵砍杀，眼见破城，忽地城内涌来了大股军队，竟有数千人之多。攻城的将士将情况报告班超，班超知情况有变，命撤军。

班超部众撤离后，忠登上城头，哈哈大笑，道："想不到班超也有撤军的时候！"班超望着忠得意的表情，道："逃之夭夭者有何颜面言勇？"

忠忽然大怒："班超，你欺人太甚，竟然追到乌即城来了。"

班超道："背叛大汉者，当诛！你若随我回去，或可饶你一命！"

忠道："有本事，你攻城好了！"

田虑问："大人，是否攻城？"

班超道："城内守军不明，不可做无谓的牺牲，撤军三十里。"望着疏勒军远去，忠笑得十分得意。

扎营毕，班超召田虑、饶锦文、曾伯议事，班超问："天降雄师，诸位有何妙计？"众人相视，饶锦文道："恐有外国相助。"班超问："何国相助？"饶锦文道："城内军队不下五千，能出兵五千相助者，国中必有胜兵万人，当为大国也。乌即城乃边城，莎车据此较远，龟兹与忠有隙，二国皆不会出兵，锦文实难猜测。"

班超道："锦文说得很好，但目光应该远一些。西域的大国不止莎车、龟兹。"众人疑惑，相互交头，班超继续道，"我本以为忠逃离盘橐城，会逃往疏勒城，因为那座城里有忠最信任的将领潘辰。但是我万万没有想到他会来乌即城。自乌即城往西，出葱岭，是一片广袤的草原，那里有大宛、康居、大月氏，还有乌孙。"

饶锦文叫道："没错，一定是康居，康居和忠有姻亲关系。公主说过，公主的母亲是康居人。"田虑道："照此说来，忠应该早就想好了退路，否则康居的军队不可能来得这么快。"班超道："或许康居军队就是受忠相邀，来助忠对付我们汉军的，只是忠没有坚守几日，就狼狈逃窜，又恰巧在乌即城等来了康居的军队。"众人点头，说这可难办了。

班超起身，发布军令，命饶锦文潜伏乌即城外，注意城内动向，伺机混进城内，饶锦文领命。班超写了一封手书，装入匣内，用蜡密封，交与曾伯，命曾伯将密匣亲自交与笛玉。曾伯领命，众人分头行事。

饶锦文命人在城外的杨树下挖了一个坑，日夜观察城内动向，一连观察了七八日，不见城内有人进出。蹲守的将士有些不耐烦了，到了第十日，看到城内有五骑出城，往西而去，蹲守的将士军心大振，报与饶锦文。饶锦文带十余随从快马追赶。随饶锦文追赶的多是疏勒人，他们箭法精准，追赶中射死四人，剩下一人惊惶落马。众人将要射杀，饶锦文急忙拦住，命众人将其绑了，带回大帐。

"大人，看我给你带了什么回来？"饶锦文疾步如风地闯进班超军帐，见府丞成大也在帐中，就收住了口，与成大打了一个招呼，道："府丞何时来的？"成大答："刚到不久。"

班超哈哈大笑："还是成婚好，自成婚后，锦文性情变了，开朗了许多，整个人像是回到了十年前。所以说，女人是药，得不到的是毒药，得到的是解药。"饶锦文涨红了脸："仲升，你休要取笑我！"

"现在西域能叫汉使名字的人没有几个，饶大人与汉使关系非同一般啊！"成大道。

"我与锦文同在北军越骑营效力多年，同生共死，亲如兄弟。"班超道。

"原来如此，成大向饶大人见礼了！"成大仿效汉人，向饶锦文作揖施礼。饶锦文连忙回礼，道："可不敢，您现在是府丞大人了。"成大道："这都是汉使提携。"

班超笑道："你们就不必互相吹捧了。锦文，你且说情况。"饶锦文将军情详细报知班超，班超问："那送信之人现在何处？"锦文答："正在帐外。"班超又问："被射杀的尸体现在何处？"饶锦文道："乌即城西二十里处的草地上。"班超道："尸体我可以不要，但是衣服要取回来。"饶锦文惊道："要衣服何用？"班超道："你只管去取。"饶锦文道："天色已晚，兄弟们十分疲倦，可否明日再去？"班超道："这衣服我留有大用，去得晚了，就被别人发现了。"

饶锦文十分不情愿，摇头道："不知道又要使什么计。"转身出去了。

班超命人将俘虏押了上来，俘虏说的是康居话，班超听不懂，班超说的是汉话，那俘虏也听不懂。恰巧成大会说康居话，给班超做了翻译。班超问俘虏受何人派遣，又去往何处。俘虏胆小，照实告知班超，说自己受康居附墨王指派，到康居送信，请康居王增调粮草。

班超解取俘虏身上的绳子，道："这位勇士，我是大汉的使节，附墨王没有了粮食，我大汉愿意提供，此外，我还给附墨王备下了厚礼，不知道这位勇士能否代劳，将这些粮草和礼物送给附墨王。"

那俘虏十分吃惊，道："大人不是在围城吗？为何还要给我康居人送粮食和礼物？"班超哈哈大笑："当然是想和康居交朋友了，我大汉朝广交天下朋友。"俘虏如释重负，道："早知道是要给粮食，我们就不跑了，白死了几个兄弟。"

众人皆笑，班超问："此去康居有几日路程？"俘虏道："快马往返二十日。"班超道："你且在我营中休息，二十日之后，我派人随你将粮食送进城中。"俘虏大喜，随军士出了军帐，想自己为康居立了一功。

二十日后，成大等人穿着俘虏的衣服，随康居人进城。城上之人以为是派出去的传信兵回城，将成大等人放入城内。那康居人先入附墨王军帐通报，稍后，附墨王将成大迎入军帐。成大命人将三箱金块抬入军帐，附墨王抚摸着箱中的金子，道："忠告诉我，他有三箱黄金送我，想不到汉使也送我三箱。"

成大道："忠已经没有三箱黄金了。汉使说了，康居与大汉世代交好，反王忠背弃大汉，置疏勒万民于不顾，欲陷疏勒于水火，康居不应对其保护。"

附墨王道："可是疏勒与康居是姻亲之国，大王命我驰援，我不得不相救！"

成大道："汉使说，将忠交还汉使，疏勒和康居还是姻亲之国。公主母亲是康居的公主，康居王不能只顾此姻亲，不顾彼姻亲。"附墨王沉吟不决，成大道："为防忠疑心，成大入城时，只带了三箱金子。汉使说，事成之后，另有三箱金子相赠，附墨王回城的粮草也由疏勒一力承担。"

乌即城小，临来时匆忙，粮草携带不足，附墨王正发愁，现班超拦截信使二十日，再派信使送粮已然不及，如今班超送金又送粮，正中附墨王下怀。他捏紧拳头，重捶几案，召来属下将领，对属下道："疏勒王忠来信，说汉使杀他，欲夺其王位，经本王调查，纯属子虚乌有。我康居忠心拥护大汉，如今忠背弃汉使，为扬天地之正气，诸将随我擒拿疏勒王。"众将领虽然不明情由，但还是附和附墨王。

附墨王带着部众，闯入忠的军帐。适逢忠在饮酒，怀中抱着舞女，已然酩酊大醉。附墨王拔出长剑，指着忠，道："众将随我擒了这反王。"众将士一拥而上，将忠绑缚，忠腹中作呕，却不知道发生了何事。

第六十三章

班超设计二擒疏勒王　奇兵突现徐干破潘辰

事成之后，成大派人出城报信，班超大喜，集合军队，到乌即城下静候。俄顷，城门大开，附墨王将忠五花大绑交与班超，班超兑现诺言，赠予三箱金块和粮草若干，以示慰劳，附墨王喜不自胜。

班超留田虑管理乌即城，将忠带回盘橐城。返程时，班超将忠关在一架囚笼中，这架囚笼是为忠特制，忠沿途一言不发。回到城中，军民纷纷往囚笼中投掷石子，骂其忘恩负义。忠面无表情，好像已经准备好了这一刻。

班超将忠关在王宫的侧殿，班超多次审讯，忠始终缄口不言，班超无奈，只能命人严加看守。过了半个月，笛玉瞒着班超，到侧宫看望忠。忠看到笛玉，失声痛哭。笛玉问忠为何反叛，忠道："班超自入疏勒，把控军政大权，疏勒王形同虚设。班超把守疏勒城期间，我以微弱兵力据守盘橐城，盘橐城未曾被攻破，自认能力不在班超之下。但班超目中无人，事事不与我商量，国中将相皆由班超任命，你与班超大婚时，诸国使节来疏勒道贺，班超私会诸国使节，竟不知会我。现在疏勒国中只知汉使，不知疏勒王。若班超灭了莎车，气焰更盛，我怎么能以疏勒人的性命成班超一人的功名？"

笛玉沉吟良久，道："你错了，仲升出疏勒兵不是为成他一人功名。他也并未目中无人。那日大会诸国使节，因你醉酒，才没有到场，并非仲升没有叫你。"

"那回城呢？他将我放入囚车，招摇过市，我何曾受此大辱？"

"还不是你咎由自取，你背叛班超，等于背叛大汉。"

"我可以不做疏勒王，但我不能受此大辱！"忠怒道。

笛玉离开侧宫，见班超站在宫外，笛玉没有说话，班超也没有说话。班超背着手，回到了汉使府。

班超平定疏勒王叛乱的消息传到莎车，莎车王齐黎自知计谋败露，遂撤军。

班超囚禁忠半年，忠日渐恭顺。为收揽民心，彰显大汉宽容之政，班超将忠放逐乌即城。忠一路顺从，将到乌即城时，忠趁看守不备，于夜色中逃走。押解之人回盘橐城报告班超，班超大怒，将押解的军卒杖三十。

班超命人四处搜寻，不见忠，半月后，蓝云遣人送信，报忠逃至疏勒城。班超大惊，疏勒城的守卫是潘辰，而潘辰追随忠多年，若是潘辰支持忠夺回盘橐城，势必又将有一番动荡。笛玉见班超读完信件，坐立不安，问发生了何事，班超将蓝云的信交与笛玉，道："可能要有祸事了，我不该将忠放出盘橐城。"笛玉道："是否多虑了，潘辰是蓝云的丈夫，又是你亲自委任，应该不会反叛吧！"班超道："但愿不会吧！"

翌日，班超写了一份委任书，命潘辰为疏勒大都尉，掌管疏勒军政，令其回盘橐城就任。薛五执委任书到疏勒城，潘辰拒开城门，薛五展开羊皮，在城下宣读委任书，潘辰道："汉使命我守城，不信任何手谕，除非汉使亲自到疏勒城，否则免进。"薛五大怒，道："潘辰，莫非你连我也不认得了。"潘辰拱手道："校尉大人，恕潘辰无礼了。汉使命我守好疏勒城，潘辰不敢懈怠。"薛五无比气愤。之后折返，并将疏勒城遭遇报知班超，班超大怒，但亦不敢有所动。

月余，忠上书，道："乌即城乃边远小城，忠自知汉使不喜忠，但忠亦不肯就任荒僻小城。疏勒，先王之城也，臣请汉使准忠苟且于故都，残喘于旧地，瞻仰先王，荒度余生，忠将不胜感激！"疏勒文武见此书，纷纷落泪，跪求班超准其所请。班超亦无可奈何，回书一封，准其在疏勒城生活。

忠在疏勒一年，派信使给班超送书一封，说近来他与龟兹王往来密切，将自己反叛之后，汉使不计前嫌，许其在疏勒居住的事告知龟兹王，并称赞班超乃仁德之君。龟兹王听罢，十分感动，起了归附汉使之心，若汉使诚心收纳，则回书一封，约定见面时间和地点。

班超将书简示之于赵森、薛五等人，众人皆劝说班超，此乃忠的调虎离山计，万不可中计。班超大笑："马上命人修书一封，告诉忠，一个月后在排山相见，万勿失约。"众人摇头不止，道此奸计也。

忠收到书简，交潘辰传阅。潘辰摇头，说："班超多疑，以他性情，不会轻信才是。"忠笑道："大都尉多虑了。每个人都有他的弱点，班超此人功名心极强，渴望建功立业，听说龟兹王投降，自然喜不自胜。你拨我一千兵马，我轻取班超。"

潘辰道："一千足否？只怕班超设了重兵。"

忠道："不碍，盘橐城内线传来消息，班超此行只带随从三十人，活捉班超有如探囊取物。"

一个月后，班超在排山以东山脚布置了一张桌案，摆下了三张椅子。忠派人打探详情，探子回报说："班超在排山摆好了桌椅，桌椅上备好了笔墨和羊皮，只等疏勒王赴约。"忠问："班超带了多少人？"探子回道："山脚没有遮挡，一眼望去，只二三十人。"

忠大喜，拊掌道："天助我也，盘橐城又将回到我手上了。"时蓝云刚刚生下儿子，潘辰日夜守候，忠得探报，未与潘辰商议，自领骑兵一千出城往排山去了。属下报知潘辰时，已是下午，潘辰集结军队，前往接应忠。

忠出了疏勒城，一路往东北方向疾驰，生怕班超等不到自己，先行撤了。他行进到距排山三十里处，遇到等候的探子。忠问前方情形如何，探子回答只有二三十骑，已原地等待三日，士兵瘫软在地上，无精打采。忠大笑，命令部队急速前进，但部队已经疾驰了一天一夜，军士建议歇息再走，忠急不可耐，选择精健的勇士百人，轻装随他赴会。

到了排山，忠远远看到班超身前的桌案，觉得甚是有趣。此处荒僻，周遭没有村镇，班超如何将桌椅运送到排山的，难道用骆驼背吗？想到此处，他笑出了声。

见班超身边没有多少侍卫，忠大胆地骑马到班超身边。他已经向随从下了指令，一旦听到动手的命令，马上杀死班超及其随从。

"汉使大人，别来无恙！"忠坐在马背上，并没有下马的意思。

班超端坐在椅子上，道："疏勒王，我在此恭候三日了，为何不见龟兹王？"

忠哈哈大笑："汉使大人出门怎么没有多带些兵马？"

班超道："疏勒王不也是轻装出行吗？"

忠又大笑，继而冷言道："班超，我身败名裂皆拜你所赐，今日我要取你性命！"说罢，拔出佩刀。就在他准备下令进攻的时候，一支冷箭射穿忠的眉心，忠中箭落地。射箭之人乃饶锦文，忠的随从见忠已死，顿时大乱。这时，排山后突然冲出大股伏兵，斩杀三五十人，其余溃逃。

班超命薛五砍掉忠的脑袋，陆晓聪还报，道："设伏的军队已经与疏勒城的军队接敌，现两军正在对峙。"班超拍案，道了一声"好"，随即命令军队前往支援。

伏击地点位于排山以东二十里，设伏的将领是赵森。班超以自己为饵，诱使忠出城，本想在排山以东二十里设伏，将其聚歼。但是忠轻装赴会，赵森放过忠，继续伏击。见疏勒城军至，赵森将疏勒城军围定，对其围而不剿，疏勒城军亦不敢妄动。

俄顷，班超携薛五率军赶到。薛五将忠的人头示与众人，道反王忠意图谋害汉使大人，幸被汉使识破，将其斩杀。疏勒城的将士见到忠的头，大骇。班超道："忠叛乱，只杀忠一人，余者不追究。"这时，潘辰赶到，潘辰见到班超，连忙下马跪在地上："汉使大人，疏勒王未经我允许，擅自调动部队，致使汉使大人受惊，潘辰有失察之罪，请大人责罚。"

班超骑马走到潘辰身前，厉声责问："潘辰，我问你，我派薛五到疏勒城传达命令，命你回盘橐城，你为何不服从？"

潘辰战战兢兢，道："潘辰出城前，汉使有言，只听汉使一人调度。潘辰肩负重任，不敢将疏勒城假手他人，恐辜负汉使厚恩。"

班超道："我现在就在你眼前，我现在命你随我回盘橐城，你可愿意？"

潘辰犹豫不决，良久才道："汉使命我回城，我无话说，只是疏勒城空虚，何人驻守？"

班超道："有军才有城。明日你将军队交给薛五，随我回盘橐城好了。"

潘辰满面是汗，半晌才道："是！"

是夜，疏勒两城军队驻扎在排山，两军宿地相距五百步。

子时初刻，潘辰召疏勒城将领到帐中议事。

潘辰道："大王被班超以反叛之名杀死，今班超怀疑我与大王串通，将我调回盘橐城，严加看管，从此以后，疏勒城的都尉就是汉人薛五了。"

众将乃潘辰一手提拔，潘辰离去，诸将愤怒不满。有人道："都尉到了盘橐城，难免成了板上肉，我等也将受制于汉人。"又有人道："不如反了，将班超趁夜杀死，拥立都尉为疏勒王。"诸将齐声说"是"，潘辰道："既然大家齐心，今夜就要动手，否则明日形势就变了。"诸将说"好"，潘辰吩咐道："让勇士们不要卸甲，等班超大营熄灯，我们就发起攻击。另外，跟勇士们说，我们是为大王报仇。"诸将离去，各做安排。

丑时初刻，班超军营灯火熄灭多时，潘辰突然发动袭击，班超军营大乱。潘辰兵多，班超兵少，战斗开始许久，睡梦中的士卒才想起来找兵器，但为时已晚，一个时辰后，班超部死伤近半。

"上山，骑兵不善登山，带上弓箭。"班超大喊。

盘橐城的士兵久经沙场，反应快，众人拿着箭囊往山上跑，那山险峻陡峭，又没有路，潘辰的骑兵果然登不上山。

班超边跑边喘气："又反了一个！"

赵森道："我早就觉得潘辰靠不住，亏大人还将蓝云嫁给他！"

班超气喘吁吁，道："当初是潘辰要娶蓝云，我如果不同意，难道你娶她？"

潘辰见班超爬到山上，弃马徒步上山追赶。薛五命令将士放箭，山下哀号一片，潘辰担心班超逃脱，命令士兵继续登山，士兵无奈，举盾牌登山。班超大笑，道："潘辰蠢夫，竟然让骑兵举盾牌登山追赶，大伙只要抱起石块砸下去，即可将山下的追兵击退。"众将士听了，觉得是个妙计，纷纷从山坡上寻找石块。排山上的碎石多，众将士捡起往山下抛去，山下惨叫声连连。

潘辰极为懊恼，他沿着山坡转了一圈，发现此山是座孤山，大喜，命部众将此孤山围成一圈，见到下山者，格杀勿论。

登山的班超部本打算沿着山脉，躲避潘辰，走出包围圈，哪知道到了山顶才知道这是一座孤山，顿生绝望，纷纷大骂潘辰无义，背叛汉使。

班超被潘辰围了两天，不见盘橐城派兵相救，众人在山上饥肠辘辘，日渐困乏。潘辰在山下生火烤肉，命人将班超在排山脚摆放的桌子搬来，他坐在椅子上，腿翘在桌子上，大口吃肉，大口喝酒，看得山上的人不停吞咽口水。

"汉使，我饿了。"一名士兵道。

"我也饿了！"班超道。

潘辰命一名士兵在山下喊话："山上的兄弟们，我们都是疏勒一族，都尉大人向你们保证，你们只管下山，我们不会伤害你们。"山上的人听了，不由得心动。

班超对众人道："谁要是饿得受不了，就下山吃肉去吧！"

几名疏勒人忍受不了饥饿，举着手下山去了。潘辰见了，哈哈大笑，道："班超，你大限已到，你的身边马上就没人了，我猜想你现在最后悔的事就是来西域吧，哈哈！"下山的人越来越多，山上只剩下二十余汉军和百余疏勒军。

"汉使大人，为何还是没有援军，难道我们都要饿死在这山上吗？"一名疏勒人问。

"悉听天意！"班超道，"我相信老天是眷顾我们的。"

正当此时，远处卷起了狼烟，方向是正东。

"快看，有人来了！"赵森喊道。山上的人打起了精神，山下的潘辰也站了起来，命令军队集合。"是汉军，我看到汉军的大旗了！"饶锦文喊。

"天佑大汉，传我军令，将汉旗摇起来！"班超道，"洛阳来人了！"

"会不会是大人违背军令，皇帝派人抓你回去。"赵森道。

"就算是抓我回去，也要先灭了山下的叛军！"班超道，"山下的壮士，大汉朝派军来啦，你们快上山！"

刚刚下山的疏勒兵见远处来了救兵，旗帜上写着"汉"字，纷纷上山。"汉使，我们决不投降！"见降兵又复上山，潘辰大怒，用箭射杀，班超命令放箭掩护，潘辰部背后射杀不成，只好列阵，等待远处的汉军。

汉军疾驰而来。西域少数民族发起攻击前，喜欢将骑兵一字排开，以显人多，震慑敌人。汉军则不然，汉军本来人就多，一字排不开，故而时常列阵。汉军共有四列，因是疾驰，每排相距较远，远远望去，尘烟数里，不可胜计。及至近处，部队收拢，山上的人才看清，汉军才千人。

潘辰哈哈大笑，道："我以为汉军来了数万，聚拢之后，发现才千人。"山下的疏勒人哈哈大笑。潘辰统领的疏勒城共有骑兵五千人，山下几乎是他的倾城之兵，相较之下，汉军才千人，敌众我寡。见此情形，山上有疏勒人偷偷下山，被薛五一箭射死，并下严令："怯战者死！"山上的疏勒人害怕，不敢再动。

这时汉军将领一人单骑走出，对山上大喊："山上的汉军兄弟，我乃徐幹，奉大汉皇帝之命，前来相助汉使，途经此处。敢问汉使班超何在？"

山上的汉军听了，大喜，原来大汉皇帝不是来抓班超，而是派军队相助来了。班超站起来，对着山下拱手说："徐兄，班超不才，这厢有礼了！"

徐幹还礼，道："大人，山下军队是何人？又为何在此？"

班超道："山下的乃是疏勒城的叛军，为首的是潘辰。"

徐幹道："徐幹初入西域，就遇此大事，天叫徐幹建功。班大人，徐某剿灭叛军的时候，还请大人在一旁相助。"

潘辰哈哈大笑："以你区区千人，也想胜我，真是不自量力。勇士们，冲啊！"山下的疏勒军冲向徐幹，只见徐幹不慌不忙地挥了挥手，汉军马上排成三队。他们用的不是弓箭，而是弩。一名号令兵在左侧指挥，第一排的人听到"放"的口令，当即射出弩，然后低头装填，第二排在第一排放弩的时候，做准备。第一排装填弩的时候，第二排放弩，第三排准备。听到三声"放"，一轮击发就算结束了，然后是第二轮，以此类推。

弩虽然装填较慢，但是射程远，杀伤力大，精准度高。疏勒人从没有见过弩机，见弩机杀伤力大，顿时惊慌。疏勒前军尚没有将汉军纳入自己的射程，就被汉军射死，许多人从马背上掉落。汉军两轮打击之后，疏勒人就不再前进，面露惊恐，互相询问汉军手中拿的是何物。

汉军手中的弩机穿透力强，射程远。箭的有效射程只有六十步，而东汉的弩机杀伤力却有一百步。潘辰的属下举着盾牌，准备第二次冲击，汉军却射中了疏勒军的坐骑，战马中箭跌倒，疏勒军纷纷倒地。

汉军见疏勒人徘徊不前，击鼓呐喊，疏勒人惊慌不已，好像眼前的不是一千汉军，而是十万大军。徐幹命军队缓缓前进，部队整齐往前走，疏勒军不能掉头，马蹄却缓缓后退。

班超大喊一声："勇士们，随我冲啊！"山上的汉军拔刀应和："冲啊！"班超、薛五、饶锦文冲在前面，其余汉军随后，山上的疏勒军见胜利在望，纷纷下山。潘辰部的疏勒军顿时大乱，徐幹命令汉军追击，汉军遂打开阵形，自行用弩射击，寻找射击目标，千弩齐发，潘辰部的疏勒军人仰马翻，相互踩踏，死伤惨重。

"投降者免死！"班超喊道。

双方战到一处，但潘辰部的疏勒兵军心涣散，再无战斗力。潘辰率残兵往北逃亡，被困疏勒兵纷纷弃械投降，班超命薛五收缴俘虏兵器，将其聚拢在一处，严加看管。又命赵森清点伤亡，打扫战场。

第六十四章

受封长史班超命新王　成大为王汉将受重用

徐幹为疏勒人分发干粮与水，班超上前施礼，道："徐兄不辞劳苦，及时赶到，挽救班超于生死之间，班超感激无比！"

徐幹连忙还礼，道："不敢，陛下有圣旨，徐某先传圣旨！"

班超召汉军听旨，疏勒军听到有圣旨，全都跪地，徐幹念道："建初五年二月二十一日，大汉皇帝诏曰：班超忠心大汉，不畏苦寒荒僻，成绩卓然，封将兵长史，假鼓吹幢麾。为壮志节，特派徐幹为假司马，领精兵千人，助超成功名大业！"班超含泪跪谢大汉皇帝。徐幹将圣旨交与班超，道："从此以后，大人就是将兵长史了，出入有仪仗和鼓手。"

赵森问："有仪仗和鼓手是好，只是这将兵长史是什么官职？"

徐幹道："相当于一个专管军队的副太守。"

赵森哈哈大笑："我们大人可比副太守神气！"

班超怒视赵森："休得胡说！"

徐幹笑而不言，班超道："大人可否借一步说话？"徐幹做了一个请的动作，班超先走一步，徐幹跟在后面，二人走到一处沙地。班超在沙地上坐了下来，他望着斜阳余晖，道："徐兄，你看这大漠的夕阳何其壮丽！"徐幹道："是啊，我大汉的文武只知道西域荒僻寒苦，却不知西域的壮丽山色。"班超道："班某有句话想问徐兄。"徐幹道："大人请讲。"班超看着徐幹道："众人皆知西域荒蛮，民不开化，徐兄为何还要甘冒寒苦来西域？"

徐幹哈哈大笑，道："徐幹小大人两岁，准徐某叫大人一声班兄。"班超笑道："徐兄过谦了。"徐幹道："徐某早就听闻班兄有大志，幹不才，一直想追随大人，苦于没有机会。此次大人一道奏折，感动满朝文武，尤其那句'以夷狄攻夷狄，兵可不费中国'，打动了陛下。班兄知道满朝文武不肯出兵西域，建武皇帝爱惜民力，曾有言，不以华夏物力事蛮夷，我皇继位，曾命大人回洛阳，大人坚持留守西域，并说平定西域，可不费大汉之兵，皇帝如何不触动？"

班超叹道："我皇圣明！"

徐幹道："我皇志如先皇，陛下以为大人有壮志，胸中有谋略，西域大业必成，决定派人助你。徐幹主动请缨，毛遂自荐，陛下在未央宫接见了我，授我假司马之职。陛下又将洛阳囚徒五百派往西域，选精壮义士五百，共千人交与我，命我将其带到西域，供大人听用。"

班超内心欢喜无比，道："原来如此，班超还担心陛下不准。"

徐幹道："此次大人授封将兵长史，依我之见，这个官职不过是暂时的，大人将来还要做西域都护，封侯。西域尚未一统，若是现在做了西域都护，大人再建功，恐无职可封。"

班超道："此节我已经想到，徐兄不必宽慰。刚才你说汉军中一半是义军，一半是刑徒？"徐幹道："正是，这些刑徒勇猛，打仗凶狠，但也难以约束。"班超点头："有过之人立功赎罪，好。将他们交给薛五，有胆敢违反军纪者，斩无赦。"

徐幹道："我已经吩咐下去，凡斩杀三人，可抵徒刑一年，这些刑徒每人至少背着三年徒刑期，都盼着解除徒刑身份的那一天。"

班超赞叹徐幹聪慧，忽想起一事，问："徐兄这次带了不少弩器。"徐幹哈哈大笑："这是最新打造的弩机，轻便，便于携带，射程远。弩机对弓匠的技艺要求高，西域的木材稀少，无法制作弩器，我特意给每人配了一把，交战起来，优势立现。"班超道："这次多亏了徐兄的弩机！还盼徐兄以后多多相助！"徐幹拱手，道："听凭大人吩咐。不过弩机装填慢，使用起来有局限，若是潘辰有了准备，恐再不能以少胜多。"

天近黄昏，班超不肯再夜宿排山，命令军队开拔回城。

大军于二更初刻入城，守城的将士见到班超，欢呼大汉回城了，笛玉、高瓜儿及星六、西施皆在城头等候，见班超率军回城，皆到城门迎接。

班超对饶锦文、赵森等人说："成家了就是不同，你不在的时候，有人等你！"

笛玉道：“这么多日不回来，可真是让人急死了。派人出去寻你，也寻不到。”

班超道：“打仗是军事机密，岂能人人皆知。夫人，我向你介绍一下，这位是大汉皇帝派来的新司马徐幹。”

徐幹拜见笛玉，道：“徐幹拜见嫂夫人。”

笛玉愣道：“你不是军司马吗，怎么又来了一个新司马？莫非皇帝又要你回洛阳？”

徐幹笑道：“嫂夫人，大人被皇上封为将兵长史，派我来是助大人的。”

笛玉恍然，换了一副笑脸，道：“原来如此，徐大人请进城。”

汉军缓缓进城，疏勒人见皇帝派来军队，都来观看。

“太好啦，大汉派兵来了，我们疏勒再也不担心受到欺负啦！”疏勒军民议论道。

饶锦文将星六抱到马背上，自己为星六牵马，赵森效仿饶锦文，将西施也放到了马背上，为西施牵马，西施和星六喜极而泣，在马背上挽手。高瓜儿拉住薛五，道：“你看星六和西施多幸福！”薛五道：“嗯，我也希望像星六一样幸福，你能不能将我抱上马背？”高瓜儿踢了薛五一脚，说：“不能。”就气呼呼地走了，班超看见高瓜儿走了，问薛五：“瓜儿怎么了？”薛五道：“我就是和她开了个玩笑！她生气了。”说罢，连忙追了上去。

班超将笛玉拉到一旁，道：“忠反叛，我已经将忠杀了。”笛玉沉吟良久，叹道：“该他有此命，饶他一次，又怎可一而再，再而三？”班超道：“还有一事，你恐还不知。”笛玉问：“何事？”班超道：“潘辰反叛了。”笛玉大惊，问：“怎么回事？”班超道：“我斩杀忠后，潘辰赶到。我命潘辰随我回盘橐城，潘辰嘴上顺从，心里却不肯，当夜，潘辰趁我军熟睡之际突然发难，将我围困在一座孤山之上。幸好徐幹赶到，将我等救下，否则今日就见不到你了。”笛玉道：“实在太可恨了！那疏勒城怎么办？蓝云又该怎么办？”

班超道：“我说的就是这事，现在须选一名疏勒将领，到疏勒城镇守，更换卫成兵卒，再有就是，要将蓝云接过来，我担心她多想。”

“苦命的女人！”笛玉叹了一口气，“我去吧，别人恐不放心，把赵森给我。”

“赵森要统领王宫，护卫汉使府！”

“那就将薛五给我！”

“薛五可以，稍后我任命他为疏勒副都尉。”

“为何不授正职？”

"疏勒城的都尉一定要是疏勒人，否则我就成了疏勒人心中的兜题。"

"好吧，我这就去安排。"

"将盘橐城守城的士兵带过去吧，薛五指挥得动。"班超又问，"忠已死，疏勒王由何人担任？"

笛玉道："此事我没有议定，你斟酌吧！"

笛玉连夜带着薛五及两千疏勒兵去了疏勒城，班超命赵森安排汉军住处，招待吃食。

次日，盘橐城的人才知道疏勒王忠因为叛乱被汉使杀死。疏勒的军民毫不惊诧，一者忠不是第一次反叛，二者盘橐城不少人亲眼看到了忠反叛的过程。盘橐城的人惊诧的是潘辰竟然也反叛了！潘辰是汉使提拔并受重用的疏勒人，汉使又将汉人姑娘蓝云嫁给他，他应该不会反叛才对。但是想一想受到汉使如此大恩惠的忠都反叛了，潘辰的反叛又不算什么了。

盘橐城的人听说大汉皇帝封了汉使为将兵长史。比起忠和潘辰叛乱，汉使的册封没人在意，因为疏勒人不知道将兵长史是何官职，疏勒人在意的是班超是否离开西域，至于他是何官职，无关紧要。

此后数日，班超在王宫召开了议事会，议题是：一、何人继任疏勒王。二、何人镇守疏勒城。三、何人任盘橐城城门校尉。四、如何解决疏勒因为战斗伤亡带来的人丁不足问题。

参加议事的汉人有班超、徐幹、饶锦文、赵森，疏勒国的有高冒、成大及疏勒的主要将领。第一项议题是最为紧要的，这几年，忠名为疏勒王，但无人奉其为王，疏勒大小事务皆决于班超和府丞。现在忠已死，疏勒国不可无主，立一个新王就尤其必要。

高冒道："忠是先王王兄之子，得以继承王位。忠既然死了，先王骨血只剩公主一脉，老臣建议仿效姑墨，立公主为王，公主仁爱爱人，深得人心，可为一国之主。"

班超道："不可，自古男人为君，女人为后，不可立女人为王。"

众人沉默，稍后，赵森道："依我看，何必立公主？汉使多次挽狂澜于既倒，又深得疏勒万民爱戴，可直接继任疏勒王。"

班超大怒，斥道："赵森不可胡言！"

饶锦文道："赵森并非胡言，我也认为大人可以就任疏勒王。"

高冒道："老臣也赞同赵大人之言，汉使是公主的夫婿，功勋卓著，智慧超群，富有勇略，汉使就任疏勒王再合适不过。"

班超道："老丞相怎么也信口胡说？我不让公主就任疏勒王，就是怕疏勒人说我是疏勒的国公。公主如果任女王，疏勒人势必担忧我会擅权，早晚取而代之。而我更不可担任疏勒王，我乃大汉的使节，我皇有命，命我庇护诸国，我又怎可起私心，自立为王？"

赵森道："大人一直想一统西域，如果做了疏勒王，则可以疏勒为根据，调疏勒兵马，降伏诸国。"

班超道："我以汉使之名，征发诸国之兵，兴正义之师，讨不义之军，无须就任疏勒王。"

饶锦文道："若是诸国不听你征调则如何？"

班超道："若是不听征调，则说明民心不依，我出师无名，打的是不义之仗。如果我打的是不合民心之仗，诸国可以不听。"

高冒十分感动："汉使深明大义，老臣敬佩。"

徐幹道："我看诸位就不要为难大人了，大人是不会就任疏勒王的，汉使是西域的汉使，不是疏勒的汉使。"

班超道："此事待笛玉回来再议。大家说说疏勒城何人驻守合适？"

赵森道："自然是薛五了，大人已经让薛五带着军队接管了，又何须再议？"

高冒连续咳嗽几声，赵森连忙问："老丞相，您这是怎么了？"

高冒道："赵大人如果对小婿有异议，可说出来。"赵森这才想起来薛五是高冒的女婿，连忙道："没有异议，薛五担任城门校尉多年，深得军心，担任疏勒都尉正合适。"

班超道："是副都尉。我汉人不可任都尉。"

赵森问："这又是为何？"

班超道："汉军是使节，汉军隶属汉使府，本不能到诸国任职，只因情况特殊，才委任一二人。若汉军尽为诸国官长，诸国岂能不生二心？我会将田虑从乌即城调回，另行委派。"赵森和饶锦文不敢说话。

高冒道："依我看，薛五就任副都尉，镇守疏勒城，此事妥当。潘辰反叛，疏勒军缺乏适合的将才，都尉一职可暂时空缺，待有才者出现，再相机授予。至于盘橐城城门校尉一职，可命饶锦文就任。饶锦文箭法精准，待人谦和，深得军民爱戴，可从疏勒军征调两千人，供其听用。"

班超道："老丞相忘了，饶锦文也是汉人。"

府丞成大道："守城是关乎盘橐城安全的大事，不能以是不是汉人为标准。建初元年，薛五随汉使离开盘橐城，盘橐城不到三日就被破城，可见守城者才能之重要。饶锦文虽然是汉人，但有带兵之才，请汉使命饶锦文为城门校尉。"

班超道："既然如此，饶锦文暂时代领城门校尉一职，待新王选定继位，再由新王委任。"饶锦文拜谢班超。

班超道："来西域之前，听说西域诸国人少，我原以为是地贫之故，养不活人口。在西域这七八年，我日渐明白，人少不是因为地贫，而是因为征战不断。自我来疏勒之后，疏勒人口缩减近半，诸位可有良策？"

成大道："疏勒是四战之地，南有莎车、于阗，北有龟兹、姑墨、温宿，西有康居、大宛，自古以来，诸国皆以疏勒为征伐对象，故而人丁常有损减。匈奴人生活在草原，住帐篷，单于在哪里，哪里就是龙城。而我西域诸国逐水草而居，有水才有草，有草才有羊，有羊才有人。西域南北两道，绿洲寥寥，凡长年聚水之地，都是牧民杂居之所。为防他国进攻，诸国被迫仿效大汉，建立城郭，抵御外敌。城内住王公，城外住牧民，遇到战事，共同作战。不过各国也常有人口变动，所谓强者恒强，弱者恒弱。弱族会被并入强族，强族会吃掉外族。"

班超点头，暗自赞叹成大之才华，道："令牧民散布消息，凡无田者，愿到疏勒耕种的，赐予田亩。愿到疏勒放牧的，赐予牧场。"

成大道："徐大人带来了许多汉军。近年男人征战，男丁死亡较多，可令汉军就地婚娶，生育子女。"

徐幹笑道："那可是一千人。"

成大笑道："一千人不算多，饶校尉成婚时，报名应征者就有千人之多。"

徐幹吃惊道："还有这事？真是见所未见，闻所未闻。"

成大笑道："往后有机会见。"众人皆大笑。

徐幹问："不知道长史大人后面有何打算？"

"平定莎车，打通西域丝绸之路南道。"班超道。众人不言，徐幹击掌道："大人宏图远略，让人热血澎湃，徐幹支持长史大人。"

十日之后，笛玉将蓝云接回盘橐城。蓝云抱着孩子，头上遮着头巾，低着头下车，匆匆进了汉使府。听说笛玉回城，班超大喜过望，从书房中出来："夫人回来了！"笛玉见到班超，右手食指放在唇前，做了个嘘的手势，然后指了指西厢的客房。班超轻声问："蓝云回来了？"笛玉点头，班超笑道："夫人辛苦了，快到书房奉茶，我去看望蓝云。"笛玉嗔道："看把你急的！"班超道："潘辰反叛，恐蓝云想不开！"笛玉整理班超衣领，道："我在书房等你。"

班超走到蓝云房门口，轻轻敲响房门，里面传来蓝云的声音："是大人吗？请进！"班超推门进入蓝云房间，蓝云起身叩拜，班超扶起蓝云，道："怎么这么客气？"蓝云道："大人对蓝云关怀备至，蓝云不敢造次。"

看到蓝云怀中熟睡的孩子，班超问："这是你的孩子吗？"蓝云点头，道："是，孩子刚刚满月。"班超道："来到盘橐城，就好好住下，当成自己的家一样！"蓝云低声道："盘橐城再好，终究不是自己的家。"班超长叹道："如果你喜欢疏勒城，随时可以回去。"

蓝云道："我也不喜欢疏勒，如今我只怀念黄龙岭，那时的日子多好，没有苦痛，没有忧虑。悔不该嫁给潘辰，悔不该来西域。"

班超道："想回黄龙岭的话，等孩子大一点，我派人送你回去。"

蓝云双目无神，道："多谢大人，只是黄龙岭被改成了黄龙关，黄龙岭也回不得了。"见班超愣神，蓝云道："大人忙军务去吧，不用担心我！"

班超从蓝云房中出来，回到自己的书房，见笛玉正在翻弄竹简，道："蓝云的孩子刚刚满月，你就将她接过来了？"笛玉放下书简，道："我不是奉了你的命令吗？再说我去的时候，孩子还没有满月，我一直等孩子出了月，才将蓝云接回来的。"班超道："你多安排两个仆人照料，蓝云乍受刺激，恐想不开。"笛玉道："我已安排了。"

班超点头，问："疏勒王由何人继任，你可想好了？"

笛玉道："你在盘橐城十多日，还没有和文武大臣商议？"

班超道："倒是商议了，高冒推荐你做女王。"

笛玉笑道："我怎么可以？我从没有想过做女王，去了一趟疏勒城，身心俱疲，就让我带带勇儿好了。"

班超道："眼下王室骨血只有你一人。"

笛玉嗔道："何止我一人？勇儿也是。说起血脉，诸国的王子多有疏勒的骨血，历代以来，疏勒出嫁了无数的公主，龟兹、康居、大月氏无不以娶疏勒公主为荣。"笛玉想起一事，"对了，高冒也娶了一名公主，那位公主是我父王的妹妹，生了一个儿子，名叫成大。"

班超惊道："成大是疏勒公主的儿子？"

笛玉道："正是，先公主名叫祁儿，十分貌美，因爱慕高冒才华，与高冒私订终身。后龟兹攻破疏勒城，祁公主不愿受辱，饮剑自刎，高冒从此与龟兹势不两立。"

"原来如此！"班超道，"难怪高冒如此痛恨龟兹。既然成大是先王的外甥，何不让成大就王位？成大机敏能干，是个好人选。"

笛玉恍然："这倒是一个好主意。"

班超豁然开朗，将徐幹、赵森、饶锦文召来，将立成大为王的想法告诉三人，赵森、饶锦文连忙摆手，赵森道："那成大不过是先王的外甥，哪有外戚称王的道理？"饶锦文道："如果立成大为王，高冒岂不是太上王，成了王上王。"

班超道："成大聪慧、干练，说汉话，识汉字，通人情世故，又有先王的骨血。那高冒虽是成大父亲，却识大体，不会称自己为王。"

徐幹道："更重要的是，臣服大汉，不会反叛。"饶锦文、赵森点头。

次日，班超召高冒、成大及疏勒文臣、武将，宣布任命成大为新疏勒王，任命已经宣布，高冒和成大皆吃惊。成大道："臣不过是疏勒的府丞，有何德何能任此重任？"班超道："成大母亲乃疏勒公主，是疏勒王室一脉，再者成大父亲高冒忠于疏勒，勤恳一生，兢兢业业，成大本人忠于大汉，德才兼备，深得疏勒军民爱戴。当此之计，我与公主、司马徐幹等人商议，以将兵长史之命，授成大为疏勒王，并报大汉皇帝，请大汉皇帝授封。"

成大感激涕零，与高冒伏地叩拜班超，疏勒文武皆服从。

成大继任疏勒王后，拜薛五为疏勒副都尉，守疏勒城，拜饶锦文为城门校尉，守盘橐城。班超召回田虑，委任汉使府都事，命赵森统领盘橐城内防务，警卫王宫及汉使府。

此后数年，班超专心发展疏勒农业，效仿春秋越国勾践，鼓励生育，一时间，疏勒人口大增，周边牧民纷纷迁入，疏勒国渐渐有了繁荣气象。

第六十五章

烽烟再起莎车又兴兵　荻花兵败龟兹破石城

建初八年秋，一支商队入西域经商，途经莎车，被莎车军截获。商队商人大部被杀，货物尽数被莎车劫掠，只一名武师逃到于阗。时于阗王广德年迈，国中事务尽由太子未君打理。未君命辅国侯将武师送往疏勒，交与班超。班超看到武师，见其形貌枯槁，身形憔悴，想起了昔日在洛阳风闻天下第一次见到孔祥广时的情形，连忙命人为其准备吃食，武师吃了些果脯和羊肉，又喝了些水，顿时恢复了气色。

武师自称姓张，名叫进，齐国人，受主家之命，随主家到西域卖丝绸。主家名叫范臣，先祖是齐国不起眼的小贩，前汉时，西域通和，收丝绸入西域，经年累月成齐国大户。听闻班超在西域经营多年，收鄯善、于阗，夺疏勒、姑墨、退龟兹、莎车，以为西域南道畅通，故而以身犯险，携丝绸千匹、精美陶器及一应用具五十担，从洛阳一路向西，经河西走廊，出玉门关，途经鄯善、且末、于阗，出售丝绸、茶叶、陶瓷、酒樽，获利颇丰。范臣本想绕过莎车，入疏勒，跨葱岭，到大宛、康居经商，不想半道被莎车人发现，将一应货物、金银全部劫去，还将主家、仆从全部杀害，张进凭着多年习武的本事侥幸得脱。

辅国侯道："近年，大汉常有商旅入西域经商，不少商旅被莎车截获。莎车人劫到货物，不免发了横财，许多莎车人啸聚一处，专职劫道。最初莎车人只劫货，不杀人，后来莎车王齐黎下令不得私自截杀汉人商队，只能由莎车军队伏击，违令者斩。莎车人害怕莎车王问责，但是又不肯放弃这条发财的门路，便横下心，凡遇到汉人商队，劫了财物后，必杀了商人，以绝后患。"

班超听完大怒，猛拍桌案，道："莎车真是祸害，我必除之。"

辅国侯道："莎车国得了大汉的财物，国力大增，不断购置战马。我于阗屡屡退让，莎车屡屡犯境，诸国苦不堪言。于阗王及太子委派老臣来疏勒，恳请汉使发兵，剿灭莎车国。"

班超道："莎车势大，诸国须倾尽全力，方有胜算。"

辅国侯道："临来之前，我王及太子说了，于阗之兵，汉使尽管调用。"

班超道："辅国侯且在汉使府歇息，容我与疏勒王商议。"

赵森将辅国侯、张进带到客房。班超将军情说与笛玉，召疏勒王成大、徐幹到汉使府议事，将军情说与疏勒王。徐幹道："莎车乃西域通往大月氏的必经通道，但莎车羽翼丰满，联结龟兹，实为大患。"成大道："疏勒兵马尽由汉使调动，只是莎车今非昔比，疏勒、于阗两国军队恐难破莎车。"

正议论间，门外起了喧哗声，班超问："外面发生了何事？"

赵森进门，报："大人，孔祥广来了！"

班超喜道："老孔来了！"说罢出门，却见孔祥广与饶锦文相拥在一处，班超上前挽住孔祥广的手，道："孔兄，你大驾光临，我等喜不自胜啊！"孔祥广道："自大人成婚，孔祥广已六年没有见到大人。"

饶锦文道："孔兄，既是多年未见，今晚务必大醉一场。"

孔祥广正色道："国中有事，无心醉饮！"班超知孔祥广此来必有要事，连忙将其请入议事厅。孔祥广走进大院，见议事厅的门匾上写着"同仇敌忾"，口中禁不住念出声来，道："大人，这四个字写得铿锵有力，写得好啊，我等正需要同仇敌忾！"

班超将孔祥广引入宾位，道："说说鄯善发生了何事。"

孔祥广道："不是鄯善，而是精绝和且末，莎车大军绕过于阗，一个月的时间灭了精绝和且末，兵锋强劲。"

徐幹道："精绝、且末位于鄯善和于阗之间，唇亡齿寒，所以你就来找长史大人了。"

孔祥广道："正是，不过眼下最危险的不是鄯善，而是于阗。于阗位于精绝和莎车之间，精绝灭了，于阗就成了孤立之国，腹背受敌，存亡于旦夕之间。"

班超叹道："莎车下了一步好棋，可是于阗的辅国侯正在汉使府，他并没有说精绝被灭的事。"

孔祥广道："莎车绕过于阗，于阗自然不知道此事。"

成大道："不会，就算当时不知情，事后也会知晓。"

"传辅国侯！"班超道。

稍后，赵森将于阗辅国侯带到议事厅，辅国侯见过孔祥广，道："孔驸马也来了。"孔祥广向辅国侯拱手见礼，班超道："辅国侯，你临来之前，莎车除了抢劫汉人商队，还干了什么？"辅国侯有些语塞，支吾半晌，道："这个……临来之前，莎车人很嚣张，多次骚扰边境。"徐幹道："那有没有占领精绝、且末？"辅国侯支吾道："是……是占了。"徐幹道："既然莎车占了精绝、且末，你为何不说？"辅国侯道："我也是听闻，没有确凿消息，不敢乱说，怕乱了军心。"

徐幹道："我看辅国侯是担心汉使知道精绝、且末覆灭，不敢出兵吧。"辅国侯吓得跪在地上，道："老臣怎敢？请汉使万勿生疑。再说疏勒有难，于阗诚心相助，今于阗有难，诸位不能作壁上观吧！"班超命辅国侯起来，辅国侯才敢起身。

班超问孔祥广："孔兄，你不远千里来到疏勒，有何计议？"

孔祥广道："精绝与且末被占后，我即刻将军情报知鄯善王，鄯善王虽然年迈，但十分英明！"说到此处，赵森、饶锦文等人皆笑，孔祥广不予理会，继续道，"我将唇亡齿寒的道理说与我王，言莎车占领精绝、且末之后，必四面围困于阗，一旦于阗覆灭，则西域南道诸国只剩下鄯善和疏勒两国。鄯善背靠大山，四面无援，莎车灭于阗后，必先易后难，先灭鄯善，再灭疏勒。我王听了，深受触动，命我遣使入汉，请求大汉庇护，我道：洛阳远在万里之外，汉使正在西域，何不合兵一处，剿灭莎车？我王听罢，当即命我轻装出城，联络汉使。"

众人点头，班超问："鄯善可派出多少兵马？"孔祥广道："除守城将士，可派五千。"班超摇头："五千太少，莎车大国也，攻大国，需五万大军。"孔祥广道："莎车虽强，也无须五万，三万足矣。再者强敌环伺，且末、精绝大军已落入莎车之手，鄯善随时有围城之危。"

班超道："且末、精绝，小国也，鄯善留守一万足以守城，还请孔兄多派些精兵猛将！"

孔祥广咬咬牙，道："七千，实在不能再多了，你们也知道，我那老丈人抠得很！"

众人皆大笑，辅国侯道："七千不少了，老朽替大王及太子谢过驸马！"说罢，就要下跪。孔祥广连忙将其扶起，道："辅国侯也是叱咤疆场的老英雄，怎可轻易折腰？"辅国侯道："老朽实在感激得不知如何言语！"

班超道："疏勒国几经大战，兵力衰减，经过休养，现有胜兵一万六，汉军千人。龟兹在北方蠢蠢欲动，驻守盘橐城需五千，驻守疏勒城需三千，调回乌即城所有人马，可用兵马共九千。莎车大军压境，于阗须固守城池，以防断了根据。于阗有胜兵两万，抽调九千精锐，与疏勒军、鄯善军凑足两万五千军，共破莎车，诸位以为如何？"

众人都称好，于是班超约定会师时间地点。

辅国侯和孔祥广在疏勒休息一夜，次日回国准备。辅国侯和孔祥广走后，班超命田虑到乌即城调军，又命饶锦文到疏勒城调军。田虑和饶锦文走后，班超亲自书写了一封书信，装于匣中，命赵森持书匣到姑墨。赵森知道这是调军的密函，道："大人，是否带一件信物？"班超道："让你去送信，你就是信物。"

赵森走后，班超召成大到汉使府，命其准备粮草，成大领命，退出汉使府，班超欣然。

再说赵森得了信匣，去了姑墨，连走五日，将到姑墨石城，天已然黑了。赵森见进不得城，遂与随从在城外露宿。到了四更时分，忽听远处传来马蹄声，他即命随从熄火，潜伏在沟堑内。俄顷，见城外有百余骑往南疾驰，手中拿着火把，赵森见领头的似获花和沈祥，心中惊疑不定，道："此二人怎会夜里出城？定然是我看错了。"

稍后又有一队人追来，口中说着姑墨语，赵森没有听懂，问随从的疏勒兵卒，疏勒兵卒告知赵森，那人说抓住获花，赏千金。赵森暗道一声"不好"，但因追兵太多，不敢现身。

天亮后，追兵返回石城，似无功而返。赵森从沟堑草丛中现身，打马返回疏勒，走了一日，追上了沈祥。沈祥惊道："赵兄何以从背后现身？"赵森道："我往石城给你送密函，半路见你被追杀，就潜伏在草丛中，直等追兵回城，我才敢现身。"沈祥气道："既然见到我被追杀，何以不相救？"赵森道："月黑风高，又在旷野之外，难以确定是你。再者那追兵距你相距甚远，我所带随从又只三五人，何以相救？"

沈祥气愤之色稍减，赵森问发生了何事，沈祥道："姑墨陷落了，龟兹人突然发起攻击，我军不备，石城落入龟兹之手。"赵森早已料到，问："领兵的是何人？"沈祥道："是阿丘。"赵森一惊，道："女王归来了？"

这时，一旁的荻花放声大哭，道："我不该放松警惕！前几年，我怕龟兹人突袭，石城一直城门紧闭，这几年，我见战事少了，龟兹人也很少来姑墨，就打开城门，任姑墨人自由出入，谁想到龟兹人突然杀入，姑墨人毫无防备，我和沈祥只带了百余骑逃出石城。"

赵森道："完了，长史大人准备攻打莎车，还指望你们派兵相助呢！"说罢，将密匣交给沈祥，沈祥接过密匣，将其打开，见内有竹简数片，上书："超欲战莎车，盼兄携大军往疏勒会盟，建功勋于沙场，垂功名于竹帛，千载良机，莫失！莫失！"沈祥欲哭无泪，道："叫我如何见大人？"说罢，拔剑就要自刎！

赵森击落沈祥手中长剑，道："胜败乃兵家常事！岂能看一时胜败，待来日再将姑墨夺回来就是。"沈祥与荻花心稍宽。

两日后，赵森与沈祥回到盘橐城。赵森入汉使府禀报，沈祥与荻花在汉使府门口徘徊半个时辰，不敢入府。赵森入府不一会儿，班超即与笛玉出府相迎，班超道："荻花、沈兄，快快入府。"说罢，班超牵着沈祥，笛玉挽着荻花，双双入府。到了议事厅，沈祥扑通跪在地上，道："大人，我辜负了你的厚望，没有守住石城。"荻花也跪在地上。

班超命左右退下，与笛玉将沈祥、荻花扶起，道："胜败乃兵家常事，高祖有白登之围，龟兹王有破城之败，我不也被潘辰围在孤山数日吗？区区石城，千万别放在心上。"沈祥道："大人宽恕沈祥，沈祥却难以宽恕自己。今日只有一个心愿，早日收回姑墨。"

荻花单膝跪在地上，道："荻花请求汉使，发疏勒之兵，夺回石城。"班超扶起荻花，道："如今石城有重兵坚守，难以攻取。你们两位暂且住在盘橐城，待时机来临，我们再夺回姑墨。"

赵森将沈祥、荻花带到客房，班超坐在椅子上，长长地叹了一口气。徐干从隔间走出，道："看来形势不妙啊！"班超道："是啊，龟兹人重新夺回了姑墨，阿丘再次当上了姑墨女王。"徐干道："依我看，你也不必担心。七年前，龟兹人占领了疏勒，你还不是一样夺了回来？"班超道："不一样，那时焉耆人虎视龟兹王城，龟兹王夺了盘橐城就将大军撤了。而石城距离龟兹只一日路程，西侧又有温宿虎视眈眈，龟兹王有前车之鉴，定然派重兵驻守，严防疏勒大军。"

徐干问："攻打莎车的计划是否改变？"班超斩钉截铁，道："计划不变。"

五日之后，饶锦文听说沈祥回了盘橐城，十分高兴，与薛五、赵森相约携家眷看望沈祥。时薛五的儿子薛震西五岁，赵森的儿子赵乾两岁，饶锦文的儿子饶宏一岁，获花看见饶宏，十分喜爱，抱在怀里，不肯放手。饶宏喜欢获花，但是经不住获花长时间紧抱，表情由笑转哭，获花怅然，将饶宏交还星六。

西施道："获花女王，你和沈祥成婚多年，至今未曾生育吗？"

获花瞥了沈祥一眼，沈祥道："准备生来着，这不城被人家端了吗？"

赵森对沈祥挤眉弄眼，道："该不是你不会吧？"

沈祥气道："谁不会谁是孙子。"

获花道出了实情："沈祥怕我生了孩子，将他杀了！"赵森、饶锦文等人恍然。

赵森劝道："女王对你感情深笃，断不会杀你！"沈祥挠头，道："一定生，生完我就在盘橐城不走了。"

片刻后，班超、笛玉带着班勇也来到了客房。笛玉道："你们来看沈祥，竟然也不叫我和仲升！"饶锦文对笛玉笑笑，然后对班超道："你现在是长史了，我们都是你的部下，不敢打搅你！"班超道："我什么时候将你们当作过部下？"众人欢喜如故。

班勇时年五岁，比薛震西大三个月，他挣脱笛玉的手，一会儿掐一掐赵乾的脸，一会儿捏捏饶宏的鼻子，将两个孩子都惹哭了。笛玉命女官将班勇带出客房，过不多时，班勇却又回来了，他拿了一些干果，塞给赵乾和饶宏，赵乾和饶宏不知道这是何物，拿在手里，看着班勇，班勇将干果放在嘴里，做出很好吃的表情，赵乾和饶宏将干果也放到了嘴里，几个孩子嚼着干果，"咯咯"地笑了起来。

高瓜儿道："他们兄弟之中，勇儿最为年长了吧？"

班超道："最为年长的应该是孔祥广的女儿。永平十七年，孔祥广与鄯善公主成婚，建初元年生了一个女儿，起名叫孔心洛，想来这孩子也该有九岁了。"

笛玉道："你们兄弟当真有福，来了西域，单是公主就娶了三个，丞相的女儿娶了一个。星六和西施虽不是公主，却是西域的大美人。"薛五等人相视一笑，班超道："诸位兄弟眼下妻儿俱全，生活安定，还想不想回大汉？"

赵森道："当然想回，但是要把我的西施带上，让黄龙关的父老开开眼。"

饶锦文道："黄龙关我是不想回了，洛阳我也不想回了，就在这里陪着星六，挺好！"

薛五道："我也不想回，我要在西域守着瓜儿和震西！"

赵森道："你们怎么都不想回了，落叶归根啊！"

班超道："其实我倒是想回，离开大汉十年了。十年，人这一辈子有几个十年？去年，我兄长送来信函，说母亲身体一日不如一日。离开洛阳时，我儿班雄与现在的班勇大小相仿，现在想着，班雄将要成年了。若是此次大战，打服了莎车，班超必请旨回洛阳，看望家小。"

笛玉挽住班超手臂，道："仲升若是回洛阳，笛玉一定相随。"

班勇叫道："你们如果回去，我也回去，我要看望我的哥哥，还有我的奶奶、伯父、姑姑。"班超摸着班勇的头，笑道："勇儿真乖。"班勇随后又道："但是父亲不能回去。"众人皆惊疑，问："为什么？"班勇道："父亲在西域还有大事要做，除了莎车，还有龟兹、焉耆没有臣服，丝绸之路南北两道还没有打通，父亲的使命还没有完成！"众人全都愣住了，班超赞许道："我儿识大体，有见识！"

饶锦文也叹道："虎父无犬子！"

班超道："此次莎车之战，至关重要，诸位现在手握兵权，还要仰仗诸位。"

薛五、饶锦文等人表示定当尽心尽力，肝脑涂地。

第六十六章

班超合兵征讨莎车国　夜探敌营阿丘劝获花

过了八月就是秋天，西域的树叶在枝头上飘荡两日，就由黄转红，再由红转黑，落了下来，一时间，遍地荒草，天地浑然，尽为沙丘。天不知不觉凉了下来，到了黄昏，秋风萧瑟，生活在西域的牧民禁不住要添加一件衣裳。

班超集结了疏勒所有军队，意外的是，竟有两万人之多。考虑到龟兹随时有南犯的可能，班超仍将重兵留守盘橐城和疏勒城，自己只带一万精锐出城。

疏勒已经多年没有打仗，大军沿途顺平，按照预定的时间和地点，大军于十日后抵达莎车城外五十里的和阗河下游河滩与于阗军会师，并就地屯兵。

此战，于阗王广德率辅国侯守城，未君率领万骑随班超出战。

班超问："鄯善军是否如期赴约？"未君道："鄯善道远，尚未见到鄯善军。"班超道："莎车分兵精绝、且末，王城内守军不过万余人，纵然鄯善军遇阻，疏勒于阗两国也能攻破莎车王城。"未君深以为然。

疏勒军和于阗军在和阗河滩屯兵三日，不见鄯善军，遂到莎车王城挑战。

莎车王齐黎早就获得消息，班超将征调三国大军讨伐莎车，见大军至，紧闭城门。班超命薛五上前挑战，但莎车始终不肯应战。

"齐黎，你屡屡到于阗寻衅，今日汉使不请自到，你为何不出城相迎？"

"你攻占精绝、且末，意欲何为？我劝你早早开城献降，归顺大汉！"

未君在阵前问班超："是不是应该命一部在城下挑战，大部伏于林中，引莎车来攻。"

班超道："联合围攻莎车的消息已经走漏,伏兵之计恐难奏效,倒不如将大军集合,吓他一吓。"

班超围莎车半月,未曾一战。半月后,孔祥广率五千鄯善军至,班超大喜,准备率部强攻莎车。孔祥广将班超、未君引到河滩僻静之所,道："我军于半月前出发,途经且末、精绝,绕道而行,行至精绝北一百里,夜宿山岭,哨骑周边侦察,发现山岭另一侧宿有大部骑兵。哨骑还报于我,我推测山岭另一侧的大军是莎车的援兵,因敌众我寡,我未敢轻动,只派哨骑远远跟踪。哨骑跟踪三日,截获一封密函,我打开密函,只见里面是一块羊皮,上面用汉字写着"援军将至"四个字。"

班超听了大吃一惊,问："密函现在何处?"孔祥广将一封匣子交给班超,班超取出密函,见上面歪歪斜斜地写着几个篆书,虽笔画有损减,但仍能辨出。

班超问："这封密函是精绝附近的援军发出去的,还是签收的?"

孔祥广道："是北面过来,发给精绝附近援军的。"

班超口中自言自语："北面,北面,精绝附近的军队已经是援军,北面还有人来函,称自己来援助援军,会是谁呢?"班超突然惊慌："难道龟兹要来援助莎车?"

未君道："依我看,正是龟兹。这几年,莎车归顺了龟兹,倚仗龟兹的支持,莎车无所顾忌。莎车若是得到消息,汉使将要围攻莎车,必然向龟兹求救。而这西域诸国之中,只有龟兹才有能力救莎车。"

班超问孔祥广："来自精绝的援军有多少?现在何处?"

孔祥广道："军八千,向北去了,屯于和阗河上游八十里。"

班超指着昆仑山方向,道："你是说精绝的援军全部驻守在我们头顶?"孔祥广点头,道："不过你放心,虽说相距只有八十里,但是上游山路崎岖,他们不过是想寻一处水源扎营,无法发动奇袭。"

班超道："不可,我们驻军之处,一望无际,无险可守,要立即拔营,更换营地。未君,你可有推荐?"

未君道："据此向东五十里,有一座山,名叫拉尔山,山外曲折,山内开阔,有水,可以藏兵。"班超听了,觉得此山正是藏兵之处,遂命令大军迁往拉尔山。

大军开拔,班超命令饶锦文率兵四处侦察,大军在拉尔山内扎营。

饶锦文得令后,命十余骑观察莎车王城,又命十余骑注意和阗河滩上游的援军动向,自己亲率百骑往北侦察。正北是一望无垠的沙漠,龟兹如果有大军经过,必从西北路过。饶锦文将侦察兵分为十队,分派不同方向,观察龟兹军动向。

这日正午，太阳高照，饶锦文等人在和阗河北五十里处的一处乱石下休息。几名士兵坐在树下吃着干粮，旁边是通往疏勒的大道。

饶锦文背靠着大树，吹着笛子，一名士兵道："大人，你这么吹笛子，不怕惊走敌人。"另外几名士卒哈哈大笑，饶锦文佯作没有听到，继续吹奏，士卒见怪不怪。

"来莎车之前，母亲叮嘱我，千万小心，哪想到了莎车后，莎车拒不出战。"

"莎车胆小如鼠，离开疏勒月余，连个敌人的影子都没有，更别说打仗了。"

"听说莎车有来自精绝的援军。"

"区区八千人，有何惧？我们有两万五千铁骑，汉使大人所向无敌！"

正当几名士兵议论时，几名骑兵打马而来，盘坐的士卒见有人来了，跳出乱石，拦住了他们。来人是饶锦文派出的哨骑，一名哨骑喊道："饶校尉何在？"

饶锦文这才停住了笛声，从树下站了起来。

"饶校尉，不好了。前方有大股龟兹军，正往莎车奔腾而来。"

饶锦文淡然道："别慌，这是意料之中。说一说有多少人。"

那名哨骑道："看不清楚多少人，遮天蔽日，烟尘漫天。"

稍后，又有几路哨骑回来，回报情况与前一路所见相同，饶锦文道："尔等目标太大，全部回营，我留此观察。"众士卒听了，全部走了。

饶锦文另寻一处隐蔽之所在，将马藏好，寻了一处沟堑，远远望着主道。一个时辰之后，果然见到大队骑兵走来。这些骑兵没有哨骑说得那么快，但确实庞大。初时，饶锦文只看到先头部队，有千余骑，稍后，有大部跟来，远远望去，无穷无尽。

饶锦文所领的城门校尉下属有两千众，这已经相当于酒泉郡内所有的军力。他望着眼前的大军，细数之下，发现竟有城门校尉所部二十五倍之多。

天哪！来敌竟然有五万人。

饶锦文需要将这个重要军情马上报告班超。可四面尽是敌军，他只得继续蹲守在坑里，等待大军通过。

突然，大军停了。饶锦文心里一紧，暗道：莫不是自己被发现了？

这时，饶锦文见到前方有一人，穿着兽皮，披着长发，不知是哪国人，来到了中军处，似是在汇报军情。稍后，那个穿着兽皮的人折返往莎车方向去了，大军继续行进。

大军走远，饶锦文跟踪到龟兹营地，方才绕道回到军营。

其余哨骑见饶锦文回来，连忙报告饶锦文，道莎车王城已经开了城门，出万骑驻守和阗河滩，饶锦文明了，入班超军帐，还报："龟兹王率领五万大军，绕过疏勒，直奔莎车而来，距拉尔山不到五十里了。"

班超正与未君、徐幹、薛五、赵森等人议事，大惊，问："龟兹不过三万大军，建哪来的这么多军队？"

徐幹道："完全有可能。龟兹有三万，温宿、姑墨军各八千，尉头军四千，加起来刚好五万。"

薛五惊道："加上精绝的八千援军，不就是五万八千人了吗？"

饶锦文道："恐怕不止，我们大军离开和阗河滩后，莎车马上打开城门，在和阗河滩屯兵一万。"

赵森道："如此一来，我们等于是被近七万大军包围了。"

薛五道："不妙，本是以两万五千大军包围莎车，现在反被各国大军包围了。"

赵森和薛五说完，中军大帐陷入一片死寂，士气低落。

相距拉尔山五十里外，是一处开阔的草地，龟兹的大军就驻扎在这块草地上。

温宿王曾向龟兹王建言，此处太过开阔，易被敌军发现。龟兹王笑而对答："君不见班超围攻莎车，大军就宿在和阗河滩。为何？莎车兵寡，而班超军多。今班超以两万五千之众，躲藏于山间小道，而我军近乎三倍于敌，何惧来犯？"温宿王深以为然。

时阿丘复位，龟兹王召阿丘率姑墨所有军队随龟兹王出征，龟兹王问阿丘："听说荻花正在敌营，若是攻破敌营，你可愿亲手血刃荻花！"阿丘面露凶色，道："荻花勾结汉人，图谋姑墨，虽万死难赎其罪！"

龟兹王甚为欣慰，见尉头王侍立一侧，道："尉头王，听说班超大婚之日，你还曾派去使节祝贺？"尉头王惶恐无比，跪在地上，道："回龟兹王，确有此事，不过小王是为了侦察军情，打探班超的动向，并非为了讨好班超。"

"可你并没有向我报告此事！"

"事发突然，小王来不及禀告，请龟兹王治罪。"

"算啦，大战在即，你能出兵，我已然欣慰。本王听说班超曾问尉头使节，是否愿意臣服大汉，尉头使节没有同意？"

"正是。"

龟兹王建点头，道："你起来吧，疏勒一战，你损兵折将，这一战要挽回尉头的尊严。"尉头王起身，惊得满头大汗。龟兹王建道："我已得消息，班超的大军就在五十里外的拉尔山。此一战，务必全歼疏勒、于阗联军，将汉人赶出西域。"

温宿王道："若此战灭了疏勒、于阗、鄯善，焉耆将不足为患，西域就只剩下乌孙、大月氏可与大王抗衡，就连匈奴也要对大王刮目相看。"龟兹王哈哈大笑，仿佛雄霸西域的日子就在眼前。

阿丘问："班超就在对面，龟兹王何不趁夜发起攻击，一举歼灭敌军？"

龟兹王道："虽然是三倍于敌，但是仍不可轻敌。班超是何许人也？老谋深算，久经沙场！如果没有万全的把握，我们轻易不能进攻。"

这时，在龟兹蛰居多年的潘辰站了出来，道："龟兹王说得一点都没有错。当初我率四千军，于夜里突然发起攻击，将班超围困于孤山之上，班超残兵不足百人。关键时刻，汉军徐干赶到，徐干所部不过千人，使用一种弩器，极其精准，他们三人一组，不射人，专射坐骑，将我军打得人仰马翻，最后狼狈逃往龟兹。"

温宿王道："这是汉军弩器的厉害，不是班超厉害。"

潘辰冷笑道："温宿王如不服，可在战场上让班超吃吃苦头，也正好让潘辰长些见识。"

龟兹王打圆场，道："潘辰为了打这一仗，准备了三年，将部将的坐骑和将士武装到了牙齿！"

潘辰道："那弩器也不是没有破绽，一者是数量少，徐干所带的只有一千具，二者击发慢，越是射程远的弩机，发射得越慢，我军正可就着这个破绽，击溃汉军。"

龟兹王点头，道："潘辰是疏勒的大都尉，最了解班超，你可有破敌良策？"

潘辰道："班超诡计多端，末将建议，今夜不用休整，大军直奔拉尔山，打班超一个猝不及防。"

龟兹王摇头，道："我军疾行半月，乃疲惫之师。二者我等为救援之师，应联络莎车，以莎车为前锋，不可徒损龟兹兵力。"温宿王、阿丘皆点头称是，潘辰还想再劝说，但见龟兹王主意已定，也就不敢再多言。

到了深夜，疏勒、于阗、鄯善各营躁动不安，原本到了熄灯就寝时间，各营兵不卸甲，露宿帐外，生怕敌军来袭，反应慢了，只有中军大营安静如常，过了二更就熄了油灯。

到了四更天，饶锦文突然闯入班超大帐，班超闻声坐起。饶锦文低声道："巡夜的人看见北面有人悄悄进了军营，因此人孤身一人，巡夜的人未敢轻动。"班超问："来人去了何处？"饶锦文道："去了荻花和沈祥的军帐。"班超起身与饶锦文离开了军帐。

二人轻步来到荻花军帐，见帐内一片漆黑，于是蹲下倾听，半晌没有听到人声。班超观察四周，见荻花军帐后有个树林，便以军帐为遮掩，轻声走了过去。

"荻花，班超的大营不日就将攻破，你快随我走吧。你是我的女儿，只要你杀了沈祥，你还是姑墨未来的女王。"

班超一惊，站在荻花面前的难道是阿丘？只听黑色的林中传来荻花的声音："你我母女情分已尽，我不会随你走的！"

阿丘也不生气，道："你不知道，我离开姑墨的这段日子，最想的人就是你。我想起你幼年的时候，天天围着我，那时你多么快乐！"

荻花道："我的童年天天练臂力，并不快乐，长大后也不快乐，你为了沈祥，竟然派人追杀我，我如何信你？"

阿丘道："那不过是一时气愤，母女连心，我怎么能杀了你呢？"

班超心中忽生一计，他拉着饶锦文走到远处，大声道："锦文啊，为什么将士们到了深夜不卸甲，也不到军帐睡觉？"

饶锦文不知道班超是何意，指着地上睡觉的士兵，又看着远处，示意阿丘正在隔壁。班超却毫不理会，道："不就是龟兹来了嘛，用得着这样害怕吗？往日的雄风都去了哪里了？"

饶锦文只好顺着班超的话，说："是啊，一听说龟兹来了五万大军，全都怕了，吃不好，也睡不好。"

班超道："锦文，你怕不怕？"

饶锦文道："我怕！"

班超道："说实话，我也怕，五万大军，加上莎车的军队，有七万，可我们才只有两万人。"班超故意少说了五千，"敌军是我们三倍有余，我已计定，后日撤军。我军返回盘橐城，于阗、鄯善各自回国。"

饶锦文露出吃惊的表情，道："什么？后天就要撤军吗？那莎车不打了？"

班超长叹："是啊，再不撤军，我军就要被龟兹吃掉了！"

饶锦文道："那我赶快回去收拾！"

班超道："别急，现在去了，就泄露机密了。"说罢，和饶锦文叹气离去。

二人回到中军大帐，班超命饶锦文观察阿丘动向，半个时辰后，饶锦文回报：阿丘已经离开拉尔山。

次日辰时三刻，班超召大汉副使徐幹、汉军统领赵森、于阗太子未君、疏勒副都尉薛五、城门校尉饶锦文、鄯善驸马孔祥广到帐中议事。

班超见众人聚齐，对众人道："昨夜我夜不能寐，想了一夜。龟兹势大，又有莎车为伍，我军寡不敌众。为保存实力，避免较大伤亡，各国今夜听到鼓声，率部返回自己的王城。龟兹王是为救援莎车而来，我军兵退，龟兹军自退，不会难为诸国。"

众人皆大喜，薛五道："将士们畏敌，士气低落，已不能再战，早点撤离，可免全军覆灭之祸。"

未君道："昨夜已经有十几名逃兵连夜逃走，若不撤军，今夜逃兵更多。"

孔祥广道："我这就回去收拾，趁龟兹尚未发起攻击，抓紧折返鄯善！"

众人先后离开班超军帐，只有徐幹未走。稍后，沈祥闯入帐中，道："大军尚未开战，胜负未知，为何撤军？"

班超笑眯眯地看着沈祥，问："昨夜你在何处？"

沈祥莫名其妙，道："我在帐中睡觉啊！"

班超道："既然是在睡觉，不如再睡一觉，睡醒之后，有力气赶路。"

沈祥十分不解，道："你这是干什么？不是你的作风啊！"说罢，转身出帐。

班超问："徐兄，几位将校都没有看出我的用意，你可看破？"

徐幹道："班兄这是明修栈道，暗度陈仓！"班超、徐幹相视大笑。

再说阿丘回到龟兹大营，将班超大营探听的消息告知龟兹王建。龟兹王建听罢，惊疑不定，问阿丘为何夜闯班超大营，阿丘谎称刺杀获花，无意间听到班超对话。

龟兹王信以为真，大喜，召温宿王、尉头王，将阿丘探听的消息告知二人，二人半信半疑。天到午时，有线人送来消息，称班超大营正在撤军，各营正在收拾行囊，准备夜里击鼓为号，相约拔营。

龟兹王拍案而起，道："真是天赐良机！诸王听令，尉头王、温宿王令其所部，往东埋伏，伏击于阗军和鄯善军。我自领大军与姑墨王在西道拦截班超。大军即刻开拔，一旦误期，则放虎归山，遗患无穷！"众人称是。

第六十七章

暗度陈仓大破莎车营　荻花射父阿丘道真相

天到黄昏，班超大营点灶造饭，各部只等天黑，就拔营回国。

晚饭毕，暮色渐深，将士们都在等待军令。过了二更，不见鼓声，各营将士有些躁动。到了三更，各将校被班超召入中军大帐。

"汉使，何时击鼓？将士们都已经有些按捺不住了。"未君道。

"别着急，我还在等一个消息。"班超笑道。

众人问什么消息，班超笑而不答。

稍后，饶锦文穿着兽皮，披着长发入帐，在班超耳畔窃窃私语。饶锦文言罢，班超起身道："诸位听令，各营士兵每人只带一日口粮，轻装上阵，除兵器之外，不得携带任何杂物。"

众人不明白出了什么事，纷纷问为何轻装上阵。班超道明情由："白天我放出消息，我军夜里拔营，消息正午就传到了龟兹王大营。"众人皆大惊，班超笑道："龟兹王反应很快，马上命温宿王、尉头王在东道设伏，拦截于阗、鄯善军，又自领大军在西道拦我。"未君惊道："我若回国，此刻岂不正中埋伏！"孔祥广道："还没出营，就吓得一身汗！"

班超道："此刻，和阗河滩的莎车大营一定也认为我们要撤军。"饶锦文道："哨骑回报，此刻莎车大营酩酊大醉，烂醉如泥。"

众人释然，相视一笑，方才知道这不过是汉使班超的一个计策，对班超敬佩之心油然而生。孔祥广笑道："此刻纵然有内线，送到龟兹也已然不及了。"众人大笑。

众将校出班超大帐，各自行事。

四更时分，班超斩杀龟兹线人祭旗，亲自登上战车击鼓，各营将士骑上战马，往和阗河滩疾驰。

清晨，红霞映照和阗河滩，河滩一片宁静。在河滩的西侧，一队队骑兵缓缓走向河岸，骑兵们凝视前方的河滩。这里曾经是班超驻军的地方，但是现在成了莎车的大营。河滩上遍布上千军帐，沿着和阗河，绵延数里。

莎车大营昨夜确实有过一场大醉，虽然天已经大亮，但是士卒仍在酣睡。一名起来小解的士兵从军帐中出来，他睡眼惺忪地看着河岸上方，见到无数的军队正在不远处。他还没有褪下裤子，尿就已经崩了出来。

班超拔出佩刀，下令："擂鼓！"鼓手敲响战鼓。"进攻！"两万五千骑兵，纵马驰骋，直奔莎车大营。军帐内的士卒还在睡觉，骑兵直冲军帐，军帐倒塌，将军卒盖住，帐外的士兵趁乱刺杀，帐内的士卒非死即伤。

没有被踩踏的军卒有幸从帐中逃脱，有的拿起兵器，与班超大军打斗，但是寡不敌众，很快被砍杀而死。惊慌失措的士卒跳进了和阗河，随水流冲往下游。跳进河里的士卒越来越多，河水为之断流，疏勒军拉弓射箭，将河中莎车人射杀。

来不及逃走的莎车人被迫投降。是役，班超大军斩杀莎车五千人，俘虏两千人，齐黎的王叔哑正惊慌失色，在逃亡途中，被饶锦文射杀，班超大军缴获战马物资无数。

班超斩了哑正首级，率大军往莎车。莎车王城守城将士见班超亲率大军至，连忙报知莎车王齐黎。班超命饶锦文将哑正首级挂在旗杆上，传示莎车城上将士，莎车将士顿时恐慌。

薛五在城下喊道："齐黎，命你开城献降，否则破城之时，城内鸡犬不留。"

守城的将士惶恐，纷纷跪在地上，求齐黎开城献降，齐黎捶胸顿足，道："我愧对先王！"

守城将士打开城门，将班超大军迎入城内。

班超问："齐黎，你可知罪？"

齐黎跪在地上，不敢抬头，道："齐黎知罪！"

班超问："你所犯何罪？"

齐黎道："齐黎恃强凌弱，又犯了不臣大汉之罪！"

班超点头："原来你知道自己的过错。知错犯错，来人，将齐黎押入牢中，听候处置！"赵森命两名随从将齐黎押走。

班超命薛五接管城内所有兵马钱粮，命饶锦文张贴安民告示。

孔祥广在莎车城内驰骋了一圈，回到班超身边，道："莎车王城是一座大城，真是热闹。"

班超问："比你鄯善如何？"

孔祥广道："大一倍有余。仲升兄胸有韬略，真是足智多谋。昨日我听你说，夜半击鼓撤军，心中虽然高兴，但是却知道这不是你的做派。今日夺下莎车王城，方知仲升兄用意深远。"

这时，班超见荻花走了过来，对孔祥广道："孔兄，我还有事要处理，晚些时候我们再叙。"孔祥广告退，荻花走上前来。荻花道："大人，前日晚上，我母亲曾来大营寻我，荻花特来请罪！"班超佯装不知情，道："你母亲怎会来我汉营？"荻花道："她想劝我回龟兹大营，被我拒绝了。""荻花深明大义，待我回军之后，就为你收复姑墨！"

荻花道："荻花惭愧，没能为汉使分忧，反倒让汉使为姑墨操劳！"

再说龟兹王在通往疏勒的西道等候一日，不见班超回城的军队，心中着急。黄昏时分，哨骑回报道，班超亲率大军，攻破莎车大营，夺了莎车王城。

龟兹王大惊，急率大军赶往莎车王城。三更时分，王城上灯火通明，插满了汉旗，龟兹王方知哨骑所言不虚。

龟兹王大怒："传我军令，准备攻城！"

潘辰劝道："龟兹王不可，班超刚刚大破莎车，拒城坚守，兵精粮足，士气高涨，我军断不可以卵击石。"

龟兹王道："我有五万大军，城内守军不足我军一半，岂是以卵击石？"

这时，班超、徐幹、未君、孔祥广、薛五、饶锦文、沈祥、赵森、荻花皆在城上。

沈祥喊道："山下的贼虏听着，我乃沈祥，尔等夺我姑墨，早晚必将讨回。"

阿丘听了大怒，道："汉人贼子，你占我姑墨，夺我爱女，无耻至极，我必食汝肉，抽汝筋，寝汝皮。"

荻花在城上说："母亲，你走吧，我不想伤你！"

龟兹王建道："荻花，你母亲是仁爱之君，之所以造成现在骨肉分离的局面，皆因汉人班超和沈祥。如今班超和沈祥就站在你身边，你只要杀此二人，就还是姑墨的公主，未来的姑墨女王。"

沈祥大怒，引弓欲射龟兹王，因射程远，箭无力，箭到了龟兹王面前，被龟兹王挥剑斩断，城下的龟兹大军士气大振，口中齐喊："龟兹王！"

龟兹王颇为得意，引弓射向沈祥，命中沈祥手臂。沈祥"啊"的一声，城下之人又是一声齐喊。荻花面露惊慌，扶住沈祥，问："夫君伤情如何？"沈祥道："无碍，要不了性命！"班超道："来人，带沈祥下去救治！"两名士兵扶住沈祥下了城。

荻花对左右道："取我的宝雕弓来。"两名侍从说了声"是"，从身后将荻花的宝雕弓取来。此弓极为沉重，姑墨一国之中，只有荻花和阿丘可以拉开，所用箭杆用的是阴沉木，较寻常箭杆沉重许多。只见荻花跳上城墙，引弓射箭，龟兹王虽在百步之外，但荻花一箭命中龟兹王左眼，射穿后脑。龟兹王口中发出"啊"的一声，手扶住箭杆，随后落马坠地。

荻花跳回城内，听城下一片惊慌。阿丘用力呼喊龟兹王的名字，但是龟兹王已经没有了呼吸，阿丘站在城下，喊道："荻花，你犯了天条了，你可知你杀的是何人？这是你的亲生父亲，你犯了弑父大罪。"

荻花身躯一震："什么？龟兹王是我的父亲，我怎么从来都不知道？"无数个念头在荻花脑海闪过："我的父亲不是被母亲杀了吗？"

这时赵森和饶锦文在一旁嘀咕："无怪乎阿丘杀了荻花的父亲，原来真正的父亲是龟兹王。"好像一切都有了答案：姑墨为何与龟兹关系如此紧密，阿丘败逃后为何逃往龟兹，龟兹又为何助其复国。

班超拔出佩剑，高喊："传我军令，大军全部出城，迎战龟兹！"

传令兵大喊："汉使有令，开城迎战龟兹！"

是时，城门大开，疏勒军、姑墨军、鄯善军全部出城，龟兹王已死，姑墨女王阿丘无心恋战，怀抱龟兹王尸首，被汉军围定。龟兹军群龙无首，这时，潘辰看出龟兹大军露出败象，带着部众，率先往北逃去。其余龟兹军顿时惶恐，往北四散，班超大军趁势掩杀，如摧枯拉朽。

班超将荻花带到城下，对阿丘说："阿丘，投降吧，念在荻花的面上，我不杀你！"

阿丘面露凶色，道："班超，我恨不得食汝肉，寝汝皮！"

班超不想与之争辩，对赵森道："将阿丘押到城内，与齐黎一起听候处置！"

阿丘对荻花道："荻花，姑墨从今以后就交给你了，但是永远不要臣服大汉！"说罢，从裤腿中拔出一把匕首，插入自己的心脏，倒在了龟兹王身上。荻花大惊，上前握住阿丘的手，大喊："母亲！母亲！"阿丘双目睁得浑圆，望着荻花，用尽最后一丝力气，道："记住我说的话！"

这时，班超对城下的姑墨人喊道："姑墨女王荻花在此，归降荻花女王者，一律免死。"

姑墨兵听到班超的话，全都丢下兵器，站到了荻花的身后，一些龟兹兵也放下了兵器，混在了姑墨人之中。

龟兹军四散奔逃，疏勒军狂追，于阗和鄯善因与龟兹没有仇恨，看到龟兹军退，就不再穷追，疏勒军见于阗和鄯善的军没有跟来，不敢孤军深入，返回莎车王城。

薛五、饶锦文见到班超，抱怨未君和孔祥广畏敌不前，未君和孔祥广称担心有伏兵，薛五问伏兵何在。孔祥广说如果见到伏兵，可能就已经身死沟堑，不能在此吵架了。

班超想起没有见到尉头、温宿两军，劝说众人不要再吵，问饶锦文精绝的援军现在何处，饶锦文答还在和阗河上游，似在观望，相机行事。

天渐大亮，太阳照耀着莎车王城，城下死尸一片。莎车人正在搬运尸体，送往草原填埋，忽然城外来了一支军队，如惊弓之鸟一样的莎车人吓得四散逃开。

正中一人走下马，右手护胸，对城上的人说："我乃精绝都尉百里牧，前来拜见汉使，敢问汉使何在？"

赵森道："本将左侧的这位大人就是汉使，你找汉使何事？"

百里牧道："数月前，莎车王派兵攻下精绝、且末，授予末将精绝都尉之职。自精绝被破，精绝大小事务皆受莎车掌控。一个月前，听闻汉使要围攻莎车，齐黎命莎车军押解精绝、且末军队，驰援莎车，驻守和阗河。驻守期间，我军与且末一兵一卒也没有出动，所幸汉使乃天兵神将，使用奇谋大破莎车，击溃龟兹五万大军，实乃西域之幸。百里牧与且末都尉叶尼商议，愿绑缚莎车骑君山童，投降汉使，从此听凭汉使差遣。"

百里牧说罢，将山童押到军前，众人见山童被五花大绑，皆十分高兴。班超开城，来到山童面前，将山童身上绳索去了，将山童扶起，道："山童骑君连破两国，威震西域，班超早有耳闻。只不过从今往后，不能再到他国寻衅，应当以保境安民为大任！"

山童泪眼婆娑，道："这都是受了齐黎指使，从今往后，山童效忠汉使。"

班超哈哈大笑，左手挽住山童，右手挽住百里牧，口中唤着叶尼，进了莎车城。

沈祥躺在床上，薛五、饶锦文前来探望，将阵前军情说与沈祥，道荻花是龟兹王与阿丘的女儿，荻花亲手射杀龟兹王，荻花母亲阿丘伤心过度，当场自杀。沈祥大为吃惊，说他不知道荻花是阿丘和龟兹王的女儿。饶锦文道："不单你不知道，你那女王老婆也不清楚。难怪阿丘杀了自己的丈夫，原来没有感情。"

薛五道："其中的秘密只有姑墨的老宫女才能知晓了。听我夫人说，龟兹王建曾经因为夺位在姑墨避祸两年。我猜想，龟兹避祸期间，为了能在姑墨立足，卖力地讨好了体格精壮的阿丘，后来日久生情，阿丘的丈夫发现了阿丘和龟兹王的关系，才被阿丘忍痛斩杀。"

饶锦文争辩道："你怎知忍痛斩杀？兴许迫不及待。你看荻花貌美，与阿丘颇有不同，定然是龟兹王年轻时俊美，吸引住了志福的岳母大人。"

沈祥颇不耐烦："你们说的什么乱七八糟的，陈年旧事就不要再提了！"

薛五道："陈年旧事可以不提，但是有一件事你可以放心了。"

沈祥问："何事？"

薛五道："你可以放心生孩子了。现在我们知道阿丘杀死自己的丈夫是因为她生了龟兹王的孩子，说明姑墨女王生下公主就杀了自己丈夫的传闻不属实。"

沈祥从床上蹦起来，喜道："薛五你说得太对了，这回我可以生孩子了！哈哈，我这就去见荻花。"他从床上跳下来，离开了房间，往来奔走，找到了荻花。荻花虽恨阿丘，但阿丘和龟兹王已死，荻花内心悲伤。沈祥不顾荻花丧母之痛，挽住荻花的手，叫道："荻花，我们可以生孩子了！"荻花一愣，沈祥面带喜色，将薛五的话说给荻花道："龟兹王是你父亲，那你母亲杀死的男人就不是你真正的父亲。说明……"荻花看着沈祥惊喜的表情，"啪"地打了沈祥一个耳光，愤然离去，沈祥愣在原地。

三日之后，荻花和沈祥离开了莎车。建和阿丘死了，荻花要将尸首拉回国中安葬，此外，姑墨需要整顿，防备温宿突然侵入。姑墨与温宿比邻，虽同受龟兹管制，但两国互为水火。姑墨在莎车之战中损伤较大，而温宿和尉头得知莎车被破，趁机回国了。

临行前，班超吩咐沈祥好生照料荻花，沈祥却一心想着生孩子，对班超的话充耳不闻。班超见沈祥双目失神，回望薛五、饶锦文。薛五、饶锦文佯作不知。

又三日，孔祥广找到班超，道莎车之患已除，在莎车滞留多日，该回国复命了。班超再三挽留，孔祥广说将士思归，恐有匈奴来犯，班超这才应允。

此一战，班超威震西域，班超将莎车大捷报与汉章帝。章帝大喜，命宦官将捷报于朝堂念三遍，章帝道："自朕登基以来，未尝有此大胜，心甚慰。朕继位之初，诸位爱卿劝我将班超召回，朕见班超有大志，胸怀一统之远略，命其为长史，选派义士、刑徒千人，相助班超。今日班超大破莎车，射杀龟兹王，功照千秋！"

众文武纷纷应和，夸赞章帝有伯乐之才，有相马之能，并请旨为班超封赏。章帝问众臣，封赏何职为宜，窦固道："班超对朝廷忠心耿耿，永平十七年，超以假司马出使西域，一年转任军司马，七年任将兵长史，虽官职低微，但以汉使之名游刃诸国，在西域颇有威望，尤其是疏勒，两任国王皆由班超选任，掌握生杀之权，可谓位高权重。今莎车大败，班超威震西域，虽无都护之名，却行都护之权。臣斗胆建言，授班超西域都护，便于班超署理西域。"

章帝点头，道："传旨，班超忠于大汉，屡建功勋，授班超西域都护，官秩两千石。西域道远，班超出使西域十一年，不能尽孝。治粟内史，命你为班超增建一处宅院，凡班超之俸禄，皆由其兄长班固领取，赏赐班家黄金千两、白银五千两、绸缎两百匹。"治粟内史领命。

大汉的封赏圣旨还没有传到西域，大汉的商人听闻班超大破莎车，已闻风而动，满载货物，来到了莎车。

班超仍以齐黎为莎车王，但是莎车军队不得超过五千，不得擅自越界。莎车之战后，莎车国力大减。齐黎本以为班超必取其性命，哪想班超并没有杀他，也没有废其王位。齐黎对班超既感激，又敬畏，凡班超所言，皆唯命是从。

班超有命，凡国中有抢劫过往商客者，一概处死。商客有在莎车丢失、被抢货物，可到莎车王城请求赔偿。于是国中奋起保护商客，生怕商客财货有了闪失。

莎车保护商客的举措刺激了往来的商人，东到大汉，西到康居、安息的商人无不将货物屯居莎车。一些原本准备将货拉到大月氏、大宛的大汉商人见到了准备将货拉到大汉的安息商人，在莎车就地交易，易货换货，原地折返，既省时间，又省路程。

班超时常到莎车集市走动，看到往来东西的货物在莎车汇聚，商人用不同的语言在讨价还价，班超心中甚慰。他坐在街角的酒肆，看着街上的风景，一切仿佛回到了洛阳。

第六十八章

潘辰弑子蓝云怒斩夫　受封都护班超会诸王

　　班超大破莎车的次日，狼狈败逃的龟兹兵就将班超胜利的消息带到了疏勒，疏勒国民拍手相庆，笛玉更是命人将汉使府打扫一新，准备迎接班超回国。

　　盘橐城汉使府的院中，班勇向笛玉询问："母亲，父亲离开盘橐城多日，何时才能回来？"

　　笛玉笑道："你父亲打了胜仗，稍作休整，就会回来！"

　　班勇问："既然打胜了，为何还要休整？"

　　笛玉道："因为有的将士受伤了，需要马上治疗。还有无辜的百姓害怕打仗，跑了，需要将他们招抚回来。"

　　班勇道："父亲真是勇敢，以后我也要像父亲一样，做个西域的长史！"

　　这时，蓝云的儿子多骨跑了过来，多骨与班勇年龄相仿，感情甚笃，班勇拉着多骨的手，道："多骨，我父亲又打了大胜仗！"多骨道："汉使大人真是英勇！"班勇拍着多骨的肩膀："真希望我们早点长大，到时候我们一起打仗！"

　　这时蓝云走了过来，将多骨叫了过去，道："回房中读书去！"多骨不肯，蓝云面露凶色，多骨转身回了房里。站在一旁的笛玉见此，面有不快，道："蓝云，你这是怎么了？是班勇欺负多骨了？"

　　蓝云面有愧色，道："蓝云在府中叨扰多年，对公主感激不尽！勇儿待多骨亲如兄弟，从无欺侮。蓝云只是想起我那叛乱的丈夫，不肯让多骨习武从军。此次大人大胜，洛阳定有使节来西域，蓝云想回洛阳，为多骨请个教书先生，教他明白大义！"

笛玉点头，道："是我错怪你了。不过人之善恶与是否习武无关，多骨天性不错，适合习武。"

蓝云道："大义不是天生的，只有像大人那样博古通今，才懂高洁忠义。"说罢，向笛玉告退。笛玉目送蓝云回房，良久无言。

一日夜里，两名黑衣人突然闯入蓝云的房间，将睡梦中的多骨抱走。蓝云大声叫喊，但两名黑衣人跑得很快，而且围墙外早有人接应，两名黑衣人将孩子抛到墙外，又踩着凳子翻过院墙，离开了汉使府。

巡夜的兵丁从未见过有人夜闯汉使府，一时间没有反应过来，等追出去时，已经见不到人影。蓝云甚为着急，骑着快马，单骑去了城门口，问守夜的门吏："是否有人出城？"值夜的门吏道："刚刚有五人出城。"蓝云问："深夜为何放行？"值夜的说："出城的人手中拿着都尉令牌。"蓝云大怒，道："都尉潘辰已经叛变，副都尉薛五尚在莎车，哪来的都尉令牌？"门吏语塞，道："小人以为是薛大人府上的夫人遣人出城，不敢阻拦。"

如今薛五是疏勒王的妹夫，高瓜儿是疏勒的公主，地位尊贵。蓝云不与争辩，道："你速开城门，我要出城。"门吏道："夫人没有汉使府的手谕或者王宫的令牌，不得出城。"蓝云急道："刚才那些人劫了我的儿子。"门吏摇头道："不可能，我亲眼所见，没有你的儿子。"蓝云道："我儿年幼，定是藏在黑衣人的袍下，你如何寻见？"门吏终不肯开门，蓝云拔剑放在门吏脖子上，门吏胆怯，道："这是你强迫我开门，非我自愿。"说罢，命人打开城门。

蓝云出城以后，沿着官道疾行，走出数里，见前方有篝火，遂打马近前。

"你是多骨？我的宝贝儿子，我是勇敢的父亲啊！"

蓝云走到近处，见远近围了三五十人，当中一人抱住多骨，十分亲热，那人他格外熟悉，虽五年未见，但一眼望去，仍是分外醒目。

蓝云身躯一颤，天哪，他竟然还敢来盘橐城！

"潘辰，放下我的儿子！"

潘辰的护卫立即将蓝云包围，潘辰看见蓝云，斥退左右，道："这是我夫人，不得无礼！"蓝云怒道："我没有你这样背弃大汉、背叛汉使的夫君！"

潘辰近乎哀求，道："蓝云，我有苦衷。疏勒王被班超害死，班超还要治我隐瞒不报，附逆之罪。"

蓝云道："男子汉大丈夫，敢作敢当。你明知忠设计杀害大人，却纵容忠，如今还有何话说？"

潘辰道："我追随疏勒王多年，岂能叛他？"

蓝云道："那你就该反叛长史大人吗？"

潘辰道："夫人，此事非三两句能够言明。今日你既然在此，就随我一同去龟兹。"

蓝云道："休叫我夫人。龟兹乃疏勒仇敌，枉你在疏勒任大都尉多年，竟然叛国投敌！"

潘辰道："这也是无奈之举，疏勒已再无我容身之处。"

蓝云道："任你自去，将多骨留给我，我要带回大汉，教他读书做人。"蓝云不说还罢，她说完之后，潘辰顿时像换了一个人。他双臂挥舞，面带怒色："不要跟我提大汉，我现在最恨的就是大汉。没有大汉，就没有班超，没有班超，就没有我潘辰的今日。班超是我仇敌，我决不允许我的儿子回到大汉。"说罢，潘辰将多骨紧紧地抱着。

蓝云上前，想抢回儿子，但是被潘辰的护卫挡住。多骨在潘辰的怀里用力挣扎，口中说着："我要母亲！母亲！"

"我是你爹爹啊！"

多骨哭着说："我没有爹爹，我没有爹爹，我娘说我爹爹已经死了！"

潘辰大怒："逆子，今日我犯险来看你，你竟不认我。也罢，死了一个多骨，我找几个女人再生几个儿子，还叫多骨。"说罢，将多骨高高举起，扔到一旁的杨树上。蓝云见潘辰欲杀多骨，口中大喊"不要"，但多骨已经被扔了出去。那杨树粗如菜盘，潘辰又怀着怒气，多骨的腰撞在树上，只听啪的一声，掉在了地上。

蓝云推开潘辰的侍从，抱起多骨，多骨的腰已经断了，他口中吐血，翻了个白眼，再也没有动弹。蓝云失声痛哭，口中喊着多骨的名字。

一旁的潘辰见此情景，心里顿时起了愧疚，后悔不该杀了自己的儿子。他不想被蓝云指责，也不想见到儿子的尸首，就上马离去，其余侍从也都上了马。

潘辰刚走出二里路，蓝云从身后追了上来。众侍从亲眼见到潘辰杀了自己的儿子，对潘辰之狠辣颇为不满，都不想说话，见蓝云追来，竟没有提醒潘辰。潘辰一边懊恼自己心急，一边懊恼儿子不认自己，没有注意到蓝云由远及近的马蹄声，忽听一声"潘辰，拿命来"，胸口已经被长剑贯穿，再回头，只见蓝云怒气大盛，仇意正浓。潘辰握住刀刃，掉落马下，眼睛看看蓝云，仿佛不能相信突然发生的这一切。他用力地呼吸，却发现胸腹疼痛难当，满地是血，自知命不久矣，想去拉蓝云的手，却见蓝云目中带火，只好将手放了下来，用尽最后一丝力气说："多骨，爹来找你了！"说罢，双目闭合。

正当这时，笛玉带着卫兵追到城外，卫兵将潘辰的侍从包围，潘辰的侍卫一动不动。笛玉见到地上的潘辰，大为惊讶，问蓝云："多骨在哪里？"蓝云双目失神，向多骨的尸体缓缓走去。

莎车平定之后一个月，班超命薛五率领疏勒军先行回盘橐城，只留于阗军在莎车驻守。又两个月，班超命未君率军返回于阗。回国后，未君在国中威望大幅提高，凡于阗士兵，皆以未君参战为荣，于阗王广德甚为欣慰，将国中一应政务全交未君处理。

又一个月，莎车大治，境内无盗贼，班超与徐幹带着千余汉军返回盘橐城。

离开盘橐城四个月，班超十分想念笛玉，距离盘橐城还有五十里，班超告诉徐幹："离开夫人久了，对夫人甚为思念，班超先行一步。"徐幹对班超道："班兄只管放心，现在入了疏勒境内，徐某一定将军队平安带回盘橐城。"

班超快马先行一步。天近正午，他本以为城前聚满了恭候的文武，却见城头聚满了围观的百姓。班超走到近处，才看到城上站着一人，似是要往下跳。

班超远远听到有人在议论，一人对着城上大喊："看你在城头坐半天了，你倒是往下跳啊！"其他人纷纷说："是啊，你快跳啊！我还没有见过跳城的呢，爷在下面都站了半天了！"

班超有些吃惊，暗道：何人如此想不开？他拨开众人，走到城边，才看到站在城墙上那个披头散发的女人是蓝云。

"蓝云，你怎么了？"班超在城下大喊。

围观的人指着班超："这人认识跳城的人，嘿！"马上又有人认出班超："这不是汉使大人吗？"围观的人吓了一跳，连忙跪下。

班超推开众人，进了城内，上了城墙，只见城墙上站着笛玉、薛五、高瓜儿、曾伯等人。见班超来到，众人好像见到了救星。班超问："怎么回事？"笛玉回答："前一阵，潘辰派人混进城里，翻墙进了汉使府，将多骨抢走了。蓝云追到城外，多骨不认潘辰，潘辰一怒之下杀了多骨。蓝云追上潘辰，又将潘辰杀了！"班超大吃一惊，道："竟有这事？"笛玉道："这几日，蓝云茶饭不思，像是变了个人。

今日早上，女官说蓝云不见了，我赶忙命人寻她，半个时辰后，门吏回报，说蓝云在城头上。我们相继来到城上，劝了半天，蓝云只是不吭声，你能回来就太好了，快劝劝蓝云吧！"众人纷纷说："蓝云只听大人的，大人快去劝劝吧！"

班超心惊胆战，走上前去招呼道："蓝云啊，我是班超！"蓝云头也不回，班超继续说，"蓝云啊，事情呢，笛玉都跟我说了，俗话说，人死不能复生，凡事要想开一些！"蓝云仍不回头，班超又想了别的说辞，"多骨是个好孩子，我也喜欢，我还准备教他识汉字呢。不过你别太难过，我可以再帮你寻个好男人，再生几个孩子！只要班超在，就没有人欺负你！"

蓝云终于说了话："我要是早一点将多骨带回大汉就好了，那个人见不到多骨，多骨就不会死了。都是我不好，我应该早点回洛阳，是我害死了多骨。"

班超道："这都是那个人的错，你已经杀了那个人，替多骨报了仇。"

蓝云道："可是多骨再也活不过来了。你知道吗，我亲眼见到那个天杀的将我的多骨杀死，那可是他的亲骨肉，他竟然下得了手！"班超不言，蓝云道，"我真不知道我还如何活下去，在这个世上，我已经没有亲人了。"

班超道："你还有我们啊，我们都是你的亲人。"

蓝云道："我知道大人待我如妹妹，可我不喜欢寄人篱下。大人，我的苦，你无法体会！"

"阿弥陀佛，人如苦海泛舟，生有生苦，老有老苦，病有病苦，死有死苦，求之不得是苦，得而复失是苦，人生苦短，何时可乐？"

众人听到有人大声说话，便转身望去，只见身后站着两人，这两人都是男人，穿着灰色长衫，剃光头发，手持钵盂，背着背囊，正望着站在城头上的蓝云。

"这两人是谁呀？哪里来的？长得这般怪异！"

那两人不理会城下的众人，一人继续道："苦海无涯，回头是岸。施主站在城上，回望身后之人，方知生死之间，众生牵挂。死也罢，活也罢，不过是六道轮回，人降生到世上，除了忍受苦难，还要积攒善缘，今生若无善缘，来生就要承受更大的苦难。"

蓝云问："人死了真的有来生吗？"

那人道："生死轮回，永无休止！"

蓝云自言自语："生死轮回，永无休止！"

正当此时，班超一个箭步冲了上去，将蓝云从城头上拽了下来。众人合力欲制服蓝云，蓝云却没有挣扎。

班超下城，找到了刚才说话的两人，道："多谢两位高僧相助，请入城喝杯茶水，吃些斋饭。"那两位僧人路过盘橐城，知这附近仅此一城，答应随班超入城。

笛玉将蓝云安顿入客房，班超命仪仗准备迎接汉军入城，然后将两位僧人引入议事厅。

佛教经过阿育王时期的发展，体系已经十分完备，因西域诸国征战，佛教传入受阻。班超再通西域，汉明帝遣人到西域求经。时印度被大月氏占领，建立贵霜王朝，取经的人到了大月氏，学习佛法三年，后劝说迦叶摩腾、竺法兰到大汉传教，二人同意，用白马驮经书至洛阳，明帝建白马寺，佛教遂传入大汉。

佛教传入之初，国中百姓多将其所书奉为方士之术，所言皆奉为神佛之言。班超对佛家所言不甚了然，见两位僧人三言两语之言，哄骗蓝云断了轻生之念，对两位僧人不由得起了好奇之心。

侍从给僧人端上茶水，僧人喝过茶水，班超才与之说话。原来，这两名僧人名叫迦南、摩柯，大月氏人，到大汉弘扬佛法，途经盘橐城，因见蓝云寻短见，上前劝说。班超在城上听了二人的话，发觉此二人所说的话，与儒、道大有不同，道："听两位高僧语义高深，一时间难以体会，可否详细解说？"那两名僧人腹中饥饿，想在班超府上化些斋饭，但又不便言明，遂与班超耐心解说佛法，以待斋饭。

天近黄昏，徐幹回到汉使府，见班超与两位僧人相谈甚欢，道："班兄急着回府，怎不见嫂夫人？"班超这才想起笛玉，他对两位僧人道："家有一妹，近遭不幸，儿子惨死，丈夫叛逆，两位高僧可肯度化，助其成佛？"

迦南道："佛言，修行者不近女色，禁色欲，我等皆不可靠近女施主。"

班超问："舍妹若再有轻生之念，该当何如？"

迦南道："小僧现有《妙法莲华经》一部、《四十二章经》一部，可誊抄一份，赠予女施主。"班超道："高僧可将经书交与我，我命属下誊抄就是。"迦南道："经书乃是圣物，赠予女施主经书，是度她向化，须虔诚亲为。如果施主不弃，允许小僧与摩柯在此处誊抄数日。"班超笑道："如此甚好！"随即命人安排客房和斋饭。

是日夜里，笛玉将班超引至马棚，班超见马棚内有战马数十匹，皆披铠甲，束面具，甚为奇怪，问："此马从何而来？"笛玉道："皆为潘辰侍从所骑。"班超大惊，召潘辰侍从讯问，得知潘辰部众三千人，其将士、战马皆披甲束面。班超知潘辰此举是为应对汉军弩机，又问侍从："三千人何在？"侍从答："军队屯在盘橐城外三十里的胡杨林中。"班超亲率疏勒骑兵五千连夜赶至潘辰营地，潘辰旧部仍在，奈何粮草将尽。

班超分发食物与诸将士，诸将士皆为疏勒人，因潘辰反叛，不得已背叛疏勒，见班超亲至，主动请降。班超大喜，道潘辰旧部建制不变，改名为铁甲营，命令疏勒人纳凉为铁甲校尉。

十日后，迦南将经书交给班超，带足干粮，往洛阳去了。班超将经书交给蓝云，蓝云如获至宝，闭门不出，在房中日夜修习。

迦南、摩柯走后数日，洛阳传来圣旨，授班超西域都护，授徐幹为将兵长史，授薛五为军司马，授饶锦文、赵森为戊己校尉，授沈祥、田虑为宜禾左右都尉。

接到西域都护任命，班超命田虑将圣旨誊抄数十份，分发诸国，命诸国国君前往疏勒拜见都护。徐幹建言，诸国道远，大会诸王，诸王恐不会至。班超道："朝拜即臣服，不肯朝拜者，则有二心。今莎车初定，南道通畅，如于阗王年迈者，可选派重臣、太子朝拜。"

除大月氏、安息、乌孙诸国道远，其余诸国皆派发文书。文书发出一个月，尉头王先至，饶锦文将尉头王到来的消息告诉班超。班超命徐幹将其迎至汉使府。尉头王见到班超，伏地叩拜，道："下臣有眼无珠，冒犯上使，请上使恕罪！"班超问："尉头王所犯何罪？"尉头王道："上使包围莎车，下臣风从龟兹王，驰援莎车，欲与温宿王伏击于阗，犯了附逆之罪。"班超问："附逆该当如何？"尉头王满头大汗，道："附逆当诛！"班超凝视尉头王良久，见尉头王汗如雨下，将尉头王扶起，道："尉头王亲至，足见至诚！念你没有酿成大祸，又诚心归附，免其罪责。"尉头王再三叩谢。

听闻尉头王到疏勒奉召，温宿王担心班超责难，带了侍从百人连忙出城。两日后，温宿王来到盘橐城下，他背上绑着荆条，仿效廉颇请罪。班超召温宿王至议事厅，去其荆条，温宿王落泪，道："温宿常年受龟兹欺压，甚至曾被姑墨吞并，为免受辱，不得不听命于建。今建大败，愿诚心归附大汉。"班超点头，命人将温宿王请至馆舍。

又数日，沈祥来疏勒拜见班超。班超质问沈祥："荻花为何没有亲至？"沈祥对班超轻声附耳："荻花怀了身孕，往来盘橐城道路崎岖，恐难以经受颠簸之苦，我代为拜见。"班超笑道："你与荻花成婚多年未曾生育，荻花何以突然怀孕？"沈祥道："以前担心生下女儿，荻花将我杀了。现在知道荻花母亲杀的不是荻花父亲，就无所顾虑了。"班超摇头，道："姑墨的习俗真是捉摸不透。"

此后，莎车王齐黎、于阗太子未君、鄯善驸马孔祥广、精绝王、且末王相继来到疏勒，拜见班超。又一月，车师六国遣使臣拜见，大宛、康居遣重臣来贺，葱岭以西南北两道诸国，只龟兹、焉耆未派使节。

是时，车师前王沙岸已经战死，车师诸王，班超再不认识一人。

班超在盘橐城外筑高台，大会诸王。时秋风烈烈，班超大阅疏勒兵，两万疏勒军气势雄浑，特别是汉军的弩机营和疏勒的铁甲营阅军时，诸国大为震惊，皆以为不能敌。

半月后，诸国国君、使臣相继回国，在返程的途中，刚刚归附的国王们身上冒着冷汗，尤其是温宿、尉头二王，更是庆幸自己有先见之明，及时来到了盘橐城。疏勒的经历让他们已经看到，以班超的军力，龟兹再难取胜，加上于阗、鄯善的支持，班超在西域再无敌手，统一西域势在必行。

莎车之战，彻底扭转了班超在西域的局面，曾经四处挨打的疏勒再无军队来犯。

一个寒冷的深夜，炭盆中，炭火"吱吱"作响，班超望着绢布上的西域地图，凝视着尚未归附的龟兹、焉耆，以及葱岭以西的大宛、康居，陷入深思。龟兹王建死后，随建征战的二儿子尤利多趁机杀回它乾城，杀死了自己的哥哥盖比，夺得了龟兹王位。听说温宿王、尉头王臣服班超，尤利多正在酝酿一场复仇之战。龟兹虽再无往日雄风，但国力未受损，根基未动摇，再者焉耆国力与龟兹不相上下，焉耆有地势之险，倚仗自身优势，敢与大汉用武。好在近年匈奴受到压制，没有派兵，否则未来胜败难有定数。

葱岭以西是大宛、康居、大月氏和安息王朝，尤其是大月氏和安息，国家富庶，商人也没有几个真正到过。班超有些心驰神往，这些年，他一直疲于征战，与葱岭以西的诸国往来较少，是否应当亲自过去看看呢？

一阵凉风吹来，油灯上的火苗顺着风向摇摆。班超觉得腿有些凉，班勇推开房门，头探了进来，道："父亲为何还不睡？"班超将袍子披在班勇肩上，将班勇抱了起来，道："现在就去睡。"又是一阵风吹过，房内的油灯熄灭，那幅被油灯照亮的西域全图被黑色遮蔽，沉寂在了西域那寒冷的夜中。

第六十九章

诱杀盖比尤利多篡位　白霸弑逆败逃它乾城

话说建初八年初冬，班超大破莎车后，龟兹王建兵临莎车王城。时龟兹二王子尤利多随建出征，龟兹王在莎车王城下叫阵，荻花引宝雕弓射死龟兹王，龟兹军心大乱。

潘辰看到龟兹王已死，龟兹败象已露，率领所部，悄然离开。龟兹大军看到潘辰部后撤，再无斗志，班超趁机开城出战，龟兹军纷纷败走。

二王子尤利多见莎车城门大开，本欲一战，但班超大军倾城而出，气势夺人，尤利多见龟兹军面色惊慌，畏敌如鼠，遂下令撤军。

所谓兵败如山倒，龟兹的败军丢盔弃甲，疯狂奔逃百里仍没有追上潘辰的败兵。见没有敌兵追来，尤利多陆续收集残兵。尤利多命大将军廉羽清点兵马，廉羽回报，尚有大军两万人。尤利多长出一口气，他扶住头盔，道："主力尚在，还可一战。"廉羽道："莎车城破，我军新败，眼下士气低落，断不能再战。"尤利多问："该当如何？"廉羽建言："大王已死，我们应当撤回它乾城，重整旗鼓，伺机再战。"

听闻龟兹王已死，温宿王、尉头王带领所部就地拔营回国。龟兹军丢盔弃甲，粮草损失殆尽，听说温宿王、尉头王提前撤军，尤利多大怒，欲追杀温宿、尉头二王，只因两军逃跑甚快，尤利多追赶不及。

龟兹军途经疏勒时，尤利多避开盘橐城，绕道沙漠，险些迷路。走出沙漠，龟兹军饥饿难耐，来到温宿境内，温宿王为防龟兹王趁乱洗劫，拒不开城，只从城上投下些活羊。但龟兹人多，些许活羊无异于杯水车薪，尤利多大怒，于是纵兵劫掠。

依靠劫掠牧民的羊群，龟兹人回到了龟兹国。

入城前一夜，廉羽来到尤利多的军帐。廉羽屏退左右，对尤利多道："大王生前身体康健，没有立储，现在大王已经过世，按照长幼顺序，当立大王子为王，不知道二王子有何谋划？"

尤利多道："王兄贤德，我入城之后，当奉王兄为王。"

廉羽是尤利多的舅舅，听尤利多如此说，对其斥责："公子愚见！汉人有言，王侯将相宁有种乎？你以为王位都是父亲给的，其实不然。昔日你王爷爷仙去，曾对左右侍者颁布诏令，命你父为王。但你父历尽磨难，才得以从你叔叔手中夺得王位！"

尤利多惊讶，道："这究竟是怎么回事？"

廉羽道："你王爷爷生前有一位宠妃，名叫蝉，蝉育有一子，名叫姬。蝉依仗宠爱，杀死老王的侍从，宣称老王传位于其子姬，并缉拿先王。先王逃至姑墨，日夜担忧，生怕姑墨将其交给蝉。为了能在姑墨立足，先王不惜讨好当时的公主阿丘，得以潜伏姑墨两年。蝉傲慢自大，一日，北匈奴左谷蠡王至，蝉拒不开城，左谷蠡王到了姑墨，受到先王热情款待。当时的左谷蠡王就是今日的优留单于，优留单于与先王十分投缘，后匈奴大军亲至，杀死了蝉及其子姬，改立了先王，这才有了你父王称霸西域的事！"

尤利多恍然，道："原来父王还有这段旧事。那姑墨女王阿丘颇为丑陋，父王怎能与她相好？"廉羽道："此先王韬光养晦之策。先王自立之后，先后纳娶了两位夫人，一位是盖比的母亲莪，一位是你的母亲，也就是我的妹妹虞。盖比长你两岁，国中确有威望，但你有手握军权的舅舅，只要你振臂高呼，国中无有不从。"

尤利多道："我与王兄相处融洽，不忍夺其基业。"

廉羽道："龟兹的天下不是你王兄的，而是你的。先王去世前，命盖比守城，命你随驾。先王本意是想让盖比治理王城，却没有想到自己身死他国，如今军队尽在你手中，天意将龟兹王位传你。若你心怀妇人之仁，则盖比必心怀忌惮，将你杀死。是时，你手无寸铁，身无侍从，如何反抗？"

尤利多咬牙切齿道："舅舅所言，振聋发聩。今军队在我手中，天将龟兹王位传我，不取对不起父王。"

次日，尤利多遣人入城，拜见盖比，道："龟兹王偶染微恙，召大王子到城外中军大帐拜见大王。"诸国相距甚远，龟兹王被杀的消息尚未传到龟兹。盖比听说龟兹王染病，问送口信的侍从："父王身患何疾？"侍从答不知。

盖比将要出城，三王子白霸拦住盖比，问盖比将去何处，盖比道："父王身染疾病，召我前去探望。"白霸道："既然是探望，应该命你带上医官才是。"盖比道："军中有医官，草药俱全，可能是父王想念我，特意召我。三弟，你守好城池，做好迎接父亲的准备。"白霸称是，但隐隐有一丝不安。

盖比巳时三刻出城，大军午时进城。白霸大开城门，在城门口迎接，是时，卫队快速占领了城门，二王子尤利多和大将军廉羽并肩入城，不见龟兹王和盖比。

白霸跑进城内，拉住尤利多坐骑的缰绳，喊道："二王子，父王和大王子何在？"尤利多道："刚才大王子到城外迎接本王子，很不幸，大王子刚进大营，就被一名姑墨人刺杀了。"白霸大为震惊，道："大王子不是奉父王之命接受召见吗，怎么会被刺杀？"

廉羽道："大王在莎车之战中已经被姑墨人荻花射杀，怎么会召见大王子？"白霸又是一惊，道："你说什么？父王被杀了？"尤利多看着白霸，点头称是。白霸情绪激动，道："这怎么可能！"

廉羽道："三王子，先王已经被杀，大王子也死于姑墨人之手，如今二王子为长，你还不拜见王兄？"白霸尚未回神，对着尤利多低头一拜，尤利多笑道："三弟不用多礼，我已将凶手擒获，来人啊，将杀害大王子的姑墨人带上来。"两个卫士将一名穿着姑墨装束衣服的男子架了上来，那名男子口中塞了一块羊皮，口中不能言。尤利多指着被缚的人道："此人就是杀害大哥的凶手。"说罢，廉羽递给尤利多一把弓箭，尤利多一箭射入那人胸口，那人跪在地上，挣扎两下，便死去了。

廉羽大喊："二王子为兄报仇，神勇！"众将士高喊神勇。

廉羽从马背上跳了下来，道："国不可一日无君，二王子为长，又兼神武，末将提议，请二王子就任龟兹王大位。"

尤利多也不推辞，他拔出佩剑，高举过头，道："即日起，本王子继任龟兹王，如有不服者，我必杀之！"众将士全部跪在地上，无不服者。

当日，尤利多住进王宫，将宫中年迈妇人尽数驱赶，招其父夫人数人侍寝，又命廉羽从龟兹选宫人一百，以享用之。

三日后，白霸率部千人突袭王宫，杀尽守卫，欲为兄报仇。尤利多身边的卫士拼死相抗，等来了廉羽的大军，白霸不敌，率残兵百人，逃出城外。

白霸一行疾驰百里，方才摆脱追兵。三日后，白霸逃到了姑墨的石城下。姑墨与龟兹交好，守城的卫士不敢阻拦，将其迎入城内，安置在了馆舍。

又三日，荻花和沈祥回到姑墨，听闻白霸现在城中，来到白霸的馆舍，问白霸为何来到石城，白霸俱言经过，道："尤利多将王兄引入城外，将其杀死，篡夺了王位。我为兄复仇失败，特来投奔。"荻花和沈祥皆吃一惊。

是时，荻花将龟兹王建和阿丘的尸身全都运回姑墨，放在地窖冷藏，又择定墓穴，准备下葬。白霸听说父亲的尸身就在姑墨，向荻花请求祭拜，荻花知白霸乃自己的弟弟，打开地窖，准其祭拜。白霸祭拜完父亲，荻花跪在地上，也向建的尸身叩首。

白霸知道是荻花射杀了自己的父亲，但其中经过，白霸已经知晓，并不怪罪荻花。荻花落泪，道："是我亲手杀了龟兹王，母亲也因此自杀。"白霸安慰道："当时的情形由不得你，再说那时你并不知道父王就是你的父亲。"荻花含泪抽泣，片刻方归平静，白霸问："女王准备将父亲如何安葬？"荻花道："你还是叫我姐姐好了，我准备将龟兹王和母亲合葬在姑墨山。"白霸道："姑墨山靠近龟兹，我担心尤利多会来惹事。"

数日后，尤利多果然兴兵而来，要求荻花打开城门，将龟兹王尸首还给龟兹。荻花准其入城，但不准大军入城，只能带随从三人。尤利多拒不入城，他坐在城下的坐骑上，背靠大军，对着城上的荻花道："荻花，速将我父金身还我！"

荻花说："尤利多，你大败之时，行为狼狈，置乃父于不顾，遁逃千里，今日有何面目来要尸身？"

尤利多不谈战败遁逃，道："龟兹王乃是我生父，你有何理由留置金身？"荻花道："龟兹王也是我的生父，女王与龟兹王恩爱，又死在一处，理所应当合葬。"尤利多发出一声冷笑，道："阿丘与我父王一为姑墨王，一为龟兹王，无夫妻之名，何来合葬之说？"荻花对答不上，沈祥道："虽无夫妻之名，却有夫妻之实。"尤利多又是一声冷笑："你是说城上的姐姐吗？父王已死，死无对证，任凭阿丘一人说话，难有人证。再者，即便有夫妻之实，那也是先王一时风流，难道先王的每一个女人都要与先王合葬吗？"

荻花和沈祥难以对答，荻花知道阿丘深爱龟兹王，才不远千里将龟兹王尸身运到姑墨，哪肯将尸身交出。荻花道："我将龟兹王和母亲的金身合葬在龟兹和姑墨的交界，你我都可前往祭拜。"

尤利多道："如果先王和你母亲合葬，我母后将来过世，又与谁合葬？再者龟兹人祭拜时，是拜祭先王，还是祭拜你母亲？"荻花不言，尤利多拔剑在手，道："荻花，你若迟迟不肯交出我父王的金身，我便亲领大军，荡平你姑墨。"

荻花道："让我交出龟兹王尸骨也可以，你须答应我一个条件？"

"什么条件？"

"即便不能合葬，也请你将龟兹王葬在姑墨交界，寒来暑往，荻花也能前往拜祭。"

尤利多还剑入鞘，道："准了，我答应你的要求，请放还先王金身吧。"

荻花命人将龟兹王建尸首运出城外，尤利多验完真身，对荻花道："谢过姐姐了。我听说白霸就躲在城中，烦请姐姐照顾好白霸，待父王下葬，我就来接他。"说罢，大笑而去。

沈祥重捶栏杆，道："欺人太甚！待我生了儿子，一定灭他！"荻花瞪了沈祥一眼。

尤利多将建的尸身运走后，荻花命人打探建下葬的位置，以便比邻安葬阿丘。哪知过了半月，龟兹传来消息，尤利多背信弃义，将建安葬在了龟兹北五十里的燕巫山。荻花大怒，悔不该将龟兹王尸身让与尤利多。

又三日，荻花将阿丘葬在了靠近龟兹的姑墨山。

尤利多索要回龟兹王建的尸身之后，声威大震，国民信服，国中文臣武将纷纷劝说尤利多早日兴兵复仇，重建龟兹西域霸主之位。

朝堂上，尤利多道："杀死先王的是荻花，但真正的仇人是班超，如无班超的调虎离山计，莎车不会破，龟兹王不会殒命。"众人点头称是，尤利多道："眼下龟兹战败，士气低落，欲战班超，须有强兵之策，诸位有何办法？"

众人不言，廉羽道："昔日龟兹强盛，有姑墨、温宿、尉头依附，连兵五万余，纵横西域，未尝有敌手，故而降伏莎车。后有班超联结疏勒、于阗、鄯善三国之兵，控弦六万，以不足半数之兵力，大破我军。由此观之，一国之雄健难以敌众，诸国连兵方能大胜。"众人纷纷点头，称赞廉羽见解独到、深刻。

尤利多道："今姑墨、温宿、尉头臣服班超，难以连兵，该当如何？"

廉羽道："西域诸国，姑墨、温宿皆小国也。我龟兹倚仗匈奴，称霸西域，今龟兹王可仿效先王，联合匈奴，进攻班超。班超兵少将寡，难敌匈奴。再者，北有乌孙，西有大月氏，皆可连兵。"

尤利多起身，道："传我命令，委任使节，携带重金出使匈奴、乌孙、大月氏、康居、大宛，务必使其与我龟兹同仇敌忾，共抗班超。"

白霸在姑墨躲避数月，见姑墨无力助其复国，欲东进匈奴，请求匈奴助其夺回王位。白霸向荻花表露想法，荻花道："匈奴道远，难寻踪迹。再者匈奴虽强，亦未必肯助你。"

白霸道："王兄惨死，不复仇，大王子难以瞑目。"于是荻花赠其金银、干粮，白霸携士卒百人，轻骑赶往匈奴。行至焉耆境内，白霸遇到尤利多派往匈奴的使节，双方大战，白霸寡不敌众，败逃，尤利多使节穷追不舍。侍从被冲散，白霸率残兵三五人躲藏至焉耆牧民家中。

焉耆牧民知草原裸露，不能藏人，将白霸等人引入地窖躲藏。尤利多使节追至牧区，翻找所有牧民帐包，不见白霸，愤然离去。白霸从地窖中出来，暗道焉耆王乃自己的舅舅，虽与先王有隙，但对自己还算亲睦，不如投奔焉耆王，向其借兵，如借兵不成，再向东寻匈奴。

想到这里，白霸向牧民表明身份，表示要见焉耆王。牧民见白霸长得白净，对其十分喜爱，打算将其救下后，留他做女婿，不想他竟然是龟兹王子。那牧民十分遗憾，命其女儿少绫将白霸带到焉耆击胡都尉军帐，只盼白霸能对其女儿生出一丝好感。白霸见到击胡都尉，被击胡都尉请入军帐。稍后，击胡都尉带白霸去往南河城。临行时，少绫请求与白霸同行，击胡都尉问白霸是否准许，白霸只道少绫是好意，劝其回去，少绫不肯，白霸只好准其同行。

数日后，白霸抵达铁门关。铁门关北侧是天山，南面是河，地势险要，自永平十八年，龟兹王建兵临城下，铁门关被焉耆王派重兵防守。过了铁门关，是一条狭窄的险道，沿着险道走八十里来到开都河，开都河水流湍急，击胡都尉骑马走苇桥渡河。过了开都河三十里，是南河城。南河城是西域的大城，与它乾城大小相当，站在城下，可远望北面的天山。

第七十章

被逼成婚白霸杀海库　遭遇追杀沿途屡遇险

　　击胡都尉入城拜见焉耆王，将白霸求见的事说与焉耆王，焉耆王将白霸请入王宫。白霸入王宫，在殿外见到尤利多的使节，大惊。尤利多的使节见到白霸，也是大吃一惊，随后露出狰狞表情，嘴里发出嘿嘿之声。白霸稍稍镇定，他整理衣冠，入王殿拜见焉耆王，留使节和少绫在殿外等候。

　　"白霸拜见舅父！"

　　"哈哈，白霸，你不在它乾城待着，怎跑到我南河城来了？"

　　"白霸受歹人追杀，到舅父这避难来了。"

　　焉耆王佯作震惊："不知道何人追杀外甥。"

　　白霸道："几个山野盗匪，已经被我打发了！"

　　焉耆王又是哈哈一笑，道："快起来吧，随我见过龟兹的使节！"

　　白霸起身，却见殿外的龟兹使节走了进来。白霸认识这位使节，此人名叫泽度，是尤利多的弓箭师父，专门教授尤利多骑马射箭。白霸见此人横眉冷目，右手护胸，对泽度道："白霸拜见泽度师父。"泽度冷冷道："泽度不是三王子的师父，三王子不必对泽度施礼。"

　　白霸道："不知道泽度到焉耆所为何事。"

　　泽度道："这是机密，恕泽度不方便告诉殿下。"

　　焉耆王道："泽度是二王子的弓箭师父，白霸，你和泽度应当好好亲近才对。今天晚上，我在王殿设宴，招待两位，万勿推辞。"白霸和泽度颇感意外，但不好拒绝，只得应是。

焉耆王为白霸和少绫各安置一间客房，将泽度安置在另一间客房，其余侍从住在军帐。赴宴前，少绫来到白霸房中，请求随白霸一同前往。白霸感激少绫，道："酒宴危险，为安全计，留在房中为宜。"少绫道："小女爱慕公子，愿陪公子赴险，请公子准许小女陪同。"白霸颇为感激，心道自己已然落到这般田地，此女仍然不避灾祸，随自己前往，其心可嘉，不如准她陪同，日后再感谢她，于是同意少绫前往。

晚宴开席，泽度先于白霸到场，白霸向泽度施礼，泽度不予回应，稍后焉耆王来到，泽度和白霸起身施礼。

焉耆王看到白霸身后的少绫，问："这位是何人？"

白霸道："此女名叫少绫，焉耆人，数日前，白霸遇袭，是少绫救下白霸。"

焉耆王笑道："原来是我焉耆女子，入座吧。"

众人各自落座，开始饮酒，酒至半酣，焉耆王道："泽度，白天你说你要去匈奴找大单于，欲破班超，可有此事？"泽度看了一眼白霸，道："确有此事。"

焉耆王点头，道："十年前，我攻破都护府，杀了陈睦，大汉将我视为头号仇敌，尤利多如能将汉军破了，那是最好。"

泽度道："临行前，大王告诉泽度，让泽度劝说焉耆王一道抗击班超，不知道焉耆王如何打算。"

焉耆王道："我焉耆如有机会，愿意攻打班超。只是今日不同往日，你龟兹王败给了班超，原本只有三十六人的班超如今拥兵数万，西域除龟兹、焉耆，再无不服者。贸然出兵，千里奔袭，难有胜算。而我焉耆，三面环山，四面环水，地势险峻，纵然不能远征，但自保有余，我焉耆何必自损兵卒，以身犯险。"

泽度是个武人，见焉耆王回绝，心中气愤，道："焉耆王不肯出兵，是不是记恨十年前，被先王擒获之仇！"焉耆王征战一生，唯有此事视为平生耻辱，为此，他还将自己的女儿嫁给了建。国中之人无人敢提及此事，今日泽度提及此事，焉耆王勃然大怒。他猛拍几案："泽度，当初是我先破了它乾城，而后建才胜的我。建之所以取胜，全赖班超的计谋，而非建之勇。来人啊，将泽度赶回馆舍。"见焉耆王发怒，泽度惶恐不已，两名士卒将其架出大殿。

白霸趁机道："舅父勇武，天下皆知。只是有一事，舅父可能不知晓，那尤利多趁我父兵败，带着败兵将大王子引出王城，借机杀之，篡夺了王位。尤利多凶残，多次追杀我，今日焉耆王见罪于泽度，恐尤利多报复！"焉耆王怒气消减："小小尤利多，舅父并不放在心上。盖比的事，我已知晓，今日你一进城，我便知你意，你可是想让我助你得王位？"

白霸曾在洛阳为质，言辞谦和，道："白霸无意王位，只想为兄报仇。"

焉耆王道："盖比也是我的外甥，尤利多却和我毫无干系，若论亲疏远近，自然是你和盖比与我亲近。如今尤利多杀了盖比，我自然为你复国。"

白霸起身拜谢焉耆王，道："多谢舅父。"

焉耆王点头，望着白霸，问："白霸，你今年多大啦？"

白霸道："今年十九岁了！"

"十九岁，不小了，成家没有？"

"还没有，原准备父王打赢这一仗，白霸迎娶温宿王的女儿。现在打败了，温宿投降了班超，再不提娶亲之事了。"

"不要紧，我有一女，年龄与你相当，现将她嫁与你，等你复国之日，将她立为王后，你看可否？"

白霸将要答应，少绫低头轻声说："焉耆王有一女，名叫海库，乃焉耆王醉酒后与宫中老妇苟合所生，年过三十，相貌丑陋，国中人尽皆知。"

白霸眉头紧皱，问焉耆王："不知道那位公主芳名何许。"

焉耆王道："公主名叫海库。"白霸听焉耆王如此说，心头一颤，若非扶着桌案，只怕要倒地，他正苦思如何回绝，就听少绫大声说："焉耆王，公子今日不胜酒力，喝得有些多了。"白霸听了，连忙佯装大醉："谁说我喝多了，我还能喝！"说罢，猛拍桌子。

焉耆王结结巴巴，道："是啊，看着没有喝多。"

少绫道："上次在我家，公子只喝了三碗就倒了。"

焉耆王道："那就先回去歇着。"

少绫将白霸扶回房间。白霸对少绫躬身施礼，道："多谢姑娘搭救！"少绫"咯咯"一笑，道："若你真的娶了海库，可就糟了。传言海库长得又黑又胖，脾气霸道，曾经嫁给一个左都尉，左都尉三年未与之同房，后又嫁给一个左将，左将干脆远遁，离开了焉耆。"

白霸叹道："不会丑陋如斯吧！"

次日，白霸见泽度房门紧闭，问焉耆侍官。侍官道："焉耆王说泽度是尤利多派来的，乃公子的仇敌，焉耆王已经命人将泽度等人杀了。"白霸惊道："我怎没有听到任何声响？"侍从道："大王要求秘密处决，既然是秘密处决，自然不会惊动公子了。"

稍后，焉耆王驾临馆舍。白霸见到焉耆王亲至，惶恐不已，连忙施礼。焉耆王笑道："昨夜本王已秘密斩杀泽度及其侍从，誓与尤利多决裂。"白霸拜谢焉耆王。焉耆王笑道："我与公主议定，明日你与公主在我王城大婚，后我助你夺回它乾城。"

白霸道："白霸与公主从未谋面，怎可匆忙成婚？"

焉耆王怒道："我为你杀了使节，你竟然不肯成婚！"说罢，一众侍从围了上来。

白霸恐惧，这时少绫上前为白霸解围，道："大王，公主美貌，又温柔贤惠，公子定会与公主完婚的。"

焉耆王怒气稍减，他拍拍白霸的肩膀，道："好好做新郎吧！"

次日，焉耆王在王宫举行酒宴，命王公忠臣前来参加，凡到场者，皆免收贺金。

焉耆王命人给白霸换上新衣，到了午时，侍官将白霸引到王殿，满朝文武都看向白霸。白霸含羞低头。稍后，一名女子大步走来，此人面如黄土，脸似圆盘，鼻下生痣，身披红衣，两袖摆风，正是新娘海库。焉耆婚俗与汉不同，没有盖头，故而白霸一眼望尽海库模样，那海库果然如少绫所言，年约三十，形貌丑陋。

海库走上殿来，望向白霸，道："你就是今日的新郎吗？"白霸惊望海库，无声地点头，海库抱住白霸的脑袋，狠狠地亲了亲白霸的脑门，大声道："不许喝酒！"

众文武皆叹："公主对公子真是一见钟情，天生一对啊！"

酒宴开始，众人果然没有对白霸劝酒，白霸问少绫："众人为何不敬酒？"

少绫低声道："担心你不能洞房！"白霸又是一惊，他端起酒樽，开始敬酒，众人不敢喝，白霸自饮一樽，众人不得不喝。少绫给白霸倒满第二樽，白霸将要饮下，海库冲了上来，夺下白霸手中的杯子，摔在了地上，众人皆远白霸。

到了晚上，白霸被请入海库的新房。所谓新房就是将海库原有的房间重新打扫，白霸进入房内后，少绫和侍从尽被拦在院外。夜深，海库大醉而回，白霸大惊，躲进柜中，海库看见白霸衣角，上前拉开柜子，白霸惊慌逃出，海库哈哈大笑。

白霸哀求海库，道："姐姐，你我本是亲戚，何苦责难？"

海库大怒："既然成婚，你我便是夫妻，行房乃是天经地义，何来责难之说？"说罢上前，一把抱住白霸，白霸虽奋力但推不开，被海库扔到床上。白霸将要起身，又被海库压在身下。海库欲为白霸宽衣解带，白霸望见海库蜡黄又宽大的脸，不忍直视，随手拔出护身的匕首，插进海库的后背，海库沉闷地叫了一声，口吐鲜血，指着白霸，白霸将其推开，口中喘着粗气，却见海库已经死了。

白霸不知该当如何。他推开房门，见左右无人，来到院中。他知正门必有守卫，于是翻墙而出，见少绫和侍从正在院外。

"你们怎么在这儿？"白霸问。

"少绫姑娘猜想，你如逃跑，必经此处！"一名侍从道。

白霸由衷感激少绫，对其聪慧也十分敬服。少绫道："公子随我来。"几人悄然离开公主府，随后穿行出宫。那时宫内守卫大醉，夜里没有人巡逻，白霸一行来到城墙下。

白霸道："城门紧闭，难以出城。"少绫沿着城墙走了百步，众人听到了潺潺的水声，少绫道："这是南河城的内河，流经城内。"白霸不解其意，少绫道，"沿着这条河往外走，就可以出城了。"众人恍然。

于是白霸等人脱了外衣，穿着短裤入河。时值初春，天气寒冷，白霸等人入水，不禁打冷战。众人托举着衣服，穿过城墙，来到了城外。

白霸等人换下身上的湿衣，本想找些柴火生火，却来到了一处大湖。这处大湖就是今日的博斯腾湖，它湖面宽阔，是孔雀河的发源地，孔雀河长约一千五百里，最终流向罗布泊。历史没有记载博斯腾湖的名字，我们且称它为博斯腾湖。

站在湖边，少绫问白霸准备去哪里，白霸道："我欲往东寻匈奴。"白霸自知惹了事，道，"我杀了海库，焉耆王必不能轻饶你，你父恐有性命之忧。"少绫道："来时我并未报姓名，焉耆王也不知我是谁，料想父亲无碍。"

白霸道："击胡都尉定然能查到你父。"少绫道："公子放心，父亲曾任焉耆右将，击胡都尉与我父有旧，不会有事。今有铁门关阻隔，如果贸然回去，只会枉送性命。"白霸释然。

少绫随白霸沿着博斯腾湖一路东行，哪知焉耆的追兵次日就追了上来。焉耆王以为白霸还在城中，正在全城搜索，派出追兵少且又分散。追到白霸的只三五人，被白霸及侍从杀了。白霸等人得了马匹，快马东行，行了十日，遇到了泽度。

那日，白霸等人饿了，囊中的水也用完了，前后没有村落牧民，四周皆是荒漠枯草，忽见前方冒起白烟，就快马奔了过去。到了近前，见前方有巨沟，沟里有水，水岸两侧有树，树下有人生火，于是寻着小路下去。那沟看着不深，实则有百丈，好似一个峡谷。众人寻着之字形的坡路，缓缓下行，来到了沟底，喝足了水。见水底有鱼，众人欢呼鼓舞，下水捉了几尾活鱼，正准备生火，远处的人近前而来。

远处的人看到了白霸，白霸也看到了他，那人面露惊慌之色，大喊："是三王子！"稍后，一群人拿着兵器，围了上来，双方对峙。白霸道："泽度，焉耆王不是将你杀了吗？"

泽度道："焉耆王告诉我，他已将你秘密处决，让我继续往东寻找匈奴！"

白霸与泽度恍然，此时方知自己被焉耆王骗了。

泽度有兵卒五十人，白霸只五人，白霸环顾左右，上马奔逃。泽度等人去牵马，白霸已经走远，泽度策马疾追，白霸扬鞭奔逃。

白霸暗自忖度，往西是焉耆，往东是车师，往南是博斯腾湖。眼下焉耆正在寻找自己，往东便与泽度同行，难免会再度相遇，眼下只有往北，才能躲过泽度。

白霸奔逃了五日，穿过车师、东且弥，即今日的吐鲁番、乌鲁木齐，到达了天山北。

继续往北是乌孙国境。白霸与侍从商量，既然无处可去，何不到乌孙碰碰运气？乌孙都城名叫赤谷城，白霸议定之后，与少绫、侍从往赤谷城。

一行人走了三日，遇到土匪十余人，土匪抢去白霸所有财物，欲劫少绫，白霸奋起反抗，杀死土匪两人。众匪大怒，欲置白霸于死地，幸而有乌孙军队路过，将白霸救起。

乌孙军队为首的是乌孙右骑君。右骑君问白霸是何人，白霸自答是龟兹的三王子，欲见乌孙的昆弥。

昆弥，即乌孙的天子。右骑君听说白霸欲见昆弥，将其带到营地，为其更换马匹、粮食。白霸随右骑君走了五日，来到乌孙昆弥的军帐。昆弥召见白霸，问白霸为何来乌孙，白霸道："求昆弥助我复国！"于是白霸将尤利多如何杀死盖比，如何争夺王位的事说与昆弥。昆弥笑道："我听说赤谷城近日来了客人，你不妨到赤谷城走一遭！"

白霸不解其意，只好从昆弥的军帐中退了出来。白霸问乌孙右骑君："赤谷城是乌孙的王城，昆弥为何不住王城？"乌孙右骑君道："三王子有所不知，我乌孙共有两位昆弥，一位是大昆弥，一位是小昆弥。大小昆弥划疆而治，大昆弥住赤谷城，小昆弥遵从匈奴习俗，不住王城。"白霸一惊！他虽居于西域，却并不知道乌孙有大小昆弥之分，于是又问："昆弥刚才说，赤谷城来了客人，这是何意？"

右骑君摇头，道："这些时日我没有去过赤谷城，赤谷城发生了何事，我也不知道。"白霸于是随右骑君往赤谷城，走了十日，右骑君指着西南方向，道："沿着这条路一直走十日就是赤谷城了，那是大昆弥的领地，我不方便前往。"白霸拜谢右骑君，与少绫和侍从继续往西。

走了两日，白霸幡然醒悟，告诉少绫等人，道："不去赤谷城了，绕道回姑墨！"少绫问："为何？"白霸道："尤利多能去匈奴借兵，自然也会想到来乌孙借兵。小昆弥说，赤谷城来了客人，我料想所指的就是尤利多派去的使节。"众人恍然。

一行人换上乌孙人的服饰，将自己打扮成乌孙人模样，因模样相仿，倒也无人在意。将近赤谷城时，白霸格外小心，哪知刚过赤谷城，白霸又遇上了劫匪。乌孙民风彪悍，白霸不能抵挡，小昆弥赠送的盘缠又被抢劫一空。好在少绫女扮男装，又逢春寒，少绫的脸被冻得红通通的，劫匪没有认出她是女子，这才将其放过。

行走一日，白霸饥饿难耐，天将黄昏，一行人来到一处牧民帐包，想讨些吃喝。牧民正在放牧，没在帐中。白霸等人见帐内的火没有熄，锅里的肉还在翻滚，便用叉子将其取出，与众人分食。大家刚刚吃完，牧民就回来了，看到白霸将锅里的肉分食干净，顿时大怒，他抓住白霸的衣领，要他赔钱。少绫拉开牧民的手，道："我们刚刚被劫匪抢劫，没有钱了。"牧民不信，这时又一牧民回到帐中，白霸见到此人，认出他就是刚才其中一个的劫匪，抓住此人，命其还钱。

适才劫匪众多，白霸不能抵抗，现在帐中只有两人，白霸底气就充足了许多。那劫匪起初不认，但少绫从那人身上搜出了银块，劫匪才低头承认。帐包的主人与劫匪是兄弟，见此情形，连忙跪在地上，请求饶命，白霸本不想取其性命，取回盘缠，便将那匪人放了。

第七十一章

借道乌即白霸被擒　提防乌孙班超欲和亲

离开帐包，白霸寻了一处山坡，取了些树枝，生火取暖。哪知过不多时，就有军队将白霸围了起来。白霸认出，为军队领路的就是帐中的匪人。

领头的人是大昆弥帐下的左骑君，他不与白霸说话，手下的士卒不由分说将其抓了去。白霸等人双手被缚在一起，人被放在马背上，士卒牵着绳子，赶往赤谷城。

天过二更，白霸等人到了赤谷城，被左骑君领进大昆弥大殿。大昆弥尚没有入睡，听说左骑君抓了几个形迹可疑的人，端坐在王座上。大昆弥问左骑君："所抓的是何人？"左骑君支支吾吾不能答，转头问白霸："喂，大王问你们是何人？"

白霸回答："我乃龟兹三王子白霸，特来拜见大昆弥的！"

大昆弥疑惑，问："你见我何事？"

白霸道："二王子尤利多设计暗杀了大王子盖比。为报王兄之仇，白霸特来乌孙拜见大昆弥。"

大昆弥道："你和尤利多同是盖比的兄弟，尤利多杀了盖比，你和尤利多还是兄弟，为何要为兄报仇？"

白霸道："尤利多虽是我兄弟，但是他手段残忍，窃据王位。"

大昆弥道："如此说来，你也想争夺王位？"

白霸道："白霸求的不是王位，而是公道人心，为的是我大哥能够瞑目。大昆弥如能助我复仇，我愿割龟兹三百里地与乌孙。"

大昆弥道："我乌孙万里之国，区区三百里有何稀奇？再者乌孙与龟兹有天山之屏障，以乌孙勇士之性命，得此三百里，何用？"

白霸不言，大昆弥命人将其带了下去，安置在几处军帐内。

次日醒来，有乌孙军卒送来吃食，白霸问那军卒，近日有无龟兹使者来到赤谷城。军卒不答，白霸塞两块银子与军卒，那军卒得了银块，悄悄告诉白霸，道："龟兹的使者来了一个月，意在劝说昆弥出兵，剿灭班超。"白霸问："昆弥是否应了使者？"军卒答："不知道。"

回到房中，白霸茶饭不思，与少绫计议：若昆弥答应尤利多的使节，自己不仅借不到兵，还将被使节扭送回龟兹，交尤利多处置。不如仿效班超，趁尤利多使节不注意，于夜间纵火，斩杀使臣，迫使大昆弥与龟兹结下仇怨。

白霸命侍从找到尤利多使节的军帐。是日夜里，天有疾风，白霸、少绫及侍从潜至尤利多使节军帐，见帐内无亮光，帐外无篝火，以为大睡，乃纵火。火起后，白霸杀入主帐，见帐内无人，心中惊疑，又至其他军帐，均不见人。

白霸暗道不好，以为有伏兵，急忙撤出尤利多使节军帐。回到营地，白霸见军帐起火，心中惊疑。稍后却见十几名龟兹人手持利刃，出入帐内。只因远处黑暗，他们才没有看见白霸。原来就在白霸准备袭营之时，尤利多的使节也来到了白霸营地，将白霸的军帐付之一炬。

白霸悄悄撤出营地，问少绫："该如何出城？"少绫道："我从未来过赤谷城，并不知道如何出城！"白霸暗自懊恼，正无可奈何时，远处有一人近前而来，问："哪位是白霸公子？"白霸不知此人是谁，道："我就是白霸。"那人道："有人命我送公子出城，公子请随我来。"白霸将信将疑，随那人来到城门，是时城门大开，两侧的守卫双目紧闭，口中带着鼾声。白霸出了城，那人送还白霸等人的坐骑，又送给白霸些许盘缠，道："公子一路小心！"

白霸十分感激，道："不知道是哪位贵人相助白霸？他日一定厚谢恩人。"那人也不说话，回到城内，关上了城门。白霸仰望城门，见城门上隐隐地站着两人，他看不清那两人面目，但知道定是助他脱困之人，于是右手护胸，对着城上的人大声说："白霸谢过恩公！"见城上未回话，便打马离开了赤谷城。

"昆弥，白霸已经走了！"

"回去了就好，只要白霸常怀复仇之心，南面的龟兹就不会强大！"

夜色中，两个黑影离开了城头。

白霸离开赤谷城后，一路往南，准备回姑墨避难。回姑墨，必经疏勒。白霸知道疏勒与龟兹是宿敌，不敢在疏勒停留，故而有意在夜间穿越疏勒。哪知道白霸刚到乌即城，就被乌即城的驻兵擒获。白霸本想隐瞒身份，但被乌即都尉轻猴认了出来。轻猴曾经追随潘辰入龟兹，在龟兹见过白霸。轻猴问白霸入疏勒意欲何为，白霸不肯说，轻猴亲自将白霸押解到了盘橐城。

初春的疏勒，草木渐渐长出绿叶，疏勒河发出哗啦啦的流水声，牧民在河边放牧，农人在疏勒河滩耕种，田虑带着士卒巡视，以防龟兹来犯。

夏日未到，班勇拉着笛玉的衣袖，要吃寒瓜。笛玉百般解释道，瓜儿尚未长出。班勇始终不听。班超听闻，对班勇怒目而视，班勇吓得跑出院外，班超命人在河滩多种些寒瓜。

近日，蓝云闭门不出，班超担心蓝云有事，时常派下人探望，问其起居，皆如故。潘辰及多骨死后，蓝云时常不安，问班超，何时回大汉。班超回答不上，蓝云面露失望之色。班超委托笛玉探望蓝云，请笛玉为蓝云寻访丧妻男子，但蓝云不肯再嫁，每日只在院中静坐，读些佛经，时日久了，除笛玉外，少有人去探望。章帝派人到西域传旨，返程时，班超问蓝云是否愿意随行，蓝云沉吟良久，自言自语地说："大汉，大汉，故人何在？"说罢，转身回了房间，班超长叹。

这日，班超问饶锦文，龟兹有何动向。饶锦文答，自龟兹兵败，未曾扰边，只到了姑墨石城，索要建的尸身。班超沉默不语，近日他苦思如何攻破龟兹，然龟兹虽败，仍为西域强国，单凭疏勒一国之力，难以降伏。

二人说话间，田虑、轻猴将白霸带到了都护府。如今汉使府已经更名为都护府，白霸被五花大绑地带到了议事厅，不肯跪拜班超，田虑踢了一脚白霸膝盖，白霸不由得跪在了地上。一旁的少绫见了，欲冲上来，被轻猴死死按住，其他三名侍从吓得连忙跪了下来。

"都护，此人名叫白霸，途经我乌即时，被将士发现。"轻猴回答。

班超赞许地看着轻猴，对轻猴点了点头。他走到白霸面前，道："听说龟兹王有三个儿子，老大叫盖比，老二叫尤利多，老三叫白霸，你就是那个白霸？"

白霸不理会班超，昂首不言。班超也不生气，他为白霸解去绳索，扶他起来。白霸一愣，不知道班超何意。班超道："听说你曾在洛阳为质，小小年纪，就远离故土，颇为不易。"白霸不说话。班超又道，"我还听说，原本你父王是让你大哥继任王位，是尤利多杀害了你大哥。"

白霸终于忍受不住，道："尤利多禽兽不如，我必亲手将其血刃！"

班超拍拍白霸的肩膀："你怎会流落到疏勒？看你一脸憔悴，想必吃了不少苦，来人，为公子拿些羊肉，换件干净的衣服！"白霸想不到班超如此优待自己，倘若继续作难，反倒不懂礼数了。

赵森端了一盘熟肉，白霸等人吃罢，赵森又领着白霸去洗了澡，换了身衣服。从客房出来，赵森这才将白霸重新领回议事厅。

"白霸拜见都护！"白霸跪在了地上。

班超连忙扶起白霸，道："不用如此拘礼，公子快坐下。"

白霸坐在了椅子上，道："刚才都护问我，为何流落到乌即，说来实在话长。诚如都护所言，尤利多杀害了我大哥，篡夺了王位，此事举国皆知，可恨尤利多军权在握，又有廉羽为羽翼，无人为王兄申冤。"白霸将自己如何反叛，如何逃往姑墨，又如何经历磨难，躲避泽度和焉耆追杀，逃至乌孙，又在乌孙如何遇险，被人搭救的事一一说与班超。班超与饶锦文等人听了，不免唏嘘长叹，道了一声"惊险"。

班超道："公子所经历之险，我等一生难遇。"众人皆说"是"。班超又道："如蒙不弃，请公子留在疏勒。"饶锦文笑道："都护肩负大任，公子欲报杀兄之仇，何必到焉耆、匈奴、乌孙？找都护就是。"

田虑道："天下能为你报杀兄之仇者，唯有都护一人。"

白霸起身跪在地上，道："都护如能为我王兄报仇，我龟兹愿永世臣服大汉。"班超将白霸扶起，道："公子请起，公子仁爱之心，班超早已知晓，今日得见，快慰平生。你暂且在我都护府住下，待日后平定龟兹，我再助你复国。"

白霸感激涕零，道："往日父王仇视都护，今日想来，实在不该，万望汉使不要怪罪。"

班超道："往日他围我于疏勒，近日我破他于莎车，想此一生，唯有莎车一战，我胜了他。你父乃一世英豪，他胸怀西域，实乃睥睨天下者。"

白霸道："都护胸怀真像草原一样宽广，像天山一样高远！"

班超道："刚才我见公子身旁有一女子，言谈举止中对你十分挂怀，不知道这姑娘是何人。"

白霸道："此人是焉耆女子，曾相救于我。"

班超笑道："只怕还有情于你。"众人皆笑。班超道："既然这位姑娘对你钟情，你何不娶她为妻？"白霸道："白霸曾有一门婚约，女方是温宿王的女儿。"班超道："只怕温宿王不肯再将女儿嫁你！"白霸点头，道："正是，先王兵败，温宿王连夜逃回温宿，紧闭城门。我军路过温宿，只讨了些死羊！"

饶锦文道："如此说来，还是这位姑娘对你最好。"白霸道："姑娘对我虽好，但不知道姑娘何意。"班超笑道："人家随你走了万里路，你说人家何意？"班超言罢，众人皆笑。

这时，笛玉将少绫领了来。笛玉为少绫沐浴了一番，又为她换了一件汉人的衣服，顿时光彩显现。众人见满脸尘土的少绫转眼成了美人，不禁一惊。少绫与笛玉在远处听了片刻，对班超也再无敌意，笛玉将少绫领进议事厅，少绫低头含羞。

班超笑道："少绫，白霸公子想娶你为妻，不知道你意下如何。"

少绫望着白霸，见白霸看着自己，笑道："少绫愿意嫁与白霸。"堂中顿时喧闹沸腾，白霸拉住少绫的手，道："认识你，真是不枉这一生。"少绫道："少绫誓死都追随公子。"二人双目相接，柔情似水。片刻后，白霸拉着少绫，再次拜谢班超，道："白霸拜谢都护成全姻缘。"班超扶起白霸，道："此缘是你与姑娘修来的，我们只不过锦上添花。"

白霸退去之后，班超召徐幹、田虑、饶锦文、成大议事。

班超将白霸的事简述一二，道："如今尤利多继任了王位，他手握兵权，国中无人与之争权，可谓政权稳固。尤利多自知孤立，眼下已派出使节，四处借兵，准备与我一战。各位有何良策？"

赵森道："兵来将挡，水来土掩。无论谁借兵与龟兹，将其击败就是了。"

徐幹道："疏勒兵不过两万，单是龟兹，就难以抗衡。匈奴战骑凶猛，有十万之众，焉耆有胜兵三万，乌孙有胜兵十万，更别提大月氏、康居了，无论是借何国之兵，都足以令我们闻风丧胆。"

饶锦文沉吟半晌，道："我们身后还有于阗、鄯善、莎车诸国之兵，总计也有五万余。"

徐幹道："合诸国之兵，计有九万，但温宿、尉头摇摆不定，诸国又要留守城之兵，可用兵马不足半。且诸国道远，只于阗、莎车半月可至，其余诸国皆为远水，遇到战事，难救近火。"

成大问："长史说了半晌，可有良策？"

徐幹道："眼下只有阻止尤利多借兵，待疏勒休养数年，龟兹自破。"

成大又问："如何阻止尤利多借兵？"

徐幹道："惭愧，徐幹没有良策。"

众人皆叹，成大问："都护有何良策？"

班超道："现在北匈奴猖獗，但是有南匈奴压制，北匈奴恐无暇西顾。康居、大月氏诸国与汉向来交好，不会出兵，唯有乌孙与龟兹比邻，若乌孙答应尤利多，出兵攻我，我军必难以抵挡。再或者乌孙假借援助，越过天山，吞并了龟兹，打开了天山以南的门户，则西域南北诸国无人可挡。"

成大道："如此该当如何？"

班超道："联姻，嫁公主与昆弥！"

众人皆惊，饶锦文道："皇帝如何能听从你的奏折，将公主嫁与蛮夷。"

班超道："大汉与乌孙有下嫁先例。前汉时，曾派细君公主和解忧公主嫁给乌孙昆弥，后来乌孙分裂，划疆而治，有了大小昆弥，不过乌孙与汉朝的关系一直十分亲密，不曾有过大战。"

饶锦文道："如此生僻国志，都护竟了然于胸，可敬！不如请都护详细地说说，让我等开开眼。"众人皆称是，班超见众人确实不知，就将乌孙的事仔细说来。

楚汉争雄之际，乌孙和大月氏同在祁连山一带的河西放牧，乌孙昆弥猎骄靡的父亲难兜靡被大月氏人攻杀，猎骄靡被匈奴单于冒顿收养。后来冒顿进攻大月氏，将其赶到天山以北（今日的伊犁河流域）。冒顿死后，猎骄靡联合冒顿的儿子老上单于攻杀大月氏，斩杀月氏王，以其颅骨为酒杯，威震西域。大月氏迁徙到了西南一个叫大夏的区域。此后，乌孙占据了天山以北，不再回祁连山。

乌孙和匈奴关系亲密，在天山北部得到较好的发展并壮大，有户十万，人口六十万，胜兵十万。武帝为了打击匈奴，曾派张骞出使，寻找大月氏，但大月氏已习惯了大夏的生活，不肯回到祁连山，武帝又开始一项断右臂计划，派细君公主和亲。细君下嫁的是一位老年昆弥，他出于好心，劝其改嫁其子军须靡，细君与军须靡成婚后，生一女，不久病逝。汉朝重新派了一名公主，名叫解忧，是大汉楚王刘戊之女。解忧先嫁军须靡，军须靡死后，其堂弟翁须靡摄政，解忧改嫁翁须靡，生三子二女。翁须靡死后，军须靡与匈奴公主所生的泥靡继位，号狂王。解忧改嫁泥靡，泥靡与解忧不和，解忧杀泥靡，失败，被泥靡之子围城数月，被当时的西域都护郑吉所救。后来翁须靡与匈奴女所生的儿子乌就屠杀了狂王，自立为昆弥，宣帝诏解忧侍女冯嫽问话，任命解忧与翁须靡的长子元贵靡为昆弥。两昆弥不合，冯嫽从中周旋，在校尉常惠主持下，以元贵靡为大昆弥，分户六万，以乌就屠为小昆弥，分户四万。大昆弥驻赤谷城，治西疆，小昆弥驻东疆，小昆弥从匈奴习俗，不修城郭。

班超言罢，众人方才明了，原来大汉与乌孙关系如此紧密。饶锦文道："我大汉出了一个王莽，以致我等对前汉的事情所知不多。今日听都护一言，方才知道，那乌孙与我大汉原是亲戚。"

徐幹道："此事我也不知，只有都护这样出身的史学世家，又在宫内任过校书郎，才能博古通今，知晓诸国边事。"

赵森道："既然是亲戚，我想那乌孙定然不会帮助龟兹了。"

班超道："不尽然。虽然是亲戚，但是自王莽篡汉，已经有近百年没有走动，是亲也不亲了。"

赵森道："该当如何？"

班超道："我准备上奏表一封，奏请陛下另派公主一人，下嫁乌孙，如此联姻之计，可解乌孙之患，又利于汉乌和睦。"

徐幹道："有前汉之鉴，此计可成。"

是日，班超亲自撰写奏表，大意为：乌孙大国，控弦十万，故武帝妻以公主，至孝宣皇帝，卒得其用。今可遣使招慰，与共合力。

奏折写毕，命人送往洛阳。

一个月后，曾伯将少绫的父亲秘密接到盘橐城，班超在盘橐城为白霸和少绫举行了婚典。荻花将生产，遣沈祥来贺。典礼上，白霸和少绫喜极而泣，俱感激班超。

第七十二章

城下怯战李邑受嘲讽　卫侯诬陷班笛暂分居

四个月后，汉朝的使节来到疏勒。使节告诉班超，大汉去年八月改年号为元和，皇帝同意班超的建议，前往乌孙招抚。班超甚为高兴，在都护府招待了大汉使节。大汉使节在都护府休息了两日，往乌孙进发。两个月后，乌孙遣使，随汉使一同入洛阳，拜见大汉皇帝。班超大喜，招待汉使与乌孙使节，为便于西域通行，班超特写了一份手书，交与使节。

再说白霸从它乾城出逃之后，尤利多派人多方查访，终不见其踪迹。埋葬了先王的尸身后，有人报告白霸潜伏在姑墨，尤利多便欲遣人索要，哪知到了姑墨，才得知白霸已经离开。白霸到了焉耆，与泽度相遇，泽度追杀白霸不成，遣人将消息送回龟兹，尤利多才知道白霸欲借兵复国。

尤利多深知，白霸复仇之心不死，早晚必成大患，于是派兵往乌孙追杀白霸。追兵与派往乌孙的使节相遇。回到它乾城，派往乌孙的使节详述经过，尤利多这才得知白霸已经逃脱。

各路的使节相继回到了它乾城，得到的消息是无一国同意出兵。正当尤利多懊恼之时，盘橐城传来白霸在疏勒成婚的消息，迎娶的是焉耆的一个姑娘。尤利多猛拍桌案，召集军队，欲前往索要白霸。

尤利多的大军绕过姑墨、温宿，直抵盘橐城下，两万大军将盘橐城围得水泄不通，而盘橐城疏于防备，兵力不足以出城交战。

尤利多在城下叫阵，要求班超将白霸交出，班超不肯。尤利多率军攻打盘橐城。

首轮交战，尤利多死伤数百，没有破城，见盘橐城将士拼死相抗，尤利多停止进攻。

尤利多以为班超不会为了白霸而牺牲汉军和疏勒将士的性命，不料班超并没有交出白霸。尤利多颇为尴尬，他以两万大军突袭盘橐城，出征无所获，甚损颜面，遂与廉羽议定，休整一日后再继续攻城。

第三日，尤利多率军猛攻盘橐城，龟兹军颇为凶猛，盘橐城将士奋力抵抗，双方打得胶着。正当此时，去往洛阳的乌孙使者带着联姻公主来到了疏勒。是时，焉耆挡住了从车师去往乌孙的隘口，从洛阳到乌孙，须出敦煌经鄯善、精绝、于阗到疏勒，然后过葱岭，经康居进乌孙。护送公主和乌孙使者的是卫侯李邑，李邑来到盘橐城，近前见有大军围攻盘橐城，徘徊不敢进。

李邑见攻城的军队一拨接连一拨，城上不断有人掉落摔死，惊吓得躲进了林中。就在李邑以为城池将破时，一支大军从东边赶来，与城下的龟兹军战到了一处。于是城门大开，城内的军队蜂拥而出，两军战到了一处。

片刻后，有百骑从正门走向李邑躲藏的树林。

"在下是都护府统领赵森，不知轿子中坐的可是公主？"原来城上的班超看到了李邑的队伍，城门打开之后，连忙派赵森接应。

轿中无人应答，卫侯李邑上前说话："我乃卫侯李邑，奉大汉天子之命，护送公主往乌孙联姻。"李邑话锋一转，道，"大胆赵森，公主千金之躯，你为何只带了百骑前来，万一公主有了闪失，你如何交代！"

赵森道："回禀卫侯，城内军队不多，前方战事吃紧，属下只有百人可用。再者人多眼杂，我若带重兵保护公主，只怕会受到龟兹人的围攻，到时就难以入城。"

李邑怒道："你以百骑掩护，龟兹人就看不到了吗？"

赵森道："时局如此，不得不从权处理，还请公主随我入城。"

李邑道："城内兵少，公主若是入城，势必被匈奴围困，那时班超如何护公主周全？"

赵森道："都护在西域十余年，从未被蛮夷破城，请公主和卫侯不要多虑。"

李邑拂袖，道："如此战况，我岂能信你？只怕有去无回。"

稍后，龟兹兵退，班超亲自迎接大汉公主："公主一路舟车劳顿，请随班超入城。"

车内的公主没有说话，李邑扬手道："班超，这就是你说的大事可成？龟兹的大军将盘橐城围得水泄不通，也没见你开城出战，我和公主躲在林中半日，也未敢出声。"

班超连忙致歉："让公主和卫侯受惊了。龟兹是西域的强国，此番为其弟弟而来。"

李邑道："既然是为他弟弟，你将人交出就是了，何必大动干戈？"

班超道："此中要害，非三言两语能够言明，还请公主随我入城。"

李邑道："我不入城，我要回大汉，我要将见到的一切告诉陛下。公主，我们回洛阳吧，乌孙去不得。"

这时，公主说："卫侯，随都护入城吧。都护经营西域十余年，我相信都护！"

班超拜谢公主，道："公主胆识令人钦佩！"李邑虽有怨言，听到公主愿意入城，亦随班超入城。

回到城中，班超将公主和李邑安置在都护府。

再说回防的军队是驻扎在疏勒城的薛五部。薛五突然出现，令正在攻城的龟兹军措手不及，许多步兵被踩踏。尤利多正要组织反扑，城内的疏勒兵倾城而出，冲锋在前的是潘辰生前所创的铁甲营，紧随其后的是汉军的弩机营，尤利多仓皇应对，见疏勒军士气正高，只好避其锋芒，撤军二十里。

因迎接公主，班超没有追击龟兹军，收各营兵马回到盘橐城。班超召薛五入都护府，拜见公主。薛五进了都护府，公主和李邑及乌孙使节正在馆舍安置，饶锦文见到薛五，哈哈大笑，上前抱住薛五："薛兄回来得真是及时，若非你及时赶到，此刻我等还在城头拒敌！"

薛五道："探子回报，说龟兹尤利多亲率两万大军围攻盘橐城，我说这还了得，马上集结军队，赶往盘橐城，杀了尤利多一个措手不及。"

这时，班勇跑了过来，道："薛叔叔，刚才我在城上都看见了，薛叔叔真是神勇！"薛五抱起班勇，捏了班勇脸蛋，道："年纪不大，跑城上作甚？不害怕吗？"班勇道："勇儿不怕，叔叔们作战勇敢，我有何惧？长大以后，我要像薛叔叔一样神勇，母亲说这样才对得起我的名字。"薛五狠狠地亲了班勇脸蛋，道："要像你父亲那样，你父亲是真正的大英雄！"

这时，班超走过来，班勇从薛五的怀里下来，跑到班超跟前，抱住班超的腿，道："薛叔叔说父亲是真正的大英雄！"班超哈哈大笑。

这时李邑来到了院中，道："班超，何时开饭？公主饿了。"

班超道："马上安排，我们汉军及疏勒王为卫侯接风。"

李邑道："只盼快些。听说龟兹人还没有远去，若是攻进城来，我不想做饿死鬼！"说罢，拂袖而去。

众人见此，皆气愤。薛五问："此人是何人，竟如此猖狂？"

赵森道："这是护送公主入乌孙的使臣，名叫李邑。"

薛五道："好不知礼数。"

赵森道："此人见龟兹围攻盘橐城，躲于城东林中。我去接公主，此人畏敌不前，道：'我不入城。我若入了城，只怕就出不来了。'"赵森学着李邑的声音，众人听了哈哈大笑。

饶锦文道："此人没见过打仗，由是胆怯。只是此人竟然也被封侯，实在不可思议！"

晚宴开始，公主居于客房，班超召将兵长史徐干，疏勒王成大，军司马薛五，戊己校尉饶锦文、赵森，宜禾右都尉田虑陪同李邑及乌孙使者。

酒宴开始，班超致辞，欢迎李邑及乌孙使者。酒过三巡，众人相互敬酒。时笛玉领班勇坐在了班超一侧，薛五、赵森等人都来敬笛玉，笛玉酒量甚好，皆一一喝下。笛玉饮罢，班超回敬众将校。

稍后，众将校一一敬乌孙使者，唯独不敬李邑。乌孙使者回敬众将校，众将校饮罢，回到座位，李邑见自己被众人轻视，起身离席，拂袖而去。

李邑离开后，赵森等人哈哈大笑，饶锦文将白霸请来，坐在李邑的座席。乌孙使者看到白霸，道："这位不是龟兹的三公子吗？"白霸没有见过乌孙使者，问："你是何人？"班超介绍："这位是乌孙使节！"白霸连忙起身，对乌孙使节施礼，道："白霸曾在赤谷城遇难，幸好有贵人相助！"乌孙使节哈哈大笑，问："你可知那贵人是谁？"白霸摇头，道："夜色太深，白霸只见到城头上的两个人影，不知道是何人。"乌孙使节道："正是我家大昆弥！"白霸一惊，对乌孙使节又施一礼，道："白霸拜谢昆弥！"

酒宴持续到深夜。次日尤利多又来攻城，数日不退，后沈祥带来五千援兵解围，尤利多才退回龟兹。

龟兹兵退之后，班超派田虑率领千人护送乌孙使节及公主到赤谷城，临行前，乌孙使节拉住班超的手，道："都护，乌孙与大汉世代交好，大昆弥对大汉的忠心，日月可鉴。公主与大昆弥成婚之后，大昆弥将选派侍子送到疏勒，还请都护派人将侍子护送至洛阳。"班超甚为欣慰，道："一定不负所托。"

乌孙使者和公主离开盘橐城时，李邑因畏惧山高路远，不肯再西行，留在盘橐城。薛五则返回了疏勒城。

这日班超在校场练兵，徐幹来寻班超，面色神秘，班超问徐幹何事，徐幹道："刚才李邑命人发奏折，我见李邑心怀怨愤，担心他有污蔑之词，故而将奏折取来一阅，果不其然。"说罢，徐幹将一册竹简交与班超，班超取过竹简，只见上书："吾皇在上：臣奉陛下旨意，护送公主至疏勒，亲见盘橐城被数万大军围困，疏勒兵少将寡，难以御敌。班超有言，以夷狄攻夷狄，兵可不费中国，然以下臣之所见，功不可成。班超身在西域，坐拥爱妻，怀抱爱子，安乐其中，十余年来，不思进取，无心内顾也！"

班超读罢，长叹道："我不是曾参，却有三至之谗，此书若送到洛阳，恐怕满朝文武都会动摇统一西域的决心！"

徐幹问："这道奏折还发不发？"

班超道："照发，你扣得了一道奏折，扣不了所有奏折。"

徐幹道："如此该当如何？"

班超道："我这就回去，让笛玉和勇儿住回王宫。"

徐幹道："这如何使得？你与笛玉情深意长，何以为此事分居？"

班超道："此事传出，洛阳定会看我有何作为，是否确如李邑所言，而疏勒军民也会看我班超是否沉浸于儿女情长。"徐幹叹了一口气，离开了校场。

回到都护府，班超坐在议事厅，一言不发。笛玉领着班勇来到班超面前："快看，父亲回来了。"班勇跑到班超面前，抱住班超的大腿："父亲！"班超望着班勇环绕膝前，确如李邑所言，拥妻抱子。

"夫人，恐怕要委屈你和勇儿了！"

"发生了何事？"笛玉坐在了班超身边。

"李邑上书，诽谤我拥爱妻，抱爱子，安乐国外，无心内顾！"

"这李邑确实可恨，省去怯敌不言，生出是非。仲升切莫有顾忌，我和勇儿搬回宫里就是了。"笛玉抱住勇儿，道："勇儿，随母亲到王宫小住一段时日可好？与你弟弟安国比试箭术。"班勇虽不明其意，但亦称好。

当日正午，笛玉携带换洗衣物，与班勇住进了王宫。众将校皆听说了李邑进谗言的事，看到笛玉离开都护府，都来阻拦，赵森道："公主与都护恩爱，西域军民人人皆知，难道刀兵相见才好吗？"饶锦文道："都护大破莎车，平定诸国，日夜忙于军务，何曾有半晌休息，哪来无心内顾之说？”白霸道：“就算公主离开了都护府，李邑还有其他话说，陛下圣明，断不会相信李邑谗言。”

笛玉道：“诸位将校、兄弟，笛玉在此谢过了。仲升身居要职，肩负大任，不能有谗言缠身，笛玉身为仲升妻子，应该体会其处境，待诸位平定了龟兹，收了焉耆，我再回都护府。”

言罢，笛玉乘坐车驾，与班勇去了王宫。

笛玉离开都护府后，李邑的房前就不断有军士上前叫骂，李邑欲究他人偷窥奏折之罪，被徐干驳回，道：“都护总揽西域军政民务，一切奏折皆由都护审定后再发。你所书奏折皆为诽谤之词，既非秘密奏折，又不是专奏，都护将你的奏折如实转呈洛阳，你还有何话说？”

李邑道：“我所奏的全是实情，尔等隐瞒不报，实为欺君！”

徐干大怒，不再理会李邑。

班超担心士卒杀了李邑，下严令：各营兵马将士皆不准到李邑门前滋事，违者杖二十。各营接到军令，不再滋事，但李邑房间的菜肴常被人吐口水，往往一盘菜从厨子到侍从、军卒被三五人吐过。

数月后，朝廷传来奏折批复，李邑收到批复，欣喜若狂，打开奏折，只见朱批写道：“倘若班超拥爱妻，抱爱子，思归的将士千余人，如何能与班超同心？自即日起，尔受班超节度，不得违命！”李邑如坠冰窟。

奏折到了李邑手中的同时，班超接到了皇帝的圣旨。圣旨道：“李邑身在外，留与班超调遣。”

是时，乌孙的侍子来到了疏勒，需要派人将其送往洛阳。护送是一个好差事，可以回大汉，汉军不少人争相报名，就连田虑、曾伯也来争取。田虑道：“离开大汉十三年，只求再看一眼洛阳，将侍子送达即还。”亦有不少思念妻儿者，请求回汉。

班超在议事厅踱步，道：“田虑已去过乌孙，我看此事就让李邑去吧。”

徐干道：“李邑之前曾上书诽谤你，破坏你的西域之策，你何不趁皇帝下了诏书，将李邑留在西域，换其他将士送侍子，也好让思归的将士回一次洛阳？”

班超道：“正是因为李邑诽谤我，我才派遣他，如果有人指出了问题，我还不自省，以后谁还敢对我说真话？任由自己的性子留住李邑，试图对其报复，不是大汉忠臣之所为。”

徐干道：“也罢，此人走了也好，少了一个眼中钉。”

李邑听说班超派遣其护送乌孙侍子，心头乌云顿开，他找到班超，向其致歉："李邑心胸狭隘，不足与都护共事。公主与都护分居数月，李邑惭愧难当，李邑这就到王宫将公主迎回都护府。"说罢，转身出了都护府。

李邑到了宫门口，侍卫不认识李邑，李邑在宫门外喧哗，引来了宫内的侍官。侍官问明来意，禀告笛玉，笛玉出门迎接，将李邑迎进院内。

"公主，之前是李邑的过错，李邑畏敌不前，反而诽谤都护，都护不计前嫌，派李邑护送乌孙侍子，可谓以德报怨，令李邑五体投地。今日李邑不揣冒昧，迎接公主回到都护府，请公主随我起行。"

"卫侯请回吧，仲升曾有言，不收复龟兹、焉耆，不接我回都护府。今汉军有将士千人，皆为思归之士，我若回都护府，岂不是陷仲升于不义？"

"公主若是不回都护府，李邑则为小人也，还请公主回都护府居住！"

这时，班超追了过来，他拦住李邑，道："卫侯所说，不无道理，班超拥妻抱子，难为表率。班超让夫人住回王宫，确有奋发之意，待我平定龟兹和焉耆，再将夫人接回都护府。"

李邑见劝谏不得，只好回府。两日后，带着乌孙侍子，回了洛阳。

李邑临行前，班超曾去见蓝云，问蓝云是否随行回洛阳。蓝云问班超，洛阳有无建佛寺。班超答："有白马寺。"蓝云问："是否收女沙门？"班超摇头，道："不收女弟子！"蓝云顿时失落，道："蓝云还是留在西域好了。"

第七十三章

求亲被拒月氏发重兵　坚壁清野班超智抗敌

　　李邑走后不久，班超常想念笛玉，但是因当众发誓，不破龟兹、焉耆，不接回笛玉，因此不敢入宫门一步。班超十分懊恼，又颇为无奈。眼下龟兹仍然是西域强国，有胜兵三万，而焉耆的兵力不亚于龟兹，兼地利之险，打通北道仍长路漫漫。

　　这日，饶锦文来报，道："大月氏遣使来疏勒，携贡品进奉大汉皇帝！"班超听罢大喜，连忙出城迎接，见大月氏使节团一行百人，所带贡品皆珍奇，连忙将其请入城内。疏勒百姓听说大月氏入汉献贡品，聚至城门围观。大月氏使团入城，疏勒人见使团车内拉着巨兽，皆惊叹。

　　班超将大月氏使团请进都护府，双方见礼，班超才知道大月氏领头的乃是副王谢。

　　副王谢道："大月氏与大汉一直交好，大汉历经动乱，现在重归安定，都护在西域经营十余年，日见成效，月氏王委派我前往大汉，贡献礼品。"

　　班超喜道："副王一路风尘，甚为辛劳，且在都护府歇息几日。我皇若知月氏王纳贡，心中必然欣喜，只盼副王早日抵达洛阳。"

　　副王谢道："自武帝始，大汉朝灭匈奴，出河西，都护诸国，使得东西交通，商人远至安息。今丝路又开，大汉商人跨过葱岭，来到大月氏，使我大月氏又见到了汉朝的丝绸和精美陶器。我王对大汉心驰神往，命我带珍宝、犀牛、狮子等物进献大汉皇帝。"

　　班超道："甚好，副王所进贡之物皆珍奇，我等都没有见过，陛下如见了，一定厚赏副王。"

副王谢道："小王不要赏赐。"

班超道："我皇仁德，必有所赏。"

副王谢道："都护没有听明白我的话，小王不要赏赐，但小王要替月氏王要赏。"

班超问："月氏王要何赏赐？"

副王谢道："此次进奉大汉，全因都护在西域经营多年，都护北攘龟兹，南平莎车，外和乌孙，建立了莫大功勋。月氏王听说乌孙于半年前迎娶了一位美貌的大汉公主，心中有憾，想我大月氏与大汉交好，土地肥沃，人丁胜过乌孙，想请都护上书奏请大汉皇帝，远嫁一位公主与我月氏王。"

班超沉吟，道："敢问月氏王今年贵庚？"

副王谢道："今年已六十有四！"

班超道："公主乃大汉的明珠，以华芳之年，远嫁大月氏，有欠妥当。月氏王年过六十，公主若嫁之，岂非要守寡？"

副王谢道："大月氏有俗，夫亡，弟可纳娶其嫂。"

班超听说副王谢是月氏王的弟弟，副王谢言下之意岂不是公主到了大月氏，将来要改嫁于他。想到此处，班超道："大月氏湿热，语言、习俗皆不同于汉，此事不能行。"

副王谢急道："乌孙、匈奴与大汉皆不同俗，且地僻苦寒，汉朝仍以公主和亲，今日我以大月氏珍宝进献，请求公主下嫁，都护不许，定然是因为月氏国和善之故。"

班超问："副王这是何意？"

副王谢道："若是都护不肯将公主嫁给我王，则月氏大军将兵临盘橐城，是时都护如何自处，还请思量。"

班超猛拍桌案："我堂堂大汉朝，岂能受月氏国的胁迫？我看你们不是来进贡的，而是来寻衅的！来人，送客！"

月氏副王谢起身离席，走到都护府门口，回头对班超道："班超，我还会回来的，你等着！"

副王谢走后，徐幹对班超道："月氏，大国也，月氏王派人进贡，足见其心，都护何必拒人千里之外？再者月氏王请求联姻，是下嫁，不是吕后时的和亲，月氏王纵然年迈，仍可改嫁其弟、儿子，不会委屈公主。都护可将月氏王意思奏与陛下，准与不准，决于皇帝，都护府也不会得罪大月氏，否则一旦月氏来犯，都护府何以抵抗？”

班超道：“公主下嫁乌孙，实乃班超联姻之计，但西域五十余国，不可尽和亲。我如果答应了月氏王，则康居、大宛、安息都来请求下嫁公主，我是否答应？为人臣者，当为君分忧，我如果让月氏副王入洛阳，请求下嫁公主，岂不是让陛下为难，陛下姐妹虽多，恐怕也不够出嫁和亲之用。”

徐幹拱手道：“仲升兄思虑深远，徐幹不如！”

正当这时，赵森跑进议事厅，喊道：“都护，不好了，大月氏人射死了犀牛和狮子，砸碎了贡献的珍宝。”班超和徐幹听了，出了都护府，见到笼子里的犀牛和狮子身上扎满了箭羽，口中渗出鲜血，奄奄待毙。

徐幹道：“既然要走，何必还要杀死这些巨兽？”

赵森道：“可能是嫌拉回去麻烦，大月氏多珍奇，不在意这一两头。”

班超道：“这是要宣示决裂，大月氏来者不善！”

赵森问：“这两头巨兽如何处置？”

班超道：“炖了吧，让都护府的兄弟尝尝鲜！”

赵森问：“不会有毒吧？”

班超道：“觉得有毒，可以不吃。”

赵森道：“吃，怎能不吃，我还要让西施尝尝呢！”

大月氏副王谢离开了疏勒，疏勒人都没有将这件事放在心上。

章和二年，汉章帝刘炟去世，年仅十岁的四子刘肇继位，养母窦皇后临朝称制，沿用章和年号。汉章帝在位十四年，驾崩时，年仅三十一岁。

消息传到西域，汉军为皇帝守孝默哀三日，都护府挂白幡三个月。

这日，班超在校场练兵，班勇来校场寻父，与班超窃窃私语：“父亲，你何时攻打龟兹？”班超不解，道：“小孩子不要问大人的事！”班勇道：“大汉的天子都驾崩了，父亲还没有攻下龟兹，父亲是不是已经忘记母亲了？”班超恍然，道：“是不是你母亲教你这么说的？”班勇点头，道：“是母亲教的，但是母亲说，不要让我告诉你，是她教我的！”班超拍着班勇的头，笑道：“回去告诉你母亲，说我正在准备对龟兹用兵。”

时白霸也在校场，班超召来白霸，问有无破城良策。白霸道：“先王经营它乾城多年，城高墙固，强行攻城，只怕损失惨重，最好是将其引到城外作战。”

班超道：“龟兹兵多将广，只怕引到城外，也没有必胜的把握。”

白霸道："都护可调诸国之兵，何以以疏勒一国之力征服龟兹？"

班超笑道："公子深知我心。"

于是班超传令，命于阗、鄯善、姑墨、温宿各发兵五千，助都护消灭龟兹。

军令发出三日，忽乌即城传来军情，道大月氏派七万大军，已越过葱岭，往疏勒而来。

消息很快传遍了疏勒，疏勒军民恐慌，人畜躁动。想那疏勒妇孺老幼加起来不足八万，而大月氏单是军队就有七万，军力对比，相形见绌。

轻猴请示班超乌即城是否坚守，班超道："乌即弹丸小城，如何抵得住七万大军，传我军令，乌即城所有军队迁往盘橐城，不得有误！"轻猴领会，马上回到乌即城调兵。

徐幹问："征调诸国兵马的军令刚刚出去，恐怕救不了疏勒。"

班超道："我只征调了诸国两万军队，合疏勒两万，总计不过四万，只相当于大月氏的半数。想当初，我征莎车时，诸国听说龟兹率五万大军救援，就已经吓得魂飞魄散。今日大月氏以七万大军征伐，诸国还敢来吗？"

徐幹道："都护的意思是，此次征伐，各国不会派军来了？"

班超道："君子不立于危墙之下，蛮夷胡狄也并非愚不可言，大月氏副王率七万大军而来，诸国又怎能自寻死路？"

徐幹道："如此说来，疏勒岂不是要沦陷？悔不该不答应大月氏。"

正当此时，成大来到都护府，见到班超，道："都护，听说大月氏派七万大军前来讨伐？"班超道："确有此事。"成大道："赶快召于阗、姑墨援军，想我疏勒多次有恩于他们，他们不会见死不救！"

徐幹道："疏勒王，军令已经发出了。"

稍后，饶锦文、赵森、田虑全都来到了都护府，请示该如何应敌。

班超道："诸位请坐，月氏副王谢率领七万大军，千里奔来，气势汹汹。大军约五日后抵达，诸国援手不及，我们要做孤军奋战之准备。来敌人多，粮草难以为继，为今之计，我等要坚壁清野。大月氏没有粮草供给，势必退军。"

饶锦文道："如何安排，还请都护明示！"

班超道："传我军令，收缩疏勒所有兵力，全部入盘橐城守卫，弃守乌即城和疏勒城！"

赵森问："乌即城乃边远小城，弃之可以，但疏勒城与盘橐城互为掎角之势，焉能弃之？"

班超道："月氏势大，分兵必然失守。传令，将疏勒城所有粮食、武器运到盘橐城，将所有城门拆卸，不得留与大月氏。命令所有牧民，将牛马羊赶入盘橐城，城外不得留一头羊、一头牛。将今年所收粮食全部屯于城内，盘橐城外不得屯放一粒粮食。凡城外树木，皆砍伐干净，取木料，运入城内，将树枝屯于校场，用于生火。"

成大急道："如果伐尽所有树木，则疏勒将遍地是黄沙。"

班超道："如果留下木料，则大月氏就有了生火的柴火，有了攻城的武器。如果放在城内，就是用之不竭的战备武器。"

徐幹道："都护思虑深远，我等照办。"

班超言罢，众人全部下去，依照班超所说行事。再说疏勒人听说大月氏有大军要来，十分惊恐，争相躲进盘橐城。一时间，牧民赶着牲畜，农民推着粮车，全部入了盘橐城。

一部疏勒军通知牧民内迁，一部疏勒军砍伐林木，大量的木材被运进盘橐城。饶锦文命其所部到城外开山，准备守城用的巨石，又命人提炼火油。三日后，薛五部回到了盘橐城，一时间，城内人头攒动，木材、粮食堆积如山，牛羊满斥街道，以至于难分你我。

打探军情的哨骑回到了盘橐城，道："月氏的大军距盘橐城只有五十里了。大军路过乌即城，见城内空无一人，纵火将乌即城烧了，一座边远小城就此化为乌有。"众将校听了，勃然大怒，纷纷谴责大月氏。

班超命各部全部进入临战状态，命城内妇孺老幼躲进地洞，避免被流箭所伤。

再说征调军队的军令到了于阗，于阗太子未君正要集合部队，辅国侯报告未君：大月氏的副王谢已经率领七万大军过了乌即城。未君大惊："如此多的军队席卷而来，如何抵挡？"辅国侯道："为今之计，我们只有自保了。大月氏是为大汉公主而来，只要都护答应大月氏和亲，大月氏的兵自退。若是都护一意孤行，就算拼上于阗所有兵力，也难以抗衡！"

未君道："若是按兵不动，只怕将来都护会追究我们怯敌之责！"

辅国侯道："都护能否熬过这一劫，尚不自知。大月氏领七万大军兴师问罪，岂能空手而归？"

未君双手合十，道："昆仑神保佑都护。"

去往鄯善国的信使刚到于阗，就听到了大月氏出兵的消息，他见于阗不肯出兵，暗想鄯善国驸马与班超关系甚笃，定然会派兵相助，于是快马加鞭地来到了鄯善国。

鄯善国王广已经暮年，国政交与太子，太子不知大月氏来犯，同意孔祥广相助都护。孔祥广领兵五千，准备相助班超。正要发兵时，大月氏征讨班超的消息传到了鄯善国，已经入耄耋之年的鄯善王突然从床榻下来，在侍从的搀扶下，来到城门口，拉住孔祥广手中的缰绳，不准孔祥广发兵："大月氏七万大军，你五千兵卒恐怕到不了疏勒，就逃了大半，最后到达疏勒的勇士唯有送死而已。"

孔祥广怎能见死不救？他道："大王如不肯发兵，我自己前往疏勒相助都护。"公主安将匕首放在脖颈，以死相逼，道："驸马若是一意孤行，安就死在你面前。"孔祥广长叹："妇人不足与谋！"

姑墨女王获花正怀二胎，听说大月氏征讨班超，连忙调集军队，准备支援班超，命沈祥为大都尉，统领姑墨军。姑墨将士听说要驰援都护，纷纷反对，道："国中空虚，提防龟兹来犯。"获花念及班超恩德，不肯袖手旁观，坚持出兵，国中文武坚持："疏勒有亡国之祸，盘橐城有破城之险，如果女王非要出兵，不得入盘橐城。"

沈祥领兵五千，屯于排山一带，见排山附近树木全被砍伐，四周没有遮掩，准备入盘橐城。军中将校不肯被困盘橐城，反对沈祥。正当此时，龟兹王尤利多趁大月氏东进，领兵南下，包围了石城。哨骑将军情报知沈祥，沈祥当即回防姑墨，与获花商议："弃守石城，与班超合兵一处。"获花沉吟良久，道："我军在北，正牵制龟兹，如果我军南下，则龟兹与大月氏必合兵，那时三万敌十万，如何取胜？"沈祥不言，只好困守石城。

大月氏副王谢领兵来到盘橐城下，将盘橐城团团围住，向班超叫阵。

"班超，本王领七万大军前来迎接公主，不知道大汉皇帝何时能将公主送到我大月氏？"

班超道："副王以七万大军胁迫，虽敌众我寡，但我大汉朝泱泱上国，我班超又怎能惧你？"

月氏副王谢哈哈大笑："大汉的都护就是有骨气，死到临头，说话还这么硬气！既然如此，你速开城，与我一战！"

班超哈哈大笑："副王真是爱说笑，我据城而守，为何开城？"

副王谢道："如此说来，你还是怕了！"

班超道："我劝副王多为自己打算，千万不要逞强！"

副王谢收住笑脸："三日之后，看我攻城！"

副王谢退兵，将兵驻扎在疏勒河滩。

成大见副王谢不战而退，问："大月氏怎么退兵了？"

班超道："大月氏千里而来，不便携带攻城用的梯子，我猜想他砍树去了。"

成大笑道："方圆五十里，哪里还有树？"众人皆笑。

再说大月氏副王将兵屯在疏勒河滩，命士卒生火造饭，士卒寻遍草原，不见有树，副王谢命士兵到远处寻找，也不见有树，于是传令军卒吃冷食。部将报告："副王，前日路过此处，我便觉得蹊跷，疏勒虽少雨，但此处靠近疏勒河，竟没有一棵树。"次日，副王谢亲自领兵，寻找树林，见大树被砍伐，树根茬口崭新，十分吃惊，只好命士卒刨树根晾晒生火。

副王自知携带攻城梯麻烦，准备到疏勒再就地砍伐，哪知道到了疏勒，平地见不到一棵成材的树木。"穷山恶水！"副王谢想，"大月氏好过疏勒，那茂密的林木岂是能砍伐尽的？"士卒西至葱岭砍伐林木，然后将木材运到疏勒河滩。副王见到木材，十分欣喜，命士卒将其扎成长梯，准备攻城。

"月氏的勇士们，班超坚壁清野，将牛、马、羊及谷物集中到了盘橐城内，将树木屯在了城里，我们只要一鼓作气，拿下盘橐城，就有吃不尽的粮食，烧不完的柴火。"

大月氏的士卒听了备受鼓舞，于是以马粪和碎木生火，吃足热饭，往盘橐城而去。

第七十四章

拦截信使白霸断交通　月氏媾和班超攻龟兹

疏勒人见大月氏人一去十余日，不知大月氏人做何去。今日见大月氏兵临城下，全部严阵以待。大月氏副王谢见各部就位，不与城上的人说话，直接发起进攻。

大月氏人举着盾牌，扛着梯子往盘橐城来，成大问班超是否射箭，班超道："敌兵盾牌密集，射箭乃徒劳之举，不如待敌兵攻来，以巨石砸之。"稍后，攻城梯子搭到了城墙上，大月氏的士卒爬到了梯子上，城上的疏勒士卒以石块砸落，大月氏士兵成串从梯子上掉落。大月氏副王见了，命城下的弓箭手掩护，城上的疏勒人不敢露头，只得躲在城墙的走道内。眼见大月氏人又将上来，班超命士卒将滚木投掷，滚木沉重，顺着梯子滚落下去，攻城的大月氏士卒又掉落下去。

天至正午，饶锦文报告班超："城下的大月氏人十分奇怪，疯抢我们守城的滚木，像是得了宝贝。"班超手持盾牌，往外一看，见三五大月氏人抱着滚木正往外跑，道："将滚木浇上火油再投下去。"饶锦文得令，下令所有投掷的滚木全部浇上火油，被砸中的大月氏人不少被烧伤烧死，班超道："大月氏人没有木头，快将他们的攻城梯子烧了。"

疏勒士卒抬来火油，顺着梯子浇了下去，攻城的梯子很快就着了火。城下的大月氏人见梯子被烧，士气受挫。眼下无攻城器械，如果再要造攻城云梯，要到两百里之外的昆仑山伐木。

副王谢命令大军撤退。班超命令弓箭手趁机反击，许多大月氏人中箭，副王谢不得不命令盾牌兵掩护，这才撤离了盘橐城。

休战后，成大及众将校都十分鼓舞，对班超坚壁清野之策十分钦佩，疏勒军民对班超更是敬服，于是城中军民安定，国人各安其位，再无惶恐之心。

再说龟兹王尤利多得知大月氏进攻疏勒，欣喜若狂。从前向匈奴借兵，匈奴忙于战事，不肯借兵。向乌孙借兵，乌孙与大汉联姻，不肯借兵。沉郁之际，得知白霸到了疏勒，向疏勒用兵，不想疏勒城、姑墨对其两面夹击，只好撤军。正无可奈何时，大月氏出兵了。他未曾向大月氏借兵，大月氏副王却亲自领兵七万征讨班超。尤利多怎能不欢喜？

听说大月氏出兵疏勒，是因为班超拒绝了大月氏的和亲请求，想到此处，尤利多兴奋难耐，将班超讥笑了好几日。"可笑的班超，人家求亲，岂能轮得上你拒绝？要拒绝也是大汉皇帝！"廉羽劝尤利多趁机南下，与大月氏合围疏勒，将疏勒置于死地。但是尤利多认为，大月氏的七万大军足以将疏勒夷为平地，且看班超坚壁清野，就足见疏勒人之胆怯。

哨骑报告尤利多，沈祥率领五千军援助班超，尤利多马上包围了姑墨石城。沈祥被迫回防，尤利多念及与荻花同父，没有为难沈祥，而是放了一个缺口，使沈祥回到了石城。尤利多命廉羽守在城外，既不进攻，也不撤军。

大月氏撤军后十余日，班超忖度，大月氏沉寂许久，一定又做了新的攻城梯，与其等待进攻，不如主动进攻，将云梯一把火烧了。想到此处，他召来饶锦文，命其夜探军营。

饶锦文道："都护，如今我身居要职，为何打探消息的差事还交付于我？"

班超道："我汉军之中，你从军最久，办事最为牢靠，每遇战事，你总能探得机密，使我军料敌于先。凡此种种，舍你其谁，此战尤为关键，关乎疏勒八万人性命，还盼锦文能不负众望。"

饶锦文颇为得意，道："都护如此器重，锦文一定不负重托。"

再说饶锦文离开都护府，亲选卫士十余人，趁着夜色来到了疏勒河。疏勒河遍地篝火，环视大营，可见巡逻的兵丁。饶锦文不敢接近，生怕被发现。

大月氏忙得热火朝天，士卒正在绑云梯，饶锦文找到云梯的位置，潜伏在沟堑里。三更的时候，士卒停下手里的活，开始休息，稍后，有几名士卒往饶锦文方向走来，饶锦文以为自己被发现了，有些惊惶，哪知道那几人在三十步外头转向南，在营外的沟里生火，烤起了鱼，像是饿极了。

到了四更天，几名士卒吃完了烤鱼，回到了营内。兵丁巡逻的间隙越来越大，摸清规律，饶锦文潜入营内，将篝火扔到了绑好的云梯上，然后潜回营外。

"校尉，快跑，火太大了。"

饶锦文回头一看，见月氏营内燃起了漫天大火，惊醒了许多大月氏人，饶锦文哈哈大笑，骑上马，回到了盘橐城。

饶锦文回到都护府，天已天亮，班超还在睡觉。饶锦文刚要敲门，想到班超与笛玉分居多年，孤身一人，不用那么客气，就直接将门推开了。

"仲升，你猜猜我干了啥。"

班超突然从床上坐起，上身光着膀子，结结巴巴地说："锦文，你回来了？"

"都护，这么冷，你不穿衣服啊！"饶锦文见床上还躺着一个人，隔着被子，只能看到那人的脸，赫然是笛玉公主，见笛玉正看着自己，饶锦文有些发慌，"公主，你也在啊，冒昧！"说罢，退出了房间。

饶锦文到了房外，拍拍自己的脸，看着远处的红霞，深吸一口气，自言自语："太冒失了，太冒失了。"

过了一会儿，班超从卧房出来，这时，他衣冠端正，好像什么都没有发生过："锦文，是有什么喜报吗？"

"是有喜报，是有喜报！"

"什么喜报？"

"哦，我烧了月氏人的梯子！"

"干得好！"

饶锦文想岔开话题，随口说："这月氏人也爱吃鱼，有几个军卒跑到帐外烤鱼，我想把鱼抢来给你，又怕打草惊蛇。"

班超道："这么冷的天，月氏人还要下河摸鱼？"

"是啊！那个我先回去休息了！"饶锦文说完就要走。

"锦文啊，昨晚你嫂子……"

"我什么也没看见！"

"嗯？哈哈！"班超拍拍饶锦文的肩膀，回了卧房。

洗漱完毕，班超召来白霸，道："昨夜，饶锦文潜入大月氏，烧了大月氏攻城的云梯。听说月氏的士卒在河里摸鱼，我料想月氏人的粮食不多了。"

白霸道："都护坚壁清野，大月氏没有粮草补给，早该断粮了。"

班超："不错。我问你，如果你是大月氏首领，没有粮食，你该怎么办？"

白霸道："当然是借粮了。"

班超又问："跟谁借？"

白霸道："龟兹。龟兹近疏勒，与都护有前仇，又是大国。"

班超道："不假，现在大月氏到了粮草断绝的时候，大月氏必求援于龟兹。你熟悉地形，我命你率领百骑，在通往龟兹的各个关卡堵住大月氏的使者，只要大月氏断粮，优势就到了我们手里。"白霸领命。

饶锦文将攻城的云梯烧了以后，大月氏副王谢先是震怒，斩了巡逻的兵丁，之后感到恐慌，苦思应对之计。自大月氏东进，未尝捕获一头牛羊，所有粮草补给，全部是出征时所带。副王谢本以为，以七万大军东征，破城只是弹指之间，到时粮草必然取之不尽，用之不竭。哪知道到了疏勒，就连攻城所需的木头都找不到，这在大月氏是难以想象的。没有了攻城器械，单靠骑兵攻不下盘橐城啊。

这时，大月氏副王谢想到了借粮。大月氏与葱岭以西诸国往来不多，且诸国又多臣服大汉。大月氏本可劫掠于阗、莎车，但此刻粮尽，不能久战。副王谢要提防班超后背夹击，唯有借粮或可有一线生机。西域诸国中只龟兹、焉耆二国不服班超，龟兹较焉耆近，且刚刚对疏勒用兵，听闻大月氏对疏勒用兵，龟兹主动包围姑墨，遮拦援军，实乃强援。于是大月氏副王谢遣信使一人，往北而去。

信使出发一日，副王谢不放心，又遣信使一人。白霸守在排山两日，截获信使一人，将信使及信函带到盘橐城。班超见信函所写皆为梵文，请来成大，成大读完信函，道："此信确为求助信函，信中说军中只有十日口粮，十日之后，如果粮草不到，大月氏将宰马为食。"班超道："副王谢说还有十日口粮，说明粮食不足十日，可能只够三五日，他不会只派一名使节，各路口都要设卡，继续拦截。"

次日，白霸果然在另一个路口又截获一名大月氏信使，此后再也没有所获。五日之后，班超见没有大月氏信使通过，也没有龟兹使节南下，断定两国没有交通。又五日，班超派饶锦文前往大月氏营中打探，见大月氏士卒倚靠在帐外，四肢无力，像是饥饿良久。

饶锦文回到城内，将军情报告班超。班超命令伙房宰羊千只，烙饼十万张装于车内。众将校不解，说大月氏出军是为征讨而来，欲置都护于死地，今日大月氏粮草耗尽，军卒卧于疏勒河滩，已是待死之身，何不趁机掩杀，震慑西域，扬大汉国威？

班超道："其一，大月氏是为求公主而来，并非争霸，用心不足以称恶。其二，大月氏与大汉世代交好，大汉多次遣使入大月氏取佛经，乃睦邻之国。其三，我大汉好和平，不好战，我既然是西域都护，自然不能不体恤苍生，忍见鲜血染红疏勒河。其四，大月氏受此恩惠，必然感恩戴德，有感于心，不再寻衅。以恩德换和睦，实乃长治久安之计！"

班超的一番话，说服成大与汉军将校，于是全城杀羊、烙饼，装满骆驼五百头、车一百，满载出城。

班超与薛五、饶锦文先行前往疏勒河，大月氏人见班超轻骑前来，以为身后有伏兵，及见远处没人，方才放松警惕。十几名士兵将班超围了起来，一名士兵大喊："副王，我们抓住班超啦，得来全不费工夫！"上万名士卒围了上来，千刀万刃对着班超，见班超不为所动，没有一人敢上前。

大月氏副王谢听说抓住了班超，大喜："这回破城有望了。"待见班超身后只有两个护卫，颇为纳闷，道："班超，你怎么孤身前来，你的军队呢？"

班超道："副王，多日不见，班超有礼了。"班超躬身对副王施了一礼。副王谢知道这是汉人的礼节，十分不解，问："你这是何意？"班超道："班超今日来，是为求和！"

"求和？"

"正是，副王千里而来，在城外驻军月余，没有补给，恐怕粮草早就用完了吧？"

副王谢被说中心事，内心十分恐慌，但他没有表露在脸上，道："军粮确已将尽，但尚有存粮。十几日前，我已经遣使去了龟兹借粮，想必粮食该到了。"

班超道："龟兹的粮食到不了了！"

副王急道："为何到不了？"

班超道："因为送信的信使已经被我擒获。"薛五从怀中掏出两封信笺交与班超，班超将信笺递给副王谢："副王看这两封信是否为你的亲笔？"那信并非副王的亲笔，而是随从的大臣所写，但他认得信笺上的印章和自己的签名。他召来撰写书信的大臣，大臣看到信笺，大惊，对着副王谢点头，副王谢知道信笺被截获无疑，话音软了下来："把兵器都放下！都护来此，定有赐教，还请都护入帐说话。"

班超随副王谢入了军帐，此时副王谢语气已十分恳切："都护大人，此次大军东犯，全是小王一人之过错，与我大王无关，都护如要责罚，请责罚我一人。"

班超道："副王哪里的话，你乃贵霜王朝大月氏的弟弟，何人敢责罚副王？"

副王谢道："以前听闻都护治军有方，御敌有术，以为都只是传闻，今日得以领教，原来都护比传闻更胜一筹。都护轻骑入我军营，定有所指教，还请都护示下。"

班超见副王谢态度诚恳，起身拱手道："副王太谦虚了，副王远道而来，我都护府招待不周，颇为惭愧。今日备下烤羊千只，烙饼十万张，特向副王请罪！"

副王谢既惊惶又感激，他拉住班超的手，道："没有想到都护不计前嫌，谢真是羞愧无地，容我一拜！"说吧，就要跪在地上。班超连忙将其扶起，道："大月氏与大汉世代交好，我岂能落井下石？坚壁清野，实在是无奈之举！"

就当这时，疏勒的骆驼和马车到了，大月氏军卒远远闻到了香味，纷纷出帐，翘首张望。

"有吃的了！有吃的了！"

月氏人在营中大叫，他们推开营中护栏，列队欢迎疏勒的粮车。

月氏人按营领取烤羊和烙饼，不多时，烤羊和烙饼便分发完毕，众军卒狼吞虎咽，吃相狼狈。

"多谢都护，小王真是无以言表！回到大月氏，小王就上书大王，请大王按岁供奉，永世臣服大汉。"

两日后，班超赠送大月氏粮草，大月氏军队拔营回国。

大月氏退军之后，班超当即挥师北上。为抵御大月氏，班超坚壁清野，收疏勒所有兵马钱粮于一城，一时间，兵精粮足。

再说龟兹包围姑墨月余，一直有哨骑打探疏勒的消息，但是因为白霸遮拦南下的要道，哨骑不敢南下，是以龟兹不知大月氏兵退。

班超以倾国之兵反击龟兹，龟兹无防，大部溃退，姑墨将士出城夹击，廉羽率大军退回它乾城。是时班超兵两万，姑墨兵一万，尤利多据守它乾城，内有铁骑三万。尤利多见班超出兵它乾城，大惊，不知道班超如何击溃大月氏，不敢出战。听廉羽说，班超断了大月氏粮草，尤利多对班超敬畏之心大减，对廉羽道："我以为疏勒人神勇，以少胜多，原来是大月氏中了班超断粮之计！"于是领兵出战班超。

班超以弩机营为侧翼，以铁甲营为先锋，两军大战。疏勒士气旺盛，又兼勇猛，龟兹兵不能敌，败退回城，尤利多惊慌，从此坚守不出。

班超问计于众人，众人都建议强攻它乾城。班超道："入西域以来，我军守多战少，自知攻城之难，尤利多如不肯开城出战，单以战马攻城，实难破敌。"

徐幹道："白霸是龟兹王的儿子，不知道公子有何建议。"

白霸随军征伐，听到徐幹问话，道："最好是混入城中，作为内应，如能打开城门，则可以减少伤亡。"

徐幹道："公子在龟兹多年，是否有旧部在城？"

白霸道："从前的部属皆被杀害，仆从亦被发往边塞。"

众人沉默。疏勒军常年守城，不善攻城，薛五献策："可否挖地道，进入城中！"

白霸道："不可，此地多流沙，恐地道没有挖成，将士们被流沙掩埋。"

次日，班超继续领兵叫阵，尤利多不肯开城。班超围它乾城半月，沈祥从姑墨运来攻城器械。姑墨国小，所藏器械，实不过攻城云梯耳。班超让士卒砍伐巨木一棵，置于车驾之上，命士卒反复演练。数日后，班超强攻它乾城。步卒以盾牌为掩护，逐步推进到城下，汉军的弩机营为步兵掩护，城上的弓弩手射不进盾牌阵内。载着巨木的车驾被推到了城门，伴随着对城门的一声声撞击，龟兹人甚是惶恐。

眼见城门将破，忽听东方传来马蹄声，有大股军队闯了过来，与疏勒军战至一处。班超见远处的铁骑众多，道："尤利多比我预想的厉害，竟然在城外设了伏兵。"

徐幹道："那不是龟兹兵，是匈奴兵！"

徐幹说罢，班超也认出了这是匈奴骑兵，道："匈奴人怎么会突然出现？"

徐幹道："都护难道忘了，尤利多一直在向匈奴借兵！"

这时，从东边赶来的匈奴兵越来越多，竟有两万余骑，疏勒兵渐渐被逼退。正当此时，龟兹人打开城门，蜂拥而出，与匈奴人夹击班超，班超看到情势不妙，命令大军后撤。

班超撤军三十里，此处他埋伏了一支伏兵，以防意外。班超退兵后，龟兹人与匈奴人追来，遇到伏兵后，以为中计，兵退它乾城。

为防龟兹与匈奴追杀，班超将兵撤回盘橐城，封闭城池，坚守不出，三个月后，见龟兹和匈奴没有追来，方才一切如故。

第七十五章
幼帝继位窦宪手遮天 刺杀乡侯真凶现原形

章和二年二月，洛阳正处寒冬。街头上飘着大雪，零星的几人推着独轮车在走动，想是货要得急，所以才不顾风雪。未央宫内，章德前殿站着几位王公大臣，神情焦急，正在踱步。章德前殿内，御医正在为皇帝诊脉，他神情凝重。

"太医，陛下的龙体无恙否？"窦皇后问。

太医躬身道："回皇后，陛下的龙体近来欠佳，老朽医术有限，有愧于皇后所托！"

窦皇后道："总要开些方子吧！"

太医躬身写了一个方子，交与皇后，道："皇后请照此方抓药，交宫女煎熬，每日三次，喂天子服下。"皇后接过方子，太医告退。皇后将方子交给宦官蔡伦，命其亲自抓草药。

皇帝躺在床上，握着窦皇后的手，道："皇后，朕知大限已到，太医已无回天之力。朕死之后，皇后即刻扶立太子登位！"

皇后泣不成声。这时，蔡伦走了进来，他轻声唤了一声皇后，窦皇后起身来到蔡伦身前。蔡伦道："刚才给皇帝看病的太医跑了！"皇后问："太医为何要跑？"蔡伦轻声道："定然是陛下身体欠佳，无力回天了。"皇后大惊，问："该当何如？"蔡伦道："眼下应当将太子叫到近前，调集北军守住宫门，确保太子登基。"

就当此时，窦宪领着太子刘肇来到章德前殿，刘肇跑到刘炟床前，喊道："孩儿拜见父皇！"刘炟抚摸着刘肇的头发，道："孩子，你这么小就要做皇帝了，害怕不害怕？"

刘肇哭道："孩儿不做皇帝，孩儿要父皇！"刘炟见刘肇哭泣，猛地咳嗽几声，喊道："蔡伦，叫诸位大臣进殿！"

"请诸位大臣进殿！"

稍后，济南王刘康、阜陵王刘延、中山王刘焉、太傅邓彪、太子太保桓郁、执金吾耿秉等人进殿，章帝道："诸位大臣听旨！"众臣跪在地上，章帝道："朕在位十四年，无德加于海内，今天命将尽，诏命传位于太子刘肇，请众臣好生辅佐！"

众臣跪拜在地，齐声道："臣等一定尽心辅佐太子，不负陛下重托！"

众臣言罢，章帝抓住窦皇后的手，离开了人世，蔡伦高喊："陛下驾崩了！"众臣哀悼，伏地拜见新君。

章帝驾崩期间，洛阳戒严。七日之后，新君刘肇登基，沿用章和年号，尊养母窦皇后为窦太后，窦太后年方三十，正当盛年，临朝称制，以其兄窦宪为侍中，以二弟窦笃为中郎将，三弟、四弟为中长侍。

窦皇后是大司空窦融的曾孙女，其外祖父是刘秀与郭圣通所生的废太子刘疆，年少貌美，被章帝所知，后章帝娶了窦氏，立窦氏为皇后，窦氏兄弟声名日隆。

三月，洛阳寒意微收，桃花正盛，街上商贩如织，一辆车驾从城外缓缓而来。

"给我打，狠狠地打！"

街头喧杂，聚满了观望的人。

车中的人掀开帘子，问："前方发生了何事？"驾车的车夫道："侯爷，前面有人当街打人。""天子脚下，朗朗乾坤，何人如此嚣张？"车内的人刚从京外回来，见有人当街行凶，走下车驾，两侧的护卫连忙跟上。

那人走进人群，见两名家丁模样的人架着一人，一人抬着左臂，一人架着右臂，中间一人持鞭子，狂抽猛打，挥汗如雨。

"住手！"

打人的人见有人上前，停住了鞭子，问："你是何人？"

说话的人没有回答，一旁的护卫，道："这位是都乡侯刘大人。"

"原来是一位乡侯，这是我们家的家事，与乡侯无关，请乡侯走吧！"

"大胆，你是何人？胆敢与我们家大人如此说话？"

"小人名叫窦元，不过是一个管家，但我家大人乃是当今的国舅窦侍中。"那人说话时，颇为得意。

"原来是窦宪的家奴！"都乡侯道。

"原来大人知道我们家大人。"那位管家道。

"你为何打人？"

管家道："今日小人为夫人采买蜀锦，途经此处，此人惊了马车，致使小人满车的锦缎当街散落，沾满泥水，你说该不该打？"

都乡侯见远处果然倒了一辆车，锦缎撒满街道，沾满污泥，就对窦宪管家道："既然脏了，你洗过就是了。"

管家惊道："如此贵重锦缎，漂洗之后，哪里还有光泽？"

都乡侯道："即便洗不掉，找他赔些银子就是了。"

管家道："若是能赔得起，我也不必受累抽他这几鞭了。"

都乡侯道："这是几鞭吗？再这般打下去，恐怕就要了人命。"说罢，从袖中掏出一块金锭，交给窦宪管家，道："权且充作补偿！"那管家"哼"一声，道："这块金锭恐不够吧？"都乡侯道："那你打了人，该如何计较！"管家对着被打的人吐了一口痰，道："今日算你好运，走！"

窦府的人走后，被打的人当即倒在地上。都乡侯命人将其扶起，那人奄奄一息，道："多谢大人相救，不知大人尊姓大名。"

都乡侯道："我姓刘，单字一个畅！"刘畅将其带回府院，找来大夫救治。

当日黄昏，有人敲门，都乡侯管家开门，问："你是何人？"来人自报姓名，道："我是窦府管家窦元，我家大人命我将这车蜀锦拉来，请大人付齐资金。"管家见门口有一车驾，车上载满沾满污泥的锦缎，报知都乡侯刘畅。刘畅听闻此事，大怒，问窦府管家窦元："何以让本侯付资？"

窦元道："侯爷既然救了刘四，就理当买下这车锦缎！"

刘四是刘畅所救之人，刘畅对窦府管家毫不买账，道："将车拉走，若不拉走，我就将这车锦缎烧了。"窦元笑道："侯爷若是有胆，就将这车锦缎烧了。"刘畅大怒，命下人取火把来，下人将火把交到刘畅手中，刘畅走到车前，将锦缎连同车驾一起烧了。俄顷，火起，驾车的马受惊，继而狂奔，挣脱车驾，车驾上的锦缎四散，化为灰烬。

窦元道："侯爷既然亲手烧了锦缎，现在可以交付资金了吧。"刘畅并不理会他，道："快快离开侯府，否则我就不客气了。"说罢，转身回府，管家关上了城门。

刘畅回府，刘四跪在地上，道："侯爷救命之恩，小人没齿难忘，只是小人担心大人得罪了国舅，恐有大祸。"刘畅道："窦宪家奴犯事，与窦宪何干？"刘四道："侯爷不知，正是因为窦宪跋扈，所以家奴才横行不法。大人虽是宗亲，但是朝中无人敢得罪窦宪！"

刘畅平时不在洛阳，对朝中的事所知不多，扶起刘四，道："窦宪有何跋扈之举？"

刘四起身，道："说来话长，小人也是高祖之后，到了前朝时，就败落了。小人曾在沁水公主府上做管家，只因得罪了国舅，才被贬出公主府。"刘畅问："你如何得罪国舅？"刘四道："章和二年，先帝娶了窦皇后，衰败的窦家一夜之间飞黄腾达，贵为皇亲国戚。窦宪依仗皇后权势，屡屡向皇帝建言。比如太尉邓彪，为人谦和礼让，不喜欢争辩，窦宪推举他为太傅。屯骑校尉桓郁，做了三代皇帝的老师，性情恬退自守，窦宪推荐他在宫禁中给小皇帝讲授经书。如此一来，窦宪获得了举贤的美名。窦宪十分乖张，大肆圈占庄园，竟然将沁水公主的庄园圈了去。那处庄园价值白银五万两，窦宪只愿给付八千两。小人看不过眼，将窦府的管家赶了出去，不想窦宪亲带卫兵千人，占了庄园，迫使公主让出。小人自知有愧，离开了公主府，但是窦府的管家却因此记恨于我，不时地找我麻烦。后来此事被先帝所知，先帝严加责备，还是皇后求情，才免了窦宪之责。今先王驾崩，窦皇后尊为窦太后，临朝称制，窦宪大权在握。沁水公主害怕窦宪报复，主动将庄园献给窦宪，窦宪竟笑纳之。"

刘畅点头，对窦宪及管家所为也有所了解，刘四道："今日之事，并非小人过错。窦府家丁在街上纵马疾驰，小人在路边摆摊，卖些鸡蛋，准备换钱给母亲买药。窦府家丁路过，认出小人，站在车驾上，抽了小人一鞭，不想没有抽中，抽到了路边的一条狗，那狗体形庞大，跳上了车，惊到了马车，故而狂奔，以致翻车。窦府家丁仗势欺人，寻不到狗的主人，反诬是我惊了车驾，当街抽打我。今大人仗义执言，为小人出头，小人再三恩谢，只是窦宪睚眦必报，恐早晚报复。"

刘畅拂袖，道："无碍，谅他不能奈我何，你且在府中歇息，我自派人将你母亲接来，将你母亲治好。"刘四千恩万谢。

次日，刘畅到宫中悼念章帝，灵牌前，内侍蔡伦高呼刘畅的名字："都乡侯刘畅拜见皇帝！"刘畅三跪九叩来到灵前，吟诗文一首，呜呼哀悼，吟罢，将诗文焚烧于灵前。

都乡侯刘畅从灵前起身出来，一人追了出来："阁下就是都乡侯？"刘畅不认识此人，躬身施礼，道："在下刘畅，不知道大人如何称呼？"那人冷笑道："阁下记性不佳，眼力也不好，烧了我家锦缎却不记得了？"

刘畅恍然，道："原来足下就是国舅窦侍中，怎么，国舅追着我，是来讨要锦缎的吗？"

窦宪道："区区一车锦缎，有何足惜？窦宪不过想与都乡侯交个朋友！"

刘畅冷冷道："刘畅不过一乡侯，如何配得上与国舅交朋友？只盼国舅府上的家丁别到敝府寻衅就是。"窦宪干笑两声，将要接话，蔡伦上前，对刘畅道："侯爷，太后命洒家召你！"刘畅问："不知太后寻我何事。"蔡伦道："太后听了侯爷的诗文，颇为喜爱，想命侯爷誊抄一遍。"刘畅道："既然太后喜欢，畅在所不辞。"

蔡伦领刘畅觐见太后，上午进，黄昏出，连续数日不绝。窦宪不知太后与刘畅所言何事，找蔡伦打听。

"蔡伦，太后这几日连续召见刘畅，不知道所谈何事。"

"聊些诗文，偶尔也谈及国务、军事、洛阳城防。"

"是否谈及宪？"

蔡伦对窦宪之跋扈颇有成见，他听说窦宪家奴到刘畅府上闹事，被刘畅驱赶，心中暗自称快，见窦宪打听，对窦宪道："刘畅未曾提起国舅！"窦宪心中稍稍平复，蔡伦有意打压窦宪，继续道，"不过太后说了，都乡侯才华俊逸，人品端正，实乃百官典范，将来可为国之柱石。"

窦宪惊道："太后竟然如此器重此人！"蔡伦不动声色，躬身道："国舅，蔡伦有事，先行告辞了。"窦宪愣神，说了声"好"。

窦宪闷头回府，边走边思索，刘畅与太后日日相见，定然说了自己不少坏话。那刘四曾是沁水公主的管家，刘畅救了刘四，难免将沁水公主献与自己庄园的事说了，若刘畅将此事告知太后，太后定然会责备自己。今太后器重刘畅，他日势必加以重用，分摊中宫省之权。

如此想着，回到了府中。窦元在门口恭候，见窦宪骑马踱步而回，上前迎接："国舅爷回来了！"窦宪正失神，见到窦元，气不打一处来，提起马鞭，狠抽了窦元："狗奴才！"窦元脸上露出血痕，不知道发生了何事。"若不是你当街抽打刘四，如何能得罪刘畅？你打就打了，还将锦缎拉到侯府作甚？无怪乎人家说我们窦府跋扈！都是你这狗奴才败坏了我的名声！"

窦元被骂，心中委屈，暗想："不是你命我将锦缎拉去，索要资金吗？"但他不敢接口，惊吓得只好跪在地上："都是小人惹的祸，大人要打要罚，小人绝不出声。"

窦宪气道："你承担？你如何承担？你承担得起吗？"

窦元一个劲儿说"是"。过了一会儿，窦宪气消了，命窦元进院，关闭府门。窦宪进了正屋，窦元端来一杯茶，问："大人，发生了何事？"窦宪道："太后屡屡召见刘畅，恐有祸事。"

窦元道："这还不简单，将刘畅杀了就是了。"窦宪问："杀了，我岂不落罪？"

窦元道："我有一义子，名叫公孙奉，是三掌将军公孙通的儿子，剑法超群，可为刺客。事成之后，嫁祸刘畅的弟弟刘刚，刘刚与刘畅不和，国舅只要命河南尹前往调查，问得刘刚的口供，此事就成了。"

"公孙奉何在？"

"正在别院舞剑。"

天将暮色，刘畅与刘刚在家中对饮，二人一年未见，相聚甚欢，喝到三更夜深。酒到深处，二人都有些醉意，刘畅起身离席，去了茅房，半晌未回，刘刚担心刘畅醉倒在茅房，挑灯查看，来到院中，见桃树下躺着一人，笑道："大哥果然喝多了，竟然醉倒桃树下。"他上前查看，见刘畅后背满是血迹，早已毙命，顿时大惊，呼唤家丁，命人报官。稍后，河南尹带着捕快来到府中，仵作勘验尸首，验得致命伤为后背贯穿伤，凶器为一柄短剑。捕快在院中搜遍每一处角落，不见刺客，河南尹命捕快封锁院门，搜索庭院。

河南尹主掌京都军政，案发后，窦宪找到河南尹，为其指出元凶，道："刘刚和刘畅不和，多年不相往来。今日相见，二人醉饮于堂中，刘刚趁刘畅醉酒，拔刀相向，从后背将其袭杀，而后恶人告状。"河南尹受窦宪推荐而受提拔，对窦宪言听计从，立即将刘刚逮捕。

次日，刘畅的死讯传入皇后耳中，太后窦氏大惊，命廷尉严查凶手。廷尉严讯刘刚，得不到口供，讯问都乡侯府中其他下人，从下人口中得知，刘畅近日开罪窦宪。窦宪乃朝中红人，奈何没有证据，一时间案件陷入困局。

洛阳的春天一日暖过一日，郊外的农人在田里锄地，凤凰山侧的梨园亭下聚着三五剑客，正在比试剑法。一人卧于梨园亭，喝着酒，双目迷离，看着场中诸人。众人舞罢，决出胜负，但见亭中之人忽地扔下酒壶，蜻蜓点水般从亭中落下，身法之快，身姿之绝妙，令人称叹。

"公孙奉来也！"

　　他拔出长剑，与刚才的胜出者比剑，那人刚胜出，已经有些疲倦，公孙奉连连进攻，那人难以招架，只十余招，就败下阵来。众人尽服，唯有败者不服，道："你趁我不备，有巧胜之嫌。"公孙奉收剑入鞘，道："以你的剑法，便是有备，也难以胜我。足下可知都乡侯刘畅，此人文武双全，却被我一剑穿胸。"众人不信，道："世人皆知刘畅是其弟弟刘刚所杀，与你何干？"公孙奉见众人不信，摇头离开了凤凰山。

　　公孙奉回到洛阳城，天色已晚。他新得百金，不知作何用处，走了数步，来到百花楼，见百花楼热闹，进了楼内，点了些酒菜，叫了个姑娘作陪。三更时分，公孙奉酒意正酣，侍候喝酒的姑娘见公孙奉一言不发，问他是不是有心事，公孙奉将酒杯摔了，道："世间知己难遇。"他将比剑的事说了，道："刘畅明明是我所杀，那些剑客竟不相信，可叹！可悲！"

　　说者无意，听者有心，百花楼的姑娘不动声色，道："古来英雄皆寂寞，世人哪知大侠的剑术！"公孙奉哈哈大笑，说"是"。那姑娘将公孙奉拉到床边，帮公孙奉脱下外衣，行了那云雨之事。事毕，公孙奉酣睡，那姑娘却悄然起身，去了廷尉府。值夜的人叫醒廷尉，廷尉连忙带人将公孙奉抓了。

　　公孙奉酒醒之时，已经到了廷尉的大狱。

　　"公孙奉，你有无杀害都乡侯？"

　　"不错，刘畅是我杀的。那日我潜伏在都乡侯府内的桃树上，等了刘畅两个时辰，趁其如厕之时，从树上突然跳下，一剑刺死了刘畅。可恨郊外的剑客们不相信，可恨啊，见识竟不如一个妓女！"

　　不消几回问话，公孙奉就将杀害刘畅的始末经过告诉了廷尉。廷尉得了供词，去见太后，太后大怒。自古刑不上大夫，窦宪贵为国舅，虽犯命案，但不下大狱，太后命廷尉将窦宪幽闭于内宫，严加看管。窦宪自知事情败露，十分惊恐，担心被诛。

第七十六章

烽烟再起国舅求赎罪　大破匈奴勒石燕然山

　　清晨，河套草原的牧民驱赶羊群，准备放牧，突然，几十名骑兵奔涌而至杀死了牧民，赶走了羊群。被杀的牧民是南匈奴人，扰边的骑兵是北匈奴人。如此犯边不是个例，而是遍地开花。北匈奴犯边，激起了南匈奴的愤怒。永平十七年，汉廷与南匈奴联手进攻北匈奴，北匈奴远遁。汉廷撤军，北匈奴再次扰边，不胜其烦。

　　近年南匈奴聚居在河套一带，习惯了放牧生活，不喜掠夺，对北匈奴扰边之行为，极为痛恨。为了拔除北患，屯屠何派左谷蠡王师子入汉，请大汉出兵，彻底消灭北匈奴之患。

　　左谷蠡王师子已是盛年，当他再入洛阳，洛阳城为之一震。他打马来到城中，被洛阳军民围在一处。师子说汉话，道："我乃南匈奴左谷蠡王，是西域都护班超的忘年旧友。今北虏南犯，师子奉大单于之命，请求大汉皇帝出兵北伐，同讨北虏。"洛阳军民见师子相貌威武，但是却彬彬有礼，对其颇有好感，均道："皇帝一定会答应出兵的，祝大单于旗开得胜！"

　　两日后，太后在未央宫接见了师子，师子将边情说与太后，太后召重臣廷议。

　　时窦固年迈，重病在家，被侍卫抬进宫中，耿秉、马援、耿忠等俱被召入皇宫。

　　太后临朝，道："北虏南犯，南匈奴请求出兵，众臣何意？"

　　耿秉道："北匈奴长期祸害北境，实为首恶，虽教而不改也，臣请命，剿尽北虏，彻底解除北疆之患。"

　　耿恭道："除匈奴，渔阳、云中、北地等边塞也时常传来军情，道北虏犯境。

凡北虏所至，财物被抢，男丁被杀，妇孺被劫。"

太后见窦固卧于榻上，问："固爷爷有何想法？"

窦固与太后窦氏爷爷为堂兄弟，今窦氏贵为太后，国中之人对窦固更加尊敬，听闻太后垂询，窦固起身，道："老臣年迈，所言恐有不当。老臣以为，匈奴之患，有如癣疾，无性命之忧，却有切肤之痛。今国力昌盛，四海归心，如不除之，必失众望，如能除之，则四海归心，天下大治。"

太后问："当如何出兵？"

窦固道："明帝在位时，御外敌不曾征农夫。太后可收边塞诸郡兵马，设将军一人，统领三军，联合羌胡、南匈奴部族，北上征伐，斩杀北虏，尽除北患。"窦固曾大破匈奴呼衍王部，收伊吾卢，破车师，战功累累，又是太后的长辈，所说的话在太后心中分量甚高。

马防却道："北患虽众，但边塞各族最为要冲。我听闻，南匈奴左谷蠡王师子在洛阳城招摇过市，大肆鼓噪，引起洛阳百姓围观，其意就是要引起朝廷重视，请太后不要被南匈奴人蛊惑！"

廷议了一日，太后并未表态，但众将军知太后心中已经有了主意。

边境烽烟再起的消息传到了内宫，戴罪等死的窦宪突然于心中泛起一线生机。

"我要见太后，我要见太后！"窦宪拍打着房门，惊起了看守的侍卫。

侍卫不敢怠慢，叫来了廷尉，廷尉问窦宪："你见太后，所为何事？"

"我要请战，我要请战，窦宪不做待死的牢犯，只愿战死疆场，以赎死罪！"

廷尉道："还请国舅给我一块信物！"

窦宪撕下身上的囚服，咬破手指，在囚服上书："宪请战，愿效疆场。"

廷尉将血书送到太后手中，禀明窦宪志向："太后，国舅想以北击匈奴为自己赎罪！"窦太后道："吾兄壮志可嘉，不愧为窦氏子孙。"

不日，皇帝颁布诏令，决定起用北军五校、黎阳营、雍营、边塞十二郡、羌胡骑兵，联合南部匈奴，北征。

诏令颁布，各将校齐聚耿秉府内。

耿恭道："大哥，太后已经同意北征了。十六年前，你曾与奉车都尉窦大人一同出征呼衍王，夺下蒲金城。现奉车都尉病危，唯有大哥可堪大任。"耿夔、耿谭等人称是。

耿秉谦虚，道："国中将才如云，诸如马防等，皆战功累累。"

耿恭道："马防哪里比得上大哥，大哥为先帝所重，又是执金吾，依我之见，统帅必是大哥。"

朝中武将，以窦固资历最深，但窦固病重，故而领兵之人，首选耿秉。耿秉志得意满，也认为太后会委任自己为将军，统率北征大军。

三日之后，太后召武将于章德前殿，众将见窦宪昂然站在殿中，交头接耳，互道此人何时放出，又何以站在此处。正议论时，太后缓缓步入殿中，内侍蔡伦宣布圣旨：章和二年八月五日，大汉皇帝拜窦宪为车骑将军，授紫金印绶，比司空配置官属，拜耿秉为副将，统御汉军，征伐北虏，钦此。

众将接到圣旨，皆吃惊，没有想到是戴罪的窦宪执掌汉军。窦宪虽然是军旅世家，但是从未上过战场，此人以戴罪之身，竟然坐上了车骑将军之位。

窦宪接过圣旨，转身对众人道，"诸位将军、校尉，窦宪有礼了！"说罢，躬身对众人施了一礼，道，"窦宪先祖虽领司空、将军，但宪没有掌过兵，以后还要仰仗诸位。"众人都知道窦宪睚眦必报，害怕窦宪记恨自己，但又不肯折腰。

这时耿秉躬身施礼："拜见将军！"众将校多为耿秉子侄，对窦宪虽有不满，但也都施了礼。是日，窦宪在府中宴请将校，一连醉饮数日，又邀文臣班固等人，齐聚一堂，渐收人心。

次年，改年永元。

永元元年初春，窦宪收北军五校、黎阳营、雍营兵马，与耿秉各领军四千，与南匈奴左谷蠡王师子从朔方鸡鹿塞出兵。南单于屯屠何率领万余骑从满夷谷出兵，度辽将军邓鸿（邓禹的小儿子）和边境地区归附朝廷的羌胡八千骑、左贤王安国万骑从翩阳塞出兵。三路大军约定在涿邪山会师。

鸡鹿塞即今日内蒙古磴口县西北哈萨格峡谷口，满夷谷和翩阳塞位于今日内蒙古固阳县。涿邪山位于蒙古国西部、阿尔泰山东脉。

大军到了涿邪山，不见北匈奴兵。

窦宪召集众文武，道："今出塞三千里，不见北虏，该当如何？"

耿秉道："北虏听闻汉军北征，自然是望风而逃。自武帝时，北虏衰弱，建武年间，分为南北两部，更见衰弱，难成气候。永平十七年，大军北击匈奴，北匈奴远遁漠北，今日车骑将军以三万大军再击北匈奴，北匈奴定然再次远遁，以秉之见，我军应当继续往北，直至追到北匈奴腹地，杀其精锐，俘虏其首。"

众人深表赞同，于是窦宪率领大军往东北方向进发。

两个月后，大军至稽落山西两百里。

哨骑探报，在稽落山一带发现北虏主力。窦宪得到探报，大喜，决定亲率百骑前往查看，众将校不许，窦宪斥道："为将者，如不了解军情，如何取胜？"耿秉要求亲自领兵前往，窦宪不许。

窦宪亲至稽落山，查看敌情，见稽落山以东尽为草地，草地一望无际，有帐包万余，牛马百万，一眼望去，无穷无尽，于是回营。

窦宪将军情说与众将，道："北虏聚居于漠北深处，我军难以寻觅踪迹。今大军至此，定要毕其功于一役。"众将请窦宪分派任务，窦宪道："漠北地势开阔，我意兵分两路。副校尉阎盘听令，你引左谷蠡王师子部从左翼包抄；司马耿夔、耿谭听令，你引南单于屯屠何部从右翼包抄。大军于明日清晨出发，日落发起突袭。"

众将领命，次日五更造饭，辰时出发。下午大军到达稽落山南北两侧，哨骑探报，稽落山东一马平川，并无北虏。大军左右两翼出稽落山，窦宪派哨骑寻找主力，不想黄昏时分，稽落山东出现庞大骑兵群。

原来北匈奴得知大汉北征，不断派人打听汉军动向，退往漠北。以往到了漠北，汉军因不熟悉地形，不耐苦寒，会停止追击，不想这次汉军竟然追到了稽落山。再往北就是极寒之地，北单于优留知退无可退，有意一战。

北匈奴军将大军排成四排，绵延十余里，看上去，阵容极为强大。

窦宪先祖曾与匈奴多次征战，家传的兵书多不胜数。他知破敌之策，故而已先行演练。阎盘、耿夔、耿谭等人见北匈奴列成一字长蛇，命各营将其分割，截为数段，使其首尾难顾，而后将其包围，以箭射之。

南匈奴对北匈奴极为痛恨，其军作战英勇。两军交战两日，汉军大破北匈奴，斩首一万三千，优留单于及皋林犊王遁走，窦宪率部追击，直至私渠比鞮海。私渠比鞮海，即今日蒙古国西北的乌布苏湖。

优留单于遁逃后，北匈奴八十一部率众投降，降者前后计二十余万人，俘获牛、马、羊、骆驼百万余。

班固道："此次征战，北虏精锐尽灭，汉军大获全胜，北患彻底解除，功昭千秋，将军应当登燕然山，勒石纪念。"文臣武将皆赞同班固。

窦宪志得意满，道："既是如此，就请护军班大人撰文吧。世人皆知，班大人文采出众，当朝之中，无人能出其右。"班固领命，于是撰文。

永元元年七月，窦宪登燕然山，勒石山顶，其文如下：

惟永元元年秋七月，有汉元舅曰车骑将军窦宪，寅亮圣明，登翼王室，纳于大麓，维清缉熙。乃与执金吾耿秉，述职巡御，理兵于朔方。鹰扬之校，螭虎之士，爰该六师，暨南单于、东胡乌桓、西戎氏羌，侯王君长之群，骁骑三万。元戎轻武，长毂四分，云辎蔽路，万有三千余乘。勒以八阵，莅以威神，玄甲耀目，朱旗绛天。遂陵高阙，下鸡鹿，经碛卤，绝大漠，斩温禺以衅鼓，血尸逐以染锷。然后四校横徂，星流彗扫，萧条万里，野无遗寇。于是域灭区殚，反斾而旋，考传验图，穷览其山川。遂逾涿邪，跨安侯，乘燕然，蹑冒顿之区落，焚老上之龙庭。上以摅高、文之宿愤，光祖宗之玄灵；下以安固后嗣，恢拓境宇，振大汉之天声。兹所谓一劳而永逸，暂费而永宁者也。乃遂封山刊石，昭铭盛德。其辞曰：铄王师兮征荒裔，剿凶虐兮截海外。夐其邈兮亘地界，封神丘兮建隆碣，熙帝载兮振万世！

这篇文章就是著名的《封燕然山铭》。勒石毕，众人皆赞班固之文采。

此后，窦宪一面命人往西北追击北单于，一面率军回国，沿途遇北匈奴各部，各部无不投降。窦宪兵驻五原，朝廷授封窦宪为大将军，封武阳侯，食邑两万户，窦宪推辞。朝臣慑其军威，奏请将窦宪置于三公之上，位次太傅，太后准奏，于是窦宪部将、兄弟皆得封赏。

永元三年，窦宪以北虏微弱，请求再次出兵。太后同意，窦宪遣右校尉耿夔、司马任尚等人北征，在金微山大破北匈奴。

《后汉书》记载，此战，北单于逃走，不知所终。但英国历史学家爱德华·吉本在《罗马帝国衰亡史》中说，北逃的匈奴人向西方进军，他们长途奔袭到欧洲的黑海和多瑙河一带，打退了原住民哥特人，哥特人失去土地，只好向西侵袭，直到兵临罗马城下，后来匈奴人和哥特人一同进攻罗马，最终导致了古罗马在众多"蛮族"的强大军事压力下，一朝覆亡。

夏日疏勒，班超在校场练兵。

班勇跑到班超面前："爹，你想不想我娘？"

班超看见班勇，踢了班勇屁股一脚："臭小子，又来催我出征！"

众将校见了，哈哈大笑，徐幹道："班勇这小子透着灵气。"

班超道："就是不用在正事上。五岁的时候，我听他说得最多的就是长大后像我一样，十岁的时候，就吊儿郎当了。"

徐幹道："依我看，班勇长大之后，必为良将。"

班超问："此话何意？"

徐幹道："为将者，第一不是勇，而是机敏。能料敌于先，方能克敌制胜。勇儿聪慧、机灵，必能做出一番大事业！"

班勇这时候又跑了过来，道："父亲若是不能平定龟兹、焉耆，勇儿必能继承父亲遗志，为父亲完成心愿。"

班超气道："你小子盼着我死，是吧？"班勇做了个鬼脸，跑开了。

徐幹道："依我之见，班兄可将夫人请回都护府。李邑走了数年，西域诸国无人在意此事，再说你班兄五十多岁了，夫人不在，何人照顾你？"

班超叹道："徐兄说得是，只是大丈夫有言在先，岂能不践守誓言？"

这日操练完毕，班超回到都护府，刚要坐下休息，忽听到外面有喧闹之声，班超问："赵森，外面发生了何事？"赵森将要出去，就见饶锦文、薛五、田虑等人抬着轿子进了都护府。

班超好奇，问："你们这是做什么？轿子里坐着何人？"

薛五笑逐颜开，道："都护，你瞧我将谁给请来了？"他拉开帘子，只见轿子中坐着笛玉。笛玉遮着面，似是不好意思，这时班勇跑到班超面前，拉住班超衣袖，道："父亲，今日娘亲和我到街上采买，被薛叔叔撞见，薛叔叔和饶叔叔将娘亲请入轿子，抬到了都护府。"

班超恍然，问："诸位这是何意？"

薛五抢着说："都护，公主居于深宫，思念夫君，我等甚为同情，将公主请来，与都护团圆。"

饶锦文道："就是，这夫妻哪有不团聚的？都护不能和夫人长相厮守，我等寝食难安！"众人应和："我等寝食难安！"

班超噎住，稍后道："诸位兄弟不是让我难堪吗？班超有言在先，不破龟兹、焉耆，不与夫人团圆！"

饶锦文道："都护，你这哪是誓言，简直就是家暴！你一日不收焉耆，夫人就跟着你受苦啊！"说罢，眼睛对着班超眨了两下。班超心领神会，知他说的是笛玉夜宿都护府的事。

这时，笛玉从轿子中走了出来，道："诸位将军、校尉，大家好意，笛玉心领了。为人妻者，要为君分忧，笛玉不能投效疆场，为夫杀敌，但也不能让夫君分心。我相信都护会征服龟兹、焉耆的。"

班超道："夫人说得是！"

众人颇为沮丧，这时，徐幹站了出来，道："都护日夜盼着平定龟兹、焉耆。但是平定龟兹、焉耆非朝夕之功。都护已立誓言：不破龟兹、焉耆，不与公主团圆。话说得豪迈，只是此处有个纰漏！"众人问："有什么纰漏？"徐幹道："不团圆不代表不能见面，只是不能日日在一起，我意：公主可每月住都护府三日，既可解相思之苦，又不毁都护誓言。诸位兄弟觉得如何？"

众人大笑，皆称好，班超道："这不是自毁誓言吗？"

徐幹道："此言差矣！为都护者，尚且分居，众校尉该如何自处？不要让属下为难！"笛玉对徐幹暗暗敬服，班超也无可辩驳，于是约定，笛玉每月回都护府小住三日。

第七十七章

星八寻夫解星六身世　委曲求全白霸娶公主

　　笛玉每十日回一次都护府，辰时去，次日回。这日，笛玉第二次回都护府小住，她见班超不在，知班超去了校场。左右无事，笛玉在院中闲逛，来到了别院，见少绫正在缝补衣物，与她说了些闲话。

　　正当此时，有侍卫前来禀报：门口有一女子，自称来自温宿，前来寻找白霸。

　　少绫答："白霸一早随都护去了校场练兵。"

　　笛玉告诉侍卫："就说公子不在，让她晚些时候再来！"

　　侍卫道："那女子说了，如果公子不在，就在都护府门口等候，直到公子回来。"

　　笛玉奇怪，正在想如何应对，少绫对侍卫道："既然是找公子的，必然有要事，请姑娘入府院说话。"

　　侍卫说了声"是"，转身离去，稍后一名女子带着两女侍进了院子。

　　"白霸何在？"

　　少绫起身望去，见这女子穿着锦缎，身配玛瑙玉饰，发式梳理整齐，知此人来历不凡，于是躬身施礼，道："这位小姐找白霸何事。"

　　那女子横眉冷目，问少绫："你是何人？"

　　"我是白霸的妻子！"

　　"原来你就是那个焉耆女人！挺俊俏！告诉你，我是温宿的公主星八。"

　　"不知道公主找白霸何事。"

　　"两件事：一、休妻。二、娶我。"

少绫一惊，道："曾听白霸说起过，道温宿有一位公主与自己有过婚约，说的就是你吗？"

"不错，正是本公主！"

"既然你和白霸有婚约在先，为何没有成婚？"

"前有白霸颠沛诸国，后有大月氏围城，这才被你钻了空子！"

少绫既伤心又难过，道："既然有婚约在先，就请公主稍后，待白霸回来，再作计较。"

再说白霸在校场练兵，对星八寻他的事不知情。笛玉见情形不妙，遣人到校场寻白霸。"公子，有一名温宿女子，前来寻你。"白霸侍卫道。白霸立志复仇，不肯离开校场。侍卫只好详说："来人自称是公子的未婚妻，现已经进了都护府，尊夫人一言不发，小人担心……"白霸道："担心什么？"侍卫回答："担心二人一言不合，打起来了！"

白霸叫来副校尉，命继续指挥操练，自己卸下兵甲，回了都护府。

白霸进了院子，看见星八端坐在院中，手里端着水杯，眼睛目视前方，少绫像是受了委屈的小猫，侍立在一侧。

星八看向白霸，柔声细语道："你就是霸哥哥？"白霸不想理会星八，星八一个箭步冲上去，抱住白霸："霸哥哥，星八好想你！"

白霸极力推开星八，道："男女有别，请不要这样！"星八再次抱住白霸："我们有婚约，只要我们完婚，就没有男女之别了。"这时，少绫再也忍受不住，哭泣着跑出院子。白霸推开星八，去追少绫，星八见白霸跑了，气得直跺脚，跟着也追了出去。

这时，院中站满了围观的人，班超、饶锦文、薛五等人听说，全都打马疾驰来看热闹，就连高瓜儿、西施也都催轿夫走得快些。

少绫走出府院，将要上马，被白霸拉住了缰绳，将其抱了下来。

"你撒手，放我走！"

"夫人，你这是作何？我又没有与她成婚。"

星八追了上来，大声道："白霸，你不肯娶我吗？"

白霸道："星八，我被追杀，避祸于疏勒，夫人少绫于我有救命之恩，情深似海，我断不能另娶。"

星八道："好你个白霸，忘恩负义，你可知，我为了你，不避崎岖，出逃温宿，受了多少磨难。"

白霸道："姑娘有情，白霸心领了。白霸是与姑娘有婚约，可是那时我是公子，你是公主。今日白霸落难，姑娘与白霸缘分已尽，姑娘何必苦苦执念？"

星八道："你确已落难，但我并未弃你，我日夜探听你的下落，只盼一朝寻你。若不是大月氏围城，我早就来了盘橐城。"

白霸道："但白霸早已婚娶，此生再没有另娶之念。"

星八突然掩面，上马而去。

班超恐星八有事，示意笛玉，笛玉领会，骑上快马，追了出去。

"星八姑娘！"笛玉追上星八，喊，"星八姑娘留步！"

"夫人留我何事？"

"姑娘远道而来，都护府尚未尽地主之谊，且回府稍坐，不要急于离开。"

"白霸不肯娶我，留在都护府，徒增烦恼！"

"姑娘此去何处？"

"回温宿，嫁给尤利多！"

"什么？嫁给尤利多？"

星八泣不成声，一旁的侍女道："我们公主和白霸本有婚约。白霸出逃之后，尤利多求娶公主，老王爷不许。后来都护围攻龟兹，被龟兹击败，老王爷迫于压力，答应了尤利多。公主不喜欢尤利多，这才潜逃出城，来寻白霸。"

笛玉听说星八返回温宿要嫁给尤利多，打定主意，不让星八出城，道："姑娘少安毋躁，姑娘貌美，白霸与姑娘相见短暂，如能相处几日，白霸定然回心转意。"

星八希望重燃，问："真的能回心转意吗？"

笛玉道："姑娘如有心，请留在都护府。"星八回心转意，果然不再出城，随笛玉回了都护府。

众人在都护府门口亲眼见星八离开，暗道了一声痛快，过了半个时辰，却见笛玉将星八又领了回来。饶锦文颇为不快，道："夫人，您为何将这位姑娘又领回来了？"众人都说是，但见笛玉表情严肃，一言不发，众人不敢追问。

笛玉将星八安置在别院的另一间房子，给随从女侍安排了一间房子。一时间，庭院静谧尽解，喧嚣充满府院。

西施道："白霸真有福气，那姑娘竟然追到疏勒！"

高瓜儿道："温宿净是奇女子，前有星六，后有星八，温宿人名字里为什么都有星字？"

西施和高瓜儿"咯咯"一笑，西施道："该不会是一对姐妹吧？"两个人又是"咯咯"一笑。

说者无意，听者有心。为能与星六说话，不爱看热闹的饶锦文婚后极爱看热闹，听西施和高瓜儿说，自己悄悄从人群中退了出来，回到了家中。

星六正在院中带孩子，她将儿子在腰间甩来甩去，逗得儿子"咯咯"大笑。

"夫人，星八到都护府了。"

"她来干什么？"星六本能反问。

"你认识星八？"

星六语塞，半晌道："我是认识一个叫星八的，不知道是不是你说的星八。"

饶锦文道："她是温宿王的女儿！"星六面露惊讶，不说话。饶锦文猜到大概："你是星八的姐姐？"星六将儿子放下，坐在了石凳子上。饶锦文道，"既然是温宿王的女儿，为何逃到疏勒？"

星六道："我以为这辈子你都不会知道这件事，哪想还是被你知道。出逃那一年，老王爷命我嫁与尤利多，我知尤利多险恶，不肯出嫁，于是逃出温宿。到了疏勒，我的钱花光了，看到疏勒在征婚，就报了名，躲进馆舍，骗吃骗喝，不想被发现，嫁给了你。一晃这么多年，也过来了。"

饶锦文问："这些年，你后悔吗？"

星六道："谈何后悔？好过嫁给尤利多。"星六想起妹妹星八，道，"你怎么认识我妹妹？"

饶锦文道："因为她就在都护府。"星六一惊，站了起来，坐在她腿上的儿子摔了下来，趴在了地上，星六将儿子扶起，拍打儿子身上的泥土，道："她怎么来了？"

饶锦文道："想是尤利多娶你不成，又打起了你妹妹的主意。你妹妹厌恶尤利多，来疏勒找白霸。"

星六道："白霸已经成婚，星八难道不知？"

饶锦文道："自然知晓，当初尤利多攻打疏勒，就是因为白霸在疏勒成婚，知道了白霸的下落。只是你这妹妹颇为霸道，逼着白霸休掉少绫。"

星六道："不好，白霸与少绫感情甚笃，如何会休掉少绫？快带我见星八。"

两个人带着孩子来到了都护府，都护府内外的人还没有散去，西施见到星六，上前拉住星六的手，道："星六，我跟你说，温宿来了个人，名字和你就差了个二。"星六颇为尴尬，道："那是我妹妹。"西施大惊，道："这么说，你也是温宿的公主？"星六点头。

赵森将星六引到别院，见到了星八，姐妹相见，难免泪眼，互道近况。

星八见到星六身后站着一人，问："这是何人？好生讨厌。刚才我入都护府，他极力阻拦！"星六道："这是我的相公，名叫饶锦文，是疏勒的城门校尉，就是相公告诉我，你来了疏勒。"饶锦文连连道歉："不知道姑娘是夫人的小妹，失礼之处，多多海涵！"

星八道："你们汉人说话总是文绉绉的，让人捉摸不透，不过知道你道歉就行了。"

众人说话时，笛玉将个中经过告诉了班超，班超也是一惊："万不能让尤利多娶了星八，否则温宿将再次沦为龟兹的帮凶！"

笛玉道："该当如何？让白霸再娶一妻？"

班超道："此事再议，也不能让白霸为难。"

天将正午，白霸被引入议事厅，班超、徐幹、饶锦文、薛五等人俱在。

"公子，依我之见，星八貌美如花，堪称西域绝代玉女，风华胜过西施，美艳不输妲己，公子何不再娶一妻？不负星八千里相思之情。"班超道。

"都护，白霸有情于少绫，少绫于我又有救命之恩，白霸断不能另娶。"

"你若不娶，则尤利多娶之。是时，尤利多又添羽翼，你复国之愿将付诸东流！"

"复国虽大，但白霸不愿做无情之人。"

班超暗自跺脚，徐幹等人相继再劝，但都不能说动白霸。白霸颇为得意，他舌战群雄，驳得众人哑口无言。稍后，他回到房中，见少绫坐在床榻流泪，道："夫人为何流泪？"少绫哭泣，道："还请公子娶了星八，少绫愿做小！"白霸惊讶，道："这是为何？"少绫据实说："刚才几位夫人来过，道如不娶星八，将结仇于温宿，不利公子复国。"

白霸叹道："做人难，做痴情男更难！"

三日后，温宿王贾到盘橐城，来寻女儿星八。星八不肯回温宿，温宿王甚懊恼。

饶锦文将温宿王来盘橐城的消息告知星六，请星六见温宿王，星六不肯。温宿王得知星六在校尉府，前来寻女，星六记恨温宿王将其许给尤利多，闭门不见。温宿王吃了闭门羹，请班超说和。班超自知面薄，请来笛玉，笛玉不推辞，进校尉府与星六相谈半日，星六打开府门，最终见了温宿王。温宿王对星六儿子甚为喜爱，赠予随身玉佩一块、金刀一把。星六遂与温宿王得释前嫌。

温宿王询问星六，是否能劝星八回国，与尤利多成婚。星六怒道："既已逼走星八，何以仍不思悔改？"温宿王道："奈何白霸不肯娶星八，不嫁尤利多，又当如何？"

星六咬牙道："父亲可答应白霸，若娶了星八，立星八为正妻，日后温宿助白霸复国。"

温宿王哈哈大笑："此计甚妙，如此一来，白霸必娶星八。"

离开校尉府，温宿王去找白霸。若是建在世，温宿王见了白霸，对白霸必定十分恭敬，当呼唤一声公子，今日白霸已无公子尊贵，温宿王见白霸，直呼其名："白霸，你可记得你与星八的婚姻之约？"

白霸在校场练兵，看到温宿王，惊讶道："温宿王何时到的？"

温宿王道："不用管我何时到的，我且问你，你何时与星八成婚？"

白霸道："白霸已经婚娶，不能再婚。"

温宿王道："你难道不想复国了吗？娶一名焉耆女子，何人助你复国？"

白霸道："都护会助我复国。都护有囊括西域之志，平定龟兹，只在弹指之间。"

温宿王道："天真，一年前，都护曾兵围它乾城，但是匈奴三万铁骑就将都护击溃。"

白霸道："大汉已经出兵北征，匈奴将再无遮天之日。"

温宿王道："匈奴远遁漠北，大汉根本寻不到匈奴主力。"

白霸气馁，难以反驳。温宿王拍拍白霸的肩膀，道："娶了星八，我助你复国。"

白霸道："温宿区区八千将士，何以助我复国？"

温宿王道："虽只有八千，只要都护挥兵北上，温宿一定全力助你。"

白霸回想兄长惨死，犹豫半晌，终于点头，道："既然如此，白霸愿娶星八，只盼温宿王履行诺言！"

温宿王笑道："还叫温宿王？"

白霸咬牙，道："岳父大人！"

白霸答应迎娶星八的消息很快传遍了疏勒。饶锦文拍着白霸的肩膀，道："万没有想到，我和你成了亲戚。"白霸两手一摊，道："我也是被逼的！"

既已答应迎娶，温宿王主张在温宿成婚，班超不肯，道："尤利多如知道白霸在温宿，必然围攻，温宿城小，难以抵挡，我意二人可在疏勒成婚。"温宿王又道：
"既然在疏勒成婚，请择定吉日，前来温宿迎娶公主。"星八听温宿王言下之意，
先将自己带回温宿，她担心回国之后，被温宿王强行嫁与尤利多，于是道："星八
喜欢笛玉公主，想与公主生活在一起，再者与姐姐多年未见，不舍分别。"

温宿王道："自古婚嫁习俗，不分汉夷，皆为嫁娶之俗。即男方到女方家里迎
亲，从没有女子住在男方的住处，就地成婚的道理。"

星八道："我住姐姐家里，白霸住都护府，两者不相干，又怎么能说是在男方
的住处？"

温宿王颇为难，求助班超，道："都护，您正直公平，给个公断。"

班超道："以道理来说，温宿王说得没错，星八，温宿王既然答应你，将你嫁
给白霸，想来不会反悔。"

白霸盼尤利多将星八娶了去，道："温宿王答应了你的条件，你不能不顾温宿
王，还是回国为宜。"

星八见白霸如此说，只道白霸回心转意，道："要我答应也可以，但是白霸须
在一个月内来温宿娶我。"众人见她急于出嫁，相互大笑。

次日，温宿王带着星八离开了盘橐城。温宿王本想带着星六及孩子一同回国，
但是星六担心温宿王可能将其扣为人质，不肯回温宿。

半月后，白霸亲自率领百骑，到温宿迎娶星八。迎亲倒也顺利，只是回城的路
上，遇到了龟兹的伏兵，身边护卫死伤过半，幸好有温宿王带领的骑兵救援和护送，
白霸才顺利回到盘橐城。

"有劳岳父大人亲自相送，白霸感激涕零！"

"回去成亲去吧！"

到了距离盘橐城五十里的排山，温宿王折返，白霸又走了小半日，回到了城内。

"星八，我们到了！"

车内的星八拉开帘子，道："好端端的回什么温宿？还差点丧了命，在盘橐城
成婚不挺好吗？我算是明白了一句话，脱裤子放屁——多此一举。"

白霸不想理会星八，将星八拉到了都护府。天过正午，都护府的人早已吃过了
饭，只等迎亲的队伍到了，就拜天地。

"一拜天地，二拜都护，夫妻对拜！"

白霸的头刚刚磕完，外面就有侍卫跑进院中："大捷，北边大捷，窦宪率三万

铁骑北征，大破匈奴，斩杀万余骑，降者二十余万，缴获牛马无数。"

班超听罢，站了起来，将侍卫手中的捷报看了又看，激动道："匈奴终于灭了，龟兹再无援兵了。"众将校无不欢呼，皆道："可以出兵了。"唯有白霸颇为失落，心中暗道："这捷报来晚了，若早来一月，我何苦再娶？"

数日后，班超收到一封家书。家书乃班固所写，内容大致如下："仲升如晤：吾弟建功于沙场，披荆斩棘，大破莎车，渐收西域诸国，颇有功成。吾弟壮志，为兄曾惑有不解，待弟为西域都护，方知投笔从戎可建功绩。今大将军窦宪北征，为兄领中护军，仿效贤弟，随军征战，大破匈奴，勒石燕然山，功绩昭然。兄固顿首！"班固一生著述，对班超从军不以为然，今见班超被封为西域都护，甚为歆羡，遇窦宪北征，随军大破北虏，豪迈之心溢于言表。

班超收到家书，感慨万千，随即回书班固。

母亲、兄长敬上：

分别十六载，甚是想念。闻兄长随大将军征战，弟先惊后敬。兄以如橼大笔出征，胜过雄兵十万，北疆大捷，足见兄长智勇，兄长上忠朝廷，下耀门楣，班氏子孙无不以兄长为楷模。今莎车臣服，西域唯龟兹、焉耆二国张弛，弟铭记先皇伯乐之恩，北攘蛮夷，重开丝路，虽任重道远，然曙光已现，心中所念，唯有母亲，愿母亲安好。不孝子超百拜！

第七十八章
战八卦阵纳凉遭惨败　造巨索球雪耻胜廉生

就在班超起兵，准备北上征讨龟兹之时，龟兹再次兵临盘橐城下。

盘橐城门紧闭，班超站在城上，笑道："尤利多，我本想出战征讨你，你自己却送上门了。"

尤利多指着班超，道："大胆班超，还不将白霸交出来！"

班超道："何以又来寻白霸？"

尤利多道："白霸前有叛国之罪，后有夺妻之恨，我岂能容他？"

班超笑道："尤利多，你有本事就攻城吧！"

尤利多道："班超，你不敢一战吗？"

班超道："有何不敢？你可别跑得太快！"

班超已调集疏勒城驻军，准备征讨龟兹，哪想尤利多为了报白霸夺妻之仇，竟然领军来到疏勒寻衅。班超拍着薛五的肩膀，郑重地说："尤利多亲率大军来了，省得我们大老远跑到龟兹。我猜想他可能还不知道匈奴战败，我将铁甲营、弩机营全部交与你，你要一举歼灭尤利多。"薛五点头："放心吧，都护！"

盘橐城内的军队倾城而出，与龟兹军对峙。

"哒，前面的贼子，可认得薛五吗？"

尤利多知道薛五的名字："你不就是班超手下的黑脸都尉吗？"

"既然识得我，还不退开？"

"莽夫，让你知道我的厉害！廉生，布阵！"

这个时候，龟兹的中军升起一个帅台，帅台高约三丈，台顶有一架战鼓，一名士卒重捶战鼓，战鼓咚咚，响彻四方。面向城门，帅台上站着一名将军，此人威风凛凛，手握双旗。

尤利多打马回到军后，但见帅台上的将军挥舞手旗，前军的步兵立即变阵，将前军分为四个方阵，每个方阵相距三丈，约士兵两千，外围的盾牌兵将方阵围成圆圈。

班超站在城上，暗自吃惊，龟兹一向擅长骑兵作战，何以弃骑兵不用，使用步兵？

正纳闷不解，薛五已命弓弩手放箭，箭雨齐发，龟兹的盾牌兵举起盾牌，挡住了箭阵。薛五见箭雨对龟兹军无用，改用铁甲营冲阵。铁甲营校尉名叫纳凉，此人曾是潘辰的亲信，在潘辰被蓝云杀死后，投降了班超。班超十分重视铁甲营，对其装备，一向优先供给。

"勇士们，直冲帅台！"随着纳凉的一声命令，铁甲营冲向敌阵。铁甲营自投降班超，一直没有建功的机会，今日得此良机，将士们个个暗自咬牙，发誓定要在此战中崭露头角。

铁甲营以装备精良著称，成立之初就是为了对付汉军的弩机营，不仅骑兵穿一身铁甲，就连战马也武装了铁皮。纳凉无视阵前的盾牌兵，直冲帅台，哪知刚进盾牌兵阵，阵中盾牌缝隙中伸出了许多钩镰枪，钩中了铁甲营的战马。铁甲营战骑虽全副武装，但是没有武装战骑的马蹄，许多战马马蹄被割断、割伤，战马翻倒，因两阵相距较窄，铁甲营发生踩踏，骑兵被钩镰枪拖拽入阵中，被长枪刺死。

纳凉英勇，率先冲过盾牌兵阵，见帅台周围六十步内围满了盾牌兵，准备攻击帅台，忽然帅台两侧出现大量骑兵，这些骑兵也是全副武装，从士卒到战骑，全身黑甲。与疏勒铁甲不同的是，这些黑甲兵多了面罩，战骑马蹄被套了铁环。

两军交战，敌方的黑甲营战斗力丝毫不逊于铁甲营，双方胶着在了一起。站在城上的班超看到情形不妙，暗道：如果外围的盾牌兵将口子堵住，则阵内的铁甲营将全军覆灭。果然，帅台上的人挥舞旗帜，阵前的四阵盾牌兵合兵一处，没有了间隙，将疏勒的铁甲营围在了帅台前的阵中。

薛五虽然没有班超在城上看得清楚，但他从军多年，已经猜到阵中发生了何事，他不敢怠慢，率领大军冲入敌阵。龟兹盾牌兵见疏勒大军冲来，连忙让开，疏勒军冲入阵中，欲将铁甲营救出，正当此时，龟兹的大部骑兵将疏勒军合围，一时间，双方战至一处。

班超、徐幹、成大、白霸等人站在城上，看得清楚，此时疏勒军被围，形势于疏勒不利。

班超问："帅台上指挥的是何人，竟然这般厉害？"

徐幹道："刚才尤利多已经说了，此人名叫廉生。"

班超道："从来没有听说过此人。"

白霸道："此人是廉羽的儿子廉生。"

成大道："十年前，我见过廉生，此人性情内敛，不爱说话。"

班超奇道："廉羽于尤利多有扶立之恩，廉羽正当盛年，尤利多不用廉羽，何以转用他的儿子了？"

白霸道："廉羽虽有扶立之恩，但是廉羽倚仗自己是龟兹王的舅哥，一生胜仗少，败仗多。但廉生不同，此人好兵法，喜读汉人的兵书，据说此人的房中摆满了竹简，西域风沙大，廉生对竹简十分爱惜，命仆人每日擦拭，弹灰尘。只因尤利多不喜大汉，才没有任用爱读汉书的廉生。我猜想，可能是尤利多败仗吃得多了，被迫起用廉生的。"

班超叹道："廉生此人不凡啊，你们看，单是看兵书就能摆出如此阵仗。"

成大问："都护可识得此阵？"

班超道："此阵名叫八卦阵，共有八个方位，属于防守阵，但内藏玄机，一旦闯入，凶多吉少。"

白霸道："廉生确实有才学，不过都护说此阵有八个方位，为何我只看到了四个方阵？"

班超道："这就是此人的厉害之处，他没有照葫芦画瓢，摆出一个完整的八卦阵，让人无法看透阵形。"

徐幹道："还是都护厉害，认出了阵形。"

班超叹道："只怕这次要损兵折将了，你们看，我军被龟兹军完全包围，龟兹军以盾牌兵为掩护，骑兵为冲锋，又以钩镰枪为杀手，我军被挤至一处，畏首畏尾，施展不开，稍有不慎，就有被敌军刺死之危险。"

徐幹道："眼下该当如何？"

班超道："现在城内还有八千守军，须一鼓作气，冲进敌阵，打开缺口，将阵中的将士救出！"

白霸道："就让我去吧！"

班超拍着白霸的肩膀，道："此事非公子莫属！但公子万不可进入阵中，只需打开缺口，放我军出来！"白霸领命，下了城。

成大指着西处的一个山坡，道："都护，城西的坡上隐隐有人。"班超望去，果然见到山中藏有人。"会不会是龟兹的伏兵？"成大道。"不会，城下军队已有两万余，还要留一万守城，提防焉耆，不会有伏兵藏于林中。"

这时，城门大开，白霸出了城去，直插敌阵。龟兹军再次打开缺口，放疏勒军入阵，白霸谨记班超的嘱咐，将八千士兵分成两队，挡住左右两侧盾牌兵，使之不能合为一处。阵中的疏勒军见来了援兵，顺着通道，冲出了龟兹的八卦阵。

疏勒军且战且退，龟兹军紧跟疏勒军，冲入城中，城上的疏勒军放火箭射杀龟兹后部，龟兹军兵势稍缓，疏勒关闭城门，杀尽入城龟兹兵。

疏勒死伤三千，龟兹死伤不足千人，这一仗，龟兹胜，疏勒败。

龟兹日夜在城下挑战，疏勒紧闭城门，不敢再战。

都护府议事厅，薛五、纳凉向班超请罪："薛五无能，致使我军陷入敌阵，死伤惨重！"纳凉更是用绳子将自己捆成一团，背上插着几根荆条："纳凉有罪，致使铁甲营损失两千精锐！"徐干、饶锦文、田虑、赵森、成大等人都在，众人无声，班超道："薛五、纳凉起来吧，此战不怪你们。"薛五、纳凉起身，班超为纳凉解绳子，道："此战，龟兹一改往日之萎靡，大获全胜，建所统领的威武龟兹军王者归来，全因一人，那就是廉羽的儿子廉生。廉生此人，本都护所知不多，但从阵法来看，极其娴熟，像是久经沙场的老将军，若非他固守阵形，盘橐城可能已经破城了。"

薛五问："此人如此了得，都护可有破敌之法？"

班超道："破敌之法不是没有，但是如今疏勒被围，纵然有良策，恐也无济于事。"

众人连忙问："有何良策？"

班超道："破敌之首要，在于破阵，此阵防守严密，单以步卒和骑兵难以破之，须打造巨索铁球，以铁骑队拖拽铁球，冲散龟兹的军阵。"

众人问："究竟是什么样的巨索铁球？"

班超道："用熟铁浇灌，铸成巨型铁球，铁球铸上铁环和钢刺，用巨型锁链连接，用骑兵拖拽，袭击方阵，因铁球巨大，血肉难以抵挡。"

众人都拊掌，称妙计。成大道："都护明明说了一条好计，但刚才说纵有良策，也无济于事，这是何意？"

班超道："此计虽好，但是须消耗很多铁器，盘橐城内的所有铁器都被做了兵器，已无多余铁器。"众人垂头丧气，班超说到了要害，古人冶铁困难，技术低下，一时间找不到这么多的铁。薛五一拍大腿，道："干脆熔了兵器！"徐幹道："熔了兵器，用什么打仗？"薛五低头不语。

一时间，无人献策，众人摇头，各自散去。

天近黄昏，有牧民来到都护府，执意要献锅。赵森将事情报与班超，班超出门相见，问牧民有何事，那牧民道："小老儿听说都护打仗没有铁，心想，都护打仗没铁怎么行，小老儿年迈，不能为都护牵马坠镫，却愿将家中的铁锅献与都护，盼都护击败龟兹，扬我疏勒军威。"班超道："打造器械，需要许多铁器，一口锅是不够的，老人家请将锅带回家吧！"

那牧民道："一口锅不够，但盘橐城有锅万口，只要大家将锅献出来，定能助都护打造军械。昔日反王忠守城时，尚知拆王殿筑王城，小老儿一口锅不算什么，从今天开始，我们家就吃烤肉了，待都护打了胜仗，再还我就是。"

班超十分感动，道："赵森，取笔墨来，记在账上。"

那牧民刚走，陆续有更多的人将锅送来，还有的人将铁犁、锄头送来，到了深夜，都护府门口堆满了铁锅、犁具。

白霸听说疏勒军民送来铁锅，对星八道："你父自称会助我复国，如今尤利多因为你的缘故，围攻盘橐城，竟不见温宿一个兵卒来疏勒助战。"星八泣道："父王说话算话，他一定会派兵助战的。"白霸不想与星八争辩，他来到都护府门口，见铁锅堆积如山，对班超道："如此多的铁锅，是否够都护打造巨索铁球？"

班超摇头，道："还是不够。你别看有这么多锅，化成铁水，并没有多少。"

白霸道："下臣有一计，不知道当不当讲。"

班超喜道："你且说来。"

白霸道："都护打造巨索铁球的时候，铁球可以打成空心，球内塞上石块，如此既能省铁料，又不失威力！"

班超喜道："公子真是聪慧过人。赵森，速将这些铁锅送往监造处，按照公子所说，连夜打造巨索铁球。"赵森领命，命人将铁锅拉往监造处。

班超问白霸："这些巨索铁球是用于对付龟兹军，龟兹有死伤，你心疼吗？"

白霸道："说实话，心疼，那都是我龟兹的勇士。但此战是因白霸而起，尤利多不顾大势，置苍生于不顾，如果不能打败龟兹，还将有更多的人死于非命。"

班超挽住白霸的手，道："公子，你确实比尤利多更适合做龟兹王。"

白霸道："白霸为都护引来两次兵戈，都护非但不责难，还为白霸排忧解难，白霸感激不尽。"

班超笑道："我既是都护，自然不会让你陷入险地。自明日起，你就不要出战了。"

白霸问："这是为何？"

班超道："这会增加龟兹人对你的仇恨，对你日后复国不利。"白霸恍然，躬身拜谢班超。

三日后，巨索铁球打成四套，每条巨索长二十丈，巨索上绑有三个铁球，中间大，两侧小，最大的铁球直径五尺二寸，球上长刺粗过拇指，长过一尺，远远望去，极具威力。

巨索铁球造好后，纳凉请命，请求让铁甲营使用，以复前仇。班超不许，道："铁甲营乃疏勒精锐中的精锐，如今损失近半，不可再战。"纳凉道："铁甲营名为精锐，但参战少。此次战败，若不能一雪前耻，则士气受挫，日后难以再战。"

班超道："铁甲营本就穿着铁甲，负重极大，如果再拉上锁链，则奔袭中没有爆发力。"

纳凉当即脱去铁甲，赤裸肩膀，道："都护如觉得负重，纳凉便不要铁甲，誓与那龟兹人一决高下。"

班超感叹，道："果真壮士也！"班超又道，"如派你出战，你如何退敌？"

纳凉道："我当以巨索铁球为剑，分左右奔向敌军。"

班超问："巨索铁球靠近敌军时，你两翼的战马也陷入敌阵，敌众我寡，你如何撤出？"

纳凉支吾半晌，道："我必拼死撤出！"

班超道："敌军有钩镰枪，钩住你的马蹄，你滚落敌方战阵，被敌军包围，如何撤出？"

纳凉挠头不语，干脆蹲在地上："龟兹人着实可恨！"

班超扶起纳凉，道："不用懊恼，铁甲营在龟兹屯兵数年，龟兹人自然知道铁甲营的缺陷。我已命人重新打造了马蹄铁环，专门对付钩镰枪。你出战以后，两翼除了有骑兵拉动巨索铁球，还要有人在两侧保护拉巨索铁球的骑兵，如此才能安全。

盾牌兵倒下后，拉动巨索铁球的骑兵就撤出战阵，剩下的就交给薛五！"

纳凉喜道："如此说来，都护同意我出战了。"

班超拍着纳凉的肩膀，道："我同意了！"

纳凉跪谢班超："多谢都护。"

次日，龟兹军继续叫阵。

数日前的大胜，极大地激发了龟兹的士气。龟兹军轮番在城下叫阵，招展的旗帜和奔驰的健马，无时无刻不搅动着疏勒的人心。

尤利多命人抬来一张桌案，他盘腿坐在案前，左手拿着羊腿，右手端着酒杯。尤利多对眼前的战局十分满意，这一切好像又回到了多年前，那个强盛的龟兹。尤利多挥挥手，一名士卒开始叫阵，这人嗓音尖锐，说着汉话，道："城上那汉人班超，你听着，你不是要降伏龟兹吗？今我王南巡来了，为何还不开城一战？你斩杀王叔兜题，杀害先王，这股英雄豪气哪里去了？如果自知不敌，我劝你自缚于王城之下，向我王跪地求饶，我王或可念在你年迈的分上，给你留个全尸。"

成大道："兜题是潘辰所杀，龟兹王建是荻花所杀，怎赖到都护头上了？"

班超笑道："他这么说也没错，因为当时的主将是我。"

薛五请命："城下那厮骂得实在可恨，我这就下去一战。"

班超道："不急，给将士们做饭，正午趁龟兹做饭时发起进攻。"薛五领命。

疏勒军巳时三刻做饭，午时二刻吃饭，叫骂的龟兹人换了三个，疏勒人听得咬牙切齿，龟兹人却已听得疲倦。尤利多下令，生火造饭，薛五在城上见远处炊烟生起，请示出战，班超不许，道："龟兹人刚刚生火，待饭做到一半，再出击。"

一刻钟后，班超命纳凉在城下准备。

又一刻钟，班超命人击鼓。

鼓声响起，城门大开，纳凉率领赤裸上身的铁甲营出了城门。龟兹人大笑，纷纷指着铁甲营，道疏勒人不穿铠甲，简直送死。

"驾！"

纳凉身先士卒，率领第一队往龟兹左侧的第一方阵盾牌兵奔袭，初时，百名骑兵并排在一起，龟兹人见不到骑兵身后的巨索铁球，等到百名骑兵分为两排，三个巨大的铁球出现在众人眼前，沙尘腾起，卷起漫天尘烟，龟兹人望着奔腾而来的铁球，不知为何物。第一队刚刚走开，另外三队分兵奔袭其他方阵，龟兹人见铁球巨大，球上生刺，心生畏惧，许多士卒不战自乱，纷纷后退。

四队人马奔向盾牌兵，巨大的铁球砸到士兵身上，士兵血溅当场，凡被铁球碾过，无不被刺穿，血肉模糊，四阵盾牌兵大乱，阵形不再。

薛五一声令下，弓弩手对准盾牌兵放箭，箭雨射向慌乱的龟兹军，龟兹军倒下大半。薛五命骑兵冲锋，阵前的盾牌兵死伤无数。

城上的徐干等人见了，无不高兴，对班超的智谋、见识更为敬佩。

帅台上的廉生见此，挥舞帅旗，两翼的骑兵突然出战，骑兵灵活，避开巨索铁球，与疏勒军对战，双方各有死伤。半个时辰后，龟兹骑兵撤军，疏勒人将要追击，却发现龟兹主力已撤出战斗。薛五命令大军追击，但班超担心廉生留下伏兵，命令鸣金收兵。

此战，疏勒军胜。

第七十九章

卷土重来疏勒陷危难 传来败报尤利多退兵

薛五命人打扫战场，清点伤亡，回报班超："都护，此战我军斩杀龟兹军三千。"班超大喜，道："都尉辛苦，此战你指挥得当，功不可没！"薛五颇为谦虚，道："还是都护的主意好，有了这些铁球，我军战无不胜。"

稍后，纳凉回来。班超见纳凉浑身是血，问："校尉伤情如何？"纳凉道："纳凉无碍，这都是龟兹人的血！"班超颇为欣慰，道："纳凉之勇，疏勒人看在眼里，此战你身先士卒，破了敌人的阵形，立了首功！"纳凉道："纳凉不敢贪功，只求雪耻，以告慰死去兄弟的在天之灵。"

此战击退龟兹，班超等人以为龟兹必退军，哪知过了三日，龟兹军再次兵临城下。

班超在城上喊道："尤利多，你败而不退，是何用意？"

尤利多坐在马背上，道："班超，前次被你得了先机，那是你一时侥幸，不知你今日还敢不敢出战。"

班超道："有何不敢，只是你已损失四卦盾牌兵，如何叫阵？"

尤利多笑道："你既然知道是八卦阵，就应该知道我损失四卦，还有四卦。"

班超道："尤利多，你不顾龟兹勇士死活，恣意妄为，必遭天谴！"

尤利多道："莫要狂言，今日我就要取下盘橐城。"

薛五对班超道："尤利多此人极为嚣张，待我出城交战。"

班超道："不可，尤利多敢来，必有应对之策。"

薛五道："难道还有人能破都护的巨索铁球？"

班超道："山外有山，人外有人。白霸何在？"

白霸奉班超之命，虽然不再出战，但也一直站在城头，听到班超询问，他连忙上前施礼："都护，白霸在此！"

班超道："以你对廉生的了解，廉生若是败了，该当如何？"

白霸道："廉生此人，性情内敛，胸有城府，凡事好筹划，其才华在龟兹无出其右。"

薛五道："此人在龟兹有才，但是到了我大汉，就见平庸了吧，莫要长他人志气。"白霸听薛五如此说，不敢反驳。

正当此时，盘橐城门大开，班超大惊，问："何人开城？"

纳凉率领铁甲营赤膊出战，他回首城头，大声道："都护，纳凉且做先锋！"

班超暗道不好，却已经不能拦住纳凉，纳凉领着四阵巨索铁球冲向敌阵。

龟兹依然按照八卦方位在军前摆了四阵盾牌兵，盾牌兵竖起三层长盾牌，远远望去，不知道盾牌后藏了多少兵。

"薛五，你马上支援纳凉！"

薛五领命，下了城。

纳凉的铁甲营冲向龟兹军，两翼绕过盾牌兵，巨大的铁球撞上了盾牌，盾牌散落，城上的人见此，全都大笑。哪知眨眼之间，拉动巨索铁球的铁甲骑兵连人带马翻落在地，城上的人看得清楚，龟兹的军阵中埋下了许多树桩，铁球绊在树桩上，扯住了巨索，铁甲骑士纷纷跌落，周边的士卒趁机冲了上来，将跌落的骑兵乱刀砍死。

纳凉身陷敌阵，被敌兵包围，铁甲营其他铁骑不畏生死，冲进战阵，敌众我寡，眼见就要全军覆没。

薛五回头，对班超道："都护，敌军太盛。"

班超道："全力营救纳凉！"

薛五率领大军冲进龟兹军阵。龟兹人早已有准备，四阵盾牌兵敞开阵口，放薛五入阵，薛五将要效仿第一次营救纳凉之法，守住通道，却见右边盾牌兵突然举盾牌，左边盾牌兵放出弓箭，许多疏勒军士猝不及防，中箭落马。三轮箭雨射过，右侧的盾牌兵放下盾牌，军阵中间口子大开，平地冒出许多骑兵，冲了出来。

双方胶着到一处，龟兹骑兵绕道至龟兹的前军，对疏勒军进行包抄，疏勒军陷入重围。龟兹盾牌兵严防死守，一旦有疏勒军靠近，内侧的钩镰枪就割断疏勒军的马腿，疏勒军时常中招。

班超在城上见了，暗自恼火，心想廉生果然厉害，竟然想了立桩这么个主意，破了他的巨索铁球。现在铁甲营损失大半，疏勒大军陷于敌阵，形势如果继续这样发展，则疏勒旦夕之间将被破城，自己也将身死西域。

"都护，鸣金收兵吧！"成大劝道。

"是啊，鸣金收兵吧！"白霸道。

班超长叹："此刻我军还能撤得出来吗？只怪我太轻敌，万没有想到廉生竟然如此深谙兵法。"

就当此时，城外的山坡冲下来许多兵马，远远望去，不知道是何人。来人尽是骑兵，约有六千，来势凶猛，直冲龟兹军，龟兹疲惫，无法抵挡。阵中的疏勒军见有援兵，士气大振，很快与援兵合兵一处。指挥作战的薛五很快认出了援军，来人是姑墨的沈祥。

"薛五，你还能挺得住吗？"

"倒不了！"

"哈哈，就知道你能行！"

战局稍稍扭转，但龟兹丝毫无退军之意。

成大喊道："是姑墨军，姑墨来帮我们了。"

班超已经认出了沈祥，他暗自想："你终于来了。"

徐幹笑道："沈祥来了，可是温宿王为何迟迟不到？"

说话时，另一侧的山坡冲下许多骑兵，与姑墨、疏勒合兵一处，战了起来。

白霸喜道："是温宿的铁骑。"

班超点头："这股军队潜伏山上多日，今日才辨出大势！"

白霸不语。

来人正是温宿王，他潜伏在远处，等候良机。他见龟兹军江河日下，本想趁两军交战，偷袭龟兹，到班超面前邀功，哪知道龟兹兵临城下，竟然打得疏勒无还手之力。温宿王见形势逆转，又有了归附龟兹之心，准备在疏勒城破之时，与龟兹军一起攻进疏勒。后来他截住了龟兹的信使，信上写着大汉车骑将军大破北匈奴，单于不知所终的消息，温宿王大惊。

他知道大汉在征伐北匈奴。北匈奴近年一直扰边，汉朝屡屡征讨，匈奴屡屡北逃，汉廷束手无策。哪知道这次汉军竟然一直打到了燕然山，北匈奴或被杀，或投降，偌大的一个部族竟然消失了。

看到这封信，温宿王已然明白大势，这时姑墨及时赶到，龟兹与疏勒的力量悬殊被姑墨打破，温宿王果断出击，站到了班超一侧。

尤利多见温宿王进攻龟兹，来到温宿王跟前，呵斥道："温宿王，你老糊涂了吗？裹足不前也就算了，竟然进攻龟兹，可是活得不耐烦了！"

温宿王冷笑："尤利多，你胆大妄为，围攻都护，我要为汉灭贼。"

尤利多大怒，道："看来你诚心背叛龟兹，别怪我心狠！"

温宿王道："休逞口舌，刚才我捡了一封信，信是写给你的，落款是廉羽，我想此人应该在它乾城守城吧！"

尤利多道："你竟然敢劫我信件！"

温宿王道："都说了，是捡的。几个不长眼的手下爱打猎，谁知道羚羊没有射到，射中了躲在草丛里方便的龟兹人，哎哟好生心疼，本王想去救他，他认出本王，从怀里掏出这块羊皮，让我手下交给龟兹王！"

尤利多急道："快将羊皮交我。"

温宿王笑道："龟兹王想要啊，来人，将信送给龟兹王！"一名骑兵接过羊皮，将羊皮插在箭头上，对准尤利多，尤利多冷视射箭的士卒，丝毫不避让，温宿王的骑兵将羊皮射了出去，尤利多拔剑斩了箭杆，手下用长枪挑起羊皮，交给尤利多。

尤利多读了羊皮书，眉头紧皱，他见温宿王淡然不动，知道此信所言不虚。

龟兹军急转直下，疏勒军已经打到了帅台下，廉生派人请示尤利多，撤军以避锋芒。尤利多咬牙，示意撤军，温宿王冷笑，尤利多走到了远处，忽然放了一支冷箭，射中了温宿王的门牙，温宿王门牙脱落，满口是血，好在距离较远，箭镞无力，才没有要了温宿王的命。

"是否追击？"温宿王的手下问。

温宿王挥手示意，道："不必了，此仇早晚必报。"

龟兹大军缓缓撤出疏勒，薛五请示是否追击，班超见疏勒损伤惨重，龟兹元气未伤，命令大军不要追击，回城休整。

稍后，沈祥、温宿王入城拜见班超。

"沈祥拜见都护，沈祥来迟，请都护恕罪！"

"温宿王贾拜见都护，救援来迟，请都护恕罪！"

班超知道温宿王埋伏城外数日，见温宿王施礼，当作不知情，道："国公、温宿王远道而来，助疏勒战胜龟兹，劳苦功高，快快请起。"

沈祥、温宿王起身，疏勒各将校笑脸相迎，各自挽其手臂，入都护府。

议事厅内，徐幹道："今日疏勒与龟兹两军胶着不下，多亏了姑墨和温宿及时赶到，否则战事如何，真是不敢想象。"

沈祥道："十多日前，尤利多突然兵临城下，我军不敢动，后来知龟兹大军南下，到了疏勒，方知城下的军队乃是疑阵，目的是遮拦我军。因荻花怀有身孕，我击溃围城的军队，来到了疏勒，这才与都护合兵一处。"

徐幹道："沈祥不愧是越骑营出身，嗅觉灵敏！温宿王也很快，白霸，你找了一个好岳父！"

白霸尴尬一笑，温宿王道："女儿嫁给了白霸，温宿自然不能坐视疏勒被围。老臣听说龟兹派出大军，心想这还了得，赶紧领兵追了上来，直奔疏勒。"

徐幹道："温宿王心系都护，关心女婿，十分难得，都护一定据实上奏陛下，请陛下厚赐温宿王。"

薛五道："今日虽击退龟兹，但是我军损伤惨重，究其原因，皆始于纳凉不听都护命令，贸然开城出战，请都护治纳凉不从军令之罪。"薛五说罢，两名士卒将纳凉押解到了都护府。纳凉赤裸上身，浑身是血，被两名士卒抬进议事厅。

薛五一声叱喝："纳凉，你可知罪？"

纳凉道："小将知罪！"

薛五道："所犯何罪？"

纳凉道："纳凉违反军令。"

薛五道："你违反军令，致使我军陷入敌阵，险些全军覆灭。"纳凉跪在地上，不敢反驳。薛五道："都护，此战损伤惨重，纳凉虽是薛五属下，但薛五不敢护短，请都护治纳凉违背军令之罪！"

班超问："依照军规，该当何罪？"

薛五道："依照军规，当斩首！"

众将校听了，颇为慌张，疏勒将校全都跪在地上，请求班超赦免其罪。成大也为纳凉求情："纳凉虽违背军令，但他并无私心，铁甲营损伤大半，并非纳凉之过失，请都护宽恕纳凉。"

饶锦文也为纳凉求情："纳凉之忠勇，天地可鉴，虽阿丘复生，不过如此。龟兹军寻衅时，疏勒全军气愤，纳凉敢出战，足见其胆魄之强悍。铁甲营损伤虽大，尚有薪火，换了其他营，恐已全军覆没。"

赵森也来求情，道："赵森与饶锦文看法一致，今正是用人之际，纳凉可为疏勒之楷模，万不能因为一战，就将其斩首，如此既挫我军锐气，又长敌人志气。"

班超问："徐幹，你怎么看？"

徐幹道："纳凉虽犯军规，但换个角度试想，如果纳凉胜了，是不是就是我军的大英雄，也就没有了是否违反军规之说？纳凉虽败，但其心勇，其军威令敌军胆寒，我军万不能做亲者痛、仇者快之事。"

班超问纳凉："纳凉，你可知罪？"

纳凉道："都护，纳凉知罪，但是纳凉不希望就此被斩首。"

班超道："为何？"

纳凉道："末将愿马革裹尸，战死沙场，不愿枭首于法场！"

班超十分赞赏纳凉，道："好，为将者，当如此。听我命令，纳凉违反军令，按律当斩，念其作战勇猛，身负战伤，减轻处罚，免去其铁甲营校尉职务，到都护府养马三月，以观后效。"

纳凉虽被免去死罪，但将养马视作奇耻大辱。众人见班超不重处纳凉，纷纷劝纳凉谢恩，纳凉才觉得班超爱护自己，连忙拜谢。

纳凉下去之后，城门值守入都护府，对饶锦文附耳言语，众人皆望向饶锦文，值守言罢，饶锦文走到议事厅中央，对班超拱手，道："都护、长史大人、诸位将校，刚才城门来报，尤利多退军了。"

众人惊诧，徐幹道："尤利多虽败，但仍可再战，何以这么快就撤军？"

温宿王大笑："定然是匈奴兵败的消息传到了龟兹，龟兹恐慌，这才撤军。"

众人恍然，想尤利多攻城前，汉军就已经知道匈奴兵败的消息，匈奴远遁，无人送信，龟兹得知消息晚了一些，也属情理之中。

薛五笑着说："我道龟兹何以如此胆大妄为，原来是不知道靠山倒了。"众人皆笑。

温宿王道："都护大人，下臣奏请，追击龟兹，不给龟兹喘息之机。"

疏勒王成大也赞成温宿王意见："龟兹与疏勒世代仇敌，敌我双方胶着几百年，现匈奴兵败，天赐良机，请都护发兵，彻底解除龟兹之患。"

班超点头，道："本来龟兹不发兵，我疏勒也当征讨龟兹，只是龟兹起用了廉生，打起仗来，十分头疼。我疏勒军民本就不如龟兹多，若是强行征讨，难免生灵涂炭，班超于心不忍。"

成大道："都护可征发诸国之兵！想当年，于阗被围，都护就征发了疏勒和鄯善之兵，今日都护欲战龟兹，诸国断无推辞之理。"

徐幹道："以少敌多，将士难免有畏敌之心。"

班超道："既然诸位心意相同，徐兄，劳你带上我的佩剑和手书，亲自跑一趟于阗，请未君发兵一万，共讨龟兹。"

徐幹领命。班超随即整顿兵甲，修理刀枪，准备攻城器械，又命军营冶铁，为百姓打锅。一时间，盘橐城呈现出一派繁忙景象。

第八十章

搬兵焉耆廉羽签盟约　引蛇出洞薛伍两佯败

再说徐幹来到于阗王城，见城内城外挂着白幡，不知是何意，询问路人，方知于阗王广德已然过世。徐幹一惊，从包裹中取出一件白衣，撕成白布，扎于头顶，这才入城。

未君听说徐幹前来，对辅国侯道："父王仙逝不过三日，都护府何以这么快就来人了？"

辅国侯道："想是都护先知先觉！"

未君对守卫道："快将长史大人迎进来。"

徐幹进门，跪在广德灵前，痛苦哀号："贤王薨去，徐幹不知，竟来迟了一步，不能与贤王一会，悔之晚矣，呜呼哀哉！"说罢，痛哭流涕！

未君连忙扶起徐幹，道："长史请起，长史如此大礼，先王如何敢当？"

徐幹道："我对于阗王十分敬重，想当年，于阗王大破莎车，擒获莎车王，何等英雄！"

未君叹道："先王听到长史如此夸赞，在天之灵，也当含笑九泉！"未君扶着徐幹，道，"长史且到大殿叙话！"

于阗的王座空着，徐幹坐于殿内左侧，未君和辅国侯坐于右侧。

未君道："长史如何知道父王仙去？"

徐幹颇为尴尬，道："听说于阗王近来身体欠佳，都护十分挂念，特委派我前来看望，不想于阗王竟……"

未君长叹，道："长史不必太过伤心，父王英雄一世，且年近八十，已为高寿，此生无憾矣！"

徐幹道："太子如此胸襟，令人钦佩，都护一定上奏朝廷，册封太子为于阗王。"

辅国侯大喜，道："只要都护上奏，大汉皇帝无有不准！"徐幹含笑点头，辅国侯道："听说大汉的皇帝还是个娃娃，是皇帝的舅舅灭了匈奴？"

徐幹道："正是，现在匈奴已灭，北方及西域再无匈奴之患。"

辅国侯合掌，道："真是太好了！总算有太平日子了。"

徐幹道："不过，匈奴虽灭，龟兹仍在。"

辅国侯道："大汉国舅为何不领一支精兵，直入西域，取了它乾城？也好让这些宵小之辈魂归天山。"

徐幹道："朝廷如何用兵，徐幹不敢妄议，然都护正准备对龟兹用兵。"

未君与辅国侯对视，未君道："都护何以此时对龟兹用兵？"

徐幹道："一者匈奴已灭，龟兹失去后援；二者龟兹新败，士气低落；三者龟兹乃疏勒、于阗之仇敌。"

辅国侯笑道："龟兹与疏勒乃世仇，与于阗何干？"

徐幹道："你可忘了？莎车与于阗乃世仇，龟兹是莎车宗主国，当初都护大破莎车之时，龟兹领兵五万南犯，相助莎车，不是冲着你于阗，又是谁？"

辅国侯道："自然是奔着都护而来！"

徐幹大怒，道："好你个辅国侯，竟然忘恩负义！当初是谁来到疏勒，求都护攻打莎车？"辅国侯哑口无言，未君赔笑，道："长史莫要生气，都护恩情，于阗铭记在心！"

徐幹道："昔日大月氏攻打盘橐城时，于阗作壁上观，都护正要治你们不肯出战之罪！"

未君、辅国侯惶恐，跪在地上，辅国侯道："大月氏七万大军，于阗合疏勒两国之兵不过四万，如何战得过大月氏？"

徐幹道："没有于阗，疏勒以一国之力，兵不血刃，不也击退了大月氏？"

未君道："都护智谋，于阗上下无不敬服，请长史转告都护，于阗愿派铁骑一万，助都护北征龟兹。"

徐幹十分欣慰，道："二位起来吧，大军三日后起行，不知道以何人为将。"

未君道："辅国侯儿子征俊，正当盛年，其勇不亚于叔父，可为统帅。只是未君有一问，大军北上，如果莎车来犯，该当如何？"

徐幹笑道："莎车经过大败，兵不过万，不足为患。"

三日后，徐幹率领于阗一万大军进发疏勒，七日后，抵达盘橐城。

疏勒大军整顿完毕，徐幹领兵到了盘橐城，与班超合兵一处，徐幹将广德去世的消息告诉班超，班超大惊，道："何以广德没有下葬，就将大军带来？"徐幹道："恐迁延日久，再生枝节，发生变故。"班超虽觉不妥，但仍夸赞徐幹。他叫来田虑，道："田兄，北征你不用去了，委派你到于阗，吊唁于阗王，厚赐新王，务必助未君顺利登上王位。"田虑领命。

次日，班超率领疏勒军一万五千，于阗一万，姑墨、温宿各五千，往龟兹进发，大军绵延数里，震慑西域。

班超二次征讨龟兹的消息很快传到了它乾城。廉生在疏勒及沿途均安插了眼线，线人将消息报与廉生，廉生将军情报知了尤利多。尤利多大怒，道："我在盘橐城下，将疏勒打得大败，如今我已撤军，班超竟然还来讨伐我，真是可恨。"廉生道："班超这次带来三万五千军，不能小视。"

尤利多问："班超哪来的这么多人？"

廉生道："除了疏勒、温宿、姑墨人马，于阗也派一万骑兵。"

尤利多暗自恼怒，继而长叹："天不助我！天不助我！"尤利多望向廉生，"廉生，你有何良策？"廉生道："眼下只有关闭城门，拒不出战。"

尤利多道："单靠守城，恐怕是守不住了，班超在西域经营多年，天天在打仗，战斗力很强。"尤利多见廉生沉默不语，道，"你是不是还有别的办法？"

廉生答："有！"

"快快讲来！"

"与焉者讲和，请焉者出兵。"

"这怎么可能？先王在世时，焉者王占了它乾城，逼死阏氏，我龟兹与焉者结下仇怨，怎么能再和好？"

"焉者王虽恶，但是先王英勇，在铁门关前擒了焉者王，此仇已报。我听说白霸逃亡时，焉者王曾将女儿海库嫁给白霸，被白霸杀死，结下深仇，焉者王定然不愿见到白霸入主龟兹。再说我龟兹灭了，焉者难以自保。"

尤利多拍着王案，思忖着廉生的话，道："焉者王恐怕不会白白帮我们！"

廉生道："当然不会。"

尤利多道："你是想割地？"

廉生道："先王打下的土地不易，廉生怎么敢卖了？如今姑墨已经叛变，不如相约攻取姑墨，将姑墨的土地划给焉耆，换取求存之机。"

尤利多道："姑墨虽反，先王一直将其视为附属，我又怎好许给焉耆？"

廉生道："此一时，彼一时。天道有常，等到大汉衰微的时候，我们不愁没有机会夺回。"

尤利多咬了牙，道："就如此了。"

廉生道："大王准备委派何人？"

尤利多道："就派你父亲吧，他打仗不行，就跑跑腿，免得在家闲坏了。"

再说廉羽接到尤利多的命令，大喜，自觉又有了重任，于是选了些美女，又带足了金银，往焉耆而去。

廉羽曾助焉耆王攻下西域都护府，焉耆王见到廉羽，想起女儿海库死于白霸之手，向廉羽索要白霸。廉羽惊问："为何向龟兹索要？"焉耆王道："白霸乃龟兹王之弟，自然要向龟兹索要。"白霸反叛尤利多，西域皆知。焉耆王此问给了廉羽当头棒喝。廉羽解释半晌，焉耆王仍不罢休，廉羽只好说："若抓到白霸，定然亲自送到焉耆。"焉耆王这才作罢。

焉耆王问廉羽有何事，廉羽道："奉我王之命，为大王献美女与珍宝。"焉耆王问："美女与珍宝何在？"廉羽命人将美女和珍宝请上王殿，焉耆王走下王殿，环视殿上站立的美女和地上的珍宝，啧啧称叹："尤利多称王的时候，没有请我观礼，今日何以送来这么多的美女和珍宝？"

廉羽道："焉耆王是我王的舅舅，奉献珍宝，理所应当！"

焉耆王道："盖比和白霸是我王妹所生，尤利多是别的女人生的，与我何干？"

廉羽道："焉耆王的妹妹是龟兹的阏氏，先王的儿子自然都是焉耆王的外甥。"

焉耆王拿起箱子里的玉狮子，抚摸半晌，然后放入箱中，道："听说尤利多又吃了败仗？"

廉羽道："我儿廉生深通兵法韬略，在盘橐城下摆下八卦阵，勇战疏勒，为我王大胜两阵，以胜利之师凯旋。"

"既然胜了，为何要回来？"

"匈奴兵败，龟兹没有了靠山，我王担心于阗增兵相助，故而撤回龟兹。"

焉耆王跟前站着两排美女，共有二十人，他仔细端详，良久，这才从美女面前走开，道："本王年事已高，半截身子入土，恐无福消受这些美人，至于珍宝美玉，于我而言，不过是坟冢内的摆件，多一件少一件，有何关系？"

廉羽道："焉耆王身体健朗，何言年迈？"

"都拉回去吧，本王还想多活两年！"焉耆王回到王座，以一副语重心长的语气对廉羽道，"廉羽啊，本王长你几岁，近来感到身体一日不如一日，女人于我而言好比毒药，可看不可碰，你也要小心才是！"

廉羽拜谢焉耆王："多谢大王提醒，廉羽一定注意。"他见焉耆王不肯接纳美女与珍宝，知道焉耆王不肯出兵，但他不愿放弃，仍想一试，道，"临来焉耆之时，哨骑探报，班超率领三万五千军，往龟兹而来，不知道焉耆王是否收到消息？"

焉耆王早知廉羽用意，故而拒收美女与珍宝，但他佯装不知，道："疏勒距此有两千里，班超是否用兵，我如何知晓？"

廉羽道："班超征姑墨、温宿、于阗之兵，雄赳赳而来。"

焉耆王惊讶，道："于阗一直忠于班超，姑墨女王的丈夫是班超的部将，这两国出兵，我无异议，怎么温宿也站到了班超这边？"

廉羽道："白霸娶了温宿王的女儿，温宿王为了助女婿复国，以倾国之兵，相助班超。"

焉耆王大怒，道："白霸杀了我的女儿，此仇必报！"

廉羽见焉耆王生气，内心暗喜。他不动声色，道："只怕焉耆王今后报不了这仇了。"

焉耆王问："此话怎讲？"

廉羽上前一步，道："你想，如果班超以诸国之兵，攻破它乾城，班超必然废黜我王，改立白霸，那时班超挥戈东向，焉耆王不仅大仇不能报，还有亡国之危！汉人有句话，叫唇亡齿寒，焉耆王不能不深思！"

焉耆王道："我有苇桥之险，何惧班超？"

廉羽道："偌大西域，若是只有焉耆相抗班超，又能支撑几日？"焉耆王缄口不言，陷入深思。廉羽趁机道："我王说了，只要击溃班超，便将姑墨之地送与焉耆。"焉耆王顿时来了精神，道："姑墨不是龟兹的国土，如何能送我？"

廉羽道："姑墨虽不是龟兹的国土，但是姑墨历来是龟兹的附属国，近来姑墨反叛，我王深恶痛绝，若能击溃班超，必取来献与焉耆王。"

焉耆王道："反叛的不止姑墨一国，还有温宿。"

廉羽明白焉耆王的意思，焉耆王是想连温宿也一并归为己有，如果焉耆得了姑墨和温宿，那焉耆就成了西域第一大国，龟兹将不再是焉耆的敌手。但是班超兵临城下，能否击溃班超，是龟兹能否生存之关键，哪里还能顾虑这么多，于是道："若焉耆王能击溃班超，我王将姑墨、温宿都献与焉耆王。"

焉耆王大喜，道："好，只是以何为证？"

廉羽想不到用什么为证，看到自己身上带了一柄佩剑，取了下来，道："这把佩剑是先王所赠，廉羽甚为爱惜，愿以此剑为证。"焉耆王含笑摇头，道："区区一把铁剑，做不了证，我看不如仿效大汉，写一份盟约吧！"

廉羽愣了一下，问："谁来写？"

焉耆王道："我这里有几位精通梵文的高手，就请他们来写，还请将军在上面捺个手印。"廉羽无奈，只好同意。焉耆王命人请来一位大臣，在王殿支起一张桌案，写盟约的大臣用羊皮写下了一份文书，交给焉耆王。焉耆王不懂梵文，看了一眼，佯作已经明了，交给廉羽。廉羽也不认识梵文，但他面不改色，佯作读了一遍，问侍从在何处捺印，侍从指着羊皮左下角。廉羽明了，用手蘸着鸡血，将带血的手掌拍在了羊皮上。侍从将羊皮交焉耆王检阅，焉耆王点头，侍从将羊皮拿了下去。

"盟约已签，不知道焉耆王何时发兵。"

"大军起行，需准备十日。"

"十日之后，恐怕它乾城已破。"

"那就五日。"

"多谢大王，廉羽告退了。"廉羽转身，所带的美人也转过身。焉耆王咳嗽了一声，廉羽回头，焉耆王道："廉羽啊，你们这些美人、珍宝，带来带去够麻烦的，依我看，就放在宫里吧，省得你们太累！"廉羽被焉耆王逼着签了一份合约，不想再送美人和珍宝，道："大王不是担心身体欠佳，讨厌美人吗？"焉耆王道："想到要打仗，本王突然精神抖擞，身体康健了许多。"廉羽道："既然如此，在下告退！"

再说班超兵临它乾城，尤利多采纳廉生的建议，拒不开城，薛五建议班超，强攻它乾城。班超仰望它乾城，道："此城太过坚固，如果强行攻城，恐怕兵马折损一半，也难攻下城池。"

徐幹道："总不能望城兴叹吧？"

班超道："也罢，且看看廉生如何守城！薛五，给你一万兵马，命你攻城。"

薛五领命，率领一万士兵，举着盾牌，扛着云梯往它乾城跑去。哪知道人还没有到城边，城上的石头像长了翅膀一样飞了过来，砸到了盾牌上，将士卒砸倒在地。

徐幹指着城头上的木杆，对班超道："是抛石机！"

班超长叹："这个廉生果然不简单，我们断不能小觑！"

徐幹道："是啊，此人已经完全掌握了汉军攻城战和阵地战的精髓。"

这时，攻城的士兵来到了城下，将云梯搭好，城上的箭像雨点一样射来，疏勒士兵只好用盾牌抵挡，低头沿着梯子往上走，将要到城头，许多石头砸了下来，疏勒士兵成串地从云梯掉落。疏勒士兵再攻，龟兹士兵再砸，城下的士兵用箭为攻城兵掩护，城上的龟兹军就使用火油浇灌云梯，云梯起火，许多士兵被烧死。

徐幹道："都护你看，你常用的守城战术全被龟兹学去了。"

班超道："自古守城战都是如此。命令撤军吧，早撤一刻，可以少死几个疏勒将士。"

薛五见攻城不顺，暗自懊恼，听见收兵的鸣金声，下令撤退。

大军退到城外三十里处扎营。

是日夜里，班超升帐，召各将校议事。

班超道："廉生有谋略，它乾城难取，诸位可有良策？"

徐幹道："我军多于龟兹，龟兹避而不战，我军可对其围城，时日久了，龟兹断粮，城内恐慌，必然生变。"

班超道："此计太缓，我军粮草有限，支撑不了三个月。"

薛五道："可挖地洞，西域土质松软，只要挖一条入城的地道，就可轻取它乾城。"

班超道："不可，如此松软的沙土，随时有塌方危险。"

饶锦文道："依我之见，再败两阵，尤利多必来劫营。"众人不解，但班超很快就明白了饶锦文的用意，班超道："薛五，明后两日劳你再次出战，命你只许败，不许胜。"

明后两日，薛五依照班超所言，佯装攻城败退。尤利多站在城上，哈哈大笑，道："我弟果然智谋超群，连续三日击溃班超，如今已是名扬西域了。"廉生右手护胸，道："大王谬赞了，自古守城易，攻城难，班超以一万的兵力攻城，败退实在意料之中。"

尤利多点头，道："班超失利三次，定然心灰意懒，今晚我领大军劫营，杀他个出其不意。”

廉生劝道：“不可，班超败退或可能是计，我们不能上当。”

尤利多道：“即便是计，我也不惧。”

到了晚上，尤利多亲领一万铁骑，准备劫营。廉生再劝，道：“大王万不能中了班超的诱敌之计。”尤利多笑道：“哪有白天诱敌，晚上中计的？”说罢，领军出城。

尤利多早已派线人摸清班超大营的位置，一个时辰后，尤利多抵达班超大营，他见营内篝火稀疏，大喜，对将士道：“班超已经睡了，你们现在冲过去，杀个痛快！”

众将士得到军令，冲锋入班超大营。大军来到营中，不见巡逻兵，尤利多觉得有些奇怪，属下回报：“大王，帐中无人。”尤利多大惊，道：“中埋伏了，大家小心！”正当这时，营外箭雨纷飞。营帐内藏有羊油、柴火，蘸着火油的箭射进营帐，营帐顿时燃起大火，龟兹军大惊，许多人中箭落地，继而引发踩踏。

班超命令大军出击。埋伏在四周的于阗军冲进大营，欲生擒尤利多。尤利多惶恐，仓皇应战，将士们或伤或死，乱成一片。徐幹摸着胡须，笑道：“尤利多休矣！”

班超的大军将龟兹军围到一处，眼见大胜，忽地远处冲来一支军队。这支军队乃龟兹的黑甲营，于阗军不备，被黑甲营打开了缺口。班超认出援军领头的是廉生，命人将廉生围定，但廉生周边布防了重兵，疏勒军难以近身。

尤利多被廉生带来的援兵从埋伏圈中救出，班超命令大军追击，左右两侧有伏兵拦截，黑夜之中，不少人中箭，疏勒军奋起反击，待击退伏兵，尤利多早已远遁。

第八十一章

薛五献计班超封城门　白霸诱敌击溃焉耆王

　　班超回营，各营清点战斗伤亡情况。薛五报告：于阗和疏勒共死伤百人，两军斩杀龟兹军三千人。班超面无喜色，薛五等人问班超为何不悦，班超道："我设此计是要擒杀尤利多，哪知道廉生能掐会算，竟然知道我在此设伏，派来了援军。"

　　薛五道："龟兹损伤甚大，我们已经是大获全胜。"

　　班超道："西域人少，我不肯见龟兹人伤亡。"

　　徐幹道："慈不掌兵，既然打仗，难免有损伤。"

　　班超道："最好少一点伤亡，哪怕龟兹，也是一样。"

　　白霸跪在地上，拜谢班超，道："都护仁慈，我代龟兹十几万百姓谢谢都护。"

　　再说尤利多逃回龟兹，心中慌张，见疏勒军没有追来，拍着廉生的肩膀，道："这次多亏了你，悔不听你言。"

　　廉生道："班超狡猾，不得不防。"

　　尤利多进了城，转身对廉生道："即刻增兵，加强城防，以备班超来犯。"

　　次日，薛五再次领兵挑战，龟兹拒不开战，一连数日，都是如此。军士疲惫，战马慵懒，薛五睡在树下，做了一个梦，他梦到自己站在它乾城下，望城兴叹，忽地天上刮起漫天沙尘，薛五站立不稳，将长枪插入沙地，死死地抱住枪杆，待暴风吹过，沙尘堆积，原本高不可攀的它乾城竟只有不足一人高。薛五大喜，纵马驰骋入城，见尤利多站在城上，正在拍打尘土，他举枪刺向尤利多，不想廉生杀出，挡在了薛五面前，薛五左右攻杀，将廉生打得退无可退，一枪将其刺死。薛五仰天大笑，见尤利多跪地求饶，欲斩其头颅向班超邀功，正当此时，忽地四肢不能动弹，尤利多发出冷笑，从薛五身上夺过长枪，刺向薛五，薛五"哎哟"叫了一声，眼睛睁开，几名士兵各自抱住薛五的手臂和腿脚，才知道是做了一个梦。

薛五问："你们在干什么？"士兵松开薛五，一人道："都尉，您刚才做了噩梦，手舞足蹈，兄弟们怕你伤了，不得不如此。"

薛五大怒："要不是你们，老子早在梦里斩杀了尤利多。"士兵们吓得不敢说话。薛五回望它乾城，竟觉与梦中相仿。他跑到班超大帐，见班超呼呼大睡，不敢惊扰，安静地坐了下来。哪知班超听见薛五的声音，醒了过来，问："大都尉何事？"

薛五道："我有一计，可破它乾城。"

班超犹未睡醒，道："薛五也有计？"

薛五道："当然有计了。"班超问何计，薛五不谈自己的梦境，道："都护有勇士三万五千，足可投江断流，都护可命将士们运土，将土堆得像它乾城墙一样高，那时我军入城，如履平地，再也不用云梯了。"

班超惊道："薛五竟有如此谋略，真是令人刮目相看。"

薛五喜道："都护同意我的想法了？"

班超道："你有如此良谋，我必纳之。"

薛五躬身拜谢，离开班超军帐，恰巧遇到徐幹。徐幹道："大都尉面带喜色，有何喜事？"薛五想到这是机密，不能说，道："没事。"走了两步，觉得如此谋略如果不说与他人，可能大家便以为是班超的谋略，不知道他薛五之谋，就附耳说与徐幹。徐幹笑道："大都尉好谋略。"

薛五出了大营，遇到了饶锦文。饶锦文正为战马梳理鬃毛，没有理会薛五，薛五自觉想到一个好计，主动与饶锦文说话，将献计的事情说了。饶锦文目瞪口呆，问："都护说采纳你的计策？"薛五道："都护亲口说的。"饶锦文道："恭喜，你马上要做军师了。"薛五笑道："不敢不敢，偶尔献计！"

告诉了两个人，薛五心满意足，便觉得如此机密不能再泄露，安心回到军前，静候班超的军令。天过正午，班超下达军令，命令姑墨士兵取土，收集盾牌。将士不解，只有薛五含笑不语。

天黑之后，各营吃过晚饭，疏勒军在它乾城西门点起篝火，向龟兹军寻衅，龟兹军将兵力集中到西门，温宿军却利用盾牌在它乾城东门下建了一个甬道。天色黑暗，西门吵闹，甬道修到距离它乾城二十步，龟兹军才发现，于是抛砸巨石，投掷火把。

龟兹军投掷完毕，温宿军继续修甬道，龟兹军不知温宿军何为，继续投掷石头。不多时，甬道口堆满了石块。

薛五的护卫问薛五："大都尉，都护这是何意？"

薛五成竹在胸，道："都护是要利用这个甬道，建起一个与城墙等高的土坡，然后杀进城中。"护卫十分惊讶，道："那要多久才能办到？"薛五笑道："全军奋力，月余可成。"

姑墨的军队通过甬道往城门运水、运土，城门下温宿军举着盾牌，将城下的石头堆砌在城门口，然后将泥和水泼在石头上，时天寒地冻，泥水和石头很快冻成了一堵墙。

西门被堵住之后，姑墨军和温宿军拆除盾牌甬道。薛五见了，十分着急，大喊："哎，土坡还没有修好呢？"

一名士兵道："都护只命我们封门。"

姑墨和温宿军撤退，又去往东门，依法炮制，将东、南、北三门封住。

薛五找到班超，气呼呼地问："都护，不是说好了用我的计策吗？"

班超笑道："我确实用了你的计策，只不过稍加改动。如果将土坡修得像城墙一样高，我军粮草只怕吃完了，也修不好。但是我封住四门，里面的人就如瓮中之鳖，岂不是省事。"

薛五颇为气愤，道："你堵了人家的门，自己也进不去，有何好？"

班超道："过几日你就明白了。"

再说尤利多得知班超封住了它乾城四门，心里十分慌张，急召廉生，道："班超封门，百姓恐慌，该当如何？"

廉生道："我尚嫌城门不够坚固，班超此举无异于为我筑城。"

尤利多道："话虽如此，但是城内的百姓担心，班超围城日久，城内粮草不济，军民都将饿死。"

廉生道："城内粮草充足，大王不必忧虑。"

尤利多道："只怕日久生变。"

廉生道："父亲已经去了焉耆，只要焉耆兵到，两军合兵一处，必能战胜班超。"

尤利多颇为忧虑，道："龟兹与焉耆结仇多年，只怕焉耆不肯帮我们。"

廉生道："只要送大礼给焉耆王，纵然有仇，焉耆王多半也会应允。"

寒风凛冽，荒草遍地。一名哨骑从远处疾驰而来，入了军营。那人跳下坐骑，进了班超军帐，对班超道："都护，焉耆大军突然来犯，人数约有两万，距此只有百里了。"

班超挥手，道："好，再探！"

营中众将校听了，颇为震惊。饶锦文道："焉耆竟然出兵了？"

赵森道："焉耆不是龟兹的敌人吗？"

众人议论纷纷。稍后，班超道："诸位，知道我为什么封住它乾城的大门吗？"众人不解。班超笑道："因为我料到焉耆会出兵。"众人十分惊讶，班超继续道，"焉耆虽然和龟兹有仇，但是唇亡齿寒，焉耆王不是不懂这个道理。"

徐幹恍然，道："都护封住四门，是想截断两军，使龟兹派不出信使，也不能援助焉耆。"

班超笑道："正是。"

众将校恍然。薛五嘀咕："我还以为你真的用了我的计策。"

班超听到薛五嘀咕，道："薛五，多亏了你的主意，我才能想到封门的计策，你确实有勇有谋。"

薛五喜道："真的？"

班超道："真的。"众人皆笑。

薛五道："我要做先锋！"

班超道："不可。"众人皆望着班超，薛五也十分奇怪，班超道："你要率部留在它乾城，每日叫阵，只有这样，龟兹才不知道我大军的主力已经去迎战焉耆。"

徐幹拍着薛五肩膀，道："薛五啊，这个任务很考验你，既要骂得龟兹人不敢出来，还不能让龟兹人知道焉耆军来了。"薛五领命。

商议完毕，班超命令大军只带三日粮草，轻装东行。

它乾城东二十里，有一座山，名叫对夹山，山高百丈，内有峡谷，是它乾城去往焉耆的必经之路，班超早已巡视过此山，并在此藏好军械等物，只待焉耆军到来。

再说焉耆王来到对夹山，见此山高耸，山涧幽深，疑有伏兵，徘徊不前。他在山前驻军，并派哨骑打探消息。哨骑出山谷，廉羽请焉耆王尽快通过对夹山，驰援龟兹。焉耆王摇头道："不是本王不肯出兵，实在是班超太过狡诈。本王曾经多次反思过班超的战法，发现此人除善于守城之外，还善埋伏。本王和你们大王都吃过班超的亏，断不能再上当。"

哨骑入山谷，被班超的伏兵拦截，扣在大营。焉耆王等了一天，不见哨骑回报，廉羽有些着急，对焉耆王道："我军尽在城内，恐哨骑被班超扣押！"焉耆王摇头，道："哨骑不回，说明前方有诈，焉耆将士的性命宝贵，不能有闪失。"

班超在山上等候焉耆王一日，不见焉耆王，知道焉耆王是在等哨骑的探报。哨骑被自己扣住，万不能放回，正苦思懊恼时，白霸上前，对班超道："都护如此苦等，何不将焉耆王引诱入谷中？"

班超道："焉耆王自铁门关被擒之后，性情就变得谨慎了，很少出兵。他身在谷口，只要知道对夹山内有疏勒兵，就不会再进一步。"

白霸道："焉耆过不得对夹山，与龟兹就不能合兵一处，岂不正合都护心意？"

班超道："过不了对夹山，并不是说不能与龟兹合兵，焉耆只要绕过对夹山，一样可以与龟兹合兵，那时敌兵五万，我军三万五，我军非但不能取胜，还有全军覆灭之险。"

白霸道："都护的意思是想在此击退焉耆，让焉耆不能与龟兹合兵？"

班超道："正是。"

白霸拱手道："白霸有一策，献与都护，请都护斟酌。"

班超喜道："你有何良策，快快说来。"

白霸道："以我为饵，引诱焉耆王。"班超惊讶。白霸将计划详细说与班超，班超点头。

白霸下山，将焉耆哨骑放归。焉耆哨骑认得白霸，笑道："公子是不是害怕焉耆王，所以将我放归？"白霸道："正是如此。"那哨骑道："公子如此好意，我一定为公子美言。"白霸将缰绳交给哨骑，哨骑牵着马出了大营，往山谷外回走。焉耆哨骑上了马，走了百步，回头看见白霸手里拿着弓箭，也上了马，顿时惊慌，只觉得自己像是一个被狩猎的羚羊。他打马疾行，穿过了山谷，山谷幽暗，看不见身后，他略微放缓步伐，却见白霸已经追来。那哨骑像是惊慌的兔子，直奔焉耆军营。

"救命！救命！"

焉耆的军营巡逻兵和值守听见有人呼喊，往山谷张望，见一人快马疾驰而来，身后跟着百骑，当即击鼓示警。追在最前面的白霸一箭射中疾驰的焉耆哨骑。焉耆哨骑中箭落地，身后追兵上前将其乱箭射死，随后狂奔折返回山谷。

值守将军情报与焉耆王。焉耆王命人将死者抬到大营，死者虽然身中数箭，但是焉耆王一眼就认出此人正是自己派出的哨骑。

焉耆王问："是何人将我哨骑射死？"

一名值守回道："是白霸，小人亲眼看见白霸带着百骑追来，杀死这位哨骑，之后仓皇离去。"

焉耆王大怒："既然认出了白霸，为何不追杀？"

那值守道："大王有令，我等不得擅自出战，违者军法处置。"

焉耆王更加恼怒："此处离山谷较远，白霸又只有百骑，为何不能出战？你们都是死脑袋。"

一名将军道："大王既然同意出战，小将愿意领兵前往，生擒白霸。"

焉耆王道："罢了，白霸既然仓皇离去，说明山谷没有伏兵，否则死去的哨骑也过不了对夹山。"众人点头，廉羽更是被焉耆王的智谋折服："大王真是智慧过人，只凭细枝末节就能判断军情。"焉耆王不理会廉羽，说道："全军拔营，通过对夹山。"

焉耆军来到对夹山口，山上忽地出现数十面都护汉旗，白霸正站在山坡上，焉耆军大惊。白霸对着山下大喊："舅舅，一别两年，你还好吗？"焉耆王气得胡子发抖："白霸，你杀我女儿，今日我让你血债血偿。"

白霸道："我劝你三思而后行，都护正在前方攻打龟兹，命我在此伏下重兵，我劝你知难而退。"

焉耆王哈哈大笑，道："班超攻城尚且不足，哪里还有军力设伏兵？你少拿班超的令旗吓我，弓弩手放箭！"前军的弓弩手引弓射箭，白霸退下山坡，进了山谷。几名骑兵冲上山坡，回报焉耆王："报告大王，山坡上只有令旗，没有伏兵。"

焉耆王道："传我军令，追击白霸，斩白霸首级者，赏银千两。"各部众军卒得令，打马急追，进入山谷。

班超见龟兹军入谷，示意各营做好准备。白霸穿过对夹山谷，徐幹请战，班超下令。于是山上旌旗闪动，锣鼓喧天，山下的焉耆军顿时惊慌，只见乱石滚落，箭雨纷飞，许多人中箭落马。

一直小心翼翼的焉耆王没有想到山中真的藏有伏兵。他猜想，班超急于攻城，如果他抽身埋伏，龟兹一定发起反攻。徘徊不前本是焉耆王的拖延之计，为的是消耗班超和龟兹的力量，但是没有想到对夹山中竟然埋伏了这么多军队。

"保护大王！"

几百名士兵围在焉耆王身边，徐幹率军猛攻焉耆王。焉耆王高呼："不要惊慌！"但徐幹居高临下，士气旺盛，焉耆王难以反击。

"撤退！"焉耆王大喊。

焉耆军急速从山谷中撤出，各部将士均无心恋战，不顾箭雨落石，疯狂逃往谷口，饶是如此，仍然伤亡数千人。

焉耆王往东狂奔三十里，到了天界山。焉耆王稍作喘息，问护卫："廉羽何在？"护卫回答："廉羽摆脱班超追击后，绕过对夹山，往龟兹去了。"焉耆王问："廉羽去龟兹作甚？"护卫道："廉羽说他去龟兹搬救兵，与大王合兵一处。"焉耆王冷笑："班超擅长伏击，廉羽还能回得了龟兹？"身边众将士皆笑。

击胡都尉道："大王神机妙算，谷中果然有伏兵。"

焉耆王道："能逃出山谷，已经是万幸。不过以班超用兵策略，他会在我回国的路上，再埋一支伏兵，诸位将军小心。"

焉耆王话音刚落，忽然有伏兵从山谷杀出，来人是饶锦文。他率领于阗伏兵一万，在此等候多时。焉耆王惊慌，不敢反击，下令撤退。焉耆不知伏兵多少，急于脱离战斗，但饶锦文咬死不放，因焉耆王人数众多，最终摆脱饶锦文，撤往铁门关。众将士不禁暗自感叹："大王神机妙算，我军屡屡中计！"

这一战，焉耆损失数千人，待大军撤到铁门关，已经是三日之后了，焉耆王气喘吁吁。他迅速传命危须国、尉犁国，命两国整军备战，以防班超来犯。

此战，焉耆大败。一直过了半个月，仍陆续有被击溃的焉耆残兵过关回国，各营将士经历生死，相见掩泪。焉耆王命人加固铁门关，驻兵万人，一时间风声鹤唳，从此焉耆再无人出铁门关。

再说饶锦文完成伏击之后，率军回对夹山，半道与沈祥率领的姑墨军会合，饶锦文问沈祥："都护何在？"

沈祥回道："都护已回它乾城前线，命我前来接应。"

饶锦文道："我军无损失，速回它乾城，支援都护。"

沈祥道："都护说，此山口须留守军一千，严防焉耆来犯。"

饶锦文道："也好，征俊何在？"

征俊是于阗辅国侯的儿子，此次领兵援助班超。征俊听到饶锦文唤他，上前一步，应道："征俊在此。"

饶锦文道："你选一营精锐，留守对夹山，严防焉耆。"

征俊不明白饶锦文的意思，问："是末将本人留守，还是另择一将留守？"

沈祥笑道："你是于阗主帅，自然不能留守。"

征俊明白了沈祥的意思，道："我这就去布置。"

第八十二章

廉羽入城败报憾人心　白霸夜访入出它乾城

再说廉羽从对夹山冲出来，心里暗想："焉耆王果然厉害，山中竟真有伏兵，要不是撤退及时，自己就要命丧对夹山。此战之后，焉耆王断不肯再援助龟兹，我还是早日回国，将军情禀告大王。"想到此处，他悄悄从焉耆大军中撤出，准备走小路，绕过对夹山，不想被焉耆王的护卫发现。护卫问廉羽何去，廉羽道："我想返回龟兹，亲自去搬救兵。"那护卫无心他想，放廉羽走了。

廉羽从焉耆王大营撤退，单骑从对夹山北侧绕行五百里，历经艰险，最终回到它乾城下。它乾城四面被围，廉羽入城不得，他换上一身牧民的衣服，在城外潜伏，伺机入城。观察了两日，他才发现它乾城四门被封，心中暗想，无怪乎焉耆与班超大战，龟兹不来援助，原来城内的人出城不得。

这日深夜，廉羽趁班超军入睡，穿过班超军的缝隙，来到它乾城下。天色黑暗，城上点着火盆，城上看不清城下，廉羽往城上扔了石块，城上士兵问城下何人，廉羽自报姓名，士兵大惊，上报城门值守将军。城门将军不敢怠慢，对城下轻声说："老将军，眼下城门被封，无法开城。"廉羽道："请放一根绳子，将我拉上城。"城门将军扔了一根麻绳下去。廉羽找到麻绳，将绳子系在腰上，城上的值守合力将廉羽拉了上去。

廉羽入城之后，直奔王宫，拜见尤利多。尤利多连日被围，心情懊恼。半月前，薛五坐在城下日夜叫骂，不见攻城，近来城下又见大量军队游弋，不知作何用意。他的心像是长了毛，不知道班超何时撤军。尤利多久久不能入睡，听说廉羽回城，连忙唤入王宫。

"班超将王城四门封闭，老将军如何进的城？"

廉羽据实回答："城门值守放麻绳到城下，将老朽拖拽上城。"

尤利多问："老将军出使焉耆，为何不见焉耆大军？"

廉羽道："焉耆军在对夹山中了班超的埋伏，损伤惨重。"

尤利多大惊，从王座站起来，道："如此说来，焉耆出兵了？"

廉羽点头，道："出兵了，焉耆王亲领两万大军。"

尤利多坐回王座，失魂落魄，道："现在我终于明白班超封门的用意了。他故意掐断龟兹和焉耆的联络，命薛五守住龟兹，自领大军伏击焉耆。现在焉耆大败，撤回铁门关，班超可以安心应付龟兹了。可怜我还盼着班超粮草耗尽，早日撤军，现在看来，班超粮草没有问题，我们的粮草快尽了。"

廉羽吃惊："它乾城没粮食了吗？"

尤利多点头，道："它乾城被围两个月，城内军民众多，就快要吃完了。"

这时，廉生听说廉羽回城，连夜入宫寻父，见尤利多正在问政，不敢入内。侍从报告尤利多，尤利多连忙请廉生入殿，父子相见，相拥一处。

尤利多道："老将军连日奔波，辛苦了，请老将军暂且回府歇息，明日再议。"

廉羽、廉生拜谢尤利多，退出王宫。

廉生已知廉羽入城经过，廉羽在回家的路上，将对夹山一战的情况告知廉生。廉生大惊，道："班超真是有神鬼之才，他竟然知道焉耆会援助龟兹，并准确地伏击了焉耆，给予了重创。"

廉羽道："我看大王心情低落，性情改变了许多。"

廉生道："战事于龟兹不利，大王日夜担忧。眼下焉耆援兵被班超伏击，对龟兹而言，更是雪上加霜，大王如何不担忧？"

廉羽问："刚才大王在王殿上说，它乾城没粮食了，此事当真？"

廉生长叹："确有此事。"

廉羽道："昔日大月氏围困盘橐城数月，班超坚守王城，最终耗得大月氏粮草枯尽，求援龟兹。今日班超围我龟兹，何以王城粮草短缺？"

廉生道："大月氏攻打疏勒的事，班超提前知悉，故而坚壁清野，收草木五谷于王城，赶牲畜以饲养，城内粮食充沛，即便大月氏围城一年，班超也不惧怕。而今日不同，班超连年耕种稻麦，粮食充足，而我王城没有及时收粮食以御敌，仅有周边牧羊数万头，以致临敌之时，无军粮应对。"

廉羽惊叹："那我龟兹岂不是有亡国之祸？"

廉生长叹："局势长此以往，难言乐观。父亲实不该此时入城，若班超攻入王城，孩儿难护父亲周全。"

廉羽内心绝望，觉得廉生所言不虚，如果自己不自作聪明，能随焉耆王退回南河城，以焉耆山势之险，或可求存，若干年后，班超老暮，焉耆又可东山再起，称霸西域。

父子二人说着话，回到了府上，各道晚安，但却始终睡不着。

再说班超击溃焉耆，回到营地，向沈祥索要粮草。沈祥道："姑墨国小，月前已经供应了一次粮草，现在断无多余粮草供应。"班超问计于温宿王，温宿王笑道："温宿虽是小国，但温宿愿意倾国中所有，奉献粮草、牛羊。"班超大喜，问："粮草何在？"温宿王道："温宿左骑君派人来报，道粮食明日运到，牛羊三日后到。"

班超大悦，道："温宿王之胸怀，班超敬佩。"

这时，徐干、白霸、薛五、饶锦文、田虑、赵森、纳凉、征俊入帐，班超道："诸位将校到了，现在开始议事。听说廉羽于昨日夜里回城，是城上值守的卫士通过麻绳将他拉上城的。一个老头上城，我军竟然不知，此事着实可怕，昨夜何营值守？"

纳凉道："回都护，是铁甲营值守！"

班超道："将值夜的士兵斩了，你自己到军前领三十军棍。"

纳凉道："值守的士兵，我已经斩了，现在我就去领军棍！"说罢，离帐而去。

帐外传来闷响，众将校脸上露出不忍，唯有班超表情淡然。片刻后，士兵回报行刑完毕，纳凉回到大帐，班超道："纳凉校尉，你刚刚受刑，且回营歇息十日。"纳凉忍受剧痛，道："纳凉有过，受刑理所应当，但大战在即，纳凉不敢怯战。"班超道："战与不战，或未可知。"纳凉道："如不战，纳凉再回营歇息，请都护继续议事。"班超点头，道："着实可敬，纳凉真壮士也！"众人皆称赞纳凉。

班超道："今龟兹被围，粮草损耗甚巨，但它乾城秋毫未损，诸位将校可有破敌良策？"

徐干道："尤利多不善养兵屯垦，依我之见，我军围城近两月，它乾城粮草已然不多，若是再围一个月，它乾城粮草耗尽，必然献降。"众人点头，皆称是。

班超道："既然如此，明日各营轮番到城下叫阵，劝降尤利多。"

众将校退出班超大帐。班超留下白霸叙话。

班超道："龟兹人好战，未必肯降，两军对峙，恐有大战，西域地广人稀，本都护不忍生灵涂炭，你身为龟兹的公子，可有良策？"

白霸道："眼下龟兹国中，只有一人堪称良将，若能说服此人投降，龟兹可定。"

班超道："你说的可是廉生？"

白霸道："正是此人！"

班超道："此人战术超群，智慧过人，确实是一个人才。不过白霸，你可知道，凡聪慧过人者，皆有傲骨，我看此人不会投降。"

白霸道："廉生是尤利多的表兄弟，但是二人从小性情不合，唯独与我相投，相处融洽，白霸愿意为使，入它乾城劝说廉生。"

班超拍着白霸的肩膀，道："入城之事，太过危险，三思。"

白霸道："都护助我复仇，白霸虽九死而无憾，请都护勿忧。"

班超道："万事小心。"

次日，疏勒、于阗、姑墨、温宿各国军队依次到城下劝降。

"城上的人听着，我奉西域都护之命，到此劝降。都护乃大汉皇帝钦定的天官，爱惜龟兹，不忍屠戮，若尔等一意孤行，都护将全力攻城，那时城破人亡，玉石俱焚，尔等性命休矣！"

"龟兹的老乡们，都护只抓尤利多一人。尤利多杀害兄长，篡夺王位，多次谋反，围困疏勒，罪大恶极，只要你们开城献降，城内军民一概免死。"

"不要再负隅顽抗了，城内早就没有了粮食，继续坚守，你们将饿死在城内。我都护爱惜龟兹，只要你们开城献降，都护将分给你们大饼和肉汤。"

赵森和沈祥干脆将锅搭在了它乾城下，炖起了羊肉，城上将士近来伙食短缺，早已饥饿，闻到肉香，不禁吞咽口水。

廉生站在城上，大怒，取来长枪，用力往城下投掷，正中大锅，将锅底击穿，但锅没有倒，肉没有撒，水没有溢，赵森哈哈大笑："廉生好膂力，让我来尝尝长枪炖羊肉。"说罢，拔剑挑起一块羊肉，放在嘴里，口中啧啧称赞："味道真不错，大家都来尝尝。"周边的士卒都来分食羊肉，众人边吃边说香，急得城上士卒恨不得跳下城去，与疏勒人抢肉。

廉生见此，走下城头，从士兵手中取来一柄大刀，走向自己的坐骑，挥刀砍其脖颈，其坐骑血溅城墙，呜呜倒地哀鸣，众将士十分不解，看着廉生，廉生大声道："在城头搭五口大锅，将此马剥了，让兄弟们饱餐。"众将士含泪，纷纷跪在地上，大喊"将军"。

城头搭起了锅灶，烈火熊熊，将冬日烤得正暖，锅内是喷香的马肉，将士们面朝城下，眼睛不离锅灶。城下疏勒军见此，纷纷称奇，沈祥大喊："龟兹人，战马是兄弟手足，你们竟然为了一口吃的，杀了自己兄弟！你们要杀多少兄弟？"疏勒士卒纷纷附和："要杀多少兄弟？"

龟兹军饥肠辘辘，听到疏勒军如此说，没有了食欲。廉生用叉子将马肉挑起，自己吃了一口，然后交给守城的校尉，校尉吃了一口，交给了左骑君，左骑君吃了一口，交给右骑君。

廉生道："勇士们，不要受汉人的蛊惑，我们之所以宰马为食，是因为我自强不息，不因敌人的淫威就屈服，龟兹人是不可战胜的，我们宁可战死，也不投降。"

龟兹人备受鼓舞，齐声大喊："宁可战死，也不投降。"

城下的班超见此，忍不住称赞："廉生真是一员良将！"

到了夜里，白霸换上了龟兹衣服，带上一撮假胡子，来到它乾城下，效仿廉羽，往城上投掷石子，城上的人有了廉羽的经验，悄声问何人，白霸用龟兹话回应，道自己是廉羽的手下，来给老将军送信。城上的值守道："我扔下绳子，你绑在腰上，我拉你上来。"片刻后，白霸看到城上果然有一根绳子扔了下来，他将绳子系在腰上，说一声"好了"，城上的人将白霸拉上了城头。

城上的值守没有见过白霸，白霸又化了装，故而没有人认出他。值守的士兵送白霸去将军府。管家开了门，白霸说"我找少将军"，管家不敢怠慢，将白霸领进了院子。值守的士兵见白霸进了院子，料想白霸不是奸细，就离开了。

白霸听到房中有人吵架，知道是廉羽和廉生在吵闹，不敢进，管家也不敢将白霸领进屋子。只好请白霸在院中稍候。时大雪纷飞，白霸身披草衣，身上满是雪花。

"听说你白天将坐骑斩了，给将士们炖肉，你疯了吗？你以后骑什么打仗？那可是我从大宛买来的汗血马！"

"马儿没了，还可以骑其他坐骑，将士们饿肚子，拿什么打仗？"

"单你一匹马也就算了，你下午竟然让士兵将家里的粮食和羊全拉到了军营。现在城中断粮，马上就有人饿死，你把粮食给了别人，是想我们一家饿死吗？"

"粮食没了，可以再买，人没了，国就没了。"

"这个国家不是你的，也不是我的，是大王的，你不要操这个心，先让自己活下来！"

二人你一句我一句，在房中吵到深夜，白霸在寒风中吹了一个时辰，廉羽才从廉生的房中离开。见房中安静，管家敲门，告知有客到访，廉生掌灯来到院中，看到一名男子站在风雪中，问："你是何人？"白霸看到廉生，颇为激动，道："你不认得我了。"廉生听出了白霸的声音，连忙吹灭灯火，惊道："公子怎么来了？"连忙走近白霸，白霸道："想来看看你！"廉生挽住白霸的手，进了房间，道："两军交战，公子何以以身犯险？"

白霸道："是为生弟的前途命运，也是为龟兹的前途命运。"

廉生道："此话怎讲？"

白霸道："尤利多不得人心，屡屡围攻都护，今大汉中兴，都护意欲一统西域，龟兹负隅顽抗，长此以往，难免生灵涂炭，血染它乾城。"

廉生道："我龟兹本就是西域强国，为何要大汉都护？班超妄图称霸西域，分明是要亡我龟兹。"

白霸道："生弟是龟兹的栋梁，如果没有生弟，龟兹恐怕早已投降。你我是从小玩到大的兄弟，今我投靠都护，你又何必执念？"

廉生道："正是因为你我是从小玩到大的兄弟，我才将你请入房中。我知道你兄长被大王戕害，你又曾在洛阳为质。但班超是汉人，你要敌我分明，不能将自己纳为汉臣。"

白霸道："我记得你和尤利多并不和睦，如今你为何如此忠于尤利多？"

廉生道："我不是忠于尤利多，而是忠于龟兹，不管谁是龟兹王，我都忠于他。大王虽不如先王，但睿智过人，只是不幸遇到了班超。只要龟兹能躲过眼下这一劫，就不愁他日东山再起。"

白霸长叹："都护曾劝我，说你不会归降，我还不相信，今日看来，都护又言中了。"

白霸准备离开，廉生起身相送："公子不能继任王位，实乃天意，若公子为王，料想也不会投降班超。"白霸长叹，出了房门，走到院中，遇见了廉羽。廉羽惊望白霸，道了一声"公子"。白霸知道，杀害盖比就是廉羽的主意，不想理会廉羽，但此刻若被廉羽揭发，自己将命丧它乾城，故而施礼，道："老将军认错人了，我只是一个送信的！"廉羽半信半疑，目送白霸离开了将军府。

白霸来到城头，遇到了将自己送到将军府的值守，道自己要出城，继续刺探军情，值守因见白霸进了将军府，不敢多问，用一根麻绳将其送了下去。

　　白霸刚刚下城，廉羽就来到了城头，众值守卫士连忙拜见。廉羽问："刚才那人下城了？"一名值守回道："已经下城。"廉羽点头，离开了城头。众值守更加确信，刚才那人就是将军府的探子。

　　班超在营中一直没有入睡，见白霸回来，连忙命人掌灯，询问情况，白霸据实说与班超，道廉生不肯投降。班超颇为失望，半晌道："此人如此孤傲，岂能轻易投降？"

　　白霸道："都护神机妙算！"

　　班超苦笑："我倒是希望自己算错了。"

　　白霸道："来的时候，我在院中遇到了廉羽，此人一眼就认出了我，奇怪的是，他没有揭穿我！"

　　班超道："这确实蹊跷，尤利多是廉羽的亲外甥，按说廉羽应该将你除之而后快。"夜已深，白霸向班超告退，班超见白霸平安归来，也睡了。

第八十三章

地道出城龟兹袭大营　举火为号班超入王城

次日，大军继续叫阵，城下连番敲锣击鼓，城内不为所动。

到了夜里，忽有一人来到大营，说代人送信，班超不识得此人，问他代何人送信，那人道龟兹老将军廉羽。班超半信半疑，接过匣子，见匣内有一块绢布，用隶书写道："罪臣廉羽，拜见都护，都护率领疏勒、于阗诸国大军席卷西域，令我王闻风丧胆。今羽谨以年迈之躯，投降都护，盼都护入城之后，不要乱杀龟兹百姓。罪臣廉羽百拜叩首！"

班超读罢，问送信之人："廉羽为何要投降本都护？"

送信的人道："老将军爱惜百姓，不忍见龟兹人困死城中，故而向都护献降！"

班超点头，问："尤利多可愿降？"

那人道："大王誓死不降，老将军是瞒着大王，遣小人来送信的！"

班超问："既是如此，廉羽如何献降？"

那人道："明日夜里，东门举火为号，老将军将命人打开城门，都护趁机攻进城内！"班超道了一声"好"。那人又道："不过老将军有个条件。"

班超问："什么条件？"

那人道："一定善待我家少将军，不能记恨前仇。"

班超道："这个自然，回复廉羽，就说班超入城之后，仍以廉生为龟兹军统帅。"信使谢过，在夜色中离去。

那人走后，班超拿着书信反复观看，认真阅读，难以判定事情真假。他命人去叫徐幹，侍卫去了，班超仍难以置信，又命人去叫白霸。

班超将书信传示徐幹、白霸，道："廉羽送来书信，约定于明日夜里举火为号，向我投降，两位以为此事是真是假？"

徐幹道："此事断然是假，廉羽是尤利多的亲舅舅，怎么可能向都护投降？"

白霸道："长史大人所言不假，廉羽在龟兹被尊称国舅，又是老将军，德高望重，其儿子又手握兵权，想当初，尤利多就是被廉羽扶上王位，依我看，就算是尤利多投降，廉羽也不会投降。"

班超笑道："你们的意思是廉羽诈降。"

徐幹道："断然是诈降。"

徐幹和白霸退去，班超又请来饶锦文和薛五。班超将廉羽书信交与二人，二人读罢，班超问二人："廉羽投降是真是假？"

薛五笑道："这定然是廉羽的诈降之计，他请焉耆援助不成，思谋了一个诈降计。"

班超问："廉羽诈降，如何诱我？"

薛五怕说错了，看了一眼饶锦文。饶锦文道："自然是将都护诱入城中，释放冷箭，伏击我军。"

薛五和饶锦文退去，班超叫来沈祥，将廉羽书信交与沈祥，沈祥看罢，道："此信断然是真。"班超问："为何？"

沈祥道："廉羽此人最善趋炎附势。想当初，他追随龟兹王建，夺回它乾城。建在姑墨时，廉羽没有将妹妹嫁给建，但是建做了龟兹王后，立即将妹妹献给龟兹王。龟兹王死后，按说应该由盖比继位，但是盖比上位后，廉羽将大权不在，于是趁大军回城，扶立了尤利多。尤利多上位之后，对这位舅舅不太倚重。焉耆兵败，廉羽回到它乾城，看到它乾城粮草无以为继，兵困被围，自然想到它乾城距离陷落不远，那时性命何在？权位何在？廉羽一定想到，只有投靠都护，才不至于身首异处，主动投降，或可保住权位。"

班超大悦，道："志福果然有见识！"

沈祥笑道："只不过在姑墨住得久了，对龟兹的国事了解得多些！"

班超道："此事我已有主意，志福暂且保密。"

次日黄昏，大军吃过晚饭，班超命令大军集结。各将校收到军令，不知班超何意，纷纷到班超军帐询问。班超命各将校稍坐，不多时，各将校已齐聚。

班超道："昨天夜里，廉羽遣人送来书信，约定于今日夜里投降，本都护请教诸位将校后，再三思量，认为廉羽投降为真！"众人低头议论，班超知众人意见不同，道："为防廉羽使诈，我意大军分三路。第一路是疏勒军，由薛五率领，廉羽在城上举火后，薛五率军入城。第二路是于阗军，由徐幹率领，接应薛五，如城内没有埋伏，率军入城，接管城防，如有埋伏，助薛五脱困。第三路是姑墨和温宿军，由沈祥和温宿王率领，驻守营地，防止龟兹从别路来犯。"

众将校得令，出班超大帐。薛五道："都护竟相信廉羽的鬼话，真让人不可思议。"

饶锦文道："你我是先行军，可要小心谨慎！"

徐幹在一旁听了，道："两位将军，不要在将士面前议论都护，以免扰乱军心！"

饶锦文道："长史以为廉羽是否真心投降？"

徐幹笑道："都护已经做了两手准备，不论是真是假，都足以应对！"

三更初刻，班超率领疏勒、于阗军来到它乾城东门，大军不举火，静候军令。

三更二刻，城上点起一根火把，一名龟兹兵举火摇晃，稍后城门打开，封门的土墙被推倒。

疏勒军、于阗军站在城外，一动不动，看着城内，城内安静异常，也没有士兵出城。

"举火！"班超下令。

一名士兵举起了火把。

"薛五，入城！"

"是！"薛五上前一步，回头对众将士说，"进城！"

铁甲营走在最前，其余各营举着盾牌随后，两营之间相距五十步。

薛五来到城下三十步，一人从城门口走出，跪在地上，道："罪臣廉羽，恭迎汉使！"

薛五道："起来吧！都护命我先行入城！"

廉羽起身，道："将军请入城！"

薛五率军入城，命各营迅速抢占城关。薛五见城门士卒放弃武器，站立一侧，果然没有埋伏，大喜，命人报告班超。

"奉都尉之命，报告都护，东门已经接防，可以入城！"

班超及众将校皆大喜，道大事可成也。

班超正要率军入城，忽地听见背后传来喊杀声，继而火光冲天，燃起大火，知道是大营出了事。

"怎么回事？"班超问。

徐幹道："我马上命人打探！"

班超道："不用打探了，马上回防大营。"

徐幹道："我军何不直接入城？"

班超道："直接入城，姑墨和温宿将全军覆灭，我以后有何颜面治理西域？"

徐幹立即率领于阗军赶往大营。

班超问："廉羽何在？"

哨骑回答："正在城头，与薛五大人叙话。"

班超道："马上将他带来。"

哨骑去了，稍后将廉羽带到班超面前。班超见廉羽两鬓斑白，形貌憔悴，道："廉羽，你究竟用了何计？"

哪知道廉羽十分泰然，道："回都护，廉羽并没有用计，廉羽诚心投降都护。都护随时可入它乾城。"

班超见廉羽说得坦诚，问："城外的大火是怎么回事？"

廉羽道："罪臣不知。"

班超又问："城内为何不见龟兹军？"

廉羽道："此时大军正在休息，如果没有大战，不会看到龟兹军。"

时白霸在班超身边，白霸问："廉羽，你可认得我？"

廉羽躬身施礼，道："回公子，廉羽不敢相忘！公子前天夜里不刚刚来过府上吗？"

白霸道："你既然认出我，为何没有发难？"

廉羽道："我有心投降，又怎么会为难公子？"

这时，大营的哨骑回报："都护，龟兹人突然发起袭击，焚烧了粮草大营，姑墨和温宿军被围，长史大人率军驰援，两军正在激战。"

班超问："龟兹有多少人？"

哨骑回答："约有万人！"

班超哈哈大笑，道："一万人如何胜得了两万大军。廉羽，带我入城吧！"廉羽称是。

班超来到城关下，看到城门的封土不多，道："龟兹人早已经把封土掏空了，却迟迟不打碎封土。"

廉羽道："龟兹人惧怕自己被封死在城内，但是又害怕出城，所以大王命人将封土打得只剩薄薄一层，以待需要出城的时候，随时出去。"

班超来到城关上，见远处亮起火光，知道大战正酣，感慨道："这是我第二次登上这个城关，它乾城比以前更加坚固了。"

薛五问："都护，城外发生了何事？是不是廉羽使诈？"

班超道："不管廉羽是否使诈，你现在即刻赶往龟兹军营，收缴龟兹人的兵器，记住，不得滥杀无辜。"

薛五说了声"是"。班超回头对廉羽道："劳烦老将军带个路，薛都尉对路不熟。"

两名士卒扣住廉羽的肩膀，班超佯作呵斥："不得对老将军无礼！"

廉羽回头，对班超道："都护，罪臣诚心献降，断无二心！"说罢，随薛五去了。

龟兹的大军集中在城南，薛五领着大军直奔城南大营。到了营门口，薛五命令大军引火箭，射向龟兹大营，廉羽制止薛五，道："都护交代过你，命你只缴兵器，不得滥杀。"薛五道："兵器全在营帐内，我不能一一收缴。"

营口的大帐烧了起来，但是营内却没有士兵，纳凉前去查看，见营内空空，回报薛五。薛五道："营中的士卒定然去了城外。廉羽，哪里还有军营？"

廉羽道："恕罪臣年龄大了，记不住。"薛五拔剑放在廉羽肩头，道："信不信我一剑斩了你？"廉羽道："你杀了我好了。"薛五大怒，却不得不按住怒火，他还剑入鞘，道："我不再放火就是了。"

廉羽道："你以为我还会信你吗？"

这时赵森前来传信，道："薛五，都护传话与你，如果大营没人，立即占领所有城门。"

薛五立即下令："纳凉，你领铁甲营攻占南门，锦文，你领三千军攻北门，我领三千军攻西门。"纳凉和饶锦文接令，因城门守卫不多，不到两个时辰，四个城门尽落班超之手。

薛五回报班超，班超颇为奇怪，道："城门守卫如此薄弱，我军夺城也没有遇到抵抗，大军尽到了城外？"

薛五道："实在蹊跷，莫不是城池太大，一时间没有找到。"

白霸道："断然没有此道理。你想，城门封土没解，龟兹军如何到的城外？"

薛五道："一定是有地道！"

薛五说完，白霸、赵森、饶锦文等人皆恍然。班超道："命令将士们找地道，几万大军一夜之间能到了城外，地道定然很大。"薛五等人领命。

班超命令关闭四门，又让赵森传令，命徐幹、赵森、温宿王撤回城内。

薛五率领大军在城内找了两个时辰，不见地道入口。天将大亮，班超见城内没有抵抗，率军入王宫。推开宫门，不见守卫；入王殿，殿内无人；入尤利多寝宫，尤利多不在，王宫内空空荡荡。

"都护，你看那是什么？"白霸指着尤利多寝宫后的一处土坡，道："看着像土堆，难道尤利多提前给自己挖了坟？"

班超道："不是坟，那是挖地道时，掏出来的沙土。"

赵森问："不是说西域挖不了地道吗？"

班超道："那也不尽然。能建城的土地，土质不算松软，王宫所选应当是它乾城最硬之处，否则王宫容易坍塌。"

赵森道："如此说来，龟兹的军队全部通过地道出城了。"

班超来到尤利多寝宫之后，只见偌大的院子堆满了沙土，沙土高过王宫，只留有一处通道。走进通道，可见一处斜坡，斜坡幽深至黑暗深处。班超入斜坡，赵森劝班超小心，两名士卒持盾牌和火把为班超警卫，不多时来到了洞底，只见洞宽一丈，洞高八尺，直通远处。

班超回到洞口外，对赵森道："传我军令，所有军队即刻入城，不得在城外逗留。命令薛五集合所有弓箭手到尤利多寝宫待命。"

赵森下去传令。不多时，薛五、饶锦文赶到尤利多寝宫，见尤利多寝宫后有环形封土，皆大吃一惊，薛五命弓弩手站到封土堆上，伏击回城的龟兹军。

班超叫来廉羽，道："这就是你的献降吗？"

廉羽不知道尤利多的寝宫后有此通道，颇为惊慌，道："都护大人，罪臣确实不知道大王挖了这样一个地道。"

白霸呵斥廉羽，道："大胆廉羽，你作为护国老将军，会不知道这个地道？就算你不知道，你儿子可是一国统帅，他能不知？"

廉羽看向班超，见班超看着自己，在等自己回答，知道自己难以解释，再无面对薛五时的镇定，连忙跪在地上，道："都护，罪臣真的没有说谎，否则罪臣就随大王一同去了，何必留在此处送死？"

班超道："这样一个军事秘密，你作为廉生的父亲、尤利多的舅舅竟然一无所知？"

廉羽用力磕头，道："罪臣确实不知啊！"

班超道："罢了，你且起来吧，等事情调查清楚，再作处置。"

廉羽被带下去，稍后，徐幹率军回城，与沈祥、温宿王来拜见班超。

班超在尤利多王殿等候徐幹等人，徐幹等人陆续进殿，众人瞻仰王殿，尽说气派。

班超问："城外军情如何？"

徐幹道："回都护，昨夜三更二刻，沈祥与温宿王在后方遭遇龟兹军偷袭。最初，龟兹军只有万余军队，后来我率于阗军支援，龟兹军败退。我军清点兵马时，发现另有一支龟兹军袭击了我军粮草大营，于是我军全力奔袭粮草大营，与龟兹军开展了恶战。在恶战之中，龟兹军发现王城被都护攻陷，逐渐撤出了战斗，而我军也无心缠斗，现在城外龟兹军还有两万余，应当就在它乾城附近。"

薛五道："现在情况已经十分明了，龟兹人制订了一场袭击计划，利用地道直通我军后方，夜袭我军。廉羽诈降，将我军引开，避免龟兹军与我军主力接敌，然后趁机吃掉我军粮草，缓解城内粮草危机。"

众人称是，说廉羽诈降，十分可恶。

徐幹摇头，道："不管如何，我军现在进了它乾城，只要守住地道口，龟兹军就入不了城。廉羽是否诈降，已经无关紧要。"众人点头称是。

班超道："我猜想，这次袭击，尤利多和廉生密谋已久，他们见城池被围，不得已挖了这条地道。地道挖成之后，尤利多迫不及待地袭击了我军大营，但是廉羽和廉生意见不合，廉生没有将夜袭大营的事告诉廉羽，廉羽回城不久，不知道这条地道，于是自己制定了一条投降之计，也没有告诉廉生，双方各行其是，于是发生了眼前的境遇。"

薛五道："如此说来，竟是巧合。"众人大笑。

徐幹问："眼下该当如何？"

班超道："龟兹军现在应该知道王城已经沦陷，势必要通过地道回城，我军已经在地道口埋伏，龟兹军不能进，必然退出地道，进行围城。请各位将校守好城关，龟兹军没有抢到粮食，必然要宰马为食，过不了三日，军心涣散，必投降。"

众人皆大喜，退出王殿，依计行事。

再说尤利多和廉生听说王城沦陷，颇为纳闷，不知道王城何时被攻破，只好下令撤军。尤利多亲眼见徐幹率军入城，与廉生说："城内定然出了奸细，否则班超断不能入城。"廉生捶胸顿足，道："可恨，若是被我知道何人叛国，定然灭其全家。"

尤利多问："眼下该如何？"

廉生道："眼下只能投靠焉耆，徐图复国。"

尤利多道："只怕到不了焉耆，就饿死了。不如你领一支军队，趁班超无防，攻入城内。"

廉生道："大王，此刻班超一定在地道内布置了伏兵，入地道只有死路一条。"

尤利多道："多准备些盾牌，好过在城下饿死。"

廉生道："城内已经没有了粮食，我见班超大营空空如也，定然也难久支。"

尤利多道："不可久耗，久耗必乱，乱则必亡！"

廉生道："不如宰马为食，让龟兹的勇士吃个饱饭，然后到城下挑衅，趁班超出城交战，我军夺回它乾城。"

尤利多叹道："班超最善守城，如今夺了它乾城，何苦与我一战？"

廉生道："总不能坐以待毙！"

尤利多道："不如这样，你在城外挑战，佯装攻城，我率军攻入地道。"

廉生道："只怕地道口防守森严！"

尤利多道："疏勒军总有疲惫之时，我可在夜里进攻。"

廉生道："攻取地道，太过危险，不如大王佯攻，我攻地道。"

尤利多道："我是大王，我入城后，只要振臂高呼，就有数万百姓追随我，那时里应外合，或有取胜之机。"

廉生想尤利多说得没错，就不再反驳。

第八十四章

反攻惨败廉生终自刎　张榜安民班超察民情

　　大军休整一日，到了黄昏时，廉生领军在城下挑战。

　　"呔，班超何在？"

　　听闻廉生叫阵，班超不敢怠慢，连忙上城。

　　"班超，你用何奸计，骗开城门？"

　　班超笑道："廉生小儿，你父廉羽劝你投降，你还不下马？"

　　廉生勃然变色，想到父亲还在城中，语气软了下来，道："父亲年迈，想都护不会为难他吧？"

　　班超道："那是自然。你父乃是龟兹护国柱石，我岂能伤他？"

　　廉生心稍宽，道："请都护开城，放我军入城，我军愿意投降都护。"

　　班超问："尤利多何在？"

　　廉生道："大王受了点小伤，正在城外营地休养！"

　　班超道："请尤利多来见我，不见尤利多，我不开城门。"

　　廉生道："实在是大王有伤在身，不便见都护，都护不妨出城探视，一辨真伪。"

　　二人在城上城下说着话，尤利多率领五千人趁机从地道进了城。他见地道内没有阻击，以为地道没有被发现，于是来到了地道口，见地道口空无一人，便率领大军回到了王宫。

　　尤利多颇为得意，暗道班超虽然夺了王城，却没有发现这个地道，实在是一大败笔。他率领军队直奔东门，欲夺下东门，与廉生合兵一处，哪知道刚出宫门，看到了一支大军站在宫外，领军的竟是白霸和薛五。

白霸也看到了尤利多，他没有说话，示意放箭，弓弩手万箭齐发，龟兹军连忙举盾牌护住尤利多，尤利多发现情况不妙，准备从地道口退出它乾城，哪知道回到地道口，却发现地道口被填埋了，寝宫后的土坡上站满了弓弩手。

尤利多暗道不好，这时白霸将尤利多的寝宫包围，尤利多无路可退，只好与白霸对峙。

尤利多恨意难平，道："奸诈，真是奸诈！"

白霸道："你杀了我王兄，篡夺了王位，天下还有比你更奸诈的人吗？"

尤利多指着白霸，道："你投降班超，卖国求荣！"

白霸道："都护公平公正，我投降都护，何来卖国？"说罢，他面向龟兹的士卒，道："勇士们，这里已经被疏勒的一万大军包围，城内有诸国军队不下四万，都护有言，只要你们放下武器，一概免死。"

尤利多见白霸劝降龟兹军，大怒，道："白霸，你休要蛊惑人心！"

白霸道："人心不是被蛊惑的，勇士们，现在地道口被封，想要出城是不可能的，尤利多的里应外合之计已经破灭，拒不投降，只有死路一条。"

龟兹军对眼前的形势已经十分明了，但是慑于尤利多的威严，不敢放下武器。

白霸突然大吼，道："尔等真要负隅顽抗吗？那就别怪我不念旧情，弓弩手准备！"尤利多带的多是步兵，面对白霸的强大威慑，十分害怕，当即就有人放下武器："请公子手下留情！"众人纷纷投降，只剩下尤利多还在顽抗。

尤利多举刀欲与白霸拼命，尤利多身后有两名士卒起身，将尤利多制服，一人道："公子，我们擒住了尤利多，公子当上大王后，请不要杀我们！"

白霸笑道："不仅不杀你们，还要厚赏你们。"说罢，命人将尤利多绑了，收缴了龟兹军兵器。

白霸将尤利多带到城头，交与班超。班超听说白霸擒住尤利多，甚为高兴，对着城下的廉生喊道："廉生，你的大王已经痊愈，现在正在城头与我叙话。"

廉生在城下见到被擒的尤利多，暗道一声糟糕，大喊："全军攻城，救回大王！"

廉生指挥步兵举着盾牌，攻到城门，几十名士兵扛着刚刚砍伐的一棵大树撞向大门。城上箭雨纷飞，却挡不住廉生的进攻。班超道："快投巨石滚木！"士兵回报："都护，没有巨石滚木！"一旁的尤利多冷笑："城内的巨石滚木早已砸到了疏勒人头上，哪里还有多余的留着砸我龟兹人？"

薛五大怒，举起尤利多，对着城下大喊："城下的人听着，你们如不投降，我就将你们的大王投下城去，将他摔成肉泥！"

城下的龟兹人果然不敢再动，尤利多面对薛五，丝毫不认输，道："廉生，我死之后，你就任龟兹王，没有了我，你们一样可以反抗班超，抗击汉军！"

城下的龟兹军被尤利多激励，"嗷嗷"地要救尤利多。廉生喊道："薛五，你胆敢杀大王，我廉生誓死与大汉为敌！"徐幹示意薛五，不能将尤利多投掷城下。薛五虽有怒气，却不敢扔下尤利多，将他放了下来。

班超道："廉生，大汉一统西域乃是大势，不是哪一个人可以阻拦的，就连你父亲也不能例外。"

廉生问："我父亲怎么了？"

班超道："就是你父亲帮我打开的东门！"

廉生冷笑："绝不可能，我父亲一生忠于龟兹，怎么能投敌叛国？"

班超将廉羽叫上城头，廉羽望着城下的廉生，说："孩子，投降吧！"

廉生难以置信，问："你说什么？"

廉羽道："我说投降吧！是我打开的东门，放都护入城的。"

廉生恍如听到一声惊雷，问："父亲为何如此？"

廉羽道："大势已去，我不能眼睁睁看着十几万龟兹军民困死它乾城，大汉是东方强国，是西域宗主国，我们不是对手。"

廉生道："可我们是龟兹人，龟兹人的命运应当由自己主宰！"

廉羽道："孩子，你要顾惜性命啊，继续顽抗，你我的性命就没了。大汉是天，我们不能与天斗，更不能与都护斗！"

廉生悲愤交加，他万没有想到将班超请入王城的是自己的父亲。对廉生来说，这是他的极大耻辱。他还如何在国人面前抬头，在龟兹掌兵，指挥数万龟兹军？

"大王，廉生愧对你，廉生不配掌兵！"

尤利多想回应廉生，嘴上却被塞了一块羊皮。

班超说："廉生，我已经答应你父亲，不会伤你分毫，你投降吧！"

廉生极为懊恼，他指着班超，道："都是你，让我父亲身败名裂！"眼见尤利多被班超控制，夺城无望，廉生心灰意懒。他拔剑在手，说道："父亲，孩儿替你赎罪了！"说罢，自刎于城下。

廉羽大惊，道："生儿，你怎么可以先父亲离去？"言罢，哭天抢地。

班超命人将廉羽抬到一旁休息，对城下的龟兹人说："龟兹的勇士们，如今廉生谢罪自杀，尤利多被擒，你们再无退路，只有投降可以免死！"

班超示意白霸，白霸上前一步，对城下的龟兹军道："勇士们，我是白霸，先王的三子。数年前，尤利多使用阴谋杀死了本该继承王位的盖比，篡夺了王位，尤利多篡位以来，施行暴政，屡次攻伐诸国，围攻都护，不得人心。今都护擒获尤利多，正是澄清龟兹，为我王兄复仇之时，请勇士们放心，只要你们投降，龟兹一切照旧如从前！"

城下有人问："都护占了它乾城，会不会指派一名疏勒人做龟兹王，以报前仇。"

班超笑道："龟兹王是现成的，我为何另寻他人？"

"都护说的是不是公子？"

班超笑道："你们只要投降，公子就是下一任龟兹王。"

"只要都护立三公子为龟兹王，我们愿意投降！"白霸在国中素得人心，城下的龟兹人听说立白霸为下一任龟兹王，纷纷放下兵器，退到城外远处。城上的人见了，相视一笑，肩上好像卸了一块石头。

龟兹军投降之后，班超回到王殿，连夜召集众将校，宣布白霸为新任龟兹王，令白霸署理龟兹国政，以隶书和梵文两种文字颁布安民告示，命薛五接管城防，命征俊到对夹山驻兵，严防焉耆来犯。

徐幹道："此次臣服龟兹，威震西域，虽不比莎车之战，但亦功勋卓著，徐幹请示都护，立即将捷报奏与朝廷。"

饶锦文、赵森等人皆称是。

徐幹问："敢问都护，对尤利多如何处置？"

班超问："长史是何意见？"

徐幹道："都护大破莎车之后，曾放齐黎一条生路，换来莎车万民归心，今日取了龟兹，徐幹想，都护会不会再放尤利多一条生路。"

赵森道："属下认为，尤利多不比齐黎，齐黎虽可恨，但是没有围攻都护，也没有大张旗鼓叛逆大汉，而尤利多不同，他曾多次围攻都护，其父也一直与都护作对。白霸曾多次帮助都护，功不可没，所谓一国不容二主，都护既然已经立白霸为龟兹王，留下尤利多，难免使白霸生出二心。"

众人听了赵森的话，对赵森不禁刮目相看，徐幹道："赵森见识不凡！"

赵森笑道："这都是追随都护久了，学来的！"

徐幹道："耳濡目染就能学到如此本事，可见都护智谋！"众人皆笑。徐幹又问："都护对廉羽如何处置？"

班超道："廉羽诚心献降，可既往不咎，保留其俸禄，但不得赋予其军权。"

徐干又问："今得龟兹，都护府是否迁入它乾城？"徐干问完，众人皆惊愕，班超问赵森："赵统领怎么看？"

赵森道："长史大人问了一个大问题，龟兹难以约束，又临近焉耆，都护回到疏勒，难保龟兹不反叛。"

饶锦文也道："白霸虽然追随都护多年，但是西域人反复无常，只怕早晚又反，那时耗尽兵马钱粮，未必能破得了它乾城。"

班超道："诸位说得是，只是迁入它乾城，又丢了疏勒。疏勒乃四战之地，北接温宿、姑墨、龟兹，南接莎车，东南通于阗，西出葱岭，到康居、乌孙，如果疏勒有闪失，我军将没有回头路。"

正议事时，田虑入军帐，道："都护，尤利多焚烧我军大营之后，营中已经没有余粮，现在城中粮草短缺，请示都护，该如何应对？"

班超问："温宿王何在？他不是说将有新粮送到吗？"

侍从召温宿王，温宿王来见，道："刚才粮官来报，道新粮明早就到。"

班超点头，道："如此甚好，只是新粮不足用，传命白霸，到附近牧区及乌孙购买一些牛羊，添补粮草。"

议事毕，各将校下去布置，直到天亮方歇。

次日清晨，班超起来巡视城防，见各处关卡有条不紊，十分欣慰。

离开城关，他来到街市，见左右皆闭户，只有一家冒起炊烟。班超敲门，房内无人应答，班超问："有人吗？"没人说话。班超推门而入，见房内简陋，四处透风，带着浓重的土味儿，忽然一人抢入房中，喊了一声"保护都护"，班超回头，见是白霸，笑道："何故大惊小怪？"白霸以刀护卫班超，道："大人初到它乾城，不宜轻身入民宅，应加强保护才是。"

班超示意白霸收起长刀，道："无碍，我只是查看民情。"他走到房内灶台，见灶台前躲藏着一个小女孩。班超问："孩子，你爸妈呢？"小女孩惊恐地望着班超，不敢说话，白霸巡视整个房子，不见大人，班超道："这屋子不见大人衣服，可能父母已经不在。"他掀开锅盖，见锅中煮着几根骨头，想来是被煮的次数多了，骨头汤清澈得像清水。

班超心中一酸，道："来人，快给孩子拿一块大饼。"

一名侍卫取来一块饼递给小女孩，小女孩看了看班超，拿起大饼狼吞虎咽。不多时，一张盘子大的饼就吃完了。班超对侍卫道："好好安置这个小女孩！"侍卫说"是"，班超转身准备离开，小女孩却突然用龟兹话喊了一声伯伯。

班超回头，问："怎么了？"小女孩跑过来拉住班超的手，说："伯伯，你能带我走吗？我一个人好害怕！"班超心生怜悯，抱起小女孩，问："你叫什么名字？"小女孩说："我没有名字！"班超道："既然没有名字，伯伯给你起个名字，伯伯是汉人，给你起的也是汉名，叫明月，如何？"

小女孩口中念着"明月"，道："这个名字好听！"

班超道："明月，你随叔叔先去王宫换件衣服，伯伯过会儿来看你！"

明月怯生生地看着班超身边的一名侍卫，侍卫伸开双臂，明月对班超道："伯伯，我自己走！"说罢，从班超怀里下来，跟着侍卫出了门。

班超对赵森道："马上从军粮中分出一部分，分给城中的百姓，不能让百姓饿肚子。"

赵森拱手，道："我马上去安排。"

班超出了民房，来到街上，白霸道："都护真是爱民如子，白霸替龟兹的百姓谢谢都护。"

班超道："今后龟兹的百姓就由你管理了，你只要将百姓放在心里，百姓就认同你！"

白霸拱手，道："多谢都护教诲，不过白霸还有一事请教都护。"

班超挥手，道："龟兹王但说无妨。"

白霸道："廉生自刎于城下，老将军廉羽沉痛无比，白霸想厚葬廉生，以慰廉羽。"

班超道："应该的，廉生忠于龟兹，为军人楷模，应当厚葬，出殡之日，本都护亲自前往悼念！"白霸躬身谢过班超。

二人说话时，赵森敲着锣，通知城内百姓，到军营领粮，一时间，房门大开，许多人从房内蜂拥而出，大家衣衫褴褛，蓬头垢面，街头顿时人头攒动，原本冷冷清清的街面站满了人。

班超看到街上人如潮水，感慨道："这才有王城的样子。"随后班超随白霸去了廉羽的将军府，只见将军府挂着白幡，二人来到府院门口，管家十分惶恐，连忙通报。

廉羽一夜之间，衰老许多，颤巍巍地走出正堂，叩拜班超："都护驾临敝府，罪臣有失远迎，惶恐之至。"

班超连忙扶起廉羽，道："老将军请起，你对大汉忠心，日月可鉴。"

廉羽道："人人都说我卖国求荣，害死了儿子，只有都护知我。"

班超道："廉生是龟兹的勇将，龟兹王请示本都护厚葬廉生，本都护已准。"

廉羽听了，拜谢白霸。白霸虽不喜廉羽，但念其丧子，又有献城之功，不打算再报其用阴谋杀害兄长之仇。

班超走到廉生灵前，为其上香，烧纸，与廉羽聊了半晌，才离开了将军府。

出了将军府，白霸道："都护来将军府探望廉羽的事必然传遍全军，如此一来，军心就稳了。"

班超道："军心和民心一样重要，缺一不可。"

天近正午，疏勒军的军粮已经彻底吃完，去乌孙采买的队伍刚刚出发，大军开始食用温宿军的粮食和牛羊。

温宿王请示班超："温宿一直吃的是疏勒的粮食，可是疏勒和于阗还没有尝过温宿的手艺，下臣奏请，全军午饭由温宿军做。"

班超十分高兴，道："温宿王既有此心，准温宿王所请。"

温宿王离去，班超对白霸道："你娶星八，何其睿智！夺城之时，温宿军冲锋陷阵，温宿王身先士卒，取下它乾城，温宿王功勋卓著！"

白霸道："以下臣对温宿王的了解，此人见风使舵，颇为投机，白霸不解温宿王为何如此乖巧，既愿攻城，又肯献粮草？"

班超道："自然是为了星八能坐上龟兹的大阏氏！"

白霸点头，道："或有可能。"

午时三刻，温宿王将烹好的羊肉亲自端到班超桌上，班超请白霸、徐幹、薛五、饶锦文等人一起品尝，果然味道鲜美，口感鲜嫩。

班超不停地夸赞温宿王，徐幹道："往日竟不知温宿如此善于烹羊，早知如此，温宿人不用冲锋陷阵，专职为大家烹羊好了。"众人皆大笑。

温宿王也颇为谦虚，道："能为都护烹羊，实在是温宿军的荣幸，只要都护愿意，下臣愿意天天为都护烹羊。"班超笑道："岂能劳烦温宿王，此次温宿王劳苦功高，本都护一定奏请陛下，为温宿王请功。"

"多谢都护，都护请尝一口温宿的酒，我温宿的酒虽不如疏勒的名气大，但也是别具一格！"班超见温宿王如此，颇为感怀，接过大碗，喝了一口，道："果然与其他酒不同，大家都尝尝！"众人各自喝了一碗，道："颇有不同。"温宿王劝酒，众人又喝过一轮。

第八十五章

笑里藏刀温宿王造反　白霸继位都护府迁址

　　过了正午，班超等人觉得有些困乏，只有赵森不停地拍头。赵森跑出去洗了把脸，突然跳进房中，大喊一声："大胆温宿王，你竟然谋害都护，该当何罪？"

　　众人迷迷糊糊地望着温宿王，温宿王面露恐惧，道："赵统领何出此言？"

　　赵森道："你休要骗我，这种蒙汗药，我三岁就识得了！"说罢，身体摇摇晃晃，几乎站立不稳。温宿王丢掉酒壶，露出狰狞一笑，道："诸位身体真好，苦战了那么多日，喝下了我的烈酒，竟然还能支撑至现在。"

　　白霸问："你想干什么？"

　　温宿王哈哈大笑，道："诸位替我取下了王城，我自然要做龟兹王，杀了你们，龟兹就是我的了，我手握五万兵马，岂不是可以横扫西域？"想到这里，他禁不住又哈哈大笑。

　　白霸道："我早知你的阴谋，恨不能揭穿你！"

　　温宿王笑道："贤婿，我若做了龟兹王，这温宿王的位子早晚是你的，我不会亏待女儿的。"

　　徐幹骂了一声奸贼，温宿王拔剑在手，欲杀徐幹，饶锦文突然跳出，抱住温宿王脚踝，温宿王怒斥饶锦文，道："你要做什么？"

　　饶锦文浑身无力，道："求温宿王不要杀长史！"

　　温宿王踹了饶锦文一脚："妇人之仁，亏你还是我的女婿！"他拔剑欲杀徐幹，赵森持剑护住徐幹，温宿王不能下手。

"来人啊！"殿上闯进数百名温宿军，"将这些人统统杀了！"

温宿军将要动手，忽有一人大喊："谁敢动手！"后殿顿时冲入数百人，挡住了温宿军。

"纳凉，你怎么会在此？"温宿王喊道。

"温宿王失算了吧！"纳凉道，"我铁甲营既没有吃你的羊肉，也没有喝你的毒酒。"

"各营都吃了，为何你没吃？"

"因为我纳凉根本就不信你这个小人！"

"班超都吃了，你竟然没吃！"

"都护光明磊落，但我纳凉可提防着你，受死吧！"

说话时，铁甲营发起了进攻，铁甲营装备精良，作战英勇，温宿军哪里是对手，很快退到了殿外。

温宿王道："纳凉，你眼下只有数百人，我可有六千大军。"

纳凉冷笑道："你不知道吧，都护早已经将铁甲营补充到五千，你可以试试看，是你的六千军勇武，还是我的五千铁甲勇武。"

温宿王大惊，忽听院墙外传来厮杀声，一人来报："大王，铁甲营将我军包围了。"

温宿王问："有多少人？"

来人报："院子外的路太窄，看不清楚多少人。"

温宿王高喊："勇士们，后退只有死路一条，我们冲进王殿，只要擒住班超，龟兹就是我们的。"温宿王振臂高呼，温宿军拼死一搏，但铁甲营装备精良，训练有素，温宿军第一次与其接敌，不到一炷香的工夫，就倒下大半。

铁甲营是潘辰所建，用于对付汉军的弩机营。铁甲营历经莎车大战，不战而逃，后潘辰被蓝云所杀，铁甲营投降班超。尤利多继任王位，率军攻打盘橐城，铁甲营为先锋，曾多次败于廉生的八卦阵，故而一直名气不大，温宿军也没有将其放在心上。但两军交锋，温宿军明显不敌，霎时间，血流成河，只见温宿军一片片倒下，几乎无反抗之力！

纳凉道："逆贼，你若现在投降，都护或可留你一条性命！"

温宿王犹不肯认输，道："纳凉，你跟着我干，我授你为大将军，统领西域兵马！"

纳凉道："你这般宵小之辈，还想称霸西域？"

铁甲营再次发起进攻，不多时，院中的温宿军被杀得只剩下十几人，院外的温宿军败退到殿前的院中。

一名士兵报告温宿王："大王，我军连连败退，根本不敌铁甲军。"

温宿王吼道："温宿的勇士是打不垮的！"

铁甲营从温宿军的营房找到了蒙汗药的解药，给班超等人服下。班超服下解药，情况稍稍好转，在一名铁甲兵的搀扶下，起身来到殿外。

班超道："温宿王，你忤逆都护府，为祸西域，罪不可赦，按照大汉律法，当诛九族。"

温宿王道："汉人有言，成者王侯败者寇，只要擒了你，我就是西域的英雄！"

班超冷笑，道："你真的以为，你杀了我，就能做得了龟兹王？"

温宿王反问："难道不能？"

班超道："当然不能，我班超在西域兵马只一千，诸国为何听我号令？不单是因为我是大汉敕封的西域都护，更重要的是我一心为公，努力地保护诸国免遭战乱，避免涂炭。于阗攻鄯善，我退于阗军；莎车攻于阗，我退莎车军；龟兹攻疏勒，我退龟兹军。在这个世间，人心最重要，保护得了你的子民，你才能称王，保护不了，你也做不长久，妄图称霸，只会尸骨无存，莎车王贤不就是这个下场吗？"

温宿王哈哈大笑，道："班超啊班超，枉你在西域这么多年，竟然不知道强者称王的道理。在西域，不是得人心就能称王，而是要有强大的军队和肥美的土地。"

班超道："其实你已经知道自己失败了，只是不肯承认这个事实。温宿的勇士们，你们大王作乱，论罪当诛，只要你们放下武器，我恕你们无罪！"

温宿军知道继续下去只能战死，听到班超说投降可以免死，当即放下武器，走到了左侧的墙边。

温宿王见众人纷纷投降，心里慌乱，怒道："大胆，谁让你们投降的？"

温宿左骑君道："大王，敌军势大，我们寡不敌众，你也快投降吧。"

温宿王拔剑欲杀左骑君，纳凉拉弓引箭射中温宿王右臂，温宿王握不住剑，剑掉落在地。纳凉道："来人，将逆贼拿下！"

几名铁甲勇士上前，将温宿王五花大绑地捆了起来，带到营地严加看管。

危局解除，纳凉连忙下马搀扶班超，道："都护，您身体如何？"

班超道："无碍，温宿王没有用毒药，要不了命！你是如何发现温宿王异常的？"

纳凉道："属下并无发现异常，只是不相信温宿王。属下从小就听说温宿王不讲信义，数年前，莎车大战，温宿王舍龟兹王，率部返回温宿就是印证。此番温宿王既嫁女儿，又献粮草，属下就觉得此人有蹊跷，是以不吃温宿的羊肉，不喝温宿的马奶。"

徐幹这时也有所恢复，道："都护，纳凉此番立了大功，该如何奖赏？"

班超道："刚才纳凉说我已为铁甲营补充兵员至五千。"

纳凉惶恐，道："这只是属下惊吓温宿之计！"

班超笑道："纳凉之勇胜过潘辰，你部将士更是无敌于天下。尤利多兵围盘橐城时，你部损兵折将，我一直没能为你补充兵员，即日起，你可在温宿、姑墨、疏勒、龟兹诸国中挑选精兵，编制仍为五千。"

纳凉十分感激，跪谢班超："纳凉多谢都护！"

徐幹笑道："纳凉，如此一来，铁甲营就是西域第一劲旅了。"

纳凉道："属下多谢都护和长史栽培！"

温宿王在伙食中下药的事很快传遍龟兹，温宿王给将士们下的是一种普通的蒙汗药，吃了只会发困，对身体并无伤害，只是药力发作后，浑身酸软无力，昏昏欲睡。

疏勒及姑墨的将士吃了午饭，大都感到困倦，在营中睡了觉，温宿左骑君率部冲进了王宫，与埋伏在宫殿的刀斧手合兵一处，欲发动兵变。温宿军的举动被铁甲营发现，纳凉一面命人包围温宿军，一面率领亲兵潜伏至王殿后门，暗中保护班超。当殿中人吃了温宿王送来的酒肉，昏昏入睡时，温宿王突然发难，被纳凉制止，温宿王反叛不成，反沦为阶下囚。

王殿门口的血腥味久久不能散去，将士们清理了一个下午，仍没能将王殿打扫干净。

两日后，白霸陆续买回粮草，于阗军统帅征俊向班超辞行，道："征俊离开于阗日久，将士思归，今龟兹稳定，请行回国。"

班超正要应允，徐幹悄声附耳："都护，今龟兹平定，何不一鼓作气，拿下焉者，如此西域彻底大定。"

班超道："龟兹一战，各国损兵折将，我已经有愧，今粮草匮乏，暂且休养两年，待粮草齐备，再行征讨。"言罢，转身对征俊道："于阗的勇士们作战勇敢，征俊贤侄更是一员良将，未来于阗的安危多半系于你手，你一定要爱惜自己，一路保重。"

征俊右手护胸，道："多谢都护挂怀，都护如有军令，征俊定不推辞。"

班超道：“不日，白霸就要继任龟兹王，如此大典，于阗派何人观礼？”

征俊问：“不知道白霸何时继任？”

班超沉吟半响，仍在思量。徐干道：“都护，不如择后日继任，如此龟兹民安，征俊及疏勒的勇士也能早日回国。”

班超道：“如此也好，那就择后日。大典完毕，你就率领大军回国。”

征俊领命。

龟兹渐渐回到往日秩序，城中街道被打扫，碎石乱木被归置，房屋被修葺，一切回到了从前，但又感觉有了新的不同。

白霸和班超巡视城防，班超告知白霸后日就将登位。白霸颇为震惊，道：“白霸万没有想到，终有一日，我还能入得了这它乾城，更没有想到能做龟兹王。”

班超道：“你有勇有谋，又仁德爱民，能做好龟兹王。”

白霸谢过班超，道：“白霸一定不辜负都护厚望。”白霸指着街上的民房，道，“城还是从前的城，房子还是从前的房子，但是一眼看去，就知道龟兹换了主了。”

班超问：“此话怎讲？”

白霸道：“都护你看，眼下它乾城街道整洁，龟兹人忙于整饬房屋，虽没有新房，但胜过新房。往日街上，碎木乱石堆积，牛马粪便遍布，小孩不敢出门，妇人怕被劫掠，自都护颁布安民告示，街头整饬一新，受疏勒军影响，龟兹军现在也开始注重仪容，这都是都护的影响。”

班超笑道：“当初我率领三十六名汉军来到疏勒，疏勒军见我军训练勤恳，每日洗漱，颇为好奇，竞相效仿，时日久了，竟成军规习俗。”

二人说着话，来到了铁甲营。纳凉正在整训新军，见班超来到，纳凉连忙迎接。

班超道：“纳凉，我来你营地看看你军训练情况！”

纳凉拱手迎接班超：“都护亲自光临，纳凉受宠若惊。”

班超：“那日温宿王兵变，多亏了你！”

纳凉道：“都护对纳凉有伯乐之恩，纳凉不敢相忘。”

班超点头，问：“温宿王何在？”

纳凉道：“在我军的牢帐之中。”说罢，将班超带往牢帐。

牢帐位于军营后方，是一处关押俘虏之处。温宿人投降之后，没收其军械粮草，仍住在原先的军帐，被疏勒军看押。

铁甲营的牢帐只关押一个人，那就是温宿王。温宿王蹲坐在一个牢车内，牢车被放置在军帐下，寻常军帐扎得密不透风，但安置温宿王的军帐却被风吹得四处飘摇，像是几张白色床单挂在了晾衣绳上。正处寒冬，温宿王身上的虎皮袄似乎挡不住寒风，他双目紧闭，坚硬的胡须随风摆动。

班超走到温宿王跟前，温宿王睁开双眼，道："你来了，我还能活几日？"

班超道："两日吧，后天白霸登位，我要用你和尤利多为白霸祭天！"

温宿王身体发抖，道："白霸，我是星八的父亲，你不为我求情吗？"

白霸见温宿王这般可怜相，道："都护，能否饶温宿王一死，将其永久囚禁！"

班超望着白霸，道："叛逆是重罪，无论如何都要杀的。如果作乱都能免死，以后西域就天下大乱了。"

白霸右手护胸，对着温宿王道："岳父大人，我已经为你求情，都护不准，恕白霸无能为力。"

温宿王道："都护，我女婿饶锦文追随你多年，求你念在饶锦文的面上……"

班超斥道："饶锦文是我兄弟，你死与活，与他何干？你犯上作乱的时候，怎么不想想白霸，不想想饶锦文？"

温宿王努力使自己镇定，片刻后道："既然败了，我认输，不知道都护准备如何处置星八和温宿国。"

班超道："你放心，你死之后，念在你攻城有功，我会让白霸立星八为王后，以示罪不及他人，稳定温宿人心。至于温宿王的继承人，我暂时没有想好，不过我会从你儿女之中选择一人的。"

温宿王含泪谢过班超："大汉就是大汉，都护始终是都护，让人服气！"

班超道："你还有何话说？没事的话我走了，咱们后天城头见。"

温宿王道："都护好走！"

班超走后，白霸悄声对纳凉道："劳烦校尉将温宿王放在军帐内，置一盆炭火，此处风太大了。"纳凉右手护胸，道："龟兹王有命，纳凉照办！"

又两日，白霸在它乾城东门举行就任大典，龟兹文武受邀观礼，诸国军队列阵城外，除温宿军，各国皆披甲持锐。城门最中央的是汉军，左侧为疏勒军，右侧为于阗军，外侧为姑墨和龟兹军，末尾为温宿军。

大典上，白霸身穿新衣，缓步迈上台阶，司仪口喊拜天拜地，白霸一叩首，司仪喊拜大汉皇帝，白霸二叩首，司仪喊拜西域都护，白霸三叩首。稍后，班超为白霸佩戴王冠，授白霸龟兹王印绶和金剑，仪式这才完成。

登位仪式毕，班超命人将尤利多和温宿王贾带到城楼。

为防止二人自杀，二人都被五花大绑，且口中都被塞上了绢布。

班超站在城头，对诸国士兵道："诸国的勇士们，龟兹的百姓们，我以西域都护之身份，授白霸为龟兹王，此后龟兹的军民要服从其命令，受其管束。"

城下大喊："龟兹王！"

班超道："今日除了龟兹王登位，本都护还要处置尤利多和温宿王。赵森，宣读二人罪状！"

赵森掏出羊皮，上前一步，朗声道："尤利多弑兄篡位，其罪一也；尤利多追杀白霸，多次置其于死地，其罪二也；尤利多多次围困都护，悖逆大汉，其罪三也。件件大罪，罪无可赦，依照汉律，当诛九族。温宿王贾，在全军伙食中下药，行为可恶，其罪一也；阴谋叛变，致使温宿死伤数千人，其罪二也。依照汉律，当诛九族。以上二人，念其家人无牵连，只诛一人，余者不论。"

城下军士高声大喊"斩"，班超投下令牌，说了一声斩，刽子手手起刀落，斩落尤利多和温宿王人头。诸国欢欣鼓舞，人人解恨，只有温宿人情绪低落。

诸国开始阅军，薛五任指挥，第一阵为汉军弩机营，第二阵为疏勒铁甲营，第三阵是疏勒骑兵营，第四阵是于阗骑兵营，第五阵是姑墨骑兵营。各营分别展示军事技能，军威浩荡，威震诸国。

看着城下的各营军队，徐幹道："都护有如此雄壮军队，平定焉耆，指日可待！"

班超道："徐兄又要劝我征讨焉耆？"

徐幹道："眼下西域诸国，只有焉耆未服，都护难道不想一鼓作气，平定焉耆？"

班超道："我何尝不想？只是焉耆是西域强国，与尉犁国、危须国一体，地广人多。再者焉耆有苇桥之险，被群山包围，易守难攻，而我军刚刚经过大战，需要休养。如今将士思归，班超不能以个人意愿，强征焉耆。"

徐幹叹道："都护体恤民力，徐幹感佩，只是错过如此良机，民心思安，再要征集大军，恐怕不是易事。"

白霸就任龟兹王后第二日，于阗军、疏勒军相继回国。

疏勒军回国前，徐幹和班超召汉军将校商议军务，议定班超驻守龟兹，徐幹驻守疏勒。龟兹新败，恐国中不服，须严加防范，防止生变，再者焉耆蠢蠢欲动，要防焉耆偷袭，又要防两国交通。

班超决意在龟兹另建一处都护府，作为西域都护的治所，将疏勒的都护府改为长史府。龟兹投降后，疏勒再无强敌，但是疏勒作为西域大国，沟通东西，勾连南北，地理位置重要，不能有失。

经营疏勒近二十年，疏勒君臣百姓臣服大汉，人心思安，徐幹建议将所有汉军留与班超，以应兵变。班超道："区区千人不足以应变，今白霸向汉，龟兹暂无危局。"于是班超将弩机营一分为二，一半随班超驻守龟兹，一半随徐幹驻守疏勒。又留薛五、饶锦文随徐幹守疏勒，命田虑、赵森、曾伯守龟兹。

议定完治所，又议将校分配，沈祥现为姑墨国公，荻花正在生育，无暇顾及国事。徐幹认为，沈祥总揽姑墨军政，姑墨无反叛之险，但温宿王被斩，国中何人继承王位，成为问题。

温宿左骑君曾奏与班超，道温宿王共有三子，长子残疾，次子暴虐，三子懦弱，皆不适宜就任。班超颇为苦恼，只好将议题搁置，准备亲往温宿。

第八十六章

瓜儿病逝薛五心如绞　兵临温宿锦文黯伤神

议事毕，众人皆散去。纳凉请求拜见班超。班超召纳凉。纳凉入帐，问："都护准备何时起行回疏勒？"

班超道："纳凉啊，本都护决定留守龟兹，将都护府迁到它乾城！"

纳凉问："为何？"

班超道："龟兹初定，恐白霸难以收拾残局！"

纳凉道："既然如此，纳凉恳请随都护留守龟兹。"

班超道："你是铁骑营的校尉，你走了，铁骑营怎么办？"

纳凉道："可以让副校尉雍也就任。"

班超道："既然如此，你来龟兹做黑甲营的校尉，编制仍是五千人！"

纳凉喜道："谢过都护。"

次日，疏勒军回国，班超与白霸出城相送三十里方止。徐幹对班超拱手，道："都护，此行之后，你我不再朝夕相伴，都护保重！徐幹会遣人将嫂夫人及少公子送至龟兹。"

班超道："有劳徐兄！"

于阗军先疏勒军出发，疏勒军抵达盘橐城时，已经是十日之后了。因有人快马通报，成大早早在城门口迎接，仪仗隆重，文臣武将一直到了排山以北。

"长史大人，都护何在？"

徐幹见高冒亲自相迎，十分感动："何敢劳老丞相亲自相迎？龟兹尚有军务，都护暂不回来！"

高冒道："老朽虽然年事已高，但是听说我疏勒勇士大破龟兹，只觉得精神百倍，好像回到了二十岁，怎么也要出城五十里相迎啊！"

薛五看到高冒，连忙来拜见，高冒见了薛五，脸上的表情由晴转阴，道："爱婿，你回来了！"薛五本是一脸喜色，见高冒脸上似有不快，问："岳父今天怎么了？不想看见薛五吗？"

高冒道："不是，咱们回去说。"

三人叙话半晌，开始回城，过了排山，有文武仪仗相迎，徐幹问："这是何意？"高冒道："古人有十里一迎之说，都护大破龟兹，疏勒王派文武群臣五里一迎。"

徐幹道："疏勒王颇有大汉之古风！"

大军继续返程，薛五见高冒与徐幹说完了话，上前搭话，问："岳父大人，您今日怎么了？见到长史十分高兴，见到我却一脸沮丧！"

高冒长叹道："瓜儿数月不见你，相思成疾，近日卧病在床，身形憔悴，大夫说，恐怕……"

薛五十分着急，问："恐怕什么？"

高冒道："大夫说恐怕熬不过今夜了！"

薛五十分慌张，道："夫人病情如此，为何不派人知会我？"

高冒道："你随都护征战，瓜儿说不能耽误你！"

薛五向徐幹请行，徐幹已听到二人说话，道："想不到夫人病情如此严重，老丞相还来相迎，薛五，你先去吧。"薛五拜别二人，疾行回盘橐城。

薛五来到北门，远远望去有许多人，知道成大正率领文武在门口迎接，转头去了南门，悄然入城。城内空空荡荡，想来军民百姓都出城迎接回城的部队去了，薛五打马来到都尉府，府内管家看到薛五，连忙迎接："大人回来了。"

薛五问："夫人何在？"

"夫人在家中等你回来。"

薛五跳下马，疾跑入房中，房中昏暗，薛五停住脚步，望着他和瓜儿平日睡觉的床榻。

"是五哥回来了吗？"

薛五听到一个苍白的声音，有气无力，说话的正是瓜儿。"是我！"薛五一个箭步冲到床头，却见瓜儿蒙住了头。

"瓜儿，五哥回来了，你松开被子。"

"不，我现在很丑，不想被你看到。"

"你在我心里永远是最美的！"

"那是从前，我现在身形憔悴，形貌枯槁，已经变了模样！"

"何时染了病，竟然如此严重？"

"你随都护走了以后就如此了，大夫说来日无多。"

府中的兵丁家人听说薛五在房中，都聚到了门外，听到房中传来哭泣声，无一人敢入房中。

黄昏时分，徐幹来到东门，见到了成大和笛玉。成大和笛玉亲自迎接徐幹。

徐幹道："有劳疏勒王和夫人亲自相迎。"

成大道："都护来信，说此战大获全胜，下臣与众文武皆喜不自胜。"成大左右张望，道，"不知道都护为何没有回来。"

徐幹道："都护留在了龟兹。龟兹初定，为防龟兹反叛，都护与众将校商议，决定将都护府移往龟兹！"

高冒大惊，道："都护可暂时驻守龟兹，或者遣一上将驻守，何以弃疏勒不顾，重置都护府？"成大和笛玉也都附和高冒。

徐幹道："非是都护舍疏勒而去，实在是不得已耳。龟兹为大国，北有乌孙，东有焉耆，南有姑墨、温宿。今龟兹初定，宜严加治理，长期经营，望疏勒的亲贵能理解都护的难处。"

笛玉道："长史大人，信使来报，说温宿王造反，被都护斩于城头，此事当真？"

徐幹道："千真万确！"

这时一直不说话的饶锦文走上前来，问："夫人，星六近来如何？"

笛玉长叹，道："说的正是此处，听说都护斩了温宿王，星六和星八连夜收拾行囊回了温宿，将饶宏一并带走了！"

饶锦文大惊："何时走的？"

笛玉道："三日之前。"

饶锦文神色暗淡，道："都是命数，都是命数！"

成大也为饶锦文感到惋惜，道："也不怪都护，温宿王造反，这是何等大罪，都护岂能饶他？"他岔开话题，对徐幹道："对了长史，于阗军随都护出征期间，莎车趁于阗空虚，多次借口放牧，兵临于阗城下。"

徐幹吃惊，问："还有这等事？"笛玉点头，道："幸好疏勒王及时援手，这才使莎车不敢妄动。"

徐幹大怒，道："莎车王胆大妄为，定要严惩！"

成大道："焉耆未定，只怕再让于阗出兵就难了！"

众人长叹，笛玉道："别在门口站着了，进城说话！"众人于是进城。

就在薛五回城的当日夜里，高瓜儿病发离世。去世前，高瓜儿久咳不止，大夫告诉薛五，高瓜儿患有肺疾，自己医术有限，难以回天。

薛五抱住高瓜儿，号啕不止，连续多日不进水米，身形憔悴，高冒催薛五早日将高瓜儿下葬，薛五不肯，终日守着灵柩，于是请来笛玉相劝。

徐幹本打算将笛玉及班勇送往龟兹，哪知高瓜儿病逝，薛五伤心，遂耽搁数日。高冒上门请笛玉，笛玉听了，颇为担忧，随高冒来到薛五府院。

院中挂满白布，薛五一人跪坐在灵前，左右无人敢靠近，家丁奴仆皆侍立在房外。

笛玉来到灵前，双手合十，仿效沙门，对高瓜儿的灵柩祈福。薛五双目无神，道："谢嫂夫人！"笛玉祈福毕，转身看着薛五，对薛五道："都尉不要太过伤心了，你与瓜儿是神仙眷侣，今瓜儿病去，天数使然。"

薛五道："嫂夫人是说，老天让瓜儿死的吗？"

笛玉颇为尴尬，道："我的意思是，每个人都有生老病死，我们是挡不住的！"

薛五道："那为什么瓜儿先死？"

笛玉道："瓜儿福薄！"

薛五道："夫人且回吧，薛五多陪陪瓜儿！"

笛玉见薛五听不进话，只好离开了府院。高冒一直等在门口，问笛玉情形如何，笛玉说："薛五悲痛至极，听不进我言！"

高冒叹道："只怪薛五对瓜儿用情太深，老天嫉妒！"

"让我试试吧！"

高冒和笛玉转头，看见了站在身后的蓝云。

笛玉问："蓝云，你什么时候来的？"

蓝云道："薛五和高瓜儿的事，我已经听说了，所以来看看有没有什么能帮上忙的。"

高冒将笛玉拉到一旁，道："不能让蓝云进我家院子，想当初，瓜儿和薛五大婚的时候，蓝云还到我家门口闹过，如今瓜儿走了，怎么能让她靠近瓜儿的灵柩？"

笛玉暗想，蓝云与薛五关系微妙，或可帮助薛五渡过难关，对高冒道："那都是多少年前的事了，蓝云多年没有出都护府，今日瓜儿去了，薛五不进水米，蓝云念及同乡，帮助薛五排解，正是急人之难！"

高冒道："蓝云与薛五有旧情，老朽担心蓝云对薛五旧情复燃，亏待我外孙！"

笛玉道："蓝云近年修习佛经，与沙门无异，已无世俗凡尘之心，再者蓝云四十有余，美貌全无，薛五纵然有心再娶，也不会对蓝云再有情爱之心。"

高冒听笛玉分析得全然在理，于是松口，道："蓝云若入府中，须待我女儿下葬之后。其次，排解烦闷，只得在白天，不得在夜里。"笛玉笑道："这个自然。"

半月之后，在众人的极力劝说之下，薛五终于将高瓜儿下葬，但是对蓝云却视若不见。蓝云入薛五府中，每日只为薛五准备衣食，并没有说话，薛五日日仰望天空，不理会蓝云，蓝云依旧我行我素。

高瓜儿下葬的第三日，徐幹遣人护送笛玉去龟兹。笛玉临行前，向薛五告辞。薛五见笛玉入门，起身相迎。笛玉道："都尉切记要注意身体，不要染了风寒，虽说天已转暖，但仍要小心在意。"薛五拜谢笛玉，道："嫂夫人心意，薛五明了，嫂夫人放心！"

笛玉走后，薛五继续仰望蓝天，似乎在回想什么。

笛玉离开盘橐城第四日，饶锦文追上笛玉，笛玉问饶锦文有何事，饶锦文道："都护传书与我，书信上说，都护已将温宿军卒带回温宿，命我前往。"

笛玉问："都护为何召你？"

饶锦文道："想来是因为星六的缘故。"

笛玉明了，道："既然都护在温宿，我随你一同前往。"

两日后，笛玉与饶锦文一行抵达温宿。二人本想进城，却见城下站满了人，远远望去，既有龟兹军，也有温宿军，竟然有万人之多，他们不敢上前。稍后一人单骑跑来，饶锦文见是赵森，稍舒一口气。赵森对笛玉施礼，道："赵森拜见夫人！"

笛玉回礼："赵大人，许久不见。"

饶锦文急问："赵森，前方发生了何事？"

赵森道："都护亲自将温宿军卒押解回温宿，但是到了城下，温宿人拒不开城。"

笛玉道："既然是押解，为何来了这么多龟兹军？"

赵森道："这是龟兹王白霸派来保护都护的！"

笛玉点头，道："白霸做事果然周全。"

赵森问："西施近来如何？"

笛玉道："西施很好，只是瓜儿病故了！"

赵森道："此事我已听说，自古红颜多薄命，老天妒忌美人！"

笛玉岔开话题，问："前方情形如何了？"

赵森道："情形不佳，不肯开城，想来是担心都护入城，追究王族谋逆之罪。"

笛玉驱车上前，见到班超。班超含笑，道："夫人怎么来了？"

笛玉道："徐幹派人送我去龟兹，听说你在温宿，就来温宿了。"

班超道："夫人恳切之心，班超感佩！赵森，过一段时日，你到疏勒将汉军的家眷接过来吧，让家眷与将士们团聚！"

赵森谢过班超，白霸上前拜见笛玉，笛玉道："龟兹新取，龟兹王应该在王城坐镇才是。"

白霸道："今龟兹安定，都护来温宿立新王，白霸要保护都护周全！"

笛玉仰望城头，见城上剑拔弩张，对班超笑道："听说温宿王有三子，皆不成才，诸女相继出嫁，只星六和星八在国内，星六个性要强，星八听从姐姐，以此度之，此时温宿应当是星六做主。"

班超点头，道："夫人所想颇有道理。"

赵森道："既然如此，星六为何封闭城门？温宿王造反一事，都护已经下了命令，罪不及他人。"

笛玉道："虽说温宿王造反，但是毕竟没有成功，都护当众斩杀温宿王，温宿颜面扫地，都护成了星六的杀父仇人，星六又怎么会请仇人入城？"

赵森道："叮毕竟温宿王造反在先，如不是纳凉，都护与我等岂有命在？"

笛玉道："这就是问题所在，都护杀温宿王有理，但父女之情为大，纵然是星六，也难过这样一个坎！"

这时，纳凉在城下叫阵："呔，叫星六出来说话，都护现在城下，尔等拒不开城，是要附逆吗？"纳凉坐骑嘶鸣，似乎已经按捺不住。纳凉道："温宿不成器的男人都在城外，尔等再不开城，我将杀尽俘虏，再破尔城。"

赵森也喊道："星六，开城吧，温宿弹丸之城，挡不住都护的大军！"

纳凉打马走到温宿俘虏面前，作势要杀人，星六突然全身披挂地出现在城头，大喊："校尉请住手！"

纳凉冷笑一声："你终于肯出现了！"

星六道："星六知道挡不住都护的大军，不过想要星六开城，都护须答应星六两个条件？"

纳凉问："什么条件？"

星六道："一是都护入城，不得伤害百姓。"

纳凉道："都护已有言在先，温宿王以死赎罪，罪不及他人！"

星六道："二是温宿投降之后，汉军不得驻守温宿，尤其不能让饶锦文驻守！"

众人皆奇怪，问："这是为何？"

星六道："沈祥去了姑墨，姑墨大权尽握于沈祥之手，我岂能再将温宿大权旁落于汉人。"

众人皆笑，互道星六耿直。饶锦文低声道："万不能让星六继任温宿王。"众人听他嘀咕，又是低声笑。

白霸道："不准汉军驻守，温宿岂不是脱离都护府管束？"

班超道："无妨，温宿弹丸小国，如不服从管理，弹指可灭！"

班超答应星六条件，星六打开城门，汉军、龟兹军、温宿军相继入城，唯有饶锦文站在城外，徘徊不前。

赵森请饶锦文入城。饶锦文摇头，道："星六不准我入城，我入城岂不是不知趣？"

赵森道："星六是你发妻，岂能不准你入城？她只是不肯让你长期驻守！"

饶锦文想赵森说得有道理，打马就要进城，哪知城上射来一支箭，落在饶锦文坐骑前的沙地上。饶锦文抬头，看到星六手持弯弓，满面怒容，于是勒住缰绳。

赵森道："星六，何苦如此啊？你岂能将锦文孤身一人留在城外，忍受饥寒？"

星六怒目不言，却放下了弓箭。赵森示意饶锦文进城，饶锦文犹豫不前，赵森踢了饶锦文坐骑屁股，饶锦文才入城。

星六下城，拜见班超，道："都护已经入城，可否将俘虏放了。"

班超道："大势未定，温宿现在谁当家？"

星六道："如今是我二哥当家。"

班超问："二王子何在？"

星六道："二哥正在殿中！"

纳凉怒目而视，道："都护进城，诸位公子竟然不迎接！"

星六道："请都护入宫。"

温宿的王城矮小，王宫亦不大，纳凉迅速接管城门要隘，占领王宫、各处关卡，温宿军不敢反抗。星六见形势陡转，问班超："都护这是何意？"

班超道："温宿人似乎不是很礼貌，我们还是要小心点！"

班超入王宫，进王殿，见王座上坐着一人，那人看见班超横冲直撞地进来，指着班超，喊道："你是何人？竟然直闯王殿！"

那人身材高大，纳凉上前，一把将其举起，扔到班超脚下，赵森拔剑抵在那人咽喉，星六连忙过来求情，道："都护，这是我二哥，求都护饶他性命！"

班超道："早听人说，二王子不守礼法，性情暴虐，今日一见，果不其然，留下此人何用？"

地上的二王子听说班超要杀他，顿时胆寒，跪倒在地上，道："小人不知都护驾到，有失远迎，罪过罪过，求都护放过小人，小人再也不敢了！"

赵森望着班超，班超点头。赵森踢了二王子一脚，说了一声"滚"，二王子爬着离开王殿。

班超坐上温宿王座，众将校分坐王殿两侧，白霸、赵森在左，纳凉、饶锦文在右，星六站在殿中。

班超道："将诸位王子、公主带上殿来。"

第八十七章

诡谲小城诸子争王位　星六遇刺锦文查真凶

刚刚被带离王殿的二王子又被带上殿来，大王子、三王子、星六、星八均被带到。

大王子名叫星长，腿有残疾，靠竹轿子抬着入王殿。入殿后，大王子在侍从的搀扶下，离开轿子，跪拜班超，其余王子、公主纷纷跪拜。

班超道："温宿王反叛，在全军伙食投放蒙汗药，罪当诛九族，温宿王本人已被斩首，其王位已被本都护废黜。入城前，本都护有过军令，温宿王罪不及他人，盼望尔等能够洗心向善，忠于大汉，不要妄动干戈！"

大王子星长道："父王罪孽滔天，下臣等人绝不庇护，都护胸怀宽如草原，高如天山，下臣感谢都护再生之恩！"众王子、公主拜谢班超。

班超点头，命众王子、公主暂且退下，随即巡视温宿城。

议事毕，饶锦文去看望星六，时星六正在院中舞剑，见饶锦文进来，毫不理会，饶锦文颇为尴尬，只得站在墙角。

星六舞剑毕，坐在石桌前喝茶。饶锦文上前，欲与星六说话，星六转身，不理会饶锦文。饶锦文走到另一侧，星六又将身体转到相反方向。

饶锦文道："温宿王造反，你缘何怪罪于我？"

星六不答饶锦文，对着侍从道："你们都站着干什么，还不将此人赶走？"

侍从不敢动，饶锦文道："总不能让我随你父造反吧？"

星六忍不住反驳道："没让你造反，但都护斩杀我父王时，你总要求情吧，我听说父王行刑时，你面不改色，不为所动！"

饶锦文道："温宿王犯下如此大罪，都护与我险些丧命，温宿、疏勒两国死伤这么多人，我说两句哀求的话，能救下温宿王吗？"

星六气不过，道："救不救得下是一回事，救不救可又是另一回事。你走吧，我现在是温宿的俘虏，是亡国奴，配不上汉军的校尉。"

饶锦文苦思应对之策，恨无良谋，只好坐在院中，安坐如山。

这日班超在巡视城防，赵森上前，道："都护，温宿的府丞康梁请求拜见！"

班超问："康梁有何事？"赵森答"不知"，班超命赵森将康梁带上前来，康梁上前，班超见此人高不过六尺，尖嘴细须，倒似个汉人，问："找我何事？"

康梁躬身对班超施礼，用汉语道："小人康梁，是温宿的府丞，父亲为汉人，先祖是前汉的校尉。今都护入城，特来拜见，冒昧之处，都护海涵！"

班超微微一笑，道："原来令先祖是前汉的校尉，失敬失敬！"

康梁道："小人屈身于温宿，日日盼着汉军能收复温宿，再度入主西域，今都护再创一统，小人不胜感怀！"

班超道："甚好，随班某一起走走吧！"

"多谢都护！"

二人沿着城墙，一路说话，班超道："今温宿王反叛伏诛，府丞以为，哪位公子继任温宿王为宜？"

康梁躬身道："小人以为，温宿王反叛，诸位公子皆不宜继任，以免再次反叛。"

班超问："何人继任妥当？"

康梁道："温宿历来动荡，更是受姑墨侵袭，龟兹挟制，温宿如想太平，须都护亲任温宿王。但都护尊贵，岂能以身兼鄙国小王，可仿效龟兹王，委任身边得力悍将为温宿王，以镇守之。"

班超道："我已答应星六，不派汉军驻守，再者我大汉为宗主国，从无兼任诸国君王先例，若汉军代为国王，则国民愤恨，民心尽失，大汉为诸国唾弃，与匈奴何异？此事断不可议。"

两日后，班超在王宫后院练武，赵森为班超端来脸盆，服侍班超洗漱。班超道："这西域的水金贵，洗脸的时候，不要舀这么多！"赵森笑着说"是"。班超洗了一把脸，道："以后这些活让新来的兵丁干就好了，你是都护府统领，就不要干这些粗活了。"

赵森道："能追随都护，赵森觉得这辈子没有遗憾，些许粗活，干得欢喜！"

班超颇为高兴，道："比起在黄龙岭，跟着我是好一些！不过西域风沙大，冬日寒苦，你也不容易！"

赵森道："可不是，我最怕冬天，风刺溜溜地往腿里钻。"

班超道："我也是，近来腿不好，想是年龄大了。"

这时候，赵森有些结舌，班超问："你怎么了，有话要说？"

赵森道："我是想问，都护准备立何人为温宿王？"

班超道："尚无定议。你向来不关心政事，怎么问起这事了？"

赵森道："是这样，温宿府丞康梁找我喝酒，问起此事。"

班超问："康梁怎么说的？"

赵森道："康梁说都护仍有意从诸位王子中择一人为王，但是眼下大王子残疾，二王子不受都护喜爱，三王子怯懦，皆不宜为王。"

班超问："你如何答的？"

赵森道："我说诸位王子不宜为王，可仿效姑墨，从诸位公主中择一人立为女王。"

班超道："我知晓了。"

数日后，班超以为，温宿国内稳定，遂将温宿王众王子、公主解除看守，还王子、公主以自由。解禁当日夜，二王子星次携两箱黄金、白玉来到班超寝殿，请见班超。班超拒收黄金、白玉，召见星次，星次跪拜殿前，痛哭涕零，道："都护入城时，温宿闭门据守，罪大恶极。今都护赦免下臣罪过，下臣深悔己过，请都护宽恕。"

班超扶起星次，道："二王子且起来，你能深省，本都护深感欣慰，愿你能改正己过。"

星次道："下臣一定改正，但下臣有一请，恳请都护准许！"

班超问："你有何请？"

星次单膝跪在地上，道："下臣请拜都护为义父，请都护准许！"

班超愣在当场，道："班某从不收义子，请二王子起来吧。"

星次道："都护不同意，下臣不起！"

班超咳嗽一声，赵森入王殿，道："二王子何故跪在地上？"

星次不回答赵森，班超道："二王子心意，本都护已经了解，且回吧！"赵森走到星次跟前，星次无奈，只好起身，赵森将其送了出去。

星次走后，班超无奈摇头。

温宿的清晨，带着丝丝凉意，饶锦文在星六的房门外睡了一夜，醒来看到自己的身上盖了一床厚厚的被子，心生暖意，以为是星六为其铺盖，又见房门紧闭，以为星六尚未起床，于是推门而入，却见房内空无一人。

"女官！女官！"

一名老妇听到饶锦文呼唤，来到房外，应道："姑爷有何差遣？"

饶锦文道："你家公主哪里去了？"

老妇道："公主早晨起来，出城遛马去了。"

饶锦文问："公主通常去何处遛马？"

老妇道："公主喜欢去城外的花子林，林中有猛兽出没，公主常去狩猎。"

饶锦文担心星六安危，带了一队人马，打马出城。饶锦文寻一温宿人做向导，去了花子林。花子林甚大，饶锦文命士卒在林中散开，不多时就找到了正在打猎的星六。星六见到饶锦文，放下弓，对饶锦文道："你来作甚？"饶锦文道："我关心你安危。"

星六道："你回去吧，我打几只羚羊就回去了！"

饶锦文道："这样吧，我在林外等你，你何时回去，我与你一起！"

星六道："想等就等吧，反正也不是第一次！"

饶锦文颇为失落，离开了星六，带着随从去了不远处，寻一处密林躲起来。

众人无事，在林中闲坐，不多时都睡着了。过了许久，众人听到林中有哼哼声，警觉起来，一名士卒上前打探，见不远处有两头野猪正在交配，众士卒大笑，遂放松警惕。

"饶大人，是两头野猪在配种！"

"知道了！"饶锦文背靠大树，不想理会。

众士卒闲来无事，拨开树枝，聚到两头野猪身边。两头野猪眼睛打转，不知道众人要做什么。下面母野猪惊慌乱窜，上面的公野猪紧抱母猪，不肯松开。

一名士卒道："这两头野猪黑黑的，实在丑不可言。"

另一名士卒道："瞧这野猪颇为尽兴，若杀死其中一头，另一头不知当作何反应？"

刚才的士卒道："当惊慌遁逃！"

众人哈哈大笑，一名精壮的黝黑军卒走到母猪前面，引弓瞄准母猪头颈，一箭射进其头骨，母猪当场死亡。趴在母猪身上的公猪见母猪倒地毙命，顿时大怒，扑到黝黑大汉身上，那公猪身躯极大，大汉挡不住，被公猪压在身下。众人连忙上前，拔刀砍杀公猪，但那公猪皮糙肉厚，众人挥刀砍过去，像砍到了石头上，公猪竟毫发无损。

饶锦文见状惊起，跳到公猪前，拔剑刺瞎公猪双目，公猪哀嚎，从那大汉身上跳下，四处冲撞，众人皆不敢挡。众人回望地上的大汉，见其面目残缺，早已毙命，不禁倒抽一口凉气。众人连忙上马，提起长枪，合力刺向公猪，约一炷香的工夫，公猪被刺成了筛子，浑身冒血，这才毙命。

杀死野猪，众人长出一口气。花子林已经不能久留，饶锦文准备回城。临走前，饶锦文想与星六打个招呼，他走出密林，却见不到星六，以为星六走远。饶锦文来到与星六分别的路口，四下张望，看到远处的地上躺着一人，他走上前去，却见那人前胸中了数箭，脖子上留有刀痕。饶锦文大吃一惊，走不数步，又见一具尸体。

地上的两具尸体皆为星六的家奴。饶锦文不禁慌张，于是吹了一声口哨。众军卒当即围了过来。饶锦文顺着血迹疾驰约五百步，听到前方有刀枪声，于是纵马狂奔，又疾走百步，看到几名黑衣男子正在围攻星六，星六两臂受伤，眼看就要倒下。饶锦文引弓射箭，当场命中两个人，几名刺客见到有救兵，仓皇逃去。

"星六，你怎么样？"饶锦文连忙跳下马。

星六倚靠在饶锦文肩头，道："你怎么才来？再晚一刻，只能为我收尸了！"

饶锦文自责道："我不该走远，怪我！"

星六道："不怪你，只怪我太任性！这几日我待你不好，你不仅不气，还包容我，星六十分惭愧！"

饶锦文为其包扎伤口，道："快别说了，我带你回城救治！"星六受的是皮外伤，没有伤及要害，包扎完毕，便要返程。

"且慢！"星六道，"将这些刺客尸体也带回去，我要找到幕后凶手！"

星六出城遇刺的消息很快传遍温宿，国人震惊。一时间，国人竞相猜测，究竟何人是幕后的黑手？

班超坐在王殿上，召集众将校商议此事。班超道："星六遇刺，温宿动荡。眼下温宿王人选未定，温宿国民以为，三位公子没有治国之才，星六最为强势，是温宿王继任者的不二人选。星六遇刺后，有的人猜测是汉军干的，有的人猜测是二王子所为，众说纷纭！"

白霸道："温宿王位向来是男子继任，大王子残疾，不能继任，按照温宿习俗，二王子继任王位最顺理成章。星六曾在疏勒寄居多年，又嫁给了饶校尉，是二王子的有力竞争对手，故而白霸以为，二王子纵凶的嫌疑最大。"

　　班超传二王子星次，星次早已恭候在殿外，听到班超传他，连忙入殿，跪在地上："星次拜见都护、龟兹王及众位校尉大人。"

　　班超道："星次，星六遇袭的事，你可知晓？"

　　星次不慌不忙，道："回都护，星次知道此事。六妹遇袭之后，我马上就打马去她院中探望，好在她伤情不重，没有伤及要害！"

　　班超问："你可知何人所为？"

　　星次答："回都护，星次不知道何人所为，请都护派人调查，严惩凶手！"

　　班超见星次不卑不亢，不似凶手，与白霸对望，白霸也好生纳闷，问："星次，你真的不知道是何人所为吗？"

　　星次道："六妹遇袭，星次知道诸位怀疑在下，但我与星次手足情深，断不会生此恶念，行此不义之事！"

　　班超道："既然如此，你且退下吧！"星次退下之后，班超对饶锦文道："锦文，我已让笛玉照顾星六，查找真凶的事就交给你了。"

　　饶锦文道："岂敢劳驾嫂夫人？"

　　班超挥手道："你安心查案去吧，都护府需要一个清白！"

　　离开都护府，饶锦文思索如何查清真相。他命人将刺客的十几具尸首抬到温宿城的中心街道，不多时，街头就围满了人。

　　"诸位乡亲，地上躺着的就是行刺星六公主的刺客尸首，诸位上前检视，如有认识的，烦请诸位告知饶某！"

　　街头的人站在尸体前，对着尸体指指点点，却没有人上前指认。饶锦文道："哪位乡亲能认出地上尸首的，赏十金！"饶锦文话毕，一名穿着羊皮的男子举手道："大人，小人曾在温宿军当过差，刚退下不久，认得地上的人。"饶锦文将其拉到僻静处，那人道："这些人都是二公子统领的狼牙卫兵卒，他们的卫队长名叫佬金。"饶锦文大怒，暗想星次心口不一，便将此人与地上的尸体一同带到星次的府上，当场对质。

　　星次正在院中耍棍，见饶锦文进院，放下棍子，上前迎接，道："妹夫来了。不瞒你说，二妹在诸兄妹中，与我最好。当年星六离开温宿，正是我偷偷放她走的！"

　　饶锦文横眉冷目，道："你是怕她争你王位吧？"

　　星次惊问："这话从何说起？"

　　饶锦文道："我已查实，行刺星六的正是你下属的狼牙卫！"

　　星次道："绝无可能！"

饶锦文命人将刺客尸首抬到院中，道："二王子仔细看看！"星次也认不得地上的人，他命人叫来狼牙卫骑君，狼牙卫骑君上前检视，回报星次，道："殿下，地上的人确实是狼牙卫的人。"星次大惊，问："你确定？"狼牙卫骑君点头，道："属下确定！"

星次上前拱手对饶锦文道："饶校尉，其中必有隐情。"

饶锦文道："隐情是什么？还请二王子如实说来！"

星次道："星次对天发誓，此事我毫不知情，请许我陪同饶校尉一同调查，洗脱我冤屈！"饶锦文见他说得真诚，不像假话，遂离开星次府院。

出了星次府院，侍卫告诉饶锦文，有一名妇人一直跟着自己。饶锦文回望，果然见到一名女子站在不远处，他向女子走去，不想那女子见饶锦文走来，往远处走了。饶锦文隐隐觉得此人知情，大吼了一声："站住！"那女子听不懂饶锦文的汉话，跑得更急了，饶锦文拉弓射箭，箭射天上，落在那女子的脚前，女子吓呆在当场。

侍卫将那女子带到饶锦文面前。饶锦文问："你为何跟着我们？"侍从中有懂温宿话的，为女子翻译，女子不出声。饶锦文问："死者中是不是有你的丈夫？"女子点头。众人唏嘘，饶锦文将女子带回军营，命女子辨认尸首，女子很快就找到了丈夫的尸首，抱住死者尸身，大哭不止。

一个时辰后，女子情绪稍稍平复，侍从将其带到饶锦文身边。饶锦文问："你丈夫名叫什么？"女子答："丈夫没有名字，大家都唤他叫根大。"

饶锦文问："你最后一次见到根大是什么时候？"

女子擦去眼泪，道："是三日前，当时他的上司来寻他，根大随他出去以后，就再也没有回来。刚才有人说，汉军杀死了十几个刺客，我爱看热闹就去了，结果看到了我丈夫。"

饶锦文问："你丈夫的上司是何人？"

女子道："是佬金！"

饶锦文问："就是那个卫队长？"女子点头。饶锦文将女子拉到尸首面前，道，"这些死者中有没有佬金？"女子看了一眼，摇头，道："他不在这里。"

饶锦文走出军帐，道："集合卫队，随我去狼牙卫！"

饶锦文带领全副武装的卫队来到狼牙卫。狼牙卫虽有两千人，但是见到饶锦文，无人敢动。饶锦文召集狼牙卫全营，问："佬金何在？"狼牙骑君上前答话，道："回饶大人，这几日佬金没有回营，小将已经检视全卫，佬金不在营中。"

第八十八章

谋夺王位康梁被正法　星六继位锦文徒伤悲

饶锦文问："佬金家住何处？"

狼牙骑君道："佬金家住城外，小将愿为大人带路。"

饶锦文说"好"，随狼牙骑君去了城外，行了百里，来到一处帐包。狼牙骑君说："这处帐包就是佬金的家。"说罢，狼牙骑君走近帐包，听到帐包内有嘤嘤之声，笑道："光天化日，这佬金竟行男女之事，不知羞耻！"

饶锦文拉弓射箭，箭杆穿透帐包，帐内传来惊叫之声。不多时，一男一女半裸着从帐中跑了出来，众人大笑。"谁这么作孽，往人家中射箭？"女子骂道。

狼牙骑君见赤裸的男子不是佬金，问："佬金去哪里了？"

那女子穿好衣服，道："佬金那人，看着结实，实则疲倦得很，昨日来了一趟，干完那事往东边去了。"

饶锦文问："东边是哪里？"

那女人道："东边五十里是他师父的牧场，他常在那里练武！"

饶锦文打马往东，行五十里，来到一处河滩。河滩边有一个白色帐包，帐包前有一人正在砍柴，见到有人来，丢下木柴，打马往北走。饶锦文引箭射中那人坐骑，坐骑哀鸣，流血不止，饶锦文又射一箭，坐骑慢了下来。饶锦文的卫兵甩出绳套，套住那人，将那人从马背拽了下来，狼牙骑君上前检视，认出此人正是佬金。

"大胆佬金，你为何伤害公主？"

佬金心虚，经不住问，连忙招供："这都是府丞大人怂恿我干的！他说只要杀了公主，都护就会立他为温宿王。"

饶锦文恍然，原来是府丞康梁在幕后作祟。他问："你既然是星次的属下，为何投效康梁？"

佬金畏畏缩缩地说："府丞大人说，只要他做了温宿王，以后保我做温宿的都尉。我老婆喜欢招惹野汉，我想如果我做了都尉，她就不会再生二心！"

饶锦文看他形貌猥琐，不忍多看一眼，道："将他带回温宿城，交都护严办！"

饶锦文将佬金押解回温宿，找到其他同伙，交与班超。班超大为高兴，拍着饶锦文的肩膀，道："锦文做事，像模像样，大有断案之才！"随后，班超亲自讯问了佬金，并命人将府丞康梁拿下。

佬金见到班超，不敢隐瞒，如实将情况说与班超。班超得了口供，又问康梁。康梁听说佬金被擒，神色慌张，听到班超问话，吓得腿软。

"大胆康梁，佬金等人行刺星六，可是受你指使？"

"是！是小人指使，小人是想……"

"你因何行刺星六？"

"小人是想……小人是想……是想替二公子出气，二公子本应继任王位，现在星六公主回国，二公子王位不保，就派小人行刺星六。"

"大胆康梁，你行刺公主，竟然还想嫁祸他人！佬金等人皆已录得口供，你是想自立为王！"

康梁连忙磕头，道："都护饶命，想温宿三位公子皆不成器，温宿又无立女子为王之先例。若都护肯依照疏勒前例，立府丞为王，小人愿效犬马之劳，世代供奉大汉！"

班超大怒："尔等龌龊阴险小人，也敢觊觎温宿王位，真是痴心妄想！来人哪，将此人拉到城门，斩首示众！"众人听了，十分解气，纷纷上前协助押解康梁。

星六被行刺后，国人震惊，待康梁从王殿出来，王宫外聚集了很多围观的人，康梁被押解到城头时，城中鼎沸，不论男女老幼，都来观看行刑。

"康梁此人，形貌丑陋，竟然行刺星六公主，简直丧心病狂！"

"听说此人行刺公主，是为了争夺王位！"

"康梁不是温宿王儿子，焉能做我们的大王？"

饶锦文走上城头，对城下的温宿百姓道："府丞康梁，勾结狼牙卫佬金等人，阴谋刺杀公主星六，罪大恶极，依照汉律，处以斩首，为教化万方，即刻行刑！"

饶锦文话毕，康梁的人头被刽子手斩落，佬金及其同党也被斩杀，温宿城中百姓拍手称快。

康梁被斩之后，温宿城重归宁静，班超确定温宿王人选的事也迫在眉睫，不可再拖。

星六被刺之后，饶锦文如愿住进星六房中，星八孤单起来。

温宿王贾伏诛之后，星六将星八带回温宿，二人曾立誓，不再与丈夫相见，但事与愿违，饶锦文十分痴情，与星六寸步不离，原本如铁石一样的星六被饶锦文感化了，现如今星八孤孤单单，渴望白霸能来找她，可白霸从未来寻她。

为了探明真相，星八找到了饶锦文，道："姐夫，为何你对姐姐不离不弃，白霸却对我爱搭不理！"饶锦文道："你父为了称霸西域，以你为饵，骗取都护信任，险将众人杀死，白霸岂能再正眼看你？"星八大哭，道："我父造反，与我何干？我又不造反。"

饶锦文长叹，道："小妹切莫难过，待我找机会，说与白霸，想来他能理解你！"星八擦泪，道："若白霸不再理我，小妹也不活了！"饶锦文知她说的是气话，但他又不会安慰星八，只好喊来星六："夫人，你妹妹找你来了！"

饶锦文出了府院，到了街上，遇到一名壮汉，这人挡住饶锦文去路，说着蹩脚的汉语，对饶锦文躬身道："饶大人，我家公子在对面的酒肆等你，请饶大人过去一叙。"

饶锦文问："你家公子是何人？"

壮汉道："二公子星次！公子说，大人是妹婿，自大人入城，还没有机会与大人说话！"

饶锦文听这壮汉说得有道理，就随壮汉去了。

那壮汉将饶锦文领进酒肆的一个房间，房里坐着的正是星次。星次起身，连忙施礼，道："星次见过大汉校尉饶大人！"饶锦文道："起来吧，不必如此客套。你找我何事？"星次起身，道："饶校尉入城后，星次无缘与饶校尉一叙，今日特意在此恭候！"

饶锦文怒斥星次："大胆星次，你胆敢在我家门外，安插眼线！"星次并不惊慌，道："不能亲自登门拜会，只好出此下策！"饶锦文怒气稍减，问："也罢，你找我何事？"

星次道："只想拜会大人，与大人亲近亲近。都护在西域叱咤风云，而温宿是小国，大人娶了六妹，成了星次的妹夫，说起来星次高攀了。"饶锦文拱手，道："哪里，哪里。"星次道："今星六回国，国中威望甚高，都护也有意立其为王，不知道饶大人如何看。"

饶锦文一愣，没有想到星次话锋转到了王位上。星次笑道："我知道饶大人不会稀罕西域偏僻小国，但星六曾有言，不准饶锦文驻守温宿。如果都护立六妹为王，那饶大人将离开温宿，二人再难见面。"

饶锦文问："二公子何意？"

星次道："不如饶大人将六妹带回疏勒，如此饶大人既不用驻守温宿，又能与六妹厮守。"饶锦文恍然大悟，明白了星次的用意。他暗想，未见此人残暴，倒颇见心机。星次又道，"按说星次与六妹感情甚笃，不应放六妹离去，但是为了饶大人的今后打算，不得不出此下策。"

饶锦文正犹豫，星次击了两下掌，帐外走进两名壮汉，手中抬着两个箱子，道："这里有些金银，是我的一点心意，权作六妹的嫁妆。"饶锦文起身道："嫁妆就不必了，容我回去想想。"说罢，起身离去。

饶锦文出了酒肆，来到街上，想着星次的话。星次劝他将星六带回疏勒，本意是想让星六不与他争夺王位，但确如星次所言，如果星六继承王位，自己将再难见到星六，二人将永远分别。

想到此处，饶锦文后背泛着凉气，急走回了公主府。走到门口，见到一驾马车停在院外，星八从院中走了出来。饶锦文问："八妹去哪里？"星八难掩喜气，道："白霸派人来接我了！"饶锦文道："真的呀？"星八道："真的，六姐这处宅子真是灵光。"说罢，星八上车去了。

饶锦文进了院中，看到星六往卧房走，快步走了上去。进了房中，他见仆从正在收拾衣服，打点行装，问："夫人这是做什么？"

星六道："我想好了，温宿现在十分安定，不需要我了，我要回疏勒！"

饶锦文大喜，道："什么时候走？我去叫宏儿！"

"明天吧，明天早上就走！"

"太好了，咱们回家去！"

饶锦文没有想到星六会主动回疏勒，一路上想的那些说辞都没有了用处。他按捺不住兴奋，在院中舞了好几次剑，想起需要向都护辞行，洗了把脸就去见班超。班超听说星六要回疏勒，颇为震惊。饶锦文告别班超，觉得此事颇为重大，应告知其他人，于是向白霸、赵森等人逐一拜别。回到公主府，已经是暮色苍茫时分，他吃过晚饭，便早早入睡。当夜，饶锦文抱住星六，一觉睡到了天亮。

"起来了，别睡了，要启程了！"

"太早了，早一会儿，晚一会儿出发都不要紧！"

"都等着我们呢！"

清晨，二人早起，洗漱完毕，吃过早饭，集合下属，饶锦文准备出发，忽地接到班超命令，请星六入王殿拜见都护。饶锦文问传令的士兵："都护召星六何事？"传令道："小人只传军令，不知道都护召公主何事。"

星六对饶锦文道："相公不要担心，我去去就来，不会耽误行程。"饶锦文点头。

饶锦文本以为星六半个时辰就会回来，哪知道天近中午都不见人影。饶宏道："爹爹，咱们今天是不是不走了？"饶锦文命随从将饶宏带回房间，并准备午饭，自己打马去了王殿。

温宿城小，王宫也不大，饶锦文一路快马来到王殿。侍卫见是饶锦文，无人阻拦。饶锦文入王殿，见殿上坐着班超、笛玉、白霸、赵森、纳凉等人，停住了脚步。他深吸一口气，上前拱手："锦文拜见都护！"

班超道："锦文是来找星六的吧？"

饶锦文点头，道："今日我和星六启程回疏勒，因都护召星六，锦文迟迟等不到她，故而来寻。"

班超笑道："我看你不是来寻她，是来讨要吧？"

"锦文不敢！"饶锦文环视大殿，见到星六坐在赵森前方，对班超道，"天近正午，已过了出发的时辰，如果没有要紧的事，请都护放星六走吧！"

白霸道："锦文，不要着急，没有要紧的事，都护怎么会留下星六？"

饶锦文问："什么要紧的事？"

白霸道："当然是继任温宿王的人选之事。"

饶锦文惊道："都护难道真的要立星六为温宿王？"

班超点头，道："我与龟兹王及众将校商议，认为星六体恤民情，深得民望，仍是最佳人选！"

饶锦文道："星次暗怀野心，星六岂是对手？"

白霸笑道："这个事情简单，只要将星次带到龟兹，他就算是有天大的野心又能如何？"

班超道："星次此人，蛮横霸道，好搜刮民脂民膏，不得民心；星六被袭，星次有失职之罪，又岂能再委以重任？"

饶锦文道："难道真的只有星六才能继任温宿王？"

班超道："正是，此令已下，不可更改！"

饶锦文问星六："夫人，你真的接了都护的命令？"

星六道："都护之令，星六不可不接。都护所言，在情在理，星六不能拒绝！"

饶锦文仍不肯死心，道："若星六继任温宿王，饶锦文恳请留在温宿。"

星六断然道："不可，我有言在先，你断不能留在温宿。"

饶锦文道："我去掉军职，孤身一人留在此处。"

星六道："不可，你是我的夫婿，纵然没有军职，时日久了，也会统揽大权。"

饶锦文道："如此说来，你非要与我分开，做这温宿女王了？"

星六含泪哽咽，良久道："是！"

饶锦文愤然，离开王殿。

班超道："星六，你何苦如此？饶锦文深爱你，他已舍弃军职，留他在温宿又能如何？"

星六道："都护非要星六做温宿王，星六为饶锦文安全计，也为温宿前途，不得不如此，请都护谅解！"

班超叹息！

随后，班超在温宿发布星六继任温宿王的消息，一时间，军民振奋。

不知道何人走漏了消息，星次得知自己将被带到龟兹，大怒，进王殿拜见班超，索要说法。

"都护，六妹要继任温宿王，为何要将我带到龟兹？"

"你从何处得到的消息，怎么我自己都不知道？"

"现在整个温宿都在传言，说星次暴虐，六妹继任后，我将夺其王位！"

"传言不实，你和星六感情深笃，断然不会有此悲剧发生！"

星次情绪稍稍平复，道："既然没有此事，星次就告退了！"星次走后，班超大怒，惊起拍案，道："何人走漏的消息？定要严查。"

因为泄露消息，班超没有将星次迁往龟兹。数日之后，班超在王殿授封星六为温宿王，星六正式继任，温宿文武全部跪拜。授封毕，班超退出温宿王宫，率领龟兹大军撤出温宿王城，返回它乾城。

星六亲自送班超至城门口，对班超道："都护信守诺言，星六敬佩，今后温宿一定按照年岁向朝廷进贡，绝无二心。"班超道："星六继任王位，温宿军民臣服，愿你能善待百姓！"

星六道："星六定不负都护所托，只是这几日我一直没有见到夫君，还请都护照看锦文，为他再找个女人，好好照料他。"

班超叹道："饶锦文是个痴情男子，断然不会再娶！"

赵森这时忍不住插话道："这几日锦文一直住在营中，怕是伤透了心。若不是弟兄们死死拦着，他早已返回疏勒。我实在想不明白，你为何不准锦文留在温宿？那沈祥也不曾独揽姑墨军政，姑墨人也没有厌恶沈祥。"

星六带着一丝哽咽，道："请不要说了。"她转头对着白霸，道："请龟兹王善待八妹，我父无论有何罪过，都与八妹无关！"白霸点头，道："请温宿王放心，我一定善待星八！"

笛玉上前抚慰星六，道："饶锦文已经随前军走了，即将返回疏勒，他日想念锦文的时候，可遣人送来书信，让锦文到温宿一见，以解相思之苦。"

星六点头，送别众人。

"温宿王回宫喽，百官低头，百姓回避！"

"二哥，这些声势少做一些，眼下我们要仿效疏勒，开垦耕地，囤积稻谷，以补牛羊之不足。"温宿王对星次道。

"是，请温宿王放心，我这就布置。"星次回道。

回宫之后，星六即封星长为德望侯，封星次为辅国侯，署理温宿军务，其余亲贵各有分封。

第八十九章

星次兵变星六再被救　外戚强权幼帝心不安

星次掌握军权之后，便着手谋划夺权。

"诸位骑君，饶锦文虽然离开了温宿，但是六妹之子饶宏仍在国中，饶宏是汉人，取的是汉姓，用的是汉名，将来六妹归天，则温宿为汉人主宰，岂不辜负先祖创业之艰？"

"温宿王乃都护所授，辅国侯意欲如何？"

"温宿自古只有男子为王，没有女子称王的习俗，都护颠倒伦常，实难服众！不如趁六妹根基未稳，废黜其王位。"

"若都护为温宿王报仇，该当如何？"

"到那时木已成舟，都护也奈何不得我！诸位骑君若听我命，事成之后，各升一级，赏千金。若有不从者，先斩其首，后灭其家，收尔妻妾，分尔牛羊！"

盛夏烈日骄阳，星六率领轻骑，到温宿湖巡察，湖边正在垦荒，星六示意农官开辟水源，将湖水引入田埂。

忽地，远处有千骑往湖畔奔驰而来，行至百步内，仍无停步之意，星六护卫上前挥手，示意止步，被前军一箭射死，星六及卫队顿时惶恐，拔剑抵挡，双方混战一处。

敌众我寡，星六所属虽是精锐，但终将抵挡不住来犯大军。护卫手持盾牌，紧紧护住星六，眼见星六就要被擒，忽地林中涌现百骑，疾驰而来。那百骑是饶锦文所率领的汉军精锐，手中用的是弩机，腰中别的是长刀，一排弩箭射出，数十人中箭落马，又一排弩箭射出，又是数十人落马。

"放下武器，我们是都护府的汉军！"

温宿军听说汉军来了，不知道汉军有多少人，顿时慌张。"汉军来了，快跑。"温宿人不敢与汉军对抗，纷纷放下武器。领头的星次见此，大怒，道："胆敢投降者，杀无赦！"饶锦文的手下一箭射中其坐骑，坐骑惊慌，星次翻身落马。饶锦文部众上前擒住星次，星次部属纷纷投降。饶锦文随行卫队收缴温宿兵器，命其下马。

"夫人，你没事吧！"饶锦文道。

星六推开盾牌，不理会饶锦文，径直走到星次面前，道："二哥，你为何要杀我，难道就为了温宿的王位？"

"成者王侯败者贼，六妹不必多言，动手吧！"

"我不想杀你，但你不能留在温宿了。"

"你想把我送到哪里？"

"龟兹王曾邀你到龟兹，我看你还是到那里去吧！"说罢，命卫兵将星次带了下去。

这时狼牙卫骑君上前求饶："温宿王，这次作乱全由小人引起，要杀就杀小人，求温宿王放过这些勇士，留他们一条性命。"星六怒视狼牙卫骑君，道："尔等附逆，罪无可赦，来人，将此人斩了。"

饶锦文道："我看此人也是一条好汉，附逆也是迫不得已，何必赶尽杀绝，不如降为士卒，留在营中听用。"

狼牙卫军卒听到饶锦文求情，十分感激饶锦文，道："大人说得是，求温宿王留骑君一条性命，我等都是迫不得已。"

星六道："既然有饶大人求情，暂且免你们一死。"狼牙卫的人听说，纷纷跪地磕头，拜谢饶锦文。

处理完星次造反之事，饶锦文上马，道："夫人，祸患已除，我回疏勒了！"

星六鼻子突然一酸，想到饶锦文不顾生死，多次救她于危难，而今他要回疏勒，心中难掩酸楚，道："能不能不走了？"

饶锦文一愣，问："你说什么？"

"我说能不能不走了？"

饶锦文跳下马，抱住星六，道："我就等你这句话呢！"

星六紧抱饶锦文，眼眶含着热泪，道："什么都不顾了，什么都不管了，再也不分开了。"

永元四年，正值春暖，柳树冒着绿芽，小贩推着货车穿梭洛阳街头，远处不时传来吆喝。一对父女从开阳门走进，父亲年过四十，却头发花白，满脸苍容，女儿年过及笄，青春待放，好不惹眼。女孩第一次进洛阳城，见到高大城墙、繁华街市，不免欢呼："爹爹，快看，这纸人扎得多漂亮！还有这个，燕儿从来没有见过，洛阳真热闹！"

"傻孩子，这是大汉京都，当然热闹了。"男子说罢，长叹一声，"只不过皇帝年幼，奸臣当道，洛阳不比从前了。"女孩问："从前是什么样子？"男子道："从前的洛阳，每逢春天，街头人来人往，商贾如流，街市好吃的吃不过来，各地的杂耍班子蜂拥入城，来得晚了，连个地方都没有。"

"现在发生了什么事？"

"女孩子家家，不知道也罢，今日入了城，见过你舅舅，早日离去，省得招惹是非！"

这对父女入了城，走了不到百步，见到几人正在群殴一名男子，父亲不忍让女儿见此血腥场面，拉住女儿绕道他处。女儿不肯走，问："爹爹，那些人为何打人？是不是你说的奸人？"女儿话音刚落，打人的几名壮汉住了手，回望女孩，一人嘿嘿两声："这小丫头长得真是俊俏，从前怎么没有见过？"

另一人道："偌大洛阳，你能见过所有女人？"

之前说话的人道："不是三爷吹牛，洛阳城的女人，除了宫里头的，爷都要摸上一摸，看上的都要睡一觉！"

"这女子怕是外乡人，三爷纵然本事通天，也难见过。"这人说完，其余人都纷纷点头。

那个叫三爷的是窦宪府上管家窦元的弟弟窦奉，窦元自得罪了刘畅，给窦宪惹了麻烦，规矩了许多，但其弟弟窦奉依然我行我素，打着窦府的旗号，在洛阳城中横行霸道，特别是窦宪大破匈奴之后，窦奉也神气了许多，倒像是自己破了匈奴一般。

"我们大将军破了匈奴，功盖古今，卫青如何？霍去病如何？都没有彻底消灭匈奴，但是我家大将军神勇无敌，大汉之所以能有今天的太平盛世，我家大将军当居首功！"

窦奉逢人吹嘘，众人皆知他是窦宪府上的家丁，故而无人敢惹，市井流氓与其啸聚一处，称其为三哥。叫了一段时日，觉得称呼三哥不礼貌，改唤三爷。

被打的人名叫山棒，因老母过世，向窦奉借了散碎银两，后利滚利，偿还不起，被窦奉拦路殴打。窦奉打得累了，听到过路父女说话，回头张望，见女子长得俊俏，起了歪心。他上前一步，道："如此俊俏可人，何不到窦府来，献给大将军，安享富贵？"

女孩吓得不敢说话，女孩父亲却知道此人惹不起，道："这位大人，小人路过洛阳，往亲戚家投宿，得罪之处，还请海涵！"

窦奉对女孩父亲毫不理会，几名壮汉上前拉扯住男子，窦奉上前一步，托着女孩的下巴，仔细看了一眼，而后将其扛在肩上，女孩猝不及防，"啊"的一声惊叫。女孩父亲大惊，道："放下孩儿！"窦奉回头，道："我将她献给大将军，你等着享福吧！"

男子挣脱众人，跳到窦奉身前，道："将我女儿放下，否则休怪我不留情面！"

窦奉见男子突然像是换了一个人，笑道："你有何本事，就使出来，让三爷见识见识！"那男子名叫宋海，其女儿叫燕儿。宋海曾是越骑营的弓弩手，与班超同营，功夫了得。几名壮汉见此，上前将宋海围住，众人见宋海身体不佳，并不将其放在眼里，哪知宋海三拳两脚就将几名壮汉打得还不了手，躺在了地上。窦奉大惊，准备将宋海女儿放下，忽然巡逻的兵丁赶了过来，窦奉顿时眉头舒展。

"发生了何事？"领头的问。

"是汤大哥，我是窦奉！大将军府上的一个小丫头跑了出来，遇到了她的父亲，大将军让我将人带回去！"窦奉道。

"既然是大将军府上的人，就带回去吧！"那头目道。

窦奉不顾燕儿的哭闹，连忙将人扛回了窦府。宋海眼见女儿被扛走，急着要追，却被兵丁拦了下来，宋海与巡逻的兵丁大打出手，因寡不敌众，败阵下来。

巡逻的兵丁并未为难宋海。兵丁走后，宋海瘫坐在地上，越想越懊恼，却不知道该怎么办。这时，街头另一名被打的男子山棒走到宋海面前，道："大哥，别哭了，哭是没用的！"

宋海望着山棒，道："盼望兄弟指条明路！"

山棒道："明路是没有了，我只能告诉你，刚才那人叫窦奉，是大将军府上管家窦元的弟弟。"

宋海道："去了大将军府，岂不就找到了孩子！"

山棒道：“找到了又如何？你能从将军府上要来人吗？”

宋海叹气道：“那该如何？”

山棒道：“如今的办法只有一个。”

“什么办法？”

“我听说京兆尹赵雍是个正直的好官，能够直面王宫权贵，你将冤情诉与赵大人，或有一线希望。”

宋海听说京兆尹胆大敢言，顾不上拍打尘土，去了河南府。河南府是治理京畿地区的府衙，时河南尹不在，作为三辅之一的京兆尹正在府衙。宋海来到门口，拽住衙役的衣袖喊冤，那衙役见此，道：“老乡莫慌，有事请里面讲。”那衙役将人引到京兆尹赵雍面前，赵雍问宋海发生了何事，宋海连忙将经过说了。赵雍听了，拍案大怒，道：“皇城脚下，乾坤朗朗，竟然有人强抢民女，真是胆大包天，来人哪，随我到大将军府捉拿凶犯！”

几名衙役听了，全部站立堂下。这时，一旁的幕僚秦湘钰附耳道：“大人切莫着急，抢人的是大将军的家奴，大人直奔大将军府，恐有不妥。”

赵雍道：“作为大将军，更应该率先垂范，难道大将军要包庇家奴不成？”

秦湘钰道：“小人的意思，人不能不抓，但是要顾忌大将军的脸面！”

赵雍想秦湘钰说得不无道理，便换上便衣，单枪匹马来到大将军府。开门的家丁问赵雍：“你是何人？来府上何事？”赵雍答：“我乃河南京兆尹赵雍，求见大将军！”赵雍本以为自报姓名，家丁会开门将其请入客堂，哪知家丁道：“我家大将军日理万机，不见外客！”说罢，就要关门，赵雍连忙顶住大门，道：“你这家奴，竟然不通报就将本官拒之门外，是何道理？”那家奴道：“来我家府上的官员多了，若个个都见，大将军何日能见完？”

赵雍大怒，转身离开，准备将此事奏与河南府尹，报知司隶校尉。他回到府衙，见到了幕僚秦湘钰，秦湘钰问他大将军如何说。赵雍如实道：“那家奴紧闭大门，不让本官入内！”秦湘钰颇为犯难，道：“见不到大将军，断不能抓人！”

这时，一名差人上前道：“大人何必烦恼？那窦奉不过是窦宪的家奴，并不住在窦府院中，要抓窦奉，何必滋扰大将军？”

赵雍喜道：“你有何计策？”

那差人道：“窦奉常与小人聚赌，曾拖欠小人银两，被小人追债，只因近年他家主人发迹，小人不敢再与之纠缠。大将军功名天下之后，凡是入府拜见大将军者，听说要先送敲门礼与家丁，而这敲门礼最后全进了窦元的腰包。窦奉是窦元的弟弟，窦元自然亏待不了窦奉，就在东门五巷为他买了一处宅子，为他娶了家室。小人估计，宋海的姑娘没有进大将军府，而是被扛进了窦奉的家宅。"

赵雍大喜，道："既然窦奉不住大将军府，劳烦秦兄往窦奉家宅走一趟。"秦湘钰得令，带着十余名衙役往东门五巷，过了半个时辰，到了窦奉家。窦奉家门紧闭，院中不时传来妇人的叫骂声："杀千刀的，成天往家背女人，早晚死在床上！"衙役推门，门被插销反锁，秦湘钰示意翻墙，几名衙役叠罗汉一样跳进院子里。

院中妇人大惊，衙役打开大门，将秦湘钰迎进院子。秦湘钰不顾妇人，径直走入堂屋，将止在施暴的窦奉逮了正着。窦奉大叫："你们是何人，胆敢闯我家院？"秦湘钰不顾窦奉赤身裸体，命人将其五花大绑，再看床上的燕儿，已是神情恍惚。秦湘钰捡起地上的衣服，交给燕儿，燕儿视若未见。秦湘钰道："跟我回去吧，你爹爹正在等你。"燕儿忽地跳下床，一头撞在了石柱上，溅起遍地血浆，当场死去。

众人大惊，愣在当场，久久没有回神。片刻后，窦奉被衙役用竹竿挑着，扛回了府衙，一路招摇过市，百姓见了，无不拍手称快。

宋海听说女儿被窦奉奸淫后自杀而死，当场晕了过去，醒来之后，对窦奉拳打脚踢，被衙役拦住，窦奉才保住了性命。窦奉对其所做的强抢民女并对其奸淫一事供认不讳，赵雍命其在供状上画押捺指印，并将其收押至监牢。

窦奉刚被收押，司隶校尉郭举便来到府衙，指责赵雍擅权，抓捕京畿要犯，竟然不知会自己。赵雍辩解，强抢民女，京兆尹有权管辖，郭举反驳，窦奉是大将军府家丁，应报司隶校尉。赵雍再辩，窦奉不是官员，不在上报之列。郭举道："现在我命你将此案移交司隶校尉，由我主审！"

赵雍冷笑一声，道："大人是要包庇要犯吗？"

郭举道："别忘了，窦奉是大将军府的人！"说罢，转身离去。

郭举走后，司隶校尉的差人强行将窦奉从牢中接走。赵雍十分不快，秦湘钰抚慰道："大人职责已尽，不用自责！"赵雍道："何为职责已尽，纵容不法吗？不行，我要上书皇帝，阐明真相，不能让无辜的人冤死！"

赵雍回到书房，连夜写了一道奏折，将案情经过呈与皇帝。

皇帝名叫刘肇，是汉章帝的第四子，生母是梁贵人，因窦皇后无子，过继给窦皇后。章帝驾崩后，刘肇继位，时年十岁。刘肇年幼，窦皇后临朝称制，把持朝政。

因刘肇尚未亲政，朝廷大权皆握于窦宪之手。窦宪兄弟皆为重臣，窦笃为卫尉，窦景任侍中，窦瑰为驸马都尉，朝廷要职多出其门。

这日，尚书仆射乐恢进宫，将窦宪家奴窦奉奸淫民女之事奏与刘肇，请刘肇裁决由何人主审。刘肇未亲政，不能裁决政务，召窦宪入宫。窦宪得到圣旨，当即入宫，刘肇询问案情，窦宪对答："窦奉乃府上一家丁，家丁犯法，窦宪绝不宽容！我已知会司隶校尉，命其严查。"刘肇问："查得如何？"窦宪道："回陛下，经查，窦奉违法事实存在，证据确凿，论罪当处斩首。"刘肇道："既然事实清楚，请舅父依律办理吧！"窦宪称是，随即退出皇宫。

窦宪回到大将军府，窦奉便被斩首，朝中一片赞誉，称赞窦宪刚正不阿，执法公正。但没过多久，赵雍便被发往会稽，做了太守。会稽位于今日浙江省绍兴市，东汉时，属偏远不毛之地。赵雍被发配之后，头脑灵活的秦湘钰在离家不远的巷中被刺杀，就连尚书仆射乐恢也被吊死在家中房梁之上，一时间，洛阳城风声鹤唳。

乐恢之死，惊到了宫中的刘肇。他发现自乐恢入宫奏事之后，再无臣子入宫奏事，就连身边的宦官也都被换了十之七八。年仅十四岁的刘肇感到一种恐惧，他寝食难安，日夜思索应对之策。

"蔡伦，听说你与大将军往来亲密，可有此事？"

"回禀陛下，奴才与大将军并无往来，大将军看不起阉人，怎会与阉人为伍？"

刘肇见周遭无人，与中常侍蔡伦说话："依你来看，大将军品行如何？"

蔡伦道："恕奴才直言，大将军擅权枉法，满朝忌惮，已危及皇权，此祸不除，朝中恐有大难！"

刘肇斥道："大胆蔡伦，胆敢诬陷国舅！国舅乃大汉擎天柱石，是国家的栋梁，岂能受你构陷！"

蔡伦跪在地上，道："奴才不敢，奴才说的句句真言。陛下不知，那窦宪睚眦必报。京兆尹赵雍执法刚正，抓了窦宪家奴窦奉，被窦宪发配至会稽，手下幕僚竟被刺杀。窦宪不仅掌握军权，还养了一批刺客。永平年间，窦宪的父亲窦勋犯罪，韩纡审理此案，考实窦勋坐狱被诛。窦太后当政时，韩纡已死，窦宪即派刺客刺杀了韩纡的儿子，并带回他的首级拿到窦勋坟上祭奠。有宫人密语与我，道窦宪的女婿郭举时常出入后宫，受太后宠幸。凡朝中诸如此类，不胜枚举，陛下身处深宫，内受宫人监视，外不能见下臣，可谓处处受制。陛下只有除了此患，才能威加海内，统御四方，不愧先帝重托。"

刘肇叹道："说得是啊！"他扶起蔡伦，道，"你可有良策？"

蔡伦道："今日之窦宪，犹如前朝之霍光，陛下现在手无兵权，断不是窦宪之敌手，须韬光养晦，仿效宣帝，渐收兵权，一旦机会来临，突然发难，夺回大权。"

刘肇拍着蔡伦肩膀，道："朕知晓了，听说班固写的《汉书》中有外戚传，你能否为朕借来一阅？"刘肇想了一下，又道，"算了，你太过瞩目，朕还是另想法子！"

蔡伦躬身："陛下圣明，必成大业！"

蔡伦走后，刘肇找到了清河王刘庆，请刘庆为其找《汉书·外戚传》，刘庆得令，为其寻来，刘肇得书后，日夜研读，寻找夺权机会。

第九十章

窦宪被除甘英入西域　谣言弥漫焉耆起兵戈

永元四年六月二十三日，得知窦宪和邓叠班师，刘肇大喜，命大鸿胪持诏书出城迎接，犒赏将士，召窦宪及诸将校入宫。窦宪及诸将校无防，随大鸿胪入宫。刘肇随即来到北宫，命执金吾领禁军守南门，命北军五校守北门，待窦宪及诸将校入宫，刘肇随即封锁宫门。

大鸿胪将窦宪等人引入思德殿。

"臣等拜见陛下！"

刘肇尚未说话，窦宪等人已经离地起身，邓叠道："陛下，此次出征羌胡，大将军用兵如神，将士神勇无敌，大破羌胡，尽展大汉神威，从古至今，功无出大将军者。本将以为，应该对大将军授予尊称，以别于其他文臣武将！"

刘肇问："邓叠，你以为该如何称呼大将军？"

邓叠抬头看了一眼刘肇，心中仍将其视作没有兵权的孩子，道："大将军位在三公之上，高过九千岁，本将以为，今后文武可称呼其为万岁，以示尊荣！"

刘肇问："其他几位将军以为如何？"

郭举、郭璜、邓磊等人道："我等皆附议！"

刘肇道："下一步是不是要尊称大将军为陛下了？"郭举、邓叠等人一惊，刘肇拍案道，"尔等食大汉俸禄，却试图篡汉，与王莽等乱臣贼子何异？来人哪，将这些逆党拿下！"邓叠等人见思德殿两侧突然涌进数百御林军，皆惊，尚未反抗，已被御林军擒住。"将这些贼子押到大牢，斩了！"御林军得令，将邓叠等人押了出去。

窦宪大惊，道："陛下，臣绝无造反之意啊！"刘肇派遣谒者仆射前往大营，收缴大将军印绶，解除窦宪兵权。稍后，窦太后赶到北宫，斥责刘肇道："国舅于国有功，何以如此？"

刘肇道："窦宪擅权枉法，蓄养刺客，草菅人命，罪无可赦！"

窦太后见宫内遍布甲士，知道刘肇已经掌握实权，语气软了下来，道："国舅有扶立之功，请皇帝饶他一次吧！"

刘肇道："霍去病初征匈奴，曾被封为冠军侯，国舅北征匈奴，与霍去病颇有几分相像，朕现废黜国舅大将军一职，改为冠军侯。"

刘肇为窦宪及几个兄弟划了封地，命其到封地就国，并选派干练之人到封地监国。但窦宪几人到了封地之后，就被强迫自杀了。一时间，窦氏家族土崩瓦解。

十四岁的刘肇开始亲政，他一面清洗窦氏家族势力，一面整顿吏治，发展农业，东汉迎来了全盛时期。

永元四年冬，西域迎来了暴风雪，漫天的大雪将山丘遮得严严实实，它乾城像是一个雪城，沉寂无声。生活在它乾城内的人们美美地睡了一个月。每逢寒冬，人们都要烧上一个火盆，躲在屋子里烤火。也许是这样的日子太久了，睡足的人不愿再继续睡下去，夜幕降临，他们生起了篝火，跳起了舞。整个城市突然像燃烧了一样，人们走出自己的房子和毡包，围着篝火跳了起来，他们喝着马奶酒，烤着羊肉，跳了一整夜，直到将近黎明，方才入睡。

天亮了，它乾城又陷入往日的沉静。这时有三五人骑着骆驼，从远处往它乾城走来。

"喂，开门！开门！"

值守的人尚未睡醒，听到城下有人呼喊，就问城下的人："你们是哪里来的？"

"我们是长史徐大人派来的，这位是甘英，从大汉来的。"

"是要见都护吧？雪有点大，我这就开门。"

一行人被迎进城内，城门值守将他们领进都护府。班超昨夜醉酒，尚未睡醒，陆晓聪将众人引至客房。

"原来是薛都尉，一路风尘，真是辛苦了！"

"怎么不见赵统领？"

"赵大人日夜辛劳，小人顶个副班，如今也是副统领了。"

薛五回头望着陆晓聪，捶着陆晓聪胸口，笑道："可以啊，爬得挺快！"

陆晓聪道："汉军人才多，本用不到小人，只是如今事务多，赵大人忙不过来。"

"都护什么时候能醒？"

"不好说，你也知道，西域的冬天苦寒。往日城中特别安静，昨晚不知怎么了，城里的人像是中了邪一样，喝着酒，跳来跳去的，一直热闹到深夜。都护一向与民同乐，听说百姓高兴，也出来喝了几杯，要不是夫人劝着，怕要喝到天亮。"

"都护最近身体如何？"

"都护近来后背受风，别的也无大碍！"

这时房外传来班超的声音："是薛五来了吗？"

"都护，是我！"薛五拉开门帘，走出房，见班超披着裘皮，站在院中。

"你怎么来了？不是应该镇守疏勒吗？"

"这不是想你了嘛！"

"哈哈，好，陆晓聪，快生火盆！"

"火盆已经生了，都护请入房内说话！"

班超挽着薛五的手，道："走，入房说话。"二人进了客房，彼此问了近况。"听说高瓜儿病逝，实在惋惜，这真是红颜薄命！"

"是啊，伤心许久，至今常梦到她。"

"蓝云近来如何？徐幹书信上说，她现在负责你的起居！"

"蓝云醉心于几部经书，与我说不上几句话。"

"蓝云是个苦命人，她本该与你是一对的，如今却孤身一人，既无夫君，又无子嗣。"

班超说完，房中的甘英插话道："都护说的蓝云，可是先夫人的婢女，蓝姑姑？"

班超回头，见此人年方十八，青春正茂，虽有风尘之色，仍难掩芳华，问："你是何人？"

甘英俯首："小侄甘英，拜见都护。"

薛五向班超介绍，道："都护还不知道吧？甘英是令妹派来的，他是嫂夫人侍女婉容的儿子。"

"婉容？"

"就是水仙，家母下嫁之后，父亲为她改了名字。"

"改得好，你母亲现在如何？"

"家里遭了难，父亲惨死，母亲悲恸欲绝，随父亲去了。"

班超惊问："发生了何事？"

甘英突然跪了下来，道："大人，朝廷发生了大事，窦宪谋逆事发，皇帝借用宦官力量，清除了窦宪党羽。"

班超颇为吃惊，道："陛下英明。那窦宪已经是大将军，犹不知足，竟效仿王莽，行篡汉之事，虽功高盖世，但死有余辜。"

甘英道："窦宪百死难赎，可大人却是含冤而死。"

"哪位大人？"

甘英从袖中取出一个信匣，交与班超："这是姑姑的书信，请都护一阅。"

班超颤抖地打开信匣，只见信中写道：

兄长安好：

永元四年六月，北宫政变，皇帝召窦宪、邓叠入宫，封锁未央宫南北两门，收大将军印绶，斩杀窦宪爪牙，强迫窦宪兄弟自杀于封地。长兄讳固，曾随逆贼宪北征，写下《封燕然山铭》，回京后，入逆贼宪幕府。窦党被除，长兄被抓，囚于洛阳狱。入狱月余，刀笔吏罗织罪名，致使长兄惨死狱中。甘夫乃长兄挚友同僚，长兄遇难，甘夫受连坐，夫人婉容自缢于坟前，有子甘英托孤于昭。昭不敢负夫人重托，本欲为其安置家业，娶妻生子，奈何甘英有远志，欲效仿兄长，徙万里山路，穷尽地势山川，建功于异域，故而恳求再三，携此书信，投奔兄长。盼望兄长节哀，勿被朝廷除逆之事扰乱心智！

妹昭百拜！

永元四年八月二十日

班超将书信读了三遍，悲痛道："兄长识人不明，竟攀附逆党，以致身败名裂！"

甘英道："老夫人身体一向硬朗，得此噩耗，一蹶不振。甘英临行前，老夫人病逝于床榻，姑姑悲痛，隐瞒未书！"

班超扶起甘英，打量全身，道："贤侄节哀，你暂且在龟兹住下，来日再做打算。"

甘英再次跪在地上，道："都护，甘英自小就听母亲教导，大丈夫当效都护，建功异域。今甘英来到西域，能效都护犬马之劳，虽死而无憾，请都护准许甘英留在都护身边，牵马坠镫，在所不辞！"

班超再次扶起甘英，道："你既有志，我便留你在身边。"甘英还要再拜，班超却扶住了甘英。

朝廷清除窦宪逆党，震惊了整个大汉朝。班固曾随窦宪北征匈奴，窦宪开设幕府，班固也入驻府中，故而窦宪被杀，班固也被作为同党被抓。一时间，洛阳大小监狱人满为患。

听闻噩耗，班超十分悲痛，今兄长惨死，母亲亡故，班超不能近前尽孝，沉痛至极。

就在甘英抵达龟兹的当日下午，朝廷的布告就来到了它乾城。布告的内容是：窦宪谋逆，大汉皇帝运筹帷幄，剿除奸党，澄清寰宇。

布告对班固附逆之事只字未提。班超问及班固案情，来使道："临来之前，班大人正在牢狱，因此案机密，小人并不知情。"班超问使者出发时间，得知早于甘英，便不再询问，将其请入驿馆歇息。

剿除窦宪的消息很快传遍西域，汉军听说班超的兄长班固附逆被抓，十分震惊，担心班超因为此事受到株连。这日，白霸、纳凉、赵森等人入都护府，请见班超，时班超头顶白布，正在布置母亲灵牌。

纳凉道："都护为何头戴白布？"

班超道："甘英送来消息，家母刚刚过世。"

纳凉道："请都护暂且不要戴孝，今西域遍传，令兄因为附逆，被朝廷关押，都护身穿麻衣，西域诸国会以为令兄附逆被斩。"

班超道："实不相瞒，家兄确因牵涉窦宪一案死于狱中。"

众人皆惊，纳凉道："都护是否会受令兄牵连？"

班超道："尚未可知啊！"

白霸道："都护离开洛阳近二十年，与令兄未谋一面，若强行株连，朝廷也未免太过昏庸。"

纳凉道："听说大汉皇帝只十四岁，如此幼儿，难保不受朝臣蛊惑！"

班超道："未必，我倒是格外敬重陛下，年纪轻轻，竟能铲除重臣党羽，前途不可限量。举大事者，举重若轻，明君也！"

纳凉道："陛下若是明君则罢了，若是株连都护，纳凉就是粉身碎骨，也不准汉军入西域一步。"

班超怒斥道："纳凉，你是我班超的奴才吗？你是大汉的臣子，岂能行此悖逆之事？"

纳凉暴跳，道："我才不管狗屁朝廷，朝廷若对不起都护，我们就划地而治，从此谁也入不了西域。"

班超怒道："大胆纳凉，你这是造反吗？来人哪，将纳凉推出去斩了。"

白霸、赵森连忙求情，道："都护，断不可如此，朝廷旨意未明，纳凉也只是一时情急，请都护念在以往功劳，饶过纳凉。"白霸踢了纳凉小腿一脚，纳凉跪在地上，白霸道："都护，你看纳凉都知道错了。"

纳凉见班超动了怒，有所收敛："都护，纳凉失言了。"

班超道："既然知错，那就认罚！来人哪，将纳凉拉出去，重打二十军棍。"

白霸道："不可。"

班超道："为何？"

白霸道："纳凉都尉如果被罚，将士必要问起缘故，是时，都护如何回答？"

班超道："既然如此，这二十军棍暂且记下，日后不得再胡言乱语，如若再犯，定斩不饶。纳凉，你可记下了？"

纳凉道："纳凉知罪！"白霸扶起纳凉，纳凉退到一边。

班超道："班超敬告诸位，此次窦氏一党被清除，乃是朝廷之福、万民之福，功在千秋。朝廷对我是打是杀，都与诸位无关，请诸位静候圣旨。"

白霸等人拱手，离开都护府。

出了都护府，纳凉忍不住发牢骚，道："入府之前，诸位不是说好了，一起劝导都护，话到嘴边，怎么只有我一个人？"

白霸道："你没听都护说吗？生死皆决于朝廷。都护一心为大汉，忠心为国，即便劝了，又有何用？"

赵森道："大汉有一句话，君叫臣死，臣不得不死。都护饱读圣贤之书，深通君臣之道，断不会有叛逆之念。"

纳凉道："既然都护不会反叛，其兄长为何会附逆？"

赵森道："我见过都护兄长，温文尔雅，说他有功名之心我信，说他会附逆，我不信。"

纳凉道："既然如此，为何还会附逆？"

赵森道："这就不得而知啦！"

几人边说边摇头叹气，离开了都护府。这时，一人悄然走进班超议事厅。

"都护！"

班超回头，见到是甘英，问："你怎么来了？"

"刚才我见到三人从议事厅出去，口中嘟囔，说都护不听劝。"

班超笑道："你猜他们在劝都护什么？"

甘英道："现在整个龟兹都担心都护会受株连，那三人应该都是都护的爱将和左膀右臂，都护身处西域，甘英斗胆，猜测他们是来劝都护自立为王的。"

班超道："你以为该当如何？"

甘英道："甘英以为，断然不可。都护之所以有今日之成就，并不单是都护才干卓著，还因为都护的身后有大汉王朝。失去大汉，都护在西域威信减损，四面树敌，难服诸国，那时都护身败名裂，虽百死难赎其罪。"

班超笑道："小儿确有英雄之见。"

甘英道："小侄想，大汉皇帝虽然年幼，却能明辨是非。中护军大人尽管在窦宪的幕府为宾，但忠于大汉，都护与中护军近二十年没有来往，既无附逆之心，亦无叛国之举。况西域偏僻寒苦，唯有都护堪当重任，想陛下不会自断臂膀，背天而行。"

班超大笑，道："小侄年纪轻轻，见识卓远，难得！"

正当龟兹躁动，诸国纷纷遣使前来打探消息时，对夹关传来军情，危须王亲率两万大军，直奔龟兹而来。大军屯于对夹关外，虎视它乾城，正伺机而动。

消息传到都护府，班超颇为震惊，时薛五尚在龟兹，正与班超说话，听闻危须王屯兵对夹关，大笑："往日，我去寻那焉耆王，焉耆王避而不见，龟缩城中，今日怎领兵自寻死路来了？"

班超道："危须王不是自寻死路，他是想借朝廷政变，仿效永平十八年，窦固撤军，突袭都护府的旧事，攻占它乾城。"

薛五拍案："是了，是了，如今西域都在传令兄长附逆，这焉耆料定朝廷要治你连坐之罪，然后趁乱攻取龟兹。"

这时，纳凉入都护府，面带笑脸，远远大声道："都护，您没打军棍是对的，危须王来了，带了两万大军。"

班超问："前方如何？"

纳凉道："按照都护军令，属下已经在对夹山设置了关卡，焉耆军不敢前进一步。"

班超道："传我命令，对夹关增兵五千，密切注意焉耆军动向。"

纳凉道："不出击吗？"

班超道："敌我兵力相当，出战损伤太大，不划算！"

纳凉道："属下有个主意，可助都护消灭焉耆军。"

班超问："你有何计？"

纳凉上前道："这焉耆之所以敢犯我都护府，是因为料定朝廷会治都护连坐之罪。倘若我军传出都护已被朝廷解除都护职权的消息，放焉耆军入关，然后在关内关门打狗，必有奇效。"

薛五惊起拍案，道："纳凉真妙计！"

班超沉吟，道："确是好计，只是此计演得不能太假，但是演得真了，难免有死伤。"

纳凉道："只要焉耆中计，我军必能以最少的损伤，重创焉耆。都护不是一直要一统西域吗？此时正是良机。"

班超道："既然如此，你去布置吧！"纳凉喜道："纳凉得令！"

再说焉耆王年迈，危须王奉焉耆王命令，领兵到对夹关屯兵，观察龟兹动向，伺机而动。时班超已在对夹山建城并设为对夹关，以备焉耆来犯。危须王来到关前，见对夹关有重兵防守，将大军屯于关外三十里，日夜笙歌，饮酒作乐。

这日，焉耆哨骑截获一封书信，信是写给乌孙大昆弥的，道窦宪谋反，班固附逆，汉廷欲治班超连坐之罪，现内有忧患，外有焉耆犯边，请乌孙出兵相助，落款白霸。

危须王看罢书信，大悦，问那送信的信使："大汉朝当真要治班超连坐之罪？"

信使不知书信内容，听到危须王问话，十分惶恐，道："汉廷确有派使节来龟兹，但小人并未听说都护受到连坐！"

危须王笑道："此等机密，你当然不会知晓！来人哪，将此人带下去，好生看管。"

信使被带下后，尉犁王上前道："二哥，白霸明知我军屯于关外，还遣人到乌孙送信，会不会有诈？"

危须王道："即便有诈，我也不惧。只是万事小心，大哥将两万大军托付于我，我等不可大意，静观其变。"

尉犁王道："说得是，反正班超是要被夺职，何不等他走得远些，我军再发起攻击？"

危须王道："不能拖得太久，一者粮草靡费，二者不能让龟兹有防备。"

第九十一章

奸人泄密妙计终流产 纳凉身死引燃复仇火

两日后，南路的哨骑探报，对夹关以南有许多牧民驱赶羊群，往温宿和姑墨去了。危须王颇为纳闷，道："眼下冰冻未开，牧民为何南迁？"

尉犁王道："莫不是牧民得到了什么消息？"

危须王道："定是龟兹人知道要打仗了，南迁避战！"

尉犁王道："单是牧民不足为凭，王公贵族的消息才最为可靠！"

又过两日，哨骑传来消息，道不少贵族拉着马车，牵着骆驼，离开它乾城，往姑墨去了。危须王问："马上拉的是什么？"哨骑回答："都是箱子，因为没有打开，不知道里面装的是什么。"

危须王大喜，道："三弟，这些王公是出城避难，看来是真的！"

尉犁王尚未搭话，前方哨骑回报："对夹关上的兵丁突然不见了。"危须王问："去哪里了？"哨骑道："属下不知。"

危须王当即点齐兵马，往对夹关去，见关城上只有旌旗，不见军卒，颇为奇怪，命人上前敲门，士卒回报关门紧闭，危须王命人将关门撞开，见关内空无一人。

尉犁王道："这偌大的对夹关，怎么一个人都没有？"

危须王道："班超被革职的消息八成是真的，龟兹人在缩小防线！"

尉犁王道："哨骑，你往它乾城方向打探消息。"哨骑领命。

哨骑走后，危须王命人搜索城关，见城关空空如也，于是在城关驻兵。半日后，哨骑回报，称关内五十里未见敌军。危须王命哨骑再探，又一日，哨骑回报，它乾城外发生了打斗，死伤无数，危须王问何人在打斗，哨骑称不知。

危须王当即命令军队开往它乾城，军队走了一半，遇到大股军队往对夹关赶来，危须王当即命令军队戒备，他见对面的军队浑身是血，相貌狼狈，像是经历了一场大仗，连声呵斥：“对面是何人？”

对面队形散乱的军队连忙停住，一人单骑上前：“这位可是危须王？”

危须王见此人认识自己，颇为惊讶，道：“正是本王，你是何人？”

来人道：“我是都护府纳凉！”

危须王一惊：“可是疏勒铁甲营的校尉，龟兹的大都尉纳凉？”

那人道：“正是！”

焉耆军听罢，连忙将纳凉围了起来，拔刀欲战，危须王示意不要动手，焉耆军收起兵器，危须王问纳凉：“纳凉，你为何狼狈至此？”

纳凉道：“回危须王，窦宪谋反，班固附逆，班超受到连坐，朝廷遣使来到龟兹，收缴了班超的都护大印，将其押解回洛阳，听候发落！”

危须王惊道：“那班超当真被押解回京了？”

纳凉道：“正是，就在六日之前。”

危须王拊掌，道：“真是天助我也，万没有想到班超会有今日。”

尉犁王问：“你这满身的血是怎么回事？”

纳凉道：“这位一定是尉犁王了。回尉犁王，都护被汉廷的官员押走之后，白霸就想将我赶走。诸位知道，我是都护的心腹，只因都护在龟兹，我才能追随都护，如今都护走了，白霸岂能容我？”

危须王道：“一山不容二虎，难怪它乾城外有打斗。”

纳凉道：“我听说白霸欲将我除去，便调集了对夹关的守军，哪知道刚到城外，就中了埋伏，无奈寡不敌众，本部损伤惨重。”

尉犁王一拍脑门，道：“我说对夹关的人怎么突然跑得干干净净，原来是被你调走的。白霸写给乌孙的书信中说，今龟兹内忧外患，想不到你就是那个内忧！”

纳凉道：“小人无心争权，只是都护走后，白霸不肯容我！”

危须王道：“纳凉，你还剩多少人马？”

纳凉道：“小人还有两千精锐！”

危须王道：“你可愿随我杀回龟兹？”

纳凉道：“小人愿随大王杀回龟兹，解我心头之恨。只是龟兹城高，强攻难以破城，不如让纳凉前去挑衅，大王埋伏在城外。白霸见我以残兵寻衅，必然轻装出城，然后纳凉佯装败退，将他引入埋伏圈，大王一鼓作气，就可消灭龟兹主力，夺得它乾城。"

危须王大喜，道："就这么办！"

是夜，两军夜宿城外四十里山冈，篝火通明，危须王和尉犁王宴请纳凉，危须王向纳凉询问设伏地点，纳凉道："从此往西十里有处山坡，名叫金凤坡，可埋伏兵两万。大王大军埋伏于此，是时我将敌军引来，大王趁势杀出，则大事可成。"危须王大喜，道："快满饮此杯！"

危须王喝到半酣，道："明日还要打仗，今日暂且打住，待打了胜仗，我再与都尉痛饮！"遂罢了酒席。

尉犁王和纳凉回了各自营帐，准备歇息。

天到了下半夜，纳凉营中一人悄悄离帐，趁值守瞌睡，来到了焉耆军营。

"老爹，老爹！"

这人来到一处军帐，对着帐内低声呼喊。稍后，一名老汉从帐内出来，斥道："喊什么，谁是你老爹？"

"老爹，我是延驹啊！"

"我警告你，你休要打我女儿主意！"

延驹道："老爹莫要生气，此次我来寻你，并非央求你将女儿嫁我，而是有件性命攸关的大事告诉你！"

焉耆的老汉颇为不屑，问："你能有何大事？"

延驹将老汉拉到远处，低声道："都护并未回洛阳！"

老汉十分吃惊，延驹连忙捂住他嘴，道："你莫声张。"老汉点头，延驹才继续道，"你我虽为敌国，但我对静罗感情至深。都护已设下埋伏，你快逃命去吧！"

老汉连连点头，道："你对我诚意如此，我定将静罗许给你！"

延驹十分高兴，握住老汉的手，道："当真？"老汉点头。

延驹走后，老汉随即来到了尉犁王营帐。

老汉名叫飓然，是尉犁国的兵丁，其女名叫静罗，长得美丽俊俏。偶然机会，龟兹的延驹认识了静罗，对其一见钟情，奈何两国交恶，飓然终是不许。延驹为了讨好飓然，趁夜来到敌营，向其透露了军情。

时尉犁王早已酣睡，飓然闯入大帐，被守卫拦下。飓然说："我有重要军情禀告尉犁王。"守卫答："再重要的军情也不能打扰尉犁王睡觉！"二人由是发生争吵。

片刻后，危须王起夜，听到二人争吵，循声走来，问："你二人因何吵闹？"

守卫道："此人要见尉犁王，但尉犁王已经休息！"

飔然道："我有可靠消息，班超并未离开龟兹，而是在附近设了埋伏，纳凉只是个诱饵！"

危须王问："此话当真？"

飔然道："千真万确，刚刚传话的就是龟兹人，此人爱慕小女，欲讨好小人，故而向小人泄露机密！"

危须王长吸一口气，从守卫手中拔出佩刀，一刀砍死了守卫！飔然大惊，问："危须王为何如此？"危须王舔了一下刀口，道："如此庸人，误国误事！"

"发生了何事？"尉犁王穿着内衣，从帐中匆忙出来。

危须王扔下守卫佩刀，道："召集军队！"

时纳凉正在帐中酣睡，忽然纳凉的亲兵闯入纳凉营帐，将纳凉叫醒，道："刚才有人看见延驹起夜，跑到焉耆营帐，举止可疑。"

纳凉一惊，问："延驹是何人？"

那亲兵答："是我军甲字屯的射手。"

纳凉道："不好，此人可能通敌，速将此人带来见我。"

那亲兵说了声"是"，继而从帐中退出。纳凉出帐，命令各屯人马集合。士兵接到紧急集合的命令，不敢怠慢，知道将有大事，于是全部起床。因兵不卸甲，是以集合迅速，静待纳凉军令。

时延驹已经回帐，纳凉亲兵趁其不备，将其制伏，而后五花大绑，将他带到纳凉面前。延驹尚不知发生了何事，身体一个趔趄，跌倒在地。

纳凉呵斥："延驹，你刚才背着大家做了何事？"

延驹惊道："我没有做什么啊？"

纳凉问："刚才有人见你去了焉耆军营，你作何解释？"

延驹道："我只是去看望我的丈人。"

纳凉问："你对你丈人说了什么？"

延驹道："我劝他快点走，以免丧命！"延驹说罢，众人对其怒骂："叛徒！叛徒！"

这时，哨兵报告："都尉，焉耆军正在集结！"

纳凉道："不好，计谋被识破，大家快撤！"众人上马，连忙出营，往西奔走。临行时，纳凉亲斩了延驹。

大军刚刚离营，焉耆军就追了过来，因两军相距较近，焉耆军很快追上了龟兹军。危须王命令弓弩手放箭，龟兹军不少人中箭。纳凉眼见自己成了活靶子，命令军队分散撤退，但焉耆军众多，受伤的龟兹军被追上，被焉耆军砍死。

危须王大喊："不准放走一个！"

这时，尉犁王看到了纳凉的将旗，道："二哥，前面是纳凉！"

危须王看到纳凉，高喊："抓住纳凉，赏千金！"焉耆军收起弓箭，避开龟兹士卒，打马直冲纳凉。纳凉被焉耆军追上，连同亲兵一并被包围。

逃奔在前的士兵见纳凉被围，与焉耆军战斗到一处，因敌众我寡，龟兹军很快被消灭大半。纳凉遍体鳞伤，身边只剩三两亲兵，危须王坐在马背上，见纳凉右手握刀，左手捂伤口，口含鲜血，颇为得意。

"纳凉，别打了，跟我回焉耆吧！"

纳凉凝视危须王，道："我誓死与你周旋！"

危须王道："你用了一个好计，可惜你的士兵没有为你守住秘密！"

纳凉道："都护将要一统西域，区区焉耆，难挡大势！"

危须王哈哈大笑："班超兵不过千，谈何一统？"

纳凉道："西域强国有四，支持都护的有三。"

危须王道："你是说班超调集其余诸国军队吗？哈哈，他自身难保，谈何一统？班超的哥哥班固追随窦宪谋反，按照大汉律法，当受连坐之法。"

纳凉发出冷笑，道："我既能设此计谋，说明都护无恙，谈何连坐？"

危须王大怒："看来，你死心不改，来人，将此人乱箭射死！"危须王话毕，焉耆军瞄准纳凉，万箭齐发。

再说班超伏兵在金凤坡西，静待纳凉将焉耆军引来。夜半时分，忽有哨兵来报，纳凉被焉耆军袭击，全军覆没。班超大惊，率领大军驰援纳凉，待到了纳凉与焉耆军交战之处，只见遍地是龟兹军死尸，纳凉及坐骑身中数百箭，宛如刺猬。

班超又痛又怒，率领大军急追焉耆军，但焉耆军已经撤回对夹关，班超出了关外，欲奔袭铁门关，被薛五阻拦，薛五道："今我军与敌军数量不等，况乎粮草不足，难以破关！不如先行回城，召于阗、疏勒诸国，共击焉耆。"

班超痛哭，命令大军收敛龟兹军尸首，然后返回。

次日黄昏，班超率领军队回到龟兹，时败报已到它乾城。班超入城时，全城静默，无人说话。班超前脚进城，大汉皇帝的圣旨就到了它乾城。

"西域都护班超接旨！"

班超听到圣旨，下马跪地接旨。

逆贼窦宪谋反伏诛，班固牵连入狱，洛阳令种兢与固有私怨，挟嫌报复，擅自处死，尤为可恨。朕已传旨，兢及狱吏诬陷良臣，草菅人命，处死抵罪。卿为固弟，镇守西域，盼卿不负朕望，尽忠职守，再建新功！

班超眼泪浸湿衣袖，跪地不起，传旨官上前："都护，起来了，圣旨已经念完！"

班超道："微臣领旨谢恩，皇帝英明神武，千古明君！"

传旨官道："陛下圣明，都护快请起。"班超起身之后，传旨官道："陛下极为看重都护，盼望都护早日完成西域一统大业，维护西域安定。"

班超道："臣一定不负陛下厚望！只是班超有所疑问，家兄将著述视为性命，他的《汉书》如何了？"

传旨官道："已完成大部，剩余章节，陛下已托付令妹班昭填补。此书在朝中视为至宝，凡王公子弟必读之。"

班超道："想来兄长在天之灵，也能瞑目了！"他命陆晓聪将传旨官请入都护府，然后命赵森召集众将校在都护府议事。汉军及龟兹军已经知晓纳凉兵败之事，听说班超召各将校议事，两军兵不卸甲，静候军令。

稍后，各将校入都护府，见班超端坐，面无表情，皆不敢说话。

良久，班超开始道："皇帝的圣旨刚刚到了。圣旨说，我兄长没有附逆，是受人陷害，主使种兢和狱吏已被处死！"赵森欲说话，班超示意其不要发言，继续道，"皇帝虽年轻，但是圣君，陛下命我一统西域，完成未竟之业！此次纳凉设计未成，身死敌后，两千精锐，几近覆没，只少数残兵逃脱，实乃超之过错。超深省自责，有愧龟兹军民。"

白霸道："都护，焉耆军杀我两千男儿，此仇必报！"

赵森及龟兹将校纷纷站了出来，道："此仇必报！"

班超道："纳凉死了，都尉一职不能空缺，赵森，命你为副都尉，行都尉职权，陆晓聪正式接管都护府护卫军。传我军令，召于阗、疏勒、鄯善诸国军队，征伐焉耆！"

众人齐声："都护英明！"

白霸道："都护早就该征伐焉耆了。"

班超道："它乾城一战，诸国损失惨重，需要休养！今日不同往日，再不能放纵焉耆。"

赵森请示："都护，这几年，诸国军队各有增减，赵森请示，各国征兵多少为宜？"

班超道："大国留守军五千，小国留守军两千，其余皆随征！"

这时，班勇突然闯入议事厅，道："父亲，班勇欲随父亲征讨焉耆！"

班超道："勇儿壮志可嘉，只是你太过年幼。"徐幹、白霸等人皆赞同。班勇道："征战不以年龄计，当以勇字为先。儿虽十六，但儿胸有韬略，勇冠龟兹，不会辱没父亲！"

白霸笑道："公子果然有都护之风范，如此虎子，当以嘉奖，他日焉耆兵败，恐再无大战！"

班超道："既然龟兹王为你说情，你且在龟兹待命，苦读兵书，修炼本事，待出征之日，以兵卒随战！"班勇躬身拜谢，欢喜离去。

班超准备征讨焉耆的消息传出，它乾城群情激奋。

"都护要为龟兹人报仇了，勇士们，你们大仇得报了！"

再说班勇回到后院，见到正给花儿浇水的笛玉，道："母亲，父亲同意孩儿出征了！"

笛玉停顿了一下，继续浇花，口中道："雏鹰要出窝了，狼崽要练爪了！"

这时，明月提着水桶，来到笛玉面前，道："恭喜勇哥哥！"班勇颇为自得，道："明月妹妹，你嫁我做夫人可好？我们像我父亲母亲一般恩爱，再生个像我这般雄健的儿子！"说罢，手中比画着，做了一个猛虎下山的手势。明月"咯咯"一笑，道："你真不害羞！"

笛玉望着明月，笑道："明月若是嫁给班勇，倒是极为般配！"

明月是班超从龟兹的民房中救下的龟兹女孩，一晃数年过去了，明月出落成了一个美人，虽年方十五，但已是含苞待放，春华将绽。

正说笑着，甘英走进了后院。

"夫人！公子！明月姑娘！"

"甘英来了！"笛玉虽没有见过望秋，但每每见到甘英，就想起了望秋。甘英是望秋侍女之子，入府后，对笛玉十分敬重，每日必请安。笛玉对甘英本无恩情，但见甘英礼数如此周到，对甘英也渐有了亲近感。

"甘英明日就奉都护之命，随薛都尉出龟兹，征召诸国军队，特来向夫人辞行！"

"既然有军务，就不用一直往后院跑了！"

"只因明日起行得早，故而今日辞行。甘英愿夫人、都护身体安康！"说罢，跪在地下，给笛玉磕了个头。

笛玉放下水瓢，扶起甘英，道："你们汉人就是规矩多。快起来吧，孩子！"甘英起身，转身向明月拱手，道："明月姑娘，请你也保重！"

明月没有想到甘英会和自己说话，见他说得文绉绉的，不知道如何回应，口中只好重复甘英说的"保重"。班勇拍着甘英的肩膀，道："兄长，此去路途艰辛，一路多加照看自己。明日我就不送你了，愿你请回各国大军，一起出战焉耆。"

甘英躬身施礼，道："甘英一定不负公子厚望！"

第九十二章
甘英出使征召复仇军　兵临城下焉耆王胆寒

八日后，薛五携甘英一路快马疾驰，回到疏勒，将征兵及纳凉被杀的消息告知徐幹和疏勒王成大，二人皆吃一惊。成大道："纳凉是疏勒的勇士，今纳凉惨死，疏勒必响应都护，以报纳凉之仇。"

随后，甘英出使于阗，将班超军令传于于阗王未君。于阗王道："都护有令，未君本应受命，只是龟兹之战，莎车趁我军出征，兵临王城，此次大军若是就此离城，只怕将重蹈覆辙。"

甘英语塞，不知作何应对。未君道："尊使不妨先去鄯善，然后修书与都护，若都护有对策，于阗愿出兵一万五千人，随都护建功！"

甘英离开王宫，寻思此去都护府，往返短则一个月，长则两个月，当真派员请示，将贻误战机。他打马去了莎车，莎车王齐黎拒不开城，道不认得甘英，都护断不会以乳子为使。甘英持班超节杖，送进城内，莎车王认得节杖，不得不开城相迎。

甘英入城后，道明来意："此次都护征讨焉耆，意在兵不血刃，故而召诸国之兵！"

齐黎道："莎车一战，都护命齐黎解除军队，只留守城军三千，不足助都护攻取焉耆。"

甘英道："三千足矣，听说龟兹之战时，莎车王兵临于阗王城，如此威武之师，不光要看家护院，适时的时候，也要出去走走！"

齐黎颇为尴尬，道："不过是赛马时出了国界，并无敌意！"

甘英冷笑，道："都护听说了莎车赛马之事，很不高兴！于阗王多次要兴兵伐你，幸有都护出面阻拦，道莎车王还是忠于大汉的！"

齐黎满脸是汗，道："是，齐黎一直忠于大汉！"

甘英又道："都护说了，莎车不肯出兵，定然是想再次赛马。如果莎车王还想赛马，就先算算上次赛马的事！"

齐黎连忙起身，道："尊使，请转告都护，莎车是小国，除留两千军守城，剩余六千军，小王就交给都护了。"

甘英拍案，道："大胆齐黎，你竟然背着都护发展军队。"

齐黎道："尊使恕罪，这些军队并不属于我，而是商队雇佣军。莎车男子生下来就是军人，都护不让莎车保有军队，许多人无事可做。后来莎车来了许多商队，商队为了自己安全，雇佣了莎车的勇士。如今都护需要军队，我将收回这些勇士，为汉使效力！"

甘英起身，拜谢齐黎："原来如此，多谢莎车王。"

甘英离开莎车，回到于阗，于阗王听说甘英说服齐黎出军，对甘英刮目相看，遂同意出兵。

离开了于阗，甘英去了鄯善，鄯善亦同意出兵。

两个月后，诸国应征，军队相继赶往龟兹，唯有姑墨未到。班超派人催促，田虑和甘英在姑墨石城下见到了沈祥。

"沈兄，你为何孤身一人？"

沈祥垂头丧气，道："姑墨的人说我专横跋扈，独揽大权，杀了我的亲信，将我赶出了姑墨！"

田虑哈哈大笑，道："如此看来，当初星六所虑并非没有道理！"

沈祥问："此话何意？"

田虑道："当初星六不肯让饶锦文入温宿，担心温宿大权旁落！"

沈祥低头，道："原来如此！我乃女王之夫，姑墨国公，女王有孕在身，我代为管理国事，既是分忧，也是情理，他们为何将我赶出姑墨？"

田虑道："可你终究是汉人，权力到了汉人手中，姑墨人自然不甘心！"

沈祥叹气，田虑拍了拍沈祥肩膀，道："沈兄暂且去龟兹，我先去见荻花！"

沈祥打马离去，田虑和甘英进城。

"女王陛下，大战在即，为何迟迟不发兵？"

荻花叹道："近来国中出了些事，本想请都护公断，奈何身不由己。"

"我见沈祥离开了姑墨？"

"沈祥刚愎自用，目中无人，国中亲贵十分不满，念及他是都护亲信，亲贵没有为难他，只是合力将他赶出了姑墨。"

"可有例证？"

"去年，沈祥要求姑墨仿照大汉的未央宫，建一座新殿，因工程太过浩大，姑墨消耗不起，被亲贵否决。但沈祥一意孤行，动用军队，花费所有金库，修建了这座宫殿。他见亲贵对他不满，就从疏勒召了几名汉军，任命都尉、骑君，结果犯了众怒。这次都护要征军，亲贵找到了我，表示如果要姑墨出兵，就要将沈祥赶出姑墨！我不敢违背都护的军令，只好将沈祥赶出了城！"

"那何人率领军队出征？"

"就由我出征吧，国中没有了军队，军队去哪里，哪里就是国！"

见荻花同意出兵，田虑和甘英回到了龟兹，并在进城前，追上了沈祥。

入了都护府，沈祥本欲向班超诉苦，见班超一直在署理军务，不敢上前说话。后来班超看到了沈祥，问他带了多少人马，沈祥道："未带一兵一卒！"班超正想再问，田虑上前附耳说明情况，班超斥道："大胆沈祥，你竟然在姑墨胡作非为，是不是山高皇帝远，把自己当成山大王了？"沈祥吓得连忙跪在地上，道："属下知错了，求都护让属下将功补过！"

班超道："以前星六不肯让饶锦文入城，我还以为是星六杞人忧天。现在看来，还是星六有先见之明！"

沈祥道："属下知罪，请都护准沈祥出战，沈祥愿为先锋！"

班超摆手，道："罢了，你暂且在都护府住下吧，你胖成这样，不知道还能不能拿得动大刀。"

沈祥退后，白霸入府："都护，经点验，疏勒出兵一万五千人，于阗出兵一万五千人，莎车出兵六千人，鄯善出兵一万人，姑墨出兵五千人，温宿出兵两千人，精绝、且末各出兵一千，总计五万五千人，我龟兹出兵一万五千，共计七万人。"

班超拍了一下几案，说了一声"好"。

白霸道："与以往不同的是，这次诸国的军事统帅不分男女，不论老幼，皆为国君。"

班超奇道："还有这等奇事？"

甘英道："都护，这并不奇怪。"

班超问："此话怎讲？"

甘英道："此次东征，都护尽召诸国军队，军力是焉耆两倍有余。莎车之战，都护尚且以少胜多，而今以多敌少，正可谓泰山压顶，焉耆焉有不败之理？如此大战，既能建功，又得赏封，诸国王侯岂能不亲至？"

随即，赵森来到都护府，道："都护，喜事！"班超尚未问何喜事，赵森道："从莎车、疏勒赶来了许多商贾，他们给我们送来了银子和军需用品，此外，还资助我们一千四百名兵丁！"

班超奇道："这些商人哪来的兵丁？"

甘英道："都护，这个我知道。这些商贾往来西域，最怕的就是货物被劫掠，故而养了很多的武师，随行押解货物！这些年，南道丝路畅通，但是北道一直受阻，大汉的商人如果要去乌孙，还要绕道数千里，所以再也没有人比商贾更希望都护征服焉耆了。"

疏勒军出发时，徐干随军来到了龟兹，听到甘英的回答，对甘英颇为欣赏，道："都护，甘英此人才识过人，实为难得的人才！"

班超也很喜欢甘英，点头道："很好，随我出迎众商贾！"

是日夜，班超在它乾城城头大宴三军。城内城外篝火通明，各军列坐于城下，相去十余里，一眼望不到尽头。

班超、徐干及诸王走上城头就座。

众人落座，班超起身说话："诸位大王、将校、商贾，班超这厢有礼了！此次召集大家，是为平定焉耆而来。自王莽篡政、匈奴侵入之后，西域诸国相互攻伐，由三十六国分裂为五十五国，百姓流离，食不果腹，随时有性命之忧。永平十七年，超奉奉车都尉窦固大人之命，以假司马出使鄯善，殚精竭虑、如履薄冰，历经三代帝王，至今已有二十年。二十年间，超收鄯善、于阗，战莎车，平龟兹，渐收人心，彰汉德，开丝路，重现盛世繁荣。然丝路北道，有强敌焉耆，凭借山势之险，抗拒朝廷。十九年前，焉耆王广率领大军攻入都护府，杀死陈睦，实乃朝廷第一仇敌。今诸国强盛，特召诸国胜兵，除此大患，以安天下！"

疏勒王成大当即道："疏勒听从都护军令，都护让我们打谁，我们就打谁！"

白霸、齐黎、荻花、星六和新任鄯善王丘当即表态："谨从都护军令！"

商贾沈丛起身道："都护所做，乃是大汉的千秋大业，也是为疏通丝路，商人听说都护要征讨焉耆，各自赶来龟兹，出钱出力，在所不辞。"

又有一名富商道："众人皆知，这些年，焉耆劫掠了往来商人的财物无数，不论大汉商人，还是安息的商人，听闻焉耆，无不闻风丧胆，绕道而行！为此，我们商人要多走几千里路，耗尽行程，不少人死在了出门和归乡的途中！"说罢，泪眼婆娑！

班超道："既然大家齐心，大军三日后开拔，直取南河城。"

徐幹起身，喊道："阅军开始！"

徐幹说罢，城下开始了列阵。这时，诸国方才明白，城下为何空出一块场地。上场的第一方阵是龟兹黑甲军，表演的是钳制夹攻，诸国看得心驰神往，不禁喝彩。第二方阵是疏勒铁甲军，表演巨索铁球，诸国见铁球巨大，威力惊人，为之惊魂，暗道我国就没有如此雄壮之铁甲，看了片刻，又想自己还好没有与龟兹、疏勒为敌。

两个方阵表演完毕，于阗上场。除疏勒、龟兹外，诸国没有准备，于阗王命令征俊当场操练军士，虽气势雄浑，但比起疏勒与龟兹铁甲，威力不足。随后，荻花选派了骑士表演箭术，鄯善王丘选派十名武士，表演了武术。莎车王齐黎、温宿王星六也相继选派异人上场表演。

沈祥和薛五、饶锦文坐在将校一桌，恰逢孔祥广随王出征，众人聚在一处，颇为欢畅。听到班超说话，沈祥颇为不满，道："纳凉死得如此凄惨，都护为何避而不谈，只要都护说起纳凉，龟兹和疏勒人都会斗志昂扬。"

薛五道："虽说焉耆犯境在先，但纳凉是死于计谋败露，如此死法，极不光彩，都护又如何能当众说出口？"

沈祥颇为吃惊，道："薛五啊薛五，想不到你竟然有如此见识，你真不是三十年前的你了！"

饶锦文笑道："我们的薛都尉非常人可比，俗话说，十年磨一剑，这都三十年过去了，自然百炼成钢！"

薛五拱手，道："这都是拜都护所赐，追随都护，让我等长进不少！"

沈祥十分落寞，道："如今沈祥最为凄凉，想我姑墨国公，竟被赶出姑墨！"

孔祥广笑道："你也并非一无所有，那姑墨女王仍是你妻，膝下四位世子、四位公主，何其美哉？"

薛五十分吃惊："我记得荻花是建初八年冬有孕，至今不足十年，你竟然在九年多的时间里生了八个孩子。"

沈祥脸上一红，道："有一对是双胞胎！"

薛五道："难怪你会独揽大权，一直怀孕的妇人能理政吗？"

孔祥广笑道："你就别说沈祥了，他已然落魄！来，喝酒！"

这时，班勇走了上来，道："诸位叔叔，喝酒为何不带上侄儿？"

薛五踢着班勇的屁股，道："去去去，大人喝酒，小孩子掺和什么？"

孔祥广道："闲话莫说，我还没有同贤侄喝过酒，依我看，往后机会也不多，来来来，孔叔叔跟你喝一碗！"说罢，一饮而尽。

班勇笑道："还是孔叔叔识趣！"说完话，端起碗，也喝了酒。

薛五又踢了班勇屁股一脚："臭小子，没大没小！"

"薛叔叔可不能一直踢我屁股！"

沈祥趁班勇不备，踢了班勇屁股一脚，口中道："你薛叔叔不能，我能！"

班勇扭头跑了，边跑边说："不和你们玩了！"

这时，诸国阅军完毕，班超宣布酒宴开始，大军喝到子时，方才罢止。

三日之后，诸国联军往焉耆进发，大军浩浩荡荡，直奔铁门关。铁门关的守将听说班超率领的七万联军往焉耆赶来，直接弃关遁逃。龟兹军登上城关，见关内空无一人，将关门打开，放联军过关。

再说焉耆王广听说班超率领诸国七万大军直奔焉耆，惊得病体痊愈，连忙召危须王、尉犁王入殿。危须王和尉犁王听说班超征七万大军来焉耆，十分吃惊，焉耆王的传令兵刚刚出门，便遇到了危须王和尉犁王。

"危须王、尉犁王，大王正要召见你们！"

"这不是来了嘛！"

危须王和尉犁王将进殿，焉耆王就从床榻上站起，将王座上的拐杖扔到危须王身上，气道："你看你干的好事，惹祸上门了吧！"

危须王跪在地上，道："大哥，班超设计捉我不成，被我识破，岂能怨我？"

焉耆王道："你既识破，回来就是了，为何还杀了纳凉，你不知道他是班超的爱将吗？"

危须王道："正是因为纳凉是班超的爱将，弟才要斩掉其臂膀！"

焉耆王斥道："你斩掉了吗？我告诉你，班超的臂膀不是一个两个，是几十个，上百个，你斩掉了一个臂膀，结果生出了十几个臂膀。于阗、疏勒、龟兹全部出兵了，单是一国就不好对付，现在都来了。国中骑君恐慌，铁门关守将直接弃关逃走了。”

危须王惊道：“什么？铁门关守将逃走了，那还不斩了！”

焉耆王道：“斩了有何用？将士怯战，换谁都无用！”

危须王咬牙道：“大哥，不怕，想当初，龟兹王建率领五万大军攻班超，班超只用龟兹王一半的兵力，就战胜了龟兹王。还有就是，大月氏副王谢率领七万大军进攻疏勒，班超坚壁清野，以两万人守城，击退大月氏。可见只要将士用命，就能以少胜多。”

焉耆王气得直发抖：“那是班超，班超狡猾，以少胜多，你还想以少胜他吗？”

危须王不言，尉犁王问：“那该怎么办？”

焉耆王道：“泄密的龟兹人在哪里，将他交到班超手中，或可解班超胸中之气！”

危须王道：“此人已被纳凉杀死。”

尉犁王道：“眼下只有一个办法了。”

焉耆王问：“什么办法？”

尉犁王望着危须王，道：“将二哥交给班超。”

危须王气得跺脚，道：“老三，你别忘了，杀死纳凉的时候，你也在场！”

尉犁王淡然道：“这都是你一手指挥的，与我何干？”

焉耆王叹气道：“罢了，听天由命吧，大不了与班超拼了。”

危须王道：“不怕，我有苇桥之险。”

焉耆王突然来了精神，道：“马上将所有兵力收到苇桥以东，在开都河岸埋伏重兵。”危须王和尉犁王领命。

再说班超率领大军过了铁门关，来到焉耆境内，在开都河西三十里扎营。班超升帐，向王侯、将校询问攻取之策。白霸、徐幹等人建言，直取南河城。班超反驳，认为如强取南河城，焉耆必死战，诸国损伤惨重，不如遣一使节，入城招抚。白霸认为，焉耆王广无信，危须王残暴，遣使徒遭羞辱，甚至有性命之忧。成大欲为纳凉报仇，亦赞同白霸。

班超道：“东征焉耆，当遵循王道，先礼后兵。”众王侯将校不言。班超询问众人：“何人愿意出使焉耆？”众人倒抽一口凉气，相互张望，皆不敢应。这时，甘英站出，道：“小侄甘英，愿意出使焉耆。”

班超问：“甘英，你不怕死吗？”

甘英道："死有何惧？甘英自幼就听闻都护的英雄事迹，一直以都护为榜样，只要能建功西域，甘英不怕死！"

徐幹、白霸等人点头，夸赞甘英有胆识。徐幹道："都护，甘英虽年纪轻轻，但是胆识超群，定能胜任！"班超正要应允，忽有一人站出，道："都护，沈祥愿意出使焉耆！"众人回头，见是沈祥，颇为纳闷。班超问："沈祥，你有何能耐出使焉耆？"

沈祥道："没有能耐，沈祥就是想给都护争口气，给自己争口气！"

众人哈哈大笑，徐幹道："沈祥，你是要在获花面前争口气吧！"

第九十三章

沈祥自荐招降南河城　焚烧苇桥焉耆王毁约

说到这里，沈祥脸上一红，孔祥广站了出来，道："诸位，刚才我见到，沈祥一直盯着荻花女王，但是荻花女王端坐，始终不瞟沈祥一眼。"众人又是哈哈大笑，荻花也羞得低下了头。

薛五站出来，道："一路行军，我多次见到沈祥找荻花女王搭话，但荻花女王毫不买账，不与沈祥说话。"

沈祥气得满脸通红，指着薛五，道："薛五，你一个死了老婆的男人，有何面目讥讽我？"薛五也不生气，道："老婆虽死，但两情至死不渝！"沈祥又道："谈何不渝？我听说高瓜儿刚死，蓝云就搬到了你家！"薛五反驳："蓝云在我府上修习，我二人平淡相处！"

沈祥嘲讽："哼，平淡相处，这中间恐怕难免有私情吧！"薛五大怒："沈祥，你休要血口喷人！"

众人见二人吵了起来，不禁唏嘘。班超用力拍了一下座椅，大家顿时静了下来。沈祥上前一步，拱手道："都护，出使焉耆的事，就请委任给沈祥吧！"

荻花忽地站出，道："不行！沈祥言语不通，还请都护另派人选！"

沈祥坚持："沈祥不太懂焉耆话，可带熟悉焉耆话的军士三两人代译，如能出使，必不辱使命，请都护下令！"

荻花见沈祥与自己较劲，嗔怒道："都护，荻花不舒服，先走一步！"说罢，离开了军帐。

班勇站了出来，对众人摆手，道："大家看到了吧，人家这才是真夫妻，关键时刻，女王还是维护沈叔叔的！"众人哈哈大笑，班超斥道："大胆班勇，你什么时候溜进大帐的？来人哪，将他赶出去！"

几名当值侍卫走进大帐，一人轻声道："对不住了，公子。"言罢，架着班勇，带出了军帐。众人又是大笑。

班超道："沈祥，你当真想去？"

沈祥道："千真万确！"

班超道："既然如此，准你出使！"

众王侯将校又是一阵唏嘘，不知道都护究竟何意！

众人离开大帐，班超留下白霸和沈祥。班超命白霸将南河城结构说与沈祥，又命人抬上来彩绢五百匹、锦缎一百匹、雕花和阗玉十对、珍奇两箱，道："这些都是商人给我的，你拿去送给焉耆王，就说是朝廷的礼品，只要他们答应投降，朝廷另有敕封！"

沈祥十分惊奇，道："焉耆王罪大恶极，为何还要送礼？"

班超望着沈祥，道："买你一条命！"

沈祥不解，白霸道："没有礼品，你过不了开都河，礼品不够，你还是过不了开都河。"班超道："焉耆王见到这么多礼品，就算不肯投降，也不好杀你了！"

沈祥恍然，道："只可惜了这么多好东西！"

班超道："焉耆王若肯投降，这些东西给了他就不可惜。若是不肯，我夺了南河城，东西还是我们的！"

沈祥躬身，道："属下明白了！"

次日，沈祥带着礼物，来到了开都河岸，被焉耆人拦住，沈祥表明来意，焉耆守军将领当即遣人通报焉耆王。焉耆王听说班超遣使入境，十分惊慌，又闻使者带着几十车礼物，不解其意，于是邀请众臣商议。

危须王、尉犁王听说来使只百余人，手无兵器，推来几十车礼物，当即同意使者入城。焉耆王犹不放心，询问左将北健支，北健支亦同意使者入城，道："使者入境，可询问使者何意，如使者所言不如焉耆王之意，可留下礼物，将人遣送出境。"焉耆王点头，又问丞相腹久，腹久道："为谨慎起见，可让我军将士将礼物推过苇桥，留下班超士卒在河对岸，只准使者一人入城。"焉耆王拊掌，称妙。

随后，传令兵来到开都河，命焉耆将士将几十车礼物推过河岸，又将沈祥请入南河城。沈祥惊问守将："焉耆王不准沈某带个翻译吗？"

那守将道："焉耆王早已将翻译带到。"

沈祥只好随那守将过河。沈祥道："将军不用为沈某戴上眼罩吗？"

那人"哼"了一声，道："我焉耆地势险要，你纵然记得此路，恐怕也过不得开都河！"

沈祥随那守将走了三十余里，随后来到一处城下，他见此城高耸，暗笑：如此险峻山势，修此城防何用？此时，焉耆丞相腹久和左将北健支已在城下守候，与沈祥说了几句汉人常用的客套话，将沈祥迎进了城。

腹久询问沈祥："班超究竟何意？"沈祥笑而不答。入殿后，沈祥见了焉耆王、危须王、尉犁王。焉耆王坐中，危须王坐左，尉犁王坐右。沈祥上前施礼，焉耆王三人皆起身还礼。焉耆王询问沈祥来意，沈祥这才直言："如今匈奴已灭，四海澄清，西域诸国咸服，唯有焉耆一国反叛，都护治理西域五十五国，欲沟通东西，重开丝路北道，再创盛世。为此，都护特遣属下出使焉耆，招抚焉耆、危须、尉犁三国。"

焉耆王等人虽早已知晓沈祥来意，但是听到招抚二字，仍像针扎一般。焉耆王道："匈奴确已消灭，大汉皇帝刚刚铲除权臣，大汉必将迎来强盛王朝。小王心向大汉，奈何曾有罪于大汉朝，恐大汉皇帝降罪于焉耆！"

沈祥道："都护一番诚意，盼望焉耆王不要误会！都护保证，只要焉耆王接受招抚，都护一定向大汉皇帝上奏，为诸王加封！"

焉耆王回望危须王、尉犁王二人，见二人摇头，转头对沈祥道："尊使请到客房稍候，容我与众臣商议。"

沈祥退下之后，危须王和尉犁王向焉耆王表态，称坚决不能投降，若是投降，班超必然杀二人为纳凉报仇。焉耆王也不赞同投降，十九年前，自己曾率军攻入都护府，杀死都护陈睦。左将北健支认为，如不投降，班超的七万大军马上就会攻入南河城，不如先派一人，随沈祥去一趟班超大营，一探虚实。

焉耆王等人皆以为北健支所言在理，但是派遣何人为宜？众人商议半日，皆不肯为使。

危须王道："北健支，你与班超没有仇怨，何不代焉耆王出使？"

尉犁王道："二哥所言不无道理，左将大人代表单于监国，位高权重，出使都护府大营，既隆重，又合乎礼仪。"

北健支道："匈奴已灭，北健支已经是焉耆的走卒，谈何位高权重？"

焉耆王道："话不可如此，匈奴虽灭，但左将在焉耆诸国，依然德高望重，受人敬仰。如今班超犯境，诸王恐惧，左将再不出面，恐失人望。"

北健支躬身道："既然焉耆王如此厚爱，北健支愿代大王出使班超大营。"

焉耆王、危须王等人听罢，皆喜上眉梢。

议毕，北健支与沈祥过苇桥，来到班超大营。众王侯将校听说沈祥不仅平安归来，还带来了焉耆的使节，对沈祥刮目相看。沈祥已年过五十，再无往日锐气，见众人前来道贺，拱手还礼："一切都是都护安排，沈祥只是遵从都护意思办事！"

沈祥将北健支带到班超大帐，道："都护，沈祥将焉耆左将北健支带到。"

北健支上前施礼，跪拜班超："北健支见过都护。"

班超问："焉耆王广何在？"

北健支道："焉耆王惧怕都护军威，不敢亲见都护，特遣小人渡河来见！"

班超怒拍桌案，道："大胆焉耆王，竟然拒不出迎！"北健支心头一颤，不敢接话。班超道："北健支，我听说你在焉耆位高权重，焉耆王对你颇为倚重，你为何不劝谏焉耆王？"

北健支道："王始终是王，臣始终是臣，更何况北虏已灭，北健支无所附着。今都护背靠大汉，手握权柄，执西域牛耳，不能理解小人之处境！"

班超怒气消减，道："左将果然是识时务，那你可知焉耆王为何遣你出使？"

北健支道："是因为诸王皆有罪于大汉，北健支无罪，都护英明神武，不会杀死北健支！"

班超冷笑："你错了，本都护要杀你！"

北健支身体一颤，问："都护为何杀我？"

班超道："因为本都护要杀所有出使都护府大营的焉耆人！"

北健支讷讷道："人终有一死，匈奴不在了，北健支也将不在了！"

班超道："焉耆诸王早已知晓出使之人将死，故而遣你出使！"

北健支一惊："都护言下之意，焉耆诸王有意借都护之手杀我？"

班超道："诚如你所言，匈奴不在了，你也将不在！"

北健支颇为伤心，道："北健支在焉耆三十余年，早已将自己看作是焉耆人，想不到竟落得这般下场！"

班超吩咐沈祥："将此人带下去吧！"

沈祥领命，将北健支带下。

徐幹与白霸入帐，徐幹道："适才都护说，要杀掉此人，是真是假？"

班超道："自然是假的！"

徐幹道："既然贼已入瓮，何不就地杀之，以报朝廷？"

白霸笑道："依我看，可直接送往洛阳。"

班超道："匈奴虽灭，但北健支在焉耆不可小觑。杀掉北健支，恐失人望。"

徐幹道："既然杀不得，便要好生笼络！"

是日夜，班超来到北健支军帐，北健支颇为惶恐，跪在地上："不知都护驾临，有失远迎，罪过！"

班超扶起北健支，道："左将请起！"

北健支道："都护是来取北健支性命的吗？"

班超道："北健支何罪之有？"

北健支道："都护白天曾对北健支说，要取小人性命！"

班超道："不过是为了让左将明白，左将此行极为冒险，焉耆王等人信不过左将！"

北健支躬身拜谢班超："多谢都护，此中要害，北健支已经明了。"

班超道："班超已经为左将准备好了新毡包，左将请！"

北健支随沈祥来到新毡包，见内饰被褥用具一新，十分感动，道："都护如此厚待，北健支感佩！"

班超道："左将虽是匈奴人，但听说治国理政之才能卓异，胜过腹久。此事班超早已有所耳闻，今日一见，更是印证了旁人说法。"

北健支躬身道："都护过奖了！"

班超道："左将何不到都护府共事？班超也好日夜请教！"

北健支道："请教不敢当，都护如有垂询，北健支必如实相告！"

班超道："眼下焉耆未服，陛下日夜难眠，事关千秋大事，不知左将能否从中牵线，代为说和！"

北健支问："小人有一事不明？"

班超道："左将请问！"

北健支道："都护有七万雄兵，超焉耆三国兵力一倍有余，都护何不长驱直入，直捣南河城，为大汉和纳凉都尉复仇？"

班超道："大汉乃是天下的大汉，王朝兴盛，万邦来朝。我皇贵为天子，乃一代圣君，爱惜百姓，不兴不义之师。焉耆如能臣服大汉，可免战火，可救黎民，到那时，左将功劳不小！"

北健支躬身施礼，道："想不到都护如此宽仁，无怪乎受西域万民爱戴。既如此，请都护放北健支回南河城，三日内说服焉耆王来降！"

班超拱身施礼："多谢左将兄！"

次日，沈祥送北健支过苇桥，临别时，沈祥道："左将兄与我认识的其他北匈奴人颇有不同。"北健支问："有何不同？"沈祥道："左将兄与都护颇为相似，有忧民情怀！"北健支十分受用，躬身回礼，道："哪里？听说沈兄追随都护三十年，半生沉浮于西域，建功无数，那才是可敬！"

沈祥头一回听有人如此夸赞自己，与北健支顿生投缘之感，想到如果年轻三十岁，或可与此人拜个兄弟。二人拜别之后，北健支过了苇桥，沈祥回到了军营。

北健支走后，众人皆以为焉耆王不会来。哪知三日后，焉耆王携丞相腹久，率亲兵千人，拜访班超。班超、徐幹听说，大喜，率王侯将校出迎十里。

焉耆王见欢迎仪式隆重，内心的担忧渐渐淡去。

"有劳都护亲自出迎，罪臣广受宠若惊！"

"焉耆王出城五十里，我只迎你十里，理所应当！"

焉耆王想，你如不起兵七万，从龟兹来到焉耆，我岂能出城五十里？他避开话题，道："一别十八年，都护风采依旧，罪臣已经老了，都护如不来看罪臣，罪臣就入土了！"

班超与焉耆王说了些话，随后将焉耆王迎到大营。

焉耆王刚刚坐定，成大斥道："焉耆王，危须王和尉犁王为何没到？"

焉耆王一愣，道："危须王和尉犁王有国事要处理，本王先来拜见都护！"

成大道："危须王和尉犁王杀死纳凉，你可有说法？"

焉耆王没有想到成大会当众提及此事，十分尴尬："这全是误会！都护，这都是误会！"

班超示意成大不要再提此事。成大拱手道："都护，成大身体不适，告假！"班超点头，成大离开大帐。稍后，白霸从帐中出来，成大拦住白霸，道："龟兹王，纳凉虽是疏勒人，但终究死在龟兹都尉的任上。今老贼亲至，都护对其也深恶痛绝，我们何不合力除之？"

白霸道："今只焉耆王一人，杀掉此人，危须王和尉犁王恐深沟高垒，我等再难入城。”

成大叹气，道：“只恐放虎归山，错失良机！”

再说焉耆王在帐中见成大对其咬牙切齿，心中已生了惧意，只盼早日离开，班超要求焉耆投降、改旗、朝贡，大汉派员监国，焉耆王皆应。

是日夜，焉耆王召腹久，问腹久局势，腹久担心焉耆投降班超，北健支权重于自己，道：“臣听说，北健支认为出使班超大营，是以身犯险，故而在班超面前说了大王许多坏话。班超命北健支将大王诱骗到此，是为了擒住大王！”

焉耆王惊道：“丞相何以今日才说？”

腹久道：“臣不敢怀疑大王的心腹重臣，只是今日见此情形，才不得不信！”

焉耆王道：“回国之后，本王必亲斩此叛徒！”

次日，班超找到焉耆王，与其议定进城细节，焉耆王借口做迎接班超进城准备，想早日回城，班超亲送焉耆王至苇桥。

是时已是黄昏，焉耆王过了苇桥，班超仍在河岸。焉耆王长出一口气，道：“总算过了开都河，还好班超没有追来。”

腹久进言：“既然大王担心班超过桥，何不将此桥烧了，以断汉军来路！”

焉耆王轻合双掌：“对啊，可将苇桥烧了。开都河水流湍急，汉军过不了河，焉耆三国也就不用投降了！”

腹久道：“大王所言甚是，如此一来，危须王和尉犁王也可保住性命！”

焉耆王用力拍了腹久肩膀，道：“我一直以为北健支才能胜于你，今日看来，你才是焉耆国柱！”

“大王过奖了！”

焉耆王当即命人纵火焚烧苇桥。

再说班超站在河对岸，将要离去，将士忽然报告：“不好了，着火了！”班超回头，见奔腾的河面上冒起浓烟，苇桥因为燃烧，发出噼啪声。班超当即明白焉耆王的用意，他大怒，来到河岸，大喊：“广，我一定会抓住你！”

焉耆王高喊：“都护，对不住了！”说罢，转身离去。

班超叫来赵森：“沿着河岸上下游，找渡河之处！”

赵森道：“我早已派人看过了，这开都河岸宽，水流湍急，上下五十里皆无可渡河之处。”

班超怒道：“沿着下游找。五十里找不到，五百里找！”

赵森拱手："诺！"

赵森亲率一千汉军，沿开都河寻找渡河口。因是到了夜里，班超只好暂且回营。次日，班超率都护府亲兵五百，沿河南下，寻找渡口。时值雨季，开都河水暴涨，渡口难寻。班超继续南下，徐幹见此，命令大军拔营，追随都护。

班超南下第三日，赵森还报，在开都河下游两百里有一处沙地，水面宽阔，水流平缓，骑马过河，水深刚过马蹄。班超大喜，传命大军从此处渡河。

大军入河，发现水流极大，河水没过人腰，人在水中站立不稳。西域人不通水性，人和马都惧水，不少人因而退回河岸，成大和白霸建议，往下游寻浅滩。白霸道："此河下游有一条孔雀河，孔雀河直通罗布泊，途经沙漠，必有浅滩！"班超求战心切，命徐幹找来绳子，在河对岸立下树桩。因水流湍急，无人敢过河。班勇奋勇当先，道："父亲，请准孩儿渡河！"班超道："你不通水性，有何本事渡河？"班勇道："儿虽不通水性，但知此河深不过头顶，儿只要在腰间系绳并绑住绳索，就可使自己不被大水冲走。然后儿以拐杖辅助，就可强渡开都河。"班超想，既然腰上绑缚绳索，必然无碍，便许班勇过河。

第九十四章

斩杀信使取信焉耆王　一网打尽攻下南河城

班勇削了两根木棍，作为双拐，一根为支撑，一根探索深浅，小心前行。水流虽大，但班勇小心谨慎，不多时就过了开都河。众人见班勇渡河容易，恐惧之心消减。班勇将绳子拴在两岸的桩子上，班超命诸国军队拉着绳子，牵着马，开始渡河。

汉军先行过河，诸国军队见此，皆过河。大军不做休整，挥师北上，走了两日，来到了博斯腾湖，前文说不知道湖名，时人称之为大泽。

博斯腾湖有一处无名湖心岛，班超将军队屯于湖心岛上，准备攻取南河城。

再说焉耆王回到南河城，北健支听说焉耆王听信腹久谗言，烧了苇桥，十分震惊，对焉耆王谏言："班超七万大军，可填海断流，岂会惧一座苇桥？"

焉耆王正欲追究北健支通敌之罪，道："班超送了你何好处，你竟背叛我？"

北健支惊慌："大王何出此言？北健支何曾收过班超一丝好处！"

焉耆王回想腹久所言，似并无真凭实据。危须王和尉犁王认为，烧桥确是妙计，北健支劝谏，可视为通敌依据，劝焉耆王将北健支就地处决！焉耆王下令将北健支关押起来，待班超退军后再做处置！

就当焉耆王以为可以高枕无忧、颐养天年之时，哨骑探报，渔民在博斯腾湖看到了无数大军，驻扎在大泽湖心岛上。诸王大惊，打马亲自前往查看，却见湖心岛军容齐整，布阵严密，好似天兵从天而降，顿时惊慌，连忙退回城内。

"班超如何渡河的？"

"定是从下游寻了一处浅滩！"

"该当如何？"

"收大军共保南河城！"

"南河城未曾遭遇外敌，缺少火油、滚木，单靠弓箭是守不住的！"

"进山吧，进了天山，班超就找不到我们了。"

"城内的妇孺怎么办？"

"连同牛羊一并赶进山！只要人在、牛在、羊在，一切都能重来！"

诸王你一言，我一语，拟定了入山共保的对策，于是召集诸国军队，通知每家每户，驱赶牛羊上山避难。

再说班超屯兵在博斯腾湖湖心岛，遣沈祥送书至南河城，言此时投降，诸王性命可保，王位不失。招降书送出，成大进言："都护，若焉耆王广投降，都护当真保其王位吗？"

班超问："疏勒王何意？"

成大道："焉耆王乃反复小人，如若放虎归山，他日再反，都护如何处置？"

班超道："疏勒王远见！"

半日后，一叶轻舟划向湖心岛，除了船夫，船上还坐着一名信使。

时班超和徐幹在湖心岛垂钓，白霸不懂垂钓，在一旁观看。

"徐兄，当初在洛阳时，我和黄询最爱钓鱼。后来到了西域，别说鱼了，水都少见！"

"古来第一垂钓人，当属姜尚公，不知道都护钓鱼意何在。"

"湖面的情形和南河城的情形，既有相同处，又有不同处。徐兄，你看这湖面看似平静，但是水下却浑浊不堪。而南河城，眼睛看得见的地方尽收眼底，但湖对岸究竟是什么样子，我们却不清楚。垂钓的乐趣就是水下的鱼在游来游去，行踪不定，要通过自己的耐心等待它上钩。"

白霸笑道："都护说话，总是意境深远！"

三人说着话，军士来报，有信使上岸。班超命人将信使带到，见此人穿着肥大的汉服，头上戴着小号冠帽，问："你是何人？"

信使道："小人名叫鬼牙，家主名叫元孟，乃焉耆王少子，焉耆左侯。"

班超问："鬼牙，你主元孟派你到此有何要事？"

鬼牙道："我主元孟曾在洛阳为质，故而对大汉及都护感情极深。今都护领兵亲至，我主念及大汉之情，冒死遣小人来此送信。"

班超问："信在何处？"

鬼牙从腰间掏出一册竹简，交与班超。白霸笑道："不错嘛，令主手上还有竹简。"

士卒将竹简接过交与班超。班超打开竹简，见竹简上写道：

大汉西域都护在上，元孟谨拜。焉耆王广，西域都护下一国君也，不识天数，不明天道，妄焚苇桥，背信弃义，以致大祸铸成。今都护率天兵七万，屯兵湖心岛，虎视南河城，兵威不可谓不盛也！臣曾质于洛阳，感念汉之恩德，特冒死送信。焉耆三王已议定，南河城不足守，欲仿效匈奴，率军携民入山共保，盼都护得此密信，早做筹划！

班超道："令主心意，我已明了！只是为大局计，恐要委屈你了！"

鬼牙道："都护如有吩咐，鬼牙无有不从。"

班超问："当真？"

鬼牙道："当真！"

班超道："甚好，来人，将鬼牙绑了，送到南河城下，将头砍了！"

鬼牙惊道："鬼牙无罪啊！"

班超道："你不仅无罪，而且有功！入城之后，你的家人将受到封赏善待！"

鬼牙犹未明白，但已被士卒五花大绑，带离湖岸。

徐干不明，问："自古征战，不斩来使。元孟分明来此示好，都护何以斩其信使？"

班超道："我以信使为饵，欲钓南河城大鱼！"

日渐黄昏，班勇率三千龟兹军，涉浅水，临南河城。南河城南门紧闭，班勇勒马，高喊："焉耆王何在？"

城上守军见城下兵马不多，遂接话："城下何人？报上名来！"

班勇答话："我乃西域都护之子班勇，奉都护之命，前来送话。"

守将问："你有何话？"

班勇道："元孟遣人送来书信，示好于都护，都护遣我将人送还焉耆王。"两名士卒将鬼牙押到，班勇上前一步，将其斩首，士卒当即捡起头颅，传示两军。城上守军大骇，班勇道："都护说不信元孟，也不信此人，独信焉耆王。焉耆王如肯投降，请于明日中午前，率领危须王、尉犁王及百官，出城到湖心岛，拜见都护，届时都护在湖心岛设宴！"说罢，班勇率部离去。

南河城守将连忙将事情报知焉耆王。焉耆王大惊，问："元孟何在？"

腹久道："元孟现在其院中！"

焉耆王气道："将逆子带来。"

腹久领命。稍后，将元孟带到宫殿。焉耆王怒道："逆子，你因何勾结班超？"

元孟自知事情泄露，道："儿是为保焉耆！"

"胡说八道！"焉耆王指着元孟道，"你讨好班超，我看你是图谋王位，欲置本王于死地！"

元孟道："父王听信谗言，焚烧苇桥，一意孤行，致使焉耆大祸临头。如今都护率七万大军，兵锋正盛，如不能外休战事，内除奸臣，必亡国！"

腹久听罢，跪在焉耆王腿边："大王，少公子说我是奸臣，如果大王也认为我是奸臣，可斩我头颅！"焉耆王扶起腹久，道："丞相请起，事已至此，还要从长计议。"

危须王和尉犁王也都为腹久说话，腹久起身，道："今日看来，非投降不可了！臣暂且回府，听候大王召唤！"说罢，转身离开了宫殿。危须王追出，拦住腹久，道："丞相何以急着回府？"腹久对危须王道："大王，班超兵临城下，破城之后，势必要报纳凉之仇，大王还要早作打算！"危须王拱手对腹久道："丞相良言，本王谨记！"说罢，从后门出了宫殿。

焉耆王见危须王去而不回，命人寻找，侍卫回报："危须王出宫了。"

焉耆王叹道："走了也好！"命人找来北健支，北健支已经听说了班超入境，斩杀元孟信使之事，进宫殿劝说焉耆王："大王，都护是诚心招抚！"

焉耆王犹豫不决，问："何以见得？"

北健支道："大王，你可还记得，永平十七年，窦固和耿秉进攻车师前国和车师后国的旧事？当时，窦固久攻车师前国不下，耿秉调兵攻后国。后国国王安然本已答应投降，结果听信谗言，迟迟不开城投降。耿秉大怒，调集大军，围攻后国王城，安然开城投降，抱住耿秉坐骑大腿，这才止战！大汉一直是守信的，只要大王肯出城，班超定然信守诺言！待班超离开焉耆，大王又可划地而治，自立为王！"

焉耆王踱步，问尉犁王："三弟，你以为如何？"

尉犁王道："我也担心都护追究射杀纳凉的罪责！"

北健支道："纳凉虽死，那是危须王之过，与尉犁王无关！班超赏罚分明，不会追究尉犁王之责任。刚才我见危须王匆匆离去，想是出去避祸了，两位大王还有何担忧？"

会当此时，侍卫来报："大王，丞相腹久率领家臣等十七人，出城门，往北去了。"

北健支道："定然是进山了。"

稍后，又有一人报："大王，刚才守城的将士看到危须王率部出城，往北去了！"

尉犁王大惊："二哥当真逃走了！"

焉耆王叹气道："走了也好！丞相和危须王知道南河城守不住！元孟，你以为该当如何？"

元孟想到自己私通班超，信使被班超斩于城下，颇生悔意，于是好心劝说焉耆王道："汉人是极为聪慧的。班超斩了鬼牙，定然是为了让你相信他，如果父王出城投降，势必会中班超的埋伏，那时朝中上自国君，下至走卒，将沦为国奴！"

焉耆王道："你的意思是本王不能出城？"

元孟道："万万不能，出了城，就回不来了！"

焉耆王大笑三声，忽而厉声道："逆子，我再信你，便是自寻死路。传我命令，明日午时，凡千夫长以上，随我出城！"

再说班勇斩了鬼牙之后，率部回到湖心岛。次日辰时，焉耆王使者到，致书班超，称午时初刻，焉耆王率领文武出城，向大汉投降。

班超接过羊皮书，命班勇送使者出营，徐干、白霸、成大、未君等人皆十分高兴。未君道："都护，焉耆王又要投降了，是否设宴？"

班超笑道："自然是要设宴！"

天近正午，焉耆王出城，率尉犁王、北健支等三十余人，来到博斯腾湖湖心岛。班超率领诸国王侯将校在湖心岛恭候，由班勇迎接。焉耆王见迎接仪仗甲士不多，惶恐之心稍减，随班勇来到宴会场。

时班超坐主位，诸国王侯将校分坐左右，焉耆王一众入场，见众人坐不离席，心神一慌，自知宴无好宴。班超环视众人，忽而怒拍桌案，斥道："焉耆王广，我来问你，危须王和丞相腹久何在？"

焉耆王跪在地上，道："回都护，危须王和腹久等人自知罪责难逃，昨夜悄悄出城，逃命去了！"

班超斥道："你身为焉耆国君，纵容罪犯逃亡，实乃同犯，来人哪，将焉耆王广一干人等拿下！"

焉耆王等人皆惊慌奔走，埋伏在帐后的校刀手闯进会场，将焉耆王等人制服。

班超呵斥："广，你可知罪？"

焉耆王广道："下臣知罪，希望都护能宽恕！"

班超道："你屡屡反叛，背信弃义，叫本都护如何宽恕？来人哪，将焉耆王广等人带下，听候发落！"

军士将焉耆王等人带到临时设置的牢房。徐幹、白霸等人上前恭贺班超擒得贼首。班超叹道："本来八日前就可擒得焉耆王，没有想到费了这般周折！"

徐幹道："都护曾给过焉耆王机会，但是他没有珍惜！"

白霸、成大、未君等人请战，白霸道："都护，眼下焉耆没有国君，南河城没有主心骨，白霸请命，与诸国攻取南河城。"其余国君皆附议，班超道："眼下确是攻城良机，耿秉曾说过，没有经过打仗获取的胜利是靠不住的！传我命令，大军即刻发起进攻，占领南河城！只是有一点，一旦发现危须王和腹久，务必生擒！"

众王侯将校领命，各国随即起兵，涉浅滩出湖心岛，往南河城而去。

徐幹道："恭喜班兄完成平生大志，西域得以一统！"

班超长叹："班某自永平十六年随窦固出征右贤王部，至今已二十二载，历经大小战斗数百场，攻城略地，守时多，攻时少，今终遂心愿！"

徐幹问："班兄，焉耆王等人如何处置？"

班超道："我有一个心愿，藏在我心中许久了。"

徐幹好奇，道："是何心愿？"

班超望着东方，道："擒住焉耆王，将他带到陈睦所败故城，将其斩首，告慰陈睦都护在天之灵！"

徐幹拊掌，道："都护所言在理！唯有此，才能让大汉死去的壮士瞑目！"

"薛五、饶锦文、沈祥何在？"

薛五、饶锦文、沈祥整装待发，将要去攻取南河城，听到班超军令，当即上前，躬身道："薛五等人在此，都护有何吩咐？"

班超道："除北健支，其余三十余众全部押往陈睦故城斩首，然后将贼首传送洛阳。"

徐幹笑道："如此一来，你们正可到京师耍耍！"

薛五三人对视，饶锦文道："监斩可以，但是将贼首送往京师，能否另选他人？"

沈祥道："我与荻花烦恼未解，孩儿在国中正思念父亲，一时间，离不开西域！"

薛五道："国中尚有公务，薛五脱不开身！"

班超紧皱眉头，道："饶锦文心中念着星八，尚可理解，沈祥已被逐出姑墨，薛五乃孤家寡人，你二人有何牵绊？休要多言，如有要务，快去快回，但贼首务必送到未央宫！"

薛五等人相顾无言，只好领命！

再说白霸等人率领诸国军队，来到南河城下，南河城守将据城抵抗，诸国军队前进不得。班勇在城下大喊："焉耆王被杀了！"诸国军队相继大喊："焉耆王被杀了！"城上的守军顿时惊慌！白霸命人推来巨木，合力撞击城门，因南河城久不打仗，城门破败，不消多时城门就被撞开。守城的士卒听说焉耆王被抓，无心恋战，站在城上，放了几支箭，就悄悄离开城头，逃命去了。

诸国联军不到一个时辰，便攻入南河城，城内守军节节败退，被联军打得溃不成军。焉耆军知道大势已去，纷纷举手投降，稍有反抗，即被斩杀！

前方攻城顺利，班超顺利入城，他进了焉耆王殿，命人搜捕危须王和腹久，但赵森回报，证实二人确已离开南河城。班超当即遣人出城，搜捕危须王和腹久。

稍后，赵森将元孟带到，班超见此人年不过三十，长发细眉，问："元孟，你几时在大汉为质的？"元孟不答话，班超又问："你既遣人送书与我，今为何又不肯说话？"

元孟道："阁下杀我信使，自是不信我，我又有何话说与阁下？"

班超笑道："听说你父亲出城前，你曾谏言，劝他不要出城？"

元孟道："正是，明知是死，为何还要出城？"

班超问："你致书于我，我若围城，你父岂不是一样难逃一死？"

元孟道："元孟若有助于都护，都护或可饶我父亲一命，今元孟无助于都护，都护断不会饶我父亲！"

班超扶起元孟，道："原来公子是个孝子！"

元孟道："元孟受大汉恩德，不敢忘孝悌之义！"

班超见元孟说得落泪，道："鬼牙之死，班超之故也。公子心系大汉，班超定然上奏天子！"说罢，命人将元孟带下。

稍后，星六和荻花来见班超。星六道："都护，听说你派遣饶锦文去了大汉？"

荻花道："大汉路途遥远，是不是一去不回了？"

班超笑道："他二人在时，你们似乎对他们并不亲近。沈祥是被姑墨人从石城赶出来的，而饶锦文在温宿饱受冷遇，直到近年，方才有所好转，怎么听说人走了，反倒过来追问？"

星六道："我与夫君虽有磕碰，但近年已十分融洽，还望都护另派贤能！"

荻花道："国中亲贵虽不喜沈祥，但他终究是荻花夫君，荻花儿女众多，万不能没有父亲！今南河城已取，荻花不用再看诸亲贵眼色！"

班超道："命令已下，人已出发，断不能收回成命，两位女王请回吧！"

星六和荻花见班超命令不改，负气出门。

徐幹问："都护是有意在气两位女王？"

班超背手踱步，道："我也该给饶锦文出出气，你看饶锦文当初在温宿受的委屈。还有荻花，眼睁睁看着沈祥被赶走，不过还好是被赶走，没有要了他的命！"

徐幹笑道："都护在，谁敢伤沈祥一根毫毛！只是薛五也回了洛阳，都护是要给薛五解气吗？"

班超长叹道："我是给蓝云解气！"

徐幹愣了一下，片刻道："我明白了，想不到都护如此体贴。"

第九十五章

神勇宝驹顶杀危须王　夜办酒会班超透归意

二人说着话，赵森入殿，道："都护，南河城内的守军现已全部投降！"班超甚为欢喜，道了一声"好"！赵森吞吞吐吐，班超见疑，问："发生了何事？"赵森道："焉耆军缴械后，诸国联军在城内大肆抄掠，如今城内鸡飞狗跳，哀号连连！"

班超大怒："岂有此理？"说罢就要出门。

徐幹拦住班超，道："都护，你要做什么？"

班超道："自然是拦住他们！"

徐幹道："诸国军队乱成了一锅粥，现在拦不住！"

班超道："难道放任他们胡作非为？"

徐幹道："自古征战，胜者抄掠城池，劫掠财物，甚至屠城，都是再平常不过的事，此次都护一呼百应，诸国君王携倾国之兵，亲自出战，一者是为了遵从都护号令，二者就是为了抄掠焉耆。焉耆是大国，需趁此战，削减国力，以免来日划地称王，再次坐大。还有就是焉耆作恶多端，诸国视之如虎狼，人人恨之，抄掠焉耆，也是泄恨之举，都护如阻拦，恐失军心。"

班超道："依你之见，本都护要睁一只眼闭一只眼？"

徐幹道："正是，西域乃蛮夷之地，戎狄之国，单用圣贤之道是统御不了的，这一点，都护比徐某更了解吧？"

正当此时，田虑来报："都护，元孟来了！"

班超道："他不是刚被带下去吗？怎么又来了？"

田虑道："元孟得知诸国正在抄掠，来求都护。"

班超皱眉，对田虑道："将元孟带下去，就说本都护公务缠身，无暇见他！"

田虑应了诺，转身出殿门。尽管如此，班超依然能听到元孟的喊叫之声，直过了一炷香的时间，元孟才被带到远处。

徐幹问："眼下还有一人需要都护处置！"

"北健支？"

"正是，都护将焉耆王等人带到了陈睦故地，独留下此人！"

"不能斩尽杀绝，北健支此人才能上佳，留下性命，可辅佐元孟！"

"都护想立元孟为焉耆王？"

"元孟亲汉，又肯为焉耆人请命，是不错的人选。"

"但都护亲斩了元孟父亲，不怕元孟报复？"

班超道："我留他性命，立他为王，他还要报复我？"

"自是冤冤相报！"

"立元孟，可稳焉耆民心，只要善言抚慰，元孟当能理解，如若不然，再立他人不迟！"

说话时，赵森来报："都护，公子出城去了！"

班超问："他因何出城？"

赵森道："公子说，要捉拿危须王和腹久，为纳凉报仇！"

班超道："叫他回来，山中凶险，危须王和腹久不足惧，恐遇猛兽、乱石！"

赵森道："公子出城已半个时辰，追之不及！"

班超道："劳烦赵兄带上汉军千人，前去寻找！"

"赵森领命！"

话说班勇带着百骑出城往北追击危须王，连遇逃难的焉耆人。焉耆人虽众，但见龟兹军，无不望风而逃，班勇一路深入，逢人便打听危须王。

再说危须王单枪匹马出城，一路往北，本欲出天山，逃往乌孙，投奔小昆弥，因道路不熟，在山中迷了路，遇到了北逃的腹久。二人聚到一处，上山逃难的焉耆人竞相投奔，不足两日，啸聚千人。一时间，人数众多，粮草不足，过境艰难，危须王及逃兵停留在一山口处。见人马越聚越多，危须王知道树大招风，准备单枪匹马，趁夜过山，哪知士卒报告称，有一小队人马，径直上山，寻找危须王。危须王心里一慌，命人查看该队人马身后有无大军。士卒报告，并无大军，只有百骑。危须王长吁一口气，马上设伏，准备消灭这股部队。

班勇追出三百里，焉耆逃兵望风溃逃，班勇找不到可问路之人。天近正午，班勇来到一处山坡，见树下躺着一名老者。老者披着兽皮，头发凌乱，显然是没有了力气。

班勇道："将此人带过来！"士卒将背靠大树的老者抬了过来，班勇见他奄奄一息，命人给了些水和肉，老者狼吞虎咽。班勇问："老人家，你可见到了危须王？"

老者边吃边说："危须王半个小时前路过此处。少将军如要追赶，沿此山道，往北急追一个时辰或有收获！"班勇闻之大喜，策马追出。

半个时辰后，班勇来到一处山坡。他见两侧山势险峻，勒住缰绳，对属下道："此处地势险要，极易藏兵，大家小心！"

正犹豫间，山坡上冲出许多士兵，有千人之众。"不要惊慌，不过是些许残兵！"班勇奋勇当先，以一当百，奈何伏兵众多，龟兹军虽勇，无奈寡不敌众，不多时，就被焉耆军围了起来。

"听说你在找我？"危须王出现在了山坡上，班勇仰望山坡，看到腹久就站在他的身后。危须王问："你是何人？为何找我？"

"我乃西域都护的儿子班勇！"

"哦？"危须王颇为惊喜，"嘴边竟然送来了一块肥肉！快将孺子拿下，我有重赏！"

焉耆军明知危须王两手空空，没有金银可以重赏，但仍将刀口对准班勇。班勇临危不惧，与士卒血战，奈何身边敌军越聚越多。千钧一发之时，赵森率领的援军从天而降，将危须王残部包围，危须王残部顿时惊慌，作鸟兽散。赵森擒杀余众，危须王和腹久趁机逃跑，班勇砍伤腹久坐骑，腹久被擒，班勇又追危须王。

危须王对山路不熟，狂奔时来到一处山崖，见崖高百丈，惊出一阵冷汗，连忙勒住缰绳。不多时，班勇已经追到，班勇见危须王逃无可逃，哈哈大笑："危须王，看你还往哪里逃！"危须王见只有班勇一人，道："你也太大胆，轻身敢上山，单骑就能来追我！"

"正所谓艺高人胆大，初生牛犊不怕虎，一个年迈的危须王，我有何惧？"

"倒是有你父亲几分风采，来吧，与我大战三百回合！"

"除了纳凉师父，从未有人与我大战过三十回合！"

"那我让你见识见识天外有天，人外有人！"

二人没说几句话，便斗到了一处，周边偶有几个逃跑的焉耆人，躲在树后，不敢现身，只得偷偷观看。班勇年轻气盛，腕力强劲，危须王也是百战将军，双方你来我往，打得不分胜负。斗到五十回合，班勇见胜不过，便有些急躁，危须王看到了班勇破绽，继续与之缠斗。战至六十回合，赵森带着属下追了过来，他见班勇落了下风，心中有些着急，便指点班勇，攻危须王坐骑。哪知赵森话刚说完，危须王一刀砍伤了班勇坐骑左目，班勇坐骑顿时发作，在原地弹跳。班勇坐立不稳，从马背跌落。危须王趁机攻来，刀刃对准班勇。赵森见情形不好，拍马上阵，以长枪打开了危须王的刀刃。

班勇坐骑是班超送的，名叫宝驹，班勇十分喜爱。眼下宝驹受伤，班勇极为难过，见赵森与危须王已经接敌，班勇想去稳住宝驹。宝驹一只眼睛受伤，血水模糊，另一只眼睛尚健全，班勇上前拉住缰绳，骑上马背，抱住宝驹的脖子。良久，宝驹方才平复。

"赵森，你这武艺比起班勇，似有不如！"

赵森道："危须王，你如有不服，我们可再比过！"

"本王活了五十年，虎视天下，不曾惧谁！"

二人说着，又战到了一处，二十回合，赵森渐落下风。"打败他！"班勇喊道。

班勇说完，宝驹抖动着后背。班勇会意，从宝驹后背下来。班勇见宝驹望着危须王，前蹄不停点地，不知宝驹何意。危须王挥刀欲砍赵森坐骑，赵森惊慌，猛勒缰绳，赵森连同坐骑倒在了地上。

这时，宝驹突然冲向危须王，危须王惊慌望着宝驹，尚未反应过来，宝驹突然侧身，顶在了危须王坐骑上，将危须王及其坐骑，连同自己一并顶下悬崖。

场中众人皆吃一惊，连忙走到崖边，山崖下隐约可以看到三具尸体。

回城时，班勇十分失落。赵森将自己坐骑让给班勇，班勇不肯，骑了一匹俘获的焉耆马。回到城中，赵森将腹久交与班超，道明事情经过和原委，众人欢喜，独班超大怒，责怪班勇不从军令，擅自出城，以身犯险，按照军法，当处四十军棍。幸有徐干、赵森等人极力保护，道："班勇虽无军令，但擒拿腹久，杀死危须王，功劳不小，将功折罪，也是功大于过。"班超不肯，道："危须王乃宝驹杀死，非班勇之功。"终将军棍折为十棍，并将腹久遣送至陈睦故城，斩首祭天！

三日后，班超张贴安民告示，并在王殿召见元孟和北健支。这是北健支被抓后，第一次见到班超。他神色淡然，道："北健支拜见西域都护大人！"

"请起！"

北健支从地上起来，低着头，没有说话。班超道："左将似乎憔悴了许多！"北健支躬身施礼，道："回都护，北健支身处汉营，随时受都护召唤，谨以区区之身，以待刀俎！"

班超望向元孟，道："元孟，听说你这几日一直要见我？"

元孟大声说："是！"

班超道："十分惭愧，班超这几日身体欠佳，直到今日方才康健！"

元孟道："汉人不见客的时候，一直称自己抱恙，想来都护也是如此！"

赵森拔刀呵斥："大胆，竟然如此无礼！"

班超示意赵森，赵森收回佩刀。班超起身，走下王座，道："你们两个，一个是王子，一个是左将，在焉耆都颇有威望。本都护不杀你们，是念你们有爱民之心，有忠汉之情！左将虽是北匈奴人，却无北匈奴人的残暴，故而本都护十分看重。本都护斩杀三十人，独保你二人，也是希望你们能撑起焉耆。"

元孟道："都护既然有爱民之心，何以纵兵抄掠？"

班超望着元孟，北健支趁机扭了一下元孟的胳膊。北健支道："元孟年幼，万望都护不要放在心上！"

班超指着元孟，喝道："元孟，你只看到都护府攻进南河城，你可知你父攻陷都护府，杀害汉军之旧事？你可知你父入它乾城，抄掠龟兹王城旧事？你又可知你父多次围困本都护，致使本都护屡屡陷入险境，几乎身首异处？你又可知你二叔、三叔杀尽纳凉本部两千人？如此血海深仇，岂是破城投降就能了事？你看那北匈奴，屡次背信弃义，何时改过虎狼本性？"

班超几句话，说得元孟低头不语。班超继续道："我大汉朝恩威并用，宽严相济，焉耆犯下如此滔天大罪，焉能不受到严惩？只要从今以后，焉耆恪守本分，不再与朝廷作对，按年朝贡，不再拦劫各国客商，本都护可保焉耆无事！"

元孟躬身道："都护所言在理，元孟受教了！"

班超道："你二人且退下吧！"元孟和北健支退下后，班超坐在王座上，无语沉思。赵森问："都护，你怎么了？"

班超叹道："一将功成万骨枯啊！这赫赫战功，都是用尸体堆出来的！"

赵森道："古来皆如此，打仗必然要死人！"

班超道："晚上设个宴，我想请孔祥广及汉军的兄弟吃个饭，聊聊天！"

赵森遵命。

是日夜，班超在王殿宴请孔祥广，徐幹、赵森作陪，田虑、曾伯等人坐末席。

班超道："诸位，今日是我和孔将军相聚的日子，邀请诸位前来作陪，一者大家都是汉军兄弟，二者向大家介绍这位壮士。"孔祥广与众人拱手，众人还礼。班超道："孔祥广与我先后从军，前后相差几日，在越骑营相处五年有余，可谓情深似海！孔将军因与度辽将军吴棠相处不快，离营北去，偶遇匈奴兵，大战受伤，被鄯善公主救下，从此孔将军爱上了公主。为了公主，孔将军一路追随鄯善军，到了西域，成为本朝汉军中最先到达鄯善国的人。"

众人嘿嘿一笑，班超继续道："孔将军在鄯善地位低微，不受重视，直到于阗的列查率军进攻鄯善，鄯善不敌，孔将军才有了出头之日。他单枪匹马，杀死了于阗的呼噜侯。孔将军一战成名，本应受到奖赏，无奈列查卷土重来，可恶的鄯善人竟然将孔祥广放进箩筐里，从城墙上吊下来。"众人听到此处，无不气愤！

孔祥广道："后面就由我来说。后来都护来了，采用疑兵之计，将我从于阗军前救下，喝退了于阗军。于阗军败退之后，匈奴使节又来了，嫂夫人将消息告诉了都护，都护带着三十六名勇士杀了匈奴使节，吓得鄯善王接受了招抚。鄯善王为了讨好都护，将女儿嫁给了我，我便成了鄯善的驸马。"

赵森道："这是好事啊！"

徐幹道："此事我也有耳闻，不过今日听二位说起，真是趣味十足！"

孔祥广道："白驹过隙，人生短暂，我已年近五十，不知道哪天就魂归黄土，再难回大汉！不像诸位，能追随都护，马踏西域，建立赫赫功勋！"

赵森笑道："你入赘鄯善，一夜之间，就功名赫赫了！"

孔祥广摇头："还是打来的踏实！"言罢，孔祥广又道，"我记得都护年轻时，时人都说都护有大志。有位茅屋先生说，都护有万里封侯之相，将来要建功异域！如今看来，茅屋先生所言极为精妙。焉耆已破，贼首已送至京师，相信过不了两个月，封侯的圣旨就到。"

徐幹道："不错，平叛疏勒王忠，拜西域长史，平莎车、龟兹、温宿，拜西域都护，龟兹投降后，西域只剩焉耆。今焉耆已破，丝路畅通，西域统一，王朝一统，大汉版图重回前汉武帝时的广袤，大汉再现盛世，此皆都护之功，陛下于情于理，都将敕封都护侯爵！"

孔祥广笑道："依我看，是否封侯并不重要，重要的是，都护现在是西域的都护，下辖五十五国，诸国国君皆称王，都护虽不是侯爵，但诸王依然受都护辖制。都护执掌诸王生死，可废立王侯，何以独贪侯爵之名号乎？"

徐幹道："非也！大汉之侯爵，与西域诸王之侯爵两异！西域王侯，乃一隅之主，西域大国人丁不足汉之一县，小国只有千人，再者西域野蛮不开化，毛发长而手足大。我大汉乃礼仪之邦，智慧过人，二者岂能相提并论？"

班超笑道："年少之时，不喜玩弄刀笔，如今一生戎马倥偬，却盼有片刻闲暇。想我离开大汉二十余年，望秋离世，母亲故去，兄长落难，无数次想策马回洛阳，今年岁日长，恐身体有恙。我意，奏请陛下，准我回洛阳，另选贤能，治理西域！"

徐幹道："都护如回了洛阳，只怕西域又要乱成一锅粥！"

班超道："断不会，西域已然有序，我走后，徐兄正好接任！"

徐幹摆手，笑道："辅助都护，我或可成事，都护若走，我也只能告老还乡！"

班超笑道："徐兄太谦虚了，今天饶锦文、沈祥、薛五不在，我们几人小聚，班某在此敬大家一碗！"

几人正要喝酒，白霸领着成大、齐黎、星六、获花等人入殿。白霸道："都护偷偷领着汉将饮酒，独不叫我们，岂不怕伤诸王之心！"

星六道："就是，差遣饶锦文、沈祥办差，留我和获花独守空房，太不厚道！"

齐黎道："都护宽仁爱人，齐黎也想敬都护一碗酒！"

成大已经将桌案拉开，道："快将酒菜摆上，成大可是饿极了！"

白霸道："都护，我们可是自带酒菜！"

班超见众人不请自到，心中豪气顿生，道："班超怠慢了，诸位请入座！通知伙房，为诸王加菜！"

齐黎道："早就听说汉军伙食极为美味，样式多，今日可要好好尝尝！"

班超笑道："管够，吃得好了，下回再来！"

齐黎道："多谢都护，我们愿意再来，只是都护招待不过来，还请都护派遣些厨子，到营中教教我们！"

众人皆应，班超说"好"。众王侯将校陆续入座，原本安静的王殿热闹起来。众人推杯换盏，觥筹交错，只差掀翻了房顶。

第九十六章

异域封侯班超见故人　思乡情切奏请归洛阳

酒过三巡，荻花低声问道："都护，近来军中传言，说都护府要搬了，可有此事？"

荻花说罢，原本喧闹的王殿安静下来，众人都望着班超。班超也愣了一下，就问荻花："荻花女王，你以为如何？"

荻花望着众人一眼，道："荻花只是问问，并无想法！"

班超见众人关心，问："大家是何想法？"

众人皆不发言。良久，成大道："都护，您将都护府迁到龟兹，疏勒就很伤心了。想疏勒四通八达，又是您的兴旺之地，夫人也是疏勒人，只因龟兹难驯，您就舍弃疏勒，去了龟兹。而今焉耆刚破，为了焉耆稳定，军中猜测，您又要舍龟兹，就焉耆了！"

白霸道："今日谁人不知，都护府设在龟兹，提起都护府，龟兹人无不自豪。都护，龟兹是大国，战略位置重要，万不能舍龟兹，而就焉耆！"

班超和徐幹对视一眼，知诸国不愿都护府搬迁，道："班超没有想过治所迁移之事。前任都护就任于车师，盖因前汉之治所在车师，且丝路未通之缘故，今超就任于龟兹，诸国交通便宜，并无不妥，故而都护府治所不改！"

众人听班超说都护府不迁，皆欢喜！

数日后，诸国相继班师，独温宿、姑墨不肯离开，欲等饶锦文、沈祥返程，一并回国。班超遣班勇、甘英随白霸回龟兹。班勇虽有不舍，但思念母亲，便遵从班超命令，随军回龟兹。

听说班超大破焉耆，龟兹守军纷纷出城相迎。班勇一马当先，来到城下，见到迎接他的母亲笛玉，喜不自胜，又见到了侍立一旁的明月双目流转，含情相望，遂得意忘形，哈哈大笑，道："明月妹妹，我出征这段日子，可想我了？"明月娇嗔地望着笛玉，笛玉含笑不语。

这时，甘英走上前来，对笛玉和明月行礼："夫人好，明月姑娘好！"

笛玉道："贤侄一路风尘仆仆，辛苦了！"

甘英从怀中掏出一个匣子，送给笛玉，道："夫人，这是一枚玉镯，是我在焉耆时看到的，形制精美，当属大汉王公佩戴之物，特买来送与夫人！"

笛玉道："岂能收贤侄礼物？"

甘英道："甘英到了西域，夫人处处关照，甘英感恩在心，区区玉镯，难表心意，还请夫人收下，聊表寸心！"

笛玉笑道："你这孩子，当真孝顺得很，只是话里话外显得客套生分！"

甘英道："甘英谨记夫人教诲！"说罢，转身走到明月身边，从袖口掏出一个细匣，道："这是我在焉耆买的玉簪，送与姑娘。姑娘戴上这玉簪，定然能添七分美貌！"明月惊望甘英："甘英，你还给我买了东西？"

甘英躬身低头，双手将细匣送到明月身前，明月犹豫半天，接过细匣，见匣内玉簪晶莹剔透，纹饰精美，果然惹人喜爱。明月尚未说"谢"，甘英已经退到班勇身后！

这时，城内守将纷纷来拜见班勇。班勇与众人说笑。城门守将将班勇、甘英一干人带到了士卒中。笛玉回望明月，见明月打量玉簪，走上前来，对明月道："你喜欢这簪子吗？"明月点头，笛玉又问："你喜欢甘英吗？"明月愣住了，摇摇头。笛玉道："可我见甘英喜欢你，用心远胜勇儿！"明月想起班勇空手而来，而那甘英却在焉耆时就为自己买下了玉簪，相比之下，甘英确胜班勇，遂对甘英留了心。

这日清晨，甘英来到都护府后院，额头低垂，向笛玉请安，笛玉道了一声"免礼"，甘英收起双手，躬身站在院中。明月见甘英目不斜视，心生不满，暗想既然喜欢我，都不看我一眼，着实可恨。适逢班勇来向笛玉请安。笛玉给班勇缝制了一件新袍，将班勇唤入房中，院中只剩明月与甘英二人。

甘英一动不动，明月起了顽皮之心，端起浇花的盆子，走到甘英身后，口中"啊呀"地大叫一声，猛地连盆带水扔到甘英脚边。甘英纵身一跃，向前跨出一步，衣裤分毫未湿。

明月嘀咕："哼，还以为是个死人，原来能动！"

"姑娘，你这是为何？甘英得罪姑娘了？"

明月道："得罪谈不上，就是看你每日文绉绉的，像块木头一样，不喜欢！"

听见声响的笛玉和班勇来到院中，笛玉惊问："发生了何事？"

明月尚未辩解，甘英躬身道："是甘英不小心碰倒了水盆，请夫人责罚！"

笛玉笑道："一个水盆而已，有何责罚？打扫干净就行了！"

甘英应了声"是"，取来扫把，准备打扫，被明月一把夺了过来，斥道："谁要你做好人！"说罢，自己打扫起了院子。

班勇笑道："兄长不必计较，这丫头性子野，向来不将别人放在眼里！"

甘英道："公子哪里话，甘英岂敢与姑娘计较！"

班勇笑道："走，与我出去练兵！"

班勇与甘英走后，明月捂嘴，"咯咯"大笑，看得笛玉直摇头。

自此，明月每见到甘英，都会千方百计捉弄甘英，或是在甘英的凳子上泼水，或是在甘英的汤里加盐，或是干脆不放盐。那甘英也是好脾气，明知有水，也泰然坐下，碗中的汤不管咸淡几何，都喝得干干净净，把明月惊得双眼如珠。

再说饶锦文等人去洛阳两个月便回到焉耆，一行人一路风尘，满目尘土，但精神抖擞，未见疲倦。班超听说二人回到西域，十分惊喜，连忙出迎，刚到城外，便接到了传旨官宣读的圣旨。圣旨曰："往者匈奴独擅西域，寇盗河西，永平之末，城门昼闭。先帝深愍边萌婴罗寇害，乃命将帅击右地，破白山，临蒲类，取车师，城郭诸国震慑响应，遂开西域，置都护。而焉耆王舜、舜子忠独谋悖逆，恃其险隘，覆没都护，并及吏士。先帝重元元之命，惮兵役之兴，故使军司马班超安集于阗以西。超遂逾葱领，迄县度，出入二十二年，莫不宾从。改立其王，而绥其人。不动中国，不烦戎士，得远夷之和，同异俗之心，而致天诛，蠲宿耻，以报将士之仇。《司马法》曰：'赏不逾月，欲人速睹为善之利也。'其封超为定远侯，邑千户。"

圣旨念罢，沈祥等人当即上前，道："恭喜都护被陛下封侯！"

饶锦文跪在地上，道："饶锦文拜见定远侯！"其他人纷纷跪地参拜。

班超连忙扶起众人："诸位快快请起，全赖大汉鼎盛，陛下英明贤达，诸位鼎力相助，方才有今日。"

传令官走上前，道："君侯可识得在下吗？"

班超凝望半晌，道："你是致知？"

传令官道："正是黄某！"

致知就是黄询，班超的故友，自班超出塞，已有二十二年未见。班超道："致知满鬓白发，沧桑如斯！"

黄询道："岁月如梭，草木相替，黄询老暮矣！"

班超问："致知现在何处高就？何以来西域传旨？"

黄询道："黄询本是闲人，受令兄举荐，入兰台任校书郎。因君侯在西域大展神威，令兄得以出任右护军，黄询出任窦宪幕僚。窦宪事发，令兄受到迫害，被陛下平反，黄询因祸得福，得释狱中，后委任以太祝令，掌管祭祀。因与君侯有旧，陛下遣我传旨！"

班超道："来得好快，我还以为没有半年之功，返程不得！"

饶锦文道："若不是夺下焉耆，往返一次，确需半年之功，须南下鄯善，绕道精绝、于阗，经疏勒，北上姑墨、龟兹，然后折返焉耆，但现在不同了，只要穿过河西，过了车师就到了焉耆。"

班超点头，道："交办的事还顺利吗？"

沈祥道："顺利，我们刚到陈睦故地蒲金城，都护就将腹久送来了，然后我们在故城将焉耆王一干人等全部斩杀，将头颅传送京师，京师震动，满朝庆贺，洛阳城欢庆三日，都护现在名扬四海。"

班超道："蒲金城现在如何？"

沈祥道："只剩下一片废墟，残垣断壁，若不仔细找，很难寻见！"沈祥言罢，众人唏嘘感叹。

班超将众人请到城内王殿，一面命陆晓聪腾出客房，一面命赵森准备晚宴。

众人在殿内说话，荻花和星六听说饶锦文等人返程，闯进王殿。

"饶锦文呢？"

"沈祥呢？"

殿内众人听到院中喧哗，举目看往殿外，见荻花和星六快步走了进来。荻花和星六看到殿中宾客众多，愣住了，随即收起脚步，向班超施礼："拜见都护！"

班超道："两位女王急着入殿，是为何事？"

荻花道："听说沈祥回来，我和星六特来寻找！"

班超道："使节回城，当以复命为先，两位女王懂得吧？"

荻花和星六对视一眼，躬身道："都护，失礼了！"

班超道："罢了，既然来了，请上座！"

星六和荻花走上前去，途经殿中走廊，星六瞪了饶锦文一眼，这才落座。

黄询笑道："这两位想来就是姑墨和温宿的女王吧！"班超点头，说"是"。黄询道："真是佳人，虽是异域，却有别样风情！"

班超笑道："难得的是，两位女王虽年过四十，却与夫君恩爱如初！"

黄询道："这真是一段佳话！"

星六道："都护，饶锦文既然回来了，可将他还我了吧？"

班超道："你夫君都回来了，你还担心什么？"

星六道："我担心他喜欢大汉繁华，不肯回来了！"众人哈哈大笑。

班超道："今日难得齐聚，诸位刚从大汉回来，还请诸位为我们讲讲大汉变成了什么模样！"

薛五道："好，变得好！"

众人见薛五说不出如何好，都为薛五着急。沈祥道："我来说吧！大汉已不是往日的大汉。我们出征前，大汉虽日渐强盛，但受累于王莽、赤眉、铜马之乱，满目疮痍，所谓病去如抽丝，国中仍有凋敝之色。而今再回洛阳，所经之处，路不拾遗，百姓安居乐业，虽有贫富之分，但百姓衣食无忧，边镇物产丰富，洛阳富庶，商贩往来如织。最为显著的是，大汉人丁迅增，年少时，常有赤地千里，百里无人景象，而今国中五里一村，十里一镇，富庶郡县人丁多达百万！"

荻花大吃一惊，道："人丁百万？"

沈祥点头，道："正是，胜过西域全境！"

荻花嘀咕："大汉当真是大国！"

班超问："有无去风闻天下？"

沈祥道："去了。当年，我曾多次随都护到风闻天下品茶，没有想到我这次回到洛阳，风闻天下的老板依然认得我。只是姚老板年迈，其子执掌家业，临行前，姚老板说，若都护再不回洛阳，此生恐再难见到都护。"

班超沉吟片刻，问："有无回越骑营？"

饶锦文道："回了，只是铁打的营盘，流水的兵，越骑营再无故人！"

班超问："师父他老人家身体如何？"

饶锦文望了一眼沈祥和薛五，道："马叟过世了，去年过世的，他老人家高寿，据说下葬时，越骑校尉亲自抬棺！马叟去世前，对越骑校尉说，此生最大的本事不是射箭，而是将射箭的本事教给了都护！"

班超双目湿润，道："可曾见过班雄？"

饶锦文道："见过了，公子安好，身体康健。陛下说，都护在外征战，朝廷定照顾好家眷！凡家中供应，一应俱全！对了，公子托我给都护送来一封书信。"

"书信何在？"班超道。

饶锦文从怀中掏出一个匣子，交与班超。班超见匣子有密蜡封禁完整，当即打开，见信中写道："父亲身处西域，策马疆场，报效朝廷，今传捷报，儿遥祝父亲克成功业。父亲出塞二十二年，未蒙一面，忆往昔，环父膝左右，何其融融，然雄已成年，父亲难记雄面目几何也！雄不孝，不能侍奉左右。永元三年，雄娶妻，育有一子，起名曰'始'，恨不能携妻子拜见。愿父亲保重身体，儿雄万里百拜！"

读罢书信，班超泪眼模糊，执信道："若非此信，班超几不知有一子在洛阳！"众人不言，班超道，"班超年少有志，占卜于茅屋，茅屋先生道，班超燕颔虎颈，是万里封侯之相。超从军三十二年，出塞二十二年，得遂志向，然超困于西域，不孝母亲，不敬兄长，致使望秋病去，长子孤单。二十二年来，超与汉军兄弟受尽苦寒，曾多次陷于危难，回顾过往，得之失之！"

众人听了，不禁感慨，黄询道："君侯不必悲伤，壮士当有鸿鹄志，似我辈，碌碌一生，纵活百年，又何足惜？君侯以三十六壮士，勇闯西域，得鄯善、于阗，收疏勒，破莎车，平龟兹、焉耆，剪灭匈奴左翼，再次一统西域，创前汉盛世，功高华夏，名垂青史，世人闻君侯，皆敬仰之！黄询恨不能倒回三十年，追随都护，马踏西域，垂功名于竹帛！"

黄询言罢，众人皆劝班超，班超有所释然，然已有归乡之心。

是日夜，班超撰写奏折，奏请归乡休养。奏折洋洋洒洒，写下千言，由黄询返程时，一并带回。三日后，班超任命元孟为新任焉耆王，任命北健支为国相，改汉人不为夷官制，择汉人为令、丞、千夫长，治理焉耆。

十日后，黄询携奏折返回洛阳，班超在焉耆等待奏折批复。沈祥和饶锦文分别随荻花和星六回国，然两个月过去，批复杳无音信，入冬后，笛玉遣甘英送来书信，问班超何时回龟兹，班超只好收拾行囊，返回龟兹。

因诸国军队相继离开，班超返程时，只百余骑，一行刚到铁门关，朝廷的批复送到。班超打开奏折，见奏折上写着朱批，上有两个字：不准！

赵森问："都护，何事？"班超将奏折交与赵森。赵森读罢，惊道："都护欲归洛阳休养？"班超道："我有此意，只是陛下不准！"赵森道："西域战乱数十年，今初定，诸国信服，更换都护，或将招致混乱。"班超叹道："说得是啊！"赵森继续道："当今圣上乃是明君，此时换下都护，陛下会留下过河拆桥之恶名，依赵森看，陛下断不会准都护归乡！"班超道："我何尝不知？只是离开故土二十余年，思念日甚。"他叹了声气，收起奏折，继续赶路，不多时，一行人来到一家客栈。

班超惊讶，道："此处何时起了一家客栈？"

陆晓聪被班超留在了焉耆任左将，无人探路。赵森进了院中，见院中一名少年正在院中起火，因柴火潮湿，浓烟滚滚，直升了百丈高。

第九十七章

争夺明月班勇战甘英　商货遭劫班超出葱岭

赵森见少年生火，想起了刚到西域时，路过的那家客栈，当时也是一名小二在生火，不同的是，那小二为了燃起浓烟，不断往火堆中浇水。想起转眼过去了二十多年，不由得感慨。他上前一步，道："小哥，你这店何时开的？"

少年道："三个月前。我们这是新店，总号叫八方客栈！"

赵森想起之前住的也是八方客栈，道："原来是家分店。"

少年道："可不是吗，南北丝路打通了，掌柜的马上就开了这家店！"

赵森笑道："你们这揽客的手段倒是一直不变！"

班超走进院中，赵森将情况说与班超。班超道："今晚就住这里吧！"

时白雪皑皑。因是军队路过，店家不免打听，是哪里的军队，见旗杆上写着都护府，连忙拜见。班超扶起店家，说了声"免礼"，哪知店内的住客全都出了房，来到院中与班超行礼。

班超道："诸位起来吧，出门在外，一路辛苦了！"

一位中年富商模样的人躬身道："小人临淄人氏，今日见到都护，真是三生有幸！传闻，都护生有三头六臂，是天上的星宿下凡，有九条命。"

班超笑道："你看我可有三头六臂？"

那富商道："世间传言，自然信不得，但都护之神勇早已传遍中原，都护之智谋早已名动四海！"

班超道："想不到你口齿如此伶俐！"众人皆笑。

那富商道："口齿伶俐有何用？似都护这般，建功异域，万里封侯，才是青年壮士之楷模！"

班超道："阁下姓甚名谁？从哪里来？又往哪里去？"

富商道："在下梁敬，从洛阳来，往西域龟兹去，沿途做些生意。"

班超道："我曾认识一名商贾，此人名叫梁善，也是临淄人！"

富商道："正是家父！"

班超颇为惊喜，道："幸会，万没有想到如此巧合！"

梁敬道："在下曾多次听父亲提起都护，言辞之中，满是钦佩，说都护深入蛮夷之地，竟化解干戈，使百族一心，乃千古能人！"

班超道："梁公过誉了！此次征伐焉耆，多亏诸位商贾鼎力相助！"

梁敬道："都护开丝路，是为商贾谋事，为商者，焉能不尽力？"

赵森道："都护，外面风大，且到客栈内说话！"

梁敬道："真是不周，让都护在房外吹了这么久的冷风。今日梁某做东，招待都护府的兄弟！"

班超道："这如何使得？"

梁敬道："有何使不得？都护为西域操劳二十二年，还不准我请都护吃顿饭？"班超大笑，道："既是如此，叨扰了！"梁敬搀扶班超入客栈，道："都护，其实我们这些商人，都想当面感谢都护，和都护聊聊，无奈都护日理万机，难得空闲！"

班超道："你们在外经商不易，我曾有布告，凡往来客商，不分汉夷，皆可入都护府。只是你们太忙，无暇入府！"

梁善道："都护说得是，我们经商之人，常要秋天出塞，春天返程，耽搁不得！"

班超进店后，见店内宽敞，炉火旺盛，顿时精神倍增，道："此店倒是不错！"

梁敬道："如今生意好了，店家也有钱了，建起房子，自然要阔绰些。"

班超落座，赵森待立一侧，随从士卒被安置在客房中休息，各商贾约有二十人，围坐在班超两侧，聊起话来。梁敬道："这些客商尽从大汉而来，或是长安人，或是洛阳人，或是扬州人，做的生意很大。初秋时，他们带着从大汉采买的丝绸、陶瓷、铁器入西域，沿途出售，因工艺品精美实用，深受西域人喜爱。到了西域，恰逢牛羊肥硕时，商贾采买羊皮、健马，当地珍奇，到大汉出售，因物品稀奇，常卖好价。"

班超问起大汉境况，众人各有一番谈论，尽道大汉繁华，远胜往年。赵森奇道：

"既然大汉繁华，何以不顾艰险，远涉西域？"众人唏嘘。梁敬道："这位将军有所不知，如今百姓富足，商业繁盛，物价平衡，商贾没有利润，有时屯了货物，遇到好年景，货品降价，还要亏钱。"

班超与赵森恍然，竟不知道还有这番道理。梁敬道："西域就不同了，汉人的丝绸和陶瓷到了西域，能卖高价，西域的和阗玉、珍奇到了洛阳，也能卖好价，如此一来，利润可翻几倍。若是到了安息、大月氏，价格能有百倍之高。"

班超与赵森点头。梁敬继续道："除了买卖，许多人和都护一样，对西域充满了好奇，每次出塞，家中的小厮都踊跃报名，说想随主家到塞外一走！"

班超笑道："说起好奇，我们都一样，当初我就是因为好奇，才来了西域嘛！"众人大笑。梁敬问："敢问都护，您最西到过哪里？"

梁敬说罢，班超眼睛望着房顶，沉思许久，道："说起最西，我也不过到了乌即城，葱岭以西的康居、大宛，我还没有亲自去过，就连乌孙，也是人家来都护府，我没有去过乌孙。"

梁敬问："都护可知道大秦？"

班超道："听过，在遥远的西边，离都护府三万里。"

梁敬道："小人听安息人说，大秦国如大汉，地有数千里，松柏繁茂，宫墙如金碧，珍奇无数，常与安息于海上交易，利润可得十倍。"

赵森惊道："如果安息可得十倍利，汉商岂不可得百倍？"

梁敬点头，道："正是！此次，我等正是欲往大秦去，开辟百利商路。"

班超起身，道："梁公真壮士也，班某敬佩！来，我敬诸位一碗酒！"众人各自端起酒，与班超一同干了。

是夜，班超夜宿八方客栈。窗外下起飞雪，房内炭火旺盛，班超望着窗外，辗转反侧，心神仿佛回到了三十年前的夜晚。论起远域，他有了和梁敬一样的想法，但他年过六十，身体大不如前，不可能再远渡西海，寻找大秦了。

次日，大雪覆盖住八方客栈，雪停了，众商贾打包好行囊，准备出发。见班超起身，各自来向班超请安，表示希望与班超同行，班超大悦，吃过早饭，打点行囊，与众商贾一道上路。

数日后，一行人抵达它乾城，白霸及众将校在城门迎接。班超将众商贾请入城中，命人将汉商分置馆驿及客栈，然后入府，会见众将校、部属，处置一应政务。天近黄昏，众人方回。

是日夜，班超一家吃饭。班超唤明月入座，明月不肯。班超惊讶，道："往日你都同桌吃饭，今日怎不肯了？"

明月道："往日是明月不懂礼数，今明月长大了！"

班超笑道："长大了，就不肯同桌吃饭了？"

明月道："明月是丫头，都护是侯爷，丫头和侯爷怎能同坐？"

班超望着班勇和笛玉，啪一声按住筷子。班勇和笛玉惊望着班超，笛玉道："前几日，这孩子就开始在后厨吃饭，不知道怎么了！"

班超问："明月，可是谁说什么了？"

明月摇头，说："没有！"

班超恍然，道："这样吧，明年你就十六了，我将你和勇儿的婚事办了如何？"

明月突然跪在地上，道："万万不可！"

班超惊讶，道："你不喜欢勇儿？"明月低头，不说话。班超道："你起来说话！"

"明月不敢！"

"叫你起来！"班超斥道。

明月站了起来，道："都护，明月尚幼，婚事可否晚两年再论？"

笛玉道："明月，你是不是喜欢上了甘英？"

明月咬着衣角，道："明月不知道！"

班超道："那就是喜欢了！我还当什么事呢？嫁给甘英，也是美事一桩！"

班勇突然拍桌子，道："不可，你怎可嫁与甘英？你不是讨厌甘英，说他像木头吗？"

明月泣道："开始我是讨厌他，但是夫人说，他喜欢我，我就留意了他！"

班勇木讷半晌，道："我……我也喜欢你啊，你没有留意我吗？"

明月道："我一直将你当作兄长！"

班勇道："从前你可不是这么说的！不行，我要找甘英说道说道！"说罢，就站了起来。班超拍了一下桌案，班勇当即站住了，班超道："坐下来吃饭！"班勇无奈，只好坐了回来。班超道："明月，事情我知道了，坐下来吃饭吧！"

明月道："都护，明月真的懂事了，这不是我该坐的位置！"

班超道："你是在都护府长大的，我和夫人都将你当作女儿，你如此见外，岂不伤我和夫人的心？"

"明月遵命就是！"说罢，坐了下来，但饭却吃得十分乏味。

次日早晨，班超刚起床，听赵森来报，班勇身披甲胄，寻甘英挑战。

班超问："人在何处？"

"校场！"

班超起身，穿好衣服，来到校场，见校场人山人海。众人纷纷为班超让路，班超走进校场，见到校场内，班勇和甘英各自骑着一匹战马，双方各执一根红缨枪，对面而立。

"住手！"班超走近二人身前，道，"大胆班勇，你忘了我如何嘱托你的吗？"

班勇道："父亲，我是您的儿子，绝不给您丢人，输了，我自会放弃明月！"

班超道："往日没见你对明月如何用心。"

班勇道："儿不善表达，但儿子的心在明月身上。"

甘英道："都护，您就让我们比吧，这一战，免不了！"

"都护，就让他们比比吧！我们马背上打仗，不能连比武都不准！"班超听到身旁是白霸的声音，转头一看，见果然是白霸，就问："龟兹王何时到的？""如此大战，白霸岂能错过？""想不到龟兹王也爱看热闹！"班超见事已至此，劝阻已然无用，道："既然如此，点到即止！"

这时，明月闻讯赶到，她喊道："你们不要打了，我谁也不嫁！"班勇和甘英二人岂会因为明月的一句话就止住干戈，二人当即大战起来，双方用尽全力，红缨枪发出呼呼之声，枪头交织碰撞，撞出点点火花，惊得众人不断叫好。

白霸笑道："明月，班勇和甘英都是因为你才发生的打斗，不管哪一方赢了，你都要嫁的！"

明月气道："我说了不要打，他们还要打，这样的男人，我才不嫁！"说罢，气呼呼地走了。众人见明月走了，连忙挡住明月去路。赵森道："明月，班勇和甘英为你而战，你岂能一走了之？总要看到结果才好！"

明月冷"哼"一声，道："不看也罢！"

这时，白霸道："快看，甘英差点中枪！"

明月当即回头看向场中，却见一个回合已毕，甘英和班勇正掉转马头。班勇反应较快，长枪又刺了过来，甘英回枪，双方又斗到一处。明月双目望着校场，眼睛都不敢眨一下。这时，班勇翻转枪头，刺向甘英，甘英低头，班勇长枪从甘英头顶掠过，班勇回枪，枪杆打在了甘英大腿上，明月"啊"的一声惊叫，班勇顿时来了精神，暗道："让甘英好好吃点苦头。"他回抽枪头，划过甘英的长靴，将靴子割破，甘英腿上的血流了出来。班勇傲视甘英，但甘英仍不服输，继续与班勇打斗，三十回合后，甘英已处下风。班勇希望甘英败得丑一些，以便争回颜面。他见甘英体力不如自己，趁甘英与自己交战，压住甘英的长枪。甘英抽不回枪，急得满头大汗，正当甘英奋力抬枪时，班勇突然收回长枪，甘英重心侧仰，班勇突然双手抓住马鞍，双脚从马背跃起，踢中甘英腰腹，甘英从马背翻落在地。

班勇得意扬扬，忽听明月一声叫喊，来到甘英身边，急问："你怎么样？要不要紧？有没有受伤？"班勇吃了一惊，心道："原来明月关心的是甘英，不是自己，就算自己赢了，明月也不会关心自己！"

明月怒视班勇，道："班勇，如果甘英有什么意外，我和你没完！"

众将士欢呼："公子神武！公子神武！"

班勇十分难过，打马离开了校场，众人不解。班超急忙呼唤大夫。军医走到甘英身边，为其诊治包扎，确认无碍，班超才回都护府！

白霸望着明月，道："明月，你究竟嫁给谁呀？"

明月泣道："我谁都不嫁！"

随后甘英被抬进都护府，明月日夜照料。

数日后，抵达龟兹的汉人商队补充粮食，告别班超，南下疏勒，往葱岭去了。班超亲自送别商队，并嘱托梁敬，到了安息、大秦，记得绘制地图，带回珍奇。梁敬再三谨记，与商队离开了龟兹。

月余，在城外散心的班勇，遇到一队蓬头垢面的人马，走到近处才发现是一个月前，从龟兹离开的汉人商队。领头的正是梁敬。他一眼就认出了班勇："公子，快带我们去见都护！"

班勇问："发生了何事？"

梁敬道："我等出了葱岭，来到康居，哪知康居人设下关卡，劫了我们的货！"

班勇惊道："还有这事，请与我回都护府。"

班勇将梁敬等人带回都护府，将详情报与班超，班超大惊，道："康居何敢如此？"

梁敬道："康居人向我等勒索，我等不肯，康居便劫下我等财物！"

班勇道："请都护调遣兵马，除掉此患！"

班超道："兵者，利器也，岂能轻易出鞘！"

梁敬道："都护战莎车，平龟兹，灭焉者，威震西域，名动华夏，赫赫神威，谁人不知？那康居胆大妄为，都护如肯出兵，康居弹指可灭！"

班超道："自前汉武帝始，康居按期朝贡，不曾断绝，大汉屡屡赏赐丰厚，康居何故反叛？此中必有蹊跷！传我军令，点弩机营五百骑兵，随我出康居！"

班勇道："区区商货，何劳父亲亲往？"

班超道："只有本都护亲往，才能止干戈，要回商货！"

班勇惊道："康居是大国，五百骑兵焉能护卫父亲周全？"

班超道："我料定康居不会造反！"

班勇道："父亲何以如此肯定？"

班超道："焉者新败，诸国咸服，西域将士无有不从，康居焉能造反？"遂传命赵森。

班勇担心班超安全，将事情秘密告诉笛玉。笛玉虽不过问军政，但听了班勇之言，仍觉五百骑兵太过单薄，乃寻白霸。白霸听了笛玉之言，思忖良久，道："都护自有打算，白霸贸然出兵，恐有不妥，不如我修书一封与疏勒王，使其出兵一万，从后策应都护。如此既不会劳师以远，又不违都护军令，康居王如知道都护背后有一万大军，必不敢轻动！"

笛玉笑道："如此甚为妥当。"

白霸当即修书，用梵文写道："疏勒王兄亲启：康居，大国也，今都护欲征康居，疏勒王可遣精兵一万，随征都护。凡所得城池、土地、牛马，皆归疏勒！弟白霸敬上！"

笛玉读罢，笑道："龟兹王欲利诱吾弟！"

白霸笑道："焉者一战，诸国斩获颇多，疏勒如知都护战康居，必然出动。"

再说班超率领弩机营出了龟兹，往葱岭走去，刚到乌即城故地，就见到了薛五率领的两万疏勒军。疏勒军见到班超果然亲至，顿时昂扬。班超问薛五何以驻兵在此，薛五道："听说都护亲征康居，疏勒大军按捺不住，纷纷请战。"梁敬等人见了，无不欢欣鼓舞，尽道："原以为都护以五百军士征康居，想不到此处另有安排。"

班超知道这是疏勒王成大派出的军队，也不懊恼，反而有些高兴，暗想疏勒王果然在意自己，问薛五："疏勒王和徐长史还好吧？"薛五说："好。"班超又问："蓝云如何？"

"她也很好！"

班超和薛五走到僻静处，班超问："你和蓝云怎么样了？"

"我和蓝云成婚了，请了几个老朋友，喝了一顿酒！"

"好事啊，怎么没有通知我？"

"也是刚刚成婚，因天寒地冻，都护又远在焉耆，我就不通知都护了。在焉耆时，薛五见沈祥、饶锦文与荻花、星六如此恩爱，我便想起了蓝云的好。虽说蓝云当年在洛阳时对我不好，但毕竟为我来的西域。她孩子死后，寄居于长史府，这些年过得颇为凄凉，后瓜儿死了，蓝云主动来照料我和孩子。我忘不了瓜儿，蓝云刚进都尉府的时候，我很抵触，但是时日久了，渐生了感情。但这已经不是洛阳时的感情了，具体是什么样的，我也说不清楚。"

"这就是宿命！"

"徐干曾劝我娶个年轻漂亮的女人，但是你看我，五大三粗，又将垂老，何苦糟践姑娘？再者我娶了个姑娘，也不合我心意，倒是蓝云能和我说上话。想起瓜儿，她有千般好，就是汉话说得不好，说起话来怪怪的，现在好了，我可以天天听到正宗的汉话。"

班超本想劝薛五将军队带回疏勒的，但是和薛五说了会儿话，又不舍薛五。二人说起了入西域的经历，不由得感慨。天将黄昏，薛五想起军务未谈，就问班超："何时攻打康居？"班超惊讶，道："没有说要攻打，只是找康居王要点东西。"

薛五皱眉，道："不打这个老东西，康居王能给你东西？"

班超道："康居，大国也，人口六十万，胜兵十二万，区区两万大军，岂有胜算？"

薛五道："如今焉耆臣服，各国人丁大涨，都护可调大军十五万众，康居虽人多，但不过是板上鱼肉。"

班超想薛五说的话也有道理，既然薛五把军队带到葱岭附近，索性出葱岭，往康居走走。次日，大军拔营，往康居去，行数日，来到乐越匿地。康居王住卑阗城，听闻班超率军而来，大惊，连忙调集附近军队，拱卫卑阗城。

第九十八章

致书安息班超止大战　甘英再败出使大秦国

班超大军驻扎于卑阗城外三十里处，以梵文致书于康居王，道："康居王在上：超自入西域二十二载，未尝亲见康居王，今西域升平，特来拜会！是时，班超单骑携侍从二人，盼康居王开一小门，准超进城。百拜！"

赵森将书信送到康居王手中。康居王见梵文书信，读罢，命人将赵森带下，与附墨王等人商议。附墨王道："我已探明，班超兵马不过两万，屯于城外三十里，班超如单骑入城，不足为惧！"康居王亦担心招来班超大军，乃致书班超，愿恭迎都护入城。

次日，卑阗城城门大开，康居王携康居小五王出城相迎。班超带着两名步卒来到城下，见到了康居王。

康居王模仿汉礼，躬身道："都护光临康居，卑阗城不胜荣幸！"

班超折腰施礼，道："班超暮年，企盼到诸国一游，饱览异域，不负年少之志，今到了康居，得偿所愿矣！"

康居王见班超折腰行礼，大惊，扶起班超，道："都护壮志，我等早有耳闻，今日亲见，如沐春风！"

班超笑道："康居王如此盛情，班超荣幸之至！"

康居王将班超迎进王殿，道："我康居有两处王城，一为冬城，一为夏城。冬城避风口，起炭火，分外温暖；夏城凉风阵阵，极为凉爽。都护若是夏日来，可避酷暑，只是不要再带大军了！"

班超望着康居王，道："此次我只带了五百甲士作为护卫，那疏勒军并非我调动，实在是听说我要出关，非要来保护班某。"

康居王倒吸一口气，望着五位小王，问班超："为何要保护都护？"

班超道："康居王应当知道，班某住龟兹，若调兵，当以龟兹军最易调动。可班某没有调兵，疏勒军却来了，正是疏勒王担心班某的安危，有意派重兵保护班某。"

康居王惊讶，道："疏勒忠义之心，本王看在眼里，焉耆之战就是凭证。只是都护来康居，康居自会派兵保护，何谈安危？想康居与大汉往来数百年，何曾有一战？"

班超见康居王说得坦诚，道："班超也相信康居王会照顾班超周全！班超只有一事不明，想来请教康居王！"

康居王知道班超要说此行的目的，当即道："都护请讲！"

班超道："一个月前，一队汉商经过康居。贵国军队扣下了汉商的货物，货物数量极为庞大，关乎几百条人命，敢问货物何在？"

康居王长出一口气，道："原来都护是为此事而来！"

班超道："于康居王而言，或非大事，但对商队而言，却是身家性命之所在。再说有一回就有第二回，往后汉商何敢再入康居？"

康居王询问附墨王，附墨王上前，道："都护，这些货确实是我扣下的！"

班超惊讶，道："为何？"

附墨王道："以都护与康居的交情，将这些货如数退给都护就是了，只是其中的情由，我要说与都护。"

班超道："洗耳恭听！"

附墨王道："诸国之中，以我康居和安息最善买卖，自都护重开丝路，康居和安息出入各国，远至大汉，获利丰厚，但是大汉终究太远，我康居人多与大月氏、安息、大宛买卖。安息，大国也，安息以西有大秦，雨水多，国力不输大汉，人丁兴旺，常与安息、天竺交易于海上，康居甚羡慕之。为求大秦，我康居不断入安息，安息人得知我意，便设卡拦截康居商客。凡我康居人，入安息所带商货，须纳税三成！"

班超大惊："安息竟收此重税！"

附墨王道："安息征重税之后，我康居的货在安息就销不动了，而安息的货却畅行无阻。为了报复安息，我康居征收安息五成税，从此安息的货过不了康居。"

班超道："如此一来，安息岂不收税更重？"

附墨王道："正是，安息听说康居征收五成税，当即将对康居的税提高到一倍。一倍的税，我康居的商人如何负担？如果要卖给安息人一匹马，就要先给安息人一匹马，太不合理了。"

班超道："康居有无加税？"

附墨王道："我康居焉能败给安息？大王议定，我康居将税也定为一倍。"

班超笑道："那安息没有再加税吧？"

附墨王道："税令刚刚颁布，安息尚未回应。"

班超问："既然是对安息征税，何以殃及汉商？"

附墨王道："都护有所不知，自两国开始征收重税，两国商人疯狂逃税，安息人入康居谎称是大月氏人，康居人入安息，谎称是疏勒人，逃税之风盛行！"

班超道："诸国没有通关文凭吗？"

康居王问："何为通关文凭？"

班超解释："所谓通关文凭就是朝廷颁发的过关凭证。诸国以通关文凭证明自己身份。"

附墨王叹道："西域诸国不知有文凭之说，只好统一征税。凡入我康居者，皆征一倍税，所以才有了汉商入境货物被扣之事！"

班超哭笑不得，对康居王道："恕超直言，康居与安息之争，实乃弊政，是亡国之举。"

康居王惊道："此话怎讲？"

班超道："自前汉始，东西交通，丝路畅通，诸国通商，康居为此成为西域强国。"康居王等人点头。班超继续道，"如今康居对诸国征重税，葱岭以西诸国必然报复，对康居征税。如此一来，康居将为众矢之的，再无人与康居做买卖！康居闭关锁国，眼见诸国日渐强盛，自己却徘徊不前，遇到灾荒年月，牛羊不足，康居买不到，势必临大难！那时，康居日贫一日，诸国日强一日，长此以往，难免不被他国吞并！"

康居王道："如此种种，我等皆已想到，只是如何为之，还请都护指点！"

班超道："欲去壁垒，当约见安息，相约去重税，方解难题！"

康居王作难道："安息如不肯，当作何？"

班超道："安息只与大宛、大月氏、康居接壤，康居阻隔葱岭去路，安息不能入葱岭以东，情形更难。"

康居王喜道："说得是啊！"

班超道："发生此事，班超本应亲往安息，奈何年迈，力不从心。烦请康居王率先降税，再由超致书一封，请安息王降税。如此一来，可化干戈为玉帛。"

康居王起身拜谢班超："有劳都护了！"

至此，康居王颁布去除重税令，降诸国之税为百分之五，班超修书一封致安息王，请求降税。同时，命薛五大军回疏勒，自率五百甲士住卑阗城。

康居王将扣留的汉商货物归还班超。梁敬等人大喜，再三感谢班超。

再说自康居征收重税以来，安息人再不能入康居，过葱领。这对喜爱交易的安息人来说，打击极为致命，国中商人纷纷上书，请求国君解决重税问题。国中武将上奏安息王，请求对康居开战，以武力降低康居的税收，打开商路。因文臣武将多参与商贸，群臣附和，安息王受群臣压力，正调集大军，准备开战。

这日，安息王收到班超的书信，请安息和康居降税言好，并说康居已经降税。安息王听了，颇为欣喜，他命人前往关口核实，来人回报，康居确已降税。安息王本就不愿打仗，听说康居率先降税，国家颜面已经保住，当即降税为百分之五，并致书班超，以示感谢。

四十日后，班超收到安息王回信，信称已经降税，并请班超早日到安息一住，以解渴仰之思，言辞恳切，班超颇为感动。康居王得知安息降税，对班超十分感激。附墨王说："线人报告，安息已调集大军，准备对康居用兵，因得了班超书信，安息终止了军事计划。"康居王听罢，执班超之手，道："都护为康居免去战祸，小王感激不尽！"

一场酝酿许久的西域大战就此消弭，班超本欲北上乌孙，近感后背受风，不能远行，遂拜别康居，折返龟兹，途经疏勒、温宿、姑墨。诸国王侯将校列队相迎，邀班超入城，回到龟兹，竟已是次年初秋时节。

班超回到它乾城，见甘英在校场练兵，想起其母曾是望秋的侍女，心头不由得一热，将其唤到身旁，道："明月丫头中意你，你也中意明月，你二人早日成婚吧！"

甘英摇头，道："不可，当日我和班勇有约在先，谁胜谁娶明月！"

班超笑道："约定不作数，明月喜欢的是你，纵然嫁给班勇，亦做不成好夫妻！"

甘英摇头，道："男子汉大丈夫，说到做到，我一定要战胜班勇！"

甘英退下，赵森告诉班超，甘英已经与班勇立下誓约，半年一战，待到取胜之日，再娶明月。如果连败三次，则回洛阳，永不娶明月。

班超惊讶，道："何时立的三次约定？"

赵森道："听属下说，甘英战败之后，班勇见明月难过，主动找到甘英，说半年比一次，何时得胜何时迎娶明月。甘英十分感激，答应以三次为限。"

班超笑道："甘英武艺虽比不上班勇，但不失为好汉！"

第一次比试，甘英在班勇枪下走了三十招，第二次比试，甘英在班勇枪下走了六十招，不知道第三次比试如何。

转眼到了隆冬时节，又到了甘英和班勇比武的日子。班超、白霸、笛玉、明月皆到了现场。甘英已经连败两场，虽然甘英苦练枪法，但观战的人并不看好甘英。"甘英，你一定要打胜。"明月喊道，"你若不胜，我便不活了！"

班勇颇为气愤，道："明月妹妹，我就这般不讨你喜欢，宁死也不嫁？"

明月道："没错，我的眼里只有甘英！"

班勇道："好，今日我就看你如何死去！"言罢，班勇挥枪指向明月，甘英大惊，打马阻拦，班勇掉转枪头，指向甘英，甘英大惊，仓皇应对。班勇连连进攻，甘英连连败退，一连十余招打得甘英无还手之力。众人禁不住叫好，却听明月说了一声"卑鄙"。班勇收枪，对明月道："且看我如何英勇！"退到了一旁，给甘英喘息之机。

班勇道："甘英，你先进招！"

甘英对班勇琢磨已久，对其师承和路数早已了如指掌。他使出早已准备好的招式对付班勇，确实压制住了班勇的进攻，并稍占上风。班勇十分吃惊，这半年来，他并没有留心甘英，但是甘英的进步着实不小。他一面小心应对，一面研究他的招式，竟与甘英对敌了百回合之久，百回合之后，他逐渐熟悉了甘英的枪法。而甘英恰恰相反，他发现自己准备好的招式没有一招制胜，顿时生了绝望，只好反复演示，以便能寻得缝隙，哪知道自己没有寻得缝隙，却被班勇寻到了。班勇见他重复招式，想到了克敌办法，抓住机会，连连反攻，打得甘英手忙脚乱，不到三五招，就将甘英的兵器打落，将长枪对准了甘英。

"啊？这不算，这不算！"明月喊道。

甘英十分绝望，站在当场，一言不发！

白霸道："甘英，你输了，明月归班勇所有！"

"我不娶明月！"班勇突然道。

白霸问：“你为何不娶？”

班勇见甘英已经输了，明月将嫁给自己，心里得意扬扬。想到明月对自己不屑一顾，班勇欲挽回颜面，道：“明月不肯嫁我，我娶了也心塞！”

白霸问：“既然不想娶，为何还要与甘英比试？”

班勇道：“我想成全甘英，希望他能奋发图强，早日战胜我！”言下之意，甘英奋发一年，仍未取胜，足见自己英勇！在场众人也都点头，夸赞班勇讲义气。

这时，班超站了出来，斥道：“大胆班勇，婚姻大事，岂能儿戏？”

班勇道：“并非儿戏，只是明月心中没我！”班超想班勇说得有道理，便问：“你确实不肯娶明月？”班勇想说肯娶，但他话已说出，此刻若改口，颜面尽失，只好硬着头皮说：“我不娶！”

班超上前一步，道：“甘英，你虽然三败于班勇，但你对明月丫头的心意，众人看在眼里。按照规则，你败了，定然不能娶明月，但班勇不娶明月，明月仍是待字闺中。现在我许诺，你若做到一件天大的事，可娶明月。”

甘英双眼放光，问：“何事？”

“出使大秦，开通龟兹到大秦的天路，绘制成图，奏报天子！”

“我答应！”甘英斩钉截铁。

“父亲，不可！”班勇惊慌道。

“有何不可？”班超问。

“刚才我说的都是戏言！”

“男子汉大丈夫，说出去的话如泼出去的水，焉能做戏言？”班超道，“甘英，你既答应，开春便出发，命你从军中择义士三十人，随你出关！”

明月道：“都护，可否换一件大事？大秦远在数万里之遥，比汉远两倍，又横跨远域数国，听说常有赤发人出没，一路上还有许多猛兽，甘英出使大秦，实乃九死一生！”

班超道：“出使大秦，确实九死一生，但不肯出使，便不能与你成婚！”

“父亲！”班勇道，“请准孩儿出使大秦！孩儿平生志向，就是像父亲一样，征伐西域，为朝廷建功！”

甘英跳下马，跪在地上，道：“都护，我去。甘英一直以都护为榜样，纵然不娶明月，甘英也愿出使大秦，为大汉开辟商路！”

班勇与甘英争执良久，但众人此刻偏向了甘英，对甘英的执着生了同情之心，纷纷恳求班超，准甘英出使。班超见众人求情，道："既然如此，就由甘英代本都护出使！"

三个月后，西域进入初春时节，甘英带着都护府通关凭证和三十名壮士离开龟兹，往大秦去了。明月站在城上，含泪目送甘英离去。班勇听说明月泪别甘英，十分难过，每日不振。赵森见此，提着羊肉，找到班勇，安慰道："此去大秦有两万里之遥，康居人说，路途三万里有余，如此长途跋涉，远过洛阳一倍有余，甘英何时到，又何时归，或未可知！"

班勇问："赵叔叔何意？"

赵森道："想当年，张骞出西域寻找大月氏，被匈奴擒获，一困十年。今甘英出葱岭，经康居、大宛、安息，入大秦，横跨数万里，难免遭遇土匪、猛兽、战乱！如果甘英两年不回，恐有意外，那时明月尚未出嫁，你岂不是又得机会？"

班勇思忖赵森说得有道理，转念又想，甘英替父出使，自己不盼他早日归来，却盼他出事，实在难称得上光明磊落。他便对赵森道："赵叔叔美意，班勇心领，班勇在此发誓，甘英出使期间，班勇绝不乘人之危！"言罢，摔了坛中酒。赵森摇头："朽木不可雕也！"

一晃两年过去了，除了明月、班勇，几乎已经没有人记得甘英出使大秦的事。班勇和明月也都成年。眼见班勇又长两岁，笛玉着急起来，见甘英迟迟不回，以为甘英再回不来了，便想让班勇和明月成婚。班超听说，拦住笛玉，道："汉人成婚后，男子在外征战，生死不明的，女子不能随意改嫁。贞节最为重要，如男子回来，该当如何？"

笛玉不以为然，反驳班超："纵有回来的，也是少数，岂能因少数，耽误生儿育女的大事？"便想劝说明月，明月以泪洗面，道："明月此生非甘英不嫁，如甘英不回来，此生孤身一人！"于是笛玉断了迎娶明月的念头，就打算改从王侯将校家眷中，择美貌贤淑者，嫁与班勇。奈何班勇心念明月，不肯另娶，笛玉陷入两难，常与班勇斗气。

第九十九章

出使归来甘英娶明月　诸国求亲班勇选美妻

一个平平常常的日子，甘英回到了它乾城。生活在龟兹的人震惊了，原以为他可能再也回不来了，却没有想到他回来了。追随甘英的还有安息商人，他们随着甘英来到了龟兹，希望能见到班超，并到大汉做生意。

班超看到甘英平安归来，十分高兴，知道甘英一定有所收获。班超命赵森将诸国商人带到客栈，好生招待，为甘英准备洗漱用具，然后召汉军副校尉以上军职到议事厅，请白霸到都护府，待甘英洗漱毕，众人起身，迎接甘英。

众人见甘英脸上黝黑，知他受了许多苦，又见他举止得体，神态自若，知他干练许多，再不是两年前与班勇比武的甘英。

甘英走进议事厅，跪在地上，磕了三个头，然后道："甘英拜见都护！"

班超道："请起！"

甘英起身，道："甘英自出使以来，行程五万六千里，历经大小二十余国，所行路线已绘制地图，所见所闻，已记录成册，呈请都护阅览！"

赵森接过羊皮图和竹简，交给班超。班超打开羊皮图，见此图一路往西，经大宛、大月氏、安息到了西海，便问："大秦在何处？"

甘英躬身道："回都护，大秦在西海西。"

"你有无到大秦？"

"甘英没有！"

众人听罢，长叹一声。甘英解释道："属下历尽千险，用时七个月抵达安息王城和犊城，安息王感念都护调停康居恩德，选派熟悉地形之人为甘英引路。甘英行数千里，抵达西海岸。安息人对我说，入西海，需备三年粮食，顺风三月可达，逆风一两年才到。属下想，那大秦远在西海深处，实在遥不可及，便折返回了龟兹。"众人点头，心道原来如此。

大秦即罗马，西海即波斯湾。原来甘英抵达西海界，安息担心甘英打通商路，就此失去商贸优势，便欺骗了甘英。甘英不知实情，还报班超。班超虽有疑，然大秦远在数万里之遥，无从考证，便不再追问。

白霸问："安息国如何？"

甘英答："大国也，南北数千里，东西数千里，地域极广，只是土地贫瘠，不能生产五谷，人口不如大汉。"

赵森问："大月氏如何？"

甘英答："亦大国也，安息以东，东西千里，南北数千里。"

白霸问："身毒在天竺何处？"

甘英答："身毒便是天竺，在大月氏以南，与大月氏同俗，近大海，好骑象。"

众人又问有何异俗奇事，甘英皆对答如流。

天渐黄昏，议事厅昏暗，甘英说了些诸国习俗趣事，众人听得心驰神往，竟忘记吃饭。班超命人掌灯，命后厨准备晚饭，议事厅内不时传来欢笑声。

听说甘英回来，明月难以按捺心中的激动，便要与甘英相见，以诉相思，被笛玉阻拦。笛玉道："甘英代表都护府出使，当以复命为先，儿女情在后，你断不能使其当众出丑！"明月回到房中，等待甘英从议事厅出来，从正午等到黄昏，从黄昏等到晚上，到了二更，还不见甘英出来。明月着急了。她走到议事厅房外，见到班勇，班勇笑道："甘英满载而归，声名大振，看来早将你忘了。"明月"哼"一声，推开大门，踏进议事厅，走到甘英面前，大声道："甘英，你是不是在安息有了别的女人，将我忘了？"

众人惊望着明月，不知道话从何来。甘英嘴里含着羊肉，一脸蒙相，道："没有啊，不是说好回来娶你的吗？"

"既然回来，还不来找我？"

"都护问话呢！"

明月还将要说醉生梦死的话，班超起身，道："甘英一路风尘，十分辛苦，今日暂且到这里吧。"

众人知道明月对甘英情深，也都附和："甘英，回去休息吧！"

甘英意犹未尽，所见所闻还没有讲完，哪知明月拉着甘英衣袖便要出门。走到门口，明月又折返回来，道："都护，我和甘英何时成婚？"

班超愣了一下，道："十日之后是良辰吉日，就选十日之后吧！"

"十日太久了，三日吧，请都护为明月主婚！"

"好吧，你既然如此心急，三日就三日，所有开销，全由都护府支应！"

明月突然跪在地上，给班超磕了三个响头，道："都护大恩，明月永生铭记！"甘英见此，走到明月左侧，并肩跪了下来，向班超磕了三个头。

三日后，甘英和明月在都护府举行了婚礼。都护府喜气洋洋，唯有班勇不快，一人在城外的草原上策马狂奔。

天近正午，班勇在大柳树下静躺，暗自思忖，明月该要拜堂了，可惜新郎官不是自己。正难过时，南边来了一队人马，遇到岔路口，向班勇问路。

"勇士，打扰了，它乾城如何走？"

班勇眼皮也不睁，指了指左侧的大路，那人意会，呼唤同伴往左侧大路走去。那队人马路过的时候，班勇听到一名女子的声音："为何让我嫁给班勇？我都没有见过此人！"

又有一名老妇道："那班勇勇冠三军，又是都护之子，亏不了公主！"

班勇听到二人讨论自己，禁不住坐起来，却见那队人马已经走远，他愣了半晌，暗想：这队人难道是来龟兹结亲来了？想了一会儿，觉得不可能，西域之俗，求亲多是男方到女方家，哪有女方亲自上门的？只道是自己听错了。

过了一炷香的工夫，又有一队人马经过，一人上前，道："这位朋友，敢问它乾城怎么走？"班勇躺在地上，眼皮不抬，指了指左侧的大道，那人领会，对同行的人说："左边去它乾城。"众人呜呜大叫，那人又问班勇："朋友，此处到它乾城还有多远？"班勇伸出手掌，那人对同行的人说："还有五里路就到它乾城！"同行的人举着手，又呜呜大叫。

一行人有四五十人，打马往它乾城去，班勇听一人说："马上就见到公子了，听说此人一表人才。"另有一人道："我们可要快些，休要被别国抢了先。"

班勇惊疑，睁开眼，见这队人马已经远去，不知道它乾城究竟发生了何事。他刚要躺下来，又有一队人马过来，不等有人问路，班勇坐了起来，却见领头的是沈祥。

"勇儿，你为何坐在此处？莫不是专程来迎接沈叔叔？"

"沈叔叔，你为何至此？"

"原来不是迎接我的！刚才是否有人途经此处，去往它乾城？"

"有两拨人马过去了！"

沈祥一拍大腿，道："坏了事，我姑墨近都护府，却叫人抢了先！"他转头对人喊道，"火速赶往它乾城！"后队的人听了，急切走向大道。

班勇问："沈叔叔，发生了何事？"

沈祥道："你和甘英的誓约在西域早传遍了，今甘英折返，沿途诸国早已知晓。诸国料想，都护必将明月嫁给甘英，如此一来，你便成了金童。诸国都想将国中的公主、美人嫁你，以结盟好！"

"原来如此！"班勇道，"今天正是甘英的大婚之日！"

沈祥大惊："万没有想到如此之快！"他指着坐在远处马背上的女子道："这是你妹妹沈随勇！"

"她不是叫玉莲吗？"

"刚改的名字，随勇嘛！当然是你去哪里，她去哪里了！"这时又有一队人过来，沈祥说了一声"不好"，便上了马，道："勇儿，岳父先走一步了，晚一会儿，你就被别人抢走了！"

沈祥刚走几步，饶锦文带着一队人来到了班勇面前，笑道："刚刚过去的是不是沈祥？"

班勇点头，说："正是！"

饶锦文道："到底是快了我一步！"说罢，打马就走。

班勇正犹豫是否回城，身后又有一队人走来。这队只有三五人，领头的是一名女子。班勇料定这队人要向他问路，索性等他们过来。

稍后，这队人果然往班勇走来，却见领头的女子穿着青色衣衫，身上披着裘皮袍子，十分美丽。那女子下马，走向班勇，用龟兹话问："这位勇士，它乾城如何走？"

班勇见这女子长得汉人模样，用汉话问："你们是汉朝来的？"

女子长出一口气，笑道："原来你懂汉话！正是，小女子从洛阳来，去往它乾城，拜见都护！"

班勇见女子长得俊美，大喜，心想正可借机搭话，便问："不知道姑娘见都护何事。"

那女子道："家兄出大汉五年有余，书信说，家兄一直追随都护，只是近两年不见书信，特来寻访！"

班勇随口问："令兄姓甚名谁？"

那女子道："家兄姓甘，名英！"

"甘英！"班勇十分吃惊。

"壮士认识家兄？"

"何止认识？令兄夺了我的发妻！"

"竟有此事，壮士莫不是都护的二公子？"

"正是！"班勇小声嘀咕，"想不到我班勇竟然丢人丢到洛阳去了！"

那女子"咯咯"一笑："想不到在此处见到公子！"

班勇颇不耐烦，道："既是甘英妹妹，请吧！从左侧大道一直走，五里之后就是它乾城了。"

那女子笑道："瞧你一表人才，竟为一名女子苦恼至斯，与你那兄长刚毅性格真是天差地别！"

班勇本不想理会她，听她提起兄长，马上追问："你见过我兄长？"

"小时候，雄哥哥经常带我逛洛阳市，看龙船和花灯，你说我见没见过你兄长？"

"我哥哥现在成家没有？有无在大汉做官？"班勇问。

那女子看着天上的太阳，说道："哎呀，错过了午时，吃不到饭了，好饿，没有力气说话！"

班勇没好气："原来是要骗吃骗喝！随我回城吧，我给你找吃的！"他上了马，问那女子，"你叫什么名字？"

"终于想起来问我名字，是不是因为我哥哥抢了你心爱的女人，不想和我说话？"

"不想，一点都不想，想起你哥哥，我就气得牙根痒！"

"咯咯，你既是都护公子，谁又能从你手中抢到女子，定然是那女子喜欢我哥哥，胜过喜欢你！"

班勇道："那是，若是喜欢我，你哥哥也抢不走！"

"那就是了，那姑娘不喜欢你，你转而生我哥哥的气，这是什么道理？"

班勇哑口无言。

因那女子走得快，班勇也未及多问几句关于班雄的话。不多时，二人便来到了城下，遇到了将要出城寻找班勇的赵森："勇儿，你去了哪里了？城里把你找了个遍，也不见你！"

"城内的事与我无关，我出来遛马了。"

赵森看到了甘英妹妹，问："这位是？"

班勇打趣说："这是甘英妹妹，听说哥哥大婚，跋山涉水来了西域。"他想起甘英妹妹还没有说自己的名字，转过头，问："你叫什么名字来着？"

"小女子叫甘蓉！"

赵森喜道："太好了，你哥哥正在迎娶夫人。诸国来了很多客人，快进城吧！"

"谢谢大人！"

众人入了城，来到都护府，却见都护府内外坐满了人。大家见到班勇来了，纷纷叫唤："都护，公子回来了！"

众人连忙将座位让开，将班勇请过去。班勇没有想到自己这么受欢迎，连忙拱手，道："诸位叔伯，有劳了。"众人将他迎到都护府门口第一桌，有的问怎么回来得这么晚，有的问吃饭没有，有的为他倒酒，场面竟胜过打了一场胜仗！

稍后，班超走了过来。班勇见到班超，连忙站了起来，说了一声"父亲"，班超斥问："甘英大喜，你去哪里了？"班勇不敢说真话，只好道："诸国来了宾客，勇儿出城迎客去了，不想这会儿才回来！"班超本不想过问班勇去哪儿，也无心追问，道："诸国使节前来做客，你要尽主宾之礼！"

班勇躬身，道："是，父亲。"班勇拱手对诸国客人，道："诸位将校、都尉、骑君，诸位叔伯兄弟，班勇有礼了。"说罢，躬身施礼，道，"诸国远道而来，一路风尘，辛苦了，今日是都护府甘英大婚的吉日，因婚礼匆忙，饭菜准备不足，请诸位先就午饭，下午我将宰牛杀羊，晚上设宴，厚待诸位客人！诸位晚上必将酒足饭饱，不虚龟兹之行！"

众人拊掌说好，沈祥道："勇儿如此，足见都护风采，只是我等前来，不单是为吃喝！"

饶锦文道："正是，另有大事要论！"

班勇道："诸位此行，意思我已明了，只是诸国皆为贵邦，身后皆为佳丽，班勇不敢擅自做主。"

沈祥笑道："既是为你选亲，自然你做得了主，是不是都护？"

班超微微一笑，道："这个自然！"

沈祥道："勇儿，依岳父来看，诸国之女皆不如随勇。随勇有大汉血统，又与你相识，你如娶随勇，实乃天作之合。"

沈祥言罢，众人皆反驳，于阗使者道："论美貌，诸国之女皆不输姑墨，何以弃诸国之女，独选姑墨？"众人皆称是。

争辩之中，听一人"咯咯"大笑，众人回头，却见是一名女子。

远处的甘英看到了甘蓉，惊道："蓉妹妹！"连忙上前，问，"妹妹何时来的？"

甘蓉笑道："刚到！"

沈祥问："甘英，这是你妹妹？"甘英点头，沈祥摇头，"怎么笑得如此大声？毫无淑女样子！"

甘蓉笑道："甘蓉自幼喜好骑马，不好织布绣花，也就谈不上淑女了！"

沈祥皱眉："大汉民风不如往日了。"

甘蓉道："与大汉何干？大汉六千万众，岂能因小女子而定民风？"

沈祥道："大汉虽有六千万众，但在西域的汉人不过数千，所能亲见，不过三两人耳，所以在一些西域人眼中，你就是汉人，你的样子就是大汉的样子。"

甘蓉躬身施礼，道："大人教训得是，小女子知错了。"

饶锦文上前解围，道："沈大人说得有道理，不过西域豪放，不能处处约束。在大汉，女人是喝不得酒的，在西域却可以。依我看，甘蓉颇有英雄气，不失大汉风采！"

甘蓉十分高兴，道："多谢大人夸奖！"

饶锦文道："言归正传，再谈勇儿的婚事。今公子成年，诸国皆有女选送，抵达它乾城者，已有五六国，听说其他国也在陆续赶来。放眼望去，尽是佳丽，都护如何选择，还需早做决断，让诸国有所准备！"

班超尚未说话，甘蓉便抢话："那还不简单，既然都是美女，每位公主头上遮个盖头，公子走到人群中，停在哪位公主面前，就选哪位公主！"

沈祥气道："胡闹，这不是等同于抓阄吗？"

班勇笑道："不如将每位公主的名字写在竹简上，装进竹筒里，然后由母亲摇签，先掉出来的竹签写着哪位公主，就娶哪位！"

白霸笑道："如此也太过荒诞，公子大婚，不能太过儿戏。"

饶锦文道："总不能比试才艺吧！"

白霸道："西域尚武，没有琴棋书画，才艺比试就免了。刚才甘蓉姑娘说得有道理，选人要当众，诸国都是美女，加个盖头可使公子不会以貌取人，以免诸国不服。"

坐在一旁的班超忽然站了起来，道："就依龟兹王所言，选妻遮盖头，时间定于三日之后！”众人皆惊。

事情议定之后，又有十余国送来公主，向班超求亲，笛玉大喜，召班勇道：“明月虽没有嫁你，但诸国皆爱你，争相嫁女，此情可抵明月之痛否？”

班勇道：“虽有所抵消，但仍难抹心中之痛！勇儿只是有一事不明，父亲为何要遮诸女盖头。想母亲给赵叔叔娶亲之时，还在校场列队，如今好了，连脸都不让看了。”

笛玉道：“诸国尽送公主，但被选中者只有一人，落败者难免失落，恐生摩擦。如遮盖头，可免去诸国分歧！”

班勇道：“这个道理我也明白，只是这样选了不中意的该当如何？”

笛玉笑道：“你如有中意者，可预先记下她的身形、衣帽，那时有无盖头又有何关系？”班勇恍然大悟。

三日后，班超在都护府后院辟出一块空地，请出诸国选送的公主、美人。诸国使节为讨好班超，为公主、美人选定了汉服。班超、白霸、沈祥、饶锦文、赵森及诸国使节已经来到了后院，各国公主、美人都在房中准备，到了巳时初刻，侍女将诸国公主、美人引到场中，依次站立。是时，诸国公主、美人头上已经顶了红色盖头。沈祥笑道：“虽然有了盖头，但随勇的身形勇儿是记得的。”于阗使节听了，十分不满，道：“都护，这不公平，公子记得姑墨公主身形，有失公允。”

班超道：“既然如此，为诸公主、美人赐座！”众侍女搬来椅子，诸国公主、美人就座。赵森到房中请来班勇，班勇见诸国公主、美人穿着汉服，头顶红盖头，难分你我，躬身对班超道：“父亲，如此安排，勇儿实在难选！”

班超道：“准你问三个问题，诸国公主无须回答，只要举手即可！”

班勇皱眉，心道：“只好看天命了！”他想了想，走到场中，道：“诸位公主、美人，我是班勇，诸位远道而来，班勇十分荣幸，下面我向大家问三个问题，是就举手，不是就不举手，诸位如果明白，就请举手！”诸国公主、美人听了班勇的话，举起了右手。班勇笑道：“好，说明大家都听得懂我说的话！我要问的第一个问题是：你们谁会烤羊肉？”

众人大笑，白霸笑道：“公子还担心吃不到羊肉啊！”班勇笑道：“会烤羊肉的公主不多！”却见众公主、美人有四五人举起了手。班勇又问第二个问题：“会骑马的举手！”这时，大半的人都举了手，班勇点头，道：“最后一个问题：将来愿意陪我回大汉，一辈子不回来的举手！”

场中只有一人举手，众人皆惊。

第一百章

选亲未果班勇吃一惊　徐幹病重班超赴盘橐

班勇喜道："父亲，这回选出来了！"班勇上前一步，拉住举手女子的手臂，道："父亲，只有她才能追随我，共度一生！"

班超十分欣慰，不断点头。众人都上前恭喜班勇。班超道："这位公主请上前一步说话！"班勇挽着女子上前一步。班超道："请将盖头掀开吧！"班勇欲掀盖头，那女子不肯。班勇从女子身后将盖头扯下，却见女子捂脸低头。班勇拉着女子手臂，女子露出半边脸，班勇惊道："甘蓉，怎么是你?"

众人大吃一惊，问："她怎么在这儿?"站在远处看热闹的甘英见妹妹站在场中，走上前来，问："你怎么在这里?"甘蓉十分不好意思，道："选亲之前，我来看热闹，结果姑墨的公主闹肚子，就让我顶替一下！"

众人听说，只觉得又好气又好笑。这时，沈祥的女儿随勇站在众人边角，被沈祥看到。沈祥怒斥一声："随勇，你过来！"随勇嘟着嘴，走到沈祥面前。沈祥问："她说的可是实情?"随勇嘟着嘴点头。

"胡闹，婚姻大事，岂能如此儿戏！"沈祥气道，"都护，既然甘蓉姑娘是顶替的，那么嫁给勇儿的，就应该是我们家随勇。"

"我不嫁！"随勇道。

沈祥吃惊地问："为何?"

"公子将来要回大汉，永不回西域。我不想一辈子都见不到父亲和女王！"

沈祥气得差点栽倒，他尽量压低声音："那都是班勇骗人的！"

"我才不信，勇哥哥英雄盖世，才不会骗人！"

沈祥无奈，道："你且休息去吧！"随勇被带了下去，诸国使节颇为不服，纷纷吵闹，要求班勇再选一次，而沈祥认为不能再选，一次为准。班超也觉得事发突然，不宜再选。诸国使节再三劝说，班超道："刚才勇儿问，哪位愿随他去大汉，诸位公主无一举手，只有甘蓉一人。甘蓉为何举手？是因为她是汉人，她以为随勇会举手，所以替她举了手。但事实是，诸国公主都不肯入大汉，这便如同大汉的公主不愿入西域一般。千山万水，万里迢迢，相隔的又何止是河西走廊？班某入西域二十余年，思念故土，恨不能回，近年，班某有意回大汉，填埋身躯，魂归故里。勇儿乃班某次子，至今未踏中土一步，返回大汉之时，班某有意携子回乡，那时，勇儿或将留在中原，所结发妻，一并住洛阳。"

班超说话时，诸国使节无不戚戚然。白霸道："都护虽年迈，但身体依然健朗。西域诸国对都护无不爱戴，万望都护不要弃白霸而去。"

班超道："人终有落叶归根之时。年少时，总想走得远点，希望能到最远的地方，看到大漠的风景。年迈之后，就总想回到生养的故土，闭上最后一口气，心无所憾！"

众人听班超说得悲凉，被班超的话感染，纷纷劝说。沈祥道："都护功成名就，大业已成，此生无憾。只是西域不可一日无都护，都护如走，西域恐将再陷战乱！"

沈祥言罢，众人皆称是。班超道："诸国升平，再无纷扰，只要各守边界，西域无忧！"

白霸道："以都护的身体，朝廷万不会准都护返京。我的看法是，都护如返乡，请将公子留下，继任都护！我与诸国将全力辅佐公子！"

班超摆手，道："万万不可！"众人问："为何？"班超道："一者，西域都护府是大汉朝的都护府，不是班家的都护府。班超走后，只能由朝廷选派，皇帝任命。二者，班勇无尺寸之功，留在西域，不能服众。三者，班勇如统领西域，时日久了，恐会割据一方，有碍朝廷一统。"

饶锦文叹道："都护说得是，都护始终心系大汉，无怪乎大汉三朝皇帝都器重都护！"

班超道："话到此处，我想诸位已经明了。既然诸位公主不肯去大汉，也就不必再坚持了。"众使节本以为班勇会继任都护，是以都极力推荐自己的公主，今见班超欲返回大汉，又要将班勇带回洛阳，便不再坚持。

在东汉，西域到洛阳是超过天际的距离，是遥不可及的距离。不论是汉夷的观念之分，还是地理距离差距，一位西域姑娘远嫁洛阳，是罕见的。

永元十一年冬，薛五遣子送来书信。信说，徐幹病重。薛五本应亲自送信，奈何旧伤复发，不能下地，特遣长子报信。

班超读罢书信，双手发抖，叫来马车，欲亲往疏勒。班勇见班超身体不佳，连忙拦住班超，道："父亲，疏勒道远，又兼风寒，万不能出此远门！"

班超道："徐兄与我患难多年，今病重于长史府，我岂能不亲见？"

班勇跪在地上，道："儿愿代父亲往！"

班超道："不可，速去为我准备马车！"

这时，笛玉上前，扶起班勇，道："照你父亲说的做！你父一生重情重义，此时徐幹危在旦夕，你父又岂能止步于风雪？"

班勇为难，道："只是父亲这般身体，如何担得了风寒？"

笛玉叹道："我也多年没有回疏勒了，就陪你父亲走一遭。你准备车驾，备足木炭，定能平安抵达疏勒。"班勇说了声"是"，便出去了。

次日清晨，班超和笛玉登上了去往疏勒的马车，因道路崎岖，车行缓慢。饶是如此，到了第五日，车还是坏了。就在班超和笛玉准备改骑马时，身后追上两驾马车。凝神望去，驾车人竟是甘蓉。

"都护、夫人，甘蓉来也！"

寒风中，班超和笛玉眯着眼睛，因风太大，连张嘴说话的力气都没有，只好惊望着甘蓉。甘蓉迅速从班超和笛玉的眼神中体会到了惊讶，连忙解释："我听说公子只准备了一驾马车，心想西域的路不比洛阳城的官道，就拜托哥哥找来两驾，一路追来，追了三日终于追到了都护和夫人。"

班超和笛玉仍然惊望着甘蓉。甘蓉见班超二人仍不说话，以为自己做错了事："都护、夫人，甘蓉是不是做错什么了？"

这时，笛玉张口了："孩子，你很好，心思细，胆子大！"

"真的？"甘蓉露出欣喜的表情。

"真的，勇儿，快扶你父亲上车！"

班勇这才回过神，连忙扶班超上车。

众人原本以为班超要骑马赶路，担心班超的身体，万没有想到此时甘蓉会送来车驾。

笛玉掀开车帘，道："甘蓉，你上车来吧，外面冷！"

"不了，夫人，外面挺好的，风景好。"

"你如果嫌车里挤，坐后面那驾！"

"夫人，恕甘蓉直言，这驾车恐也到不了疏勒，后面那驾是给都护和夫人替补用的。"

笛玉放下车帘，坐回车内。班超闭着眼睛，道："甘蓉这孩子，有心！"

笛玉叹道："可不是，当初选亲的时候，这么多的公主，只有她一人肯随勇儿回洛阳！"

班超道："此事给我很大的启示。"

笛玉道："什么启示？"

班超道："勇儿要娶汉人妻子！"

笛玉十分不屑："你这是什么想法？"

班超："勇儿在西域久了，失去了汉人的智谋和儒雅。你看甘英，勇武虽不及勇儿，但智谋超群。"

"你希望甘蓉做儿媳？"

班超笑道："难道不可以吗？"

"勇儿对明月和甘英的事一直耿耿于怀，又岂能娶甘英的妹妹？"

"有何不可？如果勇儿娶了甘蓉，哪里还会记得明月的事？"

这时，车外传来甘蓉的声音："都护，公子岂能看上我这山野丫头？"笛玉掀开车帘，看到甘蓉打马追逐班勇，随后笑着落下了车帘。

十日后，班超一行抵达疏勒，守关的将领早已将消息告诉了疏勒王成大。成大率领千夫长以上军职将领迎接班超。班超穿上朝服，梳理整齐，从车上下来，成大率疏勒人跪拜迎接。

再次来到盘橐城，班超感慨万千。一路上，他回想起在盘橐城生活和征战的日子，回想起城中的疏勒人，仿佛都是遥远的往事。现在终于见到了，那城墙上的缺口，仍然是尤利多围城时留下的刀痕。

听说班超回盘橐城，整个盘橐城的人都来了。他们站在远处，在成大搀扶班超的时候，不知道谁先喊了一声"都护"，继而所有的人都叫了一声"都护"。

大概是暮年的原因，班超觉得此刻有些凄凉。他的眼眶里充满了泪水。思念班超的疏勒人没有感受到班超心中的那份凄凉。那些准备好的鼓手忽地敲打起来，继而引来了疏勒人的欢呼声。一时间，城门口充满了喧嚣，人们热烈地欢迎班超回到疏勒。班超在热烈的欢迎中，忘却了悲伤，转而调动起了欢乐的情绪，在成大的搀扶下，走进城门，迈向长史府。

长史府是从前的都护府，除了房屋有些老旧，几乎没有任何变化。站在门口迎接班超的是薛五和蓝云，蓝云满鬓白发，班超几不能认。

"是蓝云吗？一别十几年未见，竟苍老如斯！"

"岁月不饶人，都护也老了！"

"正是，可还有年少的傲气吗？"

"多活一日赚一日，何来傲气？不过，如果能重返年少，我想我还是那个风风火火的蓝云！"

薛五打断了蓝云的话，道："都护此行有大事。都护，长史大人正在房中，请移步！"

班超不敢怠慢，快步入院子："徐兄，班超来也！"

班超走到徐干的卧房，见到徐干在侍从搀扶下，正站在门口，望着班超。班超快步走向徐干，握着徐干的手，道："徐兄，你不在床上，怎么站起来了？"

徐干笑道："听说都护不远千里来到疏勒，徐某的病好了大半。"

身后的薛五道："头些日子，长史大人一直躺在床上，今日都护来了，长史大人身子一下就好了。"

班超望着徐干，说："门口风大，快到房内坐着。"

一行人簇拥着进了房间，原本宽敞的卧房顿时拥挤起来，侍从们不得不退出门外。

班超见徐干无碍，问："听薛五说你病得很重，这是怎么回事？"

徐干道："病来如山倒，原本想向陛下上道奏折，请旨回乡养老。只是突然受了风，觉得身体像是浸了水，元气不在了！这个病如果是在洛阳，服些草药就是了，但这西域医术有限，恐怕熬不过冬天了！"

班超道："休要说泄气的话，班某还想再活三十年呢！"

徐干道："我们不是姜子牙，没有那么长寿，能活他一半，就是赚了。"

薛五道："追随都护入西域的兄弟们，都老了，近年已有十余人病故，有的是旧伤复发，有的是痛风，有的也不知道是什么疾病。"

徐干叹道："该回去了，来西域有些年头了！都护大业有成，为大汉立下盖世功勋，不负年少之志，可谓功成名就！"

班超握住徐幹的手："这些功劳都离不开徐兄和汉军的兄弟，还有西域诸国百姓的支持！"

徐幹道："得民心者，可得天下。西域五十余国，地处偏远，乃大漠苦寒之地，不通文字，不通教化，无仁义礼信。都护率三十六人出西域，渐平诸国，不费华夏之力，尽得人心。虽增派义士一千八百，但远不足武帝时一偏师，可谓神功！徐幹追随都护二十年，日夜受教，得慰平生。他日都护回到洛阳，详述西域三十载，可使余名书于西域传，不负苦寒二十年！"

班超眼眶湿润，道："青史不忘徐兄！"

徐幹道："徐某难回洛阳了，都护身体硬朗，徐某劝君侯早回，洛阳还有亲人在等你！"

班超想起班雄，拱手道："徐兄良言，班超谨记！"

成大见班超和徐幹说了会儿话，忍不住打断班超："都护，晚上请入宫吃饭，成大在宫中为都护接风！"

班超道："多谢疏勒王美意。今天我就住在长史府，明日再去叨扰疏勒王！"

成大见此，不好勉强，道："既然如此，成大冒昧，晚上也在长史府吃饭，只是都护离开疏勒多年，国中的许多人想见见都护！"

这时，徐幹道："该见，疏勒人特别想念都护！"

众人都劝说班超。班超笑道："我也颇想念大家。徐兄，你稍坐，我去去就来！"

徐幹笑道："好，我命人准备晚饭，等你回来！"

班超起身，众人簇拥着班超，离开了徐幹的卧房，来到了长史府前院，只见院中站满了人。这些人都是从前追随班超打仗的人，而今已是暮年，有的人还是在儿子的搀扶下出来的。

"听说都护要来疏勒，我激动得好几个晚上都睡不着！都护是什么人，那是天神，能掐会算，遇难成祥，是疏勒的贵人，只要都护在，疏勒就能平安无事，屡战屡胜！"

"都护来西域的时候，就一直在疏勒。不管什么时候，只要都护在，我们就放心。两代龟兹王都被打退了，还有那个大月氏副王，七万大军，连个城都没有进，就退兵了！"

班超笑道："那个时候是我最苦的日子了！"

众人围着班超说话。甘蓉拉着班勇衣角，示意要和他说话。班勇听众人说得津津有味，眼看着就要说到儿子了，不想甘蓉一直叫他，道："你干吗？"甘蓉见班勇不肯随她过去，只好附耳说："长史大人不行了！"

甘蓉说话的声音虽然很小，但是众人还是听到了，大家马上都不说话，全惊望着她。班勇忍不住责怪："你瞎说什么？"甘蓉十分委屈："我没有瞎说！"

这时，侍从匆忙从后院跑来："不好了，不好了，长史大人死了！"

众人又是一惊，连忙跑向后院，见到徐幹躺在床上，已然没有了呼吸。众人感到不可思议，纷纷说："刚才不还好好的吗？"但班超不感到惊诧，已近七十岁的他见惯了生死。他语气平静地说："刻牌位，搭灵棚，写奏折！"

这时，房中传来了哭声。侍从们和女眷们围在床前，大声痛哭。班超起身离开卧房，来到了议事厅，看着熟悉的摆设，感觉尘世间这一切都将离自己而去。

长史府很快拉起了白幡，搭起了灵棚。班超叫来甘蓉，问："你怎么知道长史将要去世的？"甘蓉道："薛大人说长史卧床月余，但是我看他精气神不足，猜他可能是回光返照！"

班超长叹："不错，是回光返照！孩子，你为什么来西域？"

"好奇，想看看西域是什么样子！"

"很好，年轻人就是要这样。不过你是个女孩子，不能太疯，想嫁人吗？"

"都护是要我嫁给班勇吗？"

班超点头："你俩性情相投！"

"班勇不愿意。"

"为何？"

"他说他不想娶甘英的妹妹！"

班超勉力一笑，道："你是你，甘英是甘英！"

"要我说，就是班勇小心眼，有什么大不了的，娶不到我嫂子，还不愿和我哥哥做亲戚！"

"你想嫁给班勇吗？"

"不能看我想不想嫁，要看班勇想不想娶，哪有女孩子主动的？再说这大漠这么大，班勇随便哪儿搭个帐篷，我都愿和他在一起！"

班超又是一笑，道："你说的我明白了，明年开春，你们就回洛阳吧！"

"真的？"甘蓉到西域数年，思念洛阳，对西域的那点好奇，早已被风沙吹得一干二净。见班超点头，甘蓉开心得手舞足蹈!

　　徐幹的丧礼办得十分隆重。下葬之日，盘橐城所有的百姓都来送别徐幹。班超站在远处，望着下葬的队伍走了十余里，不禁凄然泪下。

　　丧葬过后，城中又回到了往日的平静。长史府事暂时由班超署理，具体事务由薛五代办，但薛五身体也不佳，只好召饶锦文来疏勒，协助办理。

　　到了初春，寒风消退，班超准备返回龟兹。疏勒人见班超年迈，感到此次可能是最后一次见到班超，纷纷相送。临行时，班超拱手对疏勒人说："班超在西域三十年，到了天命之年，已是垂垂老矣。班超此时，只有一个心愿!"众人纷纷问是何心愿。班超道："回到故土，老死家乡!"疏勒人听班超说得凄凉，想到他在西域多年，都劝班超早日回汉。

第一百零一章
代奏归养班勇入皇宫　班昭请旨班超踏归程

　　因冰雪消融，道路泥泞，马车不能行，班超改骑马，行不数日，便到了龟兹。班超叫来班勇，道："我欲上书陛下，请求归乡休养。"班勇早知班超意思，道："儿愿随父亲回大汉！"

　　班超道："我在西域多年，深得陛下信任，不到万不得已，陛下断不会准我回大汉！"

　　"为何？"

　　"道理十分简单，我如在西域，西域太平无事，我若离开，诸国恐会离心离德！"

　　"另派西域都护就是了！"

　　"我后背受风，身体一日不如一日，你回到洛阳，须使陛下相信，我已病重，否则陛下以为我是托词，必然不准！"

　　"儿明白，定然不辱使命！"

　　"我今晚写奏折，你明日便出发！"

　　"儿有一请！"

　　"何请？"

　　"儿不知回大汉的路，甘蓉从洛阳而来，对沿途道路熟悉，请父亲派甘蓉随我同回洛阳！"

　　"你如想甘蓉随你一道回洛阳，只有一个法子可取！"

　　"娶了甘蓉？"

“正是！”

“万万不可，我与甘蓉哥哥甘英关系微妙，岂能与甘蓉成婚？”

“那就算了，既然有嫌隙，还找人家同路作甚？”

“即便我同意，甘蓉也未必肯同意！”

“我问过了，她同意嫁你！”

“原来她惦记我久矣！”

说通了班勇，班超当即命人将甘蓉、甘英叫来。班超问甘蓉：“我想将你嫁给勇儿，你可愿意？”

甘蓉道：“甘蓉愿意，只是听说都护要将班勇派往洛阳！”班超点头。甘蓉却又说：“那可不好，洛阳的美人多不胜数，班勇到了洛阳，见异思迁，说不定就不喜欢我了！”

“照你说来，你不肯嫁他了？”

“那也不是，我想与班勇立个婚约，若是班勇到了洛阳，仍喜欢我，我便嫁他，若是喜欢上别人，那便作罢！”

班超沉吟半晌，道：“这是个好法子，你们若真有缘分，便以此为誓约，甘英，你看如何？”

甘英道：“小妹心意，甘英明白，甘英感谢都护厚恩！”

甘蓉望着班勇，道：“班公子，可敢吗？”

班勇昂然道：“立就立！”二人走到一处，互相击了一个掌。

是日夜，班超通宵达旦，写了一道请求归乡的奏折。奏折道：

臣闻太公封齐，五世葬周。狐死首丘，代马依风。夫周齐同在中土千里之间，况于远处绝域，小臣能无依风首丘之思哉？蛮夷之俗，畏壮侮老。臣超犬马齿歼，常恐年衰，奄忽僵仆，孤魂弃捐。昔苏武留匈奴中尚十九年，今臣幸得奉节带金银护西域，如自以寿终屯部，诚无所恨；然恐后世或名臣为没西域。臣不敢望到酒泉郡，但愿生入玉门关！臣老病衰困，冒死瞽言，谨遣子勇随献物入塞，及臣生在，令勇目见中土。

奏折言辞恳切，甚为悲凉，令人落泪。书毕，天已经大亮，班勇已经在房外等候，班超将封存好的奏折交与班勇，道：“院外有十位勇士，保护你入关，他们身上有我为陛下准备的献物，你要好生保管！”班勇说了声“是”，向班超磕了三个头，转身走了。走到门外，见母亲笛玉正在门口，走向笛玉。笛玉挽住班勇的手："此去一路多险阻，遇事要小心，不要挑事！"班勇无暇听笛玉说话，四处张望，不见甘蓉。笛玉道："别瞧了，没来，甘蓉说得对，大汉的姑娘多，去了之后，可以好好挑。你父亲虽处西域，但影响颇大，朝中文武无不敬畏。受你父亲庇护，你哥哥班雄在洛阳享尽荣华，所以到了洛阳，不愁娶不到美妻！"

班勇无暇听母亲絮叨，见甘蓉不到，只好失望地走了，暗想回来再娶甘蓉。他点齐人马，检查好贡物、干粮、水囊，便出发了，走到了北门口，见一人站在城下，牵着马缰，不时张望，心中大喜。

"你这人怎么磨磨叽叽，慢慢腾腾的，我在这儿都等了你一个时辰了！"

"我在都护府等你，见你不到，还以为你不来了！"

"你家金贵，我哪能守在你家门口啊？"

"早晚也是你家，有什么不能进的？"

"呸，异想天开，还没嫁给你呢，到了洛阳啊，说不准我见到了别的男人，就嫁了！"

"谁敢，看我不劈了他！"

"了不起，上路吧！"

班勇见甘蓉随他一起去洛阳，心中无限欢喜，暗道："天下纵然美人众多，但我班勇独爱你！"

一行人一路向东出发，过了焉耆、车师、伊吾，来到了玉门关，之后入河西，进酒泉。酒泉郡守听说班超之子班勇过关入洛阳，十分热情，连忙款待，命女儿为班勇斟酒。班勇听说大汉甚重礼仪，不敢抬头，酒泉郡守问班勇是否成婚，班勇如实回答道："尚未成婚。"酒泉郡守大喜，连忙张罗，道："小女青阳年满十五，尚未定亲！"班勇连忙摆手，道："班勇虽未成婚，但已有婚约。"酒泉郡守怅然，只好独饮了一杯酒。

次日，班勇离开了酒泉郡，继续西行，过张掖、武威，诸郡郡守、都尉难免询问婚姻之事，班勇未免尴尬，只好说自己已经成婚。

甘蓉对班勇颇为满意。到了长安，甘蓉道："此处是前汉旧都，虽有破败，但不失国都气象，我带你到城中一走！"

班勇道："政务要紧，不可耽搁，我们穿城通过！"

甘蓉道："我见沿途的郡守对你恭敬，料想待遇不差。此处距离洛阳不远，不如在此休整一晚，准备干粮和水，明日一早出发，以免错过住宿。"

"错过住宿也不要紧，须知我们住惯了荒野！"

"中原不比西域，中原多猛兽，没有客栈，晚上老鼠会爬到你脸上，把鼻子咬掉！"

班勇大惊，不敢违抗甘蓉！

到了长安，风土人情与西域大不一样。班勇发现，自己无论走到哪里，都招人耳目，总觉得自己被当成了怪物。

原来长安人穿长衣，发式齐整，就连做苦力的都绾着发髻，而自己的头发却十分随意。他见苦力穿着宽松的裤子，腰上缠着布袋，便也想缠一个，甘蓉道："那人的腰带是一团破布，十年不洗一次，满是油膏，有什么好？"说罢，将班勇带到布庄，请人为班勇裁量一套汉服，又将他带到发髻铺，为他梳洗一番，班勇对着铜镜，见自己样貌一新，颇为欣喜，对甘蓉又喜欢了三分。

穿了汉服，班勇觉得自己仍然与汉人有所差别。他鼻子长，额头阔，胡须浓密，走在街上，还是会吸引不少人的注意。甘蓉道："夫人是西域公主，你既为公主之子，自然异于汉人！与其心中戚戚，不如胸怀坦荡！"班勇觉得甘蓉所说在理，便不再在意他人目光。

次日，班勇与甘蓉离开了长安，一路快马来到了洛阳。洛阳繁华远胜长安，班勇见洛阳商贩往来如织，不禁惊叹。守城的校尉听说班超之子班勇回洛阳，连忙将班勇一干人等带到了宫城。宫城内值守的中常侍贾宇连忙将班勇等人带到未央宫外，并上报皇帝。皇帝听说班勇来到洛阳，放下手中事务，连忙召见。

班勇进了未央宫，见宫城守卫森严，皇宫气势恢宏，不禁一怔，双目来回张望。

"召班勇觐见！"

班勇脱鞋，徐徐入殿："草民班勇，拜见陛下，吾皇万岁万岁万万岁！"

"你一路辛苦，快平身吧！"

"谢陛下！"

班勇起身，这才抬头看了一眼皇帝，见御座上的男子与自己年龄相仿，却甚有威严，自己与之相比起来，多了丝凶狠。

"班勇，你父在西域，你来洛阳何事？"

班勇如实上奏："回陛下，臣替我父送奏折一本！"说罢，掏出奏折，交与中常侍贾宇。贾宇接过奏折，交与皇帝。皇帝打开奏折，见奏折写的是祈求回乡休养，不禁为之动容，"你父虽然年迈，但是大汉朝的国柱，若你父返乡，西域恐有动荡！"

班勇道："回陛下，父亲身体不佳，年迈昏聩，若继续担此重任，恐有负陛下重托！"说到此处，班勇道，"临来时，父亲托草民带来了西域贡品，进献陛下！"

皇帝点头，道："班超有心了。回乡休养之事，容朕三思！"

班勇退下之后，来到殿外，忽听远处有人唤了一声："勇儿！"班勇见远处站着一位老妇，此人头发花白，已老态龙钟，上前一步，问："您是？"甘蓉连忙拉扯班勇的衣袖，小声提示："这位是你姑姑！"

班勇大惊，连忙上前跪在班昭面前，磕了响头，道："班勇拜见姑母！"

班昭泪眼模糊，道："姑母还是头一回见到你，这真是造化弄人！"

甘蓉上前："蓉儿拜见姑姑！"

班昭扶起班勇、甘蓉，道："好孩子，看到你们，我真是太高兴了，快回家！"

班勇、甘蓉搀扶着班昭离开了未央宫。时班昭在宫中教育公主，听说班勇来到皇宫，从后宫中出来，在殿外等候，见一人容貌雄伟，长得异相，有几分班超年轻时的神采，知道此人是班勇无疑。

一行人离开了皇宫，班昭才知道班勇此行是代父转递奏折，不禁叹息。回到城南书巷，班雄出迎，见班昭旁边站着甘蓉，不禁一惊，道："蓉妹妹何时回京的？"又见另一侧站着一名少年，问："这位是？"

班昭道："这是西域来的班勇，你的弟弟！"

班雄一惊，对班勇打量一番，道："原来这位就是我二十多年未曾谋面的弟弟！"

班勇知道眼前的人是班雄，十分激动，上前一步，握住班雄的手："大哥！"

班雄心中一暖，道："快进院！"

众人来到院中，坐在石桌前，尽问班超近况。班勇据实回答，道："父亲思念故土及大哥，想念姑母，想回洛阳休养，以求落叶归根！"

说到此处，众人不禁落泪。班昭想起一事，问班勇："你和甘蓉何时成婚的？"

班勇、甘蓉皆一惊。甘蓉道："姑姑，我发髻未改，何谈婚嫁？"

班昭道："是否婚嫁，不以发髻论，我见你们二人情投意合，不时目送秋波，实在是难得的一对！"

班勇道："我与甘蓉有婚约在先，到洛阳后，如我不变心，便成婚！"

班昭吐了一口唾沫："呸，你个小兔崽子，缺乏管教，竟立如此荒唐约定。要么成婚，要么不成，如此婚约，岂不败坏蓉儿声誉？"

班勇道："此誓约乃甘蓉所立，并非班勇本意！"

班昭大怒："你还敢骗姑母！"说罢，提起拐杖便要打他。眼见班勇不肯避让，甘蓉挡在了班勇面前："姑姑休要动怒！"班昭拐杖落在半空，又收了回来："怎么？我帮你出气，你还不肯？"

甘蓉道："主意确实是我出的，姑姑若打了班勇，班勇挨得就冤！"

班昭道："我们班家是书香世家，讲究仁义礼智信，既然现在到了洛阳，你们准备何时成婚？"

甘蓉望着班勇，见班勇怅然，道："之前有约定，以三个月为期！"班昭站了起来，道："三个月，三个月！老太婆不知道能不能活三个月。"

这时，班雄上前示意班勇："你们两个，把姑姑惹不高兴了，还不认错？"

班勇、甘蓉连忙上前，跪在地上。甘蓉道："恳请姑姑不要生气，恳请姑姑为我们二人做主！"

班昭头也不回："既然有心，何时成婚都无妨，等班勇父亲回来再论吧！"

班勇问："姑姑去哪儿？"

班昭道："为你父亲写一道祈求休养奏折！"

想到班超年迈，此生或再难见到班超，班昭泪流满面，泪水滴答在竹简上，良久回神，擦拭竹简，写道："妾同产兄西域都护定远侯超，幸得以微功特蒙重赏，爵列通侯，位二千石。天恩殊绝，诚非小臣所当被蒙。超之始出，志捐躯命，冀立微功，以自陈效。会陈睦之变，道路隔绝，超以一身转侧绝域，晓譬诸国，因其兵众，每有攻战，辄为先登，身被金夷，不避死亡。赖蒙陛下神灵，且得延命沙漠，至今积三十年。骨肉生离，不复相识。所与相随时人士众，皆已物故。超年最长，今且七十。衰老被病，头发无黑，两手不仁，耳目不聪明，扶杖乃能行。虽欲竭尽其力，以报塞天恩，迫于岁暮，犬马齿索。蛮夷之性，悖逆侮老，而超旦暮入地，久不见代，恐开奸宄之源，生逆乱之心。而卿大夫咸怀一切，莫肯远虑。如有卒暴，超之气力不能从心，便为上损国家累世之功，下弃忠臣竭力之用，诚可痛也。故超万里归诚，自陈苦急，延颈逾望，三年于今，未蒙省录。妾窃闻古者十五受兵，六十还之，亦有休息不任职也。缘陛下以至孝理天下，得万国之欢心，不遗小国之臣，况超得备侯伯之位，故敢触死为超求哀，丐超余年。一得生还，复见阙庭，使国永无劳远之虑，西域无仓卒之忧，超得长蒙文王葬骨之恩，子方哀老之惠。《诗》云：民亦劳止，汔可小康，惠此中国，以绥四方。超有书与妾生诀，恐不复相见。妾诚伤超以壮年竭忠孝于沙漠，疲老则便捐死于旷野，诚可哀怜。"

班昭书写此奏折，上书皇帝。皇帝十分感佩，召心腹大臣商议。众臣以为班昭所言在理，若出塞西域年老不能回，此后将无人再入西域。于是皇帝免去班超西域都护职务，拜为射声校尉。命任尚为西域都护，不日就任。

圣旨下达，班勇大喜，欲亲自往西域送信，被班昭阻拦："西域道远，单程已有万里，往返便是两万里，人马疲惫，不堪重负。朝廷下达圣旨，有专人承办，使者月余可达西域，再月余，你便可见到乃父！"班勇乃从。

一个月后，圣旨抵达西域，班超得闻圣旨，老泪纵横，道："陛下厚恩，臣无以为报。"说罢，朝东叩拜九下，笛玉抚慰其背，道："夫君得偿心愿，可回洛阳了。"

众人搀扶班超起身。班超道："年少欲出塞，年老盼回家。"他忽然哈哈大笑，"可以回家了！"他表情如释重负，脸上满是笑容，对赵森道，"马上派人去姑墨、疏勒、温宿，告知沈祥、薛五、饶锦文，是否愿意随我回洛阳！"

笛玉道："他们也回洛阳吗？"

"沈祥等人是随我出塞，今我回洛阳，定要告知。"

赵森道："当初随君侯出塞者，多已病死，一息尚存者，恐已无力回国！"

班超叹道："随我出塞三十六人，凡愿回国者，皆随行。与长史同行义士，有愿回国者，奏与陛下，请陛下决断！"赵森领命。

半月后，沈祥、饶锦文之子来到龟兹，称其父旧疾复发，来日无多，不能随班超回洛阳，各自剪下一缕头发，装入匣中，请班超带回洛阳。班超长叹，将匣子收起，放入箱中。

是时，诸国听闻班超回国，皆遣太子、丞相相送，一时间，诸国使节云集龟兹。又数日，薛五、蓝云携子来到龟兹，班超见到薛五，惊问："你二人欲回洛阳乎？"

蓝云笑道："我们家中无女王，膝下无孙子，回得洛阳。"

班超长叹："沈祥纵然回得洛阳，只怕荻花也不肯，纵然荻花肯，国中文武也不肯。往返洛阳，实在艰辛。"说罢，长叹一声，言下之意，就算回得了洛阳，也无力再回西域。

又数日，班超启程回洛阳，薛五、蓝云、赵森夫妇、甘英夫妇随行，出发之日，诸国使节与龟兹国人早起相送，送别队伍长二十里。白霸将班超送到铁门关。班超道："龟兹王就送到这里吧！"

白霸道："请准白霸送都护回洛阳！"

班超道："你是龟兹王，不能离开龟兹。保护龟兹是你的重任！"

白霸躬身道："都护厚恩，白霸永世难忘，白霸视都护如父亲，白霸宣誓，龟兹永世不背叛大汉！"

班超点头，道："龟兹王，你是一个好大王。"

第一百零二章

荣归故里满朝迎功臣　越骑营外班超见望秋

听说班超回国，元孟早已在铁门关恭候。他和白霸打了个照面，随即将班超请入焉耆。班超没有入焉耆南河城，而是取道往东，径直去了车师，然后过伊吾卢，进了玉门关。汉军守将见到班超，对班超十分礼遇，请班超对玉门关军事防御指点一二。班超见玉门关城防坚固，军士训练有素，道："将士练兵有道，老朽只有称赞之词，断无指点之能！"守将大喜，欲留班超多住几日。班超思念故土心切，不肯停留，次日便继续赶路。

班超沿着河西走廊，一路往东，诸郡郡守、都尉无不亲迎，到了武威时，遇到正赴西域上任都护的任尚。

"任尚拜见君侯！"

"任公好！"

任尚将班超请进客房，向班超请教："君侯在外三十余年，在西域威望极高，必有方略，任尚此去就任，君侯能否赐教一二？"

班超道："班超年老了，脑子也糊涂了，任君多次担任朝廷重要职务，能力岂是班超所能及？"

任尚道："君侯太谦虚了，任尚真心求教！"

班超道："既然任君下问，迫不得已，班超就说一些个人浅见。塞外吏士，本不是孝子顺孙，都是因为犯罪被发配戍边的，而西域蛮夷之族，常怀鸟兽之心，不通教化，不懂仁德，恩威难立，容易反叛。任君治军严谨，然水清无大鱼，察政不得下和，须去繁就简，宽省小过，总大纲！"

任尚怅然若失。班超走后，任尚站在送行的路口，对属下说："我以为班君治理西域有奇策，今日听他说的，平平如水！"（任尚就任数年，治理西域不当，致使西域反叛，获罪被遣送回大汉。）

十日后，班超过长安，抵达洛阳。

在洛阳城外，班超见到了班勇和甘蓉。

"父亲！母亲！"

笛玉面带笑容："勇儿，你怎么在这里？"

甘蓉道："十日前，班勇就开始在这里等了，算着日子，您二老该回来了！"

班超十分欣慰："在城下等就可以了，何苦跑这么远？"

班勇笑道："儿不累，只盼早一日见到父亲。"

班超笑道："洛阳的路，我已经忘了，为我们带路吧！"

于是班勇带路，往洛阳走去。班超拉开车帘，一路望着车外的风景，心跳不禁加快。到了正午，一行人来到了洛阳城下，班超命人停下马车，从车上下来，见城墙斑驳，古旧了许多，不由得想起出征时的情形。那时望秋带着班雄，送别他和薛五、沈祥、饶锦文，一晃过去了三十一年。如今望秋故去，班雄也早已成家！

这时，笛玉下了车，后面的薛五和蓝云也从车上下来。

"三十一年了，终于又回来了！"薛五看上去比班超还要激动。

蓝云道："我以为我这辈子都回不来了！"

笛玉笑道："蓝云，听说你的家在黄龙关，可不是洛阳！"

蓝云笑道："在我心里，整个大汉都是我的家！"

几人正说着话，城外走出一辆车驾，那车走得急，惊走了许多人。那车驾来到城下，忽然勒马。班勇大喊了一声："大哥！"众人望去，见驾车之人身高体健，雄姿魁伟，那人跳下马车，疾跑来到班超面前，扑通跪在地上："父亲！"

"你是雄儿？"

"正是孩儿！"

班超老眼已经昏花。他摸着班雄的脸，道："为父想你想了三十一年，想你长成了什么模样。"

"雄儿不孝，不能侍奉您！"

"自古忠孝难两全，今日我们全家就团圆了！"

班雄起身，望着笛玉，道："这位一定是二娘了！"笛玉尚未说话，班雄跪在笛玉面前，磕了三个头，笛玉连忙扶起班雄，道："公子请起！"

班雄起身，转身走向马车。班超这才看到车上站着一位老妇，车下站着一对母子。班超不认识车下的母子，料想是班雄的妻儿，但他一眼就认出了车上的妇人。班雄搀扶着妇人下车。妇人走到班超身边："二哥，还能认出我来吗？"

班超笑道："哪里有认不出妹妹的哥哥？"

"你这一去三十一年，让人好生想念！"

班雄又将妻子叫到班超身边，道："父亲，这是贱内和始儿！"班雄妻子和儿子班始上前给班超和笛玉磕头！

一家人见过面，说着话，从城门出来了许多人，迎接的官员和仪仗铺排就位。

中常侍贾宇上前，道："君侯来得好快，贾宇来不及布置，还请君侯不要见怪！"

班雄连忙介绍："这位是宫里的中常侍贾公公！"

班超道："班超思念故土，是以提前到了！"

贾宇道："依照朝廷律令，外臣回京，需要先进宫述职！皇上说了，班超在西域多年，功劳甚大，朕要亲见功臣！"

班超跪在地上："臣遵旨，吾皇万岁万岁万万岁！"

这时，城门口聚集了许多围观的人，百姓知道眼前的老人是班超，纷纷欢呼："君侯！君侯！"

因年迈体衰，不能骑马。班超只好坐车入城。街上围满了百姓，班超掀开车帘，一一挥手，直到来到皇宫，百姓才散去。

皇帝刘肇在章德前殿召见班超和笛玉，并赐座给二人。

皇帝道："皇爷爷以先见和远略，征讨匈奴，委任班爱卿以军司马。班爱卿经营西域三十一载，一统西域，创大汉盛世，功勋卓著！"

班超起身，道："超虽平西域，依赖的却是强盛的大汉，倘若国贫君弱，御外敌尚且吃力，班超又何以建功？"

皇帝道："居功却不自傲，难得！朕拜你为射声校尉，且安享晚年吧！"

班超跪地叩拜："臣谢陛下！"

皇帝回望笛玉，道："这位就是疏勒公主吧？"

笛玉道："边远小国，万不敢当，早已是年迈之身！"

皇帝道："听说公主和班卿患难与共，在战场上相识，在围城中成婚，在兵戈中产子！"

笛玉笑道："世间传言，难免夸大其词。夫君初到西域，战火连绵，诸国征伐不断，我与夫君神交已久，彼此倾慕，结成了夫妻。这些年来，彼此相知，互为知己，笛玉很知足！"

班超道："这些年，笛玉为了西域安定，付出了很多，在西域声望远胜于班超，班超在西域经营多年，全赖笛玉周旋！"

皇帝笑道："真是神仙眷侣，连我都羡煞了！笛玉，朕册封你为护国夫人！"

笛玉起身，拜谢皇帝。

皇帝又问了班超许多轶事，不觉天黑了，于是命御厨传膳到章德前殿，听说薛五、蓝云在殿外等候，一并召入殿内。二更初刻，皇帝召太医为班超诊脉。太医诊罢，皇帝问："病情如何？"太医道："君侯旧疾缠身，若没有此次旅途颠簸，或可延寿一年，此时已病入骨髓，恐来日无多！"

皇帝道："大胆太医，休得胡言！"

班超道："陛下请不要责怪太医。臣知自己病重，故而请旨休养，太医医术精湛，并无过错！"

皇帝道："既是如此，爱卿请回家休养，朕不日去看你！"

"多谢陛下！"

班超退下，宫中护卫将班超送回城南书巷。

书巷早已不是班超离开时的样子。朝廷已经为班府建了一处大宅。此时，府前已经聚满了等待班超回府的文臣武将。

"君侯，听闻你回京，我等在此恭候多时了！"

班超认不出眼前的众臣，只好拱手："有劳诸位在此等候！"

班雄连忙介绍："父亲，这些都是当朝的王公能臣，听说父亲回洛阳，每日打听父亲回京消息，只盼一见！"

班超道："班超何德何能，劳驾诸位贤达到此？"

"君侯，我是黄询！"

"致知兄！"

"黄询早已休养，大家听说我与君侯是故旧，非要我领着大家来看你！"

"多谢大家！诸位请入府叙话！"

"君侯，今日已晚，我们就不入府了，明日再来拜访！"

"这如何使得？诸位等到现在，连口水都没喝！"

"能见到君侯，便是福气，君侯名动天下，乃东汉第一重臣，我等你一会儿又如何？"

众人说着，便向班超告辞！

班超进了院子，回望院中景致，格调十分高雅，忍不住道："吾皇厚恩！"

班昭上前，道："二哥，你这身体要紧不？"

班超笑道："既是到了洛阳，便不打紧了！活一天赚一天！"

班勇扶班超进房休息，一夜无事，哪知到了第二日，班超便后背疼痛，咳嗽得厉害。正要出去找大夫，宫中的太医来到了班府。太医给班超下了针，熬了一剂药，疼痛这才衰减。

"君侯要安心静养，近日不可走动！"

班超点头称是。

太医走后，班昭来到班超身边，问："二哥身体如何？"

"年老了，一日不如一日！"

"我有个计议，想让勇儿和甘蓉早点成婚。刚才我和嫂子商量了一下，她也同意。"

"只是勇儿和甘蓉意下如何？"

"两个孩子感情很好，巴不得早点成婚，只是大人不说，他们不好说话。"

"何日为宜？"

"八月十五是个好日子！"

"仲秋时节，还有二十多天，让班雄去准备吧！"

班超在家中休养，朝中官员常有人来探望，一连十余日，络绎不绝。到了班勇和甘蓉大婚前两日，班超感到身体渐有康复，于是闭门谢客，轻装简从，来到洛阳街上。

班雄、班勇陪同班超来到风闻天下。店家认出了班超，道："君侯请上座！小二，泡好茶！"班超寻靠门的座位坐下，班雄道："儿时常来此店喝茶，打听西域和父亲的事，儿多是从这里听到的！"

班超点头："还记得你小时候，我常带你来此听书的旧事吗？"

"当然记得，父亲一走三十多年，孩儿对父亲的印象只有零星一点，其中就有来风闻天下喝茶的事！我记得父亲走前，曾在这里和执金吾窦大人见过面，之后就离开了西域！"

"窦大人，窦大人于我有赏识之恩！"班超回想起了窦固的音容！

"是啊，窦大人是能臣，居功不傲，可惜独子死得早，没了后！"

一家人说着话，掌柜的来拜见班超，道："君侯，家父曾多次提起您老人家，对您老人家赞不绝口，得闻您建功西域，都为您高兴！"

班超拱手，道："子承父业，好啊！"

掌柜道："虎父无犬子，两位公子气宇轩昂，将来前途一定无量！"

班超笑道："借你吉言！"班超示意，班雄掏出百两银子，打赏掌柜。掌柜道："万不敢收，父亲说过，不能收班家的钱，收了钱，就没有情了！"

班超示意班雄收回银子，拱手道："多谢姚掌柜，班超领情！"

班超在风闻天下坐到了中午，又去了护城河岸，在桥头站了一会儿。班雄问："父亲，你还想去哪里？儿带您去！"

"我想去越骑营看看！"

"啊？不可！"班雄惊道。

"为何？"班超问。

"实在太远了！"

"是有点远，今天太晚了，改天再去。"

八月十五日，班勇和甘蓉在洛阳成婚。婚礼当日，朝中文武竞相来道贺，班府喜气洋洋。班勇像是个孩子，忙前跑后，对汉人的婚礼既好奇，又兴奋。

就在班勇大婚后的第二日正午，蓝云来到班超府上，请班超去见一人。班超问："去哪里？"

蓝云回答："越骑营外！"

笛玉道："君侯身体不佳，不能远行，如是非见不可的人，请他到府上一见！"

这时班雄道："就请父亲一见！"班雄附耳与班超。班超大惊，连忙出门，笛玉知道此人非同寻常，连忙取了件衣服带上，出了门。

到了车上，笛玉问蓝云："究竟是何人，非要去见？"

蓝云道："夫人到了就知道了，不过我劝夫人不要见！"

笛玉见蓝云说得神秘，知道问不出来，索性不问。

车驾跑得飞快，不到一个时辰，便到了越骑营外。天微凉，营外的草已经枯黄，不过班超无心进营，越骑营也不知道班超来访，班雄驾车拐向了后山，走了数里，来到一处宅院。

班雄勒住缰绳，扶班超下马。院中的仆人打开院门，将班超请入房中。房中点了蜡烛，班超走进房中，见房中摆设陈旧，墙角有一张床。班超走到床前，见床上躺着一位老妇人，满头白发，满脸皱纹，牙齿脱落大半。

"望秋！"

床上的妇人挣扎起身，看到床沿前的班超，说："你来了！"

班超上前握住妇人的手，双颊落泪，道："你何苦如此？"

"你在西域艰难，望秋知你重情义，断不会再娶！为了你的大志，为了你的前程，望秋不得不如此！"

"可你也不用避居在此！"

"只有如此，才能让世人相信，望秋已经死了。"

身后的笛玉似乎明白了什么，她将蓝云拉出房外，问："这是怎么回事？"

蓝云道："三十年前，我家小姐知道夫人喜欢君侯，只要君侯娶了夫人，就能在疏勒立足。于是小姐派我到西域，命我告诉君侯，小姐已经病死。后来我到了西域，忍受悲痛，将这个谎言告诉了君侯。君侯痛苦万分，但是不久就和夫人成了婚！从此，君侯就成了疏勒的女婿，疏勒人也信服君侯！"

笛玉如遭雷击，她万没有想到望秋会为了班超假死，隐世埋名，而班超和自己却一直不知道。回想起班雄对自己一直执子侄之礼，笛玉既愧疚又敬佩。

天近黄昏，房中不时传来低沉的痛哭声，笛玉站在房外，反复徘徊，几次想进去，又退了出来。蓝云侍立一侧，一言不发，到了晚饭时分，班超从房内出来，班雄上前扶住班超。

"你母亲走了，把她接回去吧！"

班雄喊了一声"娘"，转身进了房内，笛玉站在房外，听到房内传来班雄悲痛的哀号。

一炷香后，班雄抱着望秋的尸身从房内走出，缓缓走到院外，将其放在车上。走到半道，天下起了雨，淅淅沥沥的雨水打湿了车驾，班超和笛玉坐进车里，二人一言不发。

回到城南书巷，班超等人衣裳早已被雨水浸透，班雄赶紧生火，为大家换上衣裳，但班超却一病不起。班雄在班府为望秋升起了灵堂，笛玉请求为望秋办一场隆重的丧事，但被班雄拒绝了："家母早已在二十九年前就死去，断不能另起丧事，以免辱没公主名声！"笛玉大为感佩，道："尊母为成就乃父，隐世埋名，于国于私，不可谓不大义，今阳寿已尽，岂能不寿终正寝？"

班雄道："家母的墓地早已选定，明日班雄便将家母下葬，家母葬得其所。"

"如此行事，极不妥当。我与乃父成婚近三十年，双腿已半截入土，从前风云早已不在，你无须顾虑！"

二人说着话，房内传来班超的咳嗽声，班昭、班雄、笛玉、蓝云、薛五、班勇等一干人连忙进房。"不要吵了！"班超艰难地呼吸，"班雄，将你母亲装殓好，放在大堂。我自知来日无多，我死后，将你母亲与我一并下葬！"班雄跪在地上，含泪应着！班超握住笛玉的手："你陪我回了洛阳，我却要先走了。"

笛玉道："你走了，我也活不下去了！"

班勇听了，突然跪在地上，喊道："父亲！母亲！"说罢，甘蓉也跪了下去。

班超怅然，道："我本以为我一生无憾，临到死时，才知道愧对一人！"众人皆难过！"我死之后，班雄、班勇，你二兄弟要亲睦，不可生嫌隙。"班雄、班勇点头称是。"今西域安定，他日西域再有动荡，你二人要竭力维护。"班雄、班勇齐声说"是"。

班超握着笛玉的手，道："今生，我最大的功业就是遇到了你，我愧对望秋，但不后悔和你结成夫妻！"笛玉含泪，道："我也是！嫁给你，带给了我无上荣耀，这是疏勒公主得不到的！"班超道："我死后，你要好好活着，看着我们的孙子长大！"班超抓着笛玉的手，笛玉点头。

班超望着班昭，道："班家的是非太多了，妹妹守寡多年，又逢大哥遭难，这些年操持家务，十分不易。"

班昭泪水打湿眼眶，道："二哥，一家人，不说客套话。没有你，我们班家不会有今日之盛！"

"你年事已高，要常歇息，我听说你还在改大哥的书稿。"

"这个书稿是父亲和兄长的心血，小妹不敢懈怠！"

"我们三兄妹都是劳累命！"

"确切地说，都是有志之人！"

班超哈哈大笑，继而咳嗽起来，班勇连忙递过痰盂。

交代完了后事，班超突然放松下来，他望着房顶，身心俱疲。笛玉道："让你们父亲歇一歇！"蓝云等人退了出去，只剩下班勇一人守夜照料。

到了四更时分，班勇突然大喊："父亲！父亲！"各房的人听到班勇的声音，披上外衣，冲进班超房间，却见班超已经离世。

班超死后，洛阳震动，朝廷予以厚葬，班雄继承爵位。

两年后，笛玉忧思成疾，与世长辞，与班超同葬！